2005

CHINA CITY STATISTICAL YEARBOOK

中国城市统计年鉴

国家统计局城市社会经济调查司 编

(京)新登字 041 号

图书在版编目(CIP)数据

中国城市统计年鉴. 2005/国家统计局城市社会经济调查司编 .
—北京:中国统计出版社,2006. 4
ISBN 7-5037-4875-3

Ⅰ. 中…
Ⅱ. 国…
Ⅲ. 城市-统计资料-中国-2005-年鉴
Ⅳ. C832-54

中国版本图书馆 CIP 数据核字(2006)第 025752 号

中国城市统计年鉴—2005

作　　者/国家统计局城市社会经济调查司
责任编辑/马　平
装帧设计/艺编广告
出版发行/中国统计出版社
通信地址/北京市西城区月坛南街 75 号　邮政编码/100826
办公地址/北京市丰台区西三环南路甲 6 号
电　　话/(010)63459084、63266600—22500(发行部)
印　　刷/河北天普润印刷厂
经　　销/新华书店
开　　本/787×1092mm　1/16
字　　数/580 千字
印　　张/30
印　　数/1—2200 册
版　　别/2006 年 5 月第 1 版
版　　次/2006 年 5 月北京第 1 次印刷
书　　号/ISBN 7-5037-4875-3/F·2222
定　　价/220.00 元

《中国城市统计年鉴—2005》编委会与编辑部

顾　问　张为民

编委会

主　任　魏贵祥

副主任　孟庆欣　庞晓林　汪小青

编辑部

总编辑　王有捐　陈晓杰

编　辑　赵惠云　崔如春　江明清

朱春燕

编辑说明

《中国城市统计年鉴——2005》是全面反映中国城市经济和社会发展情况的资料性年刊。2004 年我国共有 661 个建制市(含地级及以上城市和县级市),本年鉴收录了全国 660 个建制城市(不含拉萨市)2004 年社会经济发展和城市建设等各方面的统计数据。

《中国城市统计年鉴——2005》主要内容包括四个部分:第一部分是 2004 年城市行政区划,列有不同区域、不同级别的城市分布情况;第二部分是 2004 年地级及以上城市统计资料,列有:1. 城市人口和劳动力统计资料,包括城市人口、土地资源、劳动力资源和就业等方面内容;2. 城市经济发展主要指标统计资料,包括综合经济、农业、工业、固定资产投资、商业、对外贸易、利用外资、财政、金融、保险等方面内容;3. 城市社会发展主要统计资料,包括劳动工资、教育、文化、医疗卫生等方面内容;4. 城市环境与基础设施资料,包括交通运输、邮电、供水、供电、城市道路、交通状况和城市环境状况等方面内容;第三部分是 2004 年县级城市资料;第四部分是附录,包括主要统计指标解释和如何使用城市统计资料的简单介绍。

本年鉴所涉及的全国或全部城市统计资料,均未包括香港特别行政区、澳门特别行政区和台湾省;书中有些表的指标,西藏自治区没有统计;资料中所列"全市"为城市的全部行政区域,包括城区、郊区、市辖县;"市辖区"包括城区、郊区,不包括市辖县。

需要说明的是，1997 年开始实行地级及以上城市、县级城市分开进行统计，县级市只有部分指标和城市统计指标体系相一致，故本年鉴的资料分为地级及以上城市和县级城市统计两部分。

《中国城市统计年鉴》适用于各级政府管理部门、城市规划设计部门、城市社会经济研究机构、市政建设及房地产机构、各种中介服务及信息咨询机构等单位的工作者及各大专院校师生使用。本年鉴也是境外投资者、工商界人士及关心中国城市发展的人士的重要参考资料。

《中国城市统计年鉴——2005》的编辑和出版，得到了各省、自治区、直辖市统计局、各市统计局和中国统计出版社的鼎力支持，在此表示衷心的感谢。由于工作量大、出版时间紧及编者水平有限，不当之处，热忱欢迎广大读者批评指正。

国家统计局城市社会经济调查司
《中国城市统计年鉴》编辑部

目　录

一、2004年城市行政区划

二、2004年地级及以上城市统计资料

三、2004 年县级城市资料

四、附录

一、2004年城市行政区划

1—1 2004年城市行政区划和区域分布

(2004年)

单位:个

地区	城市合计	按行政级别分组			
		直辖市	副省级市	地级市	县级市
总计	**661**	**4**	**15**	**268**	**374**
北京	1	1			
天津	1	1			
河北	33			11	22
山西	22			11	11
内蒙	20			9	11
辽宁	31		2	12	17
吉林	28		1	7	20
黑龙江	31		1	11	19
上海	1	1			
江苏	40		1	12	27
浙江	33		2	9	22
安徽	22			17	5
福建	23		1	8	14
江西	21			11	10
山东	48		2	15	31
河南	38			17	21
湖北	36		1	11	24
湖南	29			13	16
广东	44		2	19	23
广西	21			14	7
海南	8			2	6
重庆	5	1			4
四川	32		1	17	14
贵州	13			4	9
云南	17			8	9
西藏	2			1	1
陕西	13		1	9	3
甘肃	16			12	4
青海	3			1	2
宁夏	7			5	2
新疆	22			2	20

1—2 2004年城市行政区划变更情况

辽宁省

一、营口市将县级盖州市的熊岳镇、芦屯镇、红旗镇划归营口市鲅鱼圈区管辖。

(国函[2004]2号批复)

二、将长海县的石城乡和王家镇划归庄河市管辖。

(国函[2004]72号批复)

黑龙江省

一、撤销哈尔滨市太平区,将其行政区域划归哈尔滨市道外区管辖。道外区人民政府驻北十四道街。

二、哈尔滨市设立松北区,辖原属道外区的松北、松浦、万宝3个镇,太阳岛、三电2个街道,以及原属呼兰县的乐业、对青山2个镇。松北区人民政府驻松北镇松北一路。

三、撤销呼兰县,设立哈尔滨市呼兰区,以原呼兰县的行政区域(不含乐业、对青山2个镇)为呼兰区的行政区域。区人民政府驻呼兰镇南京路。

(国函[2004]10号批复)

四、哈尔滨市人民政府驻地由道里区石头道街迁至松北区世纪大道。

(国函[2004]80号批复)

江苏省

一、撤销宿豫县,设立宿迁市宿豫区。宿豫区辖原宿豫县的顺河、皂河、大兴、来龙、蔡集、王官集、黄墩、晓店、陆集、仰化、丁咀、关庙、新庄、侍岭14个镇和曹集、保安2个乡以及宿城区的井头乡。区人民政府驻顺河镇。

二、将原宿豫县的耿车镇、埠子镇、洋北镇、龙河镇、罗圩乡、南蔡乡、三棵树乡和泗阳县的洋河镇、郑楼镇、中扬镇、仓集镇、屠园乡以及泗洪县的陈集镇划归宿城区管辖。调整后,宿城区辖幸福、项里、河滨、古城4个街道和双庄、耿车、埠子、洋北、龙河、洋河、郑楼、中扬、仓集、陈集10个镇以及罗圩、南蔡、三棵树、屠园4个乡。区人民政府驻中山路。

(国函[2004]6号批复)

安徽省

一、蚌埠市东市区更名为龙子湖区,中市区更名为蚌山区,西市区更名为禹会区,郊区更名为淮上区;调整蚌埠市龙子湖区、蚌山区、禹会区、淮上区的行政区划。市人民政府驻蚌山区东海大道。

二、龙子湖区辖原东市区的东风、治淮、东升、解放和曹山5个街道;原中市区的延安街道;原郊区的李楼乡、长淮卫镇,雪华乡的曹彭、仇岗、孙郢、山南4个村。区人民政府驻解放路。

三、蚌山区辖原中市区的天桥、青年、纬二路、胜利和黄庄5个街道;原东市区的宏业村、龙湖新村2个街道及烟墩村;原西市区朝阳街道的新建、东方红2个居委会,钓鱼台街道的友谊、雅郢2个居委会和施徐村;原郊区的燕山乡,雪华乡的邱桥、纪郭、沈圩3个村,长青乡的陶店、金圩2个村,秦集镇的仲集村。区人民政府驻南山路。

四、禹会区辖原西市区的大庆、张公山、纬四3个街道,朝阳街道的红旗里、平安里、新风、创新、新村5个居委会,钓鱼台街道的继红、钓鱼台、安平、燕山路、迎河桥5个居委会;原郊区长青乡的许庄、九龙、山香、黄山、王岗、石巷6个村,秦集镇的秦集、九塘、河北、东周、姜顾、花郢、西朱、禹会、大徐、高埂、前郢、冯东、冯西、宗洼、草寺、大孔、老贯徐、三尖塘、彭巷、仁和、枣林、周蔡、杭刘、广德24个村。区人民政府驻红旗一路。

五、淮上区辖原郊区的小蚌埠镇、吴小街镇;原中市区的淮滨街道;原属怀远县的梅桥乡;原属固镇县的曹老集镇。区人民政府驻小蚌埠镇。

(国函[2004]4号批复)

六、将长丰县的孔店乡划归淮南市大通区管辖,史院乡、三和乡、曹庵镇划归淮南市田家庵区管辖,孙庙乡、孤堆回族乡、杨公镇划归淮南市谢家集区管辖。

(国函[2004]39号批复)

江西省

一、将西湖区朝阳洲街道的西船居委会，青山湖区塘山镇的永和、公园、贤湖、永溪、长巷、七里6个村划归东湖区管辖。

二、将青山湖区的桃花镇和湖坊镇的同盟村划归西湖区管辖。

三、将西湖区十字街街道的谷市街、洪城路、南关口、九四、新丰5个居委会，上海路街道的草珊瑚集团、南昌肠衣厂、电子计算机厂、江西涤纶厂、江地基础公司、曙光、商标彩印厂、南昌市染整厂、江南蓄电池厂、四机床厂、二进、国乐新村12个居委会，南站街道的解放西路东居委会，青山湖区湖坊镇的塄上、太和、热心3个村划归青云谱区管辖。

四、将东湖区彭家桥街道的187、高新、南大北院、青山湖、谢家村、星光、上坊路、江大南路、南大南院、南昌水专、北京东路11个居委会，青山路街道的潘坊、电化、塘山北、塘山南、纺园一、纺园二、纺园三7个居委会，西湖区上海路街道的轻化所、洪钢、省人民检察院、电信城东分局、安康、省机械施工公司、省水利设计院、省安装公司、南方电动工具厂、江西橡胶厂、上海路北、南昌电池厂、东华计量所、南昌搪瓷厂、上海路新村、华安针织总厂、江西五金厂、三波电机厂、水文地质大队、二六〇厂、省卫生学校、新世纪、上海路住宅区北、塔子桥北、南航、上海路住宅区南、沿河、南昌阀门厂28个居委会，西湖区丁公路街道的新魏路、半边街、师大南路、顺化门、岔道口东路、师大、广电厅、手表厂、鸿顺9个居委会，南站街道的工人新村北、工人新村南、商苑、洪都中大道、铁路第三、铁路第四、铁路第六7个居委会划归青山湖区管辖。调整后，东湖区辖董家窑、大院、公园、百花洲、墩子塘、豫章、八一桥、滕王阁、沙井、青山路、彭家桥11个街道，区人民政府驻叠山路；西湖区辖绳金塔、桃源、朝阳洲、广润门、南浦、西湖、系马桩、十字街、丁公路、南站10个街道和桃花镇，区人民政府驻孺子路；青云谱区辖三家店、洪都、京山、徐家坊、岱山5个街道和青云谱镇，区人民政府驻井冈山大道；青山湖区辖湖坊、京东、罗家、塘山、蛟桥5个镇和上海路街道、扬子洲乡，区人民政府驻南京东路。

（国函[2004]70号批复）

山东省

设立日照市岚山区。将日照市东港区的岚山头、安东卫2个街道和虎山、碑廓、黄墩、后村、高兴、巨峰6个镇划归岚山区管辖。岚山区人民政府驻岚山路。

（国函[2004]71号批复）

河南省

一、撤销郾城县，设立漯河市郾城区、召陵区。

二、将原郾城县的城关镇、孟庙镇、商桥镇、裴城镇、新店镇、龙城镇、黑龙潭乡、李集乡和源汇区的孙庄乡划归郾城区管辖，郾城区人民政府驻海河路。

三、将原郾城县的老窝镇、召陵镇、万金镇、邓襄镇、姬石乡、青年村乡和源汇区的天桥街街道、翟庄乡、后谢乡划归召陵区管辖，召陵区人民政府驻人民东路。

四、将原郾城县的大刘镇、阴阳赵乡、问十乡、空冢郭乡划归源汇区管辖，源汇区人民政府驻老街。

（国函[2004]69号批复）

湖南省

一、衡南县人民政府驻地由衡阳市石鼓区中山北路迁至衡南县云集镇。

（民函[2004]11号批复）

二、湖南省人民政府驻地由长沙市芙蓉区五一中路迁移至长沙市天心区湘府路。

（国函[2004]63号批复）

广东省

一、撤销韶关市北江区、曲江县，设立韶关市曲江区，调整韶关市浈江区、武江区和仁化县的行政区划。

二、将原北江区的行政区域和原曲江县的花坪镇、犁市镇划归浈江区管辖。

三、将原曲江县的重阳镇、龙归镇、江湾镇划归武江区管辖。

四、将原曲江县的黄坑镇、周田镇、大桥镇划归仁化县管辖。

五、曲江区辖原曲江县的马坝镇、罗坑镇、樟市镇、大坑口镇、乌石镇、沙溪镇、大塘镇、小坑镇、枫湾镇、白土镇，区人民政府驻马坝镇。

（国函[2004]40号批复）

广西壮族自治区

一、撤销南宁市城北区、永新区和邕宁县，设立南宁市西乡塘区、良庆区、邕宁区。

二、将原邕宁县的四塘、五塘、昆仑3个镇划归兴宁区管辖，兴宁区人民政府驻厢竹大道。

三、新城区更名为青秀区，将原邕宁县的长塘、伶俐、刘圩、南阳4个镇和蒲庙镇的莫村划归青秀区管辖，青秀区人民政府驻仙葫大道。

四、将原邕宁县的吴圩、苏圩、延安3个镇和原永新区江西镇的同新、同华、锦江、安平、同良、同宁、同江、那廊、智信、扬美10个村划归江南区管辖，江南区人民政府驻壮锦大道。

五、将原永新区和城北区（不含原永新区江西镇的同新等10个村）划归西乡塘区管辖，西乡塘区人民政府驻大学路。

六、将原邕宁县的良庆、那马、那陈、大塘、南晓5个镇划归良庆区管辖，良庆区人民政府驻良庆镇。

七、将原邕宁县的蒲庙（不含莫村）、新江、那楼、镇龙、百济、中和6个乡镇划归邕宁区管辖，邕宁区人民政府驻蒲庙镇。

（国函[2004]79号批复）

云南省

一、云南省泸水县人民政府驻地由鲁掌镇迁至六库镇。

（民函[2004]1号批复）

二、调整昆明市五华区、盘龙区、官渡区、西山区的行政区划。

三、五华区辖北门、虹山、西站、华山、武成、西坝、大观、崇仁、莲华、新村、长春、小南、南强、黑林铺14个街道和厂口乡、沙朗白族乡。

四、盘龙区辖环城、珠玑、东华、董家湾、拓东、联盟、茨坝、龙泉8个街道和小河、双龙、双哨3个乡。

五、官渡区辖关上、金马、东站、太和4个街道，大板桥、小板桥、官渡3个镇，小哨、矣六、六甲3个乡和阿拉彝族乡。

六、西山区辖棕树营、马街、金碧、土桥、永昌、福海、前卫7个街道，碧鸡、海口2个镇，团结彝族白族乡、谷律彝族白族乡。

（国函[2004]42号批复）

甘肃省

一、撤销陇南地区和武都县，设立地级陇南市。市人民政府驻新设立的武都区城关镇。

二、陇南市设立武都区，以原武都县的行政区域为武都区的行政区域。区人民政府驻城关镇。

三、陇南市辖原陇南地区的成县、文县、宕昌县、康县、西和县、礼县、徽县、两当县和新设立的武都区。

（国函[2004]1号批复）

四、将天水市秦城区更名为秦州区、北道区更名为麦积区。

（民函[2004]244号批复）

1—3 2004 年城市辖市情况一览表

省级单位	地级及以上城市	下辖的县级城市
北京		
天津		
河北	石家庄	辛集
		藁城
		晋州
		新乐
		鹿泉
	唐山	遵化
		迁安
	秦皇岛	
	邯郸	武安
	邢台	南宫
		沙河
	保定	定州
		涿州
		安国
		高碑店
	张家口	
	承德	
	沧州	任丘
		泊头
		黄骅
		河间
	廊坊	霸州
		三河
	衡水	冀州
		深州
山西	太原	古交
	大同	
	阳泉	

省级单位	地级及以上城市	下辖的县级城市
	长治	潞城
	晋城	高平
	朔州	
	晋中	介休
	忻州	原平
	临汾	侯马
		霍州
	运城	永济
		河津
	吕梁	（孝义）
		（汾阳）
内蒙古	呼和浩特	
	包头	
	乌海	
	赤峰	
	通辽	霍林郭勒
	呼伦贝尔市	满洲里
		扎兰屯
		牙克石
		根河
		额尔古纳
	鄂尔多斯市	
	乌兰察布市	丰镇
	巴彦淖尔市	
		（二连浩特）
		（乌兰浩特）
		（锡林浩特）
		（阿尔山）
辽宁	沈阳	新民
	大连	瓦房店

注 1:加括号的城市为省直辖县级市。

注 2:加 * 号的城市为新设或行政区域变动。

1—3 续表 1

省级单位	地级及以上城市	下辖的县级城市	省级单位	地级及以上城市	下辖的县级城市
		普兰店		白城	洮南
		庄河			大安
	鞍山	海城		松原	
	抚顺				(延吉)
	本溪				(图们)
	丹东	东港			(敦化)
		凤城			(珲春)
	锦州	凌海			(龙井)
		北宁			(和龙)
	营口	大石桥	黑龙江	哈尔滨	阿城
		盖州			尚志
	阜新				双城
	辽阳	灯塔			五常
	盘锦			齐齐哈尔	讷河
	铁岭	调兵山		鸡西	密山
		开原			虎林
	朝阳	北票		鹤岗	
		凌源		双鸭山	
	葫芦岛	兴城		大庆	
吉林	长春	九台		伊春	铁力
		榆树		佳木斯	同江
		德惠			富锦
	吉林	桦甸		七台河	
		蛟河		牡丹江	绥芬河
		舒兰			海林
		磐石			宁安
	四平	公主岭			穆棱
		双辽		黑河	北安
	辽源				五大连池
	通化	梅河口		绥化	安达
		集安			肇东
	白山	临江			海伦

1—3续表2

省级单位	地级及以上城市	下辖的县级城市
上海		
江苏	南京	
	无锡	江阴
		宜兴
	徐州	新沂
		邳州
	常州	溧阳
		金坛
	苏州	常熟
		张家港
		昆山
		吴江
		太仓
	南通	启东
		如皋
		通州
		海门
	连云港	
	淮安	
	盐城	东台
		大丰
	扬州	仪征
		高邮
		江都
	镇江	丹阳
		扬中
		句容
	泰州	兴化
		泰兴
		靖江
		姜堰
	宿迁	
浙江	杭州	
		建德
		临安
		富阳
	宁波	余姚
		慈溪
		奉化
	温州	瑞安
		乐清
	嘉兴	海宁
		平湖
		桐乡
	湖州	
	绍兴	诸暨
		上虞
		嵊州
	金华	兰溪
		义乌
		东阳
		永康
	衢州	江山
	舟山	
	台州	临海
		温岭
	丽水	龙泉
安徽	合肥	
	芜湖	
	蚌埠	
	淮南	
	马鞍山	
	淮北	
	铜陵	

1—3 续表 3

省级单位	地级及以上城市	下辖的县级城市	省级单位	地级及以上城市	下辖的县级城市
	安庆	桐城		鹰潭	贵溪
	黄山			赣州	瑞金
	阜阳	界首			南康
	亳州			上饶	德兴
	宿州			抚州	
	滁州	天长		吉安	井冈山
		明光		宜春	樟树
	六安				丰城
	巢湖				高安
	池州		山东	济南	章丘
	宣城	宁国		青岛	胶州
福建	福州	福清			即墨
		长乐			平度
	厦门				胶南
	莆田				莱西
	三明	永安		淄博	
	泉州	石狮		枣庄	滕州
		晋江		东营	
		南安		烟台	龙口
	漳州	龙海			莱阳
	南平	邵武			莱州
		武夷山			蓬莱
		建瓯			招远
		建阳			栖霞
	龙岩	漳平			海阳
	宁德	福安		潍坊	青州
		福鼎			诸城
江西	南昌*				寿光
	景德镇	乐平			高密
	萍乡				昌邑
	九江	瑞昌			安丘
	新余			济宁	曲阜

1—3 续表 4

省级单位	地级及以上城市	下辖的县级城市	省级单位	地级及以上城市	下辖的县级城市
		兖州			长葛
		邹城		漯河*	
	泰安	新泰		三门峡	义马
		肥城			灵宝
	德州	乐陵		商丘	永城
		禹城		南阳	邓州
	威海	文登		信阳	
		荣成		周口	项城
		乳山		驻马店	
	聊城	临清			(济源)
	临沂		湖北	武汉	
	莱芜			黄石	大冶
	日照*			十堰	丹江口
	菏泽			荆州	石首
	滨州				洪湖
河南	郑州	巩义			松滋
		新密		宜昌	宜都
		荥阳			当阳
		新郑			枝江
		登封		襄樊	老河口
	开封				枣阳
	洛阳	偃师			宜城
	平顶山	汝州		鄂州	
		舞钢		荆门	钟祥
	安阳	林州		孝感	应城
	鹤壁				安陆
	新乡	辉县			汉川
		卫辉			
	焦作	沁阳		黄冈	麻城
		孟州			武穴
	濮阳			咸宁	赤壁
	许昌	禹州			

1—3 续表 5

省级单位	地级及以上城市	下辖的县级城市	省级单位	地级及以上城市	下辖的县级城市
	随州	广水		江门	台山
		(利川)			鹤山
		(恩施)			开平
		(仙桃)			恩平
		(天门)		湛江	廉江
		(潜江)			雷州
湖南	长沙	浏阳			吴川
	株洲	醴陵		惠州	
	湘潭	湘乡		茂名	高州
		韶山			化州
	衡阳	耒阳			信宜
		常宁		肇庆	高要
	邵阳	武冈			四会
	岳阳	汨罗		潮州	
		临湘		梅州	兴宁
	益阳	沅江		中山	
	常德	津市		东莞	
	郴州	资兴		汕尾	陆丰
	永州			河源	
	怀化	洪江		阳江	阳春
	张家界			清远	连州
	娄底	冷水江			英德
		涟源		揭阳	普宁
		(吉首)		云浮	罗定
广东	广州	增城	**广西**	南宁*	
		从化		柳州	
	韶关*	乐昌		桂林	
		南雄		梧州	岑溪
	深圳			北海	
	珠海			防城港	东兴
	汕头			钦州	
	佛山			玉林	北流

1—3 续表 6

省级单位	地级及以上城市	下辖的县级城市	省级单位	地级及以上城市	下辖的县级城市
	贵港	桂平		资阳	简阳
	百色			乐山	峨嵋山
	来宾	合山		宜宾	
	崇左	凭祥		南充	阆中
	贺州			达州	万源
	河池	宜州		广安	华蓥
海南	海口			雅安	
	三亚			眉山	
		(五指山)		巴中	
		(琼海)			(西昌)
		(儋州)	**贵州**	贵阳	清镇
		(文昌)		六盘水	
		(万宁)		遵义	赤水
		(东方)			仁怀
重庆		合川		安顺	
		永川			(凯里)
		江津			(铜仁)
		南川			(兴义)
四川	成都	都江堰			(毕节)
		彭州			(福泉)
		邛崃			(都匀)
		崇州	**云南**	昆明	安宁
	自贡			玉溪	
	攀枝花			曲靖	宣威
	泸州			昭通	
	德阳	广汉		丽江	
		什邡		保山	
		绵竹		思茅	
	绵阳	江油		临沧	
	广元				(大理)
	遂宁				(楚雄)
	内江				(潞西)

1—3 续表 7

省级单位	地级及以上城市	下辖的县级城市	省级单位	地级及以上城市	下辖的县级城市
		(瑞丽)	青海	西宁	
		(开远)			(格尔木)
		(个旧)			(德令哈)
		(景洪)	宁夏	银川	
西藏	拉萨			石嘴山	
		(日喀则)		吴忠	
陕西	西安			固原	
	铜川				(灵武)
	宝鸡				(青铜峡)
	咸阳	兴平		中卫	
	延安		新疆	乌鲁木齐	
	汉中			克拉玛依	
	渭南	韩城			(石河子)
		华阴			(吐鲁番)
	榆林				(哈密)
	商洛				(昌吉)
	安康				(奎屯)
甘肃	兰州				(伊宁)
	嘉峪关				(塔城)
	金昌				(阿勒泰)
	白银				(博乐)
	天水				(库尔勒)
	武威				(阿克苏)
	张掖				(阿图什)
	平凉				(喀什)
	酒泉	玉门			(和田)
		敦煌			(阜康)
	庆阳				(乌苏)
		(临夏)			(米泉)
		(合作)			(阿拉尔)
	定西*				(图木舒克)
	陇南*				(五家渠)

二、2004年地级及以上城市统计资料

2—1 人 口

城 市	年末总人口(万人)		非农业人口		自然增长率(‰)	
	全 市	市辖区	全 市	市辖区	全 市	市辖区
城市合计	**117824.11**	**35079.97**	**36290.63**	**21282.69**	**4.94**	**3.81**
北 京	**1162.89**	**1092.85**	**854.69**	**831.26**	**0.32**	**0.32**
天 津	**932.55**	**764.37**	**556.17**	**527.27**	**1.92**	**0.83**
石家庄	917.55	217.28	353.84	217.28	5.04	3.36
唐 山	710.07	296.91	224.38	159.53	4.60	3.51
秦皇岛	275.82	75.90	115.03	75.90	2.48	2.82
邯 郸	863.35	139.12	173.87	117.65	7.56	5.04
邢 台	671.97	56.14	139.38	50.70	7.69	3.96
保 定	1088.28	99.53	255.72	87.29	8.08	6.49
张家口	449.82	86.06	133.82	71.32	2.46	3.29
承 德	360.82	45.73	83.23	34.00	2.04	0.33
沧 州	679.36	48.86	151.16	41.35	5.55	6.42
廊 坊	389.82	76.37	111.74	45.61	4.66	4.69
衡 水	414.27	44.45	70.03	24.82	5.83	6.02
山 西	**3293.76**	**888.58**	**978.66**	**566.16**	**6.11**	**5.06**
太 原	331.94	254.78	226.59	204.46	3.88	2.71
大 同	299.68	142.61	133.61	108.13	6.36	4.16
阳 泉	126.32	65.36	62.72	51.06	4.41	3.38
长 治	318.19	66.14	87.75	50.64	5.21	4.59
晋 城	212.20	29.77	46.65	20.05	3.70	5.51
朔 州	143.77	59.03	34.52	17.04	4.53	8.02
晋 中	306.12	53.82	80.38	27.85	4.40	5.07
运 城	491.33	62.90	81.75	21.67	8.23	6.99
忻 州	296.82	51.58	61.54	18.92	8.39	8.91
临 汾	415.10	78.17	97.30	34.01	6.85	7.56
吕 梁	352.29	24.42	65.85	12.33	7.27	11.54
内蒙古	**2082.40**	**610.12**	**796.93**	**411.87**	**3.46**	**4.47**
呼和浩特	214.70	109.80	97.90	82.80	6.92	5.82
包 头	210.24	135.46	132.51	113.37	1.40	2.24
乌 海	42.23	42.23	42.20	42.20	7.43	7.43
赤 峰	447.04	113.40	98.70	51.00	2.07	5.74
通 辽	310.91	80.10	80.54	36.09	4.65	3.75
鄂尔多斯	136.87	22.63	44.90	15.89	4.43	7.10
呼伦贝尔	270.88	25.82	177.90	23.53	2.95	0.96
巴彦淖尔	177.91	54.56	58.58	23.55	0.00	3.75
乌兰察布	271.62	26.12	63.70	23.44	4.94	5.08
辽 宁	**4172.78**	**1794.01**	**1996.53**	**1472.69**	**1.16**	**−0.29**
沈 阳	693.87	492.34	446.34	406.43	0.03	−1.61
大 连	561.60	278.09	312.32	236.9	−2.52	−1.19

2—1续表1

城　市	年末总人口(万人)		非农业人口		自然增长率(‰)	
	全　市	市辖区	全　市	市辖区	全　市	市辖区
鞍　山	346.94	146.07	175.74	129.31	1.82	—2.22
抚　顺	224.88	141.08	147.78	126.37	—1.10	—2.38
本　溪	156.56	96.37	104.66	84.54	0.49	—0.34
丹　东	240.97	75.22	100.68	59.69	1.05	—0.93
锦　州	307.84	87.08	115.56	71.50	1.66	2.48
营　口	229.93	85.31	100.36	63.62	2.71	0.99
阜　新	192.80	77.99	86.12	68.87	1.14	0.11
辽　阳	182.41	71.63	78.24	58.86	1.97	0.25
盘　锦	124.80	57.19	63.87	51.10	3.47	4.01
铁　岭	300.43	43.55	94.96	33.50	3.70	2.72
朝　阳	336.80	48.30	89.42	32.30	3.06	4.85
葫芦岛	272.95	93.79	80.48	49.70	4.58	4.79
吉　林	**2444.15**	**768.83**	**1062.31**	**580.44**	**2.77**	**1.37**
长　春	724.00	314.70	317.90	239.15	4.17	2.74
吉　林	429.07	178.90	209.60	125.24	—1.66	—3.14
四　平	327.67	51.38	131.10	51.38	4.17	3.93
辽　源	123.98	44.51	56.69	38.64	1.54	1.62
通　化	226.39	45.51	105.04	39.54	2.98	1.36
白　山	130.66	33.45	87.76	26.59	1.72	2.85
松　原	280.78	51.82	73.54	31.94	5.79	6.33
白　城	201.60	48.56	80.68	27.96	1.91	—0.14
黑龙江	**3706.87**	**1269.35**	**1762.02**	**972.61**	**4.28**	**2.11**
哈尔滨	970.23	394.54	466.37	302.97	3.24	0.59
齐齐哈尔	551.98	142.64	194.62	112.01	4.54	—0.39
鸡　西	194.16	90.63	119.98	74.68	2.18	0.72
鹤　岗	109.82	68.37	87.48	61.15	3.64	2.90
双鸭山	151.21	50.34	90.75	45.42	4.60	2.80
大　庆	262.22	121.20	126.20	95.30	4.79	4.24
伊　春	129.57	82.87	111.17	79.26	2.10	0.44
佳木斯	247.31	81.81	121.56	59.97	7.39	5.08
七台河	88.15	51.10	48.34	34.65	5.67	7.49
牡丹江	270.35	78.77	147.62	64.44	2.62	1.66
黑　河	174.07	19.79	97.23	13.95	4.02	1.46
绥　化	557.80	87.29	150.7	28.81	6.14	6.75
上　海	**1352.39**	**1289.13**	**1097.60**	**1080.00**	**—1.16**	**—1.08**
江　苏	**7206.07**	**2335.04**	**2919.98**	**1538.68**	**2.42**	**3.37**
南　京	583.60	501.23	418.39	394.80	2.29	2.31
无　锡	447.19	223.57	279.39	178.23	0.95	1.19

2—1续表2

城　市	年末总人口(万人)		非农业人口		自然增长率(‰)	
	全　市	市辖区	全　市	市辖区	全　市	市辖区
徐　州	916.85	167.41	302.55	138.66	1.97	1.09
常　州	348.97	217.14	159.86	108.69	1.07	1.95
苏　州	598.85	220.75	297.62	134.26	1.12	2.08
南　通	773.79	84.38	240.62	84.35	—1.02	1.35
连云港	468.81	66.62	172.49	55.17	9.02	7.40
淮　安	524.06	270.99	143.15	85.93	6.08	8.53
盐　城	798.28	152.03	288.42	78.46	2.40	4.63
扬　州	454.29	113.85	172.96	76.71	0.50	2.01
镇　江	267.21	101.36	110.69	63.67	—0.71	1.18
泰　州	502.77	62.82	135.52	32.75	—0.04	—0.55
宿　迁	521.40	152.89	198.32	107.00	8.17	9.51
浙　江	**4577.23**	**1428.45**	**1224.06**	**648.95**	**4.93**	**4.01**
杭　州	651.68	401.59	282.58	233.08	4.00	3.88
宁　波	552.69	210.45	176.19	116.27	2.29	2.28
温　州	746.19	137.14	148.15	61.77	8.31	7.28
嘉　兴	333.94	80.41	108.42	35.20	0.81	1.15
湖　州	257.21	107.91	76.37	39.02	1.50	0.56
绍　兴	434.72	64.46	121.14	45.43	3.11	3.34
金　华	451.70	92.21	96.95	30.99	7.34	6.01
衢　州	245.61	80.59	42.35	19.17	4.21	5.10
舟　山	96.91	69.04	34.64	26.37	0.27	1.08
台　州	555.92	147.37	96.69	29.04	7.77	6.88
丽　水	250.66	37.28	40.58	12.61	7.19	7.09
安　徽	**6460.74**	**1741.76**	**1341.58**	**780.50**	**5.83**	**5.32**
合　肥	444.68	163.52	168.96	135.77	6.17	5.29
芜　湖	224.56	70.79	92.74	70.79	2.05	—1.03
蚌　埠	346.97	89.54	90.5	61.49	5.01	2.49
淮　南	233.58	162.51	105.72	92.45	7.27	7.32
马鞍山	124.39	59.90	58.17	48.48	2.91	2.42
淮　北	209.39	91.23	80.89	65.75	6.18	6.84
铜　陵	71.63	39.66	39.01	33.90	5.27	5.24
安　庆	604.20	60.30	100.03	43.49	3.11	3.46
黄　山	146.35	41.58	32.70	17.50	0.90	1.29
滁　州	433.50	51.10	91.60	22.50	6.65	7.12
阜　阳	918.70	185.20	102.14	41.77	8.35	5.80
宿　州	599.60	173.40	72.40	37.50	7.14	7.88
巢　湖	453.96	86.65	82.70	32.31	4.16	4.14
六　安	675.14	177.90	98.58	31.35	6.69	5.42
亳　州	545.67	141.86	54.05	17.26	7.52	6.67

2—1 续表 3

城　市	年末总人口(万人)		非农业人口		自然增长率(‰)	
	全　市	市辖区	全　市	市辖区	全　市	市辖区
池　州	155.40	62.98	25.32	12.70	3.94	4.14
宣　城	273.02	83.64	46.07	15.49	3.80	5.77
福　建	**3367.02**	**837.90**	**827.43**	**311.91**	**5.88**	**5.17**
福　州	609.39	170.85			3.86	0.28
厦　门	146.77	146.77	91.04	91.04	5.71	5.71
莆　田	303.68	202.67	58.44	39.63	9.64	7.83
三　明	267.94	28.31	86.39	21.11	6.37	7.69
泉　州	665.28	99.08	189.04	58.81	5.23	5.31
漳　州	455.83	52.67	128.72	33.19	4.67	4.15
南　平	304.41	48.83	101.86	26.38	6.07	4.81
龙　岩	286.98	46.61	84.00	30.55	5.79	6.89
宁　德	326.74	42.11	87.94	11.20	8.72	8.14
江　西	**4363.65**	**829.64**	**1139.93**	**453.45**	**9.51**	**7.62**
南　昌	460.79	203.73	204.91	155.87	7.06	5.14
景德镇	150.57	43.18	59.31	34.87	11.10	7.34
萍　乡	180.21	81.90	55.74	41.26	7.27	6.30
九　江	464.82	57.57	124.03	45.19	7.61	4.34
新　余	110.34	79.37	38.44	30.59	9.65	10.27
鹰　潭	111.58	18.98	31.97	13.09	9.41	10.17
赣　州	845.65	56.47	168.09	35.27	12.62	8.37
吉　安	466.65	50.60	101.76	22.80	11.57	10.55
宜　春	525.45	96.72	131.52	24.77	9.64	8.48
抚　州	378.77	104.39	99.07	29.84	8.36	10.26
上　饶	668.82	36.73	125.09	19.90	7.95	7.82
山　东	**9163.37**	**2601.38**	**2951.17**	**1436.55**	**5.00**	**5.15**
济　南	590.08	341.73	307.96	251.69	3.84	4.02
青　岛	731.12	258.40	350.96	216.33	4.15	2.90
淄　博	414.99	274.61	184.35	156.69	4.45	4.39
枣　庄	365.09	207.82	120.22	75.57	4.66	5.12
东　营	178.83	80.22	84.47	60.09	6.82	4.45
烟　台	646.82	174.34	236.14	110.23	1.41	2.55
潍　坊	850.65	144.16	247.91	79.87	4.10	5.81
济　宁	802.30	106.21	239.24	54.86	5.96	6.94
泰　安	549.95	159.95	177.22	68.13	6.59	7.43
威　海	248.39	58.92	113.68	44.24	−1.03	4.73
日　照	280.48	119.44	75.88	40.15	5.70	5.50
莱　芜	124.29	124.29	43.02	43.02	5.52	5.52
临　沂	1015.04	191.58	250.53	88.93	5.75	7.24
德　州	549.30	57.74	130.33	39.01	7.13	9.75

2—1续表4

城　　市	年末总人口(万人)		非农业人口		自然增长率(‰)	
	全　市	市辖区	全　市	市辖区	全　市	市辖区
聊　　城	566.45	101.22	139.92	38.65	5.11	4.96
滨　　州	368.90	62.20	93.73	28.72	6.24	6.87
菏　　泽	880.69	138.55	155.61	40.37	6.75	6.72
河　　南	**9821.87**	**1619.06**	**2083.76**	**1036.74**	**6.36**	**5.98**
郑　　州	671.15	251.72	261.27	185.37	8.01	6.81
开　　封	481.71	78.55	94.42	59.16	8.25	4.98
洛　　阳	647.16	148.87	174.07	106.47	8.15	4.49
平 顶 山	494.44	93.53	118.99	71.25	4.90	6.55
安　　阳	539.98	102.19	115.02	66.98	3.99	4.50
鹤　　壁	148.83	52.21	46.57	34.28	11.27	4.55
新　　乡	562.99	92.44	224.05	91.58	5.98	6.47
焦　　作	345.50	80.68	103.59	63.73	3.81	5.41
濮　　阳	367.46	52.87	68.59	38.37	6.08	8.68
许　　昌	450.64	38.96	94.59	36.10	6.49	8.37
漯　　河	261.25	35.36	61.37	33.1	5.11	6.10
三 门 峡	223.29	28.32	66.19	21.83	7.41	4.48
南　　阳	1065.58	168.38	161.08	53.91	8.28	8.30
商　　丘	838.68	156.43	146.63	84.47	5.14	3.33
信　　阳	794.85	137.52	128.24	43.61	6.13	4.52
周　　口	1094.37	42.16	121.62	22.80	6.43	11.04
驻 马 店	833.99	58.87	97.47	23.73	4.42	7.25
湖　　北	**5171.97**	**1878.92**	**1285.55**	**795.81**	**2.01**	**1.13**
武　　汉	785.90	785.90	484.70	484.70	−1.89	−1.89
黄　　石	254.92	66.79			3.08	3.42
十　　堰	341.79	50.65			1.86	6.98
宜　　昌	398.52	121.47	127.20	68.63	0.55	2.14
襄　　樊	578.77	218.61			3.33	3.75
鄂　　州	105.32	105.32	31.02	31.02	2.70	2.70
荆　　门	298.40	71.84	84.16	39.28	3.05	3.29
孝　　感	507.20	89.06	94.36	25.72	3.66	4.94
荆　　州	640.11	110.61	164.25	63.31	2.37	4.15
黄　　冈	726.34	36.69	171.19	22.47	2.81	3.68
咸　　宁	276.98	56.01	76.67	23.68	3.78	2.67
随　　州	257.72	165.97	52.00	37.00	2.51	1.48
湖　　南	**6398.94**	**1166.20**	**1533.01**	**683.50**	**4.23**	**5.23**
长　　沙	610.38	202.47	212.57	168.67	3.10	4.26
株　　洲	370.93	78.50	99.22	59.16	3.92	4.74
湘　　潭	282.82	71.10	81.59	58.74	2.01	4.33
衡　　阳	718.95	92.94	227.04	91.00	5.59	4.75

2—1续表5

城市	年末总人口(万人)		非农业人口		自然增长率(‰)	
	全市	市辖区	全市	市辖区	全市	市辖区
邵阳	739.70	67.04	125.00	39.41	5.94	8.53
岳阳	529.35	94.83	120.99	55.61	4.51	6.79
常德	601.05	137.37	142.98	48.73	3.47	3.70
张家界	157.29	47.19	26.99	13.96	1.81	7.46
益阳	458.55	129.28	79.80	32.79	2.41	3.80
郴州	457.71	64.15	156.74	39.06	5.34	6.13
永州	571.82	107.01	83.78	28.49	4.81	6.32
怀化	495.29	32.92	93.83	22.76	5.04	9.03
娄底	405.10	41.40	82.48	25.12	3.00	4.32
广东	**7814.29**	**2982.16**	**3657.72**	**2485.76**	**6.80**	**5.62**
广州	737.67	599.91	507.78	473.28	3.82	2.87
韶关	316.98	90.09	126.22	59.95	6.17	7.97
深圳	165.13	165.13	164.77	164.77	11.02	11.02
珠海	86.17	86.17	86.17	86.17	7.20	7.20
汕头	487.52	480.27	482.99	480.27	6.19	6.27
佛山	350.89	350.89	350.89	350.89	4.68	4.68
江门	385.53	133.08	221.29	133.08	1.92	2.71
湛江	715.94	144.17	200.86	77.62	9.42	9.15
茂名	670.59	119.88	247.15	117.65	9.13	8.99
肇庆	394.05	48.00	97.53	35.90	5.40	4.50
惠州	293.22	111.57	114.27	63.47	5.19	5.24
梅州	496.89	30.61	121.58	23.53	4.86	3.06
汕尾	311.67	45.72	156.34	45.72	13.87	13.22
河源	333.21	28.69	85.43	28.45	7.04	10.63
阳江	262.83	63.31	83.87	44.19	6.28	7.75
清远	391.26	54.59	112.57	54.33	4.55	1.08
东莞	161.97	161.97	61.48	61.48	5.92	5.92
中山	139.45	139.45	59.59	59.59	4.62	4.62
潮州	249.59	34.31	70.91	31.06	3.72	1.06
揭阳	601.77	66.03	208.15	66.03	12.28	4.76
云浮	261.96	28.32	97.88	28.32	5.88	5.51
广西	**4881.62**	**1149.81**	**901.52**	**449.26**	**9.08**	**10.21**
南宁	648.85	150.06	171.82	112.68	7.90	7.21
柳州	354.51	97.23	122.96	85.92	10.03	5.13
桂林	493.88	72.16	112.22	56.23	6.15	3.81
梧州	302.65	48.04	59.63	27.76	21.39	13.15
北海	147.87	54.96	44.15	25.70	6.79	8.64
防城港	79.84	48.16	20.86	13.53	16.12	17.85
钦州	344.01	122.63	38.72	20.47	17.72	13.08

2—1续表6

城　市	年末总人口(万人)		非农业人口		自然增长率(‰)	
	全　市	市辖区	全　市	市辖区	全　市	市辖区
贵　港	475.48	175.79	52.53	24.19	10.59	13.78
玉　林	595.49	90.45	71.28	20.48	6.83	4.02
百　色	371.68	33.22	46.67	12.63	7.49	16.74
贺　州	209.56	92.74	28.92	14.27	9.30	10.51
河　池	383.00	31.09	57.13	11.43	−0.29	6.71
来　宾	245.13	99.67	36.01	15.30	10.96	17.40
崇　左	229.67	33.61	38.62	8.67	5.90	1.72
海　南	**193.82**	**193.82**	**107.37**	**107.37**	**9.55**	**9.55**
海　口	143.07	143.07	82.25	82.25	9.09	9.09
三　亚	50.75	50.75	25.12	25.12	10.85	10.85
重　庆	**3144.23**	**1017.57**	**785.83**	**460.19**	**3.28**	**0.49**
四　川	**7994.76**	**2220.94**	**1823.65**	**917.84**	**2.35**	**2.36**
成　都	1059.69	464.54	453.73	327.58	0.87	1.96
自　贡	315.78	107.29	91.06	53.98	2.05	1.11
攀枝花	107.06	67.36	57.57	52.10	5.18	5.63
泸　州	473.99	139.77	78.64	43.66	1.64	0.38
德　阳	380.97	62.92	80.09	29.32	−0.47	0.87
绵　阳	529.07	112.91	120.35	56.27	0.37	2.35
广　元	303.91	90.42	59.50	30.00	0.62	−0.80
遂　宁	380.03	145.62	77.12	33.36	3.99	5.13
内　江	420.68	138.53	79.31	34.16	3.08	3.69
乐　山	347.67	113.46	85.82	43.51	1.42	0.11
南　充	724.77	187.56	150.98	56.71	1.20	4.45
眉　山	340.79	82.36	79.46	27.52	2.21	1.13
宜　宾	517.88	77.77	88.62	32.96	4.16	3.77
广　安	452.85	122.51	63.16	20.14	3.37	4.31
达　州	637.11	39.14	105.51	22.59	6.61	7.57
雅　安	153.40	33.82	31.20	13.32	4.43	1.17
巴　中	361.09	129.48	58.35	22.29	2.90	0.31
资　阳	488.02	105.48	63.18	18.37	2.33	1.20
贵　州	**1622.50**	**408.04**	**386.15**	**236.53**	**6.47**	**5.94**
贵　阳	347.81	203.37	169.23	145.14	3.54	2.60
六盘水	295.51	43.12	65.14	28.36	6.45	8.59
遵　义	723.01	81.86	111.97	41.26	7.50	8.43
安　顺	256.17	79.69	39.81	21.77	7.54	10.45
云　南	**2638.57**	**556.04**	**452.61**	**247.58**	**10.76**	**7.73**
昆　明	502.92	226.38	208.07	166.76	2.37	2.16
曲　靖	575.66	65.13	71.20	23.53	9.48	9.40
玉　溪	208.55	39.92	36.82	13.45	8.04	9.21

2—1续表7

城市	年末总人口(万人)		非农业人口		自然增长率(‰)	
	全市	市辖区	全市	市辖区	全市	市辖区
保山	241.13	85.38	25.4	12.00	6.92	6.57
昭通	524.35	76.73	40.56	11.76	29.08	24.20
丽江	112.73	14.35	15.76	6.30	4.29	3.87
思茅	254.90	20.18	32.06	8.65	6.00	10.31
临沧	218.33	27.97	22.74	5.13	5.18	5.23
陕西	**3673.37**	**1129.95**	**910.35**	**553.53**	**3.87**	**3.69**
西安	725.01	516.30	318.50	294.35	3.32	2.79
铜川	84.33	75.13	39.89	35.71	6.32	7.81
宝鸡	369.20	74.53	89.77	51.91	6.88	8.17
咸阳	489.75	84.85	101.85	52.16	6.03	5.82
渭南	536.75	91.35	97.59	24.51	2.37	0.58
延安	208.79	39.90	53.00	18.92	5.10	4.73
汉中	373.99	52.91	72.98	24.73	2.18	3.75
榆林	349.96	45.70	57.38	15.50	4.86	11.12
安康	294.97	94.78	44.51	20.67	1.77	0.53
商洛	240.62	54.50	34.88	15.07	1.62	0.78
甘肃	**2347.25**	**771.12**	**560.17**	**375.75**	**5.83**	**4.96**
兰州	308.11	199.15	180.27	167.44	4.00	3.03
嘉峪关	16.76	16.76	14.73	14.73	6.89	6.89
金昌	46.31	20.94	21.86	15.93	5.53	5.21
白银	174.58	47.27	40.51	29.39	8.62	5.79
天水	347.78	122.10	81.87	56.60	6.17	5.34
武威	187.18	98.28	29.49	20.34	4.97	5.04
张掖	126.46	49.54	30.27	17.24	4.04	4.78
平凉	222.93	48.46	30.03	14.86	6.06	7.18
酒泉	92.53	34.56	34.01	12.33	6.40	5.93
庆阳	256.69	32.97	30.64	8.98	7.16	6.08
定西	296.99	47.71	31.93	9.15	5.73	5.87
陇南	270.93	53.38	34.56	8.76	5.53	5.73
青海	**206.96**	**100.99**	**106.33**	**89.88**	**7.75**	**6.82**
西宁	206.96	100.99	106.33	89.88	7.75	6.82
宁夏	**590.42**	**239.44**	**205.71**	**136.48**	**11.01**	**10.08**
银川	137.79	75.82	84.01	63.56	10.43	8.05
石嘴山	72.62	44.15	41.95	34.95	8.17	5.85
吴忠	126.47	35.9	39.54	16.39	9.35	12.63
固原	151.28	48.91	16.67	9.10	14.85	16.21
中卫	102.26	34.66	23.54	12.48	10.19	8.60
新疆	**216.54**	**208.15**	**169.64**	**168.68**	**2.71**	**2.76**
乌鲁木齐	185.96	177.57	145.29	144.33	2.59	2.65
克拉玛依	30.58	30.58	24.35	24.35	3.41	3.41

2—2 劳动力与就业

城市	单位从业人员（万人）		私营和个体从业人员（人）		城镇登记失业人员（人）	
	全市	市辖区	全市	市辖区	全市	市辖区
城市合计	**10837.33**	**6384.68**	**67196369**	**37693186**	**6946005**	**4341362**
北京	**854.07**	**489.00**	**1798441**		**64617**	**61768**
天津	**193.91**	**182.63**	**1018700**	**901629**	**117700**	**114486**
河北	**485.43**	**249.96**	**2908309**	**1026986**	**233083**	**144181**
石家庄	87.28	55.79	271266	97964	27438	19855
唐山	71.48	48.56	266069	155368	42640	31262
秦皇岛	28.35	19.92	176772	134000	15547	11098
邯郸	58.74	34.43	418382	209191	37394	31366
邢台	33.02	13.66	342000	112826	18500	9150
保定	62.79	20.56	334978	98601	27341	10010
张家口	36.15	18.27	191403	47851	27100	16260
承德	22.86	9.80	111592	35370	9725	4958
沧州	39.05	10.69	219984	62035	15873	2622
廊坊	23.95	9.71	279637	41994	5012	3874
衡水	21.76	8.57	296226	31786	6513	3726
山西	**357.88**	**199.75**	**1450016**	**706247**	**138942**	**97940**
太原	75.08	68.42	433217	409720	39173	37538
大同	51.27	42.80	104790	57620	49000	43000
阳泉	21.35	17.12	60708	28970	5694	3147
长治	31.90	18.37	132896	51847	5327	4262
晋城	22.85	11.73	73158	23174	4625	1078
朔州	12.97	6.48	55899	30684	1469	787
晋中	29.75	8.34	57583	20497	9842	3067
运城	32.76	7.16	149560	19424	3094	400
忻州	22.48	6.10	67068	17909	8652	1200
临汾	35.67	9.13	171098	38368	8707	1820
吕梁	21.80	4.10	144039	8034	3359	1641
内蒙古	**209.03**	**107.02**	**1485232**	**796290**	**173476**	**82059**
呼和浩特	31.69	25.98	258721	217676	26500	18249
包头	34.74	30.98	463681	322774	33698	23569
乌海	9.65	9.65	41063	41063	8000	8000
赤峰	30.55	12.04	107041	50058	20463	10721
通辽	22.50	8.75	90618	45990	15309	6111
鄂尔多斯	13.90	4.85	99733	49285	10076	814
呼伦贝尔	38.71	4.31	139584	17031	34056	2724
巴彦淖尔	14.17	5.94	93714	30731	12193	5250
乌兰察布	13.12	4.52	191077	21682	13181	6621
辽宁	**496.60**	**376.20**	**5084953**	**3468031**	**783683**	**595501**
沈阳	99.80	93.03	1012592	895296	146966	137574

2—2 续表 1

城市	单位从业人员（万人）		私营和个体从业人员（人）		城镇登记失业人员（人）	
	全市	市辖区	全市	市辖区	全市	市辖区
大连	89.61	74.39	1222250	984540	88779	64578
鞍山	40.42	32.25	388713	227060	66095	60110
抚顺	30.20	26.67	382832	288772	48304	41530
本溪	24.44	21.31	235600	148210	43524	38579
丹东	19.25	12.25	366542	168975	144229	114576
锦州	28.74	16.52	240965	120674	52929	38527
营口	16.63	12.82	194969	119264	26411	18334
阜新	18.10	13.92	238477	181714	24383	21457
辽阳	18.28	14.53	239751	106359	28000	21000
盘锦	42.99	23.23	148311	114311	16428	7339
铁岭	22.88	8.10	195362	38428	41231	12999
朝阳	21.80	8.65	132377	35622	30387	10217
葫芦岛	23.46	18.53	86212	38806	26017	8681
吉林	**243.67**	**142.32**	**1522652**	**1055416**	**192062**	**116354**
长春	89.90	70.30	951043	773274	66006	52318
吉林	39.10	23.15	162417	110399	30100	20267
四平	23.58	8.08	124343	41776	28121	9442
辽源	10.79	7.29	53951	40547	18517	16200
通化	20.82	9.00	83534	37165	9957	4028
白山	17.53	6.79	27363	8294	12481	5331
松原	22.39	9.88	51798	22895	14565	4924
白城	19.56	7.83	68203	21066	12315	3844
黑龙江	**526.99**	**291.59**	**2054652**	**1154438**	**469597**	**312972**
哈尔滨	197.37	131.44	602700	454333	90800	43879
齐齐哈尔	41.92	21.64	287519	152637	41073	26737
鸡西	28.26	13.54	148136	54609	13355	7690
鹤岗	27.20	14.84	64713	39531	10192	9173
双鸭山	30.00	9.35	77427	35098	7162	3687
大庆	44.55	37.95	226678	151060	33013	28555
伊春	23.03	18.13	72537	54378	23219	20957
佳木斯	32.64	13.72	110084	41385	201537	147974
七台河	15.38	12.29	53171	43363	11428	9178
牡丹江	27.87	11.73	180577	59275	22816	11637
黑河	31.47	4.45	69110	23769	2302	945
绥化	27.30	2.51	162000	45000	12700	2560
上海	**331.15**	**326.86**	**2141054**	**2141054**	**274283**	**274283**
江苏	**605.28**	**340.42**	**4495893**	**2658558**	**429141**	**275159**
南京	89.39	84.98	729124	702967	64413	60114
无锡	52.74	37.70	590067	499885	38447	30548

2—2续表2

城　　市	单位从业人员（万人）		私营和个体从业人员（人）		城镇登记失业人员（人）	
	全　市	市辖区	全　市	市辖区	全　市	市辖区
徐　州	59.39	32.18	287338	174193	37231	23720
常　州	35.57	25.83	590944	497406	34542	28272
苏　州	90.83	40.68	672323	193811	58642	37876
南　通	53.81	21.09	241925	40560	28506	14030
连云港	27.91	13.69	100543	51067	20628	12303
淮　安	33.56	19.72	169044	97571	25729	17731
盐　城	47.92	15.25	345865	99008	36594	12491
扬　州	34.70	16.01	287350	119702	29921	14107
镇　江	30.65	17.93	167924	83607	17430	12821
泰　州	32.15	9.58	186199	42072	22402	5405
宿　迁	16.66	5.78	127247	56709	14656	5741
浙　江	**453.89**	**223.41**	**4013209**	**1900757**	**272208**	**144710**
杭　州	80.94	69.01	887117	752598	72677	54196
宁　波	71.15	43.72	599285	217515	42517	31088
温　州	78.70	33.52	563298	306609	31997	9944
嘉　兴	46.10	12.50	258006	80192	23877	9777
湖　州	20.09	9.83	141382	82628	10519	5306
绍　兴	48.49	11.31	308691	88324	25969	8574
金　华	32.19	7.31	468758	62310	22454	7790
衢　州	14.00	7.42	104038	41941	9951	4638
舟　山	10.96	9.09	110944	88338	6998	4891
台　州	37.79	15.85	431113	141227	18319	6639
丽　水	13.48	3.85	140577	39075	6930	1867
安　徽	**339.76**	**199.86**	**2356103**	**1206037**	**284746**	**173326**
合　肥	37.79	31.25	332610	183761	40272	31272
芜　湖	21.11	16.50	172770	110599	26115	21808
蚌　埠	21.12	13.72	86100	63105	22102	18855
淮　南	28.39	24.51	114631	94435	20676	18523
马鞍山	15.08	13.35	45848	32090	10285	9310
淮　北	22.64	18.47	122598	96624	15283	12396
铜　陵	11.10	9.66	90800	78562	10724	9982
安　庆	26.70	11.00	175033	85766	25923	11553
黄　山	9.45	5.21	71128	35979	6576	3444
滁　州	21.46	6.44	100069	36348	14508	5539
阜　阳	25.91	11.53	152995	73348	6569	3042
宿　州	24.69	12.52	66067	33108	12921	6518
巢　湖	16.94	7.41	205900	41800	15201	4596
六　安	21.80	7.95	375700	123800	36000	7500
亳　州	15.61	5.01	74850	62564	8086	2826

2—2 续表 3

城市	单位从业人员（万人）		私营和个体从业人员（人）		城镇登记失业人员（人）	
	全市	市辖区	全市	市辖区	全市	市辖区
池州	6.96	3.21	50704	31330	6184	2962
宣城	13.01	2.12	118300	22818	7321	3200
福建	**373.96**	**196.40**	**1798210**	**823218**	**146302**	**77348**
福州	81.47	48.31	417212	249562	28235	22616
厦门	62.96	62.96	241803	241803	19768	19768
莆田	25.07	20.56	66526	56213	5850	4147
三明	21.63	6.96	98988	24737	19341	5775
泉州	90.63	28.75	491067	125477	8499	3161
漳州	34.28	9.90	155085	37886	14554	4108
南平	21.43	6.35	163923	34340	22843	5820
龙岩	20.90	9.04	77636	32871	16331	6167
宁德	15.59	3.57	85970	20329	10881	5786
江西	**314.66**	**129.64**	**2518233**	**785839**	**256896**	**108255**
南昌	55.70	44.93	323767	276401	33500	33500
景德镇	15.14	8.49	97000	38900	10564	10200
萍乡	12.93	10.08	160718	94898	17285	15238
九江	33.50	12.64	176232	83014	24245	13577
新余	58.76	22.44	113100	68100	7700	7700
鹰潭	8.60	2.04	70353	29586	6654	3132
赣州	34.76	7.25	470200	45900	26834	1756
吉安	21.33	4.47	214392	29181	23150	7649
宜春	24.16	5.86	286305	53006	20359	4040
抚州	20.64	7.00	192145	46853	16828	4563
上饶	29.14	4.44	414021	20000	69777	6900
山东	**782.82**	**399.38**	**4268059**	**2374399**	**408519**	**219430**
济南	81.06	65.27	528153	469591	57900	41178
青岛	115.86	68.05	755157	459934	37012	22661
淄博	47.76	37.33	210653	187611	27336	21256
枣庄	32.05	24.27	159152	98540	19948	11134
东营	31.98	26.21	143917	117275	8841	5223
烟台	68.65	34.04	441351	247132	41819	35221
潍坊	60.23	21.98	299339	92093	35556	13266
济宁	57.27	13.82	189972	64262	31926	4244
泰安	42.65	12.88	128236	32880	27457	12893
威海	36.22	18.50	187781	112067	7658	5064
日照	17.57	10.22	75841	71453	15985	11912
莱芜	13.05	13.05	84204	84204	6800	6800
临沂	47.67	15.74	346918	118293	25152	7849
德州	34.11	10.45	314442	79533	17669	5420

2－2 续表 4

城　　市	单位从业人员（万人）		私营和个体从业人员（人）		城镇登记失业人员（人）	
	全　市	市辖区	全　市	市辖区	全　市	市辖区
聊　　城	34.40	9.75	209969	64649	20740	5256
滨　　州	29.02	8.08	63508	35066	11641	5693
菏　　泽	33.27	9.74	129466	39816	15079	4360
河　　南	**672.56**	**325.89**	**2160603**	**956774**	**317163**	**171483**
郑　　州	92.03	66.85	537000	306627	44000	33836
开　　封	30.24	16.63	80715	44566	32377	19972
洛　　阳	51.91	31.02	177882	113754	28023	21857
平 顶 山	44.92	27.00	68594	32650	19298	9009
安　　阳	41.47	21.74	244075	65593	19180	10080
鹤　　壁	15.45	10.82	25860	12328	4758	3174
新　　乡	42.23	20.09	68656	46399	19831	8436
焦　　作	31.51	17.79	91117	68063	12600	7860
濮　　阳	30.44	19.95	63804	38051	10549	8316
许　　昌	26.43	8.02	96318	17160	8955	4664
漯　　河	19.11	8.91	52831	23678	5739	2302
三 门 峡	23.58	7.17	48250	14320	10116	3501
南　　阳	65.23	25.50	164796	69655	30249	11981
商　　丘	38.65	12.49	79950	34984	23999	12349
信　　阳	39.44	13.05	127653	34130	17186	5466
周　　口	45.48	9.57	141911	22595	16812	6024
驻 马 店	34.44	9.29	91191	12221	13491	2656
湖　　北	**457.57**	**282.35**	**3672919**	**2043141**	**406305**	**260239**
武　　汉	141.26	141.26	1228641	1228641	111700	111700
黄　　石	28.48	17.42	239210	117189	23720	18399
十　　堰	29.17	16.36	192098	72604	21000	9260
宜　　昌	38.10	20.27	158726	81439	26936	12120
襄　　樊	42.92	22.16	393461	164163	39908	21432
鄂　　州	14.68	14.68	48000	48000	31815	31815
荆　　门	22.32	9.83	183475	47406	13985	7734
孝　　感	36.25	8.12	434520	69760	25147	3698
荆　　州	40.91	14.62	287302	105213	44539	24226
黄　　冈	33.23	4.47	329879	38710	23518	3645
咸　　宁	18.19	4.99	100803	28663	38857	12550
随　　州	12.06	8.17	76804	41353	5180	3660
湖　　南	**370.50**	**168.47**	**2710547**	**1222854**	**326055**	**134237**
长　　沙	68.61	50.63	440608	356397	53805	31394
株　　洲	28.38	19.03	365291	131851	22982	12010
湘　　潭	22.24	14.49	131191	108652	16526	11898
衡　　阳	41.01	12.97	182523	103208	34983	8263

2—2 续表 5

城市	单位从业人员（万人）		私营和个体从业人员（人）		城镇登记失业人员（人）	
	全市	市辖区	全市	市辖区	全市	市辖区
邵阳	29.79	9.76	284210	35315	18300	3100
岳阳	32.30	12.37	255935	112325	41800	24244
常德	23.09	8.49	187200	67600	23089	6675
张家界	7.60	3.94	55287	21479	4227	1850
益阳	19.46	7.82	92167	42297	26056	9650
郴州	25.83	8.34	231694	62915	20365	6614
永州	24.74	8.03	219429	105312	20492	2639
怀化	23.31	4.51	163012	32903	22400	7500
娄底	24.14	8.09	102000	42600	21030	8400
广东	**828.12**	**614.64**	**7713004**	**6093092**	**428367**	**276584**
广州	194.40	180.53	1149973	1059204	67749	62634
韶关	26.44	11.96	183276	99570		
深圳	137.04	137.04	1491500	1491500	26093	26093
珠海	41.28	41.28	314413	314413	11129	11129
汕头	29.72	29.22	412614	410613	17229	16837
佛山	48.99	48.99	978029	978029	28492	28492
江门	35.20	17.49	232812	138874	55362	31536
湛江	38.88	16.37	193925	91840	23708	7566
茂名	29.05	9.09	124651	50245	19610	7140
肇庆	23.71	9.84	144406	46212	11376	5108
惠州	53.52	40.30	272661	156956	12870	8871
梅州	22.42	4.45	78369	23565	17216	2636
汕尾	12.27	4.01	116035		9196	2404
河源	17.27	5.88	148889	12199	13758	3474
阳江	16.64	3.65	108430	58695	61885	30869
清远	19.55	5.56	106073	38481	9926	2547
东莞	18.35	18.35	157194	157194	5527	5527
中山	18.15	18.15	826159	826159	13429	13429
潮州	11.69	4.91	93168	70741	7991	4392
揭阳	19.59	4.92	499402	58391	8874	3508
云浮	13.95	2.65	81025	10211	6947	2392
广西	**271.44**	**137.56**	**1509761**	**715433**	**154290**	**78445**
南宁	57.03	38.09	210879	144050	26549	16797
柳州	37.28	26.81	195473	110225	21464	14798
桂林	31.37	15.92	129000	101700	21097	11259
梧州	15.09	7.59	89352	30868	7879	4187
北海	9.48	5.90			2346	1563
防城港	6.13	4.09	31405	16292	3318	2280
钦州	11.72	5.73	69325	24580	10361	6215

2—2 续表 6

城　市	单位从业人员（万人）		私营和个体从业人员（人）		城镇登记失业人员（人）	
	全　市	市辖区	全　市	市辖区	全　市	市辖区
贵　港	13.67	6.68	77996	42600	7858	3655
玉　林	23.48	7.34	186848	113977	16000	5939
百　色	17.96	4.74	81290	12698	6647	2621
贺　州	8.24	3.92	102187	47006	5930	3023
河　池	17.44	3.65	154477	28504	13500	2736
来　宾	10.57	4.84	99844	30045	5551	1732
崇　左	11.98	2.26	81685	12888	5790	1640
海　南	**31.16**	**31.16**	**327091**	**327091**	**18969**	**18969**
海　口	24.96	24.96	302173	302173	17103	17103
三　亚	6.20	6.20	24918	24918	1866	1866
重　庆	**213.60**	**137.92**	**1767900**	**1031100**	**167620**	**103649**
四　川	**461.68**	**251.02**	**2432430**	**1168592**	**312999**	**170560**
成　都	128.31	92.40	717456	441017	57760	39197
自　贡	18.11	13.01	93900	47400	16380	11520
攀枝花	19.03	17.48	86942	80852	13651	12182
泸　州	22.30	13.78	92879	46440	18604	11733
德　阳	22.39	9.34	122200	31010	13859	6453
绵　阳	30.73	15.87	160803	96052	31481	20746
广　元	14.50	7.61	69825	37964	9569	4876
遂　宁	17.15	7.64	84807	43348	13625	7667
内　江	22.40	9.71	47253	19641	14253	8053
乐　山	29.02	14.07	206466	79941	15730	8188
南　充	24.21	10.19	131596	46082	19691	9077
眉　山	12.64	3.95	50927	20893	12766	3273
宜　宾	29.02	11.55	224570	37135	21343	11406
广　安	10.75	3.47	83462	7712	15339	8000
达　州	25.28	6.16	52780	16141	13421	713
雅　安	9.06	4.45	102540	68884	5454	1855
巴　中	12.96	5.48	66918	30145	9993	2836
资　阳	13.82	4.86	37106	17935	10080	2785
贵　州	**115.35**	**73.99**	**787659**	**497159**	**70922**	**39716**
贵　阳	58.91	50.27	384100	358627	33018	25646
六盘水	17.48	8.13	90128	51654	10650	3600
遵　义	26.77	9.11	254939	65332	20000	7020
安　顺	12.19	6.48	58492	21546	7254	3450
云　南	**160.14**	**82.08**	**1305177**	**581533**	**100795**	**36030**
昆　明	72.04	56.67	461678	318290	20027	14936
曲　靖	23.32	6.33	212196	50007	36145	8373
玉　溪	12.87	4.67	324755	136421	3588	1334

2—2 续表 7

城 市	单位从业人员（万人）		私营和个体从业人员（人）		城镇登记失业人员（人）	
	全 市	市辖区	全 市	市辖区	全 市	市辖区
保 山	9.62	4.08	68658	16523	6500	2253
昭 通	14.80	4.03	56241	10729	17301	4208
丽 江	5.53	1.86	25872	11235	2133	817
思 茅	12.53	3.60	51737	26328	8693	2828
临 沧	9.43	0.84	104040	12000	6408	1281
陕 西	**319.78**	**188.04**	**2324659**	**1001668**	**213033**	**122140**
西 安	118.15	108.97	469800	417451	82852	82852
铜 川	9.64	9.06	25128	23922	12000	11634
宝 鸡	32.31	20.12	387616	228624	22807	1961
咸 阳	39.45	18.33	430677	113684	18472	2225
渭 南	34.27	6.88	167313	35216	22598	7512
延 安	18.86	4.92	84589	21054	9674	1789
汉 中	24.06	7.08	597508	94391	19404	10027
榆 林	20.00	4.68	80174	31513	9865	353
安 康	12.05	4.83	60310	22652	11422	3224
商 洛	10.99	3.17	21544	13161	3939	563
甘 肃	**176.66**	**109.11**	**669068**	**320187**	**99278**	**64780**
兰 州	59.27	52.21	211595	125445	16382	14740
嘉峪关	4.05	4.05	17909	17909	3303	3303
金 昌	8.42	5.68	23238	15119	5981	5020
白 银	16.15	10.86	49119	21437	5992	4041
天 水	18.03	11.63	29800	10740	23265	18367
武 威	9.45	6.54	63406	44384	4285	2665
张 掖	9.01	4.30	45931	25400	5209	3055
平 凉	12.21	3.79	42000	19000	12100	4500
酒 泉	9.58	3.04	46141	11033	5184	3110
庆 阳	9.73	2.54	85421	25200	7758	3683
定 西	9.99	2.67	24500	1120	3719	896
陇 南	10.77	1.80	30008	3400	6100	1400
青 海	**20.94**	**14.96**	**235274**	**192479**	**20615**	**17030**
西 宁	20.94	14.96	235274	192479	20615	17030
宁 夏	**110.32**	**55.37**	**333563**	**210186**	**40860**	**26249**
银 川	28.82	23.96	174900	145062	14925	12586
石嘴山	8.78	6.93	56431	19453	7274	6232
吴 忠	12.81	3.86	51760	23563	5638	1648
固 原	6.79	2.81	34087	12696	4170	2219
中 卫	53.12	17.81	16385	9412	8853	3564
新 疆	**58.41**	**57.68**	**332998**	**332998**	**23479**	**23479**
乌鲁木齐	46.08	45.35	299042	299042	21379	21379
克拉玛依	12.33	12.33	33956	33956	2100	2100

2—3 按三次产业分的单位从业人员就业状况

单位:万人

城　市	第一产业(农、林、牧、渔业)		第二产业		第三产业	
	全　市	市辖区	全　市	市辖区	全　市	市辖区
城市合计	**452.92**	**87.33**	**4650.04**	**3114.33**	**5734.35**	**3186.01**
北　　京	**61.52**	**2.76**	**232.80**	**148.70**	**559.75**	**337.54**
天　　津	**0.87**	**0.66**	**96.82**	**92.52**	**96.22**	**89.45**
河　　北	**8.63**	**0.94**	**195.52**	**131.77**	**281.28**	**117.25**
石家庄	0.48	0.21	36.71	27.27	50.09	28.31
唐　　山	3.43	0.11	36.23	29.40	31.82	19.05
秦皇岛	0.30	0.19	10.27	8.09	17.78	11.64
邯　　郸	0.49	0.07	28.26	22.60	29.99	11.76
邢　　台	0.39	0.01	11.40	7.30	21.23	6.35
保　　定	0.41	0.06	24.58	10.36	37.80	10.14
张家口	0.68	0.05	15.00	10.28	20.47	7.94
承　　德	0.79	0.05	7.25	4.45	14.82	5.30
沧　　州	1.27	0.04	13.12	5.06	24.66	5.59
廊　　坊	0.20	0.04	6.41	3.74	17.34	5.93
衡　　水	0.19	0.11	6.29	3.22	15.28	5.24
山　　西	**4.00**	**1.51**	**167.51**	**106.90**	**186.37**	**91.34**
太　　原	0.39	0.30	38.7	34.88	35.99	33.24
大　　同	0.61	0.39	26.03	23.96	24.63	18.45
阳　　泉	0.03	0.01	13.42	12.05	7.90	5.06
长　　治	0.35	0.10	16.60	11.87	14.95	6.40
晋　　城	0.17	0.01	11.44	7.28	11.24	4.44
朔　　州	0.32	0.15	6.11	3.16	6.54	3.17
晋　　中	0.23	0.04	14.61	3.99	14.91	4.31
运　　城	0.49	0.04	13.44	2.44	18.83	4.68
忻　　州	0.61	0.20	7.11	2.12	14.76	3.78
临　　汾	0.60	0.09	13.73	3.93	21.34	5.11
吕　　梁	0.20	0.18	6.32	1.22	15.28	2.70
内蒙古	**26.06**	**3.29**	**75.23**	**50.60**	**107.74**	**53.13**
呼和浩特	0.40	0.15	9.62	7.82	21.67	18.01
包　　头	1.00	0.77	22.48	21.16	11.26	9.05
乌　　海	0.19	0.19	6.80	6.80	2.66	2.66
赤　　峰	2.19	0.14	9.67	5.72	18.69	6.18
通　　辽	5.82	1.06	4.73	3.14	11.95	4.55
鄂尔多斯	0.52	0.08	6.42	2.48	6.96	2.29
呼伦贝尔	12.93	0.13	9.66	1.04	16.12	3.14
巴彦淖尔	2.43	0.64	3.58	1.55	8.16	3.75
乌兰察布	0.58	0.13	2.27	0.89	10.27	3.50
辽　　宁	**28.90**	**4.12**	**229.36**	**199.84**	**238.34**	**172.24**
沈　　阳	0.85	0.46	40.16	39.11	58.79	53.46

2—3 续表 1 单位:万人

城市	第一产业(农、林、牧、渔业)		第二产业		第三产业	
	全市	市辖区	全市	市辖区	全市	市辖区
大连	1.58	0.90	44.17	36.90	43.86	36.59
鞍山	0.82	0.13	22.80	21.30	16.80	10.82
抚顺	0.81	0.27	17.69	17.13	11.70	9.27
本溪	0.26	0.11	15.05	14.30	9.13	6.90
丹东	0.33	0.03	7.45	5.91	11.47	6.31
锦州	2.57	0.18	10.16	7.57	16.01	8.77
营口	0.19	0.13	5.90	5.66	10.54	7.03
阜新	0.50	0.11	9.06	8.72	8.54	5.09
辽阳	0.45	0.30	9.98	8.59	7.85	5.64
盘锦	17.57	1.03	15.82	14.82	9.60	7.38
铁岭	1.68	0.08	9.92	3.73	11.28	4.29
朝阳	0.82	0.08	8.11	3.50	12.87	5.07
葫芦岛	0.47	0.31	13.09	12.60	9.90	5.62
吉林	**15.05**	**0.96**	**96.39**	**73.52**	**132.23**	**67.84**
长春	1.50	0.30	36.90	33.50	51.50	36.50
吉林	1.95	0.20	17.94	12.37	19.21	10.58
四平	1.76	0.06	6.14	3.29	15.68	4.73
辽源	0.35	0.02	5.18	4.76	5.26	2.51
通化	0.79	0.03	8.78	5.14	11.25	3.83
白山	3.00	0.06	7.38	3.90	7.15	2.83
松原	2.55	0.08	8.23	6.61	11.61	3.19
白城	3.15	0.21	5.84	3.95	10.57	3.67
黑龙江	**79.87**	**14.29**	**226.53**	**164.11**	**220.59**	**113.19**
哈尔滨	10.16	1.7	99.08	71.24	88.13	58.50
齐齐哈尔	6.91	0.47	16.35	12.91	18.66	8.26
鸡西	6.06	0.12	12.30	9.54	9.90	3.88
鹤岗	7.78	0.97	11.88	10.36	7.54	3.51
双鸭山	11.42	0.39	9.40	6.47	9.18	2.49
大庆	0.92	0.14	24.40	23.30	19.23	14.51
伊春	10.92	8.57	7.64	6.60	4.47	2.96
佳木斯	6.30	0.61	9.81	5.96	16.53	7.15
七台河	0.70	0.06	11.22	10.06	3.46	2.17
牡丹江	5.90	0.14	9.62	6.08	12.35	5.51
黑河	11.10	1.05	8.10	0.92	12.27	2.48
绥化	1.70	0.07	6.73	0.67	18.87	1.77
上海	**1.70**	**1.28**	**138.86**	**137.88**	**190.59**	**187.70**
江苏	**16.48**	**3.21**	**284.68**	**171.87**	**304.10**	**165.35**
南京	0.91	0.72	37.85	36.18	50.63	48.07
无锡	0.47	0.20	27.03	21.34	25.23	16.17

2—3续表2

单位:万人

城市	第一产业(农、林、牧、渔业)		第二产业		第三产业	
	全市	市辖区	全市	市辖区	全市	市辖区
徐州	1.71	0.09	23.57	17.22	34.12	14.87
常州	0.23	0.10	18.29	13.79	17.04	11.94
苏州	0.88		59.37	27.19	30.58	13.49
南通	1.50	0.13	27.87	12.41	24.44	8.55
连云港	2.20	0.31	9.08	5.77	16.63	7.62
淮安	2.24	0.73	12.46	7.30	18.86	11.69
盐城	3.98	0.48	17.91	6.34	26.02	8.43
扬州	0.36	0.03	17.23	9.06	17.11	6.92
镇江	0.62	0.15	13.99	8.18	16.04	9.60
泰州	0.52	0.18	14.44	4.89	17.19	4.51
宿迁	0.86	0.09	5.59	2.20	10.21	3.49
浙江	**2.45**	**0.64**	**235.04**	**108.39**	**216.40**	**114.38**
杭州	0.28	0.15	30.24	26.66	50.42	42.20
宁波	0.20	0.06	38.94	23.11	32.01	20.55
温州	0.14	0.01	49.34	21.04	29.22	12.47
嘉兴	0.26	0.07	30.27	7.62	15.57	4.81
湖州	0.07	0.04	9.99	4.85	10.03	4.94
绍兴	0.11	0.01	30.87	6.84	17.51	4.46
金华	0.19	0.05	14.12	2.29	17.88	4.97
衢州	0.17	0.03	6.39	4.06	7.44	3.33
舟山	0.02	0.02	4.22	3.81	6.72	5.26
台州	0.61	0.14	16.89	7.02	20.29	8.69
丽水	0.40	0.06	3.77	1.09	9.31	2.70
安徽	**10.61**	**2.71**	**135.84**	**101.48**	**193.31**	**95.67**
合肥	0.27	0.10	12.97	12.22	24.55	18.93
芜湖	0.11	0.04	12.01	10.34	8.99	6.12
蚌埠	0.78	0.02	7.21	5.82	13.13	7.88
淮南	0.43	0.23	18.08	15.91	9.88	8.37
马鞍山	0.06	0.01	9.72	9.32	5.30	4.02
淮北	0.02	0.02	15.33	13.14	7.29	5.31
铜陵	0.41	0.40	6.64	6.10	4.05	3.16
安庆	1.89	0.86	6.85	4.94	17.96	5.20
黄山	0.22	0.10	2.55	1.59	6.68	3.52
滁州	1.26	0.10	7.60	3.29	12.60	3.05
阜阳	0.62	0.15	6.45	3.82	18.84	7.56
宿州	1.11	0.13	8.43	6.06	15.15	6.33
巢湖	0.85	0.11	5.47	2.80	10.62	4.50
六安	1.03	0.20	6.35	3.05	14.42	4.70
亳州	0.25	0.03	3.77	1.65	11.59	3.33

2—3 续表 3

单位：万人

城市	第一产业(农、林、牧、渔业)		第二产业		第三产业	
	全市	市辖区	全市	市辖区	全市	市辖区
池州	0.36	0.08	1.90	0.85	4.70	2.28
宣城	0.94	0.13	4.51	0.58	7.56	1.41
福建	**6.95**	**1.25**	**222.69**	**124.18**	**144.32**	**70.97**
福州	0.88	0.32	44.90	24.25	35.69	23.74
厦门	0.27	0.27	46.27	46.27	16.42	16.42
莆田	0.10	0.06	15.94	13.60	9.03	6.90
三明	0.64	0.09	9.05	3.91	11.94	2.96
泉州	0.46	0.09	68.38	21.04	21.79	7.62
漳州	2.98	0.15	17.40	5.74	13.90	4.01
南平	0.80	0.10	7.95	3.29	12.68	2.96
龙岩	0.61	0.12	8.69	4.89	11.60	4.03
宁德	0.21	0.05	4.11	1.19	11.27	2.33
江西	**37.53**	**2.89**	**115.93**	**59.16**	**161.20**	**67.59**
南昌	2.40	1.57	24.20	19.82	29.10	23.54
景德镇	0.97	0.43	7.72	4.46	6.45	3.60
萍乡	0.24	0.16	6.13	5.74	6.56	4.18
九江	1.55	0.04	14.41	5.90	17.54	6.70
新余	21.77	0.31	20.52	11.59	16.47	10.54
鹰潭	1.21	0.01	3.60	0.56	3.79	1.47
赣州	1.04	0.04	11.72	3.10	22.00	4.11
吉安	1.73	0.12	5.63	1.05	13.97	3.30
宜春	1.14	0.08	7.93	1.96	15.09	3.82
抚州	1.43	0.12	6.41	3.14	12.80	3.74
上饶	4.05	0.01	7.66	1.84	17.43	2.59
山东	**8.88**	**1.99**	**405.27**	**217.90**	**368.67**	**179.49**
济南	0.35	0.27	39.28	30.79	41.43	34.21
青岛	0.66	0.24	73.09	39.57	42.11	28.24
淄博	0.48	0.16	29.31	23.32	17.97	13.85
枣庄	0.55	0.17	15.97	12.87	15.53	11.23
东营	0.47	0.03	21.47	19.52	10.04	6.66
烟台	0.85	0.45	36.85	19.58	30.95	14.01
潍坊	1.00	0.02	29.68	12.69	29.55	9.27
济宁	0.58	0.11	27.94	6.22	28.75	7.49
泰安	0.62	0.15	23.63	4.63	18.40	8.10
威海	0.30	0.05	23.40	13.20	12.52	5.25
日照	0.13	0.07	7.59	4.30	9.85	5.85
莱芜	0.02	0.02	8.24	8.24	4.79	4.79
临沂	0.97	0.13	16.26	5.98	30.44	9.63
德州	0.40	0.01	14.43	5.92	19.28	4.52

2—3续表4 单位:万人

城市	第一产业(农、林、牧、渔业)		第二产业		第三产业	
	全市	市辖区	全市	市辖区	全市	市辖区
聊城	0.38	0.03	14.84	3.55	19.18	6.17
滨州	0.40	0.04	17.25	5.11	11.37	2.93
菏泽	0.72	0.04	6.04	2.41	26.51	7.29
河南	**8.92**	**1.23**	**281.96**	**177.40**	**381.68**	**147.26**
郑州	0.31	0.19	43.98	33.61	47.74	33.05
开封	0.33	0.05	9.73	7.37	20.18	9.21
洛阳	0.40	0.03	23.47	17.28	28.04	13.71
平顶山	0.19	0.02	24.94	18.64	19.79	8.34
安阳	0.31	0.02	22.11	13.67	19.05	8.05
鹤壁	0.22		9.01	7.58	6.22	3.24
新乡	0.62	0.01	16.89	9.90	24.72	10.18
焦作	0.45	0.02	16.36	11.90	14.70	5.87
濮阳	0.22	0.11	17.51	15.17	12.71	4.67
许昌	0.28	0.14	10.33	3.80	15.82	4.08
漯河	0.14	0.01	8.15	4.77	10.82	4.13
三门峡	0.22	0.02	12.79	3.70	10.57	3.45
南阳	1.55	0.31	25.34	13.55	38.34	11.64
商丘	0.34	0.09	10.21	4.26	28.10	8.14
信阳	1.11	0.15	11.12	4.78	27.21	8.12
周口	1.46	0.03	11.85	4.04	32.17	5.50
驻马店	0.77	0.03	8.17	3.38	25.50	5.88
湖北	**26.40**	**12.64**	**194.80**	**131.21**	**236.37**	**138.50**
武汉	5.32	5.32	61.90	61.90	74.04	74.04
黄石	1.17	0.19	16.54	11.36	10.77	5.87
十堰	0.45	0.05	14.93	11.06	13.79	5.25
宜昌	1.38	0.09	18.71	10.47	18.01	9.71
襄樊	2.03	0.50	17.12	9.73	23.77	11.93
鄂州	0.20	0.20	8.42	8.42	6.06	6.06
荆门	3.69	1.97	8.09	3.80	10.54	4.06
孝感	2.43	0.84	17.12	3.11	16.70	4.17
荆州	5.64	1.94	12.92	6.26	22.35	6.42
黄冈	2.24	0.26	8.39	1.22	22.60	2.99
咸宁	0.67	0.16	7.11	1.77	10.41	3.06
随州	1.18	1.12	3.55	2.11	7.33	4.94
湖南	**10.12**	**1.71**	**131.01**	**72.69**	**229.37**	**94.07**
长沙	0.29	0.15	26.99	19.14	41.33	31.34
株洲	0.43	0.01	14.18	12.06	13.77	6.96
湘潭	0.07	0.04	12.05	8.94	10.12	5.51
衡阳	0.56	0.06	15.71	6.14	24.74	6.77

2—3续表5

单位:万人

城　　市	第一产业(农、林、牧、渔业)		第二产业		第三产业	
	全　市	市辖区	全　市	市辖区	全　市	市辖区
邵　阳	1.30	0.05	9.26	5.09	19.23	4.62
岳　阳	3.67	0.81	10.01	5.81	18.62	5.75
常　德	0.50	0.17	5.73	2.28	16.86	6.04
张家界	0.30	0.07	1.52	0.73	5.78	3.14
益　阳	0.56	0.07	4.49	2.12	14.41	5.63
郴　州	0.55	0.04	8.99	3.28	16.29	5.02
永　州	0.96	0.14	6.16	2.59	17.62	5.30
怀　化	0.65	0.05	6.16	1.07	16.50	3.39
娄　底	0.28	0.05	9.76	3.44	14.10	4.60
广　东	**12.04**	**3.68**	**396.72**	**319.01**	**419.36**	**294.94**
广　州	1.14	0.89	87.60	79.06	105.66	100.58
韶　关	0.55	0.06	12.69	6.72	13.20	5.18
深　圳	0.70	0.70	74.99	74.99	61.35	61.35
珠　海	0.90	0.90	29.81	29.81	10.57	10.57
汕　头	0.06	0.05	11.52	11.43	18.14	17.74
佛　山	0.06	0.06	26.30	26.30	22.63	22.63
江　门	0.16	0.02	19.46	10.05	15.58	7.42
湛　江	2.94	0.36	11.53	5.46	24.41	10.55
茂　名	1.47	0.03	9.19	3.65	18.39	5.41
肇　庆	0.27	0.03	10.21	5.46	13.23	4.35
惠　州	0.46	0.08	37.75	31.33	15.31	8.89
梅　州	0.27	0.07	6.74	1.34	15.41	3.04
汕　尾	0.96	0.11	3.42	1.69	7.89	2.21
河　源	0.22	0.03	6.69	3.17	10.36	2.68
阳　江	0.58	0.13	6.43	2.23	9.63	4.28
清　远	0.37	0.03	7.54	2.05	11.65	3.48
东　莞	0.06	0.06	7.89	7.89	10.40	10.40
中　山	0.04	0.04	10.74	10.74	7.37	7.37
潮　州	0.03	0.01	4.39	2.36	7.27	2.54
揭　阳	0.66	0.01	5.24	1.94	13.69	2.97
云　浮	0.14	0.01	6.59	1.34	7.22	1.30
广　西	**13.87**	**4.30**	**87.47**	**52.74**	**170.10**	**80.51**
南　宁	3.58	1.12	17.28	12.22	36.18	24.75
柳　州	1.03	0.33	18.64	15.26	17.61	11.22
桂　林	0.75	0.10	10.26	6.44	20.36	9.38
梧　州	0.26	0.01	5.47	3.91	9.36	3.67
北　海	0.51	0.32	2.30	1.48	6.67	4.10
防城港	0.68	0.29	1.80	1.23	3.65	2.57
钦　州	0.73	0.23	2.86	1.48	8.12	4.01

2—3 续表 6 单位:万人

城　市	第一产业(农、林、牧、渔业)		第二产业		第三产业	
	全　市	市辖区	全　市	市辖区	全　市	市辖区
贵　港	0.43	0.30	3.31	1.99	9.93	4.39
玉　林	0.82	0.07	6.74	2.52	15.92	4.75
百　色	0.99	0.36	5.33	1.61	11.64	2.77
贺　州	0.42	0.09	1.97	1.12	5.85	2.71
河　池	0.79	0.05	5.23	1.39	11.42	2.21
来　宾	1.16	0.67	2.99	1.42	6.42	2.75
崇　左	1.72	0.36	3.29	0.67	6.97	1.23
海　南	**1.27**	**1.27**	**9.15**	**9.15**	**20.74**	**20.74**
海　口	0.26	0.26	8.20	8.20	16.50	16.50
三　亚	1.01	1.01	0.95	0.95	4.24	4.24
重　庆	**2.36**	**0.81**	**102.11**	**70.94**	**109.13**	**66.17**
四　川	**7.41**	**1.69**	**213.17**	**129.69**	**241.10**	**119.64**
成　都	0.45	0.18	63.42	45.17	64.44	47.05
自　贡	0.26	0.04	8.27	6.92	9.58	6.05
攀枝花	0.17	0.03	13.71	13.33	5.15	4.12
泸　州	0.35	0.09	10.26	7.41	11.69	6.28
德　阳	0.18	0.02	11.16	5.35	11.05	3.97
绵　阳	0.34	0.03	14.25	7.85	16.14	7.99
广　元	0.26	0.05	5.32	3.99	8.92	3.57
遂　宁	0.27	0.08	9.20	4.01	7.68	3.55
内　江	0.25	0.08	11.90	4.97	10.25	4.66
乐　山	1.00	0.41	14.82	8.33	13.20	5.33
南　充	0.67	0.11	8.40	4.10	15.14	5.98
眉　山	0.27	0.01	4.81	1.73	7.56	2.21
宜　宾	0.34	0.04	15.01	6.65	13.67	4.86
广　安	0.33	0.12	2.13	0.54	8.29	2.81
达　州	0.90	0.03	8.74	2.93	15.64	3.20
雅　安	0.20	0.02	3.09	2.01	5.77	2.42
巴　中	0.64	0.19	4.06	2.27	8.26	3.02
资　阳	0.53	0.16	4.62	2.13	8.67	2.57
贵　州	**1.96**	**0.34**	**50.42**	**36.14**	**62.97**	**37.51**
贵　阳	0.36	0.12	29.45	24.76	29.10	25.39
六盘水	0.25		10.10	5.77	7.13	2.36
遵　义	0.54	0.02	7.24	3.48	18.99	5.61
安　顺	0.81	0.20	3.63	2.13	7.75	4.15
云　南	**5.91**	**1.26**	**52.15**	**29.63**	**102.08**	**51.19**
昆　明	0.80	0.40	27.50	21.39	43.74	34.88
曲　靖	0.58	0.12	8.67	2.88	14.07	3.33
玉　溪	0.44	0.03	3.53	1.19	8.90	3.45

2—3续表7 单位:万人

城市	第一产业(农、林、牧、渔业)		第二产业		第三产业	
	全市	市辖区	全市	市辖区	全市	市辖区
保山	0.53	0.22	2.37	1.05	6.72	2.81
昭通	0.50	0.10	3.19	1.10	11.11	2.83
丽江	0.57	0.03	0.69	0.26	4.27	1.57
思茅	1.59	0.32	3.59	1.64	7.35	1.64
临沧	0.90	0.04	2.61	0.12	5.92	0.68
陕西	**6.56**	**1.70**	**129.93**	**89.00**	**183.29**	**97.35**
西安	0.94	0.59	53.76	51.01	63.46	57.38
铜川	0.10	0.07	5.82	5.68	3.72	3.31
宝鸡	1.06	0.20	14.68	10.76	16.57	9.16
咸阳	0.68	0.13	18.91	11.99	19.86	6.21
渭南	1.05	0.11	13.77	2.72	19.45	4.05
延安	0.65	0.12	5.71	1.24	12.50	3.56
汉中	0.70	0.11	8.89	2.82	14.47	4.15
榆林	0.76	0.22	3.94	1.23	15.29	3.23
安康	0.25	0.06	2.35	1.01	9.45	3.76
商洛	0.37	0.09	2.10	0.54	8.52	2.54
甘肃	**8.47**	**2.89**	**72.41**	**52.37**	**95.78**	**53.85**
兰州	0.46	0.31	29.13	25.69	29.68	26.21
嘉峪关	0.02	0.02	3.20	3.20	0.83	0.83
金昌	0.53	0.13	5.85	4.21	2.04	1.34
白银	0.47	0.04	9.15	8.25	6.53	2.57
天水	1.06	0.75	7.46	5.49	9.51	5.39
武威	0.93	0.71	1.83	1.42	6.69	4.41
张掖	1.06	0.18	2.39	1.25	5.56	2.87
平凉	1.37	0.19	3.81	1.12	7.03	2.48
酒泉	0.99	0.18	3.35	0.66	5.24	2.20
庆阳	0.28	0.01	1.62	0.35	7.83	2.18
定西	0.67	0.27	2.19	0.47	7.13	1.93
陇南	0.63	0.10	2.43	0.26	7.71	1.44
青海	**0.47**	**0.15**	**7.89**	**4.93**	**12.58**	**9.88**
西宁	0.47	0.15	7.89	4.93	12.58	9.88
宁夏	**36.01**	**9.53**	**34.84**	**23.49**	**39.47**	**22.35**
银川	1.88	0.72	14.42	12.86	12.52	10.38
石嘴山	0.43	0.18	5.15	4.61	3.20	2.14
吴忠	1.08	0.07	4.71	1.18	7.02	2.61
固原	0.31	0.12	1.10	0.62	5.38	2.07
中卫	32.31	8.44	9.46	4.22	11.35	5.15
新疆	**1.65**	**1.63**	**27.54**	**27.12**	**29.22**	**28.92**
乌鲁木齐	1.62	1.60	17.77	17.35	26.69	26.39
克拉玛依	0.03	0.03	9.77	9.77	2.53	2.53

2—4 单位从业人员就业结构

单位:%

城市	第一产业从业人员比重		第二产业从业人员比重		第三产业从业人员比重	
	全市	市辖区	全市	市辖区	全市	市辖区
城市合计	**4.18**	**1.37**	**42.91**	**48.78**	**52.91**	**49.90**
北京	**7.20**	**0.56**	**27.26**	**30.41**	**65.54**	**69.03**
天津	**0.45**	**0.36**	**49.93**	**50.66**	**49.62**	**48.98**
河北	**1.78**	**0.38**	**40.28**	**52.72**	**57.94**	**46.91**
石家庄	0.55	0.38	42.06	48.88	57.39	50.74
唐山	4.80	0.23	50.69	60.54	44.52	39.23
秦皇岛	1.06	0.95	36.23	40.61	62.72	58.43
邯郸	0.83	0.20	48.11	65.64	51.06	34.16
邢台	1.18	0.07	34.52	53.44	64.29	46.49
保定	0.65	0.29	39.15	50.39	60.20	49.32
张家口	1.88	0.27	41.49	56.27	56.63	43.46
承德	3.46	0.51	31.71	45.41	64.83	54.08
沧州	3.25	0.37	33.60	47.33	63.15	52.29
廊坊	0.84	0.41	26.76	38.52	72.40	61.07
衡水	0.87	1.28	28.91	37.57	70.22	61.14
山西	**1.12**	**0.76**	**46.81**	**53.52**	**52.08**	**45.73**
太原	0.52	0.44	51.55	50.98	47.94	48.58
大同	1.19	0.91	50.77	55.98	48.04	43.11
阳泉	0.14	0.06	62.86	70.39	37.00	29.56
长治	1.10	0.54	52.04	64.62	46.87	34.84
晋城	0.74	0.09	50.07	62.06	49.19	37.85
朔州	2.47	2.31	47.11	48.77	50.42	48.92
晋中	0.77	0.48	49.11	47.84	50.12	51.68
运城	1.50	0.56	41.03	34.08	57.48	65.36
忻州	2.71	3.28	31.63	34.75	65.66	61.97
临汾	1.68	0.99	38.49	43.04	59.83	55.97
吕梁	0.92	4.39	28.99	29.76	70.09	65.85
内蒙古	**12.47**	**3.07**	**35.99**	**47.28**	**51.54**	**49.64**
呼和浩特	1.26	0.58	30.36	30.10	68.38	69.32
包头	2.88	2.49	64.71	68.30	32.41	29.21
乌海	1.97	1.97	70.47	70.47	27.56	27.56
赤峰	7.17	1.16	31.65	47.51	61.18	51.33
通辽	25.87	12.11	21.02	35.89	53.11	52.00
鄂尔多斯	3.74	1.65	46.19	51.13	50.07	47.22
呼伦贝尔	33.40	3.02	24.95	24.13	41.64	72.85
巴彦淖尔	17.15	10.77	25.26	26.09	57.59	63.13
乌兰察布	4.42	2.88	17.30	19.69	78.28	77.43
辽宁	**5.82**	**1.10**	**46.19**	**53.12**	**47.99**	**45.78**
沈阳	0.85	0.49	40.24	42.04	58.91	57.47

2—4 续表 1　　单位:%

城　市	第一产业从业人员比重		第二产业从业人员比重		第三产业从业人员比重	
	全　市	市辖区	全　市	市辖区	全　市	市辖区
大　连	1.76	1.21	49.29	49.60	48.95	49.19
鞍　山	2.03	0.40	56.41	66.05	41.56	33.55
抚　顺	2.68	1.01	58.58	64.23	38.74	34.76
本　溪	1.06	0.52	61.58	67.10	37.36	32.38
丹　东	1.71	0.24	38.70	48.24	59.58	51.51
锦　州	8.94	1.09	35.35	45.82	55.71	53.09
营　口	1.14	1.01	35.48	44.15	63.38	54.84
阜　新	2.76	0.79	50.06	62.64	47.18	36.57
辽　阳	2.46	2.06	54.60	59.12	42.94	38.82
盘　锦	40.87	4.43	36.80	63.80	22.33	31.77
铁　岭	7.34	0.99	43.36	46.05	49.30	52.96
朝　阳	3.76	0.92	37.20	40.46	59.04	58.61
葫芦岛	2.00	1.67	55.80	68.00	42.20	30.33
吉　林	**6.18**	**0.67**	**39.56**	**51.66**	**54.27**	**47.67**
长　春	1.67	0.43	41.05	47.65	57.29	51.92
吉　林	4.99	0.86	45.88	53.43	49.13	45.70
四　平	7.46	0.74	26.04	40.72	66.50	58.54
辽　源	3.24	0.27	48.01	65.29	48.75	34.43
通　化	3.79	0.33	42.17	57.11	54.03	42.56
白　山	17.11	0.88	42.10	57.44	40.79	41.68
松　原	11.39	0.81	36.76	66.90	51.85	32.29
白　城	16.10	2.68	29.86	50.45	54.04	46.87
黑龙江	**15.16**	**4.90**	**42.99**	**56.28**	**41.86**	**38.82**
哈尔滨	5.15	1.29	50.20	54.20	44.65	44.51
齐齐哈尔	16.48	2.17	39.00	59.66	44.51	38.17
鸡　西	21.44	0.89	43.52	70.46	35.03	28.66
鹤　岗	28.60	6.54	43.68	69.81	27.72	23.65
双鸭山	38.07	4.17	31.33	69.20	30.60	26.63
大　庆	2.07	0.37	54.77	61.40	43.16	38.23
伊　春	47.42	47.27	33.17	36.40	19.41	16.33
佳木斯	19.30	4.45	30.06	43.44	50.64	52.11
七台河	4.55	0.49	72.95	81.86	22.50	17.66
牡丹江	21.17	1.19	34.52	51.83	44.31	46.97
黑　河	35.27	23.60	25.74	20.67	38.99	55.73
绥　化	6.23	2.79	24.65	26.69	69.12	70.52
上　海	**0.51**	**0.39**	**41.93**	**42.18**	**57.55**	**57.43**
江　苏	**2.72**	**1.07**	**47.03**	**50.49**	**50.24**	**48.57**
南　京	1.02	0.85	42.34	42.57	56.64	56.57
无　锡	0.89	0.53	51.25	56.60	47.84	42.89

2—4 续表 2

单位:%

城市	第一产业从业人员比重		第二产业从业人员比重		第三产业从业人员比重	
	全市	市辖区	全市	市辖区	全市	市辖区
徐州	2.88	0.28	39.69	53.51	57.45	46.21
常州	0.65	0.39	51.42	53.39	47.91	46.23
苏州	0.97		65.36	66.84	33.67	33.16
南通	2.79	0.62	51.79	58.84	45.42	40.54
连云港	7.88	2.26	32.53	42.15	59.58	55.66
淮安	6.67	3.70	37.13	37.02	56.20	59.28
盐城	8.31	3.15	37.37	41.57	54.30	55.28
扬州	1.04	0.19	49.65	56.59	49.31	43.22
镇江	2.02	0.84	45.64	45.62	52.33	53.54
泰州	1.62	1.88	44.91	51.04	53.47	47.08
宿迁	5.16	1.56	33.55	38.06	61.28	60.38
浙江	**0.54**	**0.29**	**51.78**	**48.52**	**47.68**	**51.20**
杭州	0.35	0.22	37.36	38.63	62.29	61.15
宁波	0.28	0.14	54.73	52.86	44.99	47.00
温州	0.18	0.03	62.69	62.77	37.13	37.20
嘉兴	0.56	0.56	65.66	60.96	33.77	38.48
湖州	0.35	0.41	49.73	49.34	49.93	50.25
绍兴	0.23	0.09	63.66	60.48	36.11	39.43
金华	0.59	0.68	43.86	31.33	55.55	67.99
衢州	1.21	0.40	45.64	54.72	53.14	44.88
舟山	0.18	0.22	38.50	41.91	61.31	57.87
台州	1.61	0.88	44.69	44.29	53.69	54.83
丽水	2.97	1.56	27.97	28.31	69.07	70.13
安徽	**3.12**	**1.36**	**39.98**	**50.78**	**56.90**	**47.87**
合肥	0.71	0.32	34.32	39.10	64.96	60.58
芜湖	0.52	0.24	56.89	62.67	42.59	37.09
蚌埠	3.69	0.15	34.14	42.42	62.17	57.43
淮南	1.51	0.94	63.68	64.91	34.80	34.15
马鞍山	0.40	0.07	64.46	69.81	35.15	30.11
淮北	0.09	0.11	67.71	71.14	32.20	28.75
铜陵	3.69	4.14	59.82	63.15	36.49	32.71
安庆	7.08	7.82	25.66	44.91	67.27	47.27
黄山	2.33	1.92	26.98	30.52	70.69	67.56
滁州	5.87	1.55	35.41	51.09	58.71	47.36
阜阳	2.39	1.30	24.89	33.13	72.71	65.57
宿州	4.50	1.04	34.14	48.40	61.36	50.56
巢湖	5.02	1.48	32.29	37.79	62.69	60.73
六安	4.72	2.52	29.13	38.36	66.15	59.12
亳州	1.60	0.60	24.15	32.93	74.25	66.47

2—4 续表 3

单位:%

城市	第一产业从业人员比重		第二产业从业人员比重		第三产业从业人员比重	
	全市	市辖区	全市	市辖区	全市	市辖区
池州	5.17	2.49	27.30	26.48	67.53	71.03
宣城	7.23	6.13	34.67	27.36	58.11	66.51
福建	**1.86**	**0.64**	**59.55**	**63.23**	**38.59**	**36.14**
福州	1.08	0.66	55.11	50.20	43.81	49.14
厦门	0.43	0.43	73.49	73.49	26.08	26.08
莆田	0.40	0.29	63.58	66.15	36.02	33.56
三明	2.96	1.29	41.84	56.18	55.20	42.53
泉州	0.51	0.31	75.45	73.18	24.04	26.50
漳州	8.69	1.52	50.76	57.98	40.55	40.51
南平	3.73	1.57	37.10	51.81	59.17	46.61
龙岩	2.92	1.33	41.58	54.09	55.50	44.58
宁德	1.35	1.40	26.36	33.33	72.29	65.27
江西	**11.93**	**2.23**	**36.84**	**45.63**	**51.23**	**52.14**
南昌	4.31	3.49	43.45	44.11	52.24	52.39
景德镇	6.41	5.06	50.99	52.53	42.60	42.40
萍乡	1.86	1.59	47.41	56.94	50.73	41.47
九江	4.63	0.32	43.01	46.68	52.36	53.01
新余	37.05	1.38	34.92	51.65	28.03	46.97
鹰潭	14.07	0.49	41.86	27.45	44.07	72.06
赣州	2.99	0.55	33.72	42.76	63.29	56.69
吉安	8.11	2.68	26.39	23.49	65.49	73.83
宜春	4.72	1.37	32.82	33.45	62.46	65.19
抚州	6.93	1.71	31.06	44.86	62.02	53.43
上饶	13.90	0.23	26.29	41.44	59.81	58.33
山东	**1.13**	**0.50**	**51.77**	**54.56**	**47.10**	**44.94**
济南	0.43	0.41	48.46	47.17	51.11	52.41
青岛	0.57	0.35	63.08	58.15	36.35	41.50
淄博	1.01	0.43	61.37	62.47	37.63	37.10
枣庄	1.72	0.70	49.83	53.03	48.46	46.27
东营	1.47	0.11	67.14	74.48	31.39	25.41
烟台	1.24	1.32	53.68	57.52	45.08	41.16
潍坊	1.66	0.09	49.28	57.73	49.06	42.17
济宁	1.01	0.80	48.79	45.01	50.20	54.20
泰安	1.45	1.16	55.40	35.95	43.14	62.89
威海	0.83	0.27	64.61	71.35	34.57	28.38
日照	0.74	0.68	43.20	42.07	56.06	57.24
莱芜	0.15	0.15	63.14	63.14	36.70	36.70
临沂	2.03	0.83	34.11	37.99	63.86	61.18
德州	1.17	0.10	42.30	56.65	56.52	43.25

2—4续表4

单位:%

城市	第一产业从业人员比重		第二产业从业人员比重		第三产业从业人员比重	
	全市	市辖区	全市	市辖区	全市	市辖区
聊城	1.10	0.31	43.14	36.41	55.76	63.28
滨州	1.38	0.50	59.44	63.24	39.18	36.26
菏泽	2.16	0.41	18.15	24.74	79.68	74.85
河南	**1.33**	**0.39**	**41.92**	**54.44**	**56.75**	**45.19**
郑州	0.34	0.28	47.79	50.28	51.87	49.44
开封	1.09	0.30	32.18	44.32	66.73	55.38
洛阳	0.77	0.10	45.21	55.71	54.02	44.20
平顶山	0.42	0.07	55.52	69.04	44.06	30.89
安阳	0.75	0.09	53.32	62.88	45.94	37.03
鹤壁	1.42		58.32	70.06	40.26	29.94
新乡	1.47	0.05	40.00	49.28	58.54	50.67
焦作	1.43	0.11	51.92	66.89	46.65	33.00
濮阳	0.72	0.55	57.52	76.04	41.75	23.41
许昌	1.06	1.75	39.08	47.38	59.86	50.87
漯河	0.73	0.11	42.65	53.54	56.62	46.35
三门峡	0.93	0.28	54.24	51.60	44.83	48.12
南阳	2.38	1.22	38.85	53.14	58.78	45.65
商丘	0.88	0.72	26.42	34.11	72.70	65.17
信阳	2.81	1.15	28.19	36.63	68.99	62.22
周口	3.21	0.31	26.06	42.22	70.73	57.47
驻马店	2.24	0.32	23.72	36.38	74.04	63.29
湖北	**5.77**	**4.48**	**42.57**	**46.47**	**51.66**	**49.05**
武汉	3.77	3.77	43.82	43.82	52.41	52.41
黄石	4.11	1.09	58.08	65.21	37.82	33.70
十堰	1.54	0.31	51.18	67.60	47.27	32.09
宜昌	3.62	0.44	49.11	51.65	47.27	47.90
襄樊	4.73	2.26	39.89	43.91	55.38	53.84
鄂州	1.36	1.36	57.36	57.36	41.28	41.28
荆门	16.53	20.04	36.25	38.66	47.22	41.30
孝感	6.70	10.34	47.23	38.30	46.07	51.35
荆州	13.79	13.27	31.58	42.82	54.63	43.91
黄冈	6.74	5.82	25.25	27.29	68.01	66.89
咸宁	3.68	3.21	39.09	35.47	57.23	61.32
随州	9.78	13.71	29.44	25.83	60.78	60.47
湖南	**2.73**	**1.02**	**35.36**	**43.15**	**61.91**	**55.84**
长沙	0.42	0.30	39.34	37.80	60.24	61.90
株洲	1.52	0.05	49.96	63.37	48.52	36.57
湘潭	0.31	0.28	54.18	61.70	45.50	38.03
衡阳	1.37	0.46	38.31	47.34	60.33	52.20

2—4 续表 5

单位:%

城　市	第一产业从业人员比重		第二产业从业人员比重		第三产业从业人员比重	
	全　市	市辖区	全　市	市辖区	全　市	市辖区
邵　阳	4.36	0.51	31.08	52.15	64.55	47.34
岳　阳	11.36	6.55	30.99	46.97	57.65	46.48
常　德	2.17	2.00	24.82	26.86	73.02	71.14
张家界	3.95	1.78	20.00	18.53	76.05	79.70
益　阳	2.88	0.90	23.07	27.11	74.05	71.99
郴　州	2.13	0.48	34.80	39.33	63.07	60.19
永　州	3.88	1.74	24.90	32.25	71.22	66.00
怀　化	2.79	1.11	26.43	23.73	70.79	75.17
娄　底	1.16	0.62	40.43	42.52	58.41	56.86
广　东	**1.45**	**0.60**	**47.91**	**51.90**	**50.64**	**47.99**
广　州	0.59	0.49	45.06	43.79	54.35	55.71
韶　关	2.08	0.50	48.00	56.19	49.92	43.31
深　圳	0.51	0.51	54.72	54.72	44.77	44.77
珠　海	2.18	2.18	72.21	72.21	25.61	25.61
汕　头	0.20	0.17	38.76	39.12	61.04	60.71
佛　山	0.12	0.12	53.68	53.68	46.19	46.19
江　门	0.45	0.11	55.28	57.46	44.26	42.42
湛　江	7.56	2.20	29.66	33.35	62.78	64.45
茂　名	5.06	0.33	31.64	40.15	63.30	59.52
肇　庆	1.14	0.30	43.06	55.49	55.80	44.21
惠　州	0.86	0.20	70.53	77.74	28.61	22.06
梅　州	1.20	1.57	30.06	30.11	68.73	68.31
汕　尾	7.82	2.74	27.90	42.14	64.28	55.11
河　源	1.27	0.51	38.74	53.91	59.99	45.58
阳　江	3.49	3.56	38.64	61.10	57.87	117.26
清　远	1.90	0.58	38.54	36.84	59.56	62.58
东　莞	0.33	0.33	43.00	43.00	56.68	56.68
中　山	0.22	0.22	59.17	59.17	40.61	40.61
潮　州	0.26	0.20	37.55	48.07	62.19	51.73
揭　阳	3.37	0.20	26.75	39.43	69.88	60.37
云　浮	1.00	0.38	47.24	50.57	51.76	49.06
广　西	**5.11**	**3.13**	**32.22**	**38.34**	**62.67**	**58.53**
南　宁	6.28	2.94	30.30	32.08	63.44	64.98
柳　州	2.76	1.23	50.00	56.92	47.24	41.85
桂　林	2.39	0.63	32.71	40.45	64.90	58.92
梧　州	1.72	0.13	36.25	51.52	62.03	48.35
北　海	5.38	5.42	24.26	25.08	70.36	69.49
防城港	11.09	7.09	29.36	30.07	59.54	62.84
钦　州	6.23	4.01	24.40	25.83	69.28	69.98

2—4 续表 6

单位:%

城市	第一产业从业人员比重		第二产业从业人员比重		第三产业从业人员比重	
	全市	市辖区	全市	市辖区	全市	市辖区
贵港	3.15	4.49	24.21	29.79	72.64	65.72
玉林	3.49	0.95	28.71	34.33	67.80	64.71
百色	5.51	7.59	29.68	33.97	64.81	58.44
贺州	5.10	2.30	23.91	28.57	71.00	69.13
河池	4.53	1.37	29.99	38.08	65.48	60.55
来宾	10.97	13.84	28.29	29.34	60.74	56.82
崇左	14.36	15.93	27.46	29.65	58.18	54.42
海南	**4.08**	**4.08**	**29.36**	**29.36**	**66.56**	**66.56**
海口	1.04	1.04	32.85	32.85	66.11	66.11
三亚	16.29	16.29	15.32	15.32	68.39	68.39
重庆	**1.10**	**0.59**	**47.80**	**51.44**	**51.09**	**47.98**
四川	**1.61**	**0.67**	**46.17**	**51.67**	**52.22**	**47.66**
成都	0.35	0.19	49.43	48.89	50.22	50.92
自贡	1.44	0.31	45.67	53.19	52.90	46.50
攀枝花	0.89	0.17	72.04	76.26	27.06	23.57
泸州	1.57	0.65	46.01	53.77	52.42	45.57
德阳	0.80	0.21	49.84	57.28	49.35	42.51
绵阳	1.11	0.19	46.37	49.46	52.52	50.35
广元	1.79	0.66	36.69	52.43	61.52	46.91
遂宁	1.57	1.05	53.64	52.49	44.78	46.47
内江	1.12	0.82	53.13	51.18	45.76	47.99
乐山	3.45	2.91	51.07	59.20	45.49	37.88
南充	2.77	1.08	34.70	40.24	62.54	58.68
眉山	2.14	0.25	38.05	43.80	59.81	55.95
宜宾	1.17	0.35	51.72	57.58	47.11	42.08
广安	3.07	3.46	19.81	15.56	77.12	80.98
达州	3.56	0.49	34.57	47.56	61.87	51.95
雅安	2.21	0.45	34.11	45.17	63.69	54.38
巴中	4.94	3.47	31.33	41.42	63.73	55.11
资阳	3.84	3.29	33.43	43.83	62.74	52.88
贵州	**1.70**	**0.52**	**43.71**	**48.84**	**54.59**	**50.70**
贵阳	0.61	0.24	49.99	49.25	49.40	50.51
六盘水	1.43		57.78	70.97	40.79	29.03
遵义	2.02	0.22	27.05	38.20	70.94	61.58
安顺	6.64	3.09	29.78	32.87	63.58	64.04
云南	**3.69**	**1.54**	**32.57**	**36.10**	**63.74**	**62.37**
昆明	1.11	0.71	38.17	37.74	60.72	61.55
曲靖	2.49	1.90	37.18	45.50	60.33	52.61
玉溪	3.42	0.64	27.43	25.48	69.15	73.88

2—4 续表 7

单位:%

城市	第一产业从业人员比重		第二产业从业人员比重		第三产业从业人员比重	
	全市	市辖区	全市	市辖区	全市	市辖区
保山	5.51	5.39	24.64	25.74	69.85	68.87
昭通	3.38	2.48	21.55	27.30	75.07	70.22
丽江	10.31	1.61	12.48	13.98	77.22	84.41
思茅	12.69	8.89	28.65	45.56	58.66	45.56
临沧	9.54	4.76	27.68	14.29	62.78	80.95
陕西	**2.05**	**0.90**	**40.63**	**47.33**	**57.32**	**51.77**
西安	0.80	0.54	45.50	46.81	53.71	52.66
铜川	1.04	0.77	60.37	62.69	38.59	36.53
宝鸡	3.28	0.99	45.43	53.48	51.28	45.53
咸阳	1.72	0.71	47.93	65.41	50.34	33.88
渭南	3.06	1.60	40.18	39.53	56.76	58.87
延安	3.45	2.44	30.28	25.20	66.28	72.36
汉中	2.91	1.55	36.95	39.83	60.14	58.62
榆林	3.80	4.70	19.70	26.28	76.45	69.02
安康	2.07	1.24	19.50	20.91	78.42	77.85
商洛	3.37	2.84	19.11	17.03	77.53	80.13
甘肃	**4.79**	**2.65**	**40.99**	**48.00**	**54.22**	**49.35**
兰州	0.78	0.59	49.15	49.21	50.08	50.20
嘉峪关	0.49	0.49	79.01	79.01	20.49	20.49
金昌	6.29	2.29	69.48	74.12	24.23	23.59
白银	2.91	0.37	56.66	75.97	40.43	23.66
天水	5.88	6.45	41.38	47.21	52.75	46.35
武威	9.84	10.86	19.37	21.71	70.79	67.43
张掖	11.76	4.19	26.53	29.07	61.71	66.74
平凉	11.22	5.01	31.20	29.55	57.58	65.44
酒泉	10.33	5.92	34.97	21.71	54.70	72.37
庆阳	2.88	0.39	16.65	13.78	80.47	85.83
定西	6.71	10.11	21.92	17.60	71.37	72.28
陇南	5.85	5.56	22.56	14.44	71.59	80.00
青海	**2.24**	**1.00**	**37.68**	**32.95**	**60.08**	**66.04**
西宁	2.24	1.00	37.68	32.95	60.08	66.04
宁夏	**32.64**	**17.21**	**31.58**	**42.42**	**35.78**	**40.36**
银川	6.52	3.01	50.03	53.67	43.44	43.32
石嘴山	4.90	2.60	58.66	66.52	36.45	30.88
吴忠	8.43	1.81	36.77	30.57	54.80	67.62
固原	4.57	4.27	16.20	22.06	79.23	73.67
中卫	60.82	47.39	17.81	23.69	21.37	28.92
新疆	**2.82**	**2.83**	**47.15**	**47.02**	**50.03**	**50.14**
乌鲁木齐	3.52	3.53	38.56	38.26	57.92	58.19
克拉玛依	0.24	0.24	79.24	79.24	20.52	20.52

2—5 按行业分组的单位从业人员(一)

单位:万人

城市	农林牧渔业		采掘业		制造业	
	全市	市辖区	全市	市辖区	全市	市辖区
城市合计	**452.92**	**87.33**	**473.04**	**297.12**	**3048.95**	**2097.19**
北京	**61.52**	**2.76**	**2.19**	**1.81**	**151.05**	**100.83**
天津	**0.87**	**0.66**	**7.69**	**7.61**	**76.79**	**73.30**
河北	**8.63**	**0.94**	**24.98**	**20.16**	**120.69**	**84.30**
石家庄	0.48	0.21	0.68	0.59	28.72	21.02
唐山	3.43	0.11	9.14	8.66	21.11	16.16
秦皇岛	0.30	0.19	0.23	0.01	7.23	5.69
邯郸	0.49	0.07	8.44	7.70	12.89	10.17
邢台	0.39	0.01	2.45	2.14	6.05	3.82
保定	0.41	0.06	0.25		13.89	8.02
张家口	0.68	0.05	1.88	0.47	10.10	7.82
承德	0.79	0.05	1.22	0.50	4.59	3.12
沧州	1.27	0.04	0.69	0.09	6.80	3.36
廊坊	0.20	0.04			4.50	2.51
衡水	0.19	0.11			4.81	2.61
山西	**4.00**	**1.51**	**63.74**	**38.16**	**74.15**	**47.45**
太原	0.39	0.30	7.60	4.61	21.93	21.75
大同	0.61	0.39	15.63	15.04	7.45	6.31
阳泉	0.03	0.01	9.03	8.14	2.84	2.45
长治	0.35	0.10	5.96	3.68	8.39	6.35
晋城	0.17	0.01	7.74	4.86	2.15	1.19
朔州	0.32	0.15	3.43	1.55	1.29	0.44
晋中	0.23	0.04	6.39	0.17	6.28	2.96
运城	0.49	0.04	0.20		10.60	1.71
忻州	0.61	0.20	1.86	0.02	3.39	1.35
临汾	0.60	0.09	4.30	0.09	6.78	2.55
吕梁	0.20	0.18	1.60		3.05	0.39
内蒙古	**26.06**	**3.29**	**14.93**	**6.55**	**40.63**	**30.69**
呼和浩特	0.40	0.15	0.04		6.23	4.82
包头	1.00	0.77	1.09	0.62	17.35	16.97
乌海	0.19	0.19	2.90	2.90	2.27	2.27
赤峰	2.19	0.14	3.83	2.71	3.58	1.83
通辽	5.82	1.06	0.78	0.09	1.83	1.38
鄂尔多斯	0.52	0.08	2.25	0.22	3.21	1.75
呼伦贝尔	12.93	0.13	3.58	0.01	3.21	0.67
巴彦淖尔	2.43	0.64	0.31		1.88	0.56
乌兰察布	0.58	0.13	0.15		1.07	0.44
辽宁	**28.90**	**4.12**	**31.10**	**24.53**	**150.24**	**132.63**
沈阳	0.85	0.46	1.76	1.57	29.73	29.18

2—5续表1 单位:万人

城市	农林牧渔业		采掘业		制造业	
	全市	市辖区	全市	市辖区	全市	市辖区
大连	1.58	0.90	0.41	0.10	38.47	32.20
鞍山	0.82	0.13	0.93	0.76	16.23	15.22
抚顺	0.81	0.27	3.73	3.60	9.48	9.31
本溪	0.26	0.11	1.66	1.43	10.27	9.88
丹东	0.33	0.03	0.46	0.17	4.87	4.10
锦州	2.57	0.18	0.07	0.06	6.49	4.34
营口	0.19	0.13	0.16	0.16	4.62	4.47
阜新	0.50	0.11	4.89	4.89	2.32	2.16
辽阳	0.45	0.30	0.07	0.05	6.20	5.56
盘锦	17.57	1.03	9.45	9.44	4.11	3.61
铁岭	1.68	0.08	4.34		2.73	1.51
朝阳	0.82	0.08	0.89	0.03	5.49	2.17
葫芦岛	0.47	0.31	2.28	2.27	9.23	8.92
吉林	**15.05**	**0.96**	**13.96**	**11.02**	**61.99**	**47.53**
长春	1.50	0.30	0.90	0.90	28.30	25.80
吉林	1.95	0.20	1.48	0.02	12.82	9.60
四平	1.76	0.06	0.46	0.11	4.22	2.54
辽源	0.35	0.02	2.78	2.78	1.70	1.42
通化	0.79	0.03	0.65	0.05	5.72	3.52
白山	3.00	0.06	2.23	1.86	3.47	0.96
松原	2.55	0.08	5.15	5.01	1.64	0.90
白城	3.15	0.21	0.31	0.29	4.12	2.79
黑龙江	**79.87**	**14.29**	**45.38**	**39.21**	**127.48**	**85.43**
哈尔滨	10.16	1.70	1.53	0.30	73.10	51.02
齐齐哈尔	6.91	0.47	0.03	0.01	12.74	10.32
鸡西	6.06	0.12	7.09	6.66	3.33	1.44
鹤岗	7.78	0.97	8.58	8.54	1.89	0.90
双鸭山	11.42	0.39	5.92	5.36	2.20	0.67
大庆	0.92	0.14	9.31	9.31	7.28	6.39
伊春	10.92	8.57	0.26	0.06	5.75	5.18
佳木斯	6.30	0.61	1.11	0.07	5.28	3.61
七台河	0.70	0.06	8.94	8.67	1.40	0.75
牡丹江	5.90	0.14	0.69	0.02	6.49	4.27
黑河	11.10	1.05	1.89	0.20	3.92	0.40
绥化	1.70	0.07	0.03	0.01	4.10	0.48
上海	**1.70**	**1.28**	**0.06**	**0.06**	**120.23**	**119.50**
江苏	**16.48**	**3.21**	**14.98**	**14.03**	**231.54**	**135.70**
南京	0.91	0.72	0.36	0.36	29.72	28.33
无锡	0.47	0.20	0.01		24.82	20.04

2—5 续表 2

单位:万人

城　　市	农林牧渔业		采　掘　业		制　造　业	
	全　市	市辖区	全　市	市辖区	全　市	市辖区
徐　州	1.71	0.09	9.74	9.74	10.59	5.35
常　州	0.23	0.10	0.03		16.62	12.58
苏　州	0.88		0.04		56.60	26.07
南　通	1.50	0.13	0.14		24.73	11.46
连云港	2.20	0.31	1.43	1.04	5.95	3.77
淮　安	2.24	0.73	0.07	0.05	10.18	6.23
盐　城	3.98	0.48	0.75	0.49	12.96	3.92
扬　州	0.36	0.03	2.11	2.05	12.72	5.68
镇　江	0.62	0.15	0.28	0.28	11.49	6.33
泰　州	0.52	0.18			11.44	3.97
宿　迁	0.86	0.09	0.02	0.02	3.72	1.97
浙　江	**2.45**	**0.64**	**1.67**	**0.44**	**154.26**	**80.93**
杭　州	0.28	0.15	0.11	0.08	25.17	22.40
宁　波	0.20	0.06	0.01	0.01	22.95	18.85
温　州	0.14	0.01	0.26	0.07	35.65	15.64
嘉　兴	0.26	0.07	0.02		26.23	6.46
湖　州	0.07	0.04	0.71	0.04	5.91	3.24
绍　兴	0.11	0.01	0.23	0.20	15.21	3.32
金　华	0.19	0.05	0.01		6.43	0.90
衢　州	0.17	0.03	0.04	0.04	4.68	2.91
舟　山	0.02	0.02	0.06		2.90	2.71
台　州	0.61	0.14	0.03		6.93	3.88
丽　水	0.40	0.06	0.19		2.20	0.62
安　徽	**10.61**	**2.71**	**30.42**	**26.20**	**70.87**	**53.59**
合　肥	0.27	0.10			10.05	9.87
芜　湖	0.11	0.04	0.02	0.02	8.36	7.86
蚌　埠	0.78	0.02	0.01		5.47	4.67
淮　南	0.43	0.23	11.66	9.85	3.19	2.97
马鞍山	0.06	0.01	2.00	2.00	6.45	6.09
淮　北	0.02	0.02	12.23	10.48	2.06	1.77
铜　陵	0.41	0.40	0.37	0.34	5.15	4.94
安　庆	1.89	0.86	0.15	0.07	5.02	4.19
黄　山	0.22	0.10	0.03	0.02	1.52	0.86
滁　州	1.26	0.10	0.46	0.15	4.82	2.25
阜　阳	0.62	0.15			3.83	2.28
宿　州	1.11	0.13	2.96	2.92	2.58	1.11
巢　湖	0.85	0.11	0.21	0.21	2.59	1.19
六　安	1.03	0.20	0.05		2.91	1.47
亳　州	0.25	0.03			2.43	1.26

2—5 续表 3 单位:万人

城 市	农林牧渔业		采 掘 业		制 造 业	
	全 市	市辖区	全 市	市辖区	全 市	市辖区
池 州	0.36	0.08	0.13	0.09	1.05	0.36
宣 城	0.94	0.13	0.14	0.05	3.39	0.45
福 建	**6.95**	**1.25**	**3.95**	**1.53**	**183.22**	**102.09**
福 州	0.88	0.32	0.13	0.03	35.42	18.77
厦 门	0.27	0.27	0.01	0.01	41.10	41.10
莆 田	0.10	0.06	0.18	0.18	14.12	11.95
三 明	0.64	0.09	0.63		6.55	3.15
泉 州	0.46	0.09	0.96	0.21	59.20	17.70
漳 州	2.98	0.15	0.29		14.54	4.62
南 平	0.80	0.10	0.15	0.04	6.01	2.54
龙 岩	0.61	0.12	1.57	1.06	4.41	2.05
宁 德	0.21	0.05	0.03		1.87	0.21
江 西	**37.53**	**2.89**	**9.55**	**2.41**	**70.86**	**38.90**
南 昌	2.40	1.57			15.62	13.14
景德镇	0.97	0.43	0.64		5.69	3.49
萍 乡	0.24	0.16	1.95	1.94	3.58	3.32
九 江	1.55	0.04	0.51	0.05	9.51	3.98
新 余	21.77	0.31	0.99	0.29	12.71	8.13
鹰 潭	1.21	0.01	0.05		2.72	0.24
赣 州	1.04	0.04	1.35	0.01	7.51	2.22
吉 安	1.73	0.12	0.65	0.02	2.75	0.56
宜 春	1.14	0.08	2.82	0.10	2.60	0.93
抚 州	1.43	0.12	0.05		3.89	1.77
上 饶	4.05	0.01	0.54		4.28	1.12
山 东	**8.88**	**1.99**	**59.96**	**28.41**	**281.53**	**152.89**
济 南	0.35	0.27	0.74	0.01	25.07	19.22
青 岛	0.66	0.24	0.54	0.14	65.06	35.45
淄 博	0.48	0.16	3.57	3.37	21.36	17.41
枣 庄	0.55	0.17	8.06	7.12	6.26	4.68
东 营	0.47	0.03	14.93	14.88	4.84	3.27
烟 台	0.85	0.45	4.60	0.12	26.17	15.59
潍 坊	1.00	0.02	1.01	0.40	24.78	11.04
济 宁	0.58	0.11	12.36	0.18	12.07	5.09
泰 安	0.62	0.15	11.00	0.19	9.94	3.41
威 海	0.30	0.05	0.26	0.03	19.60	10.97
日 照	0.13	0.07	0.17	0.07	5.84	3.14
莱 芜	0.02	0.02	0.75	0.75	6.54	6.54
临 沂	0.97	0.13	1.44	0.96	11.68	4.00
德 州	0.40	0.01	0.13	0.00	10.98	4.56

2—5 续表 4

单位:万人

城　市	农林牧渔业		采　掘　业		制　造　业	
	全　市	市辖区	全　市	市辖区	全　市	市辖区
聊　城	0.38	0.03	0.00	0.00	11.87	2.41
滨　州	0.40	0.04	0.29	0.08	15.78	4.74
菏　泽	0.72	0.04	0.11	0.11	3.69	1.37
河　南	**8.92**	**1.23**	**48.35**	**33.03**	**149.60**	**93.88**
郑　州	0.31	0.19	5.97	3.97	19.12	15.16
开　封	0.33	0.05			6.63	5.00
洛　阳	0.40	0.03	1.06	0.13	16.72	13.61
平顶山	0.19	0.02	11.27	10.36	10.18	5.90
安　阳	0.31	0.02	1.08	0.75	11.54	8.47
鹤　壁	0.22		4.59	4.43	3.13	2.12
新　乡	0.62	0.01	0.30		13.16	8.14
焦　作	0.45	0.02	3.51	3.51	10.18	6.89
濮　阳	0.22	0.11	7.30	7.30	4.90	3.34
许　昌	0.28	0.14	1.64		6.27	2.73
漯　河	0.14	0.01	0.05		6.18	3.95
三门峡	0.22	0.02	5.84	0.38	4.08	1.77
南　阳	1.55	0.31	3.31	2.11	15.33	7.85
商　丘	0.34	0.09	2.11		3.75	1.97
信　阳	1.11	0.15	0.27	0.09	5.93	2.48
周　口	1.46	0.03			7.79	2.55
驻马店	0.77	0.03	0.05		4.71	1.95
湖　北	**26.40**	**12.64**	**7.74**	**2.27**	**142.28**	**99.79**
武　汉	5.32	5.32	0.02	0.02	48.04	48.04
黄　石	1.17	0.19	3.35	0.67	10.70	9.19
十　堰	0.45	0.05	0.10	0.01	12.51	10.34
宜　昌	1.38	0.09	0.96	0.16	10.44	5.34
襄　樊	2.03	0.50	0.04		13.95	7.70
鄂　州	0.20	0.20	1.11	1.11	6.07	6.07
荆　门	3.69	1.97	0.31	0.24	6.65	2.99
孝　感	2.43	0.84	1.23		9.63	1.28
荆　州	5.64	1.94	0.13	0.01	10.88	5.07
黄　冈	2.24	0.26	0.12	0.01	5.24	0.66
咸　宁	0.67	0.16	0.28	0.01	5.66	1.46
随　州	1.18	1.12	0.09	0.03	2.51	1.65
湖　南	**10.12**	**1.71**	**11.20**	**0.92**	**77.11**	**46.53**
长　沙	0.29	0.15	1.07	0.05	15.03	9.16
株　洲	0.43	0.01	0.23	0.10	10.49	9.13
湘　潭	0.07	0.04	0.55	0.06	8.30	6.98
衡　阳	0.56	0.06	1.60		9.20	5.30

2—5续表5 单位:万人

城市	农林牧渔业		采掘业		制造业	
	全市	市辖区	全市	市辖区	全市	市辖区
邵阳	1.30	0.05	1.38	0.11	3.16	2.00
岳阳	3.67	0.81	0.07		7.88	4.19
常德	0.50	0.17	0.45		3.74	1.69
张家界	0.30	0.07	0.16		0.29	0.15
益阳	0.56	0.07	0.03		3.05	1.60
郴州	0.55	0.04	3.37	0.52	3.58	1.83
永州	0.96	0.14	0.39	0.04	3.18	1.63
怀化	0.65	0.05	0.46	0.01	3.18	0.52
娄底	0.28	0.05	1.44	0.03	6.03	2.35
广东	**12.04**	**3.68**	**3.83**	**2.54**	**318.12**	**268.83**
广州	1.14	0.89	0.21	0.21	69.45	63.42
韶关	0.55	0.06	1.26	0.91	8.00	5.27
深圳	0.70	0.70	0.03	0.03	66.11	66.11
珠海	0.90	0.90	0.04	0.04	27.99	27.99
汕头	0.06	0.05	0.02	0.02	8.11	8.09
佛山	0.06	0.06	0.12	0.12	21.71	21.71
江门	0.16	0.02	0.01	0.00	15.78	8.89
湛江	2.94	0.36	0.72	0.55	7.70	3.82
茂名	1.47	0.03	0.24	0.15	4.01	2.24
肇庆	0.27	0.03	0.14	0.00	8.13	4.58
惠州	0.46	0.08	0.03	0.01	33.84	28.57
梅州	0.27	0.07	0.18		4.27	0.85
汕尾	0.96	0.11	0.13	0.13	2.16	1.41
河源	0.22	0.03	0.22		4.45	2.61
阳江	0.58	0.13	0.06		2.94	0.70
清远	0.37	0.03	0.00	0.00	6.07	1.69
东莞	0.06	0.06	0.01	0.01	7.02	7.02
中山	0.04	0.04	0.00	0.00	10.18	10.18
潮州	0.03	0.01	0.01	0.01	2.75	1.94
揭阳	0.66	0.01	0.00	0.00	2.41	1.29
云浮	0.14	0.01	0.40	0.35	5.04	0.45
广西	**13.87**	**4.30**	**4.87**	**1.78**	**57.13**	**35.33**
南宁	3.58	1.12	0.13	0.06	11.07	7.16
柳州	1.03	0.33	1.31	1.03	13.39	10.72
桂林	0.75	0.10	0.34		7.50	5.31
梧州	0.26	0.01	0.19	0.01	3.56	2.82
北海	0.51	0.32	0.14	0.06	1.54	1.12
防城港	0.68	0.29	0.08	0.06	0.55	0.21
钦州	0.73	0.23	0.25	0.20	1.57	0.78

2—5 续表 6

单位:万人

城市	农林牧渔业		采掘业		制造业	
	全市	市辖区	全市	市辖区	全市	市辖区
贵港	0.43	0.30	0.04	0.01	2.12	1.40
玉林	0.82	0.07	0.03	0.01	4.75	1.72
百色	0.99	0.36	0.73	0.24	3.52	1.05
贺州	0.42	0.09	0.03	0.02	1.12	0.54
河池	0.79	0.05	0.84	0.08	2.49	0.85
来宾	1.16	0.67	0.45		1.82	1.16
崇左	1.72	0.36	0.31		2.13	0.49
海南	**1.27**	**1.27**	**0.07**	**0.07**	**3.91**	**3.91**
海口	0.26	0.26	0.04	0.04	3.63	3.63
三亚	1.01	1.01	0.03	0.03	0.28	0.28
重庆	**2.36**	**0.81**	**8.50**	**3.82**	**53.07**	**41.85**
四川	**7.41**	**1.69**	**15.11**	**6.82**	**113.47**	**74.71**
成都	0.45	0.18	0.76	0.01	33.40	25.20
自贡	0.26	0.04	0.40	0.36	5.47	4.75
攀枝花	0.17	0.03	2.29	2.24	9.30	9.10
泸州	0.35	0.09	0.09		4.91	3.82
德阳	0.18	0.02	0.46	0.03	8.10	3.57
绵阳	0.34	0.03	0.13		10.42	6.52
广元	0.26	0.05	2.26	1.73	1.96	1.65
遂宁	0.27	0.08	0.10		3.19	0.90
内江	0.25	0.08	1.11		5.03	1.94
乐山	1.00	0.41	2.44	1.02	8.90	4.83
南充	0.67	0.11	0.03	0.03	1.70	1.13
眉山	0.27	0.01	0.24		3.30	1.61
宜宾	0.34	0.04	1.77	0.06	8.66	5.64
广安	0.33	0.12	0.66		0.40	0.12
达州	0.90	0.03	1.67	1.04	3.07	0.95
雅安	0.20	0.02	0.38	0.30	1.44	1.00
巴中	0.64	0.19	0.32		0.87	0.24
资阳	0.53	0.16			3.35	1.74
贵州	**1.96**	**0.34**	**7.13**	**2.68**	**26.41**	**20.53**
贵阳	0.36	0.12	0.83	0.05	16.76	14.01
六盘水	0.25		5.73	2.38	3.23	2.84
遵义	0.54	0.02	0.25	0.07	4.48	2.38
安顺	0.81	0.20	0.32	0.18	1.94	1.30
云南	**5.91**	**1.26**	**3.26**	**0.40**	**33.14**	**18.47**
昆明	0.80	0.40	0.74	0.12	17.81	13.05
曲靖	0.58	0.12	1.20	0.23	5.72	1.86
玉溪	0.44	0.03	0.31		2.58	1.06

2—5 续表 7 单位:万人

城市	农林牧渔业		采掘业		制造业	
	全市	市辖区	全市	市辖区	全市	市辖区
保山	0.53	0.22	0.15	0.04	1.45	0.44
昭通	0.50	0.10	0.49		1.20	0.50
丽江	0.57	0.03	0.01		0.39	0.15
思茅	1.59	0.32	0.18		2.64	1.35
临沧	0.90	0.04	0.18	0.01	1.35	0.06
陕西	**6.56**	**1.70**	**15.05**	**3.48**	**85.32**	**64.64**
西安	0.94	0.59	0.16		43.25	41.67
铜川	0.10	0.07	3.08	2.96	2.00	1.99
宝鸡	1.06	0.20	0.54	0.05	11.98	9.17
咸阳	0.68	0.13	0.71	0.01	11.41	6.55
渭南	1.05	0.11	4.69		5.86	1.42
延安	0.65	0.12	3.40	0.20	1.17	0.55
汉中	0.70	0.11	0.33	0.03	6.41	1.88
榆林	0.76	0.22	1.47	0.18	1.17	0.55
安康	0.25	0.06	0.19		1.12	0.53
商洛	0.37	0.09	0.48	0.05	0.95	0.33
甘肃	**8.47**	**2.89**	**9.12**	**4.06**	**42.06**	**32.72**
兰州	0.46	0.31	1.25	1.13	16.31	13.55
嘉峪关	0.02	0.02	0.01	0.01	2.90	2.90
金昌	0.53	0.13	0.04		4.85	3.73
白银	0.47	0.04	2.49	2.48	5.53	4.80
天水	1.06	0.75	1.40	0.10	4.65	4.37
武威	0.93	0.71	0.30	0.20	1.15	0.99
张掖	1.06	0.18	0.21	0.07	1.59	0.82
平凉	1.37	0.19	1.51	0.03	1.04	0.61
酒泉	0.99	0.18	0.65	0.01	1.62	0.50
庆阳	0.28	0.01	0.47		0.57	0.13
定西	0.67	0.27	0.04		1.07	0.28
陇南	0.63	0.10	0.75	0.03	0.78	0.04
青海	**0.47**	**0.15**	**0.48**	**0.05**	**4.48**	**2.53**
西宁	0.47	0.15	0.48	0.05	4.48	2.53
宁夏	**36.01**	**9.53**	**5.97**	**5.63**	**16.16**	**10.67**
银川	1.88	0.72	5.67	5.56	5.03	3.80
石嘴山	0.43	0.18	0.06		3.70	3.26
吴忠	1.08	0.07	0.06	0.05	2.88	1.02
固原	0.31	0.12	0.12	0.02	0.44	0.19
中卫	32.31	8.44	0.06		4.11	2.40
新疆	**1.65**	**1.63**	**7.80**	**7.44**	**11.16**	**11.13**
乌鲁木齐	1.62	1.60	1.58	1.22	9.07	9.04
克拉玛依	0.03	0.03	6.22	6.22	2.09	2.09

2—6 按行业分组的单位从业人员(二)

单位:万人

城市	电力、煤气及水生产供应业		建筑业		交通运输、仓储及邮政业	
	全市	市辖区	全市	市辖区	全市	市辖区
城市合计	**282.27**	**161.77**	**845.77**	**544.19**	**555.80**	**412.14**
北京	**6.38**	**6.18**	**73.18**	**39.88**	**55.20**	**36.00**
天津	**3.07**	**2.80**	**9.27**	**8.81**	**13.33**	**12.93**
河北	**16.93**	**10.00**	**32.92**	**17.31**	**25.07**	**19.58**
石家庄	2.28	1.98	5.03	3.68	5.69	4.81
唐山	2.48	1.91	3.50	2.67	3.44	3.03
秦皇岛	1.02	0.86	1.79	1.53	3.84	3.54
邯郸	2.41	1.36	4.52	3.37	2.29	1.58
邢台	1.83	0.77	1.07	0.57	1.11	0.76
保定	2.31	0.67	8.13	1.67	2.17	1.41
张家口	1.11	1.03	1.91	0.96	1.62	1.26
承德	0.67	0.41	0.77	0.42	1.32	0.87
沧州	1.24	0.37	4.39	1.24	1.65	0.91
廊坊	0.71	0.25	1.20	0.98	0.78	0.38
衡水	0.87	0.39	0.61	0.22	1.16	1.03
山西	**11.59**	**7.95**	**18.03**	**13.34**	**19.87**	**14.89**
太原	1.78	1.32	7.39	7.20	5.17	5.10
大同	1.75	1.55	1.20	1.06	6.03	5.82
阳泉	0.88	0.80	0.67	0.66	0.91	0.82
长治	0.97	0.81	1.28	1.03	0.88	0.73
晋城	0.79	0.55	0.76	0.68	0.55	0.45
朔州	0.95	0.89	0.44	0.28	0.28	0.17
晋中	0.75	0.45	1.19	0.41	0.60	0.25
运城	1.07	0.53	1.57	0.20	0.80	0.34
忻州	0.78	0.33	1.08	0.42	0.67	0.33
临汾	1.08	0.46	1.57	0.83	3.16	0.45
吕梁	0.79	0.26	0.88	0.57	0.82	0.43
内蒙古	**8.41**	**4.93**	**11.26**	**8.43**	**10.75**	**5.92**
呼和浩特	1.36	1.16	1.99	1.84	3.03	2.94
包头	1.25	1.16	2.79	2.41	1.12	1.02
乌海	0.45	0.45	1.18	1.18	0.27	0.27
赤峰	1.25	0.81	1.01	0.37	0.86	0.30
通辽	0.82	0.50	1.30	1.17	0.77	0.30
鄂尔多斯	0.67	0.26	0.29	0.25	0.29	0.11
呼伦贝尔	1.31	0.17	1.56	0.19	3.26	0.33
巴彦淖尔	0.58	0.22	0.81	0.77	0.52	0.37
乌兰察布	0.72	0.20	0.33	0.25	0.63	0.28
辽宁	**17.05**	**14.80**	**30.97**	**27.88**	**30.09**	**24.67**
沈阳	3.19	3.01	5.48	5.35	9.51	8.96

2—6续表1　　　　单位:万人

城市	电力、煤气及水生产供应业		建筑业		交通运输、仓储及邮政业	
	全市	市辖区	全市	市辖区	全市	市辖区
大连	2.08	1.70	3.21	2.90	7.66	7.20
鞍山	1.33	1.17	4.31	4.15	1.45	0.99
抚顺	1.72	1.59	2.76	2.63	1.11	0.79
本溪	0.84	0.76	2.28	2.23	0.94	0.77
丹东	0.86	0.65	1.26	0.99	1.07	0.75
锦州	1.71	1.44	1.89	1.73	3.31	2.06
营口	0.67	0.59	0.45	0.44	1.28	1.10
阜新	0.80	0.70	1.05	0.97	0.51	0.29
辽阳	0.59	0.48	3.12	2.50	0.38	0.30
盘锦	0.61	0.36	1.65	1.41	0.70	0.46
铁岭	1.36	1.34	1.49	0.88	0.76	0.30
朝阳	0.74	0.56	0.99	0.74	0.62	0.26
葫芦岛	0.55	0.45	1.03	0.96	0.79	0.44
吉林	**7.56**	**4.77**	**12.88**	**10.20**	**13.67**	**5.49**
长春	2.40	1.90	5.30	4.90	6.20	3.30
吉林	1.56	1.15	2.08	1.60	1.59	0.89
四平	0.79	0.37	0.67	0.27	1.72	0.20
辽源	0.36	0.28	0.34	0.28	0.54	0.19
通化	0.79	0.39	1.62	1.18	0.79	0.24
白山	0.75	0.37	0.93	0.71	0.65	0.31
松原	0.46	0.07	0.98	0.63	1.30	0.18
白城	0.45	0.24	0.96	0.63	0.88	0.18
黑龙江	**15.51**	**10.27**	**38.16**	**29.20**	**28.43**	**13.55**
哈尔滨	4.42	3.17	20.03	16.75	15.12	8.40
齐齐哈尔	1.56	1.18	2.02	1.40	1.36	0.47
鸡西	0.82	0.63	1.06	0.81	1.09	0.32
鹤岗	0.39	0.22	1.02	0.70	1.00	0.42
双鸭山	0.57	0.29	0.71	0.15	1.28	0.32
大庆	2.06	1.90	5.75	5.70	1.23	0.96
伊春	0.56	0.44	1.07	0.92	0.51	0.29
佳木斯	1.90	1.17	1.52	1.11	2.53	1.12
七台河	0.21	0.16	0.67	0.48	0.46	0.28
牡丹江	1.33	0.94	1.11	0.85	1.03	0.35
黑河	0.89	0.16	1.40	0.16	1.02	0.54
绥化	0.80	0.01	1.80	0.17	1.80	0.08
上海	**5.59**	**5.39**	**12.98**	**12.93**	**34.32**	**34.04**
江苏	**13.82**	**9.74**	**24.34**	**12.43**	**33.27**	**25.74**
南京	2.86	2.77	4.92	4.73	8.67	8.63
无锡	1.23	0.74	0.97	0.56	2.43	1.68

2—6续表2

单位:万人

城市	电力、煤气及水生产供应业		建筑业		交通运输、仓储及邮政业	
	全市	市辖区	全市	市辖区	全市	市辖区
徐州	1.66	1.11	1.57	1.02	5.66	4.89
常州	0.75	0.61	0.91	0.61	1.71	1.38
苏州	1.49	0.69	1.24	0.43	2.34	0.97
南通	1.06	0.61	1.95	0.34	2.28	1.63
连云港	0.83	0.60	0.86	0.36	2.17	1.87
淮安	0.69	0.47	1.51	0.55	1.38	0.99
盐城	0.88	0.66	3.32	1.26	1.74	0.87
扬州	0.63	0.50	1.77	0.84	1.50	0.69
镇江	0.72	0.56	1.50	1.01	1.72	1.40
泰州	0.62	0.28	2.37	0.65	1.18	0.53
宿迁	0.40	0.14	1.45	0.07	0.49	0.21
浙江	**9.49**	**4.70**	**69.62**	**22.32**	**19.44**	**13.32**
杭州	1.48	1.10	3.48	3.08	5.54	5.23
宁波	1.37	0.98	14.61	3.27	3.58	2.92
温州	1.20	0.55	12.23	4.78	2.67	1.67
嘉兴	1.08	0.27	2.94	0.89	0.65	0.16
湖州	0.53	0.20	2.84	1.37	0.91	0.53
绍兴	0.80	0.26	14.63	3.06	1.20	0.35
金华	0.64	0.25	7.04	1.14	1.63	0.61
衢州	0.36	0.21	1.31	0.90	0.56	0.31
舟山	0.39	0.26	0.87	0.84	0.89	0.78
台州	1.02	0.48	8.91	2.66	1.19	0.59
丽水	0.62	0.14	0.76	0.33	0.62	0.17
安徽	**9.12**	**5.77**	**25.43**	**15.92**	**17.06**	**13.32**
合肥	0.98	0.88	1.94	1.47	3.40	3.34
芜湖	0.49	0.45	3.14	2.01	0.99	0.94
蚌埠	0.45	0.34	1.28	0.81	2.11	1.84
淮南	1.01	1.00	2.22	2.09	1.35	1.20
马鞍山	0.40	0.39	0.87	0.84	0.48	0.45
淮北	0.76	0.66	0.28	0.23	0.41	0.35
铜陵	0.30	0.29	0.82	0.53	0.46	0.42
安庆	0.66	0.28	1.02	0.40	1.35	0.97
黄山	0.23	0.12	0.77	0.59	0.67	0.47
滁州	0.40	0.17	1.92	0.72	0.80	0.33
阜阳	0.71	0.30	1.91	1.24	1.42	1.22
宿州	0.61	0.28	2.28	1.75	0.83	0.52
巢湖	0.32	0.12	2.35	1.28	0.56	0.23
六安	0.71	0.19	2.68	1.39	0.82	0.43
亳州	0.36	0.19	0.98	0.20	0.59	0.27

2—6 续表 3

单位:万人

城市	电力、煤气及水生产供应业		建筑业		交通运输、仓储及邮政业	
	全市	市辖区	全市	市辖区	全市	市辖区
池州	0.18	0.11	0.54	0.29	0.42	0.30
宣城	0.55		0.43	0.08	0.40	0.04
福建	**8.24**	**2.94**	**27.28**	**17.62**	**11.98**	**8.70**
福州	1.40	0.61	7.95	4.84	3.55	2.97
厦门	0.75	0.75	4.41	4.41	2.88	2.88
莆田	0.42	0.29	1.22	1.18	0.58	0.54
三明	1.06	0.16	0.81	0.60	0.78	0.24
泉州	1.08	0.22	7.14	2.91	1.43	0.89
漳州	0.80	0.10	1.77	1.02	0.78	0.42
南平	0.89	0.21	0.90	0.50	0.85	0.39
龙岩	0.82	0.26	1.89	1.52	0.53	0.24
宁德	1.02	0.34	1.19	0.64	0.60	0.13
江西	**9.32**	**3.48**	**26.20**	**14.37**	**13.63**	**8.89**
南昌	1.12	0.81	7.46	5.87	4.43	4.33
景德镇	0.68	0.43	0.71	0.54	0.37	0.18
萍乡	0.38	0.32	0.22	0.16	0.45	0.39
九江	1.17	0.48	3.22	1.39	1.55	1.00
新余	0.43	0.43	6.39	2.74	1.78	0.95
鹰潭	0.36	0.10	0.47	0.22	0.17	0.07
赣州	1.37	0.21	1.49	0.66	1.11	0.32
吉安	0.99	0.18	1.24	0.29	1.10	0.49
宜春	1.02	0.17	1.49	0.76	1.15	0.59
抚州	0.69	0.21	1.78	1.16	0.71	0.28
上饶	1.11	0.14	1.73	0.58	0.81	0.29
山东	**20.99**	**9.89**	**42.79**	**26.71**	**25.99**	**21.75**
济南	1.94	1.48	11.53	10.08	5.01	4.89
青岛	1.94	1.27	5.55	2.71	5.73	5.21
淄博	1.32	1.14	3.06	1.40	0.90	0.87
枣庄	0.87	0.68	0.78	0.39	0.72	0.54
东营	0.20	0.08	1.50	1.29	0.78	0.69
烟台	1.97	1.01	4.11	2.86	2.88	2.09
潍坊	1.76	0.50	2.13	0.75	1.24	0.76
济宁	1.94	0.59	1.57	0.36	1.48	1.02
泰安	0.99	0.26	1.70	0.77	0.89	0.55
威海	1.26	0.61	2.28	1.59	0.75	0.50
日照	0.55	0.29	1.03	0.80	1.28	1.25
莱芜	0.36	0.36	0.59	0.59	0.25	0.25
临沂	1.14	0.23	2.00	0.79	1.10	0.75
德州	1.49	0.63	1.83	0.73	0.69	0.40

2—6续表4

单位:万人

城　　市	电力、煤气及水生产供应业		建筑业		交通运输、仓储及邮政业	
	全　市	市辖区	全　市	市辖区	全　市	市辖区
聊　城	1.47	0.34	1.50	0.80	1.06	1.02
滨　州	0.48	0.09	0.70	0.20	0.25	0.10
菏　泽	1.31	0.33	0.93	0.60	0.98	0.86
河　南	**22.26**	**10.21**	**61.75**	**40.28**	**22.20**	**13.21**
郑　州	2.91	1.30	15.98	13.18	3.24	2.33
开　封	0.87	0.50	2.23	1.87	1.00	0.53
洛　阳	2.27	0.66	3.42	2.88	2.06	1.36
平顶山	1.24	0.80	2.25	1.58	1.31	0.62
安　阳	1.14	0.49	8.35	3.96	1.05	0.55
鹤　壁	0.44	0.25	0.85	0.78	0.29	0.18
新　乡	1.36	0.54	2.07	1.22	1.01	0.72
焦　作	1.45	0.62	1.22	0.88	0.84	0.49
濮　阳	1.71	1.65	3.60	2.88	0.93	0.60
许　昌	0.95	0.28	1.47	0.79	0.88	0.60
漯　河	0.34	0.18	1.58	0.64	0.34	0.28
三门峡	1.35	0.45	1.52	1.10	0.72	0.37
南　阳	1.54	0.58	5.16	3.01	2.28	0.94
商　丘	1.23	0.76	3.12	1.53	1.49	1.01
信　阳	1.43	0.50	3.49	1.71	1.72	0.88
周　口	1.17	0.39	2.89	1.10	1.42	0.92
驻马店	0.86	0.26	2.55	1.17	1.62	0.83
湖　北	**11.13**	**6.13**	**33.65**	**23.02**	**19.95**	**14.01**
武　汉	2.55	2.55	11.29	11.29	8.40	8.40
黄　石	0.65	0.35	1.84	1.15	0.78	0.54
十　堰	1.56	0.18	0.76	0.53	0.95	0.40
宜　昌	1.60	0.86	5.71	4.11	1.63	0.95
襄　樊	1.04	0.54	2.09	1.49	1.76	0.83
鄂　州	0.23	0.23	1.01	1.01	0.75	0.75
荆　门	0.52	0.31	0.61	0.26	0.65	0.27
孝　感	0.54	0.15	5.72	1.68	1.01	0.25
荆　州	1.07	0.68	0.84	0.50	1.34	0.68
黄　冈	0.76	0.10	2.27	0.45	1.26	0.21
咸　宁	0.47	0.11	0.70	0.19	1.02	0.44
随　州	0.14	0.07	0.81	0.36	0.40	0.29
湖　南	**10.70**	**3.78**	**32.00**	**21.46**	**15.19**	**8.95**
长　沙	0.75	0.55	10.14	9.38	2.94	2.31
株　洲	0.99	0.64	2.47	2.19	1.07	0.61
湘　潭	0.42	0.31	2.78	1.59	0.60	0.37
衡　阳	0.93	0.01	3.98	0.83	1.36	1.04

2—6续表5　　　　单位:万人

城　市	电力、煤气及水生产供应业		建　筑　业		交通运输、仓储及邮政业	
	全　市	市辖区	全　市	市辖区	全　市	市辖区
邵　阳	1.29	0.23	3.43	2.75	1.61	0.80
岳　阳	0.72	0.52	1.34	1.10	1.43	0.89
常　德	0.77	0.36	0.77	0.23	0.74	0.47
张家界	0.42	0.14	0.65	0.44	0.50	0.34
益　阳	0.49	0.21	0.92	0.31	0.93	0.49
郴　州	1.11	0.32	0.93	0.61	0.90	0.50
永　州	1.01	0.22	1.58	0.70	0.82	0.28
怀　化	1.30	0.17	1.22	0.37	1.30	0.40
娄　底	0.50	0.10	1.79	0.96	0.99	0.45
广　东	**19.70**	**10.28**	**55.07**	**37.36**	**45.04**	**38.58**
广　州	2.91	2.65	15.03	12.78	18.20	18.01
韶　关	1.52	0.21	1.91	0.33	1.55	0.75
深　圳	1.26	1.26	7.59	7.59	8.24	8.24
珠　海	0.53	0.53	1.25	1.25	1.25	1.25
汕　头	1.01	0.95	2.38	2.37	1.31	1.28
佛　山	1.08	1.08	3.39	3.39	1.69	1.69
江　门	0.92	0.44	2.75	0.72	1.04	0.57
湛　江	0.90	0.33	2.21	0.76	2.81	2.11
茂　名	1.01	0.25	3.93	1.01	1.15	0.34
肇　庆	0.64	0.13	1.30	0.75	0.81	0.32
惠　州	0.80	0.42	3.08	2.33	1.10	0.76
梅　州	1.21	0.18	1.08	0.31	0.67	0.20
汕　尾	0.51	0.10	0.63	0.05	0.34	0.16
河　源	0.77	0.10	1.25	0.46	0.49	0.13
阳　江	0.53	0.13	2.90	1.40	0.55	0.29
清　远	0.90	0.08	0.57	0.28	0.94	0.51
东　莞	0.74	0.74	0.12	0.12	0.92	0.92
中　山	0.29	0.29	0.27	0.27	0.55	0.55
潮　州	0.69	0.18	0.94	0.23	0.48	0.19
揭　阳	1.02	0.23	1.81	0.42	0.51	0.20
云　浮	0.46	0.00	0.69	0.54	0.43	0.11
广　西	**8.21**	**3.02**	**17.24**	**12.60**	**15.14**	**11.36**
南　宁	1.13	0.53	4.95	4.46	4.43	3.94
柳　州	0.62	0.30	3.32	3.21	2.97	2.74
桂　林	0.98	0.21	1.44	0.92	1.15	0.78
梧　州	0.69	0.17	1.03	0.91	0.66	0.43
北　海	0.19	0.13	0.43	0.17	0.59	0.49
防城港	0.26	0.14	0.91	0.82	0.82	0.76
钦　州	0.24	0.14	0.80	0.36	0.55	0.46

2—6续表6

单位:万人

城市	电力、煤气及水生产供应业		建筑业		交通运输、仓储及邮政业	
	全市	市辖区	全市	市辖区	全市	市辖区
贵港	0.33	0.12	0.82	0.46	0.66	0.32
玉林	0.68	0.30	1.28	0.49	1.03	0.53
百色	0.76	0.18	0.32	0.14	0.78	0.50
贺州	0.47	0.28	0.35	0.28	0.32	0.10
河池	0.76	0.18	1.13	0.28	0.64	0.21
来宾	0.55	0.23	0.17	0.03	0.19	0.05
崇左	0.55	0.11	0.29	0.07	0.35	0.05
海南	**0.80**	**0.80**	**4.37**	**4.37**	**2.85**	**2.85**
海口	0.64	0.64	3.89	3.89	2.40	2.40
三亚	0.16	0.16	0.48	0.48	0.45	0.45
重庆	**5.67**	**3.29**	**34.87**	**21.98**	**14.59**	**11.80**
四川	**13.84**	**6.05**	**70.75**	**42.11**	**19.37**	**12.09**
成都	1.79	0.93	27.47	19.03	6.88	5.32
自贡	0.42	0.33	1.98	1.48	0.96	0.69
攀枝花	0.61	0.48	1.51	1.51	0.72	0.69
泸州	0.67	0.39	4.59	3.20	1.25	0.83
德阳	0.39	0.18	2.21	1.57	0.69	0.25
绵阳	1.11	0.47	2.59	0.86	1.14	0.67
广元	0.46	0.17	0.64	0.44	0.57	0.33
遂宁	0.69	0.29	5.22	2.82	0.39	0.21
内江	0.43	0.33	5.33	2.70	0.75	0.44
乐山	1.85	1.20	1.63	1.28	1.27	0.51
南充	0.79	0.18	5.88	2.76	0.66	0.37
眉山	0.42	0.06	0.85	0.06	0.52	0.14
宜宾	1.12	0.15	3.46	0.80	1.17	0.73
广安	0.40	0.16	0.67	0.26	0.35	0.09
达州	1.45	0.35	2.55	0.59	0.90	0.34
雅安	0.48	0.12	0.79	0.59	0.25	0.14
巴中	0.48	0.16	2.39	1.87	0.41	0.16
资阳	0.28	0.10	0.99	0.29	0.49	0.18
贵州	**3.14**	**1.29**	**13.74**	**11.64**	**3.14**	**2.52**
贵阳	1.24	0.63	10.62	10.07	1.80	1.72
六盘水	0.51	0.23	0.63	0.32	0.23	0.12
遵义	0.85	0.23	1.66	0.80	0.74	0.35
安顺	0.54	0.20	0.83	0.45	0.37	0.33
云南	**4.08**	**1.59**	**11.67**	**9.18**	**9.83**	**8.24**
昆明	1.23	0.82	7.72	7.41	7.08	6.92
曲靖	0.99	0.22	0.76	0.57	0.60	0.26
玉溪	0.37	0.07	0.27	0.06	0.41	0.27

2—6 续表 7

单位:万人

城市	电力、煤气及水生产供应业		建筑业		交通运输、仓储及邮政业	
	全市	市辖区	全市	市辖区	全市	市辖区
保山	0.21	0.20	0.56	0.37	0.33	0.23
昭通	0.40	0.10	1.10	0.50	0.53	0.25
丽江	0.22	0.09	0.07	0.02	0.17	0.13
思茅	0.37	0.08	0.40	0.21	0.37	0.16
临沧	0.29	0.01	0.79	0.04	0.34	0.02
陕西	**8.80**	**5.02**	**20.76**	**15.86**	**16.81**	**13.75**
西安	2.37	2.08	7.98	7.26	8.54	8.31
铜川	0.22	0.21	0.52	0.52	0.40	0.39
宝鸡	0.81	0.66	1.35	0.88	2.57	2.37
咸阳	1.08	0.66	5.71	4.77	0.97	0.56
渭南	1.66	0.36	1.56	0.94	0.89	0.33
延安	0.43	0.21	0.71	0.28	0.78	0.36
汉中	0.57	0.19	1.58	0.72	0.80	0.47
榆林	0.82	0.29	0.48	0.21	0.77	0.27
安康	0.54	0.23	0.50	0.25	0.57	0.40
商洛	0.30	0.13	0.37	0.03	0.52	0.29
甘肃	**6.25**	**3.18**	**14.98**	**12.41**	**8.32**	**6.86**
兰州	1.44	1.23	10.13	9.78	5.04	4.91
嘉峪关	0.11	0.11	0.18	0.18	0.06	0.06
金昌	0.47	0.08	0.49	0.40	0.11	0.07
白银	0.72	0.64	0.41	0.33	0.29	0.17
天水	0.31	0.11	1.10	0.91	0.41	0.34
武威	0.23	0.12	0.15	0.11	0.35	0.29
张掖	0.43	0.21	0.16	0.15	0.37	0.26
平凉	0.30	0.24	0.96	0.24	0.27	0.17
酒泉	0.95	0.07	0.13	0.08	0.38	0.21
庆阳	0.35	0.13	0.23	0.09	0.29	0.13
定西	0.39	0.11	0.69	0.08	0.39	0.16
陇南	0.55	0.13	0.35	0.06	0.36	0.09
青海	**0.85**	**0.47**	**2.08**	**1.88**	**1.95**	**1.77**
西宁	0.85	0.47	2.08	1.88	1.95	1.77
宁夏	**2.79**	**2.07**	**9.92**	**5.12**	**4.66**	**2.70**
银川	0.87	0.83	2.85	2.67	0.81	0.69
石嘴山	0.93	0.90	0.46	0.45	0.17	0.16
吴忠	0.65	0.06	1.12	0.05	0.51	0.15
固原	0.17	0.14	0.37	0.27	0.31	0.17
中卫	0.17	0.14	5.12	1.68	2.86	1.53
新疆	**0.98**	**0.98**	**7.61**	**7.57**	**4.66**	**4.66**
乌鲁木齐	0.98	0.98	6.14	6.10	4.51	4.51
克拉玛依			1.47	1.47	0.15	0.15

2—7 按行业分组的单位从业人员(三)

单位:万人

城市	信息传输、计算机服务和软件业		批发和零售业		住宿、餐饮业	
	全市	市辖区	全市	市辖区	全市	市辖区
城市合计	**137.60**	**93.57**	**651.74**	**370.21**	**195.23**	**143.90**
北京	**37.25**	**18.05**	**109.55**	**41.53**	**43.39**	**24.78**
天津	**1.91**	**1.91**	**11.69**	**11.02**	**3.33**	**3.19**
河北	**4.66**	**3.22**	**28.56**	**14.83**	**5.00**	**3.64**
石家庄	0.74	0.58	6.30	3.97	1.47	1.26
唐山	0.53	0.40	2.57	1.81	0.51	0.40
秦皇岛	0.24	0.19	0.90	0.67	0.33	0.29
邯郸	0.41	0.31	3.78	1.92	0.50	0.35
邢台	0.33	0.21	2.17	0.97	0.36	0.24
保定	0.70	0.45	3.60	1.68	0.53	0.33
张家口	0.33	0.21	2.78	1.31	0.35	0.18
承德	0.30	0.15	1.29	0.46	0.28	0.21
沧州	0.54	0.28	2.28	0.73	0.34	0.14
廊坊	0.22	0.22	1.09	0.50	0.18	0.16
衡水	0.32	0.22	1.80	0.81	0.15	0.08
山西	**3.17**	**2.39**	**23.70**	**13.22**	**3.54**	**2.52**
太原	0.82	0.82	4.99	4.74	1.56	1.47
大同	0.34	0.26	3.88	3.18	0.19	0.15
阳泉	0.13	0.10	1.19	0.78	0.14	0.12
长治	0.15	0.14	1.74	0.64	0.20	0.10
晋城	0.18	0.15	2.20	1.25	0.25	0.16
朔州	0.13	0.10	0.74	0.34	0.05	0.02
晋中	0.27	0.16	1.91	0.45	0.19	0.08
运城	0.50	0.43	1.71	0.41	0.25	0.08
忻州	0.15	0.03	2.04	0.60	0.33	0.16
临汾	0.25	0.10	2.08	0.67	0.21	0.11
吕梁	0.25	0.10	1.22	0.16	0.17	0.07
内蒙古	**2.00**	**1.47**	**6.74**	**3.81**	**2.34**	**1.76**
呼和浩特	0.39	0.38	1.03	0.94	0.92	0.83
包头	0.22	0.20	1.05	0.97	0.38	0.37
乌海	0.04	0.04	0.27	0.27	0.06	0.06
赤峰	0.24	0.11	1.18	0.28	0.26	0.09
通辽	0.23	0.16	0.62	0.37	0.16	0.11
鄂尔多斯	0.16	0.08	0.21	0.08	0.04	0.04
呼伦贝尔	0.35	0.20	1.45	0.40	0.35	0.12
巴彦淖尔	0.09	0.08	0.43	0.27	0.09	0.07
乌兰察布	0.28	0.22	0.50	0.23	0.08	0.07
辽宁	**5.14**	**4.58**	**18.19**	**15.15**	**6.28**	**6.03**
沈阳	1.25	1.25	5.63	5.39	1.71	1.70

2—7 续表 1　　单位:万人

城　市	信息传输、计算机服务和软件业		批发和零售业		住宿、餐饮业	
	全　市	市辖区	全　市	市辖区	全　市	市辖区
大　连	1.17	1.10	3.94	3.70	2.59	2.59
鞍　山	0.31	0.22	1.36	0.99	0.27	0.25
抚　顺	0.18	0.18	0.94	0.80	0.17	0.14
本　溪	0.19	0.19	0.52	0.25	0.11	0.10
丹　东	0.32	0.28	0.62	0.43	0.17	0.16
锦　州	0.27	0.17	1.04	0.77	0.21	0.16
营　口	0.22	0.21	0.49	0.40	0.18	0.17
阜　新	0.16	0.11	0.62	0.42	0.10	0.09
辽　阳	0.18	0.18	0.40	0.40	0.15	0.15
盘　锦	0.21	0.21	0.68	0.62	0.32	0.30
铁　岭	0.21	0.12	0.76	0.23	0.08	0.06
朝　阳	0.31	0.20	0.72	0.43	0.13	0.08
葫芦岛	0.16	0.16	0.47	0.32	0.09	0.08
吉　林	**2.52**	**2.07**	**13.45**	**6.24**	**2.51**	**2.11**
长　春	1.20	1.10	5.40	3.70	1.70	1.60
吉　林	0.30	0.22	1.92	0.58	0.25	0.19
四　平	0.18	0.10	1.65	0.37	0.12	0.08
辽　源	0.10	0.08	0.34	0.21	0.04	0.04
通　化	0.20	0.13	0.80	0.22	0.09	0.06
白　山	0.11	0.08	0.54	0.30	0.09	0.06
松　原	0.15	0.15	1.77	0.59	0.16	0.05
白　城	0.28	0.21	1.03	0.27	0.06	0.03
黑龙江	**5.33**	**3.34**	**34.96**	**19.24**	**7.77**	**3.14**
哈尔滨	2.46	1.84	18.88	13.33	2.37	1.85
齐齐哈尔	0.28	0.25	1.79	0.80	0.26	0.12
鸡　西	0.11	0.10	1.62	0.50	0.28	0.02
鹤　岗	0.07	0.05	1.00	0.33	0.33	0.06
双鸭山	0.16	0.10	1.16	0.15	0.33	0.01
大　庆	0.42	0.42	2.32	1.51	0.33	0.30
伊　春	0.19	0.18	0.41	0.24	0.10	0.06
佳木斯	0.22	0.12	2.30	1.00	0.33	0.18
七台河	0.08	0.06	0.27	0.10	0.08	0.07
牡丹江	0.29	0.20	1.60	0.57	0.23	0.14
黑　河	0.75	0.01	1.71	0.42	3.03	0.31
绥　化	0.30	0.01	1.90	0.29	0.10	0.02
上　海	**3.95**	**3.95**	**25.69**	**25.35**	**8.53**	**8.49**
江　苏	**6.04**	**4.02**	**31.65**	**18.04**	**8.41**	**6.30**
南　京	1.04	1.01	4.52	4.31	2.47	2.42
无　锡	0.65	0.47	2.99	1.97	0.98	0.67

2—7 续表 2

单位:万人

城　市	信息传输、计算机服务和软件业		批发和零售业		住宿、餐饮业	
	全　市	市辖区	全　市	市辖区	全　市	市辖区
徐　州	0.49	0.33	3.29	0.97	0.52	0.34
常　州	0.28	0.22	2.09	1.50	0.71	0.51
苏　州	0.86	0.56	3.56	1.78	1.39	0.85
南　通	0.41	0.16	2.83	1.13	0.29	0.18
连云港	0.22	0.15	1.01	0.60	0.24	0.12
淮　安	0.31	0.23	2.07	1.47	0.23	0.20
盐　城	0.67	0.41	3.31	1.58	0.36	0.18
扬　州	0.31	0.13	1.75	0.70	0.35	0.30
镇　江	0.29	0.16	1.83	1.20	0.48	0.40
泰　州	0.40	0.14	1.80	0.63	0.32	0.12
宿　迁	0.11	0.05	0.60	0.20	0.07	0.01
浙　江	**4.90**	**3.37**	**19.74**	**12.27**	**9.17**	**6.04**
杭　州	1.38	1.25	4.62	4.04	3.48	3.22
宁　波	0.48	0.28	3.41	2.73	1.44	1.10
温　州	0.65	0.35	3.02	1.91	0.98	0.55
嘉　兴	0.30	0.17	1.73	0.64	0.73	0.25
湖　州	0.19	0.19	0.82	0.55	0.25	0.07
绍　兴	0.39	0.19	1.94	0.44	0.56	0.16
金　华	0.43	0.23	1.06	0.24	0.34	
衢　州	0.16	0.09	0.28	0.16	0.10	0.05
舟　山	0.14	0.12	0.74	0.64	0.30	0.27
台　州	0.53	0.36	1.67	0.81	0.85	0.32
丽　水	0.25	0.14	0.45	0.11	0.14	0.05
安　徽	**2.96**	**1.95**	**20.03**	**9.44**	**3.40**	**2.72**
合　肥	0.65	0.59	2.37	1.84	0.61	0.60
芜　湖	0.16	0.13	0.66	0.61	0.22	0.21
蚌　埠	0.18	0.12	1.21	0.53	0.56	0.47
淮　南	0.10	0.10	0.56	0.41	0.18	0.16
马鞍山	0.07	0.06	0.51	0.39	0.09	0.08
淮　北	0.10	0.08	0.63	0.54	0.08	0.07
铜　陵	0.09	0.08	0.50	0.42	0.07	0.07
安　庆	0.19	0.07	2.08	0.46	0.18	0.14
黄　山	0.11	0.08	0.30	0.17	0.50	0.45
滁　州	0.27	0.16	1.60	0.36	0.16	0.04
阜　阳	0.17	0.10	2.12	1.00	0.23	0.17
宿　州	0.21	0.11	2.12	1.08	0.10	0.05
巢　湖	0.19	0.09	1.53	0.83	0.12	0.07
六　安	0.11	0.06	1.32	0.38	0.07	0.04
亳　州	0.13	0.07	1.76	0.23	0.14	0.06

2—7 续表 3 单位:万人

城　市	信息传输、计算机服务和软件业		批发和零售业		住宿、餐饮业	
	全　市	市辖区	全　市	市辖区	全　市	市辖区
池　州	0.07	0.05	0.26	0.12	0.03	0.02
宣　城	0.16		0.50	0.07	0.06	0.02
福　建	**3.61**	**2.41**	**11.44**	**6.79**	**4.74**	**3.37**
福　州	1.06	0.90	3.19	2.36	1.56	1.27
厦　门	0.36	0.36	1.85	1.85	0.96	0.96
莆　田	0.13	0.13	0.57	0.44	0.19	0.17
三　明	0.24	0.15	0.78	0.27	0.21	0.12
泉　州	0.68	0.28	1.66	0.72	0.79	0.42
漳　州	0.33	0.17	1.22	0.48	0.28	0.16
南　平	0.26	0.14	0.74	0.17	0.35	0.09
龙　岩	0.29	0.17	0.63	0.23	0.22	0.12
宁　德	0.26	0.11	0.80	0.27	0.18	0.06
江　西	**2.77**	**1.98**	**19.50**	**9.78**	**3.77**	**2.32**
南　昌	0.76	0.74	2.17	1.84	0.62	0.59
景德镇	0.10	0.10	0.59	0.27	0.10	0.09
萍　乡	0.15	0.14	0.67	0.52	0.13	0.10
九　江	0.24	0.11	1.41	0.57	0.33	0.25
新　余	0.16	0.11	8.38	5.04	1.65	0.82
鹰　潭	0.08	0.06	0.27	0.10	0.07	0.07
赣　州	0.38	0.33	0.84	0.14	0.27	0.09
吉　安	0.27	0.16	0.86	0.35	0.20	0.07
宜　春	0.20	0.07	1.22	0.35	0.15	0.11
抚　州	0.19	0.08	1.41	0.45	0.07	0.03
上　饶	0.24	0.08	1.68	0.15	0.18	0.10
山　东	**5.26**	**3.80**	**38.78**	**19.95**	**8.55**	**6.19**
济　南	0.70	0.66	4.08	3.62	1.34	1.27
青　岛	0.57	0.45	4.21	3.26	1.86	1.63
淄　博	0.46	0.44	2.09	1.73	0.42	0.36
枣　庄	0.20	0.18	1.73	1.16	0.13	0.11
东　营	0.17	0.13	0.66	0.60	0.30	0.27
烟　台	0.52	0.27	2.87	1.14	0.78	0.49
潍　坊	0.34	0.21	3.03	1.11	0.62	0.33
济　宁	0.39	0.19	3.39	0.96	0.52	0.18
泰　安	0.22	0.18	2.39	0.79	0.35	0.22
威　海	0.17	0.11	2.09	1.06	0.66	0.42
日　照	0.08	0.07	1.43	0.92	0.16	0.14
莱　芜	0.08	0.08	0.52	0.52	0.10	0.10
临　沂	0.45	0.37	2.88	0.84	0.32	0.17
德　州	0.39	0.13	2.12	0.82	0.27	0.14

2—7 续表 4

单位:万人

城　市	信息传输、计算机服务和软件业		批发和零售业		住宿、餐饮业	
	全　市	市辖区	全　市	市辖区	全　市	市辖区
聊　城	0.19	0.07	1.92	0.55	0.31	0.15
滨　州	0.12	0.05	1.10	0.25	0.14	0.06
菏　泽	0.21	0.21	2.27	0.62	0.27	0.15
河　南	**5.02**	**3.13**	**52.80**	**22.28**	**9.65**	**6.90**
郑　州	0.83	0.73	5.70	4.28	2.73	2.43
开　封	0.27	0.18	3.26	1.64	0.58	0.53
洛　阳	0.26	0.16	2.77	1.14	0.82	0.59
平顶山	0.16	0.08	2.36	1.11	0.49	0.35
安　阳	0.19	0.09	3.17	1.82	0.44	0.28
鹤　壁	0.08	0.05	0.83	0.43	0.20	0.16
新　乡	0.23	0.15	4.98	3.29	0.58	0.40
焦　作	0.16	0.09	1.65	0.71	0.25	0.15
濮　阳	0.14	0.06	1.60	0.72	0.58	0.24
许　昌	0.28	0.20	1.77	0.51	0.35	0.21
漯　河	0.13	0.13	1.66	0.64	0.14	0.13
三门峡	0.17	0.12	1.67	0.59	0.30	0.17
南　阳	0.65	0.40	6.17	1.77	0.80	0.41
商　丘	0.22	0.08	2.75	1.14	0.28	0.21
信　阳	0.45	0.20	3.07	0.85	0.53	0.31
周　口	0.42	0.33	6.01	0.82	0.22	0.11
驻马店	0.38	0.08	3.38	0.82	0.36	0.22
湖　北	**3.55**	**2.74**	**26.19**	**15.53**	**9.81**	**8.59**
武　汉	1.61	1.61	7.80	7.80	5.53	5.53
黄　石	0.08	0.07	0.90	0.64	0.74	0.48
十　堰	0.15	0.07	1.54	1.01	0.38	0.28
宜　昌	0.25	0.16	2.07	1.29	1.77	1.58
襄　樊	0.31	0.22	2.70	1.56	0.27	0.13
鄂　州	0.05	0.05	0.83	0.83	0.15	0.15
荆　门	0.15	0.06	0.97	0.48	0.14	0.09
孝　感	0.19	0.09	1.32	0.32	0.19	0.05
荆　州	0.30	0.15	4.25	0.42	0.26	0.15
黄　冈	0.23	0.08	2.34	0.26	0.18	0.04
咸　宁	0.14	0.10	0.55	0.14	0.14	0.06
随　州	0.09	0.08	0.92	0.78	0.06	0.05
湖　南	**4.06**	**2.66**	**18.60**	**10.02**	**5.79**	**4.16**
长　沙	1.04	0.93	5.14	4.56	2.36	2.22
株　洲	0.28	0.21	1.00	0.66	0.44	0.35
湘　潭	0.14	0.12	0.69	0.53	0.20	0.14
衡　阳	0.33	0.01	2.42	1.23	0.61	0.10

2—7 续表 5　　　　单位:万人

城　市	信息传输、计算机服务和软件业		批发和零售业		住宿、餐饮业	
	全　市	市辖区	全　市	市辖区	全　市	市辖区
邵　阳	0.31	0.13	1.18	0.40	0.10	0.01
岳　阳	0.23	0.14	2.07	0.86	0.27	0.12
常　德	0.36	0.32	0.75	0.26	0.19	0.16
张家界	0.14	0.11	0.32	0.17	0.34	0.28
益　阳	0.27	0.16	0.82	0.27	0.19	0.15
郴　州	0.31	0.15	1.34	0.42	0.44	0.31
永　州	0.23	0.16	1.13	0.24	0.24	0.13
怀　化	0.26	0.14	0.74	0.20	0.25	0.10
娄　底	0.16	0.08	1.00	0.22	0.16	0.09
广　东	**12.58**	**10.20**	**39.45**	**31.02**	**21.03**	**19.00**
广　州	3.33	3.17	11.67	11.42	8.99	8.87
韶　关	0.30	0.13	0.63	0.13	0.31	0.05
深　圳	2.60	2.60	9.12	9.12	4.64	4.64
珠　海	0.26	0.26	1.05	1.05	0.97	0.97
汕　头	0.49	0.47	2.41	2.36	0.55	0.52
佛　山	0.87	0.87	1.92	1.92	0.97	0.97
江　门	0.35	0.19	1.00	0.47	0.64	0.28
湛　江	0.51	0.26	2.32	1.00	0.46	0.41
茂　名	0.33	0.12	1.11	0.23	0.27	0.16
肇　庆	0.35	0.19	0.66	0.30	0.49	0.35
惠　州	0.33	0.20	1.01	0.55	0.52	0.44
梅　州	0.27	0.14	0.79	0.20	0.18	0.06
汕　尾	0.25	0.10	0.72	0.15	0.10	0.02
河　源	0.22	0.19	0.84	0.22	0.43	0.28
阳　江	0.22	0.13	0.92	0.51	0.33	0.28
清　远	0.40	0.23	0.31	0.05	0.45	0.21
东　莞	0.26	0.26	0.51	0.51	0.14	0.14
中　山	0.38	0.38	0.35	0.35	0.20	0.20
潮　州	0.32	0.14	0.51	0.14	0.13	0.10
揭　阳	0.29	0.10	1.20	0.28	0.17	0.04
云　浮	0.25	0.07	0.40	0.06	0.10	0.01
广　西	**3.35**	**2.60**	**14.27**	**7.90**	**4.48**	**3.38**
南　宁	0.78	0.75	3.84	3.10	1.05	0.91
柳　州	0.48	0.39	1.86	1.50	0.46	0.40
桂　林	0.39	0.36	1.51	0.65	0.96	0.87
梧　州	0.27	0.17	0.78	0.32	0.22	0.17
北　海	0.19	0.13	0.29	0.20	0.38	0.35
防城港	0.04	0.04	0.14	0.07	0.12	0.07
钦　州	0.15	0.15	0.54	0.27	0.17	0.12

2—7 续表 6

单位:万人

城市	信息传输、计算机服务和软件业		批发和零售业		住宿、餐饮业	
	全市	市辖区	全市	市辖区	全市	市辖区
贵港	0.06	0.02	0.73	0.45	0.08	0.03
玉林	0.25	0.18	1.37	0.49	0.28	0.19
百色	0.24	0.17	0.96	0.15	0.29	0.11
贺州	0.11	0.04	0.29	0.13	0.09	0.05
河池	0.21	0.15	0.89	0.25	0.18	0.05
来宾	0.05	0.02	0.48	0.20	0.06	0.03
崇左	0.13	0.03	0.59	0.12	0.14	0.03
海南	**0.51**	**0.51**	**1.50**	**1.50**	**2.39**	**2.39**
海口	0.48	0.48	1.23	1.23	1.21	1.21
三亚	0.03	0.03	0.27	0.27	1.18	1.18
重庆	**2.26**	**1.73**	**9.46**	**6.13**	**2.56**	**2.10**
四川	**4.63**	**3.40**	**19.07**	**11.59**	**4.23**	**3.36**
成都	1.29	1.16	5.80	5.16	2.23	1.88
自贡	0.09	0.07	1.58	1.37	0.18	0.18
攀枝花	0.12	0.12	0.35	0.28	0.08	0.07
泸州	0.28	0.16	1.07	0.73	0.20	0.17
德阳	0.38	0.32	0.42	0.19	0.08	0.03
绵阳	0.28	0.17	0.64	0.37	0.16	0.12
广元	0.15	0.08	0.48	0.21	0.05	0.03
遂宁	0.13	0.06	0.48	0.26	0.08	0.03
内江	0.16	0.12	0.83	0.47	0.11	0.06
乐山	0.23	0.21	1.88	0.52	0.13	0.12
南充	0.19	0.12	0.91	0.39	0.15	0.09
眉山	0.15	0.09	0.32	0.08	0.02	0.01
宜宾	0.26	0.19	1.12	0.52	0.26	0.17
广安	0.20	0.15	0.37	0.15	0.04	0.04
达州	0.31	0.13	1.22	0.31	0.14	0.11
雅安	0.14	0.10	0.27	0.18	0.12	0.11
巴中	0.17	0.07	0.83	0.21	0.11	0.06
资阳	0.10	0.08	0.50	0.19	0.09	0.08
贵州	**1.42**	**1.29**	**7.97**	**6.17**	**1.66**	**1.52**
贵阳	0.92	0.87	4.65	4.38	1.45	1.40
六盘水	0.09	0.07	0.60	0.20	0.08	0.03
遵义	0.28	0.22	2.06	1.11	0.04	0.01
安顺	0.13	0.13	0.66	0.48	0.09	0.08
云南	**2.30**	**1.86**	**9.47**	**6.05**	**2.73**	**1.96**
昆明	1.37	1.31	4.67	3.91	1.89	1.59
曲靖	0.17	0.13	0.98	0.30	0.14	0.05
玉溪	0.08	0.07	1.29	0.89	0.23	0.07

2—7 续表 7

单位:万人

城　市	信息传输、计算机服务和软件业		批发和零售业		住宿、餐饮业	
	全　市	市辖区	全　市	市辖区	全　市	市辖区
保　山	0.09	0.09	0.67	0.36	0.08	0.06
昭　通	0.30	0.14	0.80	0.34	0.10	0.05
丽　江	0.06	0.05	0.32	0.14	0.10	0.08
思　茅	0.13	0.07	0.42	0.08	0.07	0.05
临　沧	0.10		0.32	0.03	0.12	0.01
陕　西	**2.87**	**1.98**	**20.71**	**13.50**	**4.29**	**3.36**
西　安	1.11	1.06	9.86	9.39	2.53	2.44
铜　川	0.05	0.05	0.23	0.20	0.05	0.05
宝　鸡	0.25	0.16	2.25	1.30	0.39	0.28
咸　阳	0.27	0.16	1.98	0.79	0.23	0.10
渭　南	0.31	0.10	1.82	0.53	0.21	0.03
延　安	0.17	0.08	0.94	0.37	0.21	0.12
汉　中	0.27	0.16	1.35	0.43	0.29	0.21
榆　林	0.21	0.07	1.12	0.13	0.18	0.04
安　康	0.16	0.09	0.63	0.22	0.09	0.05
商　洛	0.07	0.05	0.53	0.14	0.11	0.04
甘　肃	**2.00**	**1.49**	**7.88**	**5.15**	**2.03**	**1.62**
兰　州	0.94	0.73	3.07	2.77	1.03	1.00
嘉峪关	0.03	0.03	0.06	0.06	0.03	0.03
金　昌	0.05	0.03	0.27	0.17	0.02	0.01
白　银	0.08	0.06	0.43	0.23	0.04	0.03
天　水	0.22	0.20	0.83	0.52	0.21	0.17
武　威	0.09	0.09	0.63	0.47	0.10	0.07
张　掖	0.10	0.10	0.42	0.22	0.08	0.05
平　凉	0.10	0.07	0.44	0.16	0.11	0.10
酒　泉	0.10	0.06	0.41	0.24	0.20	0.07
庆　阳	0.10	0.07	0.36	0.12	0.06	0.03
定　西	0.10	0.04	0.45	0.10	0.07	0.04
陇　南	0.09	0.01	0.51	0.09	0.08	0.02
青　海	**0.50**	**0.50**	**1.01**	**0.81**	**0.20**	**0.19**
西　宁	0.50	0.50	1.01	0.81	0.20	0.19
宁　夏	**0.63**	**0.52**	**7.03**	**3.26**	**2.13**	**1.25**
银　川	0.33	0.31	1.06	0.93	0.40	0.39
石嘴山	0.08	0.08	0.23	0.16	0.04	0.03
吴　忠			1.68	0.50	0.22	0.15
固　原	0.13	0.11	0.32	0.11	0.11	0.05
中　卫	0.09	0.02	3.74	1.56	1.36	0.63
新　疆	**0.45**	**0.45**	**2.66**	**2.64**	**1.52**	**1.52**
乌鲁木齐	0.43	0.43	2.43	2.41	1.46	1.46
克拉玛依	0.02	0.02	0.23	0.23	0.06	0.06

2—8 按行业分组的单位从业人员(四)

单位:万人

城　　市	金　融　业		房地产业		租赁和商业服务业	
	全　市	市辖区	全　市	市辖区	全　市	市辖区
城市合计	**340.54**	**223.24**	**140.96**	**108.98**	**210.98**	**148.73**
北　　京	**15.87**	**15.37**	**32.10**	**22.42**	**68.46**	**42.33**
天　　津	**5.07**	**4.84**	**2.59**	**2.55**	**5.05**	**4.93**
河　　北	**17.68**	**8.78**	**2.93**	**2.21**	**3.99**	**2.62**
石家庄	2.90	1.72	0.42	0.33	0.93	0.85
唐　山	2.30	1.60	0.39	0.34	0.71	0.58
秦皇岛	1.54	1.20	0.22	0.17	0.25	0.19
邯　郸	1.84	0.95	0.30	0.23	0.50	0.21
邢　台	1.52	0.64	0.11	0.08	0.20	0.06
保　定	2.22	0.71	0.26	0.17	0.38	0.18
张家口	1.12	0.50	0.30	0.19	0.23	0.13
承　德	0.72	0.29	0.09	0.05	0.24	0.16
沧　州	1.53	0.40	0.18	0.09	0.21	0.05
廊　坊	0.88	0.32	0.53	0.46	0.18	0.15
衡　水	1.11	0.45	0.13	0.10	0.16	0.06
山　　西	**11.50**	**6.24**	**1.78**	**1.22**	**4.05**	**2.62**
太　原	1.84	1.83	0.58	0.56	1.03	0.96
大　同	1.06	0.84	0.30	0.26	0.46	0.34
阳　泉	0.61	0.33	0.08	0.06	0.53	0.49
长　治	1.43	1.05	0.06	0.05	0.37	0.18
晋　城	0.75	0.32	0.07	0.06	0.25	0.08
朔　州	0.45	0.32	0.02	0.01	0.10	0.06
晋　中	1.37	0.47	0.13	0.09	0.26	0.11
运　城	1.27	0.28	0.34	0.07	0.31	0.24
忻　州	0.85	0.26	0.05	0.03	0.31	0.03
临　汾	1.17	0.38	0.09	0.02	0.33	0.12
吕　梁	0.70	0.16	0.06	0.01	0.10	0.01
内蒙古	**6.65**	**3.90**	**1.17**	**0.74**	**2.30**	**1.28**
呼和浩特	1.37	1.16	0.19	0.17	0.72	0.70
包　头	0.84	0.69	0.18	0.17	0.20	0.19
乌　海	0.22	0.22	0.07	0.07	0.07	0.07
赤　峰	1.00	0.54	0.20	0.12	0.13	0.08
通　辽	0.64	0.32	0.13	0.10	0.09	0.04
鄂尔多斯	0.60	0.20	0.02	0.01	0.05	0.03
呼伦贝尔	0.85	0.20	0.22	0.07	0.76	0.08
巴彦淖尔	0.63	0.39	0.03	0.01	0.11	0.06
乌兰察布	0.50	0.18	0.13	0.02	0.17	0.03
辽　　宁	**18.30**	**15.35**	**6.23**	**5.46**	**9.34**	**8.30**
沈　阳	4.09	4.09	1.63	1.55	2.04	1.94

2—8续表1 单位:万人

城 市	金 融 业		房地产业		租赁和商业服务业	
	全 市	市辖区	全 市	市辖区	全 市	市辖区
大 连	3.87	3.20	1.88	1.70	1.73	1.70
鞍 山	1.41	1.15	0.31	0.28	0.81	0.67
抚 顺	0.98	0.86	0.21	0.20	0.25	0.23
本 溪	0.71	0.71	0.33	0.32	0.20	0.14
丹 东	0.82	0.51	0.28	0.18	0.25	0.10
锦 州	1.28	0.79	0.23	0.15	0.44	0.33
营 口	0.77	0.77	0.28	0.27	0.28	0.18
阜 新	0.56	0.43	0.11	0.11	0.18	0.15
辽 阳	0.64	0.58	0.18	0.15	0.12	0.08
盘 锦	0.64	0.64	0.21	0.20	2.23	2.17
铁 岭	0.80	0.40	0.27	0.13	0.22	0.12
朝 阳	0.97	0.47	0.18	0.12	0.40	0.33
葫芦岛	0.76	0.75	0.13	0.10	0.19	0.16
吉 林	**7.92**	**4.71**	**2.61**	**2.05**	**2.96**	**2.28**
长 春	2.80	2.10	1.50	1.40	1.40	1.30
吉 林	1.23	0.75	0.26	0.19	0.58	0.49
四 平	0.90	0.35	0.27	0.12	0.04	0.01
辽 源	0.40	0.23	0.08	0.07	0.08	0.06
通 化	0.89	0.41	0.17	0.07	0.38	0.32
白 山	0.52	0.26	0.16	0.12	0.14	0.07
松 原	0.69	0.38	0.11	0.06	0.10	0.02
白 城	0.49	0.23	0.06	0.02	0.24	0.01
黑龙江	**11.63**	**6.66**	**6.03**	**3.87**	**5.06**	**2.97**
哈尔滨	3.55	2.53	2.80	2.46	2.28	1.93
齐齐哈尔	1.45	0.83	0.40	0.35	0.19	0.12
鸡 西	0.55	0.35	0.09	0.08	0.25	0.09
鹤 岗	0.61	0.25	0.09	0.08	0.18	
双鸭山	0.39	0.17	0.10	0.07	0.11	0.05
大 庆	1.15	0.98	0.20	0.16	0.08	0.06
伊 春	0.44	0.33	0.11	0.10	0.03	0.03
佳木斯	1.07	0.42	1.21	0.30	0.36	0.29
七台河	0.23	0.19	0.08	0.04	0.15	0.12
牡丹江	0.80	0.38	0.23	0.19	0.28	0.18
黑 河	0.49	0.22	0.42	0.03	0.45	0.09
绥 化	0.90	0.01	0.30	0.01	0.70	0.01
上 海	**13.46**	**13.41**	**8.47**	**8.41**	**14.18**	**13.83**
江 苏	**22.95**	**13.70**	**6.33**	**3.78**	**8.20**	**4.80**
南 京	2.96	2.79	1.39	1.34	1.43	1.29
无 锡	2.23	1.51	0.64	0.53	0.73	0.57

2—8 续表 2

单位:万人

城　市	金融业		房地产业		租赁和商业服务业	
	全　市	市辖区	全　市	市辖区	全　市	市辖区
徐　州	2.43	1.44	0.35	0.16	0.28	0.12
常　州	1.20	0.88	0.29	0.21	0.50	0.25
苏　州	2.90	1.67	0.53	0.26	1.19	0.48
南　通	1.68	0.70	0.35	0.19	0.54	0.16
连云港	1.06	0.59	0.27	0.21	0.58	0.37
淮　安	1.44	1.21	0.21	0.14	0.48	0.34
盐　城	2.57	1.15	1.26	0.14	0.51	0.19
扬　州	1.30	0.40	0.28	0.19	0.67	0.38
镇　江	1.46	0.84	0.39	0.26	0.61	0.46
泰　州	1.44	0.39	0.32	0.12	0.60	0.16
宿　迁	0.28	0.13	0.05	0.03	0.08	0.03
浙　江	**18.70**	**11.85**	**5.54**	**3.87**	**8.28**	**5.08**
杭　州	3.80	3.55	1.24	1.14	2.50	2.21
宁　波	3.11	2.17	0.81	0.66	1.49	1.06
温　州	1.94	1.00	1.25	0.92	0.66	0.29
嘉　兴	1.70	0.67	0.45	0.22	0.98	0.40
湖　州	0.68	0.54	0.35	0.23	0.28	0.12
绍　兴	1.84	0.76	0.33	0.12	0.43	0.13
金　华	1.49	0.56	0.24	0.06	0.64	0.08
衢　州	0.78	0.45	0.11	0.05	0.13	0.09
舟　山	0.48	0.39	0.20	0.17	0.30	0.23
台　州	2.14	1.40	0.46	0.26	0.69	0.38
丽　水	0.74	0.36	0.10	0.04	0.18	0.09
安　徽	**11.86**	**6.90**	**3.14**	**2.15**	**3.64**	**2.71**
合　肥	1.34	0.98	0.38	0.32	0.40	0.35
芜　湖	0.89	0.65	0.22	0.21	0.16	0.13
蚌　埠	0.98	0.73	0.19	0.16	0.13	0.12
淮　南	0.78	0.68	0.55	0.54	0.13	0.12
马鞍山	0.45	0.41	0.09	0.08	0.12	0.12
淮　北	0.31	0.26	0.03	0.03	1.72	1.47
铜　陵	0.29	0.27	0.14	0.13	0.08	0.05
安　庆	1.02	0.43	0.21	0.13	0.15	0.13
黄　山	0.45	0.22	0.10	0.07	0.11	0.06
滁　州	0.73	0.26	0.20	0.04	0.15	0.03
阜　阳	1.16	0.53	0.15	0.08	0.11	0.04
宿　州	0.81	0.46	0.12	0.05	0.04	0.01
巢　湖	0.45	0.31	0.37	0.09	0.10	0.02
六　安	0.66	0.23	0.09	0.05	0.14	0.02
亳　州	0.59	0.24	0.22	0.14	0.02	0.01

2—8续表3

单位:万人

城　市	金融业		房地产业		租赁和商业服务业	
	全　市	市辖区	全　市	市辖区	全　市	市辖区
池　州	0.38	0.20	0.04	0.02	0.04	0.03
宣　城	0.57	0.04	0.04	0.01	0.04	
福　建	**9.56**	**5.06**	**4.38**	**3.31**	**4.15**	**2.78**
福　州	2.08	1.35	1.53	1.34	1.16	0.97
厦　门	1.07	1.07	1.07	1.07	0.79	0.79
莆　田	0.46	0.38	0.22	0.20	0.13	0.12
三　明	0.99	0.41	0.14	0.08	0.30	0.06
泉　州	1.45	0.49	0.62	0.25	0.49	0.20
漳　州	0.95	0.34	0.30	0.14	0.22	0.10
南　平	0.88	0.29	0.20	0.05	0.27	0.06
龙　岩	0.92	0.46	0.17	0.11	0.62	0.40
宁　德	0.76	0.27	0.13	0.07	0.17	0.08
江　西	**8.93**	**4.22**	**2.47**	**1.40**	**2.72**	**1.64**
南　昌	1.68	1.58	0.61	0.49	0.43	0.38
景德镇	0.34	0.24	0.18	0.15	0.03	0.02
萍　乡	0.50	0.42	0.09	0.07	0.03	0.02
九　江	1.26	0.49	0.28	0.12	0.37	0.33
新　余	0.30	0.30	0.07	0.07	1.05	0.52
鹰　潭	0.27	0.13	0.08	0.01	0.06	0.02
赣　州	1.44	0.36	0.28	0.07	0.26	0.12
吉　安	0.78	0.19	0.20	0.08	0.15	0.04
宜　春	0.69	0.17	0.30	0.22	0.12	0.06
抚　州	0.68	0.23	0.14	0.03	0.07	0.01
上　饶	0.99	0.11	0.24	0.09	0.15	0.12
山　东	**25.11**	**14.79**	**5.35**	**4.16**	**8.19**	**5.81**
济　南	3.42	2.88	0.90	0.85	0.64	0.59
青　岛	3.04	2.24	1.29	1.12	1.57	1.23
淄　博	1.08	0.97	0.24	0.20	0.23	0.18
枣　庄	0.97	0.82	0.29	0.16	1.45	1.43
东　营	0.70	0.41	0.11	0.08	0.58	0.57
烟　台	3.11	1.83	0.70	0.55	0.65	0.41
潍　坊	1.48	0.56	0.23	0.16	0.43	0.16
济　宁	1.66	0.44	0.25	0.10	0.58	0.22
泰　安	1.26	0.69	0.18	0.14	0.15	0.09
威　海	0.73	0.32	0.35	0.25	0.25	0.15
日　照	0.52	0.40	0.16	0.14	0.08	0.05
莱　芜	0.35	0.35	0.03	0.03	0.03	0.03
临　沂	1.87	0.85	0.14	0.08	0.62	0.33
德　州	1.52	0.65	0.10	0.07	0.19	0.04

2—8续表4

单位:万人

城市	金融业		房地产业		租赁和商业服务业	
	全市	市辖区	全市	市辖区	全市	市辖区
聊城	1.12	0.41	0.26	0.17	0.30	0.12
滨州	0.68	0.27	0.04	0.01	0.08	0.01
菏泽	1.60	0.70	0.08	0.05	0.36	0.20
河南	**21.08**	**11.54**	**4.29**	**3.16**	**8.61**	**5.24**
郑州	3.32	2.55	0.98	0.90	1.42	1.15
开封	1.06	0.73	0.39	0.33	0.35	0.25
洛阳	1.71	1.01	0.37	0.31	0.92	0.40
平顶山	1.63	1.06	0.22	0.16	0.58	0.43
安阳	1.36	0.68	0.22	0.18	0.42	0.19
鹤壁	0.35	0.22	0.06	0.06	0.11	0.08
新乡	0.99	0.44	0.29	0.17	0.46	0.19
焦作	0.99	0.53	0.09	0.06	0.26	0.17
濮阳	0.82	0.50	0.20	0.19	0.32	0.24
许昌	0.81	0.34	0.17	0.10	0.20	0.09
漯河	0.88	0.47	0.12	0.11	0.22	0.17
三门峡	0.72	0.32	0.05	0.04	0.35	0.21
南阳	1.75	0.51	0.36	0.15	1.58	1.04
商丘	0.93	0.38	0.06	0.04	0.17	0.10
信阳	1.22	0.54	0.24	0.12	0.59	0.11
周口	1.18	0.67	0.25	0.13	0.09	0.05
驻马店	1.36	0.59	0.22	0.11	0.57	0.37
湖北	**11.85**	**7.73**	**4.86**	**3.89**	**7.19**	**4.72**
武汉	3.46	3.46	2.38	2.38	3.17	3.17
黄石	0.42	0.28	0.25	0.17	0.44	0.25
十堰	1.05	0.59	0.16	0.10	0.10	0.07
宜昌	1.11	0.64	0.35	0.29	0.57	0.43
襄樊	1.21	0.74	0.24	0.16	0.22	0.11
鄂州	0.28	0.28	0.45	0.45	0.22	0.22
荆门	0.73	0.39	0.16	0.10	0.18	0.13
孝感	0.71	0.25	0.24	0.03	1.02	0.07
荆州	1.07	0.43	0.16	0.12	0.28	0.03
黄冈	1.03	0.30	0.36	0.05	0.36	0.04
咸宁	0.52	0.19	0.07	0.02	0.43	0.02
随州	0.26	0.18	0.04	0.02	0.20	0.18
湖南	**14.09**	**6.73**	**3.83**	**2.34**	**5.77**	**4.18**
长沙	2.71	2.28	1.35	1.19	1.64	1.49
株洲	1.05	0.57	0.40	0.35	0.42	0.31
湘潭	0.79	0.56	0.18	0.16	0.17	0.15
衡阳	1.66	0.04	0.68	0.04	0.27	0.03

2—8 续表 5

单位:万人

城　市	金融业		房地产业		租赁和商业服务业	
	全　市	市辖区	全　市	市辖区	全　市	市辖区
邵　阳	1.12	0.38	0.13	0.08	0.21	0.08
岳　阳	1.10	0.43	0.13	0.06	0.08	0.04
常　德	0.92	0.39	0.15	0.08	0.48	0.21
张家界	0.31	0.19	0.04	0.03	0.20	0.20
益　阳	1.06	0.56	0.15	0.07	0.25	0.16
郴　州	0.80	0.28	0.13	0.09	0.27	0.13
永　州	0.94	0.41	0.12	0.02	0.22	0.06
怀　化	0.93	0.26	0.23	0.10	0.17	0.08
娄　底	0.70	0.38	0.14	0.07	1.39	1.24
广　东	**29.10**	**23.37**	**17.46**	**16.14**	**16.81**	**13.89**
广　州	6.48	6.15	4.74	4.68	6.36	6.25
韶　关	0.77	0.25	0.12	0.05	0.38	0.18
深　圳	4.40	4.40	7.73	7.73	3.61	3.61
珠　海	0.70	0.70	0.47	0.47	0.53	0.53
汕　头	1.12	1.10	0.39	0.39	0.43	0.42
佛　山	3.12	3.12	0.62	0.62	0.60	0.60
江　门	1.38	0.86	0.27	0.18	0.47	0.26
湛　江	1.35	0.77	0.33	0.17	0.74	0.45
茂　名	1.00	0.34	0.37	0.28	0.41	0.08
肇　庆	0.79	0.37	0.15	0.12	0.29	0.13
惠　州	0.84	0.62	0.77	0.64	0.85	0.60
梅　州	0.93	0.38	0.34	0.07	0.35	0.09
汕　尾	0.29	0.12	0.06	0.02	0.17	0.06
河　源	0.44	0.25	0.20	0.12	0.31	0.11
阳　江	0.44	0.26	0.47	0.39	0.20	0.05
清　远	0.75	0.39	0.07	0.03	0.18	0.06
东　莞	1.80	1.80	0.04	0.04	0.15	0.15
中　山	0.95	0.95	0.02	0.02	0.11	0.11
潮　州	0.54	0.22	0.07	0.03	0.16	0.07
揭　阳	0.64	0.22	0.18	0.07	0.41	0.05
云　浮	0.37	0.10	0.05	0.02	0.11	0.03
广　西	**7.82**	**4.22**	**2.41**	**1.88**	**5.20**	**3.25**
南　宁	1.71	1.23	1.03	0.92	1.07	0.97
柳　州	0.95	0.67	0.26	0.22	0.70	0.45
桂　林	0.92	0.43	0.40	0.31	1.21	0.99
梧　州	0.45	0.25	0.14	0.12	0.23	0.12
北　海	0.40	0.30	0.12	0.10	0.28	0.20
防城港	0.15	0.13	0.02	0.02	0.10	0.07
钦　州	0.31	0.13	0.05	0.03	0.26	0.06

2—8续表6

单位:万人

城市	金融业		房地产业		租赁和商业服务业	
	全市	市辖区	全市	市辖区	全市	市辖区
贵港	0.40	0.18	0.04	0.03	0.10	0.08
玉林	0.82	0.32	0.14	0.07	0.58	0.13
百色	0.48	0.17	0.04	0.01	0.15	0.03
贺州	0.22	0.12	0.04	0.03	0.14	0.06
河池	0.50	0.15	0.06	0.01	0.18	0.03
来宾	0.24	0.08	0.03	0.01	0.10	0.04
崇左	0.27	0.06	0.04		0.10	0.02
海南	**1.07**	**1.07**	**1.25**	**1.25**	**0.77**	**0.77**
海口	0.91	0.91	1.12	1.12	0.67	0.67
三亚	0.16	0.16	0.13	0.13	0.10	0.10
重庆	**6.97**	**4.77**	**2.88**	**2.36**	**1.46**	**0.92**
四川	**15.25**	**8.74**	**4.16**	**2.89**	**3.21**	**2.39**
成都	4.00	3.00	1.57	1.26	1.63	1.57
自贡	0.62	0.41	0.11	0.07	0.13	0.04
攀枝花	0.46	0.46	0.05	0.05	0.07	0.06
泸州	0.67	0.46	0.26	0.22	0.08	0.02
德阳	0.96	0.46	0.45	0.29	0.12	0.06
绵阳	1.05	0.48	0.25	0.16	0.07	0.03
广元	0.55	0.30	0.02	0.01	0.05	0.02
遂宁	0.44	0.23	0.30	0.17	0.04	0.02
内江	0.85	0.52	0.13	0.06	0.01	0.01
乐山	0.65	0.29	0.14	0.09	0.19	0.05
南充	0.72	0.32	0.25	0.19	0.05	0.02
眉山	0.46	0.21	0.04	0.01	0.01	0.01
宜宾	0.95	0.50	0.15	0.06	0.08	0.06
广安	0.55	0.20	0.04	0.01	0.24	0.23
达州	1.00	0.36	0.16	0.05	0.26	0.09
雅安	0.37	0.19	0.04	0.03	0.05	0.04
巴中	0.35	0.16	0.14	0.13	0.09	0.05
资阳	0.60	0.19	0.06	0.03	0.04	0.01
贵州	**2.83**	**2.37**	**2.35**	**2.22**	**2.27**	**2.06**
贵阳	1.39	1.28	1.91	1.84	2.02	1.97
六盘水	0.35	0.27	0.11	0.11	0.03	
遵义	0.62	0.40	0.17	0.15	0.14	0.03
安顺	0.47	0.42	0.16	0.12	0.08	0.06
云南	**4.70**	**2.71**	**1.48**	**1.21**	**1.88**	**1.49**
昆明	2.10	1.74	1.04	0.98	1.31	1.16
曲靖	0.60	0.21	0.10	0.06	0.12	0.05
玉溪	0.56	0.26	0.03	0.01	0.17	0.15

2—8 续表 7

单位:万人

城市	金融业		房地产业		租赁和商业服务业	
	全市	市辖区	全市	市辖区	全市	市辖区
保山	0.30	0.13	0.18	0.08	0.04	0.01
昭通	0.40	0.15	0.05	0.04	0.07	0.01
丽江	0.21	0.09	0.03	0.01	0.10	0.10
思茅	0.32	0.10	0.02	0.01	0.05	0.01
临沧	0.21	0.03	0.03	0.02	0.02	
陕西	**9.75**	**5.93**	**1.87**	**1.46**	**3.09**	**2.33**
西安	3.77	3.53	1.10	1.06	1.50	1.48
铜川	0.28	0.28	0.05	0.04	0.05	0.05
宝鸡	0.78	0.45	0.09	0.06	0.07	0.04
咸阳	0.80	0.27	0.11	0.06	0.56	0.45
渭南	1.08	0.23	0.07	0.01	0.13	0.04
延安	0.56	0.28	0.04	0.01	0.13	0.03
汉中	0.90	0.30	0.17	0.09	0.40	0.14
榆林	0.63	0.20	0.09	0.05	0.13	0.06
安康	0.46	0.19	0.06	0.03	0.06	0.01
商洛	0.49	0.20	0.09	0.05	0.06	0.03
甘肃	**5.25**	**3.40**	**1.00**	**0.64**	**1.98**	**1.51**
兰州	1.49	1.31	0.44	0.23	1.13	1.09
嘉峪关	0.10	0.10			0.03	0.03
金昌	0.26	0.15	0.01	0.01	0.01	0.01
白银	0.44	0.28	0.02	0.02	0.08	0.01
天水	0.38	0.22	0.11	0.11	0.12	0.09
武威	0.42	0.42	0.01	0.01	0.19	0.17
张掖	0.40	0.26	0.04	0.03	0.08	0.03
平凉	0.32	0.12	0.25	0.17	0.01	0.01
酒泉	0.38	0.17	0.04	0.02	0.28	0.05
庆阳	0.39	0.11	0.02	0.01	0.01	0.01
定西	0.29	0.09	0.04	0.02	0.02	0.01
陇南	0.38	0.17	0.02	0.01	0.02	
青海	**0.82**	**0.70**	**0.11**	**0.10**	**0.53**	**0.49**
西宁	0.82	0.70	0.11	0.10	0.53	0.49
宁夏	**2.23**	**1.68**	**0.70**	**0.65**	**0.53**	**0.43**
银川	1.34	1.16	0.44	0.44	0.20	0.18
石嘴山	0.23	0.17	0.10	0.10	0.05	0.04
吴忠	0.23	0.13	0.06	0.04	0.18	0.15
固原	0.24	0.13	0.02	0.01	0.03	0.01
中卫	0.19	0.09	0.08	0.06	0.07	0.05
新疆	**2.54**	**2.50**	**1.19**	**1.19**	**1.11**	**1.08**
乌鲁木齐	2.36	2.32	1.14	1.14	0.99	0.96
克拉玛依	0.18	0.18	0.05	0.05	0.12	0.12

2—9 按行业分组的单位从业人员(五)

单位:万人

城　市	科研、技术服务和地质勘查业		水利、环境和公共设施管理业		居民服务和其他服务业	
	全　市	市辖区	全　市	市辖区	全　市	市辖区
城市合计	**217.54**	**177.79**	**166.61**	**101.12**	**87.01**	**45.44**
北　京	**38.84**	**29.26**	**7.92**	**6.40**	**44.43**	**10.75**
天　津	**5.18**	**4.94**	**3.97**	**3.78**	**4.77**	**4.75**
河　北	**7.49**	**4.91**	**8.54**	**5.22**	**0.92**	**0.62**
石家庄	2.02	1.84	1.68	1.04	0.36	0.29
唐　山	0.35	0.26	1.42	1.04	0.12	0.09
秦皇岛	0.46	0.39	0.71	0.56	0.10	0.09
邯　郸	0.74	0.64	1.04	0.66	0.05	0.02
邢　台	0.40	0.36	0.39	0.24	0.05	0.03
保　定	1.88	0.38	0.74	0.34	0.06	0.02
张家口	0.40	0.27	0.63	0.34	0.06	0.03
承　德	0.21	0.12	0.32	0.14	0.05	0.03
沧　州	0.27	0.22	0.49	0.24	0.03	0.01
廊　坊	0.55	0.29	0.90	0.46	0.02	
衡　水	0.21	0.14	0.22	0.16	0.02	0.01
山　西	**5.67**	**4.71**	**5.04**	**3.20**	**3.13**	**2.83**
太　原	2.97	2.95	1.25	1.17	0.68	0.65
大　同	0.49	0.45	0.69	0.53	1.85	1.82
阳　泉	0.12	0.10	0.23	0.16	0.05	0.03
长　治	0.26	0.22	0.45	0.31	0.04	0.03
晋　城	0.12	0.07	0.24	0.14	0.35	0.22
朔　州	0.05	0.04	0.17	0.12	0.01	0.01
晋　中	0.46	0.31	0.46	0.19	0.05	0.03
运　城	0.40	0.23	0.49	0.18	0.01	
忻　州	0.21	0.13	0.34	0.16	0.02	0.01
临　汾	0.49	0.17	0.56	0.18	0.03	0.01
吕　梁	0.10	0.04	0.16	0.06	0.04	0.02
内蒙古	**3.62**	**3.06**	**5.25**	**3.04**	**0.82**	**0.45**
呼和浩特	1.25	1.22	1.54	1.01	0.40	0.28
包　头	0.58	0.52	0.65	0.53	0.07	0.07
乌　海	0.06	0.06	0.21	0.21	0.03	0.03
赤　峰	0.36	0.30	0.42	0.23	0.05	0.02
通　辽	0.34	0.27	0.68	0.28	0.02	0.01
鄂尔多斯	0.17	0.14	0.33	0.16	0.01	0.01
呼伦贝尔	0.31	0.18	0.39	0.09	0.22	0.02
巴彦淖尔	0.24	0.12	0.50	0.25	0.01	
乌兰察布	0.31	0.25	0.53	0.28	0.01	0.01
辽　宁	**9.49**	**8.11**	**10.69**	**7.93**	**2.11**	**1.79**
沈　阳	3.59	3.53	2.59	2.25	0.52	0.48

2—9 续表 1

单位:万人

城市	科研、技术服务和地质勘查业		水利、环境和公共设施管理业		居民服务和其他服务业	
	全市	市辖区	全市	市辖区	全市	市辖区
大连	1.25	1.10	1.50	1.20	0.56	0.50
鞍山	0.72	0.57	0.97	0.74	0.18	0.16
抚顺	0.44	0.41	0.70	0.63	0.23	0.22
本溪	0.22	0.18	0.46	0.33	0.11	0.10
丹东	0.41	0.22	0.65	0.64	0.04	0.02
锦州	0.62	0.44	0.53	0.25	0.10	0.05
营口	0.27	0.23	0.67	0.33	0.03	0.02
阜新	0.27	0.22	0.37	0.25	0.04	0.02
辽阳	0.28	0.24	0.68	0.53	0.03	0.03
盘锦	0.31	0.25	0.41	0.32	0.09	0.09
铁岭	0.44	0.28	0.41	0.13	0.06	0.02
朝阳	0.31	0.16	0.36	0.16	0.08	0.06
葫芦岛	0.36	0.28	0.39	0.17	0.04	0.02
吉林	**5.65**	**4.08**	**5.77**	**3.33**	**0.93**	**0.76**
长春	3.30	3.00	2.40	1.80	0.30	0.30
吉林	0.46	0.29	0.82	0.49	0.22	0.17
四平	0.70	0.27	0.77	0.32	0.26	0.23
辽源	0.13	0.08	0.26	0.16	0.02	0.01
通化	0.29	0.15	0.49	0.22	0.06	0.01
白山	0.13	0.06	0.24	0.14	0.01	0.01
松原	0.30	0.10	0.35	0.08	0.02	0.01
白城	0.34	0.13	0.44	0.12	0.04	0.02
黑龙江	**8.85**	**7.44**	**7.37**	**3.94**	**5.93**	**4.37**
哈尔滨	3.29	2.95	2.29	1.62	2.78	2.49
齐齐哈尔	0.64	0.47	1.23	0.81	0.12	0.06
鸡西	0.16	0.09	0.40	0.21	0.18	0.07
鹤岗	0.08	0.04	0.50	0.40	0.31	0.03
双鸭山	0.11	0.05	0.54	0.15	0.55	0.01
大庆	3.20	3.14	0.26	0.19	1.52	1.49
伊春	0.12	0.10	0.17	0.07	0.02	0.02
佳木斯	0.29	0.25	0.50	0.19	0.05	0.03
七台河	0.13	0.10	0.14	0.10	0.02	0.02
牡丹江	0.31	0.21	0.34	0.12	0.04	0.02
黑河	0.22	0.03	0.30	0.05	0.27	0.12
绥化	0.30	0.01	0.70	0.03	0.07	0.01
上海	**11.29**	**11.24**	**5.00**	**4.90**	**3.80**	**3.75**
江苏	**8.85**	**6.96**	**9.83**	**5.33**	**1.53**	**1.00**
南京	3.07	3.05	1.73	1.64	0.34	0.34
无锡	0.98	0.80	0.83	0.59	0.14	0.11

2—9 续表 2

单位:万人

城　　市	科研、技术服务和地质勘查业		水利、环境和公共设施管理业		居民服务和其他服务业	
	全　市	市辖区	全　市	市辖区	全　市	市辖区
徐　州	0.88	0.60	0.94	0.37	0.06	0.03
常　州	0.49	0.45	0.52	0.31	0.05	0.03
苏　州	0.53	0.25	1.03	0.36	0.31	0.11
南　通	0.43	0.26	0.56	0.27	0.06	0.02
连云港	0.41	0.30	0.72	0.35	0.04	0.01
淮　安	0.26	0.18	0.74	0.45	0.07	0.03
盐　城	0.39	0.16	0.74	0.19	0.08	0.03
扬　州	0.43	0.35	0.52	0.17	0.05	0.03
镇　江	0.48	0.33	0.56	0.31	0.23	0.22
泰　州	0.34	0.19	0.47	0.10	0.08	0.03
宿　迁	0.16	0.04	0.47	0.22	0.02	0.01
浙　江	**6.93**	**5.13**	**5.52**	**2.46**	**0.86**	**0.50**
杭　州	2.76	2.62	1.07	0.86	0.20	0.13
宁　波	0.99	0.78	1.07	0.61	0.21	0.15
温　州	0.62	0.38	0.38	0.15	0.10	0.06
嘉　兴	0.48	0.18	0.41	0.05	0.09	0.02
湖　州	0.23	0.14	0.31	0.09	0.02	0.02
绍　兴	0.35	0.20	0.56	0.10	0.07	0.03
金　华	0.44	0.18	0.59	0.10	0.03	0.01
衢　州	0.15	0.09	0.14	0.04	0.02	0.02
舟　山	0.17	0.15	0.15	0.12	0.02	0.02
台　州	0.49	0.29	0.63	0.27	0.08	0.04
丽　水	0.25	0.12	0.21	0.07	0.02	
安　徽	**5.13**	**4.25**	**5.93**	**3.55**	**1.23**	**0.97**
合　肥	1.84	1.80	0.76	0.63	0.10	0.09
芜　湖	0.23	0.20	0.31	0.21	0.02	0.01
蚌　埠	0.60	0.56	0.47	0.32	0.05	0.02
淮　南	0.21	0.20	0.44	0.35	0.51	0.51
马鞍山	0.28	0.25	0.25	0.20	0.01	0.01
淮　北	0.10	0.08	0.25	0.22	0.01	0.01
铜　陵	0.14	0.11	0.12	0.11	0.01	0.01
安　庆	0.30	0.17	0.40	0.22	0.09	0.07
黄　山	0.13	0.09	0.23	0.16	0.01	
滁　州	0.11	0.04	0.63	0.20	0.03	0.01
阜　阳	0.21	0.13	0.43	0.26	0.19	0.18
宿　州	0.35	0.29	0.30	0.13	0.02	0.01
巢　湖	0.15	0.10	0.32	0.23	0.11	0.03
六　安	0.20	0.14	0.59	0.22	0.02	0.01
亳　州	0.09	0.02	0.20	0.01	0.02	

2—9续表3 单位:万人

城市	科研、技术服务和地质勘查业		水利、环境和公共设施管理业		居民服务和其他服务业	
	全市	市辖区	全市	市辖区	全市	市辖区
池州	0.10	0.07	0.17	0.06		
宣城	0.09		0.06	0.02	0.03	
福建	**3.78**	**2.83**	**3.72**	**1.88**	**1.29**	**1.05**
福州	1.61	1.54	0.97	0.76	0.52	0.48
厦门	0.45	0.45	0.48	0.48	0.41	0.41
莆田	0.13	0.11	0.21	0.18	0.03	0.02
三明	0.22	0.10	0.36	0.10	0.03	0.01
泉州	0.26	0.13	0.28	0.07	0.08	0.03
漳州	0.27	0.13	0.43	0.10	0.08	0.03
南平	0.36	0.04	0.50	0.08	0.08	0.05
龙岩	0.28	0.23	0.23	0.04	0.04	0.02
宁德	0.20	0.10	0.26	0.07	0.02	
江西	**4.65**	**3.63**	**4.56**	**2.33**	**1.17**	**0.52**
南昌	2.00	1.96	1.50	1.20	0.19	0.13
景德镇	0.32	0.30	0.17	0.12	0.09	0.03
萍乡	0.13	0.12	0.17	0.16	0.19	0.19
九江	0.57	0.41	0.34	0.15	0.08	0.01
新余	0.12	0.12	0.13	0.13	0.43	0.11
鹰潭	0.15	0.10	0.27	0.07	0.01	0.01
赣州	0.40	0.28	0.50	0.18	0.05	0.01
吉安	0.27	0.09	0.45	0.11	0.01	0.01
宜春	0.30	0.11	0.36	0.05	0.02	
抚州	0.14	0.07	0.32	0.10	0.02	
上饶	0.25	0.07	0.35	0.06	0.08	0.02
山东	**6.88**	**5.31**	**10.75**	**5.66**	**1.15**	**0.75**
济南	2.05	1.98	1.24	0.95	0.13	0.12
青岛	1.26	1.13	1.38	0.92	0.24	0.20
淄博	0.26	0.23	0.55	0.44	0.03	0.03
枣庄	0.16	0.11	0.59	0.37	0.02	0.01
东营	0.06	0.06	0.27	0.17	0.01	0.01
烟台	0.80	0.45	0.91	0.46	0.10	0.05
潍坊	0.36	0.18	0.68	0.17	0.13	0.04
济宁	0.31	0.17	0.99	0.30	0.11	0.03
泰安	0.37	0.30	0.68	0.33	0.14	0.13
威海	0.16	0.07	0.41	0.23	0.07	0.04
日照	0.11	0.07	0.18	0.10	0.01	0.01
莱芜	0.04	0.04	0.10	0.10	0.01	0.01
临沂	0.34	0.19	0.89	0.40	0.04	0.02
德州	0.19	0.10	0.47	0.22	0.02	0.01

2—9续表4

单位:万人

城　市	科研、技术服务和地质勘查业		水利、环境和公共设施管理业		居民服务和其他服务业	
	全　市	市辖区	全　市	市辖区	全　市	市辖区
聊　城	0.11	0.07	0.35	0.16	0.04	0.02
滨　州	0.08	0.04	0.25	0.06	0.02	0.01
菏　泽	0.22	0.12	0.81	0.28	0.03	0.01
河　南	**11.00**	**8.14**	**10.37**	**5.57**	**1.36**	**0.93**
郑　州	3.15	3.06	1.60	1.22	0.27	0.25
开　封	0.35	0.24	0.69	0.43	0.12	0.10
洛　阳	1.98	1.71	0.61	0.36	0.14	0.07
平顶山	0.42	0.28	0.78	0.49	0.05	0.04
安　阳	0.41	0.35	0.49	0.35	0.06	0.03
鹤　壁	0.12	0.05	0.24	0.14	0.03	0.02
新　乡	0.73	0.52	0.64	0.24	0.20	0.16
焦　作	0.19	0.13	0.56	0.22	0.07	0.05
濮　阳	0.13	0.06	0.35	0.19	0.04	0.03
许　昌	0.35	0.17	0.42	0.15	0.04	0.03
漯　河	0.13	0.06	0.44	0.20	0.05	0.04
三门峡	0.21	0.15	0.25	0.10	0.02	0.01
南　阳	1.08	0.54	1.13	0.60	0.11	0.06
商　丘	0.28	0.14	0.40	0.29	0.05	0.01
信　阳	0.89	0.41	0.90	0.26	0.03	0.01
周　口	0.20	0.11	0.39	0.16	0.02	0.01
驻马店	0.38	0.16	0.48	0.17	0.06	0.01
湖　北	**9.30**	**7.58**	**8.29**	**5.26**	**1.31**	**0.84**
武　汉	4.71	4.71	2.76	2.76	0.27	0.27
黄　石	0.44	0.22	0.27	0.12	0.52	0.23
十　堰	0.32	0.22	0.28	0.10	0.03	0.02
宜　昌	0.69	0.53	0.47	0.22	0.05	0.03
襄　樊	1.24	0.92	0.98	0.54	0.03	0.02
鄂　州	0.11	0.11	0.26	0.26	0.17	0.17
荆　门	0.35	0.24	0.42	0.15	0.02	0.02
孝　感	0.35	0.17	0.55	0.21	0.10	0.01
荆　州	0.40	0.19	0.97	0.54	0.05	0.03
黄　冈	0.39	0.14	0.71	0.11	0.04	0.03
咸　宁	0.22	0.08	0.38	0.08	0.02	
随　州	0.08	0.05	0.24	0.17	0.01	0.01
湖　南	**6.12**	**4.59**	**6.90**	**2.40**	**0.54**	**0.41**
长　沙	2.59	2.44	0.76	0.48	0.23	0.22
株　洲	0.46	0.41	0.44	0.26	0.04	0.02
湘　潭	0.40	0.37	0.35	0.20	0.03	0.03
衡　阳	0.58	0.22	0.86	0.01	0.06	0.01

2—9续表5　　　　单位:万人

城　市	科研、技术服务和地质勘查业		水利、环境和公共设施管理业		居民服务和其他服务业	
	全　市	市辖区	全　市	市辖区	全　市	市辖区
邵　阳	0.25	0.17	0.33	0.05	0.01	0.01
岳　阳	0.34	0.08	0.75	0.10	0.01	0.01
常　德	0.25	0.14	0.74	0.32	0.05	0.04
张家界	0.07	0.04	0.23	0.14	0.03	0.02
益　阳	0.17	0.11	0.61	0.16	0.01	0.01
郴　州	0.32	0.22	0.50	0.19	0.02	0.01
永　州	0.22	0.12	0.44	0.19	0.01	0.01
怀　化	0.23	0.13	0.45	0.17	0.02	0.01
娄　底	0.24	0.14	0.44	0.13	0.02	0.01
广　东	**10.68**	**9.70**	**11.06**	**7.59**	**3.45**	**3.22**
广　州	4.78	4.73	2.47	2.29	1.87	1.86
韶　关	0.27	0.22	0.49	0.22	0.04	0.02
深　圳	2.02	2.02	1.51	1.51	0.36	0.36
珠　海	0.17	0.17	0.32	0.32	0.22	0.22
汕　头	0.33	0.32	0.48	0.45	0.04	0.04
佛　山	0.37	0.37	0.46	0.46	0.06	0.06
江　门	0.30	0.20	0.52	0.24	0.10	0.07
湛　江	0.41	0.31	0.72	0.23	0.05	0.02
茂　名	0.13	0.08	0.56	0.22	0.43	0.42
肇　庆	0.23	0.14	0.42	0.21	0.03	0.02
惠　州	0.35	0.25	0.58	0.37	0.02	0.01
梅　州	0.23	0.14	0.45	0.08	0.03	0.01
汕　尾	0.07	0.06	0.23	0.08	0.01	
河　源	0.16	0.08	0.17	0.04	0.01	0.01
阳　江	0.09	0.05	0.29	0.11	0.03	0.01
清　远	0.13	0.07	0.37	0.17	0.05	0.03
东　莞	0.15	0.15	0.07	0.07	0.01	0.01
中　山	0.16	0.16	0.31	0.31	0.02	0.02
潮　州	0.14	0.09	0.23	0.16	0.03	0.02
揭　阳	0.14	0.08	0.27	0.05	0.03	0.01
云　浮	0.05	0.01	0.14	0.00	0.01	0.00
广　西	**4.60**	**3.63**	**4.83**	**2.46**	**0.58**	**0.48**
南　宁	2.01	1.86	1.04	0.66	0.14	0.11
柳　州	0.48	0.35	0.66	0.50	0.21	0.21
桂　林	0.54	0.43	0.68	0.35	0.07	0.05
梧　州	0.19	0.16	0.26	0.14	0.02	0.02
北　海	0.19	0.14	0.27	0.16	0.02	0.02
防城港	0.05	0.03	0.08	0.05		
钦　州	0.11	0.09	0.15	0.09	0.02	0.02

2—9续表6

单位:万人

城市	科研、技术服务和地质勘查业		水利、环境和公共设施管理业		居民服务和其他服务业	
	全市	市辖区	全市	市辖区	全市	市辖区
贵港	0.18	0.12	0.24	0.07	0.02	0.01
玉林	0.24	0.13	0.53	0.18	0.02	0.01
百色	0.16	0.10	0.21	0.06	0.01	
贺州	0.08	0.06	0.16	0.08	0.01	0.01
河池	0.25	0.08	0.23	0.05	0.02	
来宾	0.10	0.08	0.16	0.05	0.02	0.02
崇左	0.02		0.16	0.02		
海南	**0.70**	**0.70**	**1.17**	**1.17**	**0.09**	**0.09**
海口	0.64	0.64	0.75	0.75	0.05	0.05
三亚	0.06	0.06	0.42	0.42	0.04	0.04
重庆	**5.87**	**5.53**	**2.26**	**1.39**	**0.46**	**0.39**
四川	**10.24**	**8.75**	**6.58**	**3.74**	**1.02**	**0.76**
成都	5.61	5.16	1.90	1.26	0.38	0.34
自贡	0.16	0.13	0.20	0.15	0.04	0.03
攀枝花	0.12	0.12	0.31	0.28	0.07	0.07
泸州	0.23	0.20	0.18	0.12	0.15	0.10
德阳	0.33	0.28	0.40	0.22	0.02	
绵阳	1.97	1.94	0.56	0.36	0.03	0.02
广元	0.15	0.09	0.19	0.08	0.01	0.01
遂宁	0.05	0.04	0.19	0.11	0.02	
内江	0.15	0.12	0.17	0.06	0.01	
乐山	0.35	0.09	0.40	0.23	0.12	0.12
南充	0.23	0.15	0.40	0.18	0.02	0.01
眉山	0.12	0.05	0.25	0.09	0.02	
宜宾	0.14	0.10	0.36	0.23	0.04	0.01
广安	0.11	0.03	0.16	0.01	0.01	0.01
达州	0.29	0.12	0.41	0.16	0.03	0.01
雅安	0.09	0.05	0.18	0.09	0.02	0.02
巴中	0.08	0.05	0.12	0.05	0.01	
资阳	0.06	0.03	0.20	0.06	0.02	0.01
贵州	**2.28**	**1.91**	**1.57**	**1.05**	**0.46**	**0.43**
贵阳	1.74	1.67	0.74	0.66	0.35	0.34
六盘水	0.10	0.06	0.13	0.08	0.01	
遵义	0.29	0.06	0.39	0.17	0.02	0.02
安顺	0.15	0.12	0.31	0.14	0.08	0.07
云南	**4.81**	**3.99**	**2.27**	**1.10**	**0.56**	**0.47**
昆明	3.73	3.43	0.83	0.52	0.46	0.45
曲靖	0.27	0.19	0.39	0.17	0.03	0.01
玉溪	0.17	0.10	0.19	0.05	0.04	0.01

2—9续表7 单位:万人

城市	科研、技术服务和地质勘查业		水利、环境和公共设施管理业		居民服务和其他服务业	
	全市	市辖区	全市	市辖区	全市	市辖区
保山	0.14	0.10	0.21	0.10		
昭通	0.12	0.04	0.23	0.07	0.01	
丽江	0.10	0.05	0.15	0.10	0.01	
思茅	0.21	0.08	0.18	0.06		
临沧	0.07		0.09	0.03	0.01	
陕西	**10.93**	**9.37**	**5.31**	**2.56**	**1.59**	**1.45**
西安	7.67	7.59	1.14	0.93	1.32	1.28
铜川	0.11	0.10	0.14	0.13	0.02	0.02
宝鸡	0.31	0.25	0.49	0.28	0.07	0.06
咸阳	0.65	0.45	0.99	0.43	0.03	0.01
渭南	0.75	0.24	0.81	0.11	0.04	0.01
延安	0.30	0.19	0.33	0.17	0.01	0.01
汉中	0.39	0.15	0.53	0.16	0.06	0.04
榆林	0.32	0.18	0.65	0.21	0.02	0.01
安康	0.25	0.13	0.09	0.06		
商洛	0.18	0.09	0.14	0.08	0.02	0.01
甘肃	**4.78**	**4.30**	**3.35**	**2.04**	**0.71**	**0.56**
兰州	2.90	2.82	1.13	0.87	0.26	0.25
嘉峪关	0.01	0.01	0.04	0.04		
金昌	0.02	0.01	0.03	0.02	0.01	0.01
白银	0.10	0.06	0.24	0.06	0.25	0.23
天水	0.42	0.40	0.33	0.22	0.03	0.03
武威	0.18	0.18	0.52	0.35	0.01	0.01
张掖	0.28	0.27	0.29	0.10	0.02	0.02
平凉	0.33	0.25	0.16	0.09	0.01	
酒泉	0.20	0.17	0.27	0.10	0.10	
庆阳	0.14	0.07	0.17	0.12		
定西	0.09	0.05	0.11	0.05	0.02	0.01
陇南	0.11	0.01	0.06	0.02		
青海	**0.81**	**0.79**	**0.47**	**0.31**	**0.04**	**0.04**
西宁	0.81	0.79	0.47	0.31	0.04	0.04
宁夏	**1.23**	**1.06**	**1.75**	**0.96**	**0.69**	**0.43**
银川	0.98	0.94	0.69	0.59	0.04	0.04
石嘴山	0.06	0.04	0.20	0.10		
吴忠	0.12	0.03	0.33	0.16	0.25	0.16
固原	0.06	0.04	0.24	0.05	0.02	0.01
中卫	0.01	0.01	0.29	0.06	0.38	0.22
新疆	**1.89**	**1.89**	**0.57**	**0.57**	**0.08**	**0.08**
乌鲁木齐	1.81	1.81	0.53	0.53	0.07	0.07
克拉玛依	0.08	0.08	0.04	0.04	0.01	0.01

2—10 按行业分组的单位从业人员(六)

单位:万人

城　市	教　育		卫生、社会保险和社会福利业		文化、体育和娱乐业		公共管理和社会组织	
	全　市	市辖区	全　市	市辖区	全　市	市辖区	全　市	市辖区
城市合计	**1363.36**	**547.15**	**464.76**	**241.82**	**122.38**	**85.74**	**1079.63**	**486.06**
北　京	**41.63**	**35.70**	**18.56**	**15.01**	**17.56**	**13.39**	**28.99**	**26.55**
天　津	**16.51**	**14.49**	**7.55**	**6.66**	**2.00**	**1.93**	**13.27**	**11.53**
河　北	**82.62**	**20.26**	**22.17**	**9.04**	**4.78**	**2.76**	**66.87**	**19.56**
石家庄	12.55	4.31	3.59	1.83	1.39	1.11	10.05	4.37
唐　山	9.41	4.20	2.82	1.59	0.49	0.26	6.76	3.45
秦皇岛	3.90	1.61	1.49	0.86	0.42	0.21	3.38	1.67
邯　郸	8.89	1.97	2.18	0.83	0.44	0.19	7.03	1.90
邢　台	6.97	1.04	1.66	0.47	0.29	0.16	5.67	1.09
保　定	12.57	1.96	2.94	0.97	0.52	0.16	9.23	1.38
张家口	5.35	1.37	1.59	0.69	0.27	0.14	5.44	1.32
承　德	4.25	0.84	1.43	0.47	0.33	0.23	3.99	1.28
沧　州	7.98	0.80	2.07	0.55	0.32	0.16	6.77	1.01
廊　坊	5.88	1.33	1.29	0.41	0.16	0.08	4.68	1.17
衡　水	4.87	0.83	1.11	0.37	0.15	0.06	3.87	0.92
山　西	**45.60**	**14.76**	**13.57**	**6.36**	**4.37**	**2.40**	**41.38**	**13.98**
太　原	6.74	5.68	2.46	2.26	1.22	1.18	4.68	3.87
大　同	3.53	1.74	1.27	0.83	0.54	0.28	4.00	1.95
阳　泉	1.52	0.66	0.60	0.36	0.14	0.10	1.65	0.95
长　治	3.91	1.08	1.14	0.65	0.6	0.13	3.72	1.09
晋　城	2.62	0.45	0.9	0.29	0.15	0.09	2.61	0.71
朔　州	1.98	0.84	0.5	0.25	0.11	0.05	1.95	0.84
晋　中	4.19	0.75	1.29	0.35	0.31	0.10	3.42	0.97
运　城	5.90	0.99	1.47	0.34	0.35	0.12	5.03	0.97
忻　州	4.22	0.78	1.27	0.36	0.21	0.08	4.09	0.82
临　汾	5.42	1.18	1.42	0.44	0.45	0.19	5.68	1.09
吕　梁	5.57	0.61	1.25	0.23	0.29	0.08	4.55	0.72
内蒙古	**28.56**	**10.84**	**8.97**	**4.43**	**2.70**	**1.76**	**25.87**	**10.67**
呼和浩特	4.58	3.36	1.33	1.10	0.90	0.87	4.02	3.05
包　头	2.45	1.71	1.02	0.81	0.24	0.20	2.26	1.60
乌　海	0.46	0.46	0.21	0.21	0.06	0.06	0.63	0.63
赤　峰	6.81	1.75	1.83	0.64	0.35	0.15	5.00	1.57
通　辽	4.28	1.20	1.20	0.52	0.20	0.10	2.59	0.77
鄂尔多斯	1.96	0.42	0.56	0.21	0.18	0.09	2.38	0.71
呼伦贝尔	3.07	0.53	1.34	0.27	0.39	0.10	3.16	0.55
巴彦淖尔	2.08	0.74	0.73	0.35	0.15	0.06	2.55	0.98
乌兰察布	2.87	0.67	0.75	0.32	0.23	0.13	3.28	0.81
辽　宁	**51.77**	**28.55**	**21.42**	**14.43**	**5.22**	**4.19**	**44.07**	**27.70**
沈　阳	11.13	9.17	5.09	4.44	1.67	1.53	8.34	7.18

2—10续表1　　　　单位:万人

城　市	教　育		卫生、社会保险和社会福利业		文化、体育和娱乐业		公共管理和社会组织	
	全　市	市辖区	全　市	市辖区	全　市	市辖区	全　市	市辖区
大　连	7.70	5.20	3.54	2.60	0.97	0.90	5.50	3.90
鞍　山	4.09	1.92	1.50	0.88	0.32	0.21	3.10	1.79
抚　顺	2.63	1.78	1.03	0.79	0.25	0.24	2.58	2.00
本　溪	2.15	1.46	1.14	0.89	0.23	0.17	1.82	1.29
丹　东	2.78	1.05	1.16	0.66	0.23	0.16	2.67	1.15
锦　州	3.56	1.56	1.50	0.83	0.27	0.16	2.65	1.05
营　口	2.43	1.09	0.90	0.51	0.22	0.14	2.52	1.61
阜　新	2.45	1.14	0.84	0.47	0.20	0.15	2.13	1.24
辽　阳	1.90	0.99	0.72	0.50	0.18	0.15	2.01	1.36
盘　锦	1.28	0.44	0.58	0.33	0.16	0.11	1.78	1.24
铁　岭	2.97	0.77	1.16	0.49	0.20	0.10	2.94	1.14
朝　阳	3.94	1.02	1.22	0.49	0.17	0.09	3.46	1.2
葫芦岛	2.76	0.96	1.04	0.55	0.15	0.08	2.57	1.55
吉　林	**32.43**	**13.68**	**12.60**	**5.97**	**4.75**	**3.05**	**24.46**	**12.02**
长　春	12.60	7.80	3.90	2.60	1.80	1.60	7.00	4.90
吉　林	4.86	2.26	2.13	1.29	0.44	0.31	4.15	2.46
四　平	4.33	1.03	1.79	0.63	0.29	0.10	2.66	0.92
辽　源	1.42	0.46	0.62	0.31	0.12	0.06	1.11	0.55
通　化	2.20	0.66	1.20	0.35	0.90	0.09	2.79	0.90
白　山	1.51	0.47	0.72	0.24	0.17	0.08	2.16	0.63
松　原	3.05	0.58	1.12	0.18	0.14	0.06	2.35	0.75
白　城	2.46	0.42	1.12	0.37	0.89	0.75	2.24	0.91
黑龙江	**40.18**	**17.30**	**16.21**	**7.84**	**4.81**	**2.97**	**38.02**	**16.47**
哈尔滨	13.99	8.03	5.18	3.41	1.80	1.50	11.33	6.16
齐齐哈尔	4.82	1.54	1.84	0.75	0.44	0.29	3.84	1.40
鸡　西	1.95	0.67	0.75	0.22	0.24	0.08	2.23	1.08
鹤　岗	1.31	0.66	0.57	0.29	0.10	0.07	1.39	0.83
双鸭山	1.73	0.45	0.73	0.19	0.14	0.09	1.85	0.68
大　庆	3.75	2.10	1.45	1.02	0.21	0.15	3.11	2.03
伊　春	0.66	0.39	0.39	0.29	0.10	0.10	1.22	0.76
佳木斯	2.66	1.13	1.18	0.64	1.10	0.52	2.73	0.96
七台河	0.64	0.31	0.25	0.14	0.08	0.05	0.85	0.59
牡丹江	2.78	1.11	1.30	0.73	0.16	0.08	2.96	1.23
黑　河	0.29	0.11	0.77	0.02	0.24	0.02	2.31	0.42
绥　化	5.60	0.80	1.80	0.14	0.20	0.02	4.20	0.33
上　海	**25.28**	**24.54**	**14.93**	**14.52**	**4.64**	**4.58**	**17.05**	**16.69**
江　苏	**80.49**	**33.33**	**29.33**	**14.21**	**5.10**	**3.46**	**52.11**	**24.74**
南　京	11.36	10.50	3.80	3.54	1.29	1.28	6.57	5.92
无　锡	6.10	3.16	2.55	1.52	0.46	0.39	3.52	2.20

2—10续表2

单位:万人

城市	教育		卫生、社会保险和社会福利业		文化、体育和娱乐业		公共管理和社会组织	
	全市	市辖区	全市	市辖区	全市	市辖区	全市	市辖区
徐州	9.73	2.20	3.10	1.02	0.42	0.17	5.97	2.23
常州	4.08	2.69	1.95	1.40	0.32	0.29	2.86	1.82
苏州	6.70	2.22	3.05	1.11	0.59	0.33	5.58	2.57
南通	6.98	1.33	3.25	1.25	0.35	0.20	4.42	1.07
连云港	5.01	1.19	1.46	0.56	0.18	0.08	3.27	1.21
淮安	5.80	2.98	1.77	1.07	0.31	0.19	3.79	2.23
盐城	7.43	1.81	2.21	0.53	0.29	0.08	4.47	1.11
扬州	4.64	1.49	1.77	0.70	0.34	0.21	3.20	1.20
镇江	3.44	1.63	1.58	0.80	0.24	0.15	2.73	1.44
泰州	4.70	0.78	2.09	0.40	0.16	0.04	3.28	0.88
宿迁	4.52	1.35	0.75	0.31	0.15	0.05	2.45	0.86
浙江	**50.43**	**19.95**	**22.96**	**10.91**	**4.69**	**2.95**	**39.24**	**16.68**
杭州	9.98	7.21	4.93	3.92	1.53	1.39	7.39	5.43
宁波	6.56	3.28	3.05	1.67	0.70	0.46	5.11	2.68
温州	7.50	2.01	2.95	1.19	0.50	0.24	6.00	1.75
嘉兴	3.65	0.76	1.77	0.58	0.35	0.12	2.28	0.59
湖州	2.56	1.00	1.10	0.52	0.13	0.08	2.20	0.86
绍兴	4.48	0.77	2.06	0.46	0.37	0.14	2.93	0.61
金华	4.84	1.25	2.21	0.62	0.30	0.12	3.64	0.91
衢州	1.99	0.74	0.75	0.26	0.12	0.07	2.15	0.91
舟山	1.20	0.89	0.60	0.44	0.14	0.11	1.39	0.93
台州	5.06	1.48	2.42	0.86	0.34	0.15	3.74	1.48
丽水	2.61	0.56	1.12	0.39	0.21	0.07	2.41	0.53
安徽	**56.43**	**19.21**	**17.26**	**7.82**	**3.49**	**2.30**	**41.75**	**18.38**
合肥	5.05	2.88	1.97	1.43	0.90	0.86	4.78	3.22
芜湖	2.18	1.11	1.00	0.64	0.11	0.08	1.84	0.99
蚌埠	3.15	1.18	1.28	0.69	0.14	0.09	2.08	1.05
淮南	2.38	1.91	0.93	0.79	0.12	0.09	1.64	1.31
马鞍山	1.30	0.79	0.38	0.26	0.12	0.10	1.15	0.82
淮北	1.78	0.79	0.54	0.46	0.08	0.07	1.25	0.88
铜陵	0.69	0.41	0.33	0.25	0.08	0.07	1.05	0.76
安庆	5.69	0.61	1.57	0.43	0.39	0.15	4.34	1.22
黄山	1.52	0.55	0.59	0.27	0.11	0.09	1.85	0.84
滁州	3.68	0.55	1.20	0.33	0.14	0.03	2.90	0.67
阜阳	6.73	1.80	1.59	0.57	0.14	0.06	4.19	1.42
宿州	5.60	1.82	1.29	0.47	0.17	0.09	3.19	1.24
巢湖	3.41	1.03	1.14	0.07	0.10	0.07	2.07	1.33
六安	5.49	1.50	1.27	0.54	0.18	0.10	3.46	0.98
亳州	4.48	1.19	0.90	0.25	0.17	0.06	2.28	0.78

2—10续表3 单位:万人

城　市	教　育		卫生、社会保险和社会福利业		文化、体育和娱乐业		公共管理和社会组织	
	全　市	市辖区	全　市	市辖区	全　市	市辖区	全　市	市辖区
池　州	1.15	0.43	0.47	0.23	0.33	0.28	1.24	0.47
宣　城	2.15	0.66	0.81	0.14	0.21	0.01	2.44	0.40
福　建	**42.26**	**13.46**	**11.74**	**5.60**	**3.18**	**2.00**	**28.49**	**11.73**
福　州	8.31	3.61	3.02	1.92	1.34	1.04	5.79	3.23
厦　门	2.47	2.47	0.98	0.98	0.36	0.36	2.29	2.29
莆　田	3.72	2.51	0.81	0.63	0.18	0.16	1.67	1.31
三　明	3.68	0.52	0.96	0.23	0.16	0.07	3.09	0.60
泉　州	7.99	1.89	1.61	0.63	0.33	0.14	4.12	1.48
漳　州	4.81	0.79	1.10	0.34	0.27	0.08	2.86	0.73
南　平	3.63	0.61	1.20	0.28	0.20	0.04	3.16	0.67
龙　岩	3.83	0.78	1.05	0.39	0.19	0.07	2.6	0.77
宁　德	3.82	0.28	1.01	0.20	0.15	0.04	2.91	0.65
江　西	**44.55**	**12.14**	**13.49**	**5.18**	**3.16**	**2.09**	**35.83**	**11.47**
南　昌	6.78	4.41	2.37	1.75	0.96	0.90	4.60	3.24
景德镇	1.76	0.74	0.56	0.36	0.27	0.23	1.57	0.77
萍　乡	1.95	0.84	0.58	0.37	0.13	0.11	1.39	0.73
九　江	4.70	1.02	1.53	0.55	0.32	0.20	4.56	1.49
新　余	1.03	1.00	0.34	0.34	0.06	0.06	0.97	0.97
鹰　潭	1.00	0.21	0.27	0.11	0.04	0.02	1.05	0.49
赣　州	7.91	0.88	2.03	0.45	0.25	0.08	6.28	0.80
吉　安	4.59	0.66	1.39	0.28	0.22	0.08	3.48	0.69
宜　春	4.56	0.86	1.64	0.35	0.44	0.07	3.94	0.81
抚　州	4.12	1.16	1.15	0.34	0.19	0.08	3.59	0.88
上　饶	6.15	0.36	1.63	0.28	0.28	0.26	4.40	0.60
山　东	**106.35**	**37.27**	**34.75**	**15.47**	**5.85**	**3.88**	**85.71**	**34.70**
济　南	8.93	6.40	3.79	2.99	1.38	1.29	7.82	5.72
青　岛	9.81	4.35	3.74	2.31	0.80	0.70	6.61	3.49
淄　博	5.18	3.47	1.98	1.48	0.31	0.30	4.24	3.15
枣　庄	4.42	2.53	1.33	0.86	0.15	0.12	3.37	2.83
东　营	2.86	1.67	0.75	0.33	0.06	0.02	2.73	1.65
烟　台	8.56	2.96	2.94	0.98	0.52	0.23	5.61	2.10
潍　坊	10.70	2.27	2.83	0.91	0.35	0.16	7.13	2.25
济　宁	8.60	1.47	2.61	0.78	0.40	0.10	7.46	1.53
泰　安	6.06	2.15	1.94	0.90	0.18	0.14	3.59	1.49
威　海	2.91	0.59	1.20	0.35	0.20	0.10	2.57	1.06
日　照	2.73	1.04	0.69	0.37	0.13	0.07	2.29	1.22
莱　芜	1.49	1.49	0.45	0.45	0.04	0.04	1.30	1.30
临　沂	10.14	2.33	3.14	0.81	0.41	0.23	8.10	2.26
德　州	5.66	0.62	1.67	0.39	0.13	0.06	5.86	0.87

2—10续表4

单位:万人

城　市	教　育		卫生、社会保险和社会福利业		文化、体育和娱乐业		公共管理和社会组织	
	全　市	市辖区	全　市	市辖区	全　市	市辖区	全　市	市辖区
聊　城	5.88	1.42	1.87	0.57	0.33	0.18	5.44	1.26
滨　州	3.61	0.86	1.26	0.43	0.10	0.03	3.64	0.75
菏　泽	8.81	1.65	2.56	0.56	0.36	0.11	7.95	1.77
河　南	**103.99**	**24.67**	**31.94**	**11.66**	**6.39**	**3.98**	**92.98**	**26.85**
郑　州	10.00	5.14	3.55	2.29	1.94	1.78	9.01	4.94
开　封	5.37	1.74	1.95	0.92	0.31	0.19	4.48	1.40
洛　阳	7.15	2.25	2.38	1.35	0.41	0.23	6.46	2.77
平顶山	4.92	1.17	1.40	0.49	0.25	0.16	5.22	1.90
安　阳	5.35	1.32	1.57	0.59	0.25	0.14	4.07	1.48
鹤　壁	1.50	0.57	0.50	0.24	0.10	0.06	1.81	0.98
新　乡	6.19	1.50	2.38	0.95	0.35	0.18	5.69	1.27
焦　作	3.79	1.21	1.56	0.54	0.25	0.10	4.04	1.42
濮　阳	3.29	0.71	0.81	0.29	0.24	0.11	3.26	0.73
许　昌	4.75	0.66	1.48	0.37	0.23	0.10	4.09	0.55
漯　河	2.83	0.70	0.91	0.29	0.20	0.13	2.77	0.78
三门峡	2.52	0.44	0.70	0.15	0.14	0.07	2.75	0.71
南　阳	11.00	2.28	3.22	1.02	0.55	0.26	7.66	1.66
商　丘	9.67	1.86	2.46	0.67	0.29	0.13	9.05	2.08
信　阳	8.34	1.85	2.18	0.67	0.38	0.13	6.67	1.78
周　口	9.83	0.60	2.43	0.41	0.25	0.13	9.46	1.05
驻马店	7.49	0.67	2.46	0.42	0.25	0.08	6.49	1.35
湖　北	**58.42**	**29.45**	**21.91**	**11.39**	**5.91**	**4.09**	**47.83**	**22.68**
武　汉	15.67	15.67	5.68	5.68	2.76	2.76	9.84	9.84
黄　石	2.58	1.10	0.80	0.44	0.24	0.13	2.31	1.20
十　堰	3.70	0.70	1.53	0.51	0.28	0.14	3.32	1.04
宜　昌	3.59	1.35	1.72	0.72	0.44	0.31	3.30	1.21
襄　樊	6.93	3.19	2.21	0.94	0.36	0.20	5.31	2.37
鄂　州	1.25	1.25	0.52	0.52	0.08	0.08	0.94	0.94
荆　门	3.07	0.77	1.19	0.39	0.20	0.11	2.31	0.86
孝　感	4.36	1.08	1.76	0.43	0.75	0.08	4.15	1.13
荆　州	5.42	1.58	2.16	0.74	0.31	0.16	5.38	1.20
黄　冈	6.83	0.66	2.41	0.31	0.29	0.06	6.17	0.70
咸　宁	2.85	0.84	1.13	0.27	0.11	0.02	2.83	0.80
随　州	2.17	1.26	0.80	0.44	0.09	0.04	1.97	1.39
湖　南	**64.69**	**17.33**	**22.16**	**7.94**	**3.97**	**2.69**	**57.66**	**19.67**
长　沙	8.59	4.78	3.35	2.27	1.59	1.49	7.04	4.68
株　洲	3.45	1.18	1.25	0.49	0.17	0.08	3.30	1.46
湘　潭	2.96	1.23	1.05	0.50	0.12	0.09	2.44	1.06
衡　阳	7.18	1.00	2.62	1.17	0.36	0.33	5.75	1.54

2—10 续表 5

单位:万人

城市	教育		卫生、社会保险和社会福利业		文化、体育和娱乐业		公共管理和社会组织	
	全市	市辖区	全市	市辖区	全市	市辖区	全市	市辖区
邵阳	6.44	0.89	1.87	0.46	0.27	0.08	5.40	1.08
岳阳	5.11	1.10	1.67	0.13	0.23	0.12	5.20	1.67
常德	5.49	1.43	1.97	0.65	0.21	0.09	4.56	1.48
张家界	1.37	0.5	0.53	0.19	0.07	0.04	1.63	0.89
益阳	4.75	1.52	1.56	0.52	0.15	0.10	3.49	1.35
郴州	4.77	1.04	1.70	0.52	0.20	0.06	4.59	1.10
永州	5.81	1.45	1.63	0.46	0.23	0.08	5.58	1.69
怀化	4.83	0.59	1.72	0.33	0.23	0.07	5.14	0.81
娄底	3.94	0.62	1.24	0.25	0.14	0.06	3.54	0.86
广东	**95.32**	**47.31**	**35.78**	**23.66**	**7.30**	**6.39**	**74.29**	**44.88**
广州	14.72	13.03	7.57	6.85	2.87	2.81	11.61	10.46
韶关	3.67	1.21	1.32	0.64	0.12	0.07	3.23	1.26
深圳	4.70	4.70	3.46	3.46	1.22	1.22	7.74	7.74
珠海	1.36	1.36	0.77	0.77	0.35	0.35	2.15	2.15
汕头	5.33	5.32	1.68	1.65	0.27	0.24	3.31	3.18
佛山	5.44	5.44	2.32	2.32	0.29	0.29	3.90	3.9
江门	4.22	1.63	1.71	0.82	0.18	0.13	3.40	1.52
湛江	8.12	2.21	2.04	0.84	0.31	0.21	4.24	1.56
茂名	7.10	1.42	1.51	0.37	0.18	0.10	3.84	1.25
肇庆	4.09	0.74	1.55	0.53	0.21	0.12	3.16	0.81
惠州	3.69	1.66	1.39	0.72	0.20	0.18	3.66	1.89
梅州	5.57	0.57	1.62	0.30	0.16	0.05	3.82	0.75
汕尾	2.66	0.59	0.64	0.15	0.08	0.03	2.26	0.67
河源	3.40	0.34	0.92	0.20	0.09	0.04	2.68	0.67
阳江	2.63	0.78	0.82	0.37	0.08	0.05	2.56	1.00
清远	3.88	0.65	1.09	0.27	0.09	0.05	2.95	0.77
东莞	2.23	2.23	1.73	1.73	0.13	0.13	2.26	2.26
中山	1.89	1.89	0.95	0.95	0.18	0.18	1.30	1.30
潮州	2.50	0.55	0.71	0.31	0.07	0.06	1.38	0.46
揭阳	5.41	0.71	1.27	0.30	0.18	0.06	2.99	0.80
云浮	2.71	0.28	0.71	0.11	0.04	0.02	1.85	0.48
广西	**54.62**	**16.72**	**15.96**	**7.24**	**3.38**	**2.22**	**33.29**	**13.17**
南宁	8.97	3.84	3.04	1.91	1.18	1.05	5.90	3.51
柳州	4.00	1.50	1.63	1.00	0.25	0.19	2.70	1.10
桂林	5.59	1.46	2.09	0.95	0.80	0.48	4.05	1.27
梧州	3.22	0.57	0.94	0.41	0.14	0.09	1.84	0.70
北海	1.87	0.75	0.64	0.37	0.10	0.09	1.33	0.80
防城港	0.80	0.51	0.27	0.18	0.04	0.02	1.02	0.62
钦州	3.46	1.37	0.76	0.36	0.07	0.04	1.52	0.82

2—10 续表 6　　　　单位:万人

城　市	教　育		卫生、社会保险和社会福利业		文化、体育和娱乐业		公共管理和社会组织	
	全　市	市辖区	全　市	市辖区	全　市	市辖区	全　市	市辖区
贵　港	4.31	1.72	0.93	0.42	0.06	0.02	2.12	0.92
玉　林	6.48	1.13	1.58	0.55	0.18	0.09	2.42	0.75
百　色	4.11	0.62	1.09	0.29	0.13	0.04	2.99	0.52
贺　州	2.32	1.04	0.57	0.25	0.09	0.03	1.41	0.70
河　池	4.23	0.49	1.20	0.24	0.17	0.04	2.65	0.46
来　宾	2.79	1.33	0.58	0.21	0.09	0.04	1.53	0.59
崇　左	2.47	0.39	0.64	0.10	0.08		1.81	0.41
海　南	**2.90**	**2.90**	**1.35**	**1.35**	**0.74**	**0.74**	**3.45**	**3.45**
海　口	2.38	2.38	1.08	1.08	0.61	0.61	2.97	2.97
三　亚	0.52	0.52	0.27	0.27	0.13	0.13	0.48	0.48
重　庆	**30.99**	**14.16**	**8.55**	**4.30**	**1.57**	**1.13**	**19.25**	**9.46**
四　川	**72.16**	**25.82**	**23.56**	**10.50**	**4.19**	**2.90**	**53.43**	**22.71**
成　都	14.39	8.76	6.14	4.01	1.68	1.55	10.94	6.62
自　贡	2.64	1.20	1.00	0.59	0.16	0.14	1.71	0.98
攀枝花	0.91	0.54	0.48	0.35	0.14	0.12	1.27	0.91
泸　州	3.82	1.46	1.03	0.53	0.16	0.11	2.31	1.17
德　阳	3.39	0.78	1.21	0.28	0.15	0.10	2.45	0.71
绵　阳	4.75	1.58	1.47	0.63	0.28	0.10	3.49	1.36
广　元	2.94	0.82	0.92	0.38	0.06	0.04	2.78	1.17
遂　宁	3.14	1.21	0.71	0.36	0.06	0.03	1.65	0.82
内　江	3.46	1.22	1.07	0.54	0.16	0.08	2.39	0.96
乐　山	3.20	1.05	1.18	0.58	0.26	0.17	3.20	1.30
南　充	6.02	2.00	1.56	0.59	0.28	0.11	3.70	1.44
眉　山	2.61	0.61	0.70	0.09	0.08	0.03	2.26	0.79
宜　宾	4.37	0.89	1.21	0.35	0.23	0.09	3.33	0.96
广　安	3.28	0.84	0.80	0.25	0.07	0.05	2.07	0.75
达　州	5.33	0.45	1.73	0.23	0.18	0.09	3.68	0.75
雅　安	1.66	0.65	0.51	0.20	0.04	0.01	2.03	0.61
巴　中	2.84	0.92	0.83	0.30	0.09	0.03	2.19	0.83
资　阳	3.41	0.84	1.01	0.24	0.11	0.05	1.98	0.58
贵　州	**16.33**	**5.66**	**4.09**	**2.12**	**1.43**	**0.88**	**15.17**	**7.31**
贵　阳	4.68	3.59	1.74	1.40	1.12	0.70	4.59	3.57
六盘水	2.43	0.37	0.48	0.11	0.08	0.06	2.41	0.88
遵　义	6.63	0.78	1.35	0.40	0.15	0.06	6.11	1.85
安　顺	2.59	0.92	0.52	0.21	0.08	0.06	2.06	1.01
云　南	**28.95**	**8.95**	**7.72**	**3.66**	**2.60**	**1.32**	**22.78**	**8.16**
昆　明	7.54	4.77	3.02	2.40	1.24	1.07	7.46	4.61
曲　靖	6.06	0.86	1.13	0.32	0.20	0.06	3.28	0.66
玉　溪	2.51	0.64	0.82	0.29	0.14	0.06	2.26	0.58

2—10续表7 单位:万人

城市	教育		卫生、社会保险和社会福利业		文化、体育和娱乐业		公共管理和社会组织	
	全市	市辖区	全市	市辖区	全市	市辖区	全市	市辖区
保山	2.43	0.84	0.51	0.20	0.07	0.03	1.67	0.58
昭通	4.10	0.87	0.70	0.18	0.70	0.04	3.00	0.65
丽江	1.36	0.27	0.36	0.07	0.07	0.03	1.23	0.45
思茅	2.67	0.40	0.74	0.16	0.11	0.03	2.06	0.43
临沧	2.28	0.30	0.44	0.04	0.07		1.82	0.20
陕西	**48.83**	**19.26**	**13.60**	**6.53**	**3.96**	**2.44**	**39.67**	**13.43**
西安	12.52	10.06	3.60	3.10	1.73	1.61	7.07	5.54
铜川	0.94	0.80	0.28	0.24	0.08	0.07	1.04	0.89
宝鸡	4.48	1.73	1.61	0.77	0.25	0.14	2.96	1.27
咸阳	6.69	1.30	1.65	0.50	0.34	0.10	4.59	1.03
渭南	6.03	1.14	1.61	0.38	0.41	0.11	5.29	0.79
延安	3.41	0.81	0.92	0.26	0.23	0.08	4.47	0.79
汉中	4.00	0.80	1.31	0.43	0.26	0.12	3.74	0.65
榆林	4.54	0.82	1.05	0.28	0.39	0.10	5.18	0.81
安康	3.08	1.11	0.85	0.35	0.11	0.05	3.04	1.07
商洛	3.14	0.69	0.72	0.22	0.16	0.06	2.29	0.59
甘肃	**26.65**	**10.53**	**6.83**	**3.56**	**2.54**	**1.39**	**22.46**	**10.80**
兰州	5.37	4.20	1.61	1.45	0.76	0.72	4.51	3.86
嘉峪关	0.08	0.08	0.09	0.09	0.04	0.04	0.26	0.26
金昌	0.13	0.06	0.13	0.08	0.04	0.02	0.95	0.69
白银	2.37	0.45	0.29	0.12	0.08	0.04	1.82	0.81
天水	3.26	1.38	0.75	0.45	0.19	0.10	2.25	1.16
武威	2.17	1.06	0.59	0.36	0.18	0.14	1.25	0.79
张掖	1.51	0.62	0.44	0.19	0.15	0.11	1.38	0.61
平凉	2.60	0.56	0.58	0.18	0.11	0.05	1.74	0.55
酒泉	1.07	0.43	0.43	0.18	0.16	0.05	1.22	0.45
庆阳	3.14	0.64	0.53	0.17	0.12	0.05	2.50	0.65
定西	2.46	0.62	0.62	0.17	0.58	0.05	1.89	0.52
陇南	2.49	0.43	0.77	0.12	0.13	0.02	2.69	0.45
青海	**2.48**	**1.36**	**1.07**	**0.84**	**0.27**	**0.23**	**2.32**	**1.75**
西宁	2.48	1.36	1.07	0.84	0.27	0.23	2.32	1.75
宁夏	**7.59**	**3.31**	**2.67**	**1.58**	**0.92**	**0.72**	**6.71**	**3.80**
银川	2.29	1.64	1.01	0.82	0.48	0.45	2.45	1.80
石嘴山	0.63	0.32	0.31	0.18	0.10	0.08	1.00	0.68
吴忠	1.63	0.33	0.49	0.21	0.15	0.08	1.17	0.52
固原	1.98	0.64	0.51	0.17	0.09	0.04	1.32	0.53
中卫	1.06	0.38	0.35	0.20	0.10	0.07	0.77	0.27
新疆	**4.35**	**4.24**	**2.06**	**2.04**	**0.91**	**0.91**	**5.23**	**5.07**
乌鲁木齐	3.87	3.76	1.81	1.79	0.89	0.89	4.39	4.23
克拉玛依	0.48	0.48	0.25	0.25	0.02	0.02	0.84	0.84

2—11 土地资源(一)

城　市	行政区域土地面积（平方公里）		建成区面积（平方公里）	年末耕地总面积（千公顷）	人均占有耕地面积(亩)
	全　市	市辖区		（全市）	（全市）
城市合计	**4693005**	**585003**	**23943**	**94075**	**6.35**
北　京	**16800**	**12484**	**1182**	**237**	**0.31**
天　津	**11920**	**7418**	**500**	**415**	**0.67**
河　北	**187693**	**4979**	**905**	**6440**	**1.42**
石家庄	15848	456	155	594	0.97
唐　山	13472	1230	187	565	1.19
秦皇岛	7523	363	81	186	1.01
邯　郸	12062	434	102	661	1.15
邢　台	12486	132	51	648	1.45
保　定	20584	312	97	799	1.10
张家口	36873	819	77	887	2.96
承　德	39548	708	40	335	1.39
沧　州	14053	183	35	807	1.78
廊　坊	6429	292	45	378	1.45
衡　水	8815	50	35	580	2.10
山　西	**156417**	**15926**	**554**	**3836**	**1.75**
太　原	6988	1460	177	134	0.61
大　同	14112	2080	89	371	1.86
阳　泉	4570	686	49	58	0.69
长　治	13896	334	44	335	1.58
晋　城	9490	147	30	182	1.29
朔　州	10623	4095	29	298	3.11
晋　中	16404	1327	30	348	1.71
运　城	13964	1203	30	526	1.61
忻　州	25000	1954	19	630	3.18
临　汾	20275	1316	37	459	1.66
吕　梁	21095	1324	20	495	2.11
内蒙古	**655780**	**23439**	**537**	**5852**	**4.22**
呼和浩特	17224	2054	135	511	3.57
包　头	27768	2969	150	429	3.06
乌　海	1754	1754	56	6	0.21
赤　峰	90021	7012	63	980	3.29
通　辽	60000	3212	33	914	4.41
鄂尔多斯	86752	2530	23	401	4.39
呼伦贝尔	253356	1440	28	1194	6.61
巴彦淖尔	64413	2354	19	585	4.93
乌兰察布	54492	114	30	832	4.59
辽　宁	**147473**	**15316**	**1415**	**3796**	**1.36**
沈　阳	12980	3495	291	671	1.45

2—11续表1

城市	行政区域土地面积（平方公里）		建成区面积（平方公里）	年末耕地总面积（千公顷）	人均占有耕地面积（亩）
	全市	市辖区		（全市）	（全市）
大连	12574	2415	248	245	0.65
鞍山	9252	624	136	241	1.04
抚顺	11272	714	119	127	0.85
本溪	8411	1308	107	68	0.65
丹东	15030	830	53	207	1.29
锦州	10301	440	62	387	1.89
营口	5402	701	85	114	0.74
阜新	10355	448	49	324	2.52
辽阳	4743	574	82	177	1.46
盘锦	4071	266	53	129	1.55
铁岭	12968	643	41	424	2.12
朝阳	19699	557	29	456	2.03
葫芦岛	10415	2301	60	226	1.24
吉林	**146372**	**12965**	**572**	**4251**	**2.61**
长春	20571	3603	193	1104	2.29
吉林	27120	3636	166	563	1.97
四平	14080	407	39	705	3.23
辽源	5139	206	39	148	1.79
通化	15195	761	44	201	1.33
白山	17485	1388	25	47	0.54
松原	21090	1100	33	941	5.03
白城	25692	1864	33	542	4.03
黑龙江	**392375**	**64081**	**1133**	**10497**	**4.25**
哈尔滨	53068	4272	293	1776	2.75
齐齐哈尔	42469	4310	103	1977	5.37
鸡西	22531	2300	73	646	4.99
鹤岗	14648	4551	58	424	5.79
双鸭山	22483	1767	59	789	7.83
大庆	21219	5107	148	568	3.25
伊春	32759	19576	158	148	1.71
佳木斯	32704	1874	56	1230	7.46
七台河	6221	1767	85	178	3.03
牡丹江	40583	1353	60	431	2.39
黑河	68726	14448	17	765	6.59
绥化	34964	2756	23	1565	4.21
上海	**6341**	**5299**	**781**	**246**	**0.27**
江苏	**100874**	**21657**	**1544**	**4799**	**1.00**
南京	6582	4723	484	251	0.65
无锡	4788	1623	188	160	0.54

2—11续表2

城　　市	行政区域土地面积（平方公里）		建成区面积（平方公里）	年末耕地总面积（千公顷）	人均占有耕地面积（亩）
	全　市	市辖区		（全市）	（全市）
徐　　州	11258	1038	97	596	0.98
常　　州	4375	1864	99	178	0.77
苏　　州	8488	1650	177	281	0.70
南　　通	8001	355	57	478	0.93
连 云 港	7500	898	70	373	1.19
淮　　安	10072	3171	80	487	1.39
盐　　城	14983	1728	64	774	1.45
扬　　州	6634	980	63	309	1.02
镇　　江	3847	1082	83	155	0.87
泰　　州	5791	435	50	317	0.95
宿　　迁	8555	2110	32	440	1.27
浙　　江	**103642**	**18175**	**1022**	**1597**	**0.52**
杭　　州	16596	3068	302	183	0.42
宁　　波	9365	2560	115	211	0.57
温　　州	11784	1187	114	160	0.32
嘉　　兴	3915	968	77	211	0.95
湖　　州	5818	1566	53	143	0.83
绍　　兴	8256	362	73	168	0.58
金　　华	10918	2044	64	166	0.55
衢　　州	8841	2354	38	101	0.62
舟　　山	1440	1028	51	18	0.28
台　　州	9411	1536	112	147	0.40
丽　　水	17298	1502	23	89	0.53
安　　徽	**139395**	**25863**	**983**	**4973**	**1.15**
合　　肥	7029	596	148	215	0.73
芜　　湖	3317	230	88	133	0.89
蚌　　埠	5952	601	74	367	1.59
淮　　南	2585	1490	92	155	1.00
马 鞍 山	1686	354	64	82	0.99
淮　　北	2741	543	44	182	1.30
铜　　陵	1113	280	33	25	0.52
安　　庆	15400	466	38	353	0.88
黄　　山	9807	2342	32	76	0.78
滁　　州	13523	1404	27	389	1.35
阜　　阳	9775	1796	56	667	1.09
宿　　州	9787	2868	69	568	1.42
巢　　湖	9694	2031	64	393	1.30
六　　安	17976	3583	67	420	0.93
亳　　州	8374	2226	50	600	1.65

2—11续表3

城　　市	行政区域土地面积（平方公里）		建成区面积（平方公里）	年末耕地总面积（千公顷）	人均占有耕地面积（亩）
	全　市	市辖区		（全市）	（全市）
池　州	8272	2432	13	127	1.23
宣　城	12364	2621	24	221	1.21
福　建	**122831**	**11741**	**488**	**1143**	**0.51**
福　州	11968	1043	166	133	0.33
厦　门	1569	1569	112	24	0.25
莆　田	4079	145	30	58	0.29
三　明	22959	1178	19	165	0.92
泉　州	10866	530	58	134	0.30
漳　州	12608	401	43	151	0.50
南　平	26280	2660	20	206	1.02
龙　岩	19050	2678	29	132	0.69
宁　德	13452	1537	11	140	0.64
江　西	**167000**	**11569**	**513**	**2130**	**0.73**
南　昌	7432	617	135	214	0.70
景德镇	5256	423	46	59	0.59
萍　乡	3827	1090	58	46	0.38
九　江	18823	699	48	215	0.69
新　余	3178	1786	45	55	0.75
鹰　潭	3554	143	21	60	0.81
赣　州	39380	479	38	315	0.56
吉　安	25259	1340	27	326	1.05
宜　春	18669	2532	30	328	0.94
抚　州	18831	2121	30	231	0.91
上　饶	22791	339	35	281	0.63
山　东	**156493**	**32201**	**1589**	**6807**	**1.11**
济　南	8177	3257	217	351	0.89
青　岛	10922	1411	155	424	0.87
淄　博	5938	2970	170	164	0.59
枣　庄	4550	3089	103	231	0.95
东　营	7923	3294	85	192	1.61
烟　台	13746	2722	151	443	1.03
潍　坊	15859	1575	115	783	1.38
济　宁	10685	905	51	547	1.02
泰　安	7762	2087	66	320	0.87
威　海	5436	731	62	181	1.09
日　照	5310	1915	55	167	0.89
莱　芜	2246	2246	55	70	0.84
临　沂	17184	1749	123	769	1.14
德　州	10356	539	40	542	1.48

2—11 续表 4

城　市	行政区域土地面积（平方公里）		建成区面积（平方公里）	年末耕地总面积（千公顷）	人均占有耕地面积（亩）
	全　市	市辖区		（全市）	（全市）
聊　城	8715	1254	52	553	1.46
滨　州	9445	1042	40	379	1.54
菏　泽	12239	1415	49	691	1.18
河　南	**164869**	**12870**	**1075**	**7885**	**1.20**
郑　州	7446	1010	188	330	0.74
开　封	6444	362	70	428	1.33
洛　阳	15200	544	132	427	0.99
平顶山	7882	459	55	316	0.96
安　阳	7413	544	73	409	1.14
鹤　壁	2182	609	40	105	1.06
新　乡	8169	187	75	454	1.21
焦　作	4071	424	71	193	0.84
濮　阳	4266	260	34	269	1.10
许　昌	4996	88	36	344	1.15
漯　河	2617	80	39	189	1.09
三门峡	10496	198	25	178	1.20
南　阳	26400	1981	69	993	1.40
商　丘	10704	1600	55	720	1.29
信　阳	19541	3604	43	791	1.49
周　口	11959	148	32	854	1.17
驻马店	15083	772	38	885	1.59
湖　北	**151495**	**32874**	**818**	**3205**	**0.93**
武　汉	8494	8494	218	206	0.39
黄　石	4583	234	59	108	0.64
十　堰	23680	1193	53	218	0.96
宜　昌	21048	4248	69	326	1.23
襄　樊	19724	3672	82	400	1.04
鄂　州	1504	1504	45	41	0.58
荆　门	12404	2171	49	251	1.26
孝　感	8910	946	44	295	0.87
荆　州	14205	1576	60	660	1.55
黄　冈	17446	353	26	335	0.69
咸　宁	9861	1494	31	170	0.92
随　州	9636	6989	82	195	1.13
湖　南	**196753**	**17673**	**754**	**3037**	**0.71**
长　沙	11819	556	142	247	0.61
株　洲	11272	542	77	152	0.61
湘　潭	5015	279	67	119	0.63
衡　阳	15310	557	93	301	0.63

2—11 续表 5

城　市	行政区域土地面积（平方公里）		建成区面积（平方公里）	年末耕地总面积（千公顷）	人均占有耕地面积（亩）
	全　市	市辖区		（全市）	（全市）
邵　阳	20830	436	40	293	0.59
岳　阳	15087	1261	75	290	0.82
常　德	18190	2749	57	422	1.05
张家界	9516	2736	19	74	0.71
益　阳	12144	1935	42	241	0.79
郴　州	19388	2246	33	227	0.74
永　州	22441	3177	37	276	0.72
怀　化	27624	773	32	258	0.78
娄　底	8117	426	40	137	0.51
广　东	**179149**	**31350**	**2937**	**2640**	**0.51**
广　州	7434	3718	670	133	0.27
韶　关	18385	2856	56	220	1.04
深　圳	1953	1953	551	4	0.04
珠　海	1688	1688	106	18	0.31
汕　头	2064	1956	193	46	0.14
佛　山	3848	3848	123	58	0.25
江　门	9541	1818	95	143	0.56
湛　江	12471	1460	70	398	0.83
茂　名	11458	874	35	265	0.59
肇　庆	14856	664	52	166	0.63
惠　州	11158	2672	74	140	0.72
梅　州	15836	298	48	148	0.45
汕　尾	5271	150	13	71	0.34
河　源	15826	450	12	115	0.52
阳　江	7813	658	35	104	0.60
清　远	19153	927	38	268	1.03
东　莞	2465	2465	650	33	0.31
中　山	1800	1800	33	32	0.35
潮　州	3110	152	38	39	0.23
揭　阳	5240	181	27	114	0.28
云　浮	7779	762	18	125	0.72
广　西	**237257**	**35613**	**616**	**2907**	**0.90**
南　宁	22112	1799	125	410	0.95
柳　州	18617	658	104	249	1.05
桂　林	27809	565	58	294	0.89
梧　州	12588	1097	23	105	0.52
北　海	3337	957	34	80	0.81
防城港	6181	2822	18	59	1.11
钦　州	10843	4772	64	159	0.69

2—11 续表 6

城　市	行政区域土地面积（平方公里）		建成区面积（平方公里）	年末耕地总面积（千公顷）	人均占有耕地面积（亩）
	全　市	市辖区		（全市）	（全市）
贵　港	10606	3543	37	209	0.66
玉　林	12838	1251	48	203	0.51
百　色	36201	3702	30	309	1.25
贺　州	11855	5152	34	92	0.66
河　池	33508	2340	15	216	0.85
来　宾	13411	4364	18	244	1.49
崇　左	17351	2591	8	278	1.82
海　南	**4224**	**4224**	**83**	**60**	**0.46**
海　口	2305	2305	63	48	0.50
三　亚	1919	1919	20	12	0.35
重　庆	**82403**	**7152**	**431**	**2106**	**1.00**
四　川	**193859**	**32108**	**1066**	**3457**	**0.65**
成　都	12163	2177	386	358	0.51
自　贡	4373	813	44	123	0.58
攀 枝 花	7440	2018	42	30	0.42
泸　州	12247	2155	52	209	0.66
德　阳	5954	648	53	193	0.76
绵　阳	20286	1570	58	281	0.80
广　元	16314	4535	56	156	0.77
遂　宁	5325	1875	49	153	0.60
内　江	5386	1569	27	163	0.58
乐　山	12826	2514	67	151	0.65
南　充	12479	2527	51	296	0.61
眉　山	7186	1331	37	174	0.77
宜　宾	13283	1123	33	240	0.70
广　安	6344	1536	42	172	0.57
达　州	16591	451	20	270	0.64
雅　安	15399	1067	14	59	0.58
巴　中	12301	2566	16	150	0.62
资　阳	7962	1633	19	279	0.86
贵　州	**57974**	**5296**	**255**	**1561**	**1.44**
贵　阳	8034	2404	129	276	1.19
六 盘 水	9914	476	53	165	0.84
遵　义	30762	706	48	821	1.70
安　顺	9264	1710	25	299	1.75
云　南	**199060**	**21516**	**311**	**1730**	**0.98**
昆　明	21111	3946	190	177	0.53
曲　靖	28870	1553	28	278	0.72
玉　溪	15285	1004	18	112	0.81

2—11续表7

城　市	行政区域土地面积（平方公里）		建成区面积（平方公里）	年末耕地总面积（千公顷）	人均占有耕地面积(亩)
	全　市	市辖区		(全市)	(全市)
保　山	19673	5011	16	157	0.98
昭　通	23021	2167	17	379	1.08
丽　江	21219	1255	17	93	1.24
思　茅	45385	3928	15	301	1.77
临　沧	24496	2652	10	233	1.60
陕　西	**206017**	**28740**	**511**	**4012**	**1.64**
西　安	9983	3547	222	311	0.64
铜　川	3882	2406	36	83	1.48
宝　鸡	18172	3574	46	372	1.51
咸　阳	10196	526	50	380	1.16
渭　南	13134	1221	36	549	1.53
延　安	37037	3541	16	501	3.60
汉　中	27214	556	28	303	1.22
榆　林	43578	7053	26	987	4.23
安　康	23529	3644	27	398	2.02
商　洛	19292	2672	24	128	0.80
甘　肃	**416061**	**41461**	**867**	**3120**	**1.99**
兰　州	13086	1632	141	211	1.03
嘉峪关	2935	2935	36	3	0.27
金　昌	8896	3019	29	51	1.65
白　银	21158	3478	51	298	2.56
天　水	14317	5850	496	382	1.65
武　威	33238	5081	22	255	2.04
张　掖	41924	4240	22	191	2.27
平　凉	11169	1936	24	374	2.52
酒　泉	193974	3386	22	112	1.82
庆　阳	27119	996	13	439	2.57
定　西	20330	4225	5	514	2.60
陇　南	27915	4683	6	290	1.61
青　海	**7665**	**350**	**62**	**147**	**1.07**
西　宁	7665	350	62	147	1.07
宁　夏	**63265**	**13374**	**215**	**1124**	**2.86**
银　川	9170	1667	89	130	1.42
石嘴山	5630	1167	64	74	1.53
吴　忠	20193	1112	18	320	3.80
固　原	11286	3506	31	379	3.76
中　卫	16986	5922	13	221	3.24
新　疆	**21548**	**17288**	**224**	**65**	**0.45**
乌鲁木齐	12000	7740	173	50	0.40
克拉玛依	9548	9548	51	15	0.74

2—12 土地资源(二)

城市	人口密度(人/平方公里)		城市建设用地面积(平方公里)	城市建设用地占市区面积比重(%)
	全市	市辖区	市辖区	市辖区
城市合计	**251.06**	**599.65**	**28449.78**	**4.86**
北京	**692.20**	**875.40**	**1254.00**	**10.04**
天津	**782.34**	**1030.43**	**500.00**	**6.74**
河北	**363.42**	**2382.71**	**876.00**	**17.59**
石家庄	578.97	4764.91	154.00	33.77
唐山	527.07	2413.9	176.00	14.31
秦皇岛	366.64	2090.91	81.00	22.31
邯郸	715.76	3205.53	102.00	23.50
邢台	538.18	4253.03	39.00	29.55
保定	528.70	3190.06	97.00	31.09
张家口	121.99	1050.79	77.00	9.40
承德	91.24	645.90	36.00	5.08
沧州	483.43	2669.95	35.00	19.13
廊坊	606.35	2615.41	45.00	15.41
衡水	469.96	8890.00	34.00	68.00
山西	**210.58**	**557.94**	**542.00**	**3.40**
太原	475.01	1745.07	179.00	12.26
大同	212.36	685.63	89.00	4.28
阳泉	276.41	952.77	39.00	5.69
长治	228.98	1980.24	47.00	14.07
晋城	223.60	2025.17	28.00	19.05
朔州	135.34	144.15	27.00	0.66
晋中	186.61	405.58	30.00	2.26
运城	351.85	522.86	30.00	2.49
忻州	118.73	263.97	18.00	0.92
临汾	204.73	594.00	35.00	2.66
吕梁	167.00	184.44	20.00	1.51
内蒙古	**31.75**	**260.30**	**507.00**	**2.16**
呼和浩特	124.65	534.57	135.00	6.57
包头	75.71	456.25	124.00	4.18
乌海	240.76	240.76	55.00	3.14
赤峰	49.66	161.72	38.00	0.54
通辽	51.82	249.38	45.00	1.40
鄂尔多斯	15.78	89.45	42.00	1.66
呼伦贝尔	10.69	179.31	19.00	1.32
巴彦淖尔	27.62	231.78	19.00	0.81
乌兰察布	49.85	2291.23	30.00	26.32
辽宁	**282.95**	**1171.33**	**1324.00**	**8.64**
沈阳	534.57	1408.70	291.00	8.33

2—12 续表 1

城市	人口密度（人/平方公里）		城市建设用地面积（平方公里）	城市建设用地占市区面积比重(%)
	全市	市辖区	市辖区	市辖区
大连	446.64	1151.51	230.00	9.52
鞍山	374.99	2340.87	134.00	21.47
抚顺	199.50	1975.91	119.00	16.67
本溪	186.14	736.77	56.00	4.28
丹东	160.33	906.27	53.00	6.39
锦州	298.84	1979.09	62.00	14.09
营口	425.64	1216.98	85.00	12.13
阜新	186.19	1740.85	49.00	10.94
辽阳	384.59	1247.91	71.00	12.37
盘锦	306.56	2150.00	53.00	19.92
铁岭	231.67	677.29	41.00	6.38
朝阳	170.97	867.15	26.00	4.67
葫芦岛	262.07	407.61	54.00	2.35
吉林	**166.98**	**593.00**	**512.00**	**3.95**
长春	351.95	873.44	191.00	5.30
吉林	158.21	492.02	119.00	3.27
四平	232.72	1262.41	38.00	9.34
辽源	241.25	2160.68	38.00	18.45
通化	148.99	598.03	36.00	4.73
白山	74.73	240.99	24.00	1.73
松原	133.13	471.09	33.00	3.00
白城	78.47	260.52	33.00	1.77
黑龙江	**94.47**	**198.09**	**1140.00**	**1.78**
哈尔滨	182.83	923.55	293.00	6.86
齐齐哈尔	129.97	330.95	103.00	2.39
鸡西	86.17	394.04	73.00	3.17
鹤岗	74.97	150.23	74.00	1.63
双鸭山	67.26	284.89	55.00	3.11
大庆	123.58	237.32	164.00	3.21
伊春	39.55	42.33	149.00	0.76
佳木斯	75.62	436.55	56.00	2.99
七台河	141.70	289.19	85.00	4.81
牡丹江	66.62	582.19	48.00	3.55
黑河	25.33	13.70	17.00	0.12
绥化	159.54	316.73	23.00	0.83
上海	**2132.77**	**2432.78**	**1825.00**	**34.44**
江苏	**714.36**	**1078.19**	**1600.00**	**7.39**
南京	886.66	1061.25	562.00	11.90
无锡	933.98	1377.51	179.00	11.03

2—12 续表 2

城　市	人口密度（人/平方公里）		城市建设用地面积（平方公里）	城市建设用地占市区面积比重(%)
	全　市	市辖区	市辖区	市辖区
徐　州	814.40	1612.81	94.00	9.06
常　州	797.65	1164.91	99.00	5.31
苏　州	705.53	1337.88	177.00	10.73
南　通	967.12	2376.90	57.00	16.06
连云港	625.08	741.87	70.00	7.80
淮　安	520.31	854.59	77.00	2.43
盐　城	532.79	879.80	61.00	3.53
扬　州	684.79	1161.73	63.00	6.43
镇　江	694.59	936.78	83.00	7.67
泰　州	868.19	1444.14	50.00	11.49
宿　迁	609.47	724.60	28.00	1.33
浙　江	**441.64**	**785.94**	**1091.00**	**6.00**
杭　州	392.67	1308.96	335.00	10.92
宁　波	590.17	822.07	115.00	4.49
温　州	633.22	1155.35	112.00	9.44
嘉　兴	852.98	830.68	78.00	8.06
湖　州	442.09	689.08	68.00	4.34
绍　兴	526.55	1780.66	112.00	30.94
金　华	413.72	451.13	64.00	3.13
衢　州	277.81	342.35	38.00	1.61
舟　山	672.99	671.60	61.00	5.93
台　州	590.71	959.44	90.00	5.86
丽　水	144.91	248.20	18.00	1.20
安　徽	**463.48**	**673.46**	**968.00**	**3.74**
合　肥	632.64	2743.62	148.00	24.83
芜　湖	677.00	3077.83	88.00	38.26
蚌　埠	582.95	1489.85	74.00	12.31
淮　南	903.60	1090.67	92.00	6.17
马鞍山	737.78	1692.09	64.00	18.08
淮　北	763.92	1680.11	44.00	8.10
铜　陵	643.58	1416.43	32.00	11.43
安　庆	392.34	1293.99	36.00	7.73
黄　山	149.23	177.54	28.00	1.20
滁　州	320.56	363.96	27.00	1.92
阜　阳	939.85	1031.18	56.00	3.12
宿　州	612.65	604.60	91.00	3.17
巢　湖	468.29	426.64	60.00	2.95
六　安	375.58	496.51	61.00	1.70
亳　州	651.62	637.29	35.00	1.57

2—12 续表 3

城市	人口密度（人/平方公里）		城市建设用地面积（平方公里）	城市建设用地占市区面积比重(%)
	全市	市辖区	市辖区	市辖区
池州	187.86	258.96	12.00	0.49
宣城	220.82	319.11	20.00	0.76
福建	**274.12**	**713.65**	**469.00**	**3.99**
福州	509.18	1638.06	154.00	14.77
厦门	935.44	935.44	112.00	7.14
莆田	744.50	13977.24	30.00	20.69
三明	116.70	240.32	19.00	1.61
泉州	612.26	1869.43	51.00	9.62
漳州	361.54	1313.47	43.00	10.72
南平	115.83	183.57	20.00	0.75
龙岩	150.65	174.05	29.00	1.08
宁德	242.89	273.98	11.00	0.72
江西	**261.30**	**717.12**	**530.00**	**4.58**
南昌	620.01	3301.94	135.00	21.88
景德镇	286.47	1020.80	43.00	10.17
萍乡	470.89	751.38	58.00	5.32
九江	246.94	823.61	48.00	6.87
新余	347.20	444.40	41.00	2.30
鹰潭	313.96	1327.27	24.00	16.78
赣州	214.74	1178.91	38.00	7.93
吉安	184.75	377.61	33.00	2.46
宜春	281.46	381.99	30.00	1.18
抚州	201.14	492.17	57.00	2.69
上饶	293.46	1083.48	23.00	6.78
山东	**585.55**	**807.86**	**1633.00**	**5.07**
济南	721.63	1049.22	217.00	6.66
青岛	669.40	1831.33	155.00	10.99
淄博	698.87	924.61	165.00	5.56
枣庄	802.40	672.77	99.00	3.20
东营	225.71	243.53	85.00	2.58
烟台	470.55	640.48	209.00	7.68
潍坊	536.38	915.30	117.00	7.43
济宁	750.87	1173.59	50.00	5.52
泰安	708.52	766.41	66.00	3.16
威海	456.94	806.02	62.00	8.48
日照	528.21	623.71	55.00	2.87
莱芜	553.38	553.38	52.00	2.32
临沂	590.69	1095.37	123.00	7.03
德州	530.42	1071.24	40.00	7.42

2—12续表4

城　　市	人口密度（人/平方公里）		城市建设用地面积（平方公里）	城市建设用地占市区面积比重(%)
	全　市	市辖区	市辖区	市辖区
聊　城	649.97	807.18	49.00	3.91
滨　州	390.58	596.93	40.00	3.84
菏　泽	719.58	979.15	49.00	3.46
河　南	**595.74**	**1258.01**	**1002.00**	**7.79**
郑　州	901.36	2492.28	153.00	15.15
开　封	747.53	2169.89	61.00	16.85
洛　阳	425.76	2736.58	131.00	24.08
平顶山	627.30	2037.69	55.00	11.98
安　阳	728.42	1878.49	61.00	11.21
鹤　壁	682.08	857.31	38.00	6.24
新　乡	689.18	4943.32	75.00	40.11
焦　作	848.69	1902.83	68.00	16.04
濮　阳	861.37	2033.46	33.00	12.69
许　昌	902.00	4427.27	34.00	38.64
漯　河	998.28	4420.00	37.00	46.25
三门峡	212.74	1430.30	23.00	11.62
南　阳	403.63	849.97	79.00	3.99
商　丘	783.52	977.69	52.00	3.25
信　阳	406.76	381.58	37.00	1.03
周　口	915.10	2848.65	27.00	18.24
驻马店	552.93	762.56	38.00	4.92
湖　北	**341.40**	**571.55**	**839.00**	**2.55**
武　汉	925.24	925.24	254.00	2.99
黄　石	556.23	2854.27	53.00	22.65
十　堰	144.34	424.56	53.00	4.44
宜　昌	189.34	285.95	83.00	1.95
襄　樊	293.43	595.34	80.00	2.18
鄂　州	700.27	700.27	44.00	2.93
荆　门	240.57	330.91	49.00	2.26
孝　感	569.25	941.44	43.00	4.55
荆　州	450.62	701.84	58.00	3.68
黄　冈	416.34	1039.38	26.00	7.37
咸　宁	280.88	374.90	30.00	2.01
随　州	267.46	237.47	66.00	0.94
湖　南	**325.23**	**659.88**	**809.00**	**4.58**
长　沙	516.44	3641.55	153.00	27.52
株　洲	329.07	1448.34	77.00	14.21
湘　潭	563.95	2548.39	65.00	23.30
衡　阳	469.60	1668.58	72.00	12.93

2—12 续表 5

城　市	人口密度（人/平方公里）		城市建设用地面积（平方公里）	城市建设用地占市区面积比重(%)
	全　市	市辖区	市辖区	市辖区
邵　阳	355.11	1537.61	46.00	10.55
岳　阳	350.86	752.02	124.00	9.83
常　德	330.43	499.71	55.00	2.00
张家界	165.29	172.48	21.00	0.77
益　阳	377.59	668.11	41.00	2.12
郴　州	236.08	285.62	31.00	1.38
永　州	254.81	336.83	43.00	1.35
怀　化	179.30	425.87	35.00	4.53
娄　底	499.08	971.83	46.00	10.80
广　东	**436.19**	**951.23**	**2506.78**	**8.68**
广　州	992.24	1613.31	670.48	18.03
韶　关	172.41	315.44	55.00	1.93
深　圳	845.52	845.52	568.12	29.09
珠　海	510.49	510.49	163.50	9.69
汕　头	2362.02	2455.37	223.61	11.43
佛　山	911.88	911.88	108.00	2.81
江　门	404.08	732.01	108.00	5.94
湛　江	574.08	987.47	74.00	5.07
茂　名	585.26	1371.62	35.03	4.01
肇　庆	265.25	722.89	52.00	7.83
惠　州	262.79	417.55	74.00	2.77
梅　州	313.77	1027.18	30.00	10.07
汕　尾	591.29	3048.00	82.00	54.67
河　源	210.55	637.56	11.95	2.66
阳　江	336.40	962.16	62.50	9.50
清　远	204.28	588.74	53.20	5.74
东　莞	657.08	657.08		
中　山	774.72	774.72	79.00	4.39
潮　州	802.54	2257.24	20.79	13.68
揭　阳	1148.42	3648.07	27.60	15.25
云　浮	336.75	371.68	8.00	1.05
广　西	**205.75**	**322.86**	**605.00**	**1.70**
南　宁	293.44	834.13	125.00	6.95
柳　州	190.42	1477.66	104.00	15.81
桂　林	177.60	1277.17	58.00	10.27
梧　州	240.43	437.92	19.00	1.73
北　海	443.12	574.29	41.00	4.28
防城港	129.17	170.66	18.00	0.64
钦　州	317.26	256.98	62.00	1.30

2—12 续表 6

城市	人口密度（人/平方公里）		城市建设用地面积（平方公里）	城市建设用地占市区面积比重(%)
	全市	市辖区	市辖区	市辖区
贵港	448.31	496.16	37.00	1.04
玉林	463.85	723.02	51.00	4.08
百色	102.67	89.74	280.76	
贺州	176.77	180.01	24.00	0.47
河池	114.30	132.86	13.00	0.56
来宾	182.78	228.39	18.00	0.41
崇左	132.37	129.72	7.00	0.27
海南	**458.85**	**458.85**	**111.00**	**2.63**
海口	620.69	620.69	91.00	3.95
三亚	264.46	264.46	20.00	1.04
重庆	**381.57**	**1422.78**	**355.00**	**4.96**
四川	**412.40**	**691.71**	**912.00**	**2.84**
成都	871.24	2133.85	313.00	14.38
自贡	722.11	1319.68	44.00	5.41
攀枝花	143.90	333.80	42.00	2.08
泸州	387.03	648.58	52.00	2.41
德阳	639.86	970.99	53.00	8.18
绵阳	260.81	719.17	52.00	3.31
广元	186.29	199.38	43.00	0.95
遂宁	713.67	776.64	49.00	2.61
内江	781.06	882.92	27.00	1.72
乐山	271.07	451.31	28.00	1.11
南充	580.79	742.22	51.00	2.02
眉山	474.24	618.78	31.00	2.33
宜宾	389.88	692.52	30.00	2.67
广安	713.82	797.59	34.00	2.21
达州	384.01	867.85	19.00	4.21
雅安	99.62	316.96	13.00	1.22
巴中	293.55	504.60	15.00	0.58
资阳	612.94	645.93	16.00	0.98
贵州	**279.87**	**770.47**	**618.00**	**11.67**
贵阳	432.92	845.97	495.00	20.59
六盘水	298.07	905.88	50.00	10.50
遵义	235.03	1159.49	46.00	6.52
安顺	276.52	466.02	27.00	1.58
云南	**132.55**	**258.43**	**309.00**	**1.44**
昆明	238.23	573.69	188.00	4.76
曲靖	199.40	419.38	26.00	1.67
玉溪	136.44	397.61	12.00	1.20

2—12 续表 7

城　市	人口密度（人/平方公里）		城市建设用地面积（平方公里）	城市建设用地占市区面积比重(%)
	全　市	市辖区	市辖区	市辖区
保　山	122.57	170.39	11.00	0.22
昭　通	227.77	354.08	16.00	0.74
丽　江	53.13	114.34	34.00	2.71
思　茅	56.16	51.37	15.00	0.38
临　沧	89.13	105.47	7.00	0.26
陕　西	**178.30**	**393.16**	**528.00**	**1.84**
西　安	726.24	1455.60	232.00	6.54
铜　川	217.23	312.26	36.00	1.50
宝　鸡	203.17	208.53	46.00	1.29
咸　阳	480.34	1613.12	50.00	9.51
渭　南	408.67	748.16	32.00	2.62
延　安	56.37	112.68	30.00	0.85
汉　中	137.43	951.62	21.00	3.78
榆　林	80.31	64.80	26.00	0.37
安　康	125.36	260.10	45.00	1.23
商　洛	124.73	203.97	10.00	0.37
甘　肃	**56.42**	**185.99**	**4603.00**	**11.10**
兰　州	235.45	1220.28	141.00	8.64
嘉峪关	57.10	57.10	32.00	1.09
金　昌	52.06	69.36	37.00	1.23
白　银	82.51	135.91	49.00	1.41
天　水	242.91	208.72	4129.00	70.58
武　威	56.32	193.43	22.00	0.43
张　掖	30.16	116.84	21.00	0.50
平　凉	199.60	250.31	24.00	1.24
酒　泉	4.77	102.07	115.00	3.40
庆　阳	94.65	331.02	20.00	2.01
定　西	146.08	112.92	10.00	0.24
陇　南	97.06	113.99	3.00	0.06
青　海	**270.01**	**2885.43**	**62.00**	**17.71**
西　宁	270.01	2885.43	62.00	17.71
宁　夏	**93.32**	**179.03**	**196.00**	**1.47**
银　川	150.26	454.83	89.00	5.34
石嘴山	128.99	378.32	53.00	4.54
吴　忠	62.63	322.84	18.00	1.62
固　原	134.04	139.50	23.00	0.66
中　卫	60.20	58.53	13.00	0.22
中　卫	100.49	120.40	223.00	1.29
乌鲁木齐	154.97	229.42	173.00	2.24
克拉玛依	32.03	32.03	50.00	0.52

2—13 综合经济(一)

城　市	地区生产总值(万元)		人均地区生产总值(元)		地区生产总值增长率(%)	
	全　市	市辖区	全　市	市辖区	全　市	市辖区
城市合计	**1633506670**	**916953950**	**3919115**	**5724858**	**4177.67**	**4374.96**
北　京	**42833100**	**41609819**	**37058**	**38315**	**13.23**	**13.28**
天　津	**29318800**	**26022900**	**31550**	**34170**	**15.70**	**15.71**
石家庄	16334594	6920174	17871	31850	14.10	16.20
唐　山	16263343	8284068	22965	27995	14.90	16.10
秦皇岛	4534443	2938674	16515	39214	12.80	13.50
邯　郸	9364918	2729867	10887	19687	14.50	15.50
邢　台	6355770	1006363	9491	18043	13.50	16.30
保　定	11108786	2253369	10261	23312	14.50	15.50
张家口	4001082	2078774	8889	24225	13.04	14.32
承　德	3006156	918063	8352	20145	15.80	23.55
沧　州	7741155	894656	11659	18506	15.30	13.80
廊　坊	6048000	1255281	15566	16613	12.50	14.00
衡　水	4738046	818167	11450	18502	14.50	15.80
山　西						
太　原	6404993	5337334	18804	20622	15.70	16.10
大　同	3047269	2435807	9874	16655	13.40	13.50
阳　泉	1515009	1113274	11719	16700	14.50	13.00
长　治	3184746	1263384	9928	20807	15.00	13.00
晋　城	2445115	607433	11148	20974	15.00	14.50
朔　州	1452132	790008	9738	13665	15.30	11.67
晋　中	2539148	536718	8300	9873	14.60	11.00
运　城	3682811	470076	7461	7584	16.80	5.20
忻　州	1301939	243658	4327	4795	14.00	−6.30
临　汾	3759352	787323	9221	10588	15.70	12.60
吕　梁	1795855	195212	5147	8090	16.70	15.39
内蒙古						
呼和浩特	5121000	3792343	26321	31585	23.00	21.00
包　头	6083255	5331617	28998	39561	28.50	33.70
乌　海	913666	913666	20081	20081	31.70	31.70
赤　峰	3266530	1318192	7130	7547	27.20	14.10
通　辽	2770805	1023584	8940	13789	15.50	17.10
鄂尔多斯	3803751	800601	26000	35380	31.00	25.20
呼伦贝尔	2617890	352897	9598	13785	25.00	17.50
巴彦淖尔	1894893	591540	10774	11326	21.50	20.10
乌兰察布	1831763	353794	6760	12635	8.60	8.60
辽　宁						
沈　阳	19006886	16829173	27487	34345	15.50	15.10
大　连	19617621	14977769	34975	54183	16.18	16.63

注:本表“地区生产总值”未按全国第一次经济普查结果进行调整。

2—13续表1

城市	地区生产总值(万元)		人均地区生产总值(元)		地区生产总值增长率(%)	
	全市	市辖区	全市	市辖区	全市	市辖区
鞍山	10060000	6399989	28900	43816	16.10	18.10
抚顺	3750016	2784281	16637	19635	15.00	15.50
本溪	2936043	2202032	18752	22850	14.00	13.60
丹东	2905058	1164956	12050	15440	16.80	10.20
锦州	3431203	1709933	11153	19684	16.40	16.30
营口	3183313	1276765	13867	18147	21.20	22.30
阜新	1271258	884981	6590	11242	20.20	20.60
辽阳	2900185	1570766	15902	15902	16.30	16.30
盘锦	3687000	2745196	29591	47419	8.10	7.50
铁岭	2160570	573408	7204	11041	17.00	18.10
朝阳	1527847	559791	4538	10781	17.10	16.90
葫芦岛	2933558	1866000	10777	19936	18.00	31.40
吉林						
长春	15350051	11237025	21285	37003	13.50	14.40
吉林	7037040	4122911	16239	23046		14.20
四平	2794099	746339	8539	14560	14.80	12.10
辽源	1000597	539444	8071	12097	16.50	24.80
通化	2178000	668979	9563	14717	11.30	13.70
白山	992254	391684	7528	11766	15.10	13.20
松原	2847227	938193	10165	17229	18.20	17.50
白城	1370006	449537	6809	9091	13.20	11.63
黑龙江						
哈尔滨	16804635	10834097	17463	30534	14.70	17.00
齐齐哈尔	4018847	1915986	7549	13431	15.30	11.80
鸡西	1946995	768560	10028	8480	10.90	11.70
鹤岗	1048765	578795	9517	8432	12.20	13.30
双鸭山	1366325	696005	9047	12678	14.40	15.40
大庆	12395380	11659423	47667	97491	10.20	10.00
伊春	1092023	720695	8403	8546	10.30	9.68
佳木斯	2362956	1195097	9605	14080	11.80	11.60
七台河	965164	737015	10994	14535	13.00	12.90
牡丹江	3017544	1174387	11168	15036	10.00	7.70
黑河	1122757	205032	6175	10074	11.60	12.70
绥化	3975993	563772	7143	6484	11.00	10.30
上海	**74502700**	**73712679**	**55307**	**57423**	**13.64**	**13.69**
江苏						
南京	19100000	17572368	33050	35464	17.30	17.20
无锡	23500000	13068100	52825	58976	17.40	17.60
徐州	10958000	5287900	12005	31592	14.00	18.00

2—13 续表 2

城　市	地区生产总值(万元)		人均地区生产总值(元)		地区生产总值增长率(%)	
	全　市	市辖区	全　市	市辖区	全　市	市辖区
常　州	11006100	8310200	31665	36335	15.50	15.40
苏　州	34500000	13200000	57992	60326	17.60	19.00
南　通	12260619	2934141	15806	35059	15.60	17.00
连云港	4163600	1937500	8891	29298	13.90	18.20
淮　安	5009700	3115600	9597	11557	13.80	13.80
盐　城	8713600	2416200	10928	15929	14.00	19.90
扬　州	7881300	3649600	17359	32240	14.70	15.10
镇　江	7811600	3531300	29235	34988	14.70	14.60
泰　州	7052000	1980800	14014	31662	14.70	16.30
宿　迁	3355900	1242000	6462	9009	13.80	14.80
浙　江						
杭　州	25150000	19494054	38858	49055	15.00	15.70
宁　波	21580377	12600292	39174	60381	15.50	17.50
温　州	14025726	6223579	18846	45795	14.10	14.50
嘉　兴	10505564	2482430	31506	30988	16.46	16.81
湖　州	5906926	2831306	22966	26260	15.38	15.94
绍　兴	13138654	2293967	30254	35753	15.30	16.90
金　华	9783771	1762061	21703	19113	16.20	16.40
衢　州	2837600	1156073	11570	14380	15.20	16.50
舟　山	2120391	1463860	21855	21215	17.00	17.20
台　州	11737943	4496144	21177	30647	13.60	14.70
丽　水	2645690	654190	10582	17653	14.90	15.10
安　徽						
合　肥	5897000	4645900	13378	29058	16.20	18.50
芜　湖	3450746	2344727	15392	33544	14.60	17.20
蚌　埠	2636600	1341978	7621	15456	16.50	13.50
淮　南	2144900	1585569	9225	9784	15.20	16.60
马鞍山	2650950	2208607	21337	29536	37.69	36.51
淮　北	1691300	1247221	8183	15007	15.67	17.90
铜　陵	1367200	1173702	19183	29834	17.50	19.30
安　庆	3920200	1193800	6483	19917	12.50	15.30
黄　山	1319800	574600	9001	13819	12.20	19.00
滁　州	3556400	886749	7425	17353	10.40	11.60
阜　阳	2633200	870900	2559	4229	10.40	8.50
宿　州	2791206	944700	4096	4900	14.10	16.00
巢　湖	2946200	804634	6495	8949	11.70	11.90
六　安	2531000	537550	3765	3039	14.00	12.00
亳　州	2246429	893429	4299	6314	12.10	10.30
池　州	924253	457607	7102	7290	13.00	11.90

2—13 续表 3

城　　市	地区生产总值(万元)		人均地区生产总值(元)		地区生产总值增长率(%)	
	全　市	市辖区	全　市	市辖区	全　市	市辖区
宣　城	2356600	750700	8793	8989	10.40	5.20
福　建						
福　州	15484561	7370514	23444	43600	13.00	16.50
厦　门	8832098	8832098	40146	40146	16.00	16.00
莆　田	3084822	2449826	11112	12857	13.00	13.70
三　明	3758431	878202	14307	25396	10.30	10.20
泉　州	16029716	3172405	21260	28010	14.20	14.30
漳　州	7020241	1536207	15394	29056	11.60	11.80
南　平	3216960	810895	11209	16169	11.10	11.40
龙　岩	3492257	1357721	12792	24690	10.60	11.70
宁　德	3090407	528712	10166	12408	11.00	10.20
江　西						
南　昌	7704622	5679510	17238	28388	16.50	18.10
景德镇	1651237	937876	10842	19486	15.80	18.40
萍　乡	1725560	1139355	9409	13828	18.10	17.20
九　江	3567621	1693132	7728	29840	15.20	15.20
新　余	1340000	1126657	12112	12046	16.50	16.60
鹰　潭	963748	191986	8991	11379	16.80	16.90
赣　州	3980147	664886	4971	12262	13.00	10.50
吉　安	2428600	367130		14198		20.43
宜　春	2895167	442772	5477	4600	13.00	13.80
抚　州	2041762	665360	5409	6368	13.60	16.00
上　饶	3010663	439006	4787	12052	14.50	18.41
山　东						
济　南	16188729	12413434	27610	36697	15.60	15.20
青　岛	21638000	11195536	28150	43327	16.80	19.90
淄　博	12309600	10163561	29729	37104	17.00	18.20
枣　庄	5033100	2887342	13811	13923	17.20	14.35
东　营	8925300	6879734	50193	86523	17.20	19.90
烟　台	16308949	6218949	25183	35583	17.50	21.90
潍　坊	12464100	3453900	14678	24267	16.90	18.30
济　宁	11021600	1960800	13767	18548	17.20	17.80
泰　安	7321100	2695700	13341	16938	16.40	20.30
威　海	10088100	2786623	40700	48100	17.10	18.70
日　照	3877800	2021200	13875	16930	17.20	19.60
莱　芜	2238800	2238800	18042	18042	17.20	17.20
临　沂	10120000	3332000	10000	17479	17.00	21.54
德　州	6869000	1430281	12542	24777	17.10	17.57
聊　城	5726900	891416	10134	8844	17.00	11.40

2—13续表4

城市	地区生产总值(万元)		人均地区生产总值(元)		地区生产总值增长率(%)	
	全市	市辖区	全市	市辖区	全市	市辖区
滨州	5194500	1182992	14134	19158	17.20	21.30
菏泽	3652200	721852	4160	5241	17.10	19.40
河南						
郑州	13778886	6700108	21233	27261	15.70	15.70
开封	3457413	934615	7294	11976	10.70	9.10
洛阳	9051980	4009874	14204	26555	16.20	13.40
平顶山	4698229	1706059	9598	18337	15.80	18.50
安阳	4634693	1945357	8747	19362	15.90	14.00
鹤壁	1563417	767233	10934	14703	16.00	15.30
新乡	4615109	1447762	8414	16328	14.60	14.30
焦作	4557036	1190260	13426	14757	21.10	19.50
濮阳	3174246	1552979	8929	33870	14.40	12.50
许昌	5158199	800940	11518	14306	14.60	14.70
漯河	2795597	817189	11122	23156	13.60	18.30
三门峡	2746518	460739	12416	15414	13.40	9.90
南阳	8933215	2130571	8370	25615	15.60	19.50
商丘	4558370	1102357	5613	14764	22.40	23.40
信阳	4342689	1198027	5553	17704	13.60	14.30
周口	5219821	499458	4912	13144	14.10	17.40
驻马店	4458303	723466	5381	12446	14.90	14.10
湖北						
武汉	19560000	19560000	24963	24963	14.50	14.50
黄石	3169800	1621100	12461	24399	12.50	13.32
十堰	2909600	1817000	8513	35874	16.30	21.80
宜昌	5886758	3218099	14802	26548	17.50	23.60
襄樊	5578800	2730500	9641	12493	11.00	10.40
鄂州	1419200	1419200	13519	13519	11.80	11.80
荆门	3794609	1707393	12660	19907	11.50	15.54
孝感	3812900	621346	7505	6977	10.10	11.90
荆州	4300200	1204602	6766	10007	8.50	10.27
黄冈	4323957	374534	5960	10270	9.30	9.50
咸宁	2050000	464322	7384	8278	11.50	12.50
随州	1896900	1336200	7574	8350	11.70	11.70
湖南						
长沙	11338828	6804262	18036	34131	15.00	15.50
株洲	4524770	2185513	12635	24835	12.40	13.70
湘潭	3327810	1845860	12475	26112	13.40	14.50
衡阳	5421735	1362600	8204	15457	10.17	11.91
邵阳	3366166	594936	5093	8988	10.80	11.80

2—13 续表 5

城　市	地区生产总值(万元)		人均地区生产总值(元)		地区生产总值增长率(%)	
	全　市	市辖区	全　市	市辖区	全　市	市辖区
岳　阳	5903086	2720286	11736	28512	12.10	15.90
常　德	5833656	2884646	11014	18270	12.50	15.50
张家界	960921	292563	6688	6514	12.30	12.60
益　阳	2873425	1020905	6992	8840	10.89	14.68
郴　州	3950835	1038254	9254	14959	13.00	13.30
永　州	3278510	915586	6544	8503	11.80	11.76
怀　化	2912274	553746	5890	15795	10.70	10.50
娄　底	2672073	811413	7103	20070	13.20	21.10
广　东						
广　州	41158077	37914385	56271	63819	15.00	15.60
韶　关	3127628	1667828	11660	19590	13.50	12.80
深　圳	34228000	34228000	59271	59271	17.30	17.30
珠　海	5462802	5462802	64960	64960	13.80	13.80
汕　头	6037625	5144806	12421	12456	10.10	11.10
佛　山	16564573	16564573	47500	47500	16.30	16.30
江　门	8345574	4081073	21872	30791	12.20	16.20
湛　江	6081602	3251909	9733	24248	11.00	14.80
茂　名	7503380	2465496	11210	20541	14.20	22.50
肇　庆	5485089	1266630	13945	25943	13.20	11.90
惠　州	6851423	4134697	23642	37681		
梅　州	2716400	488100				
汕　尾	2123059	487418	8482	10193	14.80	26.10
河　源	1730575	347283	5187	11453	17.90	28.95
阳　江	2738565	1209631	10493	18778	12.60	12.90
清　远	2482768	656664	7484	12004	19.60	23.20
东　莞	11552982	11552982	71997	71997	19.60	19.60
中　山	6101413	6101413	44005	44005	18.72	18.72
潮　州	2569282	559465	10306	16878	11.10	
揭　阳	5405300	1018451	9067	15331	7.20	7.70
云　浮	2575959	432655				
广　西						
南　宁	5888588	3593796	9126	24296	13.20	15.30
柳　州	4037641	2755349	11442	28534	14.40	16.20
桂　林	4547642	1588518	9240	22192	13.10	13.00
梧　州	1955430	877188	6594	18413	14.20	14.00
北　海	1618918	1008783	10989	18530	11.30	16.10
防城港	846046	582373	10662	11136	11.70	12.25
钦　州	1746454	857381	5131	7058	13.30	15.00
贵　港	1648303	706974	3485	4060	12.00	11.20

2—13续表6

城市	地区生产总值(万元)		人均地区生产总值(元)		地区生产总值增长率(%)	
	全市	市辖区	全市	市辖区	全市	市辖区
玉林	2998748	895274	5061	9920	15.20	15.13
百色	2061640	404362	5564	12227	15.90	9.80
贺州	1400430	571059	6688	6161	12.60	12.20
河池	1744381	282569	4566	9114	13.75	17.93
来宾	1452075	737133	5936	7412	12.80	14.80
崇左	1287343	222566	5627	6633	12.80	9.50
海南						
海口	2530155	2530155	17928	17928	13.20	13.20
三亚	482348	482348	9538	9538	13.20	13.20
重庆	**26653900**	**13635532**	**9608**	**13342**	**12.20**	**14.00**
四川						
成都	21857299	13510338	20777	29463	13.60	13.90
自贡	2493484	1466611	9057	14452	14.00	14.10
攀枝花	2008306	1513101	17831	20725	13.00	10.12
泸州	2587937	1329165	6182	10166	13.18	13.79
德阳	4247771	965086	11155	15421	13.70	15.20
绵阳	4549447	2033827	8611	18200	11.20	10.80
广元	1274716	571768	4789	6323	13.10	13.58
遂宁	1935270	769569	5410	5207	12.10	12.60
内江	2435401	872659	6156	6330	13.19	13.09
乐山	2657746	1155031	7904	9887	14.50	14.90
南充	3070864	1169890	5101	6373	12.80	12.50
眉山	2168208	659467	7094	8575	14.60	15.10
宜宾	3490282	1365615	6212	16042	13.20	14.90
广安	2175811	561625	4800	4584	14.60	15.00
达州	3218573	428149	5720	9976	13.70	14.50
雅安	1215901	321700	8015	9743	13.20	14.50
巴中	1246570	480881	4161	3959	13.30	13.47
资阳	2369337	698846	5608	7540	13.70	15.40
贵州						
贵阳	4436292	3730612	12683	18874	13.70	14.40
六盘水	1510957	579988	5052	13504	18.20	17.90
遵义	3623727	1323220	4919	15180	12.60	14.86
安顺	877905	407247	3362	4921	10.10	10.10
云南						
昆明	9421371	7160035	18773	31780	12.00	11.23
曲靖	3424766	1134090	6025	17659	12.30	11.60
玉溪	3278995	2160570	15787	52230	8.20	9.10
保山	980830	395779	4084	4656	9.40	9.70

2—13 续表 7

城市	地区生产总值(万元)		人均地区生产总值(元)		地区生产总值增长率(%)	
	全市	市辖区	全市	市辖区	全市	市辖区
昭通	1456693	518135	2824	6819	20.10	20.60
丽江	503780	159535	4486	11223	14.40	16.00
思茅	884887	168890	3484	6714	10.60	22.80
临沧	838988	123861	3635	3442	11.00	12.30
陕西						
西安	10958700	9990800	14081	17528	13.50	13.40
铜川	589020	561573	7000	8160	12.40	13.20
宝鸡	3202970	1812600	8700	24210	14.50	16.10
咸阳	3385620	1559790	6954	18391	13.10	12.40
渭南	2477000	475700	4627	5411	11.00	11.00
延安	1917640	390395	9255	10092	16.80	20.30
汉中	1925310	372421	5161	7065	10.90	10.10
榆林	1850400	271000	5287	5932	17.50	19.20
安康	1195450	409735	4059	4328	9.40	8.80
商洛	871500	156900	3646	2879	9.40	9.50
甘肃						
兰州	5046500	4412507	16479	22470	11.40	11.00
嘉峪关	444385	444385	25206	25206	17.74	17.74
金昌	855262	652215	18525	31236	18.20	21.00
白银	1263304	822536	7223	17406	13.14	14.15
天水	1254685	762900	3619	6311	11.50	21.27
武威	1080216	736540	5595	7307	12.10	12.52
张掖	993456	423427	7784	8654	12.02	11.35
平凉	963426	367856	4322	7591	12.60	12.30
酒泉	1222504	326937	12617	9424	11.50	8.00
庆阳	1083062	238620	4227	7290	12.23	16.00
定西	630590	132355	2126	2777	9.04	8.00
陇南	633830	98283	2346	1847	12.60	16.00
青海						
西宁	1747354	1119059	8484	11160	14.80	12.71
宁夏						
银川	1889679	1304239	17668	13956	14.90	13.80
石嘴山	893847	675662	12295	15503	13.60	13.50
吴忠	922147	369600	8560	8954	13.00	10.50
固原	358573	163493	2379	3354	12.90	13.80
中卫	505381	257439	4961	7437	8.80	13.10
新疆						
乌鲁木齐	4842599	4774453	22820	23408	12.50	12.50
克拉玛依	2962020	2962020	66674	66674	8.31	8.31

2—14 综合经济(二)

单位:%

城　市	第一产业占GDP的比重		第二产业占GDP的比重		第三产业占GDP的比重	
	全　市	市辖区	全　市	市辖区	全　市	市辖区
城市合计	**12.15**	**4.35**	**50.23**	**53.09**	**37.60**	**42.54**
北　京	**2.40**	**1.98**	**37.60**	**37.47**	**60.00**	**60.55**
天　津	**3.58**	**2.44**	**53.21**	**53.63**	**43.20**	**43.93**
河　北	**14.76**	**3.54**	**51.41**	**54.43**	**33.83**	**42.03**
石家庄	14.11	1.16	48.63	46.34	37.27	52.50
唐　山	13.12	7.26	56.26	61.66	30.62	31.08
秦皇岛	10.46	1.30	41.33	38.19	48.21	60.52
邯　郸	13.35	0.92	52.15	68.27	34.50	30.82
邢　台	17.73	1.51	57.05	67.04	25.22	31.45
保　定	16.02	2.42	48.98	49.76	34.99	47.82
张家口	14.55	1.34	48.65	60.38	36.80	38.28
承　德	18.27	2.19	49.63	62.79	32.09	35.02
沧　州	15.99	1.25	50.18	55.40	33.83	43.35
廊　坊	15.32	8.93	53.81	44.15	30.87	46.92
衡　水	17.76	9.87	53.07	49.34	29.17	40.79
山　西	**8.58**	**3.01**	**59.03**	**57.97**	**32.39**	**39.02**
太　原	3.37	1.87	54.54	52.59	42.09	45.54
大　同	6.09	1.95	59.66	63.20	34.25	34.85
阳　泉	2.36	0.58	62.02	62.74	35.62	36.68
长　治	9.36	1.66	63.3	69.92	27.34	28.42
晋　城	5.80	1.34	63.52	60.49	30.68	38.17
朔　州	12.83	6.59	57.11	68.34	30.07	25.07
晋　中	13.32	9.95	55.22	50.40	31.46	39.64
运　城	13.85	8.50	59.99	47.11	26.16	44.39
忻　州	16.38	17.07	44.53	31.34	39.09	51.59
临　汾	8.88	4.94	65.33	57.28	25.80	37.78
吕　梁	11.74	2.88	60.15	68.29	28.11	28.83
内蒙古	**16.43**	**5.47**	**46.29**	**50.25**	**37.28**	**44.28**
呼和浩特	8.24	2.31	43.27	39.95	48.49	57.75
包　头	4.81	1.94	57.24	58.49	37.95	39.57
乌　海	1.82	1.82	73.21	73.21	24.96	24.96
赤　峰	27.29	13.77	39.87	45.24	32.84	41.00
通　辽	27.80	17.87	35.02	47.69	37.18	34.44
鄂尔多斯	10.52	2.37	59.43	57.28	30.05	40.34
呼伦贝尔	27.42	8.30	27.90	34.19	44.68	57.51
巴彦淖尔	32.10	27.40	34.85	29.48	33.05	43.12
乌兰察布	29.04	2.80	44.21	38.15	26.75	59.05
辽　宁	**9.65**	**3.22**	**51.62**	**54.26**	**38.73**	**42.52**
沈　阳	5.82	2.76	49.48	50.37	44.69	46.87

2—14 续表 1

单位:%

城　市	第一产业占GDP的比重		第二产业占GDP的比重		第三产业占GDP的比重	
	全　市	市辖区	全　市	市辖区	全　市	市辖区
大　连	7.80	3.62	50.12	48.33	42.07	48.05
鞍　山	5.02	0.94	59.20	63.30	35.78	35.76
抚　顺	7.20	2.64	60.36	64.00	32.44	33.37
本　溪	6.15	6.15	59.32	59.32	34.53	34.53
丹　东	16.45	2.34	39.06	37.87	44.49	59.79
锦　州	25.45	4.85	38.71	47.91	35.84	47.24
营　口	11.56	9.32	53.44	54.74	35.00	35.94
阜　新	23.70	7.05	39.20	48.11	37.10	44.85
辽　阳	7.59	1.91	54.80	59.88	37.62	38.22
盘　锦	11.34	1.18	68.54	79.65	20.12	19.17
铁　岭	26.66	6.03	41.50	59.03	31.84	34.94
朝　阳	26.74	5.28	40.06	53.57	33.21	41.15
葫芦岛	14.54	4.92	50.59	60.77	34.87	34.30
吉　林	**17.57**	**3.53**	**45.14**	**56.56**	**37.29**	**39.90**
长　春	11.05	2.00	48.34	57.78	40.61	40.21
吉　林	14.10	5.21	45.23	52.22	40.68	42.56
四　平	40.55	2.61	30.42	51.48	29.03	45.90
辽　源	21.02	2.87	37.78	49.68	41.19	47.45
通　化	18.43	3.26	45.22	57.60	36.35	39.14
白　山	21.04	9.48	45.18	62.92	33.78	27.61
松　原	29.28	6.56	48.90	73.99	21.82	19.45
白　城	30.80	17.60	36.26	39.04	32.93	43.35
黑龙江	**16.61**	**5.41**	**48.82**	**60.52**	**34.57**	**34.07**
哈尔滨	16.40	7.25	38.26	41.10	45.34	51.65
齐齐哈尔	23.31	5.74	36.92	47.06	39.77	47.20
鸡　西	29.03	19.85	41.44	56.94	29.53	23.21
鹤　岗	25.67	6.88	43.34	62.75	30.99	30.37
双鸭山	28.11	4.84	43.50	59.75	28.39	35.41
大　庆	3.23	0.81	84.58	88.15	12.18	11.04
伊　春	22.43	17.53	45.65	46.84	31.92	35.64
佳木斯	29.10	4.55	27.83	36.12	43.08	59.33
七台河	12.23	4.93	53.23	61.62	34.54	33.45
牡丹江	13.17	2.55	42.38	45.75	44.45	51.71
黑　河	35.59	12.85	20.68	28.18	43.73	58.97
绥　化	29.31	33.97	25.97	21.84	44.72	44.18
上　海	**1.30**	**1.11**	**50.85**	**50.92**	**47.86**	**47.97**
江　苏	**8.01**	**3.31**	**56.01**	**58.12**	**35.98**	**38.57**
南　京	3.66	2.77	52.62	52.58	43.72	44.66
无　锡	2.20	1.39	57.6	56.81	40.20	41.80

2—14续表2

单位:%

城　　市	第一产业占GDP的比重		第二产业占GDP的比重		第三产业占GDP的比重	
	全　市	市辖区	全　市	市辖区	全　市	市辖区
徐　　州	14.03	1.62	49.50	55.46	36.47	42.92
常　　州	4.66	2.78	58.85	60.39	36.50	36.82
苏　　州	2.23	1.36	65.74	66.29	32.03	32.35
南　　通	12.14	1.41	54.17	64.65	33.69	33.94
连 云 港	21.27	3.83	45.22	59.38	33.50	36.79
淮　　安	22.33	17.03	47.07	52.23	30.60	30.74
盐　　城	22.84	12.88	44.90	52.89	32.26	34.22
扬　　州	10.12	3.23	53.27	56.72	36.60	40.05
镇　　江	4.37	1.85	58.96	59.24	36.67	38.92
泰　　州	11.73	2.63	53.96	68.25	34.32	29.13
宿　　迁	28.65	18.58	42.24	52.26	29.11	29.15
浙　　江	**7.11**	**4.26**	**56.07**	**54.07**	**36.82**	**41.68**
杭　　州	5.53	3.69	53.00	51.93	41.47	44.37
宁　　波	5.72	2.39	57.01	56.74	37.27	40.87
温　　州	4.62	0.99	56.76	56.39	38.62	42.62
嘉　　兴	7.41	6.75	60.45	56.18	32.14	37.07
湖　　州	10.97	8.87	54.8	54.70	34.23	36.42
绍　　兴	7.02	2.60	59.88	50.48	33.10	46.92
金　　华	6.64	9.54	56.33	46.86	37.02	43.59
衢　　州	16.08	13.08	49.22	49.74	34.69	37.18
舟　　山	18.02	13.46	43.06	44.90	38.92	41.65
台　　州	8.24	4.61	58.44	61.33	33.32	34.05
丽　　水	15.56	11.69	46.87	43.54	37.57	44.78
安　　徽	**21.64**	**8.12**	**44.44**	**55.17**	**33.92**	**35.54**
合　　肥	9.16	1.02	50.40	55.22	40.44	43.76
芜　　湖	8.20	0.47	58.49	67.50	33.31	32.03
蚌　　埠	24.90	3.17	41.29	55.40	33.81	41.43
淮　　南	12.35	6.48	52.16	56.32	35.49	37.20
马 鞍 山	6.84	1.37	69.29	76.00	23.87	22.63
淮　　北	14.21	4.11	55.02	67.24	30.76	28.65
铜　　陵	4.67	1.28	63.49	67.41	31.84	31.31
安　　庆	22.60	2.28	46.62	57.46	30.78	40.27
黄　　山	18.84	13.70	35.85	35.47	45.30	5.08
滁　　州	25.43	10.66	40.52	48.26	34.05	41.07
阜　　阳	40.28	24.54	26.05	35.81	33.67	39.65
宿　　州	44.79	35.05	24.48	32.52	30.73	32.43
巢　　湖	24.95	14.32	41.62	47.97	33.44	37.72
六　　安	31.62	32.53	34.66	33.85	33.72	33.62
亳　　州	39.69	23.74	26.42	35.40	33.90	40.85

2—14 续表 3

单位:%

城　市	第一产业占 GDP 的比重		第二产业占 GDP 的比重		第三产业占 GDP 的比重	
	全　市	市辖区	全　市	市辖区	全　市	市辖区
池　州	26.42	21.70	39.40	45.16	34.18	33.14
宣　城	21.25	23.52	43.27	36.34	35.47	40.14
福　建	**12.34**	**4.69**	**49.41**	**53.63**	**38.25**	**41.69**
福　州	10.48	1.70	51.02	50.20	38.50	48.10
厦　门	2.25	2.25	59.32	59.32	38.42	38.42
莆　田	14.79	13.85	50.60	52.95	34.61	33.20
三　明	23.22	6.26	44.08	60.55	32.70	33.20
泉　州	6.01	3.71	53.50	53.02	40.50	43.28
漳　州	20.34	4.25	41.34	44.67	38.32	51.07
南　平	25.87	16.17	34.74	45.15	39.39	38.68
龙　岩	21.60	9.01	44.23	59.94	34.17	31.05
宁　德	24.89	20.30	36.59	24.28	38.52	55.41
江　西	**18.98**	**5.09**	**45.76**	**54.76**	**35.26**	**40.15**
南　昌	7.71	1.52	52.44	56.85	39.85	41.62
景德镇	8.50	1.78	53.93	59.05	37.58	39.17
萍　乡	11.28	6.31	59.36	61.30	29.37	32.38
九　江	16.58	1.57	48.55	57.45	34.87	40.97
新　余	13.51	11.15	55.03	56.14	31.46	32.71
鹰　潭	16.25	3.01	49.15	26.98	34.59	70.01
赣　州	28.64	4.28	33.36	50.68	37.99	45.04
吉　安	31.78	17.08	36.67	40.61	31.56	42.31
宜　春	30.59	19.65	38.51	41.40	30.90	38.95
抚　州	31.35	20.09	42.16	44.40	26.49	35.52
上　饶	21.49	7.86	41.03	46.94	37.48	45.20
山　东	**11.40**	**4.72**	**56.02**	**59.18**	**32.59**	**36.10**
济　南	7.33	3.13	45.86	44.54	46.81	52.33
青　岛	7.48	2.07	54.14	54.59	38.39	43.34
淄　博	4.39	2.67	64.74	66.27	30.87	31.06
枣　庄	10.83	9.90	61.36	65.47	27.82	24.63
东　营	4.80	1.55	80.75	86.41	14.45	12.03
烟　台	10.73	4.71	56.70	58.05	32.57	37.24
潍　坊	14.47	4.12	54.84	64.98	30.69	30.90
济　宁	13.84	5.73	51.61	53.56	34.54	40.71
泰　安	12.82	10.46	52.74	43.54	34.44	46.00
威　海	9.80	6.48	61.09	55.71	29.10	37.82
日　照	16.14	14.06	49.29	55.14	34.58	30.80
莱　芜	7.67	7.67	63.17	63.17	29.16	29.16
临　沂	14.53	5.28	52.47	66.90	33.00	27.82
德　州	17.21	5.26	52.52	56.60	30.27	38.14

2—14续表4 单位:%

城　　市	第一产业占GDP的比重		第二产业占GDP的比重		第三产业占GDP的比重	
	全　市	市辖区	全　市	市辖区	全　市	市辖区
聊　　城	20.31	17.97	54.93	54.16	24.76	27.87
滨　　州	15.54	8.12	57.76	57.50	26.70	34.38
菏　　泽	37.54	22.45	40.24	44.19	22.22	33.37
河　　南	**19.00**	**4.81**	**51.34**	**53.78**	**29.66**	**41.41**
郑　　州	4.58	1.21	53.56	41.14	41.86	57.66
开　　封	28.10	5.20	37.73	39.20	34.18	55.61
洛　　阳	9.80	1.66	58.75	54.51	31.45	43.84
平 顶 山	12.89	1.92	58.16	66.14	28.95	31.94
安　　阳	17.25	2.40	56.51	64.83	26.24	32.77
鹤　　壁	20.10	5.91	53.66	59.15	26.24	34.94
新　　乡	17.10	2.56	50.18	53.77	32.73	43.68
焦　　作	11.53	2.06	59.84	67.35	28.64	30.59
濮　　阳	17.14	2.77	59.18	72.21	23.68	25.02
许　　昌	17.21	1.79	59.34	74.10	23.46	24.11
漯　　河	18.25	1.23	60.10	71.11	21.65	27.66
三 门 峡	10.48	1.75	57.58	54.53	31.94	43.72
南　　阳	28.33	15.33	48.20	53.68	23.48	30.99
商　　丘	35.13	24.15	38.24	41.57	26.63	34.28
信　　阳	31.21	15.46	38.93	47.32	29.86	37.22
周　　口	35.63	6.77	40.88	46.09	23.49	47.14
驻 马 店	35.23	10.70	39.05	51.67	25.72	37.64
湖　　北	**14.64**	**7.39**	**47.61**	**50.72**	**37.75**	**41.89**
武　　汉	5.27	5.27	46.17	46.17	48.57	48.57
黄　　石	8.57	2.47	53.96	57.49	37.48	40.05
十　　堰	11.98	0.93	55.40	68.24	32.62	30.83
宜　　昌	13.44	5.15	56.21	67.58	30.36	27.27
襄　　樊	21.01	13.89	46.43	47.14	32.56	38.97
鄂　　州	13.31	13.31	52.23	52.23	34.46	34.46
荆　　门	20.46	7.71	45.83	57.52	33.71	34.77
孝　　感	23.47	15.79	41.81	41.65	34.72	42.56
荆　　州	25.35	14.12	42.59	46.36	32.06	39.52
黄　　冈	25.09	11.23	44.99	52.41	29.92	36.37
咸　　宁	22.12	16.05	47.08	55.91	30.80	28.04
随　　州	25.91	24.53	46.39	47.69	27.70	27.77
湖　　南	**19.74**	**5.55**	**39.79**	**46.69**	**40.47**	**47.76**
长　　沙	9.22	1.52	44.50	41.06	46.28	57.42
株　　洲	14.44	2.63	48.91	55.25	36.65	42.12
湘　　潭	15.51	2.70	43.16	51.90	41.33	45.40
衡　　阳	25.09	3.93	35.93	37.49	38.98	58.58

2—14 续表 5

单位:%

城市	第一产业占GDP的比重		第二产业占GDP的比重		第三产业占GDP的比重	
	全市	市辖区	全市	市辖区	全市	市辖区
邵阳	30.69	6.80	29.31	42.23	40.00	50.97
岳阳	20.02	5.15	45.24	52.64	34.74	42.21
常德	25.19	8.25	40.68	58.83	34.13	32.92
张家界	18.96	21.17	27.07	20.82	53.97	58.02
益阳	26.50	17.50	29.21	34.18	44.29	48.32
郴州	19.62	8.90	41.84	47.61	38.54	43.49
永州	28.87	21.89	28.52	41.00	42.61	37.12
怀化	22.62	4.81	29.73	18.90	47.65	76.29
娄底	20.31	4.36	44.94	63.98	34.75	31.66
广东	**8.65**	**3.37**	**50.91**	**53.84**	**40.45**	**42.79**
广州	2.81	2.15	44.16	42.24	53.03	55.61
韶关	18.15	7.27	47.89	56.66	33.96	36.07
深圳	0.41	0.41	61.59	61.59	37.99	37.99
珠海	3.60	3.60	57.01	57.01	39.39	39.39
汕头	8.44	9.64	50.32	50.64	41.24	39.72
佛山	4.97	4.97	57.82	57.82	37.21	37.21
江门	9.19	5.85	50.21	47.57	40.6	46.58
湛江	20.49	5.59	44.43	59.56	35.08	34.85
茂名	25.44	8.57	35.62	52.13	38.94	39.30
肇庆	27.54	6.84	35.64	42.68	36.82	50.47
惠州	12.11	4.68	57.06	65.04	30.82	30.28
梅州	25.59	4.59	42.47	64.04	31.94	31.37
汕尾	26.44	20.5	38.04	44.73	35.52	34.77
河源	27.29	6.86	38.04	55.32	34.68	37.82
阳江	30.44	17.17	37.95	45.55	31.61	37.28
清远	30.85	14.79	41.66	49.71	27.49	35.49
东莞	2.40	2.40	55.45	55.45	42.15	42.15
中山	5.00	5.00	64.98	64.98	30.02	30.02
潮州	13.40	2.00	48.75	51.93	37.85	46.07
揭阳	17.80	6.04	51.55	62.94	30.65	31.01
云浮	29.61	18.32	40.47	49.75	29.92	31.93
广西	**26.84**	**12.64**	**36.00**	**40.95**	**36.23**	**46.41**
南宁	17.45	2.39	31.41	31.92	51.14	65.69
柳州	13.51	1.82	53.05	62.08	33.44	36.09
桂林	25.96	2.81	36.93	40.46	37.11	56.74
梧州	23.86	3.60	38.83	39.28	37.30	57.12
北海	26.34	19.76	32.80	33.60	40.86	46.64
防城港	25.56	20.27	37.13	39.91	37.31	39.82
钦州	41.46	38.59	26.93	22.00	31.61	39.40

2—14 续表 6

单位:%

城市	第一产业占GDP的比重		第二产业占GDP的比重		第三产业占GDP的比重	
	全市	市辖区	全市	市辖区	全市	市辖区
贵港	37.63	32.48	29.51	29.97	32.87	37.55
玉林	33.11	14.58	38.72	53.19	28.17	32.23
百色	29.54	19.76	43.29	36.12	27.18	44.12
贺州	35.29	37.34	36.02	40.25	28.69	22.41
河池	31.21	16.23	34.85	36.02	33.93	47.75
来宾	40.58	35.10	36.61	45.40	22.81	19.50
崇左	37.55	39.43	2.66	32.01	35.85	28.57
海南	**13.50**	**13.50**	**31.09**	**31.09**	**55.41**	**55.41**
海口	8.43	8.43	32.60	32.60	58.97	58.97
三亚	40.06	40.06	23.18	23.18	36.76	36.76
重庆	**15.90**	**7.77**	**44.32**	**52.80**	**39.79**	**39.44**
四川	**19.44**	**9.60**	**43.45**	**47.69**	**37.11**	**42.70**
成都	7.69	3.82	46.76	45.96	45.56	50.22
自贡	20.97	9.01	41.68	49.88	37.34	41.11
攀枝花	5.48	2.28	72.49	74.82	22.03	22.90
泸州	24.67	13.66	38.75	45.95	36.58	40.40
德阳	20.59	13.78	47.67	48.92	31.74	37.30
绵阳	22.07	8.97	37.95	46.29	39.98	44.75
广元	36.12	22.92	29.60	41.39	34.28	35.69
遂宁	31.05	31.30	34.26	35.56	34.69	33.14
内江	21.46	20.39	45.92	37.64	32.61	41.97
乐山	20.74	12.23	49.77	58.45	29.49	29.31
南充	32.51	16.58	31.12	35.70	36.37	47.72
眉山	27.30	18.48	44.46	48.20	28.25	33.32
宜宾	20.45	5.65	49.51	70.95	30.03	23.40
广安	29.07	25.97	37.31	36.26	33.61	37.76
达州	34.83	12.16	34.53	44.42	30.64	43.42
雅安	21.62	15.10	51.11	43.55	27.27	41.36
巴中	42.41	40.05	20.43	18.50	37.16	41.45
资阳	34.64	23.79	35.77	44.20	29.59	32.01
贵州	**15.92**	**4.89**	**49.32**	**51.01**	**34.76**	**44.10**
贵阳	7.16	3.73	52.58	53.97	40.26	42.29
六盘水	11.54	1.75	61.15	67.14	27.32	31.12
遵义	26.49	5.74	41.82	41.65	31.69	52.62
安顺	24.12	17.24	43.48	31.36	32.39	51.40
云南	**15.40**	**4.71**	**47.54**	**52.96**	**37.06**	**42.33**
昆明	7.04	2.32	48.18	48.06	44.78	49.63
曲靖	21.26	6.14	52.00	57.09	26.74	36.76
玉溪	11.06	2.01	65.39	77.81	23.55	20.18

2—14 续表 7 单位:%

城市	第一产业占GDP的比重		第二产业占GDP的比重		第三产业占GDP的比重	
	全市	市辖区	全市	市辖区	全市	市辖区
保山	35.76	32.94	21.84	24.64	42.40	42.42
昭通	27.97	13.89	33.11	45.07	38.92	41.04
丽江	23.87	9.09	31.78	39.30	44.35	51.61
思茅	31.09	14.99	31.57	39.57	37.34	45.45
临沧	35.19	28.97	33.66	24.21	31.15	46.82
陕西	**13.51**	**5.32**	**46.53**	**47.60**	**39.96**	**47.09**
西安	5.48	3.46	45.23	45.67	49.29	50.87
铜川	8.87	6.98	50.59	51.56	40.54	41.45
宝鸡	12.44	4.26	53.14	51.75	34.42	43.98
咸阳	22.12	5.83	43.54	55.29	34.34	38.88
渭南	21.24	17.87	42.60	34.27	36.16	47.87
延安	12.26	5.62	67.65	76.23	20.10	18.15
汉中	23.38	10.85	36.37	47.01	40.25	42.14
榆林	13.63	14.46	62.12	51.07	24.25	34.46
安康	26.73	18.69	25.68	31.45	47.59	49.86
商洛	28.60	22.37	30.08	38.24	41.32	39.39
甘肃	**16.90**	**8.58**	**48.96**	**53.81**	**34.13**	**37.60**
兰州	4.08	2.03	54.49	54.61	41.43	43.36
嘉峪关	2.25	2.25	84.88	84.88	12.87	12.87
金昌	6.90	2.53	80.34	86.43	12.76	11.04
白银	14.93	3.60	54.99	67.26	30.09	29.14
天水	17.90	8.99	39.76	47.41	42.33	43.60
武威	32.38	28.67	34.30	32.34	33.32	38.99
张掖	35.49	31.83	35.15	32.79	29.36	35.38
平凉	25.95	11.34	39.57	42.41	34.48	46.25
酒泉	21.94	26.29	46.19	27.37	31.87	46.34
庆阳	21.29	16.82	49.26	52.61	29.45	30.57
定西	41.40	34.55	26.80	27.44	31.80	38.01
陇南	33.86	35.14	31.49	19.09	34.65	45.77
青海	**6.07**	**1.48**	**50.09**	**40.95**	**43.84**	**57.58**
西宁	6.07	1.48	50.09	40.95	43.84	57.58
宁夏	**14.23**	**8.36**	**50.37**	**50.20**	**35.40**	**41.45**
银川	8.95	4.20	49.60	45.68	41.45	50.12
石嘴山	9.08	3.98	62.65	67.98	28.27	28.03
吴忠	17.09	16.77	51.93	44.37	30.98	38.85
固原	31.86	22.73	28.23	32.79	39.91	44.48
中卫	25.36	19.71	44.41	45.81	30.22	34.48
新疆	**1.05**	**0.69**	**57.15**	**57.54**	**41.80**	**41.77**
乌鲁木齐	1.46	0.89	38.59	38.95	59.95	60.16
克拉玛依	0.37	0.37	87.49	87.49	12.14	12.14

2—15 主要农产品产量(全市)

单位:吨

城市	蔬菜	水果	肉类	奶类	水产品
城市合计	**526005507**	**89737179**	**77761984**	**20940985**	**48126130**
北京	**4891525**	**744069**	**708365**	**700776**	**66753**
天津	**5854300**	**690500**	**537300**	**542400**	**310000**
河北	**61875265**	**8769525**	**5400833**	**2769485**	**928218**
石家庄	12195195	1660143	1027327	645675	28163
唐山	12040606	1361710	756445	942923	480183
秦皇岛	1948580	485590	229618	51294	152899
邯郸	5986342	575811	595211	67100	36747
邢台	2692815	714621	400043	130654	5030
保定	8111026	970828	692207	326612	50014
张家口	3711449	301176	230838	370734	10721
承德	1437260	363551	305768	81236	6338
沧州	3652348	1075845	421129	74093	114241
廊坊	5966719	534921	396220	50886	37390
衡水	4132925	725329	346027	28278	6492
山西	**10161774**	**2761028**	**828863**	**637490**	**32885**
太原	1384868	53939	59718	84823	2715
大同	971692	12071	84332	54216	910
阳泉	76355	10470	11294	10858	980
长治	994023	45355	95514	20054	1881
晋城	283031	47536	59458	4665	409
朔州	493505	1474	59300	275093	412
晋中	3598838	185495	111773	62412	1296
运城	947893	1915637	89978	23588	18231
忻州	201413	39293	93528	53944	1900
临汾	860065	239520	100441	35208	4151
吕梁	350091	210238	63527	12629	
内蒙古	**8093733**	**178047**	**1726234**	**4601194**	**74113**
呼和浩特	457226	7017	102254	1520853	8322
包头	444460	19533	73129	862001	5574
乌海	126534	4337	9350	8346	200
赤峰	1546680	33091	404359	176319	8608
通辽	1994748	17840	381000	318000	5300
鄂尔多斯	246125	9413	143908	270566	5573
呼伦贝尔	383774	11981	194646	661481	26000
巴彦淖尔	1739388	59152	186368	275764	12230
乌兰察布	1154798	15683	231220	507864	2306
辽宁	**20345834**	**3076521**	**3695639**	**623266**	**4043473**
沈阳	2065907	107012	595324	191004	142209

2—15 续表 1

单位:吨

城市	蔬菜	水果	肉类	奶类	水产品
大连	2293135	928688	453229	99201	2214603
鞍山	2256669	124176	380000	16092	28556
抚顺	384269	62194	121011	30524	11349
本溪	290092	48836	78589	11748	7151
丹东	1120572	129538	129532	18460	356608
锦州	3097493	277268	470025	38496	307033
营口	576461	466365	125038	10997	346838
阜新	882455	31003	230710	50458	4015
辽阳	663695	95814	118382	25107	62039
盘锦	939735	14735	80171	13604	206250
铁岭	2414061	102524	483191	69788	13820
朝阳	1496696	144032	171667	33221	2002
葫芦岛	1864594	544336	258770	14566	341000
吉林	**6633625**	**576016**	**4139179**	**388227**	**115322**
长春	2302066	51522	1578181	99887	18229
吉林	1488414	371791	603185	70692	30020
四平	1121897	24907	830477	105510	2286
辽源	147445	13385	167188	8088	1969
通化	462068	55257	334909	6470	11102
白山	235878	23248	75898	1614	10521
松原	538697	28171	328644	14430	29030
白城	337160	7735	220697	81536	12165
黑龙江	**10266111**	**492196**	**2509957**	**3433665**	**434679**
哈尔滨	2030370	96199	650700	892038	85000
齐齐哈尔	1579628	41765	427864	657481	51781
鸡西	440708	92637	98095	174700	34085
鹤岗	148067	1392	74244	138017	6096
双鸭山	514485	22654	135246	49804	13491
大庆	1120315	30267	165941	701341	67000
伊春	462302	1280	62728	27391	3208
佳木斯	814931	4659	172365	47474	43820
七台河	159402	6127	55803	5798	2989
牡丹江	810983	116199	107457	22458	17052
黑河	360251	61021	34274	78899	6257
绥化	1824669	17996	525240	638264	103900
上海	**4366514**	**337404**	**380873**	**252001**	**344105**
江苏	**37049177**	**5200947**	**3401719**	**644918**	**3811285**
南京	3210029	446963	206400	125031	174059
无锡	1036862	101540	146201	98519	113927

2—15 续表 2

单位:吨

城　市	蔬　菜	水　果	肉　类	奶　类	水产品
徐　州	9005880	904590	454932	173123	155734
常　州	794709	139643	114692	28425	127304
苏　州	1545659	205983	152328	108812	311884
南　通	2866888	562003	359454	15572	667583
连云港	2183883	552093	214817	9546	446657
淮　安	2949129	242313	278106	27245	227429
盐　城	6547802	1327907	692265	10602	780401
扬　州	1204288	68999	239187	8907	333657
镇　江	652454	92027	73600	15140	69273
泰　州	2245592	65236	238646	18454	202037
宿　迁	2806002	491650	231091	5542	201340
浙　江	**17597553**	**6320717**	**1761300**	**264928**	**4889984**
杭　州	3010261	499006	298757	64673	139660
宁　波	2967594	1219303	164959	29354	927163
温　州	1579632	471293	110442	25074	634549
嘉　兴	1989936	482923	319313	5698	139199
湖　州	908957	254469	145636	11310	172987
绍　兴	2319540	475273	151186	3473	91781
金　华	933068	474855	178063	107163	49354
衢　州	679165	855038	172488	1662	30905
舟　山	192231	76453	15368	3460	1304229
台　州	1831261	1158327	125433	12185	1383814
丽　水	1185908	353777	79655	876	16343
安　徽	**16564632**	**1778236**	**3662178**	**101876**	**1712188**
合　肥	699658	409361	297012	22715	112135
芜　湖	503649	17753	79849	4095	88839
蚌　埠	1499462	35246	221356	6232	96577
淮　南	585814	21984	95290	30625	54160
马鞍山	169549	4468	25198	2291	63546
淮　北	418481	64883	83093	5432	26018
铜　陵	96950	3695	11279	260	18706
安　庆	1126878	15650	233972	453	280897
黄　山	324556	22575	73743	559	16480
滁　州	1192425	42426	359184	6455	227263
阜　阳	3335422	47819	480881	1081	90718
宿　州	1853811	917193	440531	4524	39870
巢　湖	1309743	62958	215706	890	183378
六　安	696100	22401	401872	6199	189004
亳　州	1890171	59064	412359	9124	51233

2—15 续表 3

单位:吨

城　市	蔬　菜	水　果	肉　类	奶　类	水产品
池　州	243127	4918	62271	120	84228
宣　城	618836	25842	168582	821	89136
福　建	**13178325**	**4689002**	**1852914**	**211412**	**5912117**
福　州	2522020	291315	272780	43789	1685635
厦　门	551256	56020	66199	1411	175723
莆　田	840168	119594	123662	20131	658545
三　明	1732216	667858	161893	6004	79847
泉　州	1058959	450745	280764	6624	973581
漳　州	2446795	2021306	285820	5737	1419203
南　平	1494559	530557	194741	121710	98497
龙　岩	1606304	315737	382922	2620	49121
宁　德	926048	235870	84133	3386	771965
江　西	**10227312**	**1023751**	**2014786**	**116327**	**1573427**
南　昌	940298	12989	230371	61373	272789
景德镇	680175	5220	42832	50	17119
萍　乡	437602	9335	81542	3810	24574
九　江	743276	32492	124657	1864	267654
新　余	217196	32636	61720	376	29319
鹰　潭	211096	37426	81004	300	28607
赣　州	2156165	454957	526222	42608	185792
吉　安	1145200	83355	255548	1760	126589
宜　春	1156527	78476	342657	552	221339
抚　州	1411040	238276	236943	3017	103826
上　饶	1128737	38589	31290	617	295819
山　东	**88975775**	**11802113**	**7031709**	**1984098**	**8249411**
济　南	6825817	400237	391998	180789	33970
青　岛	6720886	748516	755600	479540	1324490
淄　博	3475742	755100	155100	101604	27602
枣　庄	5676374	211463	194487	14202	41118
东　营	2049104	67892	161389	64753	370656
烟　台	2798692	3086614	311700	202192	1804811
潍　坊	11437228	1202414	1200748	241987	591069
济　宁	8138053	215813	748530	56944	265507
泰　安	7391678	546999	400656	98635	71878
威　海	1010462	546220	105853	170037	2443201
日　照	1271295	195742	158639	5120	610386
莱　芜	1342259	111900	56211	1777	8190
临　沂	5489268	1426160	599287	69687	94802
德　州	6500026	594872	532692	102802	90000

2—15 续表 4

单位:吨

城　市	蔬　菜	水　果	肉　类	奶　类	水产品
聊　城	8651460	516151	525156	39842	62335
滨　州	2484130	549942	277831	121213	313696
菏　泽	7713301	626078	455832	32974	95700
河　南	**52128006**	**5035138**	**6745686**	**823534**	**421458**
郑　州	2523833	217197	248230	153612	67380
开　封	4606548	252204	367250	64165	15777
洛　阳	1776390	426178	250213	131664	13495
平顶山	1828475	48651	344685	20201	8230
安　阳	4438853	400598	200979	24529	3706
鹤　壁	449575	40594	215700	9287	3010
新　乡	1793661	85889	327794	62526	19703
焦　作	1917763	228539	202008	47848	5631
濮　阳	1670530	167474	210012	16870	6071
许　昌	2230631	70556	396536	12012	5350
漯　河	2229829	110996	276805	30900	4944
三门峡	666260	1063486	65889	13165	2760
南　阳	9303310	332733	902820	132769	64523
商　丘	5807153	1193713	611987	74269	29941
信　阳	2274186	58368	570705	1936	111351
周　口	6078325	268608	732270	17729	22705
驻马店	2532684	69354	821803	10052	36881
湖　北	**26906577**	**3636212**	**2740677**	**115444**	**2621788**
武　汉	5701835	83382	290788	88198	388188
黄　石	635890	16819	78786	285	93769
十　堰	1111920	139122	123657	695	25695
宜　昌	2223099	822368	339752	13233	111007
襄　樊	3785267	440205	449418	1774	152208
鄂　州	746850	151368	62495	102	161472
荆　门	1724190	512331	235691	532	232569
孝　感	2827364	387070	276328	40	311464
荆　州	2343200	580300	297200		634700
黄　冈	2477074	178963	312971	3968	307842
咸　宁	1821354	231123	123559	6494	133513
随　州	1508534	93161	150032	123	69361
湖　南	**22366531**	**4448496**	**5858026**	**65753**	**1654095**
长　沙	3489495	202726	606947	16552	100128
株　洲	1351131	173494	315306	1424	61398
湘　潭	1126425	35940	350964	2550	66042
衡　阳	2682729	545714	704851	1520	219734

2—15 续表 5　　单位:吨

城　市	蔬　菜	水　果	肉　类	奶　类	水产品
邵　阳	1522585	538355	640607	31823	75890
岳　阳	2431824	586184	583574	555	322365
常　德	1614285	591498	580968	8193	294044
张家界	397671	136231	103572	180	8196
益　阳	1075450	182986	285464	112	201172
郴　州	1555399	424159	436881	954	88702
永　州	3253970	303007	592442	622	125987
怀　化	1200532	592054	363795	763	36793
娄　底	665035	136148	292655	505	53644
广　东	**27218115**	**8238884**	**4245897**	**81173**	**6682564**
广　州	3666886	553819	298536	34052	384204
韶　关	1892769	219117	163742	44	83741
深　圳	162800	28000	55800	2200	96682
珠　海	140605	80972	23775	7488	150230
汕　头	1491626	165777	124938	4675	340906
佛　山	1955284	59004	333300	4936	497249
江　门	1484255	144600	278997	0	687500
湛　江	1974100	1300300	302400	1946	796800
茂　名	2142212	1976798	659049	250	837831
肇　庆	2147907	513229	362463	5124	281438
惠　州	386288	391525	152542	2332	162643
梅　州	1323595	740557	240112	3966	79588
汕　尾	700216	127241	103346	2	556673
河　源	662016	243891	104667	1091	32157
阳　江	882860	230411	119351	45	888439
清　远	1930907	211015	208298	9810	68024
东　莞	532116	175389	146184		71526
中　山	587454	242461	60740	8	272000
潮　州	513925	103873	86461	208	161535
揭　阳	1874894	416449	161866	2979	141326
云　浮	765400	314456	259330	17	92072
广　西	**19417041**	**5262429**	**3830473**	**48737**	**2744050**
南　宁	2534179	670431	419792	24010	158829
柳　州	1433570	225627	224880	7667	48036
桂　林	3364542	1516846	444528	2327	88269
梧　州	1265937	124870	253197	914	48998
北　海	511000	63553	117724	873	923480
防城港	240022	54269	42434	4494	443298
钦　州	1087052	998371	239491	1229	561717

2—15 续表 6

单位：吨

城　市	蔬　菜	水　果	肉　类	奶　类	水产品
贵　港	1308045	138922	300688	2066	131863
玉　林	1882947	338389	549694	2781	115673
百　色	1602145	372021	252688	609	38972
贺　州	1623707	177969	277478	413	56882
河　池	898242	165564	275045	193	32000
来　宾	870033	201972	300321	763	40636
崇　左	795620	213625	132513	398	55397
海　南	**676741**	**227925**	**111800**	**768**	**131780**
海　口	392486	129415	89701	768	50341
三　亚	284255	98510	22099		81439
重　庆	**8635651**	**1372247**	**1670064**	**86236**	**239255**
四　川	**25099066**	**4192503**	**8071422**	**316740**	**839969**
成　都	3945806	891193	951872	100439	74967
自　贡	1043336	92286	303772	10576	37274
攀枝花	400149	59832	57888	2443	7800
泸　州	1279831	73475	400439	7342	45525
德　阳	2138505	113586	491994	10658	38498
绵　阳	1288251	162036	515004	17234	61524
广　元	676242	195580	306250	2562	27877
遂　宁	629416	33479	373227	1267	28337
内　江	1123006	176774	326811	5498	60077
乐　山	961635	129704	415744	4284	42337
南　充	2756150	493088	680133	23115	75794
眉　山	714229	420580	394416	90771	57580
宜　宾	1354817	249000	536578	4220	46943
广　安	1625869	220739	419656	2078	52104
达　州	2508405	293137	719547	9943	62050
雅　安	549504	182281	200211	20219	6850
巴　中	869125	45191	404834	504	37515
资　阳	1234790	360542	573046	3587	76917
贵　州	**3685179**	**251373**	**885976**	**30593**	**29765**
贵　阳	888240	79860	164209	23240	9246
六盘水	345824	14998	89986	438	595
遵　义	2064656	93536	534021	6471	15567
安　顺	386459	62979	97760	444	4357
云　南	**5358591**	**541505**	**1679096**	**103682**	**123401**
昆　明	1673492	92154	309042	86993	37200
曲　靖	1097707	76597	571659	8033	29000
玉　溪	957036	86888	171588	476	11722

2—15 续表 7 单位:吨

城　市	蔬　菜	水　果	肉　类	奶　类	水产品
保　山	305121	59769	156961	2342	15545
昭　通	723261	95097	222499	2056	2644
丽　江	125160	41268	74087	1760	7110
思　茅	218697	37832	87394	393	13608
临　沧	258117	51900	85866	1629	6572
陕　西	**7834990**	**6495925**	**1222802**	**1236945**	**66574**
西　安	1809604	462989	171545	384319	9721
铜　川	70733	249806	12143	10039	833
宝　鸡	702430	435611	155048	318828	5751
咸　阳	2188850	2650400	142096	357319	6077
渭　南	617819	1385899	110462	119713	15155
延　安	376565	893474	56528	5490	2049
汉　中	955444	151405	201176	8167	17817
榆　林	261536	148134	132000	31400	3665
安　康	551607	69070	123704	770	4239
商　洛	300402	49137	118100	900	1267
甘　肃	**7882814**	**1335221**	**703472**	**196368**	**12668**
兰　州	1437994	99225	40113	71665	1416
嘉峪关	156800	3234	2271	1765	75
金　昌	380144	5582	18105	9326	694
白　银	950420	54346	58620	5701	1802
天　水	540600	267600	57700	4075	1252
武　威	1011000	58900	99895	8092	142
张　掖	1050523	132434	93991	18836	1842
平　凉	602369	303551	61727	15940	1201
酒　泉	701577	104051	49451	47532	1546
庆　阳	520166	212970	64673	10672	561
定　西	295360	35184	86688	1193	877
陇　南	235861	58144	70238	1571	1260
青　海	**334394**	**1508**	**56316**	**72922**	**178**
西　宁	334394	1508	56316	72922	178
宁　夏	**1533641**	**209285**	**257912**	**429660**	**56241**
银　川	526949	92303	52597	165355	37615
石嘴山	321349	6767	25912	25417	7861
吴　忠	152277	49059	60985	213009	4179
固　原	242192	16156	43487	3079	312
中　卫	290874	45000	74931	22800	6274
新　疆	**846715**	**48456**	**30516**	**60367**	**4384**
乌鲁木齐	844390	42156	26699	55867	3834
克拉玛依	2325	6300	3817	4500	550

2—16 人均农产品占有量(全市)

单位:千克

城市	人均蔬菜占有量	人均水果占有量	人均肉占有量	人均奶占有量	人均水产品占有量
城市合计	**446.43**	**76.16**	**66.00**	**17.77**	**40.85**
北京	**420.64**	**63.98**	**60.91**	**60.26**	**5.74**
天津	**627.77**	**74.04**	**57.62**	**58.16**	**33.24**
河北	**907.11**	**128.56**	**79.18**	**40.60**	**13.61**
石家庄	1329.10	180.93	111.96	70.37	3.07
唐山	1695.69	191.77	106.53	132.79	67.62
秦皇岛	706.47	176.05	83.25	18.60	55.43
邯郸	693.39	66.69	68.94	7.77	4.26
邢台	400.73	106.35	59.53	19.44	0.75
保定	745.31	89.21	63.61	30.01	4.60
张家口	825.10	66.95	51.32	82.42	2.38
承德	398.33	100.76	84.74	22.51	1.76
沧州	537.62	158.36	61.99	10.91	16.82
廊坊	1530.63	137.22	101.64	13.05	9.59
衡水	997.64	175.09	83.53	6.83	1.57
山西	**308.52**	**83.83**	**25.16**	**19.35**	**1.12**
太原	417.20	16.25	17.99	25.55	0.82
大同	324.24	4.03	28.14	18.09	0.30
阳泉	60.45	8.29	8.94	8.60	0.78
长治	312.40	14.25	30.02	6.30	0.59
晋城	133.38	22.40	28.02	2.20	0.19
朔州	343.26	1.03	41.25	191.34	0.29
晋中	1175.63	60.60	36.51	20.39	0.42
运城	192.92	389.89	18.31	4.80	3.71
忻州	67.86	13.24	31.51	18.17	0.64
临汾	207.19	57.70	24.20	8.48	1.00
吕梁	99.38	59.68	18.03	3.58	
内蒙古	**388.67**	**8.55**	**82.90**	**220.96**	**3.56**
呼和浩特	212.96	3.27	47.63	708.36	3.88
包头	211.41	9.29	34.78	410.01	2.65
乌海	299.63	10.27	22.14	19.76	0.47
赤峰	345.98	7.40	90.45	39.44	1.93
通辽	641.58	5.74	122.54	102.28	1.70
鄂尔多斯	179.82	6.88	105.14	197.68	4.07
呼伦贝尔	141.68	4.42	71.86	244.20	9.60
巴彦淖尔	977.68	33.25	104.75	155.00	6.87
乌兰察布	425.15	5.77	85.13	186.98	0.85
辽宁	**487.58**	**73.73**	**88.57**	**14.94**	**96.90**
沈阳	297.74	15.42	85.80	27.53	20.50

2—16 续表 1 单位:千克

城　市	人均蔬菜占有量	人均水果占有量	人均肉占有量	人均奶占有量	人均水产品占有量
大　连	408.32	165.36	80.70	17.66	394.34
鞍　山	650.45	35.79	109.53	4.64	8.23
抚　顺	170.88	27.66	53.81	13.57	5.05
本　溪	185.29	31.19	50.20	7.50	4.57
丹　东	465.03	53.76	53.75	7.66	147.99
锦　州	1006.20	90.07	152.68	12.51	99.74
营　口	250.71	202.83	54.38	4.78	150.85
阜　新	457.70	16.08	119.66	26.17	2.08
辽　阳	363.85	52.53	64.90	13.76	34.01
盘　锦	752.99	11.81	64.24	10.90	165.26
铁　岭	803.54	34.13	160.83	23.23	4.60
朝　阳	444.39	42.76	50.97	9.86	0.59
葫芦岛	683.13	199.43	94.80	5.34	124.93
吉　林	**271.41**	**23.57**	**169.35**	**15.88**	**4.72**
长　春	317.96	7.12	217.98	13.80	2.52
吉　林	346.89	86.65	140.58	16.48	7.00
四　平	342.39	7.60	253.45	32.20	0.70
辽　源	118.93	10.80	134.85	6.52	1.59
通　化	204.10	24.41	147.93	2.86	4.90
白　山	180.53	17.79	58.09	1.24	8.05
松　原	191.86	10.03	117.05	5.14	10.34
白　城	167.24	3.84	109.47	40.44	6.03
黑龙江	**276.95**	**13.28**	**67.71**	**92.63**	**11.73**
哈尔滨	209.27	9.92	67.07	91.94	8.76
齐齐哈尔	286.17	7.57	77.51	119.11	9.38
鸡　西	226.98	47.71	50.52	89.98	17.56
鹤　岗	134.83	1.27	67.61	125.68	5.55
双鸭山	340.25	14.98	89.44	32.94	8.92
大　庆	427.24	11.54	63.28	267.46	25.55
伊　春	356.80	0.99	48.41	21.14	2.48
佳木斯	329.52	1.88	69.70	19.20	17.72
七台河	180.83	6.95	63.30	6.58	3.39
牡丹江	299.98	42.98	39.75	8.31	6.31
黑　河	206.96	35.06	19.69	45.33	3.59
绥　化	327.12	3.23	94.16	114.43	18.63
上　海	**322.87**	**24.95**	**28.16**	**18.63**	**25.44**
江　苏	**514.14**	**72.17**	**47.21**	**8.95**	**52.89**
南　京	550.04	76.59	35.37	21.42	29.83
无　锡	231.86	22.71	32.69	22.03	25.48

2—16 续表 2

单位:千克

城　　市	人均蔬菜占有量	人均水果占有量	人均肉占有量	人均奶占有量	人均水产品占有量
徐　州	982.26	98.66	49.62	18.88	16.99
常　州	227.73	40.02	32.87	8.15	36.48
苏　州	258.10	34.40	25.44	18.17	52.08
南　通	370.50	72.63	46.45	2.01	86.27
连云港	465.84	117.76	45.82	2.04	95.27
淮　安	562.75	46.24	53.07	5.20	43.40
盐　城	820.24	166.35	86.72	1.33	97.76
扬　州	265.09	15.19	52.65	1.96	73.45
镇　江	244.17	34.44	27.54	5.67	25.92
泰　州	446.64	12.98	47.47	3.67	40.18
宿　迁	538.17	94.29	44.32	1.06	38.62
浙　江	**384.46**	**138.09**	**38.48**	**5.79**	**106.83**
杭　州	461.92	76.57	45.84	9.92	21.43
宁　波	536.94	220.61	29.85	5.31	167.75
温　州	211.69	63.16	14.80	3.36	85.04
嘉　兴	595.90	144.61	95.62	1.71	41.68
湖　州	353.39	98.93	56.62	4.40	67.26
绍　兴	533.57	109.33	34.78	0.80	21.11
金　华	206.57	105.13	39.42	23.72	10.93
衢　州	276.52	348.13	70.23	0.68	12.58
舟　山	198.36	78.89	15.86	3.57	1345.81
台　州	329.41	208.36	22.56	2.19	248.92
丽　水	473.11	141.14	31.78	0.35	6.52
安　徽	**256.39**	**27.52**	**56.68**	**1.58**	**26.50**
合　肥	157.34	92.06	66.79	5.11	25.22
芜　湖	224.28	7.91	35.56	1.82	39.56
蚌　埠	432.16	10.16	63.80	1.80	27.83
淮　南	250.80	9.41	40.80	13.11	23.19
马鞍山	136.30	3.59	20.26	1.84	51.09
淮　北	199.86	30.99	39.68	2.59	12.43
铜　陵	135.35	5.16	15.75	0.36	26.11
安　庆	186.51	2.59	38.72	0.07	46.49
黄　山	221.77	15.43	50.39	0.38	11.26
滁　州	275.07	9.79	82.86	1.49	52.43
阜　阳	363.06	5.21	52.34	0.12	9.87
宿　州	309.17	152.97	73.47	0.75	6.65
巢　湖	288.52	13.87	47.52	0.20	40.40
六　安	103.10	3.32	59.52	0.92	27.99
亳　州	346.39	10.82	75.57	1.67	9.39

2—16 续表 3

单位:千克

城　　市	人均蔬菜占有量	人均水果占有量	人均肉占有量	人均奶占有量	人均水产品占有量
池　州	156.45	3.16	40.07	0.08	54.20
宣　城	226.66	9.47	61.75	0.30	32.65
福　建	**391.39**	**139.26**	**55.03**	**6.28**	**175.59**
福　州	413.86	47.80	44.76	7.19	276.61
厦　门	375.59	38.17	45.10	0.96	119.73
莆　田	276.66	39.38	40.72	6.63	216.85
三　明	646.49	249.26	60.42	2.24	29.80
泉　州	159.17	67.75	42.20	1.00	146.34
漳　州	536.78	443.43	62.70	1.26	311.34
南　平	490.97	174.29	63.97	39.98	32.36
龙　岩	559.73	110.02	133.43	0.91	17.12
宁　德	283.42	72.19	25.75	1.04	236.26
江　西	**234.38**	**23.46**	**46.17**	**2.67**	**36.06**
南　昌	204.06	2.82	49.99	13.32	59.20
景德镇	451.73	3.47	28.45	0.03	11.37
萍　乡	242.83	5.18	45.25	2.11	13.64
九　江	159.91	6.99	26.82	0.40	57.58
新　余	196.84	29.58	55.94	0.34	26.57
鹰　潭	189.19	33.54	72.60	0.27	25.64
赣　州	254.97	53.80	62.23	5.04	21.97
吉　安	245.41	17.86	54.76	0.38	27.13
宜　春	220.10	14.94	65.21	0.11	42.12
抚　州	372.53	62.91	62.56	0.80	27.41
上　饶	168.77	5.77	4.68	0.09	44.23
山　东	**970.99**	**128.80**	**76.74**	**21.65**	**90.03**
济　南	1156.76	67.83	66.43	30.64	5.76
青　岛	919.26	102.38	103.35	65.59	181.16
淄　博	837.55	181.96	37.37	24.48	6.65
枣　庄	1554.79	57.92	53.27	3.89	11.26
东　营	1145.84	37.96	90.25	36.21	207.27
烟　台	432.68	477.20	48.19	31.26	279.03
潍　坊	1344.53	141.35	141.16	28.45	69.48
济　宁	1014.34	26.90	93.30	7.10	33.09
泰　安	1344.06	99.46	72.85	17.94	13.07
威　海	406.80	219.90	42.62	68.46	983.61
日　照	453.26	69.79	56.56	1.83	217.62
莱　芜	1079.94	90.03	45.23	1.43	6.59
临　沂	540.79	140.50	59.04	6.87	9.34
德　州	1183.33	108.30	96.98	18.72	16.38

2—16续表4　　单位:千克

城　　市	人均蔬菜占有量	人均水果占有量	人均肉占有量	人均奶占有量	人均水产品占有量
聊　　城	1527.31	91.12	92.71	7.03	11.00
滨　　州	673.39	149.08	75.31	32.86	85.04
菏　　泽	875.82	71.09	51.76	3.74	10.87
河　南	**530.73**	**51.26**	**68.68**	**8.38**	**4.29**
郑　　州	376.05	32.36	36.99	22.89	10.04
开　　封	956.29	52.36	76.24	13.32	3.28
洛　　阳	274.49	65.85	38.66	20.34	2.09
平 顶 山	369.81	9.84	69.71	4.09	1.66
安　　阳	822.04	74.19	37.22	4.54	0.69
鹤　　壁	302.07	27.28	144.93	6.24	2.02
新　　乡	318.60	15.26	58.22	11.11	3.50
焦　　作	555.07	66.15	58.47	13.85	1.63
濮　　阳	454.62	45.58	57.15	4.59	1.65
许　　昌	494.99	15.66	87.99	2.67	1.19
漯　　河	853.52	42.49	105.95	11.83	1.89
三 门 峡	298.38	476.28	29.51	5.90	1.24
南　　阳	873.07	31.23	84.73	12.46	6.06
商　　丘	692.42	142.33	72.97	8.86	3.57
信　　阳	286.12	7.34	71.80	0.24	14.01
周　　口	555.42	24.54	66.91	1.62	2.07
驻 马 店	303.68	8.32	98.54	1.21	4.42
湖　北	**520.24**	**70.31**	**52.99**	**2.55**	**50.69**
武　　汉	725.52	10.61	37.00	11.22	49.39
黄　　石	249.45	6.60	30.91	0.11	36.78
十　　堰	325.32	40.70	36.18	0.20	7.52
宜　　昌	557.84	206.36	85.25	3.32	27.85
襄　　樊	654.02	76.06	77.65	0.31	26.30
鄂　　州	709.12	143.72	59.34	0.10	153.32
荆　　门	577.81	171.69	78.98	0.18	77.94
孝　　感	557.45	76.32	54.48	0.01	61.41
荆　　州	366.06	90.66	46.43		99.15
黄　　冈	341.04	24.64	43.09	0.55	42.38
咸　　宁	657.58	83.44	44.61	2.34	48.20
随　　州	585.34	36.15	58.22	0.05	26.91
湖　南	**349.53**	**69.52**	**91.55**	**1.03**	**25.85**
长　　沙	571.69	33.21	99.44	2.71	16.40
株　　洲	364.25	46.77	85.00	0.38	16.55
湘　　潭	398.28	12.71	124.09	0.90	23.35
衡　　阳	373.15	75.90	98.04	0.21	30.56

2—16 续表 5　　单位:千克

城　市	人均蔬菜占有量	人均水果占有量	人均肉占有量	人均奶占有量	人均水产品占有量
邵　阳	205.84	72.78	86.60	4.30	10.26
岳　阳	459.40	110.74	110.24	0.10	60.90
常　德	268.58	98.41	96.66	1.36	48.92
张家界	252.83	86.61	65.85	0.11	5.21
益　阳	234.53	39.91	62.25	0.02	43.87
郴　州	339.82	92.67	95.45	0.21	19.38
永　州	569.05	52.99	103.61	0.11	22.03
怀　化	242.39	119.54	73.45	0.15	7.43
娄　底	164.17	33.61	72.24	0.12	13.24
广　东	**348.31**	**105.43**	**54.34**	**1.06**	**85.52**
广　州	497.09	75.08	40.47	4.62	52.08
韶　关	597.13	69.13	51.66	0.01	26.42
深　圳	98.59	16.96	33.79	1.33	58.55
珠　海	163.17	93.97	27.59	8.69	174.34
汕　头	305.96	34.00	25.63	0.96	69.93
佛　山	557.24	16.82	94.99	1.41	141.71
江　门	384.99	37.51	72.37	0.00	178.33
湛　江	275.74	181.62	42.24	0.27	111.29
茂　名	319.45	294.78	98.28	0.04	124.94
肇　庆	545.08	130.24	91.98	1.30	71.42
惠　州	131.74	133.53	52.02	0.80	55.47
梅　州	266.38	149.04	48.32	0.80	16.02
汕　尾	224.67	40.83	33.16	0.00	178.61
河　源	198.68	73.19	31.41	0.33	9.65
阳　江	335.91	87.67	45.41	0.02	338.03
清　远	493.51	53.93	53.24	2.51	17.39
东　莞	328.53	108.28	90.25		44.16
中　山	421.26	173.87	43.56	0.01	195.05
潮　州	205.91	41.62	34.64	0.08	64.72
揭　阳	311.56	69.20	26.90	0.50	23.49
云　浮	292.18	120.04	98.99	0.01	35.15
广　西	**397.76**	**107.80**	**78.47**	**1.00**	**56.21**
南　宁	390.56	103.33	64.70	3.70	24.48
柳　州	404.38	63.64	63.43	2.16	13.55
桂　林	681.25	307.13	90.01	0.47	17.87
梧　州	418.28	41.26	83.66	0.30	16.19
北　海	345.57	42.98	79.61	0.59	624.52
防城港	300.63	67.97	53.15	5.63	555.23
钦　州	315.99	290.22	69.62	0.36	163.29

2—16 续表 6

单位:千克

城市	人均蔬菜占有量	人均水果占有量	人均肉占有量	人均奶占有量	人均水产品占有量
贵港	275.10	29.22	63.24	0.43	27.73
玉林	316.20	56.83	92.31	0.47	19.42
百色	431.05	100.09	67.99	0.16	10.49
贺州	774.82	84.93	132.41	0.20	27.14
河池	234.53	43.23	71.81	0.05	8.36
来宾	354.93	82.39	122.51	0.31	16.58
崇左	346.42	93.01	57.70	0.17	24.12
海南	**349.16**	**117.60**	**57.68**	**0.54**	**67.99**
海口	274.33	90.46	62.70	0.54	35.19
三亚	560.11	194.11	43.54		160.47
重庆	**274.65**	**43.64**	**53.12**	**2.74**	**7.61**
四川	**313.94**	**52.44**	**100.96**	**3.96**	**10.51**
成都	372.35	84.10	89.83	9.48	7.07
自贡	330.40	29.22	96.20	3.35	11.80
攀枝花	373.76	55.89	54.07	2.28	7.29
泸州	270.01	15.50	84.48	1.55	9.60
德阳	561.33	29.81	129.14	2.80	10.11
绵阳	243.49	30.63	97.34	3.26	11.63
广元	222.51	64.35	100.77	0.84	9.17
遂宁	165.62	8.81	98.21	0.33	7.46
内江	266.95	42.02	77.69	1.31	14.28
乐山	276.59	37.31	119.58	1.23	12.18
南充	380.28	68.03	93.84	3.19	10.46
眉山	209.58	123.41	115.74	26.64	16.90
宜宾	261.61	48.08	103.61	0.81	9.06
广安	359.03	48.74	92.67	0.46	11.51
达州	393.72	46.01	112.94	1.56	9.74
雅安	358.22	118.83	130.52	13.18	4.47
巴中	240.69	12.52	112.11	0.14	10.39
资阳	253.02	73.88	117.42	0.74	15.76
贵州	**227.13**	**15.49**	**54.61**	**1.89**	**1.83**
贵阳	255.38	22.96	47.21	6.68	2.66
六盘水	117.03	5.08	30.45	0.15	0.20
遵义	285.56	12.94	73.86	0.90	2.15
安顺	150.86	24.58	38.16	0.17	1.70
云南	**203.09**	**20.52**	**63.64**	**3.93**	**4.68**
昆明	332.76	18.32	61.45	17.30	7.40
曲靖	190.69	13.31	99.30	1.40	5.04
玉溪	458.90	41.66	82.28	0.23	5.62

2—16 续表 7

单位:千克

城　　市	人均蔬菜占有量	人均水果占有量	人均肉占有量	人均奶占有量	人均水产品占有量
保　　山	126.54	24.79	65.09	0.97	6.45
昭　　通	137.93	18.14	42.43	0.39	0.50
丽　　江	111.03	36.61	65.72	1.56	6.31
思　　茅	85.80	14.84	34.29	0.15	5.34
临　　沧	118.22	23.77	39.33	0.75	3.01
陕　　西	**213.29**	**176.84**	**33.29**	**33.67**	**1.81**
西　　安	249.60	63.86	23.66	53.01	1.34
铜　　川	83.88	296.22	14.40	11.90	0.99
宝　　鸡	190.26	117.99	42.00	86.36	1.56
咸　　阳	446.93	541.17	29.01	72.96	1.24
渭　　南	115.10	258.20	20.58	22.30	2.82
延　　安	180.36	427.93	27.07	2.63	0.98
汉　　中	255.47	40.48	53.79	2.18	4.76
榆　　林	74.73	42.33	37.72	8.97	1.05
安　　康	187.00	23.42	41.94	0.26	1.44
商　　洛	124.84	20.42	49.08	0.37	0.53
甘　　肃	**335.83**	**56.88**	**29.97**	**8.37**	**0.54**
兰　　州	466.71	32.20	13.02	23.26	0.46
嘉 峪 关	935.56	19.30	13.55	10.53	0.45
金　　昌	820.87	12.05	39.10	20.14	1.50
白　　银	544.40	31.13	33.58	3.27	1.03
天　　水	155.44	76.95	16.59	1.17	0.36
武　　威	540.12	31.47	53.37	4.32	0.08
张　　掖	830.72	104.72	74.32	14.89	1.46
平　　凉	270.21	136.16	27.69	7.15	0.54
酒　　泉	758.22	112.45	53.44	51.37	1.67
庆　　阳	202.64	82.97	25.19	4.16	0.22
定　　西	99.45	11.85	29.19	0.40	0.30
陇　　南	87.06	21.46	25.92	0.58	0.47
青　　海	**161.57**	**0.73**	**27.21**	**35.23**	**0.09**
西　　宁	161.57	0.73	27.21	35.23	0.09
宁　　夏	**259.75**	**35.45**	**43.68**	**72.77**	**9.53**
银　　川	382.43	66.99	38.17	120.01	27.30
石 嘴 山	442.51	9.32	35.68	35.00	10.82
吴　　忠	120.41	38.79	48.22	168.43	3.30
固　　原	160.10	10.68	28.75	2.04	0.21
中　　卫	284.45	44.01	73.27	22.30	6.14
新　　疆	**391.02**	**22.38**	**14.09**	**27.88**	**2.02**
乌鲁木齐	454.07	22.67	14.36	30.04	2.06
克拉玛依	7.60	20.60	12.48	14.72	1.80

2—17 工业总产值

（按当年价格计算）

城市	国有及年销售收入500元万以上非国有工业企业					
	工业企业数(个)		工业总产值(万元)		年平均从业人员数(万人)	
	全市	市辖区	全市	市辖区	全市	市辖区
城市合计	**219406**	**113369**	**1846129746**	**1238940695**	**5952.58**	**3563.36**
北京	**4324**	**3983**	**48808890**	**42891514**	**99.93**	**90.21**
天津	**5378**	**4587**	**53750894**	**49664182**	**118.80**	**105.50**
河北	**8003**	**2259**	**80105688**	**41345073**	**266.88**	**140.26**
石家庄	1555	371	15830458	8071869	50.89	26.60
唐山	1207	585	18132011	11746504	53.15	38.01
秦皇岛	396	253	4133749	3285438	11.25	7.82
邯郸	500	123	8305562	5398615	31.69	22.68
邢台	671	84	5964409	1854779	21.23	7.17
保定	1099	189	7432629	2212473	30.08	9.67
张家口	315	179	3425211	2786974	15.06	11.05
承德	338	100	3005247	1717196	11.52	5.40
沧州	730	94	5260787	1783199	17.79	4.09
廊坊	555	168	4739699	1338547	11.50	3.77
衡水	637	113	3875926	1149479	12.72	4.00
山西	**4886**	**1535**	**36026436**	**17009316**	**203.09**	**102.05**
太原	521	377	7198606	6002383	32.08	27.74
大同	612	392	3190907	2667630	27.79	25.16
阳泉	287	190	2015065	1604883	17.01	12.50
长治	586	130	3807747	1979667	21.18	10.80
晋城	241	41	2097707	999643	16.46	8.51
朔州	162	79	1597717	1202462	7.28	3.90
晋中	711	130	2752734	542155	22.89	4.05
运城	506	46	4337840	485403	21.00	3.00
忻州	243	27	806821	134787	6.91	1.38
临汾	591	104	5630574	1211673	20.39	4.25
吕梁	426	19	2590718	178630	10.10	0.76
内蒙古	**1718**	**791**	**18551350**	**11638690**	**72.03**	**44.86**
呼和浩特	203	119	3448128	1784299	7.60	4.91
包头	301	242	6213764	5982243	21.11	19.77
乌海	127	127	954233	954233	5.30	5.30
赤峰	197	86	1391188	948221	10.97	7.34
通辽	134	55	1222097	733086	4.23	1.92
鄂尔多斯	268	67	2630912	695652	8.11	2.71
呼伦贝尔	139	26	858044	110655	6.65	0.79
巴彦淖尔	160	45	933154	312251	4.06	1.12
乌兰察布	189	24	899830	118050	4.00	1.00
辽宁	**8058**	**5128**	**80510606**	**65988407**	**243.72**	**181.76**
沈阳	1836	1633	14934004	14223096	43.45	40.37

2—17 续表 1

城　　市	国有及年销售收入 500 万元以上非国有工业企业					
	工业企业数(个)		工业总产值(万元)		年平均从业人员数(万人)	
	全　市	市辖区	全　市	市辖区	全　市	市辖区
大　连	1658	1260	20182283	18384399	48.45	36.69
鞍　山	649	295	8186323	5913736	26.97	18.34
抚　顺	485	301	5818708	5511475	15.33	14.04
本　溪	225	152	4736132	4448250	14.69	13.04
丹　东	431	183	1819288	1168901	9.86	5.12
锦　州	391	206	3464442	2723310	9.36	5.96
营　口	853	466	4113954	2673825	13.43	7.76
阜　新	199	69	1009255	670798	8.30	6.20
辽　阳	382	166	3992606	1014822	10.77	8.84
盘　锦	205	114	4957879	4486280	10.81	9.74
铁　岭	350	111	1658566	836428	10.52	2.51
朝　阳	237	77	1696804	526501	8.51	2.43
葫芦岛	157	95	3940362	3406586	13.27	10.72
吉　林	**2215**	**1044**	**31380672**	**26309540**	**91.40**	**61.43**
长　春	580	431	17126789	16427824	30.10	25.90
吉　林	457	263	6415358	5316782	20.50	14.50
四　平	277	104	1559085	775859	7.10	2.40
辽　源	180	60	710988	349004	6.78	4.56
通　化	235	61	1929019	1187828	8.34	4.11
白　山	164	29	1031253	300479	8.01	3.29
松　原	157	42	2064292	1670546	6.33	4.45
白　城	165	54	543888	281218	4.24	2.22
黑龙江	**2672**	**1482**	**34130711**	**29588857**	**133.05**	**99.10**
哈尔滨	765	552	8862000	7326261	35.46	27.28
齐齐哈尔	274	167	2302562	1903547	14.24	11.89
鸡　西	164	71	938765	516235	11.38	9.13
鹤　岗	86	32	583595	504717	7.56	7.09
双鸭山	150	28	563997	396072	6.73	4.75
大　庆	299	248	16685520	16454666	21.33	20.28
伊　春	102	77	510709	439831	4.15	3.29
佳木斯	197	96	764431	558035	8.80	4.40
七台河	70	46	637772	587270	5.55	4.78
牡丹江	299	122	1267936	819796	8.69	5.36
黑　河	95	22	177675	36969	4.46	0.41
绥　化	171	21	835749	45458	4.70	0.44
上　海	**12316**	**12076**	**128758655**	**127884656**	**238.93**	**234.36**
江　苏	**27131**	**12572**	**247120423**	**134172717**	**617.22**	**298.20**
南　京	2165	1862	32850212	30710526	58.32	53.19
无　锡	4543	2916	45750780	24229564	92.00	50.62

2—17 续表 2

城市	国有及年销售收入500万元以上非国有工业企业					
	工业企业数(个)		工业总产值(万元)		年平均从业人员数(万人)	
	全市	市辖区	全市	市辖区	全市	市辖区
徐州	959	375	9521896	6010347	33.41	20.79
常州	3161	2560	20127289	16682155	57.57	44.61
苏州	5044	1444	73075445	27047927	156.66	46.81
南通	2715	674	16033641	5611526	48.09	15.29
连云港	552	261	2882034	2209721	10.62	5.93
淮安	885	498	4509009	3399760	15.58	9.81
盐城	1795	409	8889230	3308253	35.87	10.98
扬州	1773	663	11295555	5246991	38.69	17.99
镇江	1531	456	10731122	5089099	33.06	10.94
泰州	1492	302	9973494	4017354	27.25	7.07
宿迁	516	152	1480716	609494	10.10	4.17
浙江	**33335**	**13050**	**171516206**	**85970176**	**573.59**	**241.40**
杭州	5607	3783	41491039	34639317	95.64	71.40
宁波	5927	2779	35094791	22063650	113.81	57.75
温州	5400	2330	18217711	7894226	88.83	42.19
嘉兴	2836	626	14006318	3062539	59.57	11.95
湖州	1589	637	7663651	3845752	22.51	9.48
绍兴	3876	682	25142480	4315226	67.54	12.23
金华	2805	436	10060719	1634748	45.11	7.24
衢州	650	211	2359468	1085635	10.04	4.15
舟山	339	269	2024845	1781470	6.50	5.55
台州	3689	1216	13116290	5040328	52.97	16.24
丽水	617	81	2338894	607285	11.07	3.22
安徽	**4589**	**2076**	**35973695**	**26546569**	**154.29**	**105.10**
合肥	492	395	6592754	5437775	16.80	14.70
芜湖	522	321	4658262	4045806	12.26	8.92
蚌埠	202	138	1667964	1458172	7.81	6.80
淮南	153	126	2213588	1929338	16.67	14.55
马鞍山	190	123	3980687	3674356	10.47	9.42
淮北	110	87	1821512	1748943	19.00	18.30
铜陵	130	93	2234266	2146044	6.80	6.20
安庆	462	129	2973117	1870784	10.70	4.53
黄山	186	72	528153	243371	2.36	1.06
滁州	405	85	2113648	883547	10.40	3.30
阜阳	228	79	1054160	587680	5.84	2.96
宿州	198	67	768916	474156	7.17	4.39
巢湖	361	89	1575490	661889	6.84	2.87
六安	306	76	1143971	421156	7.88	2.34
亳州	127	49	638743	297662	3.76	2.01

2—17 续表 3

城　市	国有及年销售收入500万元以上非国有工业企业					
	工业企业数(个)		工业总产值(万元)		年平均从业人员数(万人)	
	全　市	市辖区	全　市	市辖区	全　市	市辖区
池　州	124	52	428039	262253	2.15	0.97
宣　城	393	95	1580425	403637	7.38	1.78
福　建	**11912**	**5305**	**67741589**	**37471523**	**270.15**	**130.65**
福　州	2345	1218	16708952	7262419	48.75	25.69
厦　门	1879	1879	17966627	17966627	51.13	51.13
莆　田	493	394	2773595	2449489	15.23	12.80
三　明	714	152	3152641	1525447	12.26	3.86
泉　州	3924	908	16595200	4356617	100.00	24.10
漳　州	1081	360	4891112	1296927	19.48	5.71
南　平	576	150	2093328	1005422	8.98	2.77
龙　岩	481	216	2276052	1497552	9.18	4.04
宁　德	419	28	1284082	111023	5.14	0.55
江　西	**3200**	**1156**	**19540335**	**11241834**	**91.09**	**44.26**
南　昌	632	438	5435136	4617918	20.54	16.13
景德镇	218	77	1272426	956867	7.69	4.92
萍　乡	216	116	1340327	1153939	6.98	5.29
九　江	440	115	2732713	1708782	12.22	4.89
新　余	140	98	1627591	1517221	6.13	5.38
鹰　潭	89	32	2103663	82338	3.80	0.40
赣　州	458	85	1762180	508233	12.00	2.77
吉　安						
宜　春	350	53	1300996	157343	9.65	1.39
抚　州	310	94	825255	362069	5.01	1.86
上　饶	347	48	1140048	177124	7.07	1.23
山　东	**20836**	**8025**	**214533542**	**104145499**	**649.89**	**289.67**
济　南	1510	931	17537951	13627341	39.81	27.76
青　岛	2878	1193	33337648	21937725	95.04	50.08
淄　博	1754	1468	18984236	16089367	56.81	47.68
枣　庄	788	527	7072305	4928273	31.13	24.28
东　营	357	160	10902220	7224144	15.76	9.87
烟　台	2136	683	26567847	8090585	66.50	19.76
潍　坊	3406	735	18969307	5245771	72.68	19.81
济　宁	1118	253	10760741	3220421	44.85	11.38
泰　安	749	297	7333510	1602021	35.10	8.07
威　海	1087	312	21409357	5202427	44.55	13.47
日　照	334	175	3469444	2379745	10.84	5.55
莱　芜	155	155	3950305	3950305	11.04	11.04
临　沂	1606	602	9088090	5111978	40.34	21.65
德　州	1283	210	7724532	2274180	27.92	8.22

2—17续表4

城市	国有及年销售收入500万元以上非国有工业企业					
	工业企业数(个)		工业总产值(万元)		年平均从业人员数(万人)	
	全市	市辖区	全市	市辖区	全市	市辖区
聊城	548	103	6799402	950708	22.65	3.47
滨州	556	119	7603731	1677392	21.85	4.59
菏泽	571	102	3022916	633116	13.02	2.99
河南	**9649**	**2189**	**70858508**	**25967685**	**318.66**	**122.19**
郑州	1801	543	12367854	4650771	51.55	23.57
开封	390	128	1797820	600003	9.72	4.90
洛阳	787	271	8028742	5279521	28.61	16.41
平顶山	363	120	3850851	2326796	26.86	19.70
安阳	435	160	5241206	2941795	18.92	9.64
鹤壁	250	113	1726047	818468	10.06	7.05
新乡	657	57	4337872	285820	23.97	2.06
焦作	645	107	5524570	1818523	21.88	10.10
濮阳	449	113	3611921	2312003	14.62	9.78
许昌	705	71	4563313	1207977	19.91	3.77
漯河	363	31	3530490	165783	12.24	0.56
三门峡	351	39	3081481	609783	14.29	2.46
南阳	940	122	5020632	241547	26.59	1.64
商丘	244	77	2021296	643859	8.96	2.75
信阳	323	117	1852861	957864	8.92	2.93
周口	390	35	2467823	396108	10.79	1.85
驻马店	556	85	1833729	711064	10.77	3.02
湖北	**5627**	**3211**	**45412954**	**35897406**	**160.70**	**111.28**
武汉	1403	1403	16783419	16783419	47.27	47.27
黄石	360	175	3182776	2280983	13.98	9.75
十堰	332	168	6011587	5344272	14.34	10.54
宜昌	515	206	4127167	2601188	13.56	6.80
襄樊	455	297	3641873	2473640	17.28	12.65
鄂州	184	184	1474031	1474031	4.82	4.82
荆门	365	129	2647650	1788340	7.43	3.56
孝感	456	78	1927718	418124	11.06	2.21
荆州	515	231	2169823	1150259	11.90	6.54
黄冈	448	43	1125578	208017	7.67	0.90
咸宁	296	87	1090683	400253	6.48	2.30
随州	298	210	1230649	974880	4.91	3.94
湖南	**6966**	**2226**	**35243291**	**19689270**	**155.79**	**66.73**
长沙	1149	388	7060578	3620668	26.96	10.60
株洲	763	277	3564443	2842146	20.21	10.57
湘潭	481	268	2927460	2382788	13.01	9.01
衡阳	665	280	2903713	1048110	16.03	7.01

2—17 续表 5

城 市	国有及年销售收入500万元以上非国有工业企业					
	工业企业数(个)		工业总产值(万元)		年平均从业人员数(万人)	
	全 市	市辖区	全 市	市辖区	全 市	市辖区
邵 阳	497	130	1122158	386884	9.11	3.84
岳 阳	688	160	5871182	3607838	15.03	7.70
常 德	418	147	2992950	1884893	10.27	3.77
张家界	100	41	230933	95398	1.49	0.53
益 阳	412	142	1066745	593894	6.62	2.93
郴 州	780	166	2749994	925120	13.84	3.66
永 州	374	122	1200441	720618	6.44	2.85
怀 化	366	55	1129487	200265	6.35	0.95
娄 底	273	50	2423207	1380648	10.43	3.31
广 东	**25814**	**20053**	**266554464**	**237977192**	**814.18**	**681.52**
广 州	4727	3657	50433323	44335654	134.71	111.59
韶 关	381	171	3262389	2373252	11.70	6.09
深 圳	2355	2355	65092717	65092717	142.38	142.38
珠 海	847	847	12626696	12626696	27.35	27.35
汕 头	1334	1316	6217116	6203503	25.89	25.89
佛 山	4078	4078	33313103	33313103	100.26	100.26
江 门	2132	1092	13228474	6920008	42.96	20.99
湛 江	540	284	4987229	4106735	11.15	5.83
茂 名	572	149	6182121	5098377	10.70	3.79
肇 庆	600	177	2545103	1162388	14.05	5.08
惠 州	837	593	11197762	9703323	38.68	27.05
梅 州	338	46	3565500	494300	8.09	1.05
汕 尾	145	45	730756	462771	4.88	1.88
河 源	199	69	1166423	444092	6.18	2.24
阳 江	367	137	1542319	640107	7.40	2.23
清 远	313	78	1712245	591919	8.26	1.88
东 莞	2049	2049	25832222	25832222	119.26	119.26
中 山	2542	2542	16947067	16947067	69.22	69.22
潮 州	663	170	2318496	754523	12.28	3.36
揭 阳	564	159	2526400	641000	11.60	2.98
云 浮	231	39	1127003	233434	7.18	1.12
广 西	**2655**	**1148**	**15890737**	**11156474**	**67.67**	**33.86**
南 宁	561	296	2636466	1775283	12.55	6.89
柳 州	447	302	5674259	4951178	15.55	11.91
桂 林	519	194	2032158	1240072	11.46	6.19
梧 州	241	130	929714	560118	5.84	3.09
北 海						
防城港	72	39	663745	582047	0.97	0.48
钦 州						

2—17 续表 6

城市	国有及年销售收入500万元以上非国有工业企业					
	工业企业数(个)		工业总产值(万元)		年平均从业人员数(万人)	
	全市	市辖区	全市	市辖区	全市	市辖区
贵港						
玉林	310	69	1321906	801543	10.92	2.19
百色						
贺州	107	50	401838	268800	2.23	1.19
河池	203	30	815278	262772	5.23	1.42
来宾	80	20	821711	544779		
崇左	115	18	593662	169882	2.92	0.50
海南	**258**	**258**	**2313610**	**2313610**	**5.04**	**5.04**
海口	231	231	2219369	2219369	4.50	4.50
三亚	27	27	94241	94241	0.54	0.54
重庆	**2634**	**1634**	**21427261**	**17408908**	**90.05**	**62.86**
四川	**6154**	**2769**	**41455845**	**25219682**	**192.62**	**102.40**
成都	1872	1175	12312313	8831950	49.30	33.30
自贡	269	184	1773715	1488257	8.10	6.20
攀枝花	104	80	2662144	2239809	12.86	12.14
泸州	229	114	1286096	965156	6.93	3.86
德阳	575	134	3793875	1108542	16.38	4.94
绵阳	413	207	3513111	2413705	15.15	8.46
广元	133	66	583953	542250	4.39	3.00
遂宁	141	71	905474	324863	4.32	1.32
内江	301	97	2010263	739960	9.80	2.87
乐山	467	185	2707044	1330330	14.49	6.34
南充	272	119	1487209	860935	6.17	3.15
眉山	285	81	1735450	690937	7.46	2.41
宜宾	236	58	2828219	2083307	13.32	6.17
广安	163	38	724980	235863	4.06	1.02
达州	217	34	1141443	472970	7.77	2.58
雅安	201	34	561435	181579	4.22	1.19
巴中	69	22	196071	53744	1.63	0.50
资阳	207	70	1233050	655525	6.27	2.95
贵州	**1228**	**720**	**8875760**	**5532790**	**47.89**	**31.20**
贵阳	674	534	4426522	3387488	23.49	18.48
六盘水	119	36	1428816	803969	10.63	5.72
遵义	308	92	2165301	978295	9.14	4.59
安顺	127	58	855121	363038	4.63	2.41
云南	**1417**	**695**	**15019160**	**9429028**	**45.49**	**21.15**
昆明	672	475	7500282	5274727	21.60	14.15
曲靖	207	41	2772299	1193995	9.71	2.13
玉溪	241	99	3251432	2410023	6.13	2.84

2—17 续表 7

城市	国有及年销售收入500万元以上非国有工业企业					
	工业企业数(个)		工业总产值(万元)		年平均从业人员数(万人)	
	全市	市辖区	全市	市辖区	全市	市辖区
保山	50	22	198997	97761	1.49	0.63
昭通	67	18	550727	323258	1.89	0.66
丽江	40	10	127416	21050	1.08	0.19
思茅	86	22	294890	78591	2.26	0.42
临沧	54	8	323117	29623	1.33	0.13
陕西	**2535**	**1259**	**23469043**	**12413864**	**108.13**	**64.82**
西安	776	640	7892170	7479059	36.81	33.38
铜川	117	107	529091	515510	5.99	5.84
宝鸡	334	171	3017768	1226456	16.22	10.68
咸阳	319	124	2910945	2072589	15.79	7.80
渭南	293	42	2367280	273548	13.36	1.66
延安	90	31	2922023	258695	5.00	0.83
汉中	241	54	1294555	241232	7.39	2.11
榆林	134	31	2004573	135846	3.99	1.17
安康	138	39	320712	131294	1.90	0.82
商洛	93	20	209926	79635	1.68	0.53
甘肃	**2712**	**1290**	**14873597**	**10454869**	**72.51**	**51.50**
兰州	950	650	6499112	5688728	26.21	22.00
嘉峪关	25	25	961282	961282	3.52	3.52
金昌	60	28	1537825	1357681	5.40	4.00
白银	107	60	1375010	1293291	9.45	8.47
天水	204	116	589582	535725	5.41	4.58
武威	146	67	406389	255397	3.93	3.31
张掖	200	76	370683	147028	2.49	1.05
平凉	171	50	532009	76482	4.18	0.60
酒泉	290	84	1223650	66677	4.71	1.00
庆阳	243	80	887178	38312	2.73	1.00
定西	170	36	179126	24296	1.97	1.97
陇南	146	18	311751	9970	2.51	
青海	**163**	**105**	**1806747**	**857246**	**7.08**	**4.12**
西宁	163	105	1806747	857246	7.08	4.12
宁夏	**644**	**370**	**4957147**	**3235669**	**23.13**	**16.70**
银川	226	141	1982974	1396711	6.72	4.56
石嘴山	214	145	1565366	1317693	10.50	9.19
吴忠	117	48	1017681	278190	3.58	1.55
固原	27	3	36179	19390	0.37	0.11
中卫	60	33	354947	223685	1.96	1.29
新疆	**377**	**373**	**9521930**	**9518449**	**19.58**	**19.18**
乌鲁木齐	301	297	4182170	4178689	10.22	9.82
克拉玛依	76	76	5339760	5339760	9.36	9.36

2—18 工业企业数

单位:个

城市	工业企业数		(1)内资企业		(2)港、澳、台商投资企业		(3)外商投资企业	
	全市	市辖区	全市	市辖区	全市	市辖区	全市	市辖区
城市合计	**219406**	**113369**	**173516**	**82772**	**22417**	**15132**	**20300**	**13757**
北　京	**4324**	**3983**	**3271**	**3069**	**357**	**326**	**696**	**588**
天　津	**5378**	**4587**	**4041**	**3319**	**327**	**302**	**1010**	**966**
河　北	**8003**	**2259**	**7169**	**1891**	**330**	**128**	**504**	**240**
石家庄	1555	371	1452	313	44	27	59	31
唐　山	1207	585	1097	523	49	28	61	34
秦皇岛	396	253	293	180	31	21	72	52
邯　郸	500	123	443	103	36	12	21	8
邢　台	671	84	639	78	14	1	18	5
保　定	1099	189	963	159	54	14	82	16
张家口	315	179	296	165	8	1	11	13
承　德	338	100	320	95	8	1	10	4
沧　州	730	94	660	84	23	3	47	7
廊　坊	555	168	424	93	38	11	93	64
衡　水	637	113	582	98	25	9	30	6
山　西	**4886**	**1535**	**4756**	**1471**	**56**	**23**	**74**	**41**
太　原	521	377	500	357	9	9	12	11
大　同	612	392	595	379	6	2	11	11
阳　泉	287	190	276	181	4	2	7	7
长　治	586	130	582	127	1		3	3
晋　城	241	41	237	39	1	1	3	1
朔　州	162	79	160	77			2	2
晋　中	711	130	684	123	15	5	12	2
运　城	506	46	490	45	5		11	1
忻　州	243	27	238	25	3	2	2	
临　汾	591	104	576	99	9	2	6	3
吕　梁	426	19	418	19	3		5	
内蒙古	**1718**	**791**	**1615**	**716**	**41**	**31**	**62**	**44**
呼和浩特	203	119	173	105	13	7	17	7
包　头	301	242	278	221	8	6	15	15
乌　海	127	127	125	125	2	2		
赤　峰	197	86	191	80	5	5	1	1
通　辽	134	55	130	52			4	3
鄂尔多斯	268	67	247	47	4	4	17	16
呼伦贝尔	139	26	134	23	2	2	3	1
巴彦淖尔	160	45	153	42	3	2	4	1
乌兰察布	189	24	184	21	4	3	1	
辽　宁	**8058**	**5128**	**6252**	**3710**	**461**	**353**	**1345**	**1065**
沈　阳	1836	1633	1393	1208	134	131	309	294

2—18 续表 1

单位:个

城　市	工业企业数		(1)内资企业		(2)港、澳、台商投资企业		(3)外商投资企业	
	全市	市辖区	全市	市辖区	全市	市辖区	全市	市辖区
大　连	1658	1260	849	581	155	126	654	553
鞍　山	649	295	597	270	24	14	28	11
抚　顺	485	301	430	254	13	11	42	36
本　溪	225	152	211	147	5	2	9	3
丹　东	431	183	350	145	25	11	56	27
锦　州	391	206	342	166	12	9	37	31
营　口	853	466	692	359	45	31	116	76
阜　新	199	69	174	59	8	3	17	7
辽　阳	382	166	330	151	18	5	34	10
盘　锦	205	114	184	105	7	4	14	5
铁　岭	350	111	330	101	6	3	14	7
朝　阳	237	77	228	76	4	1	5	
葫芦岛	157	95	142	88	5	2	10	5
吉　林	**2215**	**1044**	**2007**	**898**	**93**	**50**	**115**	**96**
长　春	580	431	444	314	46	34	90	83
吉　林	457	263	430	246	12	8	15	9
四　平	277	104	266	100	11	4		
辽　源	180	60	180	60				
通　化	235	61	218	58	17	3		
白　山	164	29	153	27	5	1	6	1
松　原	157	42	153	40	1		3	2
白　城	165	54	163	53	1		1	1
黑龙江	**2672**	**1482**	**2469**	**1329**	**61**	**43**	**111**	**79**
哈尔滨	765	552	666	466	19	16	49	39
齐齐哈尔	274	167	261	156	5	4	8	7
鸡　西	164	71	158	66	1	1	5	4
鹤　岗	86	32	85	31			1	1
双鸭山	150	28	150	28				
大　庆	299	248	281	232	9	8	9	8
伊　春	102	77	92	71	3	2	7	4
佳木斯	197	96	191	92	6	4		
七台河	70	46	70	46				
牡丹江	299	122	263	101	11	7	25	14
黑　河	95	22	94	22			1	
绥　化	171	21	158	18	7	1	6	2
上　海	**12316**	**12076**	**7519**	**7310**	**1859**	**1848**	**2938**	**2918**
江　苏	**27131**	**12572**	**21538**	**9836**	**2516**	**1121**	**3077**	**1615**
南　京	2165	1862	1640	1384	253	226	272	252
无　锡	4543	2916	3754	2395	341	205	448	316

2—18续表2

单位:个

城　市	工业企业数		(1)内资企业		(2)港、澳、台商投资企业		(3)外商投资企业	
	全市	市辖区	全市	市辖区	全市	市辖区	全市	市辖区
徐　州	959	375	907	352	34	11	18	12
常　州	3161	2560	2666	2150	254	207	241	203
苏　州	5044	1444	3073	818	881	221	1090	405
南　通	2715	674	2030	452	230	51	455	171
连云港	552	261	441	191	35	15	76	55
淮　安	885	498	828	459	27	15	30	24
盐　城	1795	409	1656	371	64	16	75	22
扬　州	1773	663	1545	527	120	71	108	65
镇　江	1531	456	1189	346	172	43	170	67
泰　州	1492	302	1306	246	96	36	90	20
宿　迁	516	152	503	145	9	4	4	3
浙　江	**33335**	**13050**	**28438**	**10752**	**2487**	**1153**	**2410**	**1145**
杭　州	5607	3783	4708	3067	486	387	413	329
宁　波	5927	2779	4568	2005	719	412	640	362
温　州	5400	2330	4973	2096	154	81	273	153
嘉　兴	2836	626	2257	475	259	61	320	90
湖　州	1589	637	1384	562	109	42	96	33
绍　兴	3876	682	2992	473	516	117	368	92
金　华	2805	436	2636	404	73	11	96	21
衢　州	650	211	613	196	18	9	19	6
舟　山	339	269	316	253	7	2	16	14
台　州	3689	1216	3405	1146	137	30	147	40
丽　水	617	81	586	75	9	1	22	5
安　徽	**4589**	**2076**	**4163**	**1790**	**222**	**151**	**204**	**135**
合　肥	492	395	409	325	83	70		
芜　湖	522	321	444	259	36	28	42	34
蚌　埠	202	138	182	122	12	10	8	6
淮　南	153	126	144	117	3	3	6	6
马鞍山	190	123	165	103	8	6	17	14
淮　北	110	87	99	80	7	4	4	3
铜　陵	130	93	121	84	4	4	5	5
安　庆	462	129	428	103	13	6	21	20
黄　山	186	72	173	64	3	2	10	6
滁　州	405	85	370	65	12	5	23	15
阜　阳	228	79	214	71	6	2	8	6
宿　州	198	67	189	65	6	1	3	1
巢　湖	361	89	339	79	5	3	17	7
六　安	306	76	290	72	7	1	9	3
亳　州	127	49	124	47			3	2

2—18 续表 3

单位:个

城市	工业企业数		(1)内资企业		(2)港、澳、台商投资企业		(3)外商投资企业	
	全市	市辖区	全市	市辖区	全市	市辖区	全市	市辖区
池州	124	52	115	48	1		8	4
宣城	393	95	357	86	16	6	20	3
福建	**11912**	**5305**	**7088**	**2958**	**3112**	**1486**	**1712**	**861**
福州	2345	1218	1437	726	502	275	406	217
厦门	1879	1879	864	864	627	627	388	388
莆田	493	394	278	224	147	120	68	50
三明	714	152	621	136	77	14	16	2
泉州	3924	908	2020	440	1294	324	610	144
漳州	1081	360	622	234	334	91	125	35
南平	576	150	466	127	49	10	61	13
龙岩	481	216	403	185	56	22	22	9
宁德	419	28	377	22	26	3	16	3
江西	**3200**	**1156**	**2531**	**978**	**113**	**43**	**98**	**50**
南昌	632	438	562	386	32	23	38	29
景德镇	218	77	209	72	2	1	7	4
萍乡	216	116	210	113	4	3	2	
九江	440	115	392	106	34	5	14	4
新余	140	98	132	93	1	1	7	4
鹰潭	89	32	84	31	3	1	2	
赣州	458	85						
吉安								
宜春	350	53	333	50	11	2	6	1
抚州	310	94	280	82	20	6	10	6
上饶	347	48	329	45	6	1	12	2
山东	**20836**	**8025**	**17300**	**6305**	**938**	**436**	**2598**	**1284**
济南	1510	931	1339	800	64	51	107	80
青岛	2878	1193	1580	547	259	122	1039	524
淄博	1754	1468	1582	1325	76	59	96	84
枣庄	788	527	754	503	19	13	15	11
东营	357	160	336	145	9	6	12	9
烟台	2136	683	1504	370	202	80	430	233
潍坊	3406	735	3006	617	103	23	297	95
济宁	1118	253	1050	232	21	7	47	14
泰安	749	297	705	271	15	9	29	17
威海	1087	312	772	176	34	14	281	122
日照	334	175	279	137	15	10	40	28
莱芜	155	155	145	145	2	2	8	8
临沂	1606	602	1463	546	66	28	77	28
德州	1283	210	1231	193	11	4	41	13

2—18 续表 4　　单位:个

城市	工业企业数		(1)内资企业		(2)港、澳、台商投资企业		(3)外商投资企业	
	全市	市辖区	全市	市辖区	全市	市辖区	全市	市辖区
聊　城	548	103	522	99	13	1	13	3
滨　州	556	119	514	111	12	4	30	4
菏　泽	571	102	518	88	17	3	36	11
河　南	**9649**	**2189**	**9226**	**2003**	**225**	**92**	**198**	**94**
郑　州	1801	543	1684	474	66	40	51	29
开　封	390	128	378	119	3	3	9	6
洛　阳	787	271	762	259	12	3	13	9
平顶山	363	120	348	111	11	6	4	3
安　阳	435	160	419	150	9	6	7	4
鹤　壁	250	113	242	108	4	2	4	3
新　乡	657	57	631	52	11	2	15	3
焦　作	645	107	617	99	18	6	10	2
濮　阳	449	113	433	103	8	4	8	6
许　昌	705	71	669	61	13	4	23	6
漯　河	363	31	336	28	22	2	5	1
三门峡	351	39	337	33	6	3	8	3
南　阳	940	122	895	116	27	3	18	3
商　丘	244	77	233	68	6	4	5	5
信　阳	323	117	319	114	1	1	3	2
周　口	390	35	381	32	3	1	6	2
驻马店	556	85	542	76	5	2	9	7
湖　北	**5627**	**3211**	**5142**	**2864**	**248**	**165**	**237**	**182**
武　汉	1403	1403	1243	1243	66	66	94	94
黄　石	360	175	332	149	14	13	14	13
十　堰	332	168	318	155	5	5	9	8
宜　昌	515	206	468	178	27	15	20	13
襄　樊	455	297	426	279	16	10	13	8
鄂　州	184	184	161	161	10	10	13	13
荆　门	365	129	330	125	21	4	14	
孝　感	456	78	425	65	18	3	13	10
荆　州	515	231	478	206	20	13	17	12
黄　冈	448	43	411	34	19	3	18	6
咸　宁	296	87	281	86	9	1	6	
随　州	298	210	269	183	23	22	6	5
湖　南	**6966**	**2226**	**6596**	**2063**	**223**	**87**	**147**	**76**
长　沙	1149	388	1049	357	52	17	48	14
株　洲	763	277	711	254	30	11	22	12
湘　潭	481	268	452	243	14	13	15	12
衡　阳	665	280	638	268	20	7	7	5

2—18 续表 5

单位:个

城市	工业企业数		(1)内资企业		(2)港、澳、台商投资企业		(3)外商投资企业	
	全市	市辖区	全市	市辖区	全市	市辖区	全市	市辖区
邵阳	497	130	487	129	6	1	4	
岳阳	688	160	655	139	13	8	20	13
常德	418	147	385	136	28	8	5	3
张家界	100	41	94	40	5	1	1	
益阳	412	142	399	134	7	5	6	3
郴州	780	166	742	151	29	8	9	7
永州	374	122	354	110	15	8	5	4
怀化	366	55	360	53	4		2	2
娄底	273	50	270	49			3	1
广东	**25814**	**20053**	**14712**	**10746**	**8302**	**6989**	**2182**	**1856**
广州	4727	3657	2767	2079	1419	1120	541	458
韶关	381	171	309	147	57	16	15	8
深圳	2355	2355	505	505	1495	1495	355	355
珠海	847	847	254	254	453	453	140	140
汕头	1334	1316	975	958	252	251	107	107
佛山	4078	4078	2991	2991	929	929	158	158
江门	2132	1092	1458	763	538	266	136	63
湛江	540	284	418	195	82	53	40	36
茂名	572	149	421	121	133	19	18	9
肇庆	600	177	377	92	160	58	63	27
惠州	837	593	219	131				
梅州	338	46	251	33	78	13	9	
汕尾	145	45	90	23	50	21	5	1
河源	199	69	132	30	59	34	8	5
阳江	367	137	314	123	43	12	10	2
清远	313	78	200	35	93	34	20	9
东莞	2049	2049	415	415	1346	1346	288	288
中山	2542	2542	1585	1585	787	787	170	170
潮州	663	170	476	118	137	43	50	9
揭阳	564	159	391	119	143	31	30	9
云浮	231	39	164	29	48	8	19	2
广西	**2655**	**1148**	**1223**	**506**	**59**	**25**	**38**	**22**
南宁	561	296	502	266				
柳州	447	302						
桂林	519	194						
梧州	241	130	181	101	44	17	16	12
北海								
防城港	72	39	65	34	4	2	3	3
钦州								

2—18续表6 单位:个

城市	工业企业数		(1)内资企业		(2)港、澳、台商投资企业		(3)外商投资企业	
	全市	市辖区	全市	市辖区	全市	市辖区	全市	市辖区
贵港								
玉林	310	69						
百色								
贺州	107	50	94	43	8	4	5	3
河池	203	30	199	30			4	
来宾	80	20	74	17			6	3
崇左	115	18	108	15	3	2	4	1
海南	**258**	**258**	**193**	**193**	**3**	**3**	**2**	**2**
海口	231	231	171	171				
三亚	27	27	22	22	3	3	2	2
重庆	**2634**	**1634**	**2453**	**1478**	**61**	**54**	**120**	**102**
四川	**6154**	**2769**	**5780**	**2532**	**163**	**109**	**211**	**128**
成都	1872	1175	1658	1019	91	72	123	84
自贡	269	184	263	178	4	4	2	2
攀枝花	104	80	99	76	2	1	3	3
泸州	229	114	220	108	8	6	1	
德阳	575	134	540	122	12	5	23	7
绵阳	413	207	386	191	8	4	19	12
广元	133	66	126	61	1		6	5
遂宁	141	71	135	70	1		5	1
内江	301	97	292	91	3	3	6	3
乐山	467	185	447	172	9	4	11	9
南充	272	119	268	117	2	2	2	
眉山	285	81	275	79	3	1	7	1
宜宾	236	58	234	57	2	1		
广安	163	38	158	37	5	1		
达州	217	34	216	34	1			
雅安	201	34	193	32	8	2		
巴中	69	22	69	22				
资阳	207	70	201	66	3	3	3	1
贵州	**1228**	**720**	**1158**	**666**	**27**	**20**	**43**	**34**
贵阳	674	534	624	493	19	14	31	27
六盘水	119	36	116	35	3	1		
遵义	308	92	296	84	4	4	8	4
安顺	127	58	122	54	1	1	4	3
云南	**1417**	**695**	**702**	**198**	**32**	**16**	**11**	**6**
昆明	672	475						
曲靖	207	41	196	37	11	4		
玉溪	241	99	217	86	16	8	8	5

2—18 续表 7　　　　单位:个

城市	工业企业数		(1)内资企业		(2)港、澳、台商投资企业		(3)外商投资企业	
	全市	市辖区	全市	市辖区	全市	市辖区	全市	市辖区
保山	50	22	47	21			3	1
昭通	67	18	64	15	3	3		
丽江	40	10	40	10				
思茅	86	22	85	21	1	1		
临沧	54	8	53	8	1			
陕西	**2535**	**1259**	**2391**	**1145**	**52**	**40**	**93**	**74**
西安	776	640	684	553	28	26	64	61
铜川	117	107	116	106			1	1
宝鸡	334	171	320	161	7	5	7	5
咸阳	319	124	306	116	8	5	6	3
渭南	293	42	284	38	3	2	6	2
延安	90	31	89	31			1	
汉中	241	54	235	52	4	2	2	
榆林	134	31	131	31	1		2	
安康	138	39	134	37	1		3	2
商洛	93	20	92	20			1	
甘肃	**2712**	**1290**	**2673**	**1261**	**27**	**21**	**12**	**8**
兰州	950	650	921	626	20	17	9	7
嘉峪关	25	25	25	25				
金昌	60	28	60	28				
白银	107	60	106	59	1	1		
天水	204	116	202	114	2	2		
武威	146	67	146	67				
张掖	200	76	200	76				
平凉	171	50	171	50				
酒泉	290	84	286	83	1		3	1
庆阳	243	80	243	80				
定西	170	36	167	35	3	1		
陇南	146	18	146	18				
青海	**163**	**105**	**150**	**94**	**6**	**4**	**7**	**7**
西宁	163	105	150	94	6	4	7	7
宁夏	**644**	**370**	**609**	**344**	**8**	**5**	**27**	**21**
银川	226	141	207	126	5	4	14	11
石嘴山	214	145	200	134	2	1	12	10
吴忠	117	48	116	48			1	
固原	27	3	27	3				
中卫	60	33	59	33	1			
新疆	**377**	**373**	**351**	**347**	**8**	**8**	**18**	**18**
乌鲁木齐	301	297	278	274	7	7	16	16
克拉玛依	76	76	73	73	1	1	2	2

2—19 限额以上工业总产值分组

单位:万元

城市	工业总产值(当年价)		内资企业产值		港、澳、台商投资企业产值		外商投资企业产值	
	全市	市辖区	全市	市辖区	全市	市辖区	全市	市辖区
城市合计	**1846129746**	**1238940695**	**1239494373**	**760465217**	**216912607**	**161004717**	**360006217**	**294858796**
北　京	**48808890**	**42891514**	**28262407**	**27102877**	**4608463**	**4099519**	**15938020**	**11689118**
天　津	**53750894**	**49664182**	**27389286**	**23588135**	**3135892**	**2936024**	**23225716**	**23140023**
河　北	**80105688**	**41345073**	**68176962**	**33958560**	**5343607**	**3746385**	**6585119**	**3640128**
石家庄	15830458	8071869	14673516	7463044	367957	238502	788985	370323
唐　山	18132011	11746504	14834840	9861164	1562000	1309339	1735171	576001
秦皇岛	4133749	3285438	2286148	1604266	420515	409327	1427086	1271845
邯　郸	8305562	5398615	6980113	4537073	1062724	690770	262725	170772
邢　台	5964409	1854779	5066255	1201692	731888	646610	166266	6477
保　定	7432629	2212473	6516131	1951592	477321	160329	439177	100552
张家口	3425211	2786974	2758271	2240870	43079	2861	623861	543243
承　德	3005247	1717196	2939279	1682243	21399	7210	44569	27743
沧　州	5260787	1783199	4843567	1755872	206316	6392	210904	20935
廊　坊	4739699	1338547	3748966	674868	230426	143540	760307	520139
衡　水	3875926	1149479	3529876	985876	219982	131505	126068	32098
山　西	**36026436**	**17009316**	**34204620**	**16053874**	**627428**	**387786**	**1194388**	**567656**
太　原	7198606	6002383	6999228	5807702	111693	111693	87685	82988
大　同	3190907	2667630	2824117	2309883	15684	6641	351106	351106
阳　泉	2015065	1604883	1866905	1460959	123850	123850	24310	20074
长　治	3807747	1979667	3790404	1964200	1876		15467	15467
晋　城	2097707	999643	1773338	996826	2267	2267	322102	550
朔　州	1597717	1202462	1591751	1196496			5966	5966
晋　中	2752734	542155	2400529	423763	166990	101236	185215	17156
运　城	4337840	485403	4245423	479302	17228		75189	6101
忻　州	806821	134787	771620	118087	30021	16700	5180	
临　汾	5630574	1211673	5437700	1118026	103484	25399	89390	68248
吕　梁	2590718	178630	2503605	178630	54335		32778	
内蒙古	**18551350**	**11638690**	**16389243**	**10565148**	**1042872**	**723615**	**1119235**	**349927**
呼和浩特	3448128	1784299	2169955	1450767	572257	305760	705916	27772
包　头	6213764	5982243	6052776	5824145	52369	49479	108619	108619
乌　海	954233	954233	946942	946942	7291	7291		
赤　峰	1391188	948221	1307577	871592	40282	33300	43329	43329
通　辽	1222097	733086	1069663	586978			152434	146108
鄂尔多斯	2630912	695652	2332603	429529	298309	266123		
呼伦贝尔	858044	110655	808048	84522	23790	23790	26206	2343
巴彦淖尔	933154	312251	830078	275692	21865	14803	81211	21756
乌兰察布	899830	118050	871601	94981	26709	23069	1520	
辽　宁	**80510606**	**65988407**	**62135697**	**49783326**	**3410200**	**2430142**	**14964709**	**13774939**
沈　阳	14934004	14223096	8797676	8116346	1049897	1046381	5086431	5060369

2—19 续表 1　　单位:万元

城市	工业总产值(当年价)		内资企业产值		港、澳、台商投资企业产值		外商投资企业产值	
	全市	市辖区	全市	市辖区	全市	市辖区	全市	市辖区
大　连	20182283	18384399	11833601	10789794	675778	466073	7672904	7128532
鞍　山	8186323	5913736	7775630	5701982	182238	114587	228455	97167
抚　顺	5818708	5511475	5434050	5173235	127242	113030	257416	225210
本　溪	4736132	4448250	4704906	4432486	14975	6684	16251	9080
丹　东	1819288	1168901	1518304	988762	73501	43720	227483	136419
锦　州	3464442	2723310	3050048	2341857	242511	215496	171883	165957
营　口	4113954	2673825	2909727	1715368	227544	167061	976683	791396
阜　新	1009255	670798	894198	617015	23477	5584	91580	48199
辽　阳	3992606	1014822	3403195	982500	485563	10245	103848	22077
盘　锦	4957879	4486280	4899760	4448201	31178	15208	26941	22871
铁　岭	1658566	836428	1429422	633157	197700	176620	31444	26651
朝　阳	1696804	526501	1643552	515501	31137	11000	22115	
葫芦岛	3940362	3406586	3841628	3327122	47459	38453	51275	41011
吉　林	**31380672**	**26309540**	**22969048**	**18332178**	**672806**	**419507**	**7738818**	**7557855**
长　春	17126789	16427824	9356290	8841495	332511	210237	7437988	7376092
吉　林	6415358	5316782	6211320	5171730	97179	93130	106859	51922
四　平	1559085	775859	1390909	692168	168176	83691		
辽　源	710988	349004	710988	349004				
通　化	1929019	1187828	1858992	1156639	70027	31189		
白　山	1031253	300479	981166	294229	4250	1260	45837	4990
松　原	2064292	1670546	1976520	1606437	380		87392	64109
白　城	543888	281218	482863	220476	283		60742	60742
黑龙江	**34130711**	**29588857**	**31985620**	**28232711**	**622234**	**411051**	**1522857**	**981455**
哈尔滨	8862000	7326261	7641000	6600399	360000	319905	861000	442317
齐齐哈尔	2302562	1903547	2179108	1842195	41803	10752	81651	50600
鸡　西	938765	516235	839418	420604	1491	1491	97856	94140
鹤　岗	583595	504717	577087	498209			6508	6508
双鸭山	563997	396072	563997	396072				
大　庆	16685520	16454666	16500801	16287328	36584	21188	148135	146150
伊　春	510709	439831	473139	414576	3643	1722	33927	23533
佳木斯	764431	558035	742109	537213	22322	20822		
七台河	637772	587270	637772	587270				
牡丹江	1267936	819796	974335	580234	73991	33343	219610	206219
黑　河	177675	36969	176860	36969			815	
绥　化	835749	45458	679994	31642	82400	1828	73355	11988
上　海	**128758655**	**127884656**	**47282052**	**46648575**	**17380292**	**17299670**	**64096311**	**63936411**
江　苏	**247120423**	**134172717**	**156513886**	**79771372**	**29485364**	**14900518**	**61121174**	**39500827**
南　京	32850212	30710526	22185072	20628067	2391000	2028215	8274140	8054244
无　锡	45750780	24229564	32662822	14861973	4799863	2162221	8288095	7205370

2—19续表2

单位:万元

城市	工业总产值(当年价)		内资企业产值		港、澳、台商投资企业产值		外商投资企业产值	
	全市	市辖区	全市	市辖区	全市	市辖区	全市	市辖区
徐州	9521896	6010347	8867563	5570872	391498	208782	262835	230693
常州	20127289	16682155	15929639	13126358	1511542	1137037	2686108	2418760
苏州	73075445	27047927	26184982	4923468	15515650	7468167	31374813	14656292
南通	16033641	5611526	10397327	2632432	1679456	568412	3956858	2410682
连云港	2882034	2209721	1894821	1356812	171018	102402	816195	750507
淮安	4509009	3399760	4041369	3079094	122237	38425	345404	282241
盐城	8889230	3308253	7351195	2491979	485039	102087	1052996	714187
扬州	11295555	5246991	9615947	4152572	678077	428127	1001531	666292
镇江	10731122	5089099	7496023	3006931	1149538	392086	2085561	1690082
泰州	9973494	4017354	8437505	3350975	576564	259107	959425	407272
宿迁	1480716	609494	1449621	589839	13882	5450	17213	14205
浙江	**171516206**	**85970176**	**131442738**	**61546051**	**18770172**	**10203978**	**21303297**	**14220148**
杭州	41491039	34639317	29297219	23407974	4429859	3810442	7763961	7420901
宁波	35094791	22063650	24880090	14973025	5294156	3576339	4920545	3514286
温州	18217711	7894226	16093323	6559753	728818	381845	1395570	952628
嘉兴	14006318	3062539	10115006	1922356	1513356	477236	2377956	662947
湖州	7663651	3845752	6617682	3365592	687124	354714	358845	125446
绍兴	25142480	4315226	18039147	2517568	4851196	1357892	2252138	439767
金华	10060719	1634748	9155097	1473275	431388	28120	474234	133353
衢州	2359468	1085635	2235624	1063088	57357	15328	66487	7219
舟山	2024845	1781470	1699036	1494824	29963	7910	295846	278736
台州	13116290	5040328	11112773	4195900	682910	191273	1320607	653155
丽水	2338894	607285	2197741	572696	64045	2879	77108	31710
安徽	**35973695**	**26546569**	**29947819**	**21802285**	**4510792**	**3574282**	**1515084**	**1170002**
合肥	6592754	5437775	3846042	3448893	2746712	1988882		
芜湖	4658262	4045806	3301926	2734764	998026	993916	358310	317126
蚌埠	1667964	1458172	1475407	1295147	143308	115569	49249	47456
淮南	2213588	1929338	1978917	1694667	201801	201801	32870	32870
马鞍山	3980687	3674356	3852148	3556044	30198	25438	98341	92874
淮北	1821512	1748943	1631991	1575378	76098	62164	113423	111401
铜陵	2234266	2146044	2140902	2078540	12503	8854	80861	58650
安庆	2973117	1870784	2771877	1716419	53573	10694	147667	143671
黄山	528153	243371	419023	141988	3870	2039	105260	99344
滁州	2113648	883547	1742079	555948	149703	125953	221866	201646
阜阳	1054160	587680	1018389	567858	9208	5555	26563	14267
宿州	768916	474156	755471	471368	6156	895	7289	1893
巢湖	1575490	661889	1518164	637104	5323	2473	52003	22312
六安	1143971	421156	1026535	407600	17763	1292	99673	12264
亳州	638743	297662	632488	296252			6255	1410

2—19 续表 3

单位:万元

城市	工业总产值(当年价)		内资企业产值		港、澳、台商投资企业产值		外商投资企业产值	
	全市	市辖区	全市	市辖区	全市	市辖区	全市	市辖区
池州	428039	262253	401120	253771	619		26300	8482
宣城	1580425	403637	1435340	370544	55931	28757	89154	4336
福建	**67741589**	**37471523**	**27350460**	**14557625**	**22271077**	**10264672**	**18120052**	**12649226**
福州	16708952	7262419	6069440	3118090	6364254	1529990	4275258	2614339
厦门	17966627	17966627	3694285	3694285	6081132	6081132	8191210	8191210
莆田	2773595	2449489	1081003	980443	863639	711967	828953	757079
三明	3152641	1525447	2883658	1471767	206731	46257	62252	7423
泉州	16595200	4356617	7397342	2393749	6135148	1258437	3062710	704431
漳州	4891112	1296927	1589434	724453	2073480	440462	1228198	132012
南平	2093328	1005422	1665641	802866	133831	40865	293856	161691
龙岩	2276052	1497552	1914750	1280573	259740	148557	101562	68422
宁德	1284082	111023	1054907	91399	153122	7005	76053	12619
江西	**19540335**	**11241834**	**15634272**	**9100536**	**642727**	**324810**	**1501156**	**1308255**
南昌	5435136	4617918	4022927	3258103	178764	154593	1233445	1205222
景德镇	1272426	956867	1257209	946764	3985	1928	11232	8175
萍乡	1340327	1153939	1321587	1143842	15911	10097	2829	
九江	2732713	1708782	2358769	1634255	203960	27536	169984	46991
新余	1627591	1517221	1545758	1441903	71251	65151	10582	10167
鹰潭	2103663	82338	2098728	81409	2434	929	2501	
赣州	1762180	508233						
吉安								
宜春	1300996	157343	1250590	142567	35284	13969	15122	807
抚州	825255	362069	666901	297829	126683	50107	31671	14133
上饶	1140048	177124	1111803	153864	4455	500	23790	22760
山东	**214533542**	**104145499**	**180916088**	**86838095**	**8088287**	**3990822**	**25529167**	**13317582**
济南	17537951	13627341	16252025	12728989	422491	298609	863435	599743
青岛	33337648	21937725	24308546	16904131	1645439	880219	7383663	4153375
淄博	18984236	16089367	16964071	14510732	645780	433210	1374385	1145425
枣庄	7072305	4928273	6670598	4581238	136361	104649	265346	242386
东营	10902220	7224144	10704760	7046987	53944	36416	143515	140741
烟台	26567847	8090585	18973058	3849798	2294950	713790	5299839	3526997
潍坊	18969307	5245771	16038767	4493370	549908	208396	2380632	544005
济宁	10760741	3220421	9335275	2543320	126935	92200	1298531	584901
泰安	7333510	1602021	7035231	1494604	128692	63721	169587	44696
威海	21409357	5202427	16941137	4022475	514583	265698	3953637	914254
日照	3469444	2379745	2808977	1787128	268835	242728	391633	349889
莱芜	3950305	3950305	3759132	3759132	171406	171406	19767	19767
临沂	9088090	5111978	8211961	4657304	408529	185837	467600	268837
德州	7724532	2274180	6956928	1653783	95210	48783	672394	571614

2—19 续表 4

单位:万元

城市	工业总产值（当年价）		内资企业产值		港、澳、台商投资企业产值		外商投资企业产值	
	全市	市辖区	全市	市辖区	全市	市辖区	全市	市辖区
聊城	6799402	950708	6399994	772903	124562	20217	274846	157588
滨州	7603731	1677392	6868455	1452279	313541	207125	421735	17988
菏泽	3022916	633116	2687173	579922	187121	17818	148622	35376
河南	**70858508**	**25967685**	**66213916**	**23971832**	**2301218**	**1081592**	**2343374**	**914261**
郑州	12367854	4650771	11089505	4143969	562174	316500	716175	190302
开封	1797820	600003	1701689	514104	24483	24483	71648	61416
洛阳	8028742	5279521	7818596	5131333	53864	6973	156282	141215
平顶山	3850851	2326796	3514284	2137359	222050	155453	114517	33984
安阳	5241206	2941795	4777061	2485317	374630	368881	89515	87597
鹤壁	1726047	818468	1647089	754420	50450	36373	28508	27675
新乡	4337872	285820	3879791	269884	60992	9910	397089	6026
焦作	5524570	1818523	5191145	1715148	200372	47276	133053	56099
濮阳	3611921	2312003	3533314	2267978	34068	6099	44539	37926
许昌	4563313	1207977	4363660	1137095	111542	57573	88111	13309
漯河	3530490	165783	3305131	157037	205723	3509	19636	5237
三门峡	3081481	609783	2992066	569741	18145	12910	71270	27132
南阳	5020632	241547	4764631	217233	118686	9017	137315	15297
商丘	2021296	643859	1997452	629599	17655	8072	6189	6188
信阳	1852861	957864	1844931	951113	1008	1008	6922	5743
周口	2467823	396108	2026068	231137	215059	994	226696	163977
驻马店	1833729	711064	1767503	659365	30317	16561	35909	35138
湖北	**45412954**	**35897406**	**35649887**	**27309301**	**1833528**	**1262690**	**7929539**	**7325415**
武汉	16783419	16783419	13435833	13435833	682908	682908	2664678	2664678
黄石	3182776	2280983	2729042	1832640	113374	110777	340360	337566
十堰	6011587	5344272	2572630	1919604	9750	9750	3429207	3414918
宜昌	4127167	2601188	3616260	2313128	309760	109307	201147	178753
襄樊	3641873	2473640	2988774	2053934	64698	35670	588401	384036
鄂州	1474031	1474031	1272742	1272742	95900	95900	105389	105389
荆门	2647650	1788340	2402624	1759240	103693	29100	141333	
孝感	1927718	418124	1695095	357172	156648	2888	75975	58064
荆州	2169823	1150259	1770471	890067	158651	106947	240701	153245
黄冈	1125578	208017	995122	189104	48757	5277	81699	13636
咸宁	1090683	400253	1032061	397069	17207	3184	41415	
随州	1230649	974880	1139233	888768	72182	70982	19234	15130
湖南	**35243291**	**19689270**	**31720034**	**18008061**	**1857329**	**996534**	**1665928**	**684675**
长沙	7060578	3620668	5660083	3369026	470795	150672	929700	100970
株洲	3564443	2842146	3128277	2487303	188242	145603	247924	209240
湘潭	2927460	2382788	2503021	1972530	361280	356480	63159	53778
衡阳	2903713	1048110	2775258	962069	78813	56428	49642	29613

2—19 续表 5 单位：万元

城市	工业总产值（当年价）		内资企业产值		港、澳、台商投资企业产值		外商投资企业产值	
	全市	市辖区	全市	市辖区	全市	市辖区	全市	市辖区
邵阳	1122158	386884	1099086	385974	11876	910	11196	
岳阳	5871182	3607838	5581596	3410820	145519	96472	144067	100546
常德	2992950	1884893	2619611	1691160	291318	115553	82021	78180
张家界	230933	95398	214377	92614	12981	2784	3575	
益阳	1066745	593894	1012166	556338	30823	25391	23756	12165
郴州	2749994	925120	2497178	875427	229898	28725	22918	20968
永州	1200441	720618	1139640	678419	32933	17516	27868	24683
怀化	1129487	200265	1089659	163288	2851		36977	36977
娄底	2423207	1380648	2400082	1363093			23125	17555
广东	**266554464**	**237977192**	**95888297**	**78971515**	**86014537**	**78490480**	**74121424**	**71253969**
广州	50433323	44335654	17189208	14329170	13859425	11722930	19384690	18283554
韶关	3262389	2373252	2643122	2079479	537726	229187	81541	64586
深圳	65092717	65092717	13580337	13580337	24720806	24720806	26791574	26791574
珠海	12626696	12626696	2708631	2708631	3329229	3329229	6588836	6588836
汕头	6217116	6203503	3823874	3810278	1276455	1276438	1116787	1116787
佛山	33313103	33313103	19594371	19594371	10658599	10658599	3060133	3060133
江门	13228474	6920008	7005188	3425168	3405489	1484630	2817797	2010210
湛江	4987229	4106735	2139594	1443973	2498516	2331624	349119	331138
茂名	6182121	5098377	5757937	4709427	314924	347379	109260	41571
肇庆	2545103	1162388	1412127	593542	581146	186932	551830	381914
惠州	11197762	9703323	671939	442096				
梅州	3565500	494300	3047394	145000	397800	349300	120306	
汕尾	730756	462771	257712	118043	441463	344646	27199	82
河源	1166423	444092	664907	138594	453806	271664	47710	33834
阳江	1542319	640107	1271414	589182	216222	44321	54682	6604
清远	1712245	591919	818197	359974	777703	156307	116345	75638
东莞	25832222	25832222	3734501	3734501	13255839	13255839	8841882	8841882
中山	16947067	16947067	6145303	6145303	7268701	7268701	3533063	3533063
潮州	2318496	754523	1458886	451676	693525	264146	166085	38701
揭阳	2526400	641000	1387341	391033	895843	198950	243216	51017
云浮	1127003	233434	576314	181737	431320	48852	119369	2845
广西	**15890737**	**11156474**	**5131407**	**3014964**	**283880**	**149023**	**1092908**	**853037**
南宁	2636466	1775283	2282247	1599856				
柳州	5674259	4951178						
桂林	2032158	1240072						
梧州	929714	560118	635941	417607	183771	67956	110002	103325
北海								
防城港	663745	582047	141409	60816	7398	6294	514938	514937
钦州								

2－19 续表 6　　　　单位：万元

城市	工业总产值（当年价）		内资企业产值		港、澳、台商投资企业产值		外商投资企业产值	
	全市	市辖区	全市	市辖区	全市	市辖区	全市	市辖区
贵港								
玉林	1321906	801543						
百色								
贺州	401838	268800	374389	261325	19934	3201	7515	4274
河池	815278	262772	743337	262772			71941	
来宾	821711	544779	536292	322657			285419	222122
崇左	593662	169882	417792	89931	72777	71572	103093	8379
海南	**2313610**	**2313610**	**1830583**	**1830583**	**6262**	**6262**	**11077**	**11077**
海口	2219369	2219369	1753681	1753681				
三亚	94241	94241	76902	76902	6262	6262	11077	11077
重庆	**21427261**	**17408908**	**17267083**	**13629303**	**1343834**	**1317747**	**2816344**	**2461858**
四川	**41455845**	**25219682**	**37847422**	**22683302**	**1241615**	**875301**	**2366808**	**1661079**
成都	12312313	8831950	10035465	7141229	714406	565470	1562442	1125251
自贡	1773715	1488257	1631599	1346141	41104	41104	101012	101012
攀枝花	2662144	2239809	2594025	2218247	48141	1584	19978	19978
泸州	1286096	965156	1268127	948784	17409	16372	560	
德阳	3793875	1108542	3636031	1085954	33148	10126	124696	12462
绵阳	3513111	2413705	3328598	2252270	53144	50716	131369	110719
广元	583953	542250	537541	498442	640		45772	43808
遂宁	905474	324863	871547	322562	3191		30736	2301
内江	2010263	739960	1927457	677210	55172	55172	27634	7578
乐山	2707044	1330330	2406759	1090661	52733	5389	247552	234280
南充	1487209	860935	1441088	822565	38370	38370	7751	
眉山	1735450	690937	1654618	679860	16955	9235	63877	1842
宜宾	2828219	2083307	2776028	2034001	52191	49306		
广安	724980	235863	659056	219923	65924	15940		
达州	1141443	472970	1137327	472970	4116			
雅安	561435	181579	519998	168596	41437	12983		
巴中	196071	53744	196071	53744				
资阳	1233050	655525	1226087	650143	3534	3534	3429	1848
贵州	**8875760**	**5532790**	**8472974**	**5165026**	**56577**	**46349**	**346209**	**321415**
贵阳	4426522	3387488	4094994	3077971	42818	34159	288710	275358
六盘水	1428816	803969	1426264	802986	2552	983		
遵义	2165301	978295	2129004	951152	7124	7124	29173	20019
安顺	855121	363038	822712	332917	4083	4083	28326	26038
云南	**15019160**	**9429028**	**7146029**	**3943495**	**181997**	**112859**	**115198**	**97947**
昆明	7500282	5274727						
曲靖	2772299	1193995	2715794	1174272	56505	19723		
玉溪	3251432	2410023	3073810	2277749	70338	38398	107284	93876

2—19 续表 7　　单位:万元

城　市	工业总产值(当年价)		内资企业产值		港、澳、台商投资企业产值		外商投资企业产值	
	全市	市辖区	全市	市辖区	全市	市辖区	全市	市辖区
保　山	198997	97761	191083	93690			7914	4071
昭　通	550727	323258	510785	283316	39942	39942		
丽　江	127416	21050	127416	21050				
思　茅	294890	78591	280558	64259	14332	14332		
临　沧	323117	29623	246583	29159	880	464		
陕　西	**23469043**	**12413864**	**21698054**	**10814884**	**680680**	**613838**	**1090310**	**985142**
西　安	7892170	7479059	6842797	6432814	147336	145138	902037	901107
铜　川	529091	515510	524340	510759			4751	4751
宝　鸡	3017768	1226456	2966393	1184369	51375	42087		
咸　阳	2910945	2072589	2386876	1603283	450103	416023	73967	53283
渭　南	2367280	273548	2319863	259845	9258	4731	38159	8972
延　安	2922023	258695	2916085	258695			5938	
汉　中	1294555	241232	1271412	235373	10866	5859	12277	
榆　林	2004573	135846	1959491	135846	11220		33862	
安　康	320712	131294	302073	114265	522		18117	17029
商　洛	209926	79635	208724	79635			1202	
甘　肃	**14873597**	**10454869**	**14467427**	**10155195**	**294648**	**213657**	**111522**	**86017**
兰　州	6499112	5688728	6163064	5406150	235233	197805	100815	84773
嘉峪关	961282	961282	961282	961282				
金　昌	1537825	1357681	1537825	1357681				
白　银	1375010	1293291	1372691	1290972	2319	2319		
天　水	589582	535725	580445	526588	9137	9137		
武　威	406389	255397	406389	255397				
张　掖	370683	147028	370683	147028				
平　凉	532009	76482	532009	76482				
酒　泉	1223650	66677	1208612	65433	4331		10707	1244
庆　阳	887178	38312	887178	38312				
定　西	179126	24296	135498	19900	43628	4396		
陇　南	311751	9970	311751	9970				
青　海	**1806747**	**857246**	**1701757**	**821855**	**84271**	**14672**	**20719**	**20719**
西　宁	1806747	857246	1701757	821855	84271	14672	20719	20719
宁　夏	**4957147**	**3235669**	**4496500**	**2905229**	**45348**	**36262**	**415299**	**294178**
银　川	1982974	1396711	1701320	1126703	29616	28798	252038	241210
石嘴山	1565366	1317693	1494009	1257261	12118	7464	59239	52968
吴　忠	1017681	278190	913659	278190			104022	
固　原	36179	19390	36179	19390				
中　卫	354947	223685	351333	223685	3614			
新　疆	**9521930**	**9518449**	**9362805**	**9359324**	**74670**	**74670**	**84455**	**84455**
乌鲁木齐	4182170	4178689	4036753	4033272	67171	67171	78246	78246
克拉玛依	5339760	5339760	5326052	5326052	7499	7499	6209	6209

2—20 限额以上工业企业财务(一)

单位:万元

城市	产品销售收入		本年应交增值税		利税总额	
	全市	市辖区	全市	市辖区	全市	市辖区
城市合计	**1686929686**	**1111593908**	**61203184**	**41811374**	**111291011**	**78715759**
北京	**51108438**	**45123364**	**1616225**	**1457479**	**3108485**	**2573184**
天津	**54946118**	**51076156**	**1393472**	**1285195**	**4125320**	**3828002**
河北	**78986215**	**42507375**	**2916841**	**1829811**	**4645934**	**2075700**
石家庄	15490680	8162135	542747	346243	1008787	319159
唐山	18961757	12843441	772332	540852	1196881	722075
秦皇岛	4054047	3362495	113469	81801	148325	119901
邯郸	8441905	5478779	431045	316283	501907	320189
邢台	5248071	1848161	174138	85079	417354	138238
保定	6953449	2485049	203868	88387	396738	117960
张家口	4284520	2946193	212418	159230	125459	172254
承德	2685159	1053367	148796	80731	199124	40487
沧州	4966152	1902682	112574	40157	224443	15851
廊坊	4263341	1281881	102011	54300	183377	47989
衡水	3637134	1143192	103443	36748	243539	61597
山西	**35361135**	**17385032**	**2390741**	**1003711**	**2202634**	**841864**
太原	7078691	5868091	456153	335439	314005	273082
大同	3587709	3118387	192747	158993	159277	126925
阳泉	1930655	1573851	134643	114251	92059	79575
长治	3674378	1944317	261116	130002	322846	92245
晋城	2185637	1083022	184411	80240	164596	126926
朔州	1571266	1207535	67530	45982	55159	40615
晋中	2922220	583480	185348	23255	127409	8730
运城	4216323	501660	273462	16996	340894	16350
忻州	754349	112866	64031	8830	38550	—843
临汾	5395136	1162933	406978	63881	427488	62826
吕梁	2044771	228890	164322	25842	160351	15433
内蒙古	**17540029**	**11015198**	**911427**	**496996**	**1118787**	**526929**
呼和浩特	3280069	1680335	140735	64517	298891	135315
包头	6008117	5767455	234680	220357	223961	208601
乌海	790628	790628	68420	68420	56880	56880
赤峰	1422791	965918	84995	65105	59293	26065
通辽	1067549	547534	42166	23414	69092	35631
鄂尔多斯	2735689	819534	200821	35969	270299	44836
呼伦贝尔	726174	72961	55789	4699	54657	4243
巴彦淖尔	839235	284590	39663	11475	63842	14325
乌兰察布	669777	86243	44158	3040	21872	1033
辽宁	**79744872**	**68098871**	**2570963**	**2174715**	**3819111**	**3176222**
沈阳	14164477	13569398	366019	354184	366456	347826

2—20 续表 1

单位:万元

城市	产品销售收入		本年应交增值税		利税总额	
	全市	市辖区	全市	市辖区	全市	市辖区
大连	19586072	17703129	375564	321264	704640	610233
鞍山	8393163	6178587	408320	349274	1059336	918071
抚顺	6003436	5806132	149131	143066	39017	34030
本溪	6139677	5871010	243567	228991	133631	111097
丹东	1771211	1153091	79986	51330	84030	58697
锦州	3361069	2648940	97340	72364	69660	40640
营口	3434332	2435901	99400	71067	119552	84056
阜新	828744	537677	39368	30059	14852	3736
辽阳	3996184	3035796	122526	105945	235565	181437
盘锦	4590600	4230521	301500	294495	778600	728637
铁岭	1594910	751614	72126	34077	47732	18424
朝阳	1709548	524638	85530	21329	122771	10131
葫芦岛	4171449	3652437	130586	97270	43269	29207
吉林	**30969481**	**25936630**	**1213127**	**1021014**	**1768787**	**1473431**
长春	16559128	15812822	535011	524666	721708	716688
吉林	6867697	5769500	266116	211252	441372	302804
四平	1544714	424904	75191	31093	40456	9901
辽源	629318	333671	29410	22963	—44	—6743
通化	1865779	1219279	99806	68592	159983	92636
白山	916885	340865	43034	19299	42733	10625
松原	2043443	1700817	140348	125906	340990	331288
白城	542517	334772	24211	17243	21589	16232
黑龙江	**33723756**	**29440403**	**2447548**	**2236349**	**7559529**	**7339982**
哈尔滨	8105925	6724863	338545	264765	249073	160447
齐齐哈尔	2212679	1807345	101988	78381	8786	—7642
鸡西	953941	577155	67866	44194	47111	26084
鹤岗	516919	443465	44023	42270	2677	1554
双鸭山	564408	376415	38326	34096	20550	15384
大庆	17441014	17222703	1642292	1630778	7158319	7141183
伊春	483744	417549	23500	21283	13555	8857
佳木斯	715037	516046	33295	26222	—4575	—7360
七台河	640947	541959	59774	52819	7382	—5080
牡丹江	1170347	750305	54064	37424	17791	2513
黑河	131936	18532	12512	2425	—4065	1844
绥化	786859	44066	31363	1692	42925	2198
上海	**13863247**	**13775455**	**3771101**	**3734559**	**10034753**	**9994076**
江苏	**237078525**	**128766050**	**6251930**	**3576591**	**11058666**	**6249281**
南京	32275093	30555039	1020357	983359	2003152	1925444
无锡	43997563	23185792	998212	501966	2115639	947275

2—20续表2

单位:万元

城市	产品销售收入		本年应交增值税		利税总额	
	全市	市辖区	全市	市辖区	全市	市辖区
徐州	8807768	5459340	407785	318607	462401	331848
常州	19593602	16395923	490953	366731	779210	620691
苏州	71467734	26223435	1238429	376454	3095634	1109300
南通	14998123	5110752	398506	136690	736114	301515
连云港	2611528	1956439	101252	80822	132889	112609
淮安	4420157	3356003	180015	144003	231736	190672
盐城	8439866	2978068	283548	118420	255870	86921
扬州	10464590	4850725	369212	208967	404150	256257
镇江	9790978	4752849	367123	174804	356270	198274
泰州	8799422	3368342	356863	146953	430485	141106
宿迁	1412101	573343	39675	18815	55116	27369
浙江	**168127092**	**85107890**	**5126900**	**2545473**	**9611214**	**5055352**
杭州	40751984	34399202	1126708	931722	2208324	1936433
宁波	34940795	22163097	1034593	725127	2419135	1764968
温州	17493832	7549282	636023	271841	1138492	462275
嘉兴	13813601	3054885	409601	88003	738862	176754
湖州	7599839	3825254	270828	113682	433430	195528
绍兴	24321912	4261135	681568	91614	1316707	165594
金华	9972810	1606566	342161	58577	478514	76304
衢州	2270160	1041799	85579	36502	90358	19970
舟山	1942682	1723242	49681	43438	60137	53309
台州	12579782	4710450	384314	144114	629803	193122
丽水	2439695	772978	105844	40853	97452	11095
安徽	**35491544**	**27048798**	**1513644**	**1204585**	**1917660**	**1493850**
合肥	6276027	5745031	195269	171362	238576	205233
芜湖	4250545	3650035	141051	111978	222889	168799
蚌埠	1617595	1435789	67566	62686	84958	82542
淮南	2311926	2029893	182836	163516	109820	72856
马鞍山	4017971	3712963	245124	232928	474012	468502
淮北	1931420	1859792	157626	155591	57288	54827
铜陵	2819487	2733881	88354	85938	221477	219907
安庆	2891694	1869101	88895	59668	115027	53957
黄山	505928	231141	13971	7598	15297	10309
滁州	1909664	758418	66622	29739	64456	28344
阜阳	1059458	597296	35057	23132	21779	8774
宿州	717697	446401	28216	21520	—5470	—392
巢湖	1529410	621905	61180	22753	83657	27123
六安	1086877	407902	38008	16460	86581	51462
亳州	665129	342752	16924	8939	17560	11289

2—20 续表 3 单位:万元

城　市	产品销售收入		本年应交增值税		利税总额	
	全　市	市辖区	全　市	市辖区	全　市	市辖区
池　州	440838	261443	22796	16453	42978	37742
宣　城	1459878	345055	64149	14324	66775	—7424
福　建	**63667652**	**34251925**	**1698502**	**880897**	**3797949**	**2234543**
福　州	15455817	6227440	320783	129331	681894	348568
厦　门	17304503	17304503	317188	317188	1379178	1379178
莆　田	2541242	2230230	83654	75332	124379	116330
三　明	3022112	1516062	142769	94656	142444	67458
泉　州	15516311	3721968	461346	110801	848778	144598
漳　州	4604956	1107052	124230	26522	311138	39458
南　平	1921671	697799	74476	25119	68767	11182
龙　岩	2098403	1349566	136740	99307	217055	133704
宁　德	1202637	97305	37316	2641	24316	—5933
江　西	**19336222**	**11520072**	**842862**	**497008**	**703778**	**397120**
南　昌	5662002	4790411	232755	206931	311858	282022
景德镇	1146726	840765	43453	31065	14429	5237
萍　乡	1370508	1180778	94429	75899	48211	41935
九　江	2613987	1682321	94158	52283	29382	—7003
新　余	1726998	1624459	89825	83599	22512	22157
鹰　潭	2006994	81322	75744	1690	119265	2524
赣　州	1771251	629515	74825	20837	66456	23875
吉　安						
宜　春	1197250	153927	64320	6286	32811	2753
抚　州	705222	311588	27895	13491	21593	12271
上　饶	1135284	224986	45458	4927	37261	11349
山　东	**207347466**	**102018283**	**7002624**	**3845073**	**14192664**	**7586687**
济　南	16302220	12548458	573296	420553	795918	511769
青　岛	33202517	23020277	738853	527216	1039233	772869
淄　博	18840681	16044217	759171	649069	1030688	833741
枣　庄	6508831	4578280	338745	241559	480512	309761
东　营	10406439	6713106	758626	667285	2610903	2360089
烟　台	25182501	7551777	712633	216142	1995042	462881
潍　坊	18430568	5084263	535188	185566	1008660	313300
济　宁	10704156	3190878	546562	157283	935890	187731
泰　安	6900487	1567191	318605	59666	366528	59123
威　海	18565871	4457805	369615	119936	988895	276980
日　照	3332959	2203830	80976	56071	102545	72424
莱　芜	4075426	4075426	140209	140209	392254	392254
临　沂	9096867	5147497	271992	144932	444966	263887
德　州	8084297	2487203	301196	115682	1091619	658768

2—20续表4

单位:万元

城市	产品销售收入		本年应交增值税		利税总额	
	全市	市辖区	全市	市辖区	全市	市辖区
聊城	6927539	794861	218661	26590	429948	34263
滨州	8045482	2063815	260043	95692	405370	65957
菏泽	2740625	489399	78253	21622	73693	10890
河南	**66762749**	**24811164**	**2496849**	**1067843**	**3702175**	**1015843**
郑州	11896359	4472310	484277	205021	744995	292960
开封	1616297	512747	29790	13086	51116	—12595
洛阳	7620520	5039511	265042	156110	333731	76797
平顶山	3608084	2184679	219424	157803	196377	110794
安阳	4977392	2855133	246575	160917	197411	133478
鹤壁	1457329	690610	43236	33496	43247	23667
新乡	3806096	295493	113169	8902	121865	11467
焦作	5065830	1616559	205404	69738	406931	61009
濮阳	3914488	2655135	128428	113870	238124	155097
许昌	4442724	1169315	181830	49889	366006	81878
漯河	3665411	134309	77570	1946	186177	4320
三门峡	2921441	556062	86553	23909	244188	22438
南阳	4547429	218969	212304	5302	223958	8744
商丘	1860401	552867	75708	10860	172145	12299
信阳	1580856	817240	46022	27572	31121	—186
周口	2181716	376870	37703	5673	85482	14652
驻马店	1600376	663355	43814	23749	59301	19024
湖北	**43781461**	**32802120**	**1774940**	**1469674**	**3093143**	**2727212**
武汉	16043045	16043045	680773	680773	1159103	1159103
黄石	3089265	2246387	141138	98237	79986	35029
十堰	5848674	5191312	133864	103538	197077	178112
宜昌	3905899	2510008	284995	240285	797389	754798
襄樊	3579841	251246	144664	104560	198106	106525
鄂州	1596485	1596485	57742	57742	106592	106592
荆门	2554526	1767260	83644	59172	40643	20993
孝感	1843639	379510	65876	30266	119551	91396
荆州	2229291	1309973	86412	50033	225282	177998
黄冈	951966	193507	42497	18216	23767	9439
咸宁	957884	372486	27218	12242	68354	40226
随州	1180946	940901	26117	14610	77293	47001
湖南	**34227751**	**19247673**	**1512512**	**933366**	**1721463**	**1047057**
长沙	6727077	3535320	320271	212069	489255	277161
株洲	3489447	2789163	128000	93557	160158	134787
湘潭	2737071	2212466	107873	89682	198195	181590
衡阳	2887222	1049200	94987	46178	102943	78496

2—20 续表 5

单位:万元

城市	产品销售收入		本年应交增值税		利税总额	
	全市	市辖区	全市	市辖区	全市	市辖区
邵阳	1119412	315583	49845	17750	22353	2386
岳阳	5955144	3691238	168278	104306	36708	28347
常德	2886484	1863169	209859	170386	175864	157031
张家界	201822	82789	8480	4374	−5066	−6069
益阳	928828	508660	39894	23973	5999	−6823
郴州	2744048	905501	159254	51843	195703	41418
永州	1199698	720748	56374	39788	151080	30344
怀化	759543	130394	34490	4737	20830	724
娄底	2591955	1443442	134907	74723	167441	127665
广东	**260005338**	**234780599**	**5892729**	**5315234**	**13394320**	**12597499**
广州	50938119	45382227	1754775	1628513	3946380	3736491
韶关	3208629	2380045	199731	158041	220367	173119
深圳	63334905	63334905	950706	950706	4000427	4000427
珠海	12932989	12932989	183452	183452	504898	504898
汕头	6122609	6109379	165905	165395	234281	234281
佛山	29553774	29553774	612506	612506	856325	856325
江门	12793088	6913165	273859	135466	295303	173948
湛江	4635958	3801706	165790	137843	527770	526367
茂名	6474176	5398401	202860	168636	274439	243020
肇庆	2404611	1127330	73602	37254	51392	19011
惠州	11319430	9852439	123653	109892	267326	236502
梅州	1668887	561611	11508	54212	85484	9948
汕尾	789670	498119	13108	5424	33681	21557
河源	1131574	437428	40526	9730	63952	29648
阳江	1371132	643499	25894	7460	13110	−315
清远	1803794	684478	60114	16752	23338	−10138
东莞	27331880	27331880	526439	526439	1454041	1454041
中山	16223033	16223033	359751	359751	437322	437322
潮州	2195031	637864	70945	18971	54094	21025
揭阳	2665786	744741	38211	15062	31954	−80382
云浮	1106263	231586	39394	13729	18436	10405
广西	**15592606**	**10915716**	**807625**	**537185**	**977018**	**664649**
南宁	2437367	1588405	137619	94187	121325	73069
柳州	5765350	5043754	266730	226953	344776	290969
桂林	1958263	1175327	105228	59842	111919	59253
梧州	907930	564415	36609	24807	16579	10162
北海						
防城港	622450	546799	9073	4785	9438	1640
钦州						

2—20续表6

单位:万元

城　　市	产品销售收入		本年应交增值税		利税总额	
	全　市	市辖区	全　市	市辖区	全　市	市辖区
贵　港						
玉　林	1319797	801777	74937	53789	76386	70167
百　色						
贺　州	430152	278895	24170	14048	19895	13583
河　池	801421	256653	56363	11665	72972	6551
来　宾	819255	541318	59870	37589	141496	123378
崇　左	530621	118373	37026	9520	62232	15877
海　南	**2389716**	**2389716**	**91312**	**91312**	**120841**	**120841**
海　口	2302002	2302002	86171	86171	116240	116240
三　亚	87714	87714	5141	5141	4601	4601
重　庆	**21088433**	**17087509**	**854887**	**650890**	**1155898**	**912487**
四　川	**40862313**	**25120582**	**1738029**	**1085811**	**1936733**	**1244929**
成　都	12204404	9014997	532825	420424	639713	506141
自　贡	1660586	1397381	55121	46669	85061	77284
攀枝花	2832100	2415404	205844	149712	194524	136809
泸　州	1266712	948884	58575	42866	64964	54689
德　阳	3669515	1067499	154162	46199	294107	91132
绵　阳	3476104	2394276	110097	68958	—343809	—360503
广　元	593465	434364	19489	13483	3904	2804
遂　宁	845219	312891	30474	6133	55477	22619
内　江	2017799	676289	67041	14253	73966	19860
乐　山	2489082	1235886	107053	53580	311432	135874
南　充	1513500	846219	34124	17845	26252	13843
眉　山	1714962	692731	58535	31905	49472	25721
宜　宾	2831070	2113903	136737	100387	330008	455331
广　安	718498	243147	39112	18506	29831	15699
达　州	1131783	476352	51245	26365	33678	11997
雅　安	554576	179816	41580	15568	48142	25316
巴　中	196404	58574	9618	981	3349	69
资　阳	1146534	611969	26397	11977	36662	10244
贵　州	**8847445**	**5697286**	**575348**	**359642**	**569767**	**245905**
贵　阳	4550411	3467408	277862	229341	229768	187105
六盘水	1505100	884184	117214	62310	44938	8106
遵　义	1947093	941647	141537	53727	274507	45476
安　顺	844841	404047	38735	14264	20554	5218
云　南	**14780565**	**9304447**	**1082391**	**734533**	**1486793**	**1039037**
昆　明	7452056	5236203	442342	321948	686585	502954
曲　靖	2721386	1159076	198173	81286	205874	64897
玉　溪	3237880	2402441	317576	278348	493607	452836

2—20 续表 7　　　　单位:万元

城　市	产品销售收入		本年应交增值税		利税总额	
	全　市	市辖区	全　市	市辖区	全　市	市辖区
保　山	200889	97669	16071	7254	12464	3907
昭　通	519616	304307	51327	37114	81427	20936
丽　江	119467	13433	9651	2276	4697	2317
思　茅	280349	72239	23034	4565	213	—5793
临　沧	248922	19079	24217	1742	1926	—3017
陕　西	**21176741**	**12697131**	**1038054**	**511029**	**1271897**	**481015**
西　安	8017703	7606890	277830	264726	345105	325721
铜　川	473738	462337	32468	31848	4981	4454
宝　鸡	2469748	1688033	131031	80200	77523	47447
咸　阳	2582624	1844133	83616	66218	98044	80302
渭　南	2178430	226238	127002	11738	163094	6324
延　安	2655004	243374	219178	24150	497273	27323
汉　中	1185424	192457	52739	9148	1718	—839
榆　林	1171894	264500	86267	14200	76620	—2800
安　康	277752	113369	18245	5701	—2613	—7117
商　洛	164424	55800	9678	3100	10152	200
甘　肃	**14268620**	**10389490**	**714948**	**513634**	**575342**	**272800**
兰　州	5875492	5181189	206905	183190	46365	29314
嘉峪关	1461637	1461637	106480	106480	79138	79138
金　昌	1781145	1525200	107487	94799	107285	103117
白　银	1293379	1214063	72573	69424	38754	37879
天　水	512207	472078	35125	33545	18076	14611
武　威	288466	218215	15183	13458	10110	9056
张　掖	308782	110697	12536	5766	11993	2381
平　凉	495401	55667	43697	2254	37681	1672
酒　泉	1016269	66975	33888	2598	—16285	277
庆　阳	809318	53306	60275	1508	232003	—4940
定　西	166774	18486			—381	201
陇　南	259750	11977	20799	612	10603	94
青　海	**1870913**	**898887**	**89359**	**44077**	**86496**	**19631**
西　宁	1870913	898887	89359	44077	86496	19631
宁　夏	**4417745**	**2815407**	**291659**	**133191**	**187669**	**134060**
银　川	1631791	1187537	52042	38568	84925	64999
石嘴山	1516716	1268967	91151	80246	61222	51762
吴　忠	895455	128944	32331	3993	23736	228
固　原	24922	13367	1155	248	712	461
中　卫	348861	216592	114980	10136	17074	16610
新　疆	**9565498**	**9564679**	**574635**	**574497**	**1346185**	**1346571**
乌鲁木齐	4155506	4154687	187409	187271	289140	289526
克拉玛依	5409992	5409992	387226	387226	1057045	1057045

2—21 限额以上工业企业财务(二)

单位:万元

城　市	流动资产年平均余额		固定资产净值年平均余额	
	全　市	市辖区	全　市	市辖区
城市合计	**833782103**	**603661718**	**676966526**	**472127693**
北　京	**28429076**	**25170896**	**17375860**	**16157394**
天　津	**23815101**	**23014932**	**18420865**	**17436306**
河　北	**31623800**	**20127050**	**31514910**	**21908260**
石家庄	5613699	4088461	5936601	4659014
唐　山	7480354	5373288	6531626	4874564
秦皇岛	1849033	1517712	1979425	1695156
邯　郸	4073526	2903414	4494238	3663634
邢　台	1738655	729023	2200710	1098879
保　定	3312021	1661217	2706001	1383392
张家口	1570580	1190171	1981556	1577021
承　德	1301774	764908	1287192	850441
沧　州	1748608	674641	1684059	772076
廊　坊	1765276	778912	1507497	686675
衡　水	1170274	445303	1206005	647408
山　西	**20594256**	**11198699**	**22202560**	**11749502**
太　原	5059863	4160555	4788639	4344234
大　同	1873305	1691383	2010383	1809519
阳　泉	1380097	1229866	1570429	1415066
长　治	2175409	1247840	1913291	1171978
晋　城	1160524	555356	2345682	964286
朔　州	956118	713474	999331	776822
晋　中	1616939	421119	1519794	192779
运　城	2493470	511713	2646318	338726
忻　州	520868	113182	1137219	224599
临　汾	2122491	450007	2098645	334172
吕　梁	1235172	104204	1172829	177321
内蒙古	**9153638**	**6263370**	**13183715**	**6632094**
呼和浩特	1435860	870479	2108436	957190
包　头	3238572	3136680	3019747	2947149
乌　海	532839	532839	683347	683347
赤　峰	796201	593754	1203265	927071
通　辽	614393	231822	788653	340710
鄂尔多斯	1478921	585340	2721264	370564
呼伦贝尔	384069	92090	1467663	85743
巴彦淖尔	387245	162378	553327	208714
乌兰察布	285538	57988	638013	111606
辽　宁	**41133900**	**35905662**	**40989743**	**35302543**
沈　阳	11197023	10981352	7349214	7109807

2—21 续表 1

单位:万元

城市	流动资产年平均余额		固定资产净值年平均余额	
	全市	市辖区	全市	市辖区
大连	10056315	8973497	7756006	6908635
鞍山	3764436	2911743	5119609	4412133
抚顺	2053008	1991410	2786040	2674500
本溪	2403847	2270282	3001353	2796990
丹东	1031100	726771	950900	710624
锦州	1318338	999518	1017932	829925
营口	1689829	1142130	1496211	1116992
阜新	606359	457201	954326	767482
辽阳	1634658	1384235	2041974	1808104
盘锦	1242000	1094257	3908400	3763610
铁岭	758453	350532	1328523	522833
朝阳	837043	306689	722513	274310
葫芦岛	2541491	2316045	2556742	1606598
吉林	**15264605**	**12803829**	**15636674**	**12521601**
长春	8618446	8332803	4797957	4421679
吉林	2757145	2206383	4955891	4269780
四平	735408	248563	991685	263923
辽源	423718	294869	583504	470395
通化	1210355	697092	968974	614065
白山	537565	314550	823616	350052
松原	715331	537439	2205032	1926368
白城	266637	172130	310015	205339
黑龙江	**16773844**	**14670294**	**21401887**	**18424316**
哈尔滨	7322706	6689322	4759753	3957061
齐齐哈尔	1532443	1341835	1479920	1220898
鸡西	849364	643512	789637	566501
鹤岗	339867	304084	762843	711215
双鸭山	457401	362716	708408	571149
大庆	3685489	3573797	9327825	9168844
伊春	330086	292686	340282	290996
佳木斯	513595	424731	589943	424012
七台河	452972	395046	874175	840865
牡丹江	706764	557722	774214	586054
黑河	139621	42837	398980	68470
绥化	443536	42006	595907	18251
上海	**68675018**	**68209567**	**44200876**	**43952437**
江苏	**97551582**	**55620271**	**61515230**	**35317885**
南京	14039666	13426738	8712087	8454340
无锡	18334606	10129698	9578890	5104564

2—21续表2

单位:万元

城　市	流动资产年平均余额		固定资产净值年平均余额	
	全　市	市辖区	全　市	市辖区
徐　州	3069953	2300233	2584239	1945895
常　州	9585498	8455479	4452076	3787508
苏　州	29721599	10266960	19167072	6502746
南　通	5237574	2171110	3757927	2166283
连云港	1206883	915263	942173	746040
淮　安	1453522	1136518	1296152	996568
盐　城	2520018	1050645	1756055	645308
扬　州	3748311	1957525	3649643	1987861
镇　江	4788056	2411697	3315177	2117237
泰　州	3418767	1183720	1948519	687330
宿　迁	427129	214685	355220	176205
浙　江	**77054414**	**38256551**	**44793874**	**22720105**
杭　州	20287904	16917875	9698387	7932053
宁　波	15293394	8723057	9235191	6437651
温　州	7489935	3051021	4006904	1747136
嘉　兴	6005493	1526075	4549119	1145757
湖　州	2810082	1348518	2104189	849894
绍　兴	11522591	1905396	7467196	1657656
金　华	5096011	953844	2926975	601550
衢　州	1216101	718491	1019645	575376
舟　山	1070552	950637	515508	455713
台　州	5358725	1928064	2614059	1162985
丽　水	903626	233573	656701	154334
安　徽	**17314292**	**13575523**	**17053013**	**13355774**
合　肥	3537153	3250619	2236266	1818057
芜　湖	2205470	1947114	1275389	1019475
蚌　埠	1241827	1158306	776782	711685
淮　南	934609	812764	2208152	1932240
马鞍山	1795502	1716769	2313605	2224801
淮　北	975132	950700	1493334	1456587
铜　陵	1231319	1188611	1270930	1245582
安　庆	804633	474424	1242858	783983
黄　山	272154	103880	153359	62104
滁　州	916635	385385	666266	238158
阜　阳	592043	332755	508279	287696
宿　州	267214	163123	649356	510839
巢　湖	760669	290836	627911	338145
六　安	422567	179469	495618	168651
亳　州	475989	294895	295794	172511

2—21 续表 3

单位:万元

城 市	流动资产年平均余额		固定资产净值年平均余额	
	全 市	市辖区	全 市	市辖区
池 州	138173	84482	260885	193990
宣 城	743203	241391	578229	191270
福 建	**26806503**	**15584522**	**20911911**	**10210120**
福 州	6269859	3328181	4505186	1834845
厦 门	7534017	7534017	4451584	4451584
莆 田	1123350	972499	1094319	1002277
三 明	1521756	794021	1520479	569802
泉 州	5522184	1234124	4596339	921549
漳 州	2386089	551931	1932159	260759
南 平	915883	356316	1131051	505736
龙 岩	1103445	705357	1196919	562452
宁 德	429920	108076	483875	101116
江 西	**9197083**	**5848584**	**9042939**	**4893406**
南 昌	2925280	2639823	1946817	1752719
景德镇	1087640	933751	730891	529278
萍 乡	464057	404734	519437	478201
九 江	972109	516714	1843393	1148685
新 余	613780	578508	618183	539656
鹰 潭	869351	30347	1031639	18260
赣 州	657995	259391	677633	144326
吉 安				
宜 春	731176	180037	894979	105316
抚 州	280198	147396	249023	101055
上 饶	595497	157883	530944	75910
山 东	**74727164**	**41181903**	**63117672**	**34765661**
济 南	7066282	6283573	4218957	3351231
青 岛	13689077	10341069	7424073	5101117
淄 博	6680936	5601772	6660477	5460992
枣 庄	1603450	1284564	2558376	2098644
东 营	2264652	1134260	6364971	5186690
烟 台	7973219	3761750	6210950	2189642
潍 坊	6834418	2293232	5718370	1749423
济 宁	4618662	1464041	5138237	1345677
泰 安	3273278	825786	2292541	503202
威 海	6122718	1513793	2824459	1097584
日 照	1188794	838062	1461206	1184565
莱 芜	1656526	1656526	1275818	1275818
临 沂	3460915	2110191	2855898	1680940
德 州	2111484	849124	3021256	1481664

2—21 续表 4

单位:万元

城　市	流动资产年平均余额		固定资产净值年平均余额	
	全　市	市辖区	全　市	市辖区
聊　城	2461539	436204	2010259	450643
滨　州	2852569	564339	2239437	392393
菏　泽	868645	223617	842387	215436
河　南	**30330732**	**14431926**	**27705860**	**12851553**
郑　州	5424021	3039978	4326694	2126399
开　封	645984	412888	485494	298000
洛　阳	3752327	2496267	3580178	2271828
平顶山	2328379	1556360	2158280	1598565
安　阳	2356097	1662791	1874598	1274921
鹤　壁	559432	421244	436634	316482
新　乡	2068516	162900	1726479	83626
焦　作	1633340	846312	1719903	787013
濮　阳	1091469	863864	2395681	2140445
许　昌	2162219	1127716	1371598	351812
漯　河	1228952	37381	765982	26650
三门峡	1381878	412945	1700510	404618
南　阳	2131615	68473	1922739	53019
商　丘	1050644	341295	1041237	191721
信　阳	562760	302500	781397	454324
周　口	1298831	268954	871316	208356
驻马店	654268	410058	547140	263774
湖　北	**23962174**	**19728755**	**29917000**	**25486108**
武　汉	10293102	10293102	7864875	7864875
黄　石	1740619	1406422	1746400	1359139
十　堰	2375884	2023493	1630963	1122750
宜　昌	2672816	1932266	11303561	10456561
襄　樊	2111677	1547612	1828294	1493271
鄂　州	571110	571110	847997	847997
荆　门	726590	412691	942609	447571
孝　感	1030286	234646	1118883	286478
荆　州	1272780	821827	1239521	835713
黄　冈	440150	75971	582540	269620
咸　宁	361997	136678	500643	251685
随　州	365163	272937	310714	250448
湖　南	**15220306**	**10295226**	**15774019**	**9812554**
长　沙	4199139	2656177	2412786	1123125
株　洲	1938603	1650922	1528164	1330121
湘　潭	1372442	1131930	1453515	1242411
衡　阳	1091867	689830	1324143	764572

2—21 续表 5

单位:万元

城　市	流动资产年平均余额		固定资产净值年平均余额	
	全　市	市辖区	全　市	市辖区
邵　阳	447280	231000	614732	345080
岳　阳	1804154	1389727	2277122	1902583
常　德	1196445	789868	1274345	656847
张家界	98395	59483	511283	149637
益　阳	496332	331893	692063	483627
郴　州	788985	336518	1330547	486899
永　州	612853	467892	549156	329958
怀　化	301691	79028	484242	86877
娄　底	872120	480958	1321921	910817
广　东	**112868972**	**102994123**	**71437288**	**61544450**
广　州	21625318	19618585	14146409	12933713
韶　关	1384211	966565	1980536	1226976
深　圳	29066144	29066144	14260116	14260116
珠　海	5354727	5354727	3519395	3519395
汕　头	2603694	2600378	2609173	2567954
佛　山	13848236	13848236	7770967	7770967
江　门	4477493	2776467	3822435	1836165
湛　江	2453413	2129103	2136159	1646341
茂　名	1470026	1156559	1966805	211820
肇　庆	1565831	818301	1201610	539489
惠　州	4589241	3899523	2333270	1712589
梅　州	928703	330572	1054492	207135
汕　尾	284695	152099	326896	1601203
河　源	496613	217782	526064	194237
阳　江	537245	238796	367268	149515
清　远	956903	324116	1253225	355455
东　莞	12938036	12938036	6737004	6737004
中　山	5838721	5838721	3409668	3409668
潮　州	879596	256339	507293	166561
揭　阳	1003379	329745	790307	272774
云　浮	566747	133330	718196	225373
广　西	**7679613**	**5552984**	**7815175**	**4783056**
南　宁	1196450	808568	1702129	1148325
柳　州	3021440	2585344	2294961	1688350
桂　林	1182749	834840	970842	546949
梧　州	497689	380142	470001	331558
北　海				
防城港	169683	131380	178162	129702
钦　州				

2—21 续表 6

单位:万元

城　市	流动资产年平均余额		固定资产净值年平均余额	
	全　市	市辖区	全　市	市辖区
贵　港				
玉　林	692599	468077	694452	396671
百　色				
贺　州	192958	122168	261973	157452
河　池	443874	156069	884656	269902
来　宾				
崇　左	282171	66396	357999	114147
海　南	**1363057**	**1363057**	**848104**	**848104**
海　口	1306628	1306628	754898	754898
三　亚	56429	56429	93206	93206
重　庆	**11641381**	**9806560**	**9315003**	**6907954**
四　川	**25244572**	**17203851**	**21704882**	**12322999**
成　都	8511901	6736315	5296928	4058254
自　贡	1535904	1427504	615667	499892
攀枝花	1804909	1575084	3785797	1527156
泸　州	887103	640034	673813	489269
德　阳	2796884	945115	1326030	442494
绵　阳	2554626	1922378	1386112	729448
广　元	333424	284143	695932	625144
遂　宁	416593	172584	549253	135805
内　江	881147	362873	703589	225434
乐　山	1364308	743734	1759886	909628
南　充	488133	297021	413931	201746
眉　山	571005	209270	622000	178828
宜　宾	1508536	1182583	1653771	1255335
广　安	262620	96898	783553	463197
达　州	343657	152068	457863	192824
雅　安	390400	180846	618525	234621
巴　中	76024	19677	93915	32084
资　阳	517398	255724	268317	121840
贵　州	**6356668**	**4085394**	**5667234**	**3421977**
贵　阳	3309797	2671672	2704336	2020513
六盘水	954928	594764	1189073	523453
遵　义	1514859	598972	952711	597082
安　顺	577084	219986	821114	280929
云　南	**10321131**	**7489249**	**9085207**	**4574455**
昆　明	4817121	3761810	4392509	2757549
曲　靖	1503867	715210	1928702	524080
玉　溪	3079658	2657606	1051026	635072

2—21 续表 7　　　　单位:万元

城　市	流动资产年平均余额		固定资产净值年平均余额	
	全　市	市辖区	全　市	市辖区
保　山	155695	100552	221841	141764
昭　通	331298	173072	487381	277076
丽　江	72417	21505	132466	41252
思　茅	228056	47641	415890	133630
临　沧	133019	11853	455392	64032
陕　西	**14571680**	**10543956**	**14348166**	**7337806**
西　安	6979218	6684297	3974836	3743669
铜　川	431485	421734	495946	483626
宝　鸡	1992924	1541659	2011605	795253
咸　阳	1685064	1166438	1459885	981649
渭　南	1217617	160578	1929307	359334
延　安	674687	134876	1705539	107421
汉　中	760950	197331	718885	169762
榆　林	557643	148700	1367092	296800
安　康	181133	61443	473903	280234
商　洛	90959	26900	211168	120058
甘　肃	**8124424**	**6167095**	**9655799**	**6109058**
兰　州	3025745	2618953	3115508	2735461
嘉峪关	995554	995554	851742	851742
金　昌	792549	649137	625594	425213
白　银	1046061	988068	1081848	1029190
天　水	423811	412097	290921	272538
武　威	255365	220092	407930	361725
张　掖	229146	109418	342038	193911
平　凉	233809	26400	962576	33266
酒　泉	668570	63874	622071	54227
庆　阳	125659	39678	884812	115140
定　西	140328	35062	221608	22694
陇　南	187827	8762	249151	13951
青　海	**1631125**	**1116899**	**1490897**	**813997**
西　宁	1631125	1116899	1490897	813997
宁　夏	**2971593**	**2080495**	**2933732**	**2062318**
银　川	1202067	925467	1013952	823281
石嘴山	912816	834298	1070416	992370
吴　忠	616904	154226	586655	87998
固　原	19407	4685	18750	7002
中　卫	220399	161819	243959	151667
新　疆	**3380399**	**3370495**	**7906431**	**7903900**
乌鲁木齐	1844069	1834165	3299174	3296643
克拉玛依	1536330	1536330	4607257	4607257

2—22 固定资产投资

单位:万元

城市	固定资产投资总额		房地产开发投资额		住宅	
	全市	市辖区	全市	市辖区	全市	市辖区
城市合计	**686672198**	**419493712**	**131097968**	**110493049**	**89192827**	**73546036**
北京	**25283000**	**24748000**	**14732859**	**14570858**	**7759890**	**7654545**
天津	**12589831**	**12154442**	**2639165**	**2519773**	**1752377**	**1658401**
河北	**34315204**	**12275128**	**3512546**	**2455916**	**2290371**	**1658364**
石家庄	7167336	3236648	987633	805752	553901	490369
唐山	4610560	2131447	456280	220625	177984	116977
秦皇岛	1418352	929850	265441	248405	201934	190518
邯郸	3463747	1191036	233673	173847	203601	151016
邢台	2621691	575535	144776	108447	94266	65900
保定	4720854	1171707	331989	212199	246118	146370
张家口	1291931	584900	194033	135038	164093	116327
承德	1511516	488675	158355	117565	93049	66561
沧州	2453173	592629	200197	100777	140596	69326
廊坊	2665366	743850	410195	240064	313804	177921
衡水	2390678	628851	129974	93197	101025	67079
山西	**13893977**	**6841980**	**1314698**	**1137180**	**772441**	**661795**
太原	3351166	2573471	628424	619570	311584	311114
大同	1115821	984669	95036	93059	60605	59203
阳泉	491780	398416	74636	67138	70960	58960
长治	1630700	765266	91250	82825	54691	44676
晋城	1079741	503711	89442	56112	69311	52204
朔州	660576	549792	48148	48148	22791	22791
晋中	1229455	265970	106841	71561	86197	54856
运城	1380000	260490	105000	62612	56000	32647
忻州	666601	139000	6900	4688	2550	1232
临汾	1261423	230195	54091	28150	28701	21545
吕梁	1026714	171000	14930	3317	9051	2567
内蒙古	**17944127**	**8343612**	**1040693**	**863235**	**641185**	**516720**
呼和浩特	3150000	1960000	302045	299279	151640	151640
包头	4060000	3340000	297883	290803	201552	195653
乌海	707951	707951	63870	63870	34279	34279
赤峰	1620758	640774	109142	60406	88639	48651
通辽	1537000	703232	59943	40429	29680	14874
鄂尔多斯	2627350	414008	59187	45624	38246	28900
呼伦贝尔	1354198	161532	67544	19353	39176	12378
巴彦淖尔	1076870	230603	41649	21745	32323	19600
乌兰察布	1810000	185512	39430	21726	25650	10745
辽宁	**29573860**	**23828257**	**7034455**	**6623699**	**4817448**	**4536357**
沈阳	9713644	8974132	3426203	3406096	2333047	2314773

2—22 续表 1 单位:万元

城市	固定资产投资总额		房地产开发投资额		住宅	
	全市	市辖区	全市	市辖区	全市	市辖区
大连	7162138	5970000	2087855	1999000	1399232	1339330
鞍山	2154604	1631392	223425	172841	148230	119501
抚顺	1024600	823531	114131	101575	90928	83391
本溪	1255028	1133195	108177	97442	78594	71349
丹东	910471	472046	172016	137687	119073	95130
锦州	720552	405623	46012	38227	27081	24966
营口	1579714	1081787	236856	206644	189020	167783
阜新	582894	442999	83132	62349	63935	47950
辽阳	772913	615089	66962	54084	40063	31552
盘锦	1494915	1315235	140648	138147	110541	108041
铁岭	787237	232507	84604	52359	65758	38154
朝阳	645887	252529	98780	55901	67093	37969
葫芦岛	769263	478192	145654	101347	84853	56468
吉林	**11646854**	**8075932**	**1447991**	**1367829**	**1024584**	**961487**
长春	4599564	3988000	903503	895000	648771	643000
吉林	3500630	2084338	304979	282082	223690	206106
四平	550300	314456	22104	21454	11392	10802
辽源	406483	310187	48960	39390	29858	23230
通化	557602	296950	82664	63667	57981	39000
白山	451016	105879	30028	20318	23971	20318
松原	1051033	697885	31051	24771	10288	2888
白城	530226	278237	24702	21147	18633	16143
黑龙江	**11957556**	**8927357**	**1943983**	**1766474**	**1203803**	**1080867**
哈尔滨	5325633	4389918	1199506	1174703	643959	626577
齐齐哈尔	764137	497718	226361	202763	179011	160520
鸡西	318176	200328	15857	14827	11595	10565
鹤岗	347241	229453	54898	41774	37996	28221
双鸭山	406272	212845	36551	18401	30351	15828
大庆	2382228	2267612	138139	125451	106306	96924
伊春	212472	154622	41822	29739	33567	24361
佳木斯	367624	150669	58296	40571	38806	30416
七台河	320155	276114	32929	28309	29784	25164
牡丹江	717233	315177	91650	62510	57638	39254
黑河	276385	130836	13210	9426	6982	3495
绥化	520000	102065	34764	18000	27808	19542
上海	**30846560**	**30755338**	**11754647**	**11644347**	**9141048**	**9031448**
江苏	**75625394**	**42727036**	**12697793**	**8717585**	**9600505**	**6595002**
南京	12018840	11282866	2928756	2839005	2140914	2083823
无锡	11141332	6978803	1955759	1432809	1494715	1070171

2—22续表2

单位:万元

城市	固定资产投资总额		房地产开发投资额		住宅	
	全市	市辖区	全市	市辖区	全市	市辖区
徐州	4452726	1823304	309135	189290	247298	140437
常州	5886129	4730966	978955	838288	720487	627051
苏州	15547986	6432816	3343245	1534223	2756397	1258992
南通	6069259	1729594	593879	297575	422269	216783
连云港	2463014	1292928	273238	217136	186113	157336
淮安	2756911	1854753	345923	297478	180431	158533
盐城	3749071	1288392	311441	157756	248760	154075
扬州	3300495	1644515	639830	351550	483964	297760
镇江	3205244	1938164	391747	241574	329301	210957
泰州	3062444	974947	392797	178864	235412	123377
宿迁	1971943	754988	233088	142037	154444	95707
浙江	**59354353**	**31063263**	**12948475**	**8326068**	**9794920**	**6209137**
杭州	12051792	9387607	3285409	2810506	2535103	2160099
宁波	10956650	7132913	2344091	1644000	1784188	1289319
温州	5073204	2818519	1416203	1073469	1015532	755024
嘉兴	6336985	2346130	1142409	540990	871418	398216
湖州	3654743	1815988	568602	270299	414297	192089
绍兴	6249471	1799992	1160010	482940	897466	270407
金华	5178034	1440943	1154557	421149	841349	325454
衢州	2027092	928765	425062	238610	303461	166336
舟山	1278744	825565	236581	214027	201912	182878
台州	4790262	2077662	873158	505099	666374	371608
丽水	1757376	489179	342393	124979	263820	97707
安徽	**18818161**	**12302375**	**3535229**	**2900678**	**2496645**	**2080582**
合肥	3614791	3206120	1383179	1294085	1030474	964027
芜湖	1720059	1203123	289749	245195	235493	187393
蚌埠	1028291	680748	168960	144480	127594	111203
淮南	860743	640659	133924	118486	111817	105042
马鞍山	1454597	1216301	197251	180605	152935	142213
淮北	640972	586865	69859	66259	46551	42951
铜陵	617737	521668	132443	116044	86925	76035
安庆	1259579	1004228	157149	77436	109429	58591
黄山	785438	529681	179585	134395	108788	84010
滁州	870565	316963	99857	59744	62417	34774
阜阳	918821	488152	132614	126118	75201	70335
宿州	677585	319401	75714	64442	35401	27158
巢湖	1200200	318914	113132	56906	86332	45552
六安	869856	299147	154949	93423	98703	59073
亳州	677656	347329	48180	42305	23828	20583

2—22 续表 3

单位:万元

城市	固定资产投资总额		房地产开发投资额		住宅	
	全市	市辖区	全市	市辖区	全市	市辖区
池州	516674	399798	68441	51522	45429	33388
宣城	1104597	223278	130243	29233	59328	18254
福建	**18885857**	**10252797**	**4806929**	**3824334**	**3125402**	**2503833**
福州	5266318	3290161	2238298	2006510	1512092	1353647
厦门	3046531	3046531	914610	914610	702500	702500
莆田	795681	665396	134670	124211	74534	69123
三明	1322941	564002	151441	79375	72628	39011
泉州	3587936	1096692	581532	280243	340737	190932
漳州	1638773	447704	327280	188069	167337	18409
南平	1291239	346449	154022	71241	91561	40409
龙岩	917770	446933	143121	101340	79579	58234
宁德	1018668	348929	161955	58735	84434	31568
江西	**14349969**	**6936813**	**2428451**	**1506163**	**1532167**	**976708**
南昌	3515039	2682666	851761	597953	558556	409162
景德镇	1026316	671421	180825	167597	79819	72316
萍乡	959047	716224	152356	138734	66070	59541
九江	1550000	801829	175566	90643	114811	57111
新余	680000	549500	70492	64692	57053	52352
鹰潭	439150	104925	53566	38075	36387	17013
赣州	1580000	335817	201407	53092	111458	31259
吉安	957649	177214	142399	62740	95090	40834
宜春	1199368	243017	143980	67312	94258	42559
抚州	915400	335500	203367	137010	164678	115078
上饶	1528000	318700	252732	88315	153987	79483
山东	**81904437**	**36640379**	**7677634**	**5832062**	**5516380**	**4024496**
济南	6513012	4655318	1102481	1040953	871041	812784
青岛	10254204	4477306	1626965	1237638	1288654	966468
淄博	5309536	4333357	571663	527948	378227	346250
枣庄	2199923	1522180	203425	137952	152230	101626
东营	4405733	3128664	350696	316796	183235	156776
烟台	10850511	4017262	951574	598916	696292	433727
潍坊	8251367	2587736	607143	298114	452025	163863
济宁	5074000	1136000	277929	200806	143510	96434
泰安	3571877	1224475	214964	154049	138191	126172
威海	5304863	1709600	456762	316407	378574	246033
日照	1530023	1239895	212849	202726	140639	130516
莱芜	1035971	1035971	44421	44421	38158	38158
临沂	5038499	2265884	260550	185835	129861	75753
德州	4292973	1140627	338054	244237	265854	186660

2—22 续表 4

单位:万元

城　市	固定资产投资总额		房地产开发投资额		住　宅	
	全　市	市辖区	全　市	市辖区	全　市	市辖区
聊　城	2673800	487811	251316	159402	158299	69424
滨　州	3099825	979383	71806	46368	36263	18728
菏　泽	2498320	698910	135036	119494	65327	55124
河　南	**30928849**	**14261833**	**2729037**	**2415184**	**1893435**	**1694608**
郑　州	6132956	3921773	1217797	1161681	949848	909447
开　封	833592	473658	68166	68166	36433	36433
洛　阳	3302660	1695853	306878	295701	208347	198255
平顶山	1136404	505682	48571	45429	37204	33843
安　阳	1536888	782498	116001	111946	77212	74107
鹤　壁	490540	353240	11677	11677	8897	8897
新　乡	2182187	893539	193520	153946	107930	80925
焦　作	1833381	897414	132075	93146	57030	32385
濮　阳	1309148	962525	56152	52152	43796	39796
许　昌	1626871	296341	75455	52170	56226	41847
漯　河	713392	255014	68801	49047	47842	41242
三门峡	1092121	248689	14492	9765	12916	8558
南　阳	2671708	1179670	129712	117813	77318	69910
商　丘	1583544	672660	62466	56535	41112	36781
信　阳	1844463	546718	120377	49176	71114	35495
周　口	1558626	277050	72047	57954	37967	28374
驻马店	1080368	299509	34850	28880	22243	18313
湖　北	**19847778**	**14142903**	**3312264**	**3062336**	**2321435**	**2172440**
武　汉	8222009	8222009	2333006	2333006	1613958	1613958
黄　石	882970	496830	76394	49859	53187	34706
十　堰	775302	437520	117484	79251	82271	79251
宜　昌	2712825	1951903	201696	176455	149231	132188
襄　樊	1305295	854435	175195	144936	141138	116118
鄂　州	442636	442636	41512	41512	36660	36660
荆　门	861313	254328	44386	30492	30683	21508
孝　感	1044358	247531	74773	41585	64644	40679
荆　州	1082320	496846	117744	96497	74150	57912
黄　冈	1301237	266251	62269	32167	31139	17370
咸　宁	752832	167242	25842	8880	18066	4727
随　州	464681	305372	41963	27696	26308	17363
湖　南	**20272647**	**9825718**	**3375369**	**2736395**	**2161474**	**1748590**
长　沙	6680876	4209413	1755376	1560591	1167921	1041394
株　洲	1387093	870915	340683	287121	169260	134948
湘　潭	1342888	888997	155436	128251	132861	107585
衡　阳	1357737	480862	124757	124757	81300	79397

2—22 续表 5

单位:万元

城市	固定资产投资总额		房地产开发投资额		住宅	
	全市	市辖区	全市	市辖区	全市	市辖区
邵阳	1033593	115786	101286	37205	50368	22125
岳阳	1528484	657023	143202	61577	70327	39833
常德	1455653	567209	239651	154392	180030	108182
张家界	430727	189291	49535	42546	30274	25626
益阳	761878	355540	75536	56147	37058	24669
郴州	1576769	520548	191840	142690	112923	83155
永州	1122809	352371	68180	51038	37111	29792
怀化	662612	168896	76485	50293	71435	41880
娄底	931528	448867	53402	39787	20606	10004
广东	**58317692**	**48178865**	**13969609**	**13099167**	**9164120**	**8347657**
广州	13489283	12420328	4770315	4484777	3466915	3233295
韶关	1291749	652382	108147	70210	70863	46474
深圳	10925500	10925500	4320072	4320072	2485462	2485462
珠海	1797950	1797950	404633	404633	322732	322732
汕头	1320052	1302044	172157	172157	134951	134951
佛山	5654039	5654039	963998	963998	600991	600991
江门	2001636	953446	329061	203671	221462	145344
湛江	1501441	1005789	128657	103383	94475	80359
茂名	1202964	534487	79483	46459	45177	25169
肇庆	1459725	418038	180605	135451	130984	98685
惠州	2976139	2472552	295532	271963	208270	
梅州	1145700	318400	127900	22300	97196	17840
汕尾	733616	238485	14243	4713	11875	3950
河源	796166	262177	68850	46736		
阳江	655343	359025	125410	84359	73514	47025
清远	1623671	713549	171257	135658	87247	59740
东莞	4338961	4338961	934465	934465	666846	666846
中山	2912893	2912893	624615	624615	326385	326385
潮州	767310	362935	47352	31107	38239	25231
揭阳	884476	236195	59538	21422	50856	17611
云浮	839078	299690	43319	17018	29680	9567
广西	**11837061**	**5913124**	**1794910**	**1069272**	**1147187**	**616635**
南宁	2607610	1813174	660379	564195	378481	335502
柳州	1413167	1035943	384921		276003	
桂林	1468966	475291	351421	218230	186499	96211
梧州	710371	413657	70395	60177	120635	51869
北海	514096	381178	88643	84353	53834	50282
防城港	303958	209332	16483	10418	9856	7370
钦州	624084	408988	51044	44912	29686	26478

2—22 续表 6

单位:万元

城市	固定资产投资总额		房地产开发投资额		住宅	
	全市	市辖区	全市	市辖区	全市	市辖区
贵港						
玉林	922951	350456	58821	37542	35252	23651
百色	1028524	292200	25930	14384	17900	9626
贺州	459826	215103	17699	8993	8219	4125
河池	920513	110112	42731	17377	17934	8920
来宾	455647	140790	20049	8363	10834	2591
崇左	407348	66900	6394	328	2054	10
海南	**1565963**	**1565963**	**541372**	**541372**	**463286**	**463286**
海口	1192803	1192803	402868	402868	332087	332087
三亚	373160	373160	138504	138504	131199	131199
重庆	**16219203**	**10029954**	**4050791**	**3418632**	**2171303**	**1737618**
四川	**25550639**	**13192532**	**5072293**	**3967217**	**3392796**	**2573265**
成都	10852035	6545016	2914081	2552605	1855974	1586698
自贡	507972	357715	126493	108362	64676	51264
攀枝花	791310	610809	93159	91814	62812	61667
泸州	870981	581717	160366	132694	109794	91665
德阳	958231	352946	188613	104289	139072	79194
绵阳	1241906	674751	250546	202284	173914	139359
广元	493480	276059	73557	64125	68537	60250
遂宁	660860	317552	95424	65943	70340	46536
内江	668880	318122	104216	58174	69504	38684
乐山	1015627	525357	121204	78378	107338	66714
南充	1150533	444212	161570	102154	124270	79004
眉山	1131295	370755	115530	59917	71659	34790
宜宾	1178660	593094	190180	107126	144463	79338
广安	1071094	415081	110617	67455	73397	44812
达州	1264979	314395	204973	84241	136551	56000
雅安	752692	150932	26525	19959	26323	11997
巴中	371294	152996	76224	39176	58854	29826
资阳	568810	191023	59015	28521	35318	15467
贵州	**5643834**	**3751679**	**1052507**	**964354**	**603414**	**552469**
贵阳	2927840	2433091	724474	696338	397526	380645
六盘水	859377	319627	43237	36707	29643	25541
遵义	1610000	864586	254058	207467	163213	137265
安顺	246617	134375	30738	23842	13032	9018
云南	**9067565**	**3893306**	**1328138**	**1211189**	**979763**	**904057**
昆明	4350794	2305500	1076812	1023560	858445	826456
曲靖	1595235	378282				
玉溪	818349	411582	36451	29700	25984	21562

2—22 续表 7 单位:万元

城市	固定资产投资总额		房地产开发投资额		住宅	
	全市	市辖区	全市	市辖区	全市	市辖区
保山	354652	131485	62938	31732	32484	15469
昭通	575787	112500	24398	13551	16032	5506
丽江	424221	256250	113160	103964	36917	29149
思茅	487078	156251	14379	8682	9901	5915
临沧	461449	141456				
陕西	**15274644**	**8936025**	**2304577**	**2024897**	**2148680**	**1394630**
西安	6404213	5665209	1634000	1474559	1604300	970566
铜川	268263	253952	32150	32150	25627	25627
宝鸡	1401495	770500	161832	128788	135799	114332
咸阳	1616714	903167	124649	117914	91734	86203
渭南	950747	182000	40791	21639	31447	17388
延安	1499405	366458	34524	24956	29752	14944
汉中	670000	181600	133722	104000	116092	88000
榆林	1580000	346989	53906	47274	49304	31843
安康	561836	180466	72751	61665	51372	35605
商洛	321971	85684	16252	11952	13253	10122
甘肃	**7137804**	**4224038**	**712657**	**660701**	**459157**	**417444**
兰州	2319191	1994099	446621	443506	269108	266182
嘉峪关	425821	425821	22763	22763	22041	22041
金昌	305994	235900	5960	4250	4018	2539
白银	546325	334974	23779	23779	12431	12431
天水	440775	273779	63084	52538	37589	31982
武威	460336	227220	34302	32222	26094	24224
张掖	520194	165133	23109	15380	14528	6937
平凉	364168	99280	27562	17455	25334	17245
酒泉	586158	208506	30753	26287	25922	21556
庆阳	610178	169072	13404	12324	9642	8772
定西	305421	63078	16567	5444	9633	718
陇南	253243	27176	4753	4753	2817	2817
青海	**985417**	**616948**	**228636**	**228636**	**138658**	**138658**
西宁	985417	616948	228636	228636	138658	138658
宁夏	**4149558**	**2221132**	**633979**	**562060**	**419679**	**375663**
银川	1717373	1118383	488078	461007	316930	300559
石嘴山	665440	522866	77028	68420	60554	54488
吴忠	913469	198285	28177	2000	17496	726
固原	306147	157898	17735	15803	7981	7083
中卫	547129	223700	22961	14830	16718	12807
新疆	**2884404**	**2866983**	**476281**	**475436**	**259274**	**259274**
乌鲁木齐	1759856	1742435	402991	402146	203546	203546
克拉玛依	1124548	1124548	73290	73290	55728	55728

2—23 商业经济

城市	限额以上批发零售贸易业商品销售总额(万元)		社会消费品零售额(万元)		限额以上批发零售贸易企业数(个)	
	全市	市辖区	全市	市辖区	全市	市辖区
城市合计	**614565071**	**520728933**	**527849060**	**322703932**	**34164**	**24010**
北京	**57029707**	**56242819**	**19704844**	**19054804**	**2031**	**1982**
天津	**23392318**	**22785103**	**10527006**	**10019306**	**1127**	**970**
河北	**12202273**	**9305194**	**25228697**	**9436482**	**954**	**576**
石家庄	3595644	3394741	5330762	2062955	187	125
唐山	1893354	1249614	3597040	1748796	143	77
秦皇岛	709397	669213	1350807	885352	62	52
邯郸	957344	906791	2727849	1057452	102	72
邢台	799382	451039	1804446	590702	60	31
保定	1437526	865719	3678538	1149702	112	69
张家口	586504	454154	1386930	758725	53	38
承德	310562	155813	1029607	319667	39	21
沧州	763360	410706	1921473	355588	63	28
廊坊	669923	431191	1382604	242595	76	35
衡水	479277	316213	1018641	264948	57	28
山西	**6923185**	**4390481**	**9317270**	**5016179**	**780**	**393**
太原			2263366	2007467		
大同	533100	517300	1186545	878043	82	78
阳泉	642564	373070	483330	328033	70	52
长治	1100667	629272	605342	231638	107	65
晋城	1115822	713181	596039	275307	91	53
朔州	707213	504196	448450	165544	58	33
晋中	966374	546064	836951	242296	145	51
运城	373382	305866	994598	342836	51	10
忻州	493896	160193	570472	167895	34	11
临汾	736881	504164	903269	285100	74	28
吕梁	253286	137175	428908	92020	68	12
内蒙古	**5082617**	**3832169**	**7974232**	**4890871**	**443**	**331**
呼和浩特	1308067	1308067	1564560	1367348	140	138
包头	869002	847895	1774682	1638514	99	95
乌海	785960	785960	226953	226953	12	12
赤峰	264798	149794	1180925	587986	36	18
通辽	264500	134300	800000	343000	45	30
鄂尔多斯	996532	314037	582676	205032	21	11
呼伦贝尔	281554	96733	866531	206136	60	9
巴彦淖尔	201598	124547	487723	194269	18	12
乌兰察布	110606	70836	490182	121633	12	6
辽宁	**34757595**	**33815129**	**26428369**	**20377724**	**1733**	**1506**
沈阳	20896821	20673170	8088040	7674995	855	823

2—23 续表 1

城市	限额以上批发零售贸易业商品销售总额(万元)		社会消费品零售额(万元)		限额以上批发零售贸易企业数(个)	
	全市	市辖区	全市	市辖区	全市	市辖区
大连	4900593	4806658	6452178	5475830	321	290
鞍山	3219608	3054733	1947775	1149724	94	56
抚顺	2470882	2464256	1574121	1360291	50	45
本溪	461551	461551	782601	589635	63	61
丹东	368919	353002	1053737	446649	48	46
锦州	650105	546088	1210899	745248	69	37
营口	280201	195262	933776	510306	44	33
阜新	206617	170712	573018	473441	22	18
辽阳	227463	224095	794255	401743	24	21
盘锦	261578	259587	707565	524166	17	16
铁岭	326111	249789	853886	276556	61	24
朝阳	377221	246301	561409	194569	56	27
葫芦岛	109925	109925	895109	554571	9	9
吉林	**5042487**	**4108133**	**11734039**	**7192419**	**341**	**234**
长春	3085639	2768392	4953384	3949651	165	133
吉林	1093523	773763	2853069	2033436	54	37
四平	116786	54806	869181	254261	13	6
辽源	80098	58059	308920	178609	22	15
通化	394728	259514	815739	287881	35	17
白山	69952	48516	496647	121771	14	9
松原	145831	123807	780485	59360	16	11
白城	55930	21276	656614	307450	22	6
黑龙江	**9541287**	**7903886**	**14929985**	**9868346**	**800**	**567**
哈尔滨	4932330	4804598	7074340	5446428	389	341
齐齐哈尔	306860	292175	1441349	958186	42	34
鸡西	487120	204051	519781	339511	48	17
鹤岗	102461	89621	359004	220420	19	18
双鸭山	107156	53365	354548	168349	11	7
大庆	1813006	1810244	1300157	1031944	69	67
伊春	34163	29863	283376	187547	4	3
佳木斯	351552	238981	808468	515141	71	40
七台河	68795	68795	255969	176643	6	6
牡丹江	809267	229198	1119145	583660	73	22
黑河	220740	62532	302011	64491	23	7
绥化	307837	20463	1111837	176026	45	5
上海	**47303163**	**47278798**	**24546127**	**21177399**	**1200**	**1199**
江苏	**53754425**	**40182196**	**41596961**	**22815703**	**1340**	**953**
南京	25328894	24634636	7114381	6617809	367	349
无锡	6147465	3350360	5792101	3714525	395	272

2—23 续表 2

城　市	限额以上批发零售贸易业商品销售总额(万元)		社会消费品零售额(万元)		限额以上批发零售贸易企业数(个)	
	全　市	市辖区	全　市	市辖区	全　市	市辖区
徐　州			2737950	1477827		
常　州	3198036	2881257	3240528	2193610	195	144
苏　州	7131205	3003608	6250991	2478126		
南　通	8299025	3317886	3842468	956866		
连云港			1412200	720168	95	
淮　安	1823129	1719653	1563605	1027640	110	72
盐　城			2559010	828074		
扬　州	1472404	1067565	2280079	971500	139	97
镇　江			1920537	926249		
泰　州			2006923	557249		
宿　迁	354267	207231	876188	346060	39	19
浙　江	**74784836**	**62423674**	**36910112**	**18199782**	**3729**	**2238**
杭　州	39325008	38393685	7043387	5850084	1521	1414
宁　波	12100887	10392500	5956308	3300000	563	
温　州	6905896	5186717	6335050	2968041	457	308
嘉　兴	3544249	1806842	3253372	783689	283	91
湖　州	1580689	1093567	2083421	1073133	150	85
绍　兴	3268808	1236043	3354323	856524	236	79
金　华	2592674	953163	2738944	741555	241	86
衢　州	561284	412988	1053529	393245		
舟　山	1245860	1162967	875164	671049	120	100
台　州	3105826	1584663	3029216	1172959	158	75
丽　水	553655	200539	1187398	389503		
安　徽	**16770679**	**14630457**	**14763721**	**7697727**	**705**	**500**
合　肥	5775543	5659688	2397739	2073131	194	190
芜　湖	538613	536327	1025363	635459	32	30
蚌　埠	406829	392420	1015669	616035	27	22
淮　南	255780	250432	630014	553554	18	15
马鞍山	1006162	1002107	526527	399852	34	31
淮　北	235885	219924	456100	346360	23	16
铜　陵	297596	292942	343107	281935	23	21
安　庆	4782584	4100517	1295189	512431	60	30
黄　山	128320	120975	408796	195128	11	8
滁　州	356000	234000	866013	196979	72	22
阜　阳	1424834	714240	1307908	423069	64	34
宿　州	329409	303496	751984	214080	28	17
巢　湖	239378	88264	853778	249286	16	11
六　安	177093	152834	996912	275075	13	6
亳　州	273614	118416	887034	334230	31	9

2—23 续表 3

城　市	限额以上批发零售贸易业商品销售总额(万元)		社会消费品零售额(万元)		限额以上批发零售贸易企业数(个)	
	全　市	市辖区	全　市	市辖区	全　市	市辖区
池　州	203725	195372	278310	124700	20	14
宣　城	339314	248503	723278	266423	39	24
福　建	**25501542**	**16164345**	**19985882**	**9813848**	**2058**	**1550**
福　州	5842789		5803820	3704810		
厦　门	13073819	13073819	2603061	2603061	1026	1026
莆　田	532995	507731	1077837	861727	56	48
三　明	1169168	695440	896277	192943	158	101
泉　州	2078439	1026608	4702941	1135099	386	153
漳　州	1169507	104369	1993574	526166	153	101
南　平	502214	113380	957200	236150	103	30
龙　岩	822144	590037	974108	400101	124	76
宁　德	310467	52961	977064	153791	52	15
江　西	**9211406**	**8129021**	**10599178**	**4915734**	**535**	**350**
南　昌	5616640	5200782	2348739	1996362	249	228
景德镇	117308	109425	440791	262830	15	13
萍　乡	188806	188806	546040	429479	10	10
九　江	464113	415366	973027	388781	54	32
新　余	1361324	1345317	394626	307890	19	15
鹰　潭	119927	109214	285900	138865	11	7
赣　州	335009	219553	1349095	320233	56	16
吉　安	201776	85334	812578	144684	36	11
宜　春	333630	252112	1281622	298876	35	7
抚　州	202053	167426	928760	353517	9	5
上　饶	270820	35686	1238000	274217	41	6
山　东	**37326277**	**28619698**	**44924504**	**21985343**	**2292**	**1313**
济　南	7534000	7337000	6860000	5509792	181	157
青　岛	8332770	7283036	6054946	3305180	325	253
淄　博	1251621	1137893	2998249	2428581	104	76
枣　庄	498810	307282	1461798	794738	66	47
东　营	1291780	1176751	1170971	848798	35	15
烟　台	6533406	4380657	4404197	1515962	460	265
潍　坊	3014117	1436380	4052071	1187007	184	63
济　宁	1402018	508557	2938170	1065769	141	52
泰　安	680094	277442	2241823	800357	95	28
威　海	1056470	883073	2381361	867637	81	53
日　照	728849	583014	1044973	619901	79	51
莱　芜	360195	360195	118896	118896	38	38
临　沂	2030623	1475275	3099042	1393179	206	121
德　州	776605	539680	1872090	442200	89	33

2—23 续表 4

城市	限额以上批发零售贸易业商品销售总额(万元)		社会消费品零售额(万元)		限额以上批发零售贸易企业数(个)	
	全市	市辖区	全市	市辖区	全市	市辖区
聊城	619000	355192	1273211	327438	79	25
滨州	510187	206620	1178720	330685	66	17
菏泽	705732	371651	1773986	429223	63	19
河南	**17866864**	**13287138**	**28552886**	**11698583**	**3592**	**1933**
郑州	6672836	6302031	5586942	3124752	943	766
开封	792717	617528	1286226	842918	144	127
洛阳	1331547	1282899	2887829	1841552	338	213
平顶山	604383	309882	1315571	628624	117	42
安阳	1709597	934401	1277094	611910	243	141
鹤壁	145562	61696	343753	219820	49	27
新乡	644713	357250	1545410	622839	179	84
焦作	680026	431336	1187959	383280	202	89
濮阳	391582	170850	852549	248782	119	49
许昌	517825	288460	1294781	361011	99	46
漯河	403665	300713	897163	280617	95	48
三门峡	510287	258943	800798	175879	109	33
南阳	1168017	662543	2906737	883582	395	119
商丘	646497	554543	1468574	484404	138	54
信阳	502007	269629	1578381	444936	124	45
周口	491511	198709	1853774	272057	133	20
驻马店	654092	285725	1469345	271620	165	30
湖北	**17509398**	**16289448**	**23831980**	**15545632**	**967**	**670**
武汉	12558427	12558427	9605780	9605780	242	242
黄石	389145	267098	1062693	582757	60	34
十堰	895865	869379	919512	542419	102	83
宜昌	593628	543603	1978198	1022139	96	76
襄樊	461044	298540	2066445	1110701	83	46
鄂州	380571	380571	545266	545266	44	44
荆门	497865	181209	1204305	400367	73	36
孝感	448417	342841	1519052	254865	64	20
荆州	512740	453406	2369565	759100	51	32
黄冈	415698	78520	1511565	170100	92	14
咸宁	136502	129275	357402	120596	25	16
随州	219496	186579	692197	431542	35	27
湖南	**13392416**	**10608953**	**20231170**	**10222290**	**939**	**616**
长沙	8368141	7797318	5251337	4125477	413	358
株洲	728007	699267	1590260	822492	59	44
湘潭	369316	264908	1017747	605977	36	25
衡阳	660430	302800	1762672	656588	70	32

2—23 续表 5

城　市	限额以上批发零售贸易业商品销售总额(万元)		社会消费品零售额(万元)		限额以上批发零售贸易企业数(个)	
	全　市	市辖区	全　市	市辖区	全　市	市辖区
邵　阳	390450	191201	1134956	236659	49	11
岳　阳	603890	211361	1961453	1118028	33	23
常　德	578984	330504	1760795	613938	66	39
张家界	130265	71221	325051	170785	10	4
益　阳	275214	149402	1023694	415603	22	9
郴　州	528312	296948	1593064	653465	60	22
永　州	276689	120350	994488	357768	48	15
怀　化	222236	111193	964059	241213	39	17
娄　底	260482	62480	851594	204297	34	17
广　东	**82070840**	**75514015**	**63221589**	**48539148**	**3005**	**2715**
广　州	32206909	31835901	16750514	15669727	942	911
韶　关	608454	492069	1293700	639100	38	31
深　圳	20316184	20316184	9154486	9154486	496	496
珠　海	3008551	3008551	1798921	1798921	212	212
汕　头	1217589	1197137	2952578	2904690	83	79
佛　山	7307744	7307744	5421916	5421916	475	475
江　门	5804076	2557296	3115698	1128745		
湛　江	1033114	676394	2316586	1192794	76	53
茂　名	4052360	3734158	2602083	919460	63	34
肇　庆	910228	671902	1939098	583488	87	47
惠　州			2127543	1212607		
梅　州	85371	41754	1041099	124071	33	5
汕　尾	230047	84422	1265344	252009	30	8
河　源	273121	163734	92154	79796	20	9
阳　江	170715	122405	1098108	447834	12	9
清　远	387206	143334	1104828	389129	46	27
东　莞			3890380	3890380	109	109
中　山	2925836	2925836	1788366	1788366	175	175
潮　州	587131	2447	911500	297096	50	23
揭　阳	482655	148221	1852474	509382	23	8
云　浮	463549	84526	704213	135152	35	4
广　西	**4651068**	**3913729**	**9010003**	**5149629**	**1430**	**646**
南　宁	2802081	2630811	2394129	1832118		
柳　州			1061901	802081		
桂　林	477102	332861	1207511	645220	59	51
梧　州	265244	220923	713109	324512	46	33
北　海						
防城港	71546	71546	193867	120963	10	10
钦　州	158995	91931	615518	305042		

2—23续表6

城　　市	限额以上批发零售贸易业商品销售总额(万元)		社会消费品零售额(万元)		限额以上批发零售贸易企业数(个)	
	全　市	市辖区	全　市	市辖区	全　市	市辖区
贵　港			431709	242590		
玉　林	508069	320900	1111294	478001	1278	536
百　色						
贺　州	68364	40642	254987	127778	7	4
河　池	161226	145064	520144	100616	19	10
来　宾	58358	40122	282065	119137		
崇　左	80083	18929	223769	51571	11	2
海　南	**1425477**	**1425477**	**1182577**	**1182577**	**211**	**211**
海　口	1257399	1257399	1010225	1010225	193	193
三　亚	168078	168078	172352	172352	18	18
重　庆	**9796782**	**8808540**	**10614852**	**6538967**	**905**	**674**
四　川	**11544285**	**8200308**	**23526014**	**11008593**	**307**	**195**
成　都	7074449	5388334	8752782	5232071		
自　贡	296818	252116	658864	374890	59	51
攀枝花	279561	259837	595132	514017		
泸　州	288086	247074	1005867	518098	36	26
德　阳	341119	237910	1244500	260870	42	25
绵　阳			1547400	582500		
广　元	118884	104937	555891	282552	11	7
遂　宁	256148	119123	767798	315530		
内　江	143708	73454	697929	282960		
乐　山			1030143	459932		
南　充	1500623	643473	1400594	609545		
眉　山	153785	132200	673792	225633	26	14
宜　宾	273267	206405	1137707	404934	33	25
广　安	148267	91060	855758	239721	10	6
达　州	323803	265955	1106705	228727	34	15
雅　安	93882	84517	401894	137861	5	5
巴　中	75254	8979	396577	153382	12	9
资　阳	176631	84934	696681	185370	39	12
贵　州	**3163230**	**2689572**	**3253942**	**2270177**	**233**	**196**
贵　阳	2145005	2101381	1755226	1571578	149	141
六盘水	183871	110602	293982	156390	11	6
遵　义	680124	441877	884345	350527	58	40
安　顺	154230	35712	320389	191682	15	9
云　南	**14731635**	**2412718**	**6154875**	**4020627**	**885**	**149**
昆　明	10859412		3704629	3187439	635	
曲　靖	1117962	646967	675582	183060	60	30
玉　溪	1702763	1341500	444291	164700	73	60

2—23 续表 7

城 市	限额以上批发零售贸易业商品销售总额(万元)		社会消费品零售额(万元)		限额以上批发零售贸易企业数(个)	
	全 市	市辖区	全 市	市辖区	全 市	市辖区
保 山	210446	135602	319708	162202	34	16
昭 通	392154	5947	336357	105967	31	13
丽 江	113579	77926	136637	61988	19	14
思 茅	184055	108995	293400	93435	20	9
临 沧	151264	95781	244271	61836	13	7
陕 西	**6131736**	**5376112**	**9708631**	**6643075**	**405**	**290**
西 安	3601334	3562375	5065100	4747869	157	151
铜 川	156321	156321	199324	189162	8	8
宝 鸡	775200	446801	993700	572650	53	30
咸 阳	265759	173199	902833	363325	44	44
渭 南	316087	198232	674528	122400	38	11
延 安	363404	323104	327047	132529	18	10
汉 中	207969	171337	546844	225965	31	11
榆 林	161593	136283	396200	72000	25	10
安 康	167037	128257	350115	155112	22	12
商 洛	117032	80203	252940	62063	9	3
甘 肃	**7641439**	**6799111**	**5114070**	**3587950**	**483**	**388**
兰 州	5568000	5542000	2280165	2155165	277	273
嘉峪关	246890	246890	86383	86383	11	11
金 昌	89006	56268	148812	106000	20	9
白 银	171852	146579	338636	212400	13	7
天 水	284849	250636	422442	292431	45	34
武 威	153829	137577	265002	122161	25	16
张 掖	94183	94183	241181	132198	9	9
平 凉	49905	40426	359060	156300	13	5
酒 泉	264199	72238	340018	139895	28	12
庆 阳	411762	97415	259271	86289	14	4
定 西	166086	65183	224790	79927	14	4
陇 南	140878	49716	148310	18801	14	4
青 海	**580000**	**505120**	**716190**	**623728**	**139**	**111**
西 宁	580000	505120	716190	623728	139	111
宁 夏	**1365766**	**1095421**	**1389793**	**1066922**	**203**	**162**
银 川	786065	730870	705360	614818	104	91
石嘴山	219130	169036	248723	188733	54	47
吴 忠	167290	102174	191400	129970	20	9
固 原	109711	56146	125857	64201	4	2
中 卫	83570	37195	118453	69200	21	13
新 疆	**4070338**	**3992168**	**2169561**	**2144367**	**392**	**392**
乌鲁木齐	3867414	3789244	2001520	1976326	379	379
克拉玛依	202924	202924	168041	168041	13	13

2—24 外商直接投资

城市	新签协议合同数（个）		外商合同投资额（万美元）		当年实际使用外资金额（万美元）	
	全市	市辖区	全市	市辖区	全市	市辖区
城市合计	**44447**	**28850**	**15879932**	**10473997**	**8349636**	**5845941**
北京	**1806**	**1766**	**625796**	**607894**	**308354**	**302855**
天津	**1102**	**1046**	**558855**	**544463**	**247243**	**240735**
河北	**594**	**273**	**214731**	**102872**	**197320**	**87309**
石家庄	95	49	34663	18841	35199	12270
唐山	61	37	27232	15760	41340	29039
秦皇岛	89	74	40045	31160	20164	15004
邯郸	43	15	12992	2136	13451	7797
邢台	34	7	13783	519	10729	1022
保定	64	26	12780	10723	22255	8568
张家口	18	9	5683	3867	3704	665
承德	12	4	12609	2070	10081	1023
沧州	82	11	19340	1102	8333	658
廊坊	71	38	25309	15473	22313	9583
衡水	25	3	10295	1221	9751	1680
山西	**103**	**52**	**49605**	**32232**	**21162**	**17988**
太原	27	25	16032	15847	14265	14265
大同	11	9	8864	8415	2429	2319
阳泉	3	2	1922	1900	598	398
长治	8	5	1686	748	377	350
晋城	10	5	2351	2005	748	500
朔州	1		88		88	
晋中	13	2	2547	2362	263	120
运城	10		5818		1913	
忻州	3		1743		43	
临汾	11	4	5229	955	438	36
吕梁	6		3325			
内蒙古	**154**	**88**	**179746**	**57375**	**62552**	**44539**
呼和浩特	50	36	28575	20422	23940	9193
包头	28	28	18300	18300	25000	25000
乌海	4	4	1984	1984	1012	1012
赤峰	14	5	6292	1249	527	524
通辽	14	3	6829	111	1761	111
鄂尔多斯	25	9	104089	7846	5757	5640
呼伦贝尔	12	2	2710	200	1835	435
巴彦淖尔	1	1	7263	7263	2374	2374
乌兰察布	6		3704		346	250
辽宁	**2483**	**2086**	**872284**	**725299**	**550637**	**473999**
沈阳	771	750	259650	254156	242277	236378

2—24 续表 1

城　市	新签协议合同数（个）		外商合同投资额（万美元）		当年实际使用外资金额（万美元）	
	全　市	市辖区	全　市	市辖区	全　市	市辖区
大　连	963	861	316399	274718	220328	184431
鞍　山	74	44	74418	46104	20244	8465
抚　顺	66	59	10668	7490	3478	2957
本　溪	28	17	9393	6864	4617	3541
丹　东	138	71	22465	14028	8646	2980
锦　州	64	45	30672	23306	4927	3853
营　口	151	109	73234	53334	16319	12035
阜　新	34	28	11824	9814	2636	2248
辽　阳	53	37	16894	9780	4581	3014
盘　锦	46	24	12156	7469	9862	8570
铁　岭	48	15	22227	9993	8109	3124
朝　阳	26	10	6899	3100	2434	1314
葫芦岛	21	16	5385	5143	2179	1089
吉　林	**201**	**160**	**154052**	**148223**	**100885**	**90132**
长　春	132	127	131662	130901	90196	82384
吉　林	25	14	13105	11256	6641	6323
四　平	12	8	3892	3340	298	198
辽　源	5	5	1022	1022	666	666
通　化	12	1	1745	91	1138	104
白　山	7	1	1967	983	817	66
松　原	5	2	600	578	1028	340
白　城	3	2	59	52	101	51
黑龙江	**254**	**166**	**126105**	**103705**	**54724**	**44052**
哈尔滨	118	101	89300	85392	40500	35514
齐齐哈尔	18	14	3729	2366	2166	2031
鸡　西	6	5	2960	1024	905	625
鹤　岗	7	7	879	879	55	55
双鸭山	10	3	2674	127	926	
大　庆	21		7317		2411	
伊　春	13	8	460	233	352	275
佳木斯	10	6	577	186	209	81
七台河	3	3	175	175	1456	1253
牡丹江	30	16	13176	11788	4124	3363
黑　河	2	1	1258	560	80	80
绥　化	16	2	3600	975	1540	775
上　海	**4334**	**3649**	**1169067**	**1168026**	**654073**	**653676**
江　苏	**7188**	**3532**	**3888790**	**2205387**	**1408020**	**862256**
南　京	803	716	451544	415057	256636	245658
无　锡	897	604	651358	450785	209567	137948

2—24 续表 2

城　市	新签协议合同数（个）		外商合同投资额（万美元）		当年实际使用外资金额（万美元）	
	全　市	市辖区	全　市	市辖区	全　市	市辖区
徐　州	186	98	75462	37789	32917	17257
常　州	438	326	218671	157389	58000	46525
苏　州	2282	994	1470260	728129	503314	250846
南　通	1033	152	378226	91994	110434	41672
连云港	274	113	69075	40889	24659	10390
淮　安	57	36	14331	8427	12051	9162
盐　城	152	42	43565	12704	15389	5567
扬　州	333	193	164138	108415	81398	51302
镇　江	477	166	268110	116068	60601	31805
泰　州	214	65	71213	29144	41472	13450
宿　迁	42	27	12837	8597	1582	674
浙　江	**3940**	**2030**	**1458265**	**805212**	**697543**	**384077**
杭　州	802	651	307746	251214	140982	117058
宁　波	1081	687	413633	271892	210332	139493
温　州	157	98	50620	29906	20916	13965
嘉　兴	574	205	257970	97030	102187	34548
湖　州	475	179	160145	73691	61121	28145
绍　兴	431	79	167117	38694	82344	19249
金　华	225	61	56352	20093	42983	13822
衢　州	28	13	8083	4735	2080	1320
舟　山	20	14	6070	3983	2251	1592
台　州	123	38	27507	12905	30296	14661
丽　水	24	5	3022	1069	2051	224
安　徽	**461**	**322**	**126044**	**91731**	**107704**	**88514**
合　肥	101	99	26626	23857	31598	29649
芜　湖	59	43	16643	8799	21831	18946
蚌　埠	27	21	19121	15601	10022	9496
淮　南	4	4	6606	6606	1880	1880
马鞍山	26	21	8853	8616	5307	5055
淮　北	7	7	1217	1217	3504	3504
铜　陵	14	14	1259	1259	5229	4829
安　庆	33	22	5575	3958	1640	898
黄　山	22	13	7957	6831	4211	3196
滁　州	33	15	6409	894	4649	3437
阜　阳	13	2	3190	700	2770	2759
宿　州	15	9	4018	3786	886	622
巢　湖	38	19	3776	2274	4907	1252
六　安	17	9	4180	2021	1782	464
亳　州	5	4	1342	722	815	754

2—24 续表 3

城　市	新签协议合同数（个）		外商合同投资额（万美元）		当年实际使用外资金额（万美元）	
	全　市	市辖区	全　市	市辖区	全　市	市辖区
池　州	25	16	5561	4543	3037	1726
宣　城	22	4	3711	47	3636	47
福　建	**2284**	**826**	**561082**	**265419**	**439687**	**201778**
福　州	414		135003	76531	136042	77230
厦　门	435	435	105514	105514	57024	57024
莆　田	66	55	26446	22163	25476	21380
三　明	87	15	11376	3740	9116	1883
泉　州	777	209	166582	34959	109348	27033
漳　州	269	59	56292	6451	53082	3784
南　平	140	28	40022	10920	30488	5084
龙　岩	58	15	10190	2941	9107	5210
宁　德	38	10	9657	2200	10004	3150
江　西	**960**	**298**	**305452**	**125896**	**218704**	**87778**
南　昌	195	140	104743	79697	73032	54642
景德镇	28	28	6464	6464	1417	1417
萍　乡	20	7	5879	2683	5129	2274
九　江	181	35	33528	8584	30800	10262
新　余	28	25	10854	10274	5157	4773
鹰　潭	13	6	3271	474	3578	799
赣　州	207	32	62125	9716	53900	9014
吉　安	109	9	27791	1627	15200	900
宜　春	68	6	23021	3900	12933	1408
抚　州	66	5	8722	1210	4330	1022
上　饶	45	5	19054	1267	13228	1267
山　东	**5892**	**2655**	**2157612**	**900215**	**1103572**	**493468**
济　南	152	119	70085	56062	48269	42063
青　岛	2423	1056	671723	278208	379917	155241
淄　博	210	160	85002	72251	36171	30022
枣　庄	46	33	15470	12080	7801	5204
东　营	66	34	25446	14537	20171	18840
烟　台	987	505	420017	167667	185661	71291
潍　坊	378	105	146126	53981	101618	40067
济　宁	157	56	108749	37870	35887	12277
泰　安	94	56	30407	19898	30544	11147
威　海	858	294	344735	79784	112416	42796
日　照	63	50	23087	22255	10722	10076
莱　芜	45	45	20293	20293	7912	7912
临　沂	120	49	55702	40767	48560	34518
德　州	95	30	61334	11131	30724	5095

2—24 续表 4

城　市	新签协议合同数（个）		外商合同投资额（万美元）		当年实际使用外资金额（万美元）	
	全　市	市辖区	全　市	市辖区	全　市	市辖区
聊　城	63	10	19484	617	16844	608
滨　州	63	28	34263	4182	18031	1983
菏　泽	72	25	25689	8632	12324	4328
河　南	**455**	**193**	**209305**	**94653**	**85559**	**47078**
郑　州	116	37	63211	19595	24202	11859
开　封	20	13	7645	4306	1802	1454
洛　阳	46	34	29008	20441	8900	4578
平顶山	17	5	12462	4895	3443	3100
安　阳	15	8	8711	6708	4553	4553
鹤　壁	20	15	4004	3312	2439	1552
新　乡	34	9	6646	1746	4563	3355
焦　作	21	8	16323	7463	3460	2302
濮　阳	13	7	5668	3143	2925	1373
许　昌	24	10	6955	3069	3158	1500
漯　河	18	5	6560	2476	5838	1517
三门峡	13	6	6274	2873	5758	2150
南　阳	29	8	7884	4567	3812	2614
商　丘	19	11	6044	3273	2300	780
信　阳	16	7	6385	3607	2577	1913
周　口	19	4	10225	1183	3429	1703
驻马店	15	6	5300	1996	2400	775
湖　北	**583**	**463**	**305027**	**275522**	**256021**	**232223**
武　汉	267	267	166568	166568	152003	152003
黄　石	22	14	33408	31103	20049	18873
十　堰	24	18	10327	9481	3750	3624
宜　昌	45	28	37898	34565	33602	30659
襄　樊	21	13	7968	6955	8013	7355
鄂　州	18	18	5420	5420	5926	5926
荆　门	21	12	7082	4712	6825	3819
孝　感	39	14	11412	3195	7413	2445
荆　州	23	17	10500	6250	6063	4951
黄　冈	37	11	7908	2928	5707	1268
咸　宁	16	5	2330	650	5170	102
随　州	50	46	4206	3695	1500	1198
湖　南	**675**	**314**	**265316**	**148943**	**171451**	**83415**
长　沙	134	80	90731	59589	50114	32582
株　洲	53	26	20086	14706	12781	8468
湘　潭	26	17	23154	17245	14070	9619
衡　阳	120	28	24140	6817	15273	3366

2—24 续表 5

城　市	新签协议合同数（个）		外商合同投资额（万美元）		当年实际使用外资金额（万美元）	
	全　市	市辖区	全　市	市辖区	全　市	市辖区
邵　阳	25	12	6500	3820	4574	1501
岳　阳	52	24	10318	2411	10318	2411
常　德	42	16	18349	7192	12988	6247
张家界	17	10	4804	3640	1800	1642
益　阳	28	19	9138	7638	7317	4133
郴　州	49	26	19337	11718	19882	8709
永　州	82	32	24532	8737	13322	2254
怀　化	12	7	5125	3563	2073	1183
娄　底	35	17	9102	1867	6939	1300
广　东	**8632**	**7409**	**1954565**	**1636058**	**1406248**	**1203589**
广　州	1046	955	320494	285265	240062	217203
韶　关	133	47	39922	15153	37220	13033
深　圳	2954	2954	484044	484044	361226	361226
珠　海	475	475	176623	176623	51007	51007
汕　头	78	76	17507	17412	7828	7753
佛　山	542	542	181734	181734	172453	172453
江　门	447	234	101233	49136	51205	27185
湛　江	50	38	21405	12236	7136	5510
茂　名	80	23	13319	4707	5864	2551
肇　庆	183	47	55336	15648	48213	8243
惠　州	549	332	129824	87914	63228	31871
梅　州	103	42	24598	16282	21125	7648
汕　尾	73	28	20022	11476	21216	11174
河　源	152	68	45673	25849	23403	11923
阳　江	56	23	18401	8482	5750	2704
清　远	156	53	53558	15595	8118	2568
东　莞	1032	1032	133970	133970	213875	213875
中　山	380	380	82246	82246	50983	50983
潮　州	58	33	10070	6969	5825	2185
揭　阳	26	5	13175	1113	8393	1790
云　浮	59	22	11411	4204	2118	704
广　西	**357**	**245**	**109583**	**90150**	**38180**	**29197**
南　宁	69	62	28047	26315	7768	7678
柳　州	20	17	3716	3110	4048	3908
桂　林	63	43	10785	8655	2519	2217
梧　州	65	39	13618	10924	10900	6660
北　海	22	19	18974	18658	1973	1891
防城港	9	5	1879	975	625	395
钦　州	27	22	9729	9582	2561	2463

2—24 续表 6

城　市	新签协议合同数（个）		外商合同投资额（万美元）		当年实际使用外资金额（万美元）	
	全　市	市辖区	全　市	市辖区	全　市	市辖区
贵　港	17	14	6656	5997	3010	1901
玉　林	30	12	4957	2134	975	542
百　色	7	1	2917	755	1694	1152
贺　州	15	8	1828	815	986	390
河　池	4		907		537	
来　宾	3	3	2230	2230	71	
崇　左	6		3340		513	
海　南	**116**	**116**	**32744**	**32744**	**42616**	**42616**
海　口	93	93	27399	27399	32016	32016
三　亚	23	23	5345	5345	10600	10600
重　庆	**258**	**235**	**66315**	**57329**	**40508**	**37930**
四　川	**709**	**323**	**130629**	**96795**	**68054**	**50123**
成　都	239	192	80722	69219	33173	27793
自　贡	4	2	495	326	1995	1973
攀枝花	6	4	2092	1528	533	416
泸　州	9	8	3592	3458	817	683
德　阳	19	9	11500	4480	4541	1456
绵　阳	27	19	7328	6168	3536	2865
广　元	5	3	1556	1073	181	
遂　宁	14	8	2796	2250	2092	1569
内　江	7	5	1406	1172	620	620
乐　山	8	4	6090	2500	12850	7147
南　充	58	19	5437	2555	4350	4350
眉　山	11	3	3318	600	1772	450
宜　宾	4	3	1084	948	703	687
广　安	3		854		346	
达　州	282	40	998	185	138	75
雅　安	3		655		25	
巴　中						
资　阳	10	4	706	333	382	39
贵　州	**34**	**25**	**4252**	**2167**	**9015**	**8234**
贵　阳	22	19	1924	1124	7817	7464
六盘水					23	23
遵　义	6	4	999	802	1036	701
安　顺	6	2	1329	241	139	46
云　南	**136**	**103**	**27265**	**12500**	**9170**	**4425**
昆　明	104	86	17442	8542	6228	3102
曲　靖	6	2	1092	58	1138	171
玉　溪	18	9	4320	723	986	400

2—24 续表 7

城市	新签协议合同数（个）		外商合同投资额（万美元）		当年实际使用外资金额（万美元）	
	全市	市辖区	全市	市辖区	全市	市辖区
保山	1		12		45	
昭通			1200		117	117
丽江	3	3	1380	1380	352	352
思茅						
临沧	4	3	1819	1797	304	283
陕西	**418**	**190**	**124214**	**83390**	**35107**	**30772**
西安	159	159	78312	75918	27595	26384
铜川	2	2	1109	1109	284	284
宝鸡	13	7	2166	1907	1060	1060
咸阳	21	14	2987	1991	2512	1675
渭南	173	6	3484	1425	1273	883
延安			1004	6	66	66
汉中	3	2	2401	1034	1033	420
榆林	41		31000		227	
安康	3		74		31	
商洛	3		1677		1026	
甘肃	**239**	**234**	**37665**	**35695**	**1001**	**417**
兰州	223	223	20300	20300		
嘉峪关						
金昌						
白银	3	2	15000	13590	56	32
天水						
武威	1	1	218	218	85	85
张掖	3	3	264	264	64	64
平凉						
酒泉	5	4	1558	1316	471	229
庆阳	2	1	59	7	59	7
定西	2		266		266	
陇南						
青海	**24**	**24**	**11657**	**11657**	**920**	**920**
西宁	24	24	11657	11657	920	920
宁夏	**33**	**5**	**145126**	**3662**	**12086**	**326**
银川	25		16459		6380	
石嘴山	5	5	1862	1862	326	326
吴忠	1		125000		5378	
固原						
中卫	2		1805	1800	2	
新疆	**22**	**22**	**8783**	**8783**	**1520**	**1520**
乌鲁木齐	22	22	8783	8783	1520	1520
克拉玛依						

2—25 财政(全市)

单位:万元

城市	地方财政一般预算内收入	地方财政一般预算内支出	科学	教育	抚恤和社会福利救济	社会保障补助
城市合计	**96726577**	**153925892**	**717386**	**25723018**	**4844897**	**8137057**
北京	**7444874**	**8982756**	**132556**	**1213881**	**266954**	**226616**
天津	**2461800**	**3750212**	**22915**	**553991**	**72820**	**325213**
河北	**3025346**	**6081901**	**16993**	**1303662**	**202713**	**312421**
石家庄	561644	929683	3828	204151	33887	48660
唐山	581269	975576	2232	174319	30321	65863
秦皇岛	190322	342841	478	71529	10309	14901
邯郸	340510	636700	1529	138929	21469	34595
邢台	180005	411611	792	97918	14202	16659
保定	336010	691413	968	163088	25420	34158
张家口	152828	526979	1203	79209	18018	32389
承德	120274	378111	1095	79401	11661	21230
沧州	258550	501998	1977	129553	16180	19583
廊坊	202792	396387	1885	95308	10469	16122
衡水	101142	290602	1006	70257	10777	8261
山西	**1695446**	**3609975**	**8085**	**683220**	**147326**	**247993**
太原	426374	571883	1559	72754	21662	77280
大同	153184	369729	1319	68548	21884	26024
阳泉	93492	158910	417	31185	6316	13844
长治	170549	347541	1027	69537	12232	17236
晋城	138479	233725	773	50278	8194	7446
朔州	66702	158977	192	31394	6829	7473
晋中	129790	305000	350	58251	12309	23179
运城	121548	370836	515	76856	14246	18260
忻州	79470	307816	476	64262	14429	24203
临汾	197009	439168	734	78168	16327	19494
吕梁	118849	346390	723	81987	12898	13554
内蒙古	**1558252**	**3890755**	**9769**	**510032**	**91235**	**210863**
呼和浩特	285638	528185	669	67072	10353	35773
包头	416175	609236	1896	56233	13103	38177
乌海	55282	111653	262	9423	3569	7182
赤峰	136018	593420	1047	113831	14625	26510
通辽	102027	384360	1294	64065	9055	15933
鄂尔多斯	230211	470364	1154	44745	5024	11039
呼伦贝尔	144871	481172	965	58533	19752	46913
巴彦淖尔	98804	288054	1653	48235	5590	14416
乌兰察布	89226	424311	829	47895	10164	14920
辽宁	**4139078**	**7363200**	**26853**	**967906**	**339541**	**1123632**
沈阳	1095358	1717058	9044	233209	61732	316411

2—25 续表 1 单位:万元

城　　市	地方财政一般预算内收入	地方财政一般预算内支出	科　学	教　育	抚恤和社会福利救济	社会保障补助
大　连	1171712	1703078	4437	168534	57477	142184
鞍　山	402090	639967	1404	76126	22074	101288
抚　顺	176110	394278	1398	47809	21790	86209
本　溪	169332	328273	959	52453	21353	57716
丹　东	133073	310882	2435	60454	19918	57829
锦　州	143036	340217	1657	47231	18377	65436
营　口	125886	302423	760	42843	16688	64327
阜　新	62505	238108	569	29836	20125	54052
辽　阳	140323	253993	902	34169	11649	38452
盘　锦	184951	248759	618	21300	9075	29958
铁　岭	108678	276092	1570	49340	15614	33422
朝　阳	79529	316319	586	60450	24971	39350
葫芦岛	146495	293753	514	44152	18698	36998
吉　林	**1051567**	**2998260**	**7721**	**452747**	**161346**	**440188**
长　春	506923	1007695	1981	136509	41067	105732
吉　林	197301	576894	1757	83067	27732	135935
四　平	72595	275583	614	56113	17420	33420
辽　源	31180	176479	210	22265	10960	30980
通　化	79272	266754	1115	39461	16259	37603
白　山	42253	208121	496	24575	17134	48050
松　原	80991	233853	258	47205	16791	18464
白　城	41052	252881	1290	43552	13983	30004
黑龙江	**1980427**	**4113309**	**11257**	**764961**	**162291**	**378296**
哈尔滨	955982	1503562	6424	250090	41108	118111
齐齐哈尔	138821	389939	701	108702	22504	68314
鸡　西	52994	140175	343	38153	3455	4790
鹤　岗	36290	114667	194	24939	8032	10518
双鸭山	33250	142707	233	33231	8825	14805
大　庆	440942	501843	404	40234	9300	13278
伊　春	21715	152450	614	18358	10026	43177
佳木斯	46135	248897	519	52503	14207	28243
七台河	35980	88517	256	14409	5783	8181
牡丹江	100830	288221	682	51997	14547	31296
黑　河	38636	173113	308	31574	8120	10021
绥　化	78852	369218	579	100771	16384	27562
上　海	**11197200**	**13956900**	**135100**	**1553500**	**251000**	**502400**
江　苏	**8775359**	**10884683**	**33155**	**1725151**	**291142**	**436469**
南　京	1698784	1916750	13070	210982	54643	87665
无　锡	1352844	1431023	2539	210100	31214	42978

2—25 续表 2

单位:万元

城市	地方财政一般预算内收入	地方财政一般预算内支出	科学	教育	抚恤和社会福利救济	社会保障补助
徐州	427088	669813	1700	132674	22185	36181
常州	673407	756627	1803	113685	17537	30378
苏州	2195667	2331312	4262	260083	37143	108314
南通	525893	756486	2370	138446	24090	31007
连云港	185762	324841	1237	63711	12064	9364
淮安	223057	396069	497	70636	16018	14068
盐城	301117	546344	933	161315	20361	20663
扬州	381368	492246	1191	99824	13694	12538
镇江	358961	441250	1705	78703	9812	13542
泰州	340673	494865	1672	117285	13938	18706
宿迁	110738	327057	176	67707	18443	11065
浙江	**7281064**	**9040858**	**46680**	**1758188**	**240854**	**242961**
杭州	1974523	1956282	8174	307762	39644	52909
宁波	1517490	2159499	6340	261747	43191	81606
温州	856811	833064	5381	238563	42881	15230
嘉兴	548923	597174	4958	133220	12935	8869
湖州	333642	365120	1109	81810	10126	7859
绍兴	509208	645049	5512	149057	17998	14309
金华	512294	682245	3927	172915	19853	15686
衢州	170761	334849	1015	76957	12020	17078
舟山	135746	289284	1360	45952	7068	8950
台州	559726	791520	6223	198863	22578	12439
丽水	161940	386772	2681	91342	12560	8026
安徽	**2196570**	**4245072**	**8141**	**926521**	**174728**	**293275**
合肥	449320	570603	1286	94614	22003	45123
芜湖	207789	290537	236	50204	10362	21488
蚌埠	114994	203033	450	51146	11237	14591
淮南	116043	199133	104	28918	10234	34179
马鞍山	181534	217176	340	23472	7319	22634
淮北	89043	126722	257	24749	6129	8975
铜陵	72866	121028	478	14629	6930	15193
安庆	180261	399017	692	103761	14940	30361
黄山	67745	163709	360	26810	5327	8798
滁州	106238	268511	838	71339		13916
阜阳	118923	355663	838	84833	17513	14324
宿州	79539	239868	417	69417	12490	10885
巢湖	97706	232748	349	58978	10732	12756
六安	109913	322178	860	93007	17950	15635
亳州	67446	187987	228	50109	8670	6361

2—25 续表 3

单位:万元

城市	地方财政一般预算内收入	地方财政一般预算内支出	科学	教育	抚恤和社会福利救济	社会保障补助
池州	47512	127228	79	29617	4730	6696
宣城	89698	219931	329	50918	8162	11360
福建	**2869127**	**3951927**	**18581**	**869133**	**126683**	**54099**
福州	752142	767087	4188	165972	25963	13109
厦门	650153	1015888	5120	114794	14395	12120
莆田	102080	174588	963	64258	9387	961
三明	173776	248747	1322	65020	10379	4338
泉州	586540	717266	3086	200804	17686	5781
漳州	201046	311431	913	72556	11266	1959
南平	131641	217232	794	53579	10342	1865
龙岩	169840	273167	1174	67432	13514	11147
宁德	101909	226521	1021	64718	13751	2819
江西	**1740302**	**3496751**	**8449**	**628773**	**155956**	**233867**
南昌	421911	521873	1602	66561	16956	46196
景德镇	77444	144149	427	26809	6385	16650
萍乡	94713	198648	624	27069	9322	10427
九江	188059	384650	1051	69080	15837	26587
新余	75413	128566	396	18837	5445	8139
鹰潭	52919	102492	186	14536	4529	6791
赣州	228358	564957	1575	97203	28715	31389
吉安	147910	371803	434	78302	18963	24949
宜春	154604	369064	886	72775	16340	19511
抚州	128955	280826	623	55175	12701	18904
上饶	170016	429723	645	102426	20763	24324
山东	**7273200**	**10212168**	**45804**	**1865780**	**296535**	**360146**
济南	890364	1015079	3059	136965	22928	43223
青岛	1305136	1646216	2548	264138	49778	84438
淄博	500345	625512	7088	109789	14878	20632
枣庄	207068	307196	1134	55897	7686	4632
东营	474281	545731	16011	106658	9626	3726
烟台	640214	920456	2231	155092	31665	17496
潍坊	525808	735969	1985	193882	21095	21175
济宁	540556	732335	1702	141970	20520	10233
泰安	312132	514985	1444	79097	12948	75095
威海	426409	585202	694	94509	15344	7566
日照	112298	184185	491	39940	6652	5413
莱芜	102950	144815	320	28633	4934	8723
临沂	375770	675203	2072	144967	22779	22658
德州	243230	402649	1753	80463	16083	9498

2—25 续表 4

单位:万元

城 市	地方财政一般预算内收入	地方财政一般预算内支出	科 学	教 育	抚恤和社会福利救济	社会保障补助
聊 城	224328	405597	2126	81178	11640	12445
滨 州	220066	368746	567	65728	11636	6288
菏 泽	172245	402292	579	86874	16343	6905
河 南	**3806285**	**6874254**	**15167**	**1287175**	**248526**	**380976**
郑 州	1048232	1083048	2238	133980	24242	59803
开 封	113257	302786	674	53926	14456	32671
洛 阳	428068	628233	864	96338	19498	39948
平 顶 山	199611	353663	821	64998	13363	19398
安 阳	236957	422291	1284	84176	16201	28462
鹤 壁	57460	125752	327	21715	5363	7803
新 乡	199003	408379	631	81499	16468	29547
焦 作	226760	345562	842	49265	10134	16980
濮 阳	125592	254598	1149	50298	8759	10762
许 昌	161808	296527	821	57459	10589	13823
漯 河	109042	206270	519	31864	10172	8225
三 门 峡	120591	232907	244	40852	6655	10679
南 阳	252498	570560	1045	119797	20716	25211
商 丘	141553	400620	894	96322	17843	17741
信 阳	122052	422995	1020	109528	20027	25711
周 口	135432	419950	792	108944	17967	18357
驻 马 店	128369	400113	1002	86214	16073	15855
湖 北	**2261419**	**4108004**	**12648**	**822232**	**138058**	**126748**
武 汉	1040218	1426149	6549	200836	49834	54476
黄 石	97231	183835	512	38474	4984	5202
十 堰	101665	269017	330	64303	8477	4169
宜 昌	191296	389204	768	82685	12312	10746
襄 樊	178501	332731	1021	76858	11286	7965
鄂 州	42052	79074	298	14328	2085	1900
荆 门	92887	194647	247	40862	5911	3221
孝 感	101294	242731	770	64273	5484	6357
荆 州	134500	341419	752	79805	11722	11539
黄 冈	131901	361410	962	91669	15322	9510
咸 宁	105058	173267	307	39002	6033	8961
随 州	44816	114520	132	29137	4608	2702
湖 南	**2557397**	**4922076**	**10405**	**855762**	**236235**	**449997**
长 沙	806555	1005542	3014	120346	40288	50366
株 洲	202689	391571	789	52239	14367	59182
湘 潭	120226	242776	512	30427	13930	34800
衡 阳	172943	390671	781	73978	23645	42796

2—25 续表 5 单位:万元

城　　市	地方财政一般预算内收入	地方财政一般预算内支出	科　学	教　育	抚恤和社会福利救济	社会保障补助
邵　阳	128622	383746	538	80890	19092	36240
岳　阳	222465	422590	733	73205	18767	48660
常　德	215160	417086	650	80196	20027	46835
张家界	61483	118858	224	24848	5406	6631
益　阳	83034	264111	567	61214	14770	32235
郴　州	231643	406048	812	81063	17904	23816
永　州	110683	328635	791	72061	17622	23261
怀　化	95871	306835	317	58608	17620	26179
娄　底	106023	243607	677	46687	12797	18996
广　东	**10873323**	**16287297**	**84307**	**2549018**	**312362**	**388995**
广　州	3028692	4083373	24791	452103	72235	53102
韶　关	164127	427667	1075	73920	10109	56498
深　圳	3277129	3862873	13754	419957	28787	36152
珠　海	344559	508902	4280	68377	7420	3850
汕　头	246534	441369	1847	112475	16665	16615
佛　山	952864	1309263	16962	212581	24276	29154
江　门	289408	475813	2879	93113	10463	25238
湛　江	197580	487841	1094	101437	23214	28178
茂　名	177631	419544	782	115280	16415	14087
肇　庆	157979	355309	1543	70804	9313	20092
惠　州	254208	459451	1700	85647	11017	14682
梅　州	124912	420428	1050	97288	15519	13970
汕　尾	53734	166144	445	41070	7609	7206
河　源	58629	299846	1100	68938	9296	7579
阳　江	59902	205020	699	45482	7741	12315
清　远	92906	314371	864	86341	11011	10350
东　莞	826389	941554	6421	139337	9658	14452
中　山	345413	431798	1638	82150	7403	5906
潮　州	52514	188779	454	49704	7422	3491
揭　阳	96364	289511		86097		12252
云　浮	71849	198441	929	46917	6789	3826
广　西	**2055016**	**3685444**	**7041**	**763150**	**116382**	**154725**
南　宁	432526	621191	1544	91600	17686	16940
柳　州	298114	437311	1094	62296	12296	21960
桂　林	255194	450853	1564	94223	16453	31929
梧　州	119383	220185	254	48140	5389	14507
北　海	97171	146335	234	29703	4296	8112
防城港	47194	91388	62	14942	2970	2910
钦　州	88591	167905	229	38649	5811	6955

2—25 续表 6

单位:万元

城市	地方财政一般预算内收入	地方财政一般预算内支出	科学	教育	抚恤和社会福利救济	社会保障补助
贵港	95557	184230	82	54039	7811	7472
玉林	141324	267597	206	76950	9804	10189
百色	141545	307123	371	73825	8052	7552
贺州	59790	140079	252	35640	5351	6603
河池	121487	283957	628	70494	8890	7673
来宾	62604	161145	297	37459	5659	5134
崇左	94536	206145	224	35190	5914	6789
海南	**202168**	**322290**	**505**	**46839**	**13128**	**10769**
海口	148960	248661	372	34852	10929	8123
三亚	53208	73629	133	11987	2199	2646
重庆	**2006241**	**3957233**	**10172**	**497847**	**144578**	**327589**
四川	**2484824**	**6357086**	**16459**	**967610**	**272042**	**520821**
成都	1080308	1564421	4866	193480	46147	107428
自贡	76270	205026	869	31478	11142	26032
攀枝花	124317	247741	1337	20969	6136	14902
泸州	97173	264957	707	46723	10900	18129
德阳	146429	319030	728	45375	13560	31449
绵阳	163966	445457	1324	56455	18729	44101
广元	36722	234708	500	41683	11906	14237
遂宁	43357	197470	245	38491	11035	19392
内江	68182	243810	540	43486	12449	26312
乐山	107678	322201	858	52439	11792	32136
南充	83797	410069	1066	92900	24007	29491
眉山	64886	220203	241	36585	8135	8187
宜宾	125238	418562	885	62453	15294	44551
广安	70924	246697	283	42160	12816	11712
达州	73598	397306	964	62267	26916	47877
雅安	37508	179429	488	20011	6684	13403
巴中	26432	206024	314	34920	11318	18705
资阳	58039	233975	244	45735	13076	12777
贵州	**830325**	**1417734**	**3868**	**275615**	**54553**	**74905**
贵阳	497019	599316	2036	77106	20351	44782
六盘水	89740	181955	360	39143	9319	5998
遵义	180328	458348	906	117519	16756	17766
安顺	63238	178115	566	41847	8127	6359
云南	**1506204**	**2893359**	**8120**	**613324**	**118518**	**98568**
昆明	725730	916008	3327	129572	35570	56473
曲靖	236551	469711	619	122125	13131	11594
玉溪	295711	371489	862	85157	10035	8629

2—25 续表 7　　单位:万元

城　市	地方财政一般预算内收入	地方财政一般预算内支出	科　学	教　育	抚恤和社会福利救济	社会保障补助
保　山	51884	191230	436	47857	8415	3677
昭　通	69674	327483	901	87199	29303	5782
丽　江	34025	163447	555	33235	7867	4585
思　茅	50693	248987	830	58880	8091	4354
临　沧	41936	205004	590	49299	6106	3474
陕　西	**1739862**	**2886908**	**7440**	**599774**	**82442**	**44726**
西　安	753138	841976	1552	107520	28467	5360
铜　川	24575	63731	144	12861	1588	397
宝　鸡	125760	211427	953	53412	6210	4354
咸　阳	118277	259860	429	72853	8291	3404
渭　南	84586	228821	463	62800	7895	1670
延　安	289755	439131	1302	65140	8499	10527
汉　中	75394	218501	453	57865	6784	9797
榆　林	195423	330087	1242	78461	7464	4192
安　康	43080	161848	554	43921	3949	3089
商　洛	29874	131526	348	44941	3295	1936
甘　肃	**667863**	**2089434**	**5617**	**422337**	**78675**	**112498**
兰　州	249521	409025	1762	71816	19815	27884
嘉峪关	35001	39065	39	949	562	1883
金　昌	34282	65257	119	9368	1403	956
白　银	42509	138494	199	30097	6166	6294
天　水	45072	264828	266	51261	9529	24013
武　威	26718	136156	83	34386	4212	6129
张　掖	32727	125530	524	23412	9076	6578
平　凉	47868	180094	561	40477	5466	11161
酒　泉	42397	131918	473	23560	3483	2412
庆　阳	54791	209637	610	46796	5300	4983
定　西	31600	196500	464	45159	8608	16431
陇　南	25377	192930	517	45056	5055	3774
青　海	**100273**	**235998**	**276**	**42701**	**10012**	**27875**
西　宁	100273	235998	276	42701	10012	27875
宁　夏	**280225**	**710089**	**1457**	**125931**	**22507**	**10845**
银　川	149848	236567	592	29101	7699	3329
石嘴山	51594	96488	178	15229	2985	1938
吴　忠	43327	140896	251	27767	4619	1879
固　原	12235	142278	355	34255	3845	2003
中　卫	23221	93860	81	19579	3359	1696
新　疆	**665540**	**599959**	**1845**	**76257**	**15755**	**18581**
乌鲁木齐	463395	393022	841	46067	14112	15088
克拉玛依	202145	206937	1004	30190	1643	3493

2—26 财政(市辖区)

单位:万元

城市	地方财政一般预算内收入	地方财政一般预算内支出				
			科学	教育	抚恤和社会福利救济	社会保障补助
城市合计	**71543963**	**96701867**	**611384**	**12214258**	**2604893**	**5922512**
北京	**7315872**	**8622454**	**131564**	**1165433**	**257959**	**224314**
天津	**2375982**	**3586226**	**22791**	**500694**	**66266**	**320693**
河北	**1773641**	**2673315**	**11682**	**364875**	**72789**	**209254**
石家庄	376596	486892	3244	76857	16995	37999
唐山	361379	560663	1709	86573	15354	54133
秦皇岛	148272	225526	401	33473	6200	13108
邯郸	206964	272947	896	32283	7075	21637
邢台	79354	111838	445	15340	3841	9998
保定	150261	210573	546	25186	5852	16420
张家口	108610	295145	865	23540	5999	25533
承德	75240	132211	681	15428	3596	15176
沧州	119945	123294	1249	16830	2824	7741
廊坊	102941	156696	970	26498	2763	4611
衡水	44079	97530	676	12867	2290	2898
山西	**864528**	**1274525**	**4455**	**188831**	**58734**	**141284**
太原	371082	473714	1515	53511	18099	75860
大同	134433	225763	1166	35081	15413	20987
阳泉	89791	106755	340	15988	3933	11052
长治	96816	133611	752	20651	3674	14120
晋城	54931	76435	460	11358	2931	4932
朔州	44247	86915	95	14451	3832	4963
晋中	17811	38110	45	7390	2304	4417
运城	13092	30978	41	5818	1579	907
忻州	8135	25681	24	7357	2784	2003
临汾	25031	50846	12	11439	3142	1393
吕梁	9159	25717	5	5787	1043	650
内蒙古	**829879**	**1315588**	**2501**	**153560**	**35110**	**86785**
呼和浩特	228287	379279	204	41778	8292	30098
包头	369890	505230	1885	42145	11695	35076
乌海	55282	111653	262	9423	3569	7182
赤峰	41616	103690	44	26698	3079	2418
通辽	24124	53482	33	11063	3322	3174
鄂尔多斯	49786	55975	25	5601	639	1419
呼伦贝尔	20814	35317	25	5086	749	3656
巴彦淖尔	26472	42241	6	8269	1270	1003
乌兰察布	13608	28721	17	3497	2495	2759
辽宁	**3438434**	**5706782**	**25006**	**557363**	**254937**	**1026813**
沈阳	1054958	1610454	8934	195851	61732	315319

2—26 续表 1 单位:万元

城　　市	地方财政一般预算内收入	地方财政一般预算内支出	科　学	教　育	抚恤和社会福利救济	社会保障补助
大　连	1015431	1442238	4080	111976	44782	127288
鞍　山	325665	467252	1347	38288	14792	89573
抚　顺	150411	323173	1364	31701	18559	85591
本　溪	145359	261514	901	36332	17142	55610
丹　东	40086	125022	1935	11249	8162	43409
锦　州	100223	217110	1388	18841	10325	52956
营　口	86225	188534	752	19752	8223	50728
阜　新	50077	181167	539	16912	17943	50246
辽　阳	108230	185787	862	18218	8928	37090
盘　锦	158401	192600	594	11317	6363	28642
铁　岭	59435	136965	1429	13624	9795	29150
朝　阳	38174	186628	440	16320	16868	33448
葫芦岛	105759	188338	441	16982	11323	27763
吉　林	**775796**	**1661145**	**6380**	**168996**	**63142**	**279160**
长　春	458830	753979	1853	71606	24511	86322
吉　林	153348	351263	1527	36239	12894	97472
四　平	28045	97857	395	14034	4875	19181
辽　源	21471	111542	152	8130	4891	24648
通　化	38605	99731	875	10660	4532	17159
白　山	19000	71139	368	7204	3560	15598
松　原	40571	69510	118	10168	3426	7996
白　城	15926	106124	1092	10955	4453	10784
黑龙江	**1571848**	**2423368**	**9078**	**303924**	**88850**	**277752**
哈尔滨	833673	1110034	6091	136311	26187	96148
齐齐哈尔	103878	174477	343	33350	10960	50656
鸡　西	31169	66156	260	13554	1179	3464
鹤　岗	29276	78749	121	15628	6921	9283
双鸭山	21358	65477	144	11987	6538	10928
大　庆	411313	436869	328	19681	5470	12200
伊　春	15274	113569	569	10548	7827	40125
佳木斯	30663	110364	293	17031	8872	21205
七台河	29667	57993	229	8347	3971	4796
牡丹江	50850	124977	461	16921	7702	23379
黑　河	9011	55152	155	8100	1541	2542
绥　化	5716	29551	84	12466	1682	3026
上　海	**11073100**	**13734700**	**135100**	**1553500**	**251000**	**502400**
江　苏	**5474974**	**6413507**	**26755**	**771422**	**155268**	**278799**
南　京	1621399	1805401	12809	193627	51611	86099
无　锡	845579	910346	1968	120494	20987	24869

2—26 续表 2

单位:万元

城市	地方财政一般预算内收入	地方财政一般预算内支出	科学	教育	抚恤和社会福利救济	社会保障补助
徐州	250792	308542	1352	45241	10232	23100
常州	556044	611906	1629	73892	13903	29364
苏州	959842	1060997	2526	100181	17568	57053
南通	235849	290107	1489	28541	4997	10526
连云港	115643	148068	975	19659	3501	3036
淮安	166142	247629	328	39249	8832	7883
盐城	106082	173896	531	35174	4104	5461
扬州	218616	259254	908	36483	5024	6618
镇江	208961	254284	1343	37348	5327	11367
泰州	138129	183349	853	19713	2647	9119
宿迁	51896	159728	44	21820	6535	4304
浙江	**4406263**	**4965602**	**26924**	**714561**	**105107**	**156471**
杭州	1712813	1602303	6866	210427	29307	43505
宁波	1089262	1501290	5140	143098	22523	69929
温州	468353	345132	3885	72646	14095	7500
嘉兴	180719	189518	1281	32126	3879	3148
湖州	153239	163165	650	34434	4777	3425
绍兴	153898	186124	922	31331	5409	3044
金华	138737	182614	2084	39277	5806	5861
衢州	82556	153925	340	30933	4849	4465
舟山	108713	218211	1106	32965	5012	7841
台州	266979	316597	3501	66850	7141	4367
丽水	50994	106723	1149	20474	2309	3386
安徽	**1391288**	**2080475**	**5810**	**300275**	**83402**	**211777**
合肥	384561	431531	1214	48033	16503	40278
芜湖	151459	184405	187	22936	5633	17993
蚌埠	83923	113074	366	19596	6306	11418
淮南	91562	152606	54	18803	7983	30666
马鞍山	161045	176352	286	14321	5700	21162
淮北	72859	89497	249	13455	4864	8744
铜陵	62974	95759	401	7551	6029	13609
安庆	81722	119724	484	13770	3995	17687
黄山	36037	74005	257	10028	2360	4334
滁州	35410	80085	511	11922		6374
阜阳	52314	129130	527	22968	6417	10230
宿州	27472	90981	337	20616	3856	6054
巢湖	37235	75800	207	12960	1609	5761
六安	41290	105497	504	23562	5437	7017
亳州	27395	63455	148	14004	2556	3244

2—26 续表 3

单位:万元

城市	地方财政一般预算内收入	地方财政一般预算内支出	科学	教育	抚恤和社会福利救济	社会保障补助
池州	27860	61266	52	12881	2063	4731
宣城	16170	37308	26	12869	2091	2475
福建	**1797352**	**2236086**	**14371**	**346434**	**51505**	**30334**
福州	531349	454936	3629	71069	13290	7917
厦门	650153	1015888	5120	114794	14395	12120
莆田	87281	141377	892	48444	5994	907
三明	67773	75146	792	11831	1840	1175
泉州	193868	222341	1999	47796	4868	1613
漳州	98003	118659	618	16282	5822	1435
南平	54655	64285	477	11176	1801	835
龙岩	104003	121497	756	16719	2186	4102
宁德	10267	21957	88	8323	1309	230
江西	**690095**	**1011391**	**3886**	**122809**	**40021**	**98926**
南昌	346464	368729	1431	30712	11871	41105
景德镇	38384	65775	379	7246	2708	11567
萍乡	66722	130675	563	12815	5176	8932
九江	85956	131144	626	12419	3808	12823
新余	58957	97507	381	14291	4150	6848
鹰潭	18306	42816	148	4270	1425	2889
赣州	19406	34810	239	6404	2194	4718
吉安	12713	34389	24	7584	2482	4020
宜春	11244	44133	41	9496	2621	2533
抚州	18246	39304	12	12986	2262	2015
上饶	13697	22109	42	4586	1324	1476
山东	**4417531**	**5521138**	**38365**	**781274**	**136105**	**215316**
济南	753736	785053	2828	90504	17850	41121
青岛	957742	1152536	1814	138611	33049	73470
淄博	439345	489907	6888	75360	10558	19360
枣庄	141982	214657	1021	36969	5374	3868
东营	407808	427426	15808	78760	4511	2660
烟台	312061	438187	1350	49150	11523	12162
潍坊	199301	252218	1416	43055	6941	7068
济宁	218877	271106	927	42386	6115	5731
泰安	141601	191044	1265	29439	5709	3251
威海	165031	254010	234	34300	4740	3318
日照	85529	123407	367	21226	3566	4888
莱芜	102950	144815	320	28633	4934	8723
临沂	202402	300351	1178	42990	5863	18409
德州	68128	106638	602	12555	4879	1791

2—26续表4

单位:万元

城　市	地方财政一般预算内收入	地方财政一般预算内支出	科　学	教　育	抚恤和社会福利救济	社会保障补助
聊　城	89099	136700	1759	19162	3721	3733
滨　州	69790	116003	271	18502	3191	2712
菏　泽	62149	117080	317	19672	3581	3051
河　南	**2200853**	**2963513**	**10425**	**344260**	**87706**	**250572**
郑　州	799051	726335	1730	73841	13130	43100
开　封	60061	137416	523	14840	7299	27654
洛　阳	262618	302638	507	31372	9316	33691
平顶山	123256	157495	535	19394	5355	14027
安　阳	146200	224762	998	25273	7355	18869
鹤　壁	41851	81107	275	11231	3762	6559
新　乡	104986	164132	451	25030	5969	24991
焦　作	115255	160927	698	18866	3817	11938
濮　阳	81961	107813	940	14336	2240	4070
许　昌	52065	88699	438	9772	3371	8636
漯　河	73426	102553	404	7791	3231	4894
三门峡	41459	81371	89	7255	2407	6875
南　阳	104587	178929	805	25334	4719	9804
商　丘	64442	141108	541	19808	6689	8787
信　阳	49202	131097	593	20789	4449	11468
周　口	34213	81233	341	7678	2265	10206
驻马店	46220	95898	557	11650	2332	5003
湖　北	**1615133**	**2449137**	**9931**	**392962**	**81601**	**86760**
武　汉	1040218	1426149	6549	200836	49834	54476
黄　石	60638	95813	396	13790	2377	2511
十　堰	58794	107021	168	24538	2514	1797
宜　昌	110922	182155	434	27903	6643	6947
襄　樊	103919	161345	845	37125	5155	3864
鄂　州	42052	79074	298	14328	2085	1900
荆　门	48713	77147	159	13446	2219	1850
孝　感	21141	54456	327	9416	945	1394
荆　州	39103	94126	384	17799	2978	5266
黄　冈	23431	48757	275	9717	2065	2047
咸　宁	37023	54072	47	7975	1560	3005
随　州	29179	69022	49	16089	3226	1703
湖　南	**1460048**	**2281281**	**7427**	**235726**	**94946**	**288705**
长　沙	627561	692543	2625	60525	25483	38530
株　洲	128934	226792	727	17041	6693	40209
湘　潭	78494	145120	417	8461	8612	30709
衡　阳	72171	150102	525	13518	9759	29467

2—26 续表 5 单位:万元

城　　市	地方财政一般预算内收入	地方财政一般预算内支出	科　学	教　育	抚恤和社会福利救济	社会保障补助
邵　阳	31668	99050	254	10339	5424	22659
岳　阳	122094	195942	434	23422	6723	32171
常　德	112755	186703	300	23313	6624	30364
张家界	39130	61619	173	8625	2373	3557
益　阳	39681	116621	342	16487	5438	18988
郴　州	94807	151011	492	21451	5924	13317
永　州	47000	116940	561	16851	5709	11081
怀　化	28668	64510	89	6106	2713	8570
娄　底	37085	74328	488	9587	3471	9083
广　东	**9834902**	**13177091**	**77600**	**1712820**	**200681**	**285082**
广　州	2884815	3881880	24538	410337	65019	51974
韶　关	116306	243520	691	24613	5455	53397
深　圳	3277129	3862873	13754	419957	28787	36152
珠　海	344559	508902	4280	68377	7420	3850
汕　头	243973	430999	1813	110454	16665	16444
佛　山	952864	1309263	16962	212581	24276	29154
江　门	169927	262870	2432	44753	4452	6546
湛　江	51597	102948	141	23829	4284	1181
茂　名	115506	178513	459	27178	4944	9917
肇　庆	59777	115451	662	15901	1898	5288
惠　州	195883	305071	1111	44665	6494	13277
梅　州	50131	102023	645	12030	2044	8558
汕　尾	19875	54072	203	8204	1897	5002
河　源	22031	73328	376	9645	1850	914
阳　江	26201	76943	444	14134	2421	5045
清　远	32973	82448	453	14679	2674	3537
东　莞	826389	941554	6421	139337	9658	14452
中　山	345413	431798	1638	82150	7403	5906
潮　州	30844	71395	88	10650	2006	2022
揭　阳	38519	86826		12521		10457
云　浮	30190	54414	489	6825	1034	2009
广　西	**1143159**	**1630794**	**4673**	**229668**	**35327**	**89035**
南　宁	314579	390273	1367	34943	996	12323
柳　州	240135	299781	966	26836	7262	18884
桂　林	149516	193402	1246	24303	6102	21684
梧　州	77085	121025	169	15259	1951	12244
北　海	76495	102324	225	15485	2592	5494
防城港	29494	57576	36	8598	2137	2157
钦　州	46605	84552	138	14292	2417	5006

2—26 续表 6

单位:万元

城市	地方财政一般预算内收入	地方财政一般预算内支出	科学	教育	抚恤和社会福利救济	社会保障补助
贵港	56317	96823	35	21860	3569	2900
玉林	67454	98118	139	16018	2316	3720
百色	9398	23982	4	8369	1154	664
贺州	15963	33970	29	11926	1476	1278
河池	7245	18554	75	7274	637	419
来宾	35473	83578	220	18474	2065	2011
崇左	17400	26836	24	6031	653	251
海南	**202168**	**322290**	**505**	**46839**	**13128**	**10769**
海口	148960	248661	372	34852	10929	8123
三亚	53208	73629	133	11987	2199	2646
重庆	**1605544**	**2712898**	**9169**	**263858**	**78504**	**267270**
四川	**1628918**	**3109664**	**11967**	**326012**	**107193**	**343744**
成都	885107	1149070	4027	101661	29195	94276
自贡	55195	119863	827	13732	5968	21217
攀枝花	111689	194597	1264	12567	4779	14094
泸州	63934	134070	596	17020	4589	12900
德阳	49973	112038	465	8804	3402	24759
绵阳	104575	227854	1117	16151	8122	28041
广元	19097	104666	230	13407	4908	13806
遂宁	23883	97215	190	14377	6123	11185
内江	34479	119083	401	15605	5381	22467
乐山	66151	154608	658	20918	5440	27774
南充	42190	173802	915	29124	8013	17794
眉山	14706	36879	43	7477	1689	1337
宜宾	83476	202250	767	16174	4693	36594
广安	30762	96052	107	11343	3569	4326
达州	7436	23131	99	3904	2468	2446
雅安	3056	26810	25	3395	1792	933
巴中	7171	52483	77	9276	3449	4593
资阳	26038	85193	159	11077	3613	5202
贵州	**542153**	**665889**	**2233**	**82645**	**23944**	**52717**
贵阳	441719	493853	1828	53192	16273	43950
六盘水	41225	71529	224	7750	1423	1998
遵义	37645	62918	122	12566	3151	3531
安顺	21564	37589	59	9137	3097	3238
云南	**744710**	**997907**	**4216**	**132302**	**48709**	**62461**
昆明	593838	650629	3154	70114	28176	54314
曲靖	28471	50164	33	12894	2533	1155
玉溪	24531	56601	80	12286	2090	578

2—26 续表 7 单位:万元

城市	地方财政一般预算内收入	地方财政一般预算内支出	科学	教育	抚恤和社会福利救济	社会保障补助
保山	24881	75784	347	16442	3724	2098
昭通	38689	93869	492	5276	8453	2756
丽江	11292	23610	38	3904	1346	396
思茅	11161	24105	53	5469	1451	782
临沧	11847	23145	19	5917	936	382
陕西	**991641**	**1188143**	**2905**	**170335**	**35954**	**13485**
西安	717157	757623	1431	80289	26276	4508
铜川	23326	55723	100	10925	1468	385
宝鸡	88649	114314	836	21523	2499	3897
咸阳	70143	97567	89	8704	963	644
渭南	7503	20580		7376	778	120
延安	32461	39021	316	7862	1049	490
汉中	20398	25075	46	6513	863	1406
榆林	14073	24714	12	7711	566	592
安康	12231	33559	17	10749	1009	1102
商洛	5700	19967	58	8683	483	341
甘肃	**450332**	**903389**	**2966**	**141596**	**40008**	**66463**
兰州	230558	334094	1740	47235	17715	27640
嘉峪关	35001	39065	39	949	562	1883
金昌	27114	45335	117	4351	787	748
白银	33869	68695	191	8772	3681	5723
天水	35183	146751	238	21848	6193	23012
武威	18505	67175	64	13539	2111	2820
张掖	10758	27042	29	8028	1876	284
平凉	13512	31697	18	6664	2040	984
酒泉	12076	27381	63	6674	1232	244
庆阳	24556	61356	430	8418	1561	2691
定西	5704	28414	5	8065	1309	223
陇南	3496	26384	32	7053	941	211
青海	**78623**	**154482**	**233**	**20002**	**10012**	**21246**
西宁	78623	154482	233	20002	10012	21246
宁夏	**191077**	**342640**	**632**	**48637**	**11510**	**5544**
银川	127555	177871	376	16729	5233	2552
石嘴山	40523	65362	118	8935	2200	1443
吴忠	8979	28233	46	6422	1477	379
固原	2270	31509	54	9774	1402	464
中卫	11750	39665	38	6777	1198	706
新疆	**658119**	**576447**	**1834**	**72645**	**15475**	**18581**
乌鲁木齐	455974	369510	830	42455	13832	15088
克拉玛依	202145	206937	1004	30190	1643	3493

2—27 金 融

单位:万元

城 市	年末金融机构各项贷款余额		年末金融机构存款余额		城乡居民储蓄年末余额	
	全 市	市辖区	全 市	市辖区	全 市	市辖区
城市合计	**1674430564**	**1205847538**	**2330366277**	**1802853500**	**1182241589**	**785998955**
北 京	**135774452**	**134497964**	**237813488**	**236093148**	**71543045**	**70562127**
天 津	**38385900**	**38385900**	**47502800**	**47502800**	**21169700**	**21169700**
河 北	**58018708**	**34019301**	**91619126**	**48213090**	**62007355**	**25991138**
石家庄	14748123	11352218	22088668	15331653	11894588	6314369
唐 山	8014953	5600265	13097494	8522496	8562388	4901451
秦皇岛	3507096	2807561	5439984	3999014	3544634	2307607
邯 郸	5941022	3261437	8462121	4684380	6085387	2957528
邢 台	3863898	1653435	6217646	2750659	4772418	1764274
保 定	5599162	2204684	10550484	3490365	8141909	2116049
张家口	3072064	1737343	4489417	2297673	3283403	1554277
承 德	2307416	1173497	3157180	1536564	2171896	900476
沧 州	4561069	1615564	7730185	1779053	6105889	1104522
廊 坊	3601427	1487719	5829824	2294114	4109948	1301563
衡 水	2802478	1125578	4556123	1527119	3334895	769022
山 西	**40352000**	**28018817**	**58178507**	**38227992**	**33447042**	**17967542**
太 原	19528196	18781738	22250681	21166531	8152596	7308740
大 同	2014315	1687256	5576276	4627499	3718535	2956219
阳 泉	1281947	924024	2298404	1537041	1585318	957939
长 治	2668777	1361453	3999390	2072226	2653039	1261733
晋 城	2148131	934521	3982929	1843451	2372650	1047351
朔 州	1190936	580466	1766665	864339	1188739	477107
晋 中	1916344	679329	3860568	1323987	2949782	884572
运 城	3592323	1132843	3662269	1077065	2864632	708476
忻 州	1742704	545251	2885805	866239	2316480	632610
临 汾	2870766	1193417	5078031	2298912	3515099	1416733
吕 梁	1397561	198519	2817489	550702	2130172	316062
内蒙古	**18143892**	**12427379**	**23869861**	**16743796**	**14781263**	**9398907**
呼和浩特	4834882	4603398	6356199	5898927	3072648	2780134
包 头	2736468	2581043	5283194	4918050	2997616	2724707
乌 海	949945	949945	948449	948449	622782	622782
赤 峰	2018796	1307573	2542729	1544998	1869511	1108463
通 辽	1916098	672349	1485401	545662	923335	232000
鄂尔多斯	2068540	1276959	1883683	947503	1192606	543668
呼伦贝尔	1716000	311786	2605300	691954	2002500	448495
巴彦淖尔	1066664	497906	1452070	689002	1078666	491234
乌兰察布	836499	226420	1312836	559251	1021599	447424
辽 宁	**77124230**	**64855534**	**104749527**	**88120377**	**63480168**	**49618522**
沈 阳	23714501	22393166	32064275	30955562	16717875	15756218

2—27 续表 1

单位:万元

城　　市	年末金融机构各项贷款余额		年末金融机构存款余额		城乡居民储蓄年末余额	
	全　市	市辖区	全　市	市辖区	全　市	市辖区
大　　连	22997514	21264549	29357629	26072004	14532962	11929896
鞍　　山	4922680	3673280	7562943	5730072	5336570	3681623
抚　　顺	2307437	1996221	4078993	3582608	3143864	2735756
本　　溪	2508035	2207801	3351821	2769911	2275472	1823392
丹　　东	2328071	1434091	3890919	2295642	2936522	1635397
锦　　州	3208957	2179600	4396364	3068927	3281486	2145300
营　　口	2746949	1922032	3307275	2079338	2542192	1475751
阜　　新	1856078	1339545	1843123	1422895	1369887	1031540
辽　　阳	2156647	1521584	3154569	2431563	2419727	1771122
盘　　锦	1378955	999069	3592152	3057227	2633191	2164898
铁　　岭	2265891	998987	2382313	1134421	1959269	982959
朝　　阳	2222449	1150082	2523649	1260792	1927987	895852
葫 芦 岛	2510066	1775527	3243502	2259415	2403164	1588818
吉　　林	**32843890**	**22767366**	**34153532**	**24944790**	**21938601**	**14431892**
长　　春	18898154	15760524	18345585	16182514	9651543	7856406
吉　　林	4072319	3023423	5878717	4204254	4460401	3108886
四　　平	2602359	1040408	2324265	1264551	1965668	1056352
辽　　源	1235480	901008	1112690	824691	831939	595709
通　　化	1826026	992906	2349505	1027529	1782409	676158
白　　山	1089028	473415	1483048	660392	1219688	528950
松　　原	1800836	92678	1473342	220709	1125885	189267
白　　城	1319688	483004	1186380	560150	901068	420164
黑 龙 江	**39974543**	**28592411**	**51651060**	**38872285**	**34697147**	**23726364**
哈 尔 滨	21134114	18826935	22607089	19696566	12612396	10130073
齐齐哈尔	3566638	2298801	3690059	2464889	2832216	1800634
鸡　　西	1640752	784205	2236193	1147826	1942340	1033917
鹤　　岗	1151153	652349	1341513	832740	1103702	708571
双 鸭 山	1356434	625938	1337883	694067	1092812	624725
大　　庆	1831237	1302601	7586365	7099473	4670303	4288389
伊　　春	898193	689776	1575634	1198170	1317102	978151
佳 木 斯	2043950	849722	2582316	1685693	2075799	1328703
七 台 河	773665	601581	934897	747374	736371	576746
牡 丹 江	1931183	1134109	4008572	2206808	3274036	1692684
黑　　河	1070946	268955	1402951	382485	1109854	28279
绥　　化	2576278	557439	2347588	716194	1930216	535492
上　　海	**149720100**	**14972100**	**199940500**	**199940500**	**69609900**	**65846100**
江　　苏	**134815149**	**93413621**	**182190561**	**114687075**	**88685887**	**46287813**
南　　京	40620970	40122339	42340112	41560942	12872275	12348365
无　　锡	18024500	11334300	25851600	17039400	11601600	7216300

2—27 续表 2

单位:万元

城　　市	年末金融机构各项贷款余额		年末金融机构存款余额		城乡居民储蓄年末余额	
	全　市	市辖区	全　市	市辖区	全　市	市辖区
徐　　州	4751280	2675734	8414573	4934077	5563129	2749390
常　　州	9563800	8358500	13622200	11299300	7243600	5609100
苏　　州	29157370	13785355	38145281	16447880	17122746	6925013
南　　通	8532335	4218686	15233991	5543315	9899820	2406653
连 云 港	2356252	1497974	3579196	2185788	2123492	1074890
淮　　安	2518782	1790723	3553551	2429765	2091939	1283614
盐　　城	4394992	1843533	7350416	2544757	5148314	1412354
扬　　州	4706932	2780101	8397361	4147749	5227957	2068901
镇　　江	4892570	2956743	6765071	3582390	3884619	1762916
泰　　州	3977319	1490185	7011456	2199365	4614582	1026722
宿　　迁	1318047	559448	1925753	772347	1291814	403595
浙　　江	**140626597**	**95299552**	**174204337**	**113198554**	**74860573**	**40792180**
杭　　州	48000400	44517600	57072000	52541700	18351700	16014700
宁　　波	24836090	17742025	30917954	22043401	12089813	7373070
温　　州	15342358	9428014	19350865	11815025	10040379	5604394
嘉　　兴	8773576	3461867	11660432	3946257	6321092	1780023
湖　　州	4006753	2238262	5273867	2966323	2886501	1582738
绍　　兴	11767640	4569898	15234995	5449930	7590618	2227901
金　　华	10713289	3762092	13371619	3416507	6428578	1234143
衢　　州	2924071	1575445	3257932	1593958	1722694	728571
舟　　山	2352002	2048908	3098207	2508706	1523018	1156793
台　　州	9328902	4832050	11640689	5885966	6010774	2613093
丽　　水	2581516	1123391	3325777	1030781	1895406	476754
安　　徽	**38716637**	**28554013**	**50031084**	**32785943**	**29755819**	**15973345**
合　　肥	12106744	11549550	12959637	11965866	4291387	3594195
芜　　湖	3153705	2779415	3287868	2504242	1743709	1140927
蚌　　埠	2203414	1684397	3004516	2265942	1822383	1204979
淮　　南	1778430	1611430	2523708	2182909	1822172	1566541
马 鞍 山	1452814	1268163	2569316	2194882	1437485	1157606
淮　　北	1066316	872881	1832202	1450274	1211947	881692
铜　　陵	1364944	1279677	1338167	1160724	766944	630453
安　　庆	2491013	1150593	3489210	1367612	2470249	789075
黄　　山	960371	693432	1609100	907502	1041660	487070
滁　　州	1854004	743121	2246914	693143	1635704	430308
阜　　阳	2105938	982017	3597401	1417220	2823575	992143
宿　　州	1420541	878704	2278998	1141008	1808420	814700
巢　　湖	1681320	601019	2296859	706373	1800390	466427
六　　安	1787007	995401	2436378	1000504	1734372	646792
亳　　州	1158537	432260	1706413	627832	1371095	449324

2—27 续表 3

单位:万元

城　市	年末金融机构各项贷款余额		年末金融机构存款余额			
					城乡居民储蓄年末余额	
	全　市	市辖区	全　市	市辖区	全　市	市辖区
池　州	802046	554107	1073619	561578	740506	331673
宣　城	1329493	477846	1780778	638332	1233821	389440
福　建	**43272803**	**31034566**	**59773463**	**38324849**	**33372971**	**16828849**
福　州	15559772	13755914	20188730	15668691	9962729	6198715
厦　门	8331027	8331027	11402253	11402253	4646889	4646889
莆　田	1641677	1417355	2535854	2071516	2019632	1612240
三　明	2106550	943334	2837094	1130694	1783166	578949
泉　州	7496800	3150509	11633400	3826950	7943300	1664602
漳　州	2582231	1409868	3856344	1751239	2491397	789530
南　平	2016904	569194	2816197	731106	1918559	430268
龙　岩	1817328	1083565	2594667	1393000	1536037	742256
宁　德	1720514	373800	1908924	349400	1071262	165400
江　西	**26349493**	**16388774**	**37445513**	**21405126**	**23485485**	**10537500**
南　昌	8730715	7885051	13161269	11584389	5584094	4356930
景德镇	1369670	1103781	1572487	1069467	1055528	637368
萍　乡	983730	828577	1245025	948291	902524	646072
九　江	2511166	1325326	3002594	1509890	2088484	859275
新　余	926695	834806	1368635	1181764	937044	789496
鹰　潭	1100632	333580	1020063	482894	718343	313056
赣　州	2428249	1171358	4306533	1383428	3143463	771080
吉　安	1644019	700776	2926230	773549	2249273	505870
宜　春	2147452	409811	3199460	613704	2483754	443959
抚　州	1641560	826152	2412869	1054363	1909035	774627
上　饶	2865605	969556	3230348	803387	2413943	439767
山　东	**115102375**	**82011988**	**144770897**	**95470847**	**77214594**	**40853667**
济　南	29288157	28280047	31372881	29696360	8705457	7451728
青　岛	18472613	15717381	22462592	18051639	10894941	7544848
淄　博	6757300	5473413	9438900	7645509	5432000	4399920
枣　庄	2388087	1678906	3077239	2047545	1942611	1193457
东　营	3574137	1814362	5553302	4040349	3282675	2381306
烟　台	9879337	6006532	14146785	7155635	8933199	3691008
潍　坊	7438962	3452647	10553633	4209852	6962244	2069796
济　宁	5437648	2472368	7788899	2939538	4880977	1368317
泰　安	3723900	1913439	5368331	2621512	3385665	1739776
威　海	4201211	2409137	6040817	3026479	3948759	1523680
日　照	2464130	1950336	2708400	1820906	1533870	892580
莱　芜	1660555	1660555	1886698	1886698	1014981	1014981
临　沂	6000919	3798796	7840965	4219681	5006690	2176799
德　州	4212100	1815072	4879100	2025198	3241900	991708

2—27 续表 4

单位:万元

城市	年末金融机构各项贷款余额		年末金融机构存款余额		城乡居民储蓄年末余额	
	全市	市辖区	全市	市辖区	全市	市辖区
聊城	3724399	1467099	4590426	1643604	3193821	989035
滨州	2771629	887428	3418014	1167599	2123263	639472
菏泽	3107291	1214470	3643915	1272743	2731541	785256
河南	**64504920**	**43542864**	**85203007**	**52596282**	**55591963**	**27851732**
郑州	22313000	20566000	27248000	23624000	12111000	9103000
开封	2182579	1400807	2838608	1776116	2204631	1267443
洛阳	4920264	3704612	7863836	5633267	5188454	3413457
平顶山	2217930	1541976	3901968	2267462	2744978	1420965
安阳	2842649	1563018	4623087	2366752	3466581	1471420
鹤壁	930208	568237	1088000	684242	838963	485551
新乡	3289917	1913559	4894715	2466406	3506514	1462676
焦作	2541572	1599998	3506392	1843236	2538696	1158733
濮阳	1426540	838972	2769503	1580009	2237785	1171671
许昌	2323044	1147199	3033738	1137430	2291695	689082
漯河	1990145	1187949	1922139	1075181	1405104	675116
三门峡	1802772	802227	2254507	804835	1727047	518311
南阳	4198746	1826830	5248571	2474658	3967973	1624505
商丘	2873442	1368227	3050640	1321349	2410035	1058300
信阳	2704540	1393599	3858974	1525256	2992258	992991
周口	3669683	1330379	3698905	827889	3165484	573148
驻马店	2277889	789275	3401424	1188194	2794765	765363
湖北	**49863135**	**40910628**	**66812476**	**52838622**	**36582401**	**25200430**
武汉	28549520	28549520	35137881	35137881	14534551	14534551
黄石	1435141	1126137	2317559	1603020	1439822	911286
十堰	1494451	1092597	3576945	2458468	2118286	1306209
宜昌	4629281	3563420	5172922	3522063	2858672	1658827
襄樊	2834578	1765280	4877040	3155800	3425969	1972300
鄂州	743365	743365	951785	951785	623317	623317
荆门	1430263	609413	2266972	1071576	1777583	772451
孝感	2193580	671272	2759440	1027592	2094804	659181
荆州	2881262	1555488	3829721	1855488	2960251	1285722
黄冈	2055172	430783	3107504	574995	2562956	374673
咸宁	898236	300237	1411261	501374	1052956	332766
随州	718286	503116	1403446	978580	1133234	769147
湖南	**41119866**	**29061506**	**54485175**	**33553278**	**34538300**	**17442664**
长沙	18513772	16883173	19602314	17094596	8008897	6224567
株洲	2382392	1858406	4040644	2801950	2774182	1730635
湘潭	1807498	1281143	2760256	1735137	2055816	1161397
衡阳	2787625	1505711	4869054	2379741	3771874	1671966

2—27 续表 5

单位:万元

城市	年末金融机构各项贷款余额		年末金融机构存款余额		城乡居民储蓄年末余额	
	全市	市辖区	全市	市辖区	全市	市辖区
邵阳	1489458	521172	3399522	977358	2805279	708423
岳阳	2841409	1802729	2947502	1725639	2185862	1145171
常德	2779500	1213700	3294500	1518300	2588400	1066600
张家界	733120	523382	728115	377986	500658	219675
益阳	1630053	600267	2110455	723649	1669573	704800
郴州	1591178	763681	3235877	1375657	2392232	932459
永州	1463228	647085	2620081	962604	2105203	681062
怀化	1501933	758368	2455755	991520	1832324	625148
娄底	1598700	702689	2421100	889141	1848000	570761
广东	**195074474**	**182495213**	**306900131**	**274099540**	**162008259**	**135809859**
广州	65353948	63946204	96135721	92683542	42568178	40166436
韶关	1737507	1276329	3877057	2406176	2800447	1582223
深圳	52427700	52427700	71007500	71007500	26253900	26253900
珠海	4171818	4171818	7697077	7697077	4085732	4085732
汕头	4195291	4177546	8384318	8336932	6414854	6378296
佛山	20301200	20301200	32588500	32588500	20288100	20288100
江门	5734209	4040737	10299375	5721177	7539178	3891203
湛江	2925017	2305108	6052289	3724489	4507511	2495752
茂名	2509348	1432033	4799176	2065408	3725771	1324062
肇庆	2577644	1703752	4143620	2188833	2930571	1302230
惠州	3478121	2987537	6651342	4641780	4472809	2876263
梅州	2236427	168531	3872613	502761	2806383	339627
汕尾	590406	375795	1248851	472862	951637	280094
河源	929926		1758919		1257377	
阳江	1070089	741180	2183114	1156766	1711918	847747
清远	1930254	1202516	3296831	1358389	2352910	879870
东莞	14052461	14052461	24628693	24628693	14316777	14316777
中山	4774240	4774240	9597181	9597181	6149218	6149218
潮州	1311022	858221	2753279	1409187	2073818	998566
揭阳	1711650	964544	4071751	1239653	3371836	881828
云浮	1056196	587761	1852924	672634	1429334	471935
广西	**27213382**	**21474886**	**35909743**	**23594070**	**22326207**	**12548072**
南宁	12087669	11417516	10909576	9230110	5157925	3829609
柳州	3090881	2557004	5033544	4091719	2887159	2183022
桂林	2802990	1846659	4715169	2870455	3192678	1745661
梧州	1038402	759151	1647287	896242	1229798	595337
北海	1329640	1153600	1480633	1089104	1004851	650478
防城港	329496	229599	693589	428141	510822	291460
钦州	735161	480953	1151779	677288	859708	454424

2—27 续表 6

单位:万元

城市	年末金融机构各项贷款余额		年末金融机构存款余额		城乡居民储蓄年末余额	
	全市	市辖区	全市	市辖区	全市	市辖区
贵港	869727	505645	1758294	859551	1364031	595197
玉林	1524942	903813	2806437	1371511	2256534	977883
百色	1107364	488088	1435654	500921	910860	273902
贺州	414620	266888	793792	444812	569334	306613
河池	945486	447058	1586995	488351	1082821	304869
来宾	534322	307469	884165	406535	559621	211696
崇左	402682	111443	1012829	239330	740065	127921
海南	**7246571**	**7246571**	**8039495**	**8039495**	**3941759**	**3941759**
海口	6746053	6746053	7000243	7000243	3382586	3382586
三亚	500518	500518	1039252	1039252	559173	559173
重庆	**32462827**	**25394938**	**40396061**	**30077995**	**21897345**	**13227035**
四川	**55646119**	**40987754**	**80406492**	**52620881**	**48380883**	**26145113**
成都	28598705	25952321	37715442	31967949	17264382	13053348
自贡	1181087	865341	2318254	1521927	1612938	892154
攀枝花	1448894	1246557	1960031	1731999	1243706	1079903
泸州	1577888	1042696	2649508	1630495	1951824	1067625
德阳	2386291	833216	4231029	1464172	2399846	739319
绵阳	3507281	2370975	4942743	2982705	3073184	1514822
广元	1235000	797272	1410000	747663	1077000	510652
遂宁	1129773	601722	1887640	937921	1501153	692252
内江	1543001	799410	2212228	974030	1815855	735984
乐山	2138447	1238596	2822795	1408410	2108043	995945
南充	2236799	1153121	3649303	1736575	3027754	1321668
眉山	1302557	591150	1914798	750230	1575774	541057
宜宾	1810948	1065250	2935465	1637482	1761923	720557
广安	1254852	712223	2252508	847060	1940537	661037
达州	1634081	583650	3195766	675942	2660328	480587
雅安	908516	431435	1313976	558103	880498	345740
巴中	771800	355107	884225	418618	710594	320446
资阳	980199	347712	2110781	629600	1775544	472017
贵州	**13661503**	**11555327**	**17076952**	**13517352**	**7374961**	**5306704**
贵阳	9106033	8794474	10680269	10116926	4023557	3697235
六盘水	1123683	781351	1685884	1039712	754180	420002
遵义	2206015	1374842	3545682	1709400	1965101	822600
安顺	1225772	604660	1165117	651314	632123	366867
云南	**22828438**	**17293390**	**33643707**	**25315714**	**14581126**	**9465699**
昆明	14675071	13294509	21623711	19396081	8261054	6866352
曲靖	2543995	1170306	3422723	1472044	1801375	687790
玉溪	1672985	1010400	3666689	2235000	1631257	766100

2—27 续表 7

单位:万元

城市	年末金融机构各项贷款余额		年末金融机构存款余额		城乡居民储蓄年末余额	
	全市	市辖区	全市	市辖区	全市	市辖区
保山	968159	495896	1042710	509756	682841	292588
昭通	671324	243450	1293329	519369	671324	243450
丽江	755152	550784	846006	568041	462866	270777
思茅	733600	213127	1081900	388855	640600	211348
临沧	808152	314918	666639	226568	429809	127294
陕西	**34866821**	**25884940**	**52621969**	**39493473**	**29500370**	**19526154**
西安	20523295	19933897	30616578	29467629	14328641	13370726
铜川	556172	533228	912153	885868	572694	559724
宝鸡	2305679	1218661	3923910	2347720	2869897	1576585
咸阳	2386456	1279104	4028159	2062446	3041826	1385501
渭南	2410978	347986	3495453	699571	2675319	439909
延安	1529728	498589	2213765	989932	1218566	533303
汉中	1633612	598210	2676303	1106208	1869398	667571
榆林	1847986	691541	2292800	883743	1205400	344635
安康	1007015	537728	1393648	626048	923129	362989
商洛	665900	245996	1069200	424308	795500	285211
甘肃	**18965436**	**15198608**	**24218783**	**18115600**	**13327893**	**8888998**
兰州	10875786	10331997	12390052	11770549	5254624	4834254
嘉峪关	738521	738521	568051	568051	307186	307186
金昌	537624	425100	822090	601400	502142	342200
白银	919577	683856	1189498	896999	796551	583683
天水	783962	523607	1438885	1023047	1030125	709763
武威	711494	522329	1055012	749768	785862	551899
张掖	648400	348818	913800	499086	647700	350497
平凉	1265239	789736	1041368	558279	661104	289355
酒泉	837906	323477	2068892	558120	1345737	374007
庆阳	645513	193275	1146436	354159	899128	260584
定西	549014	157753	728499	237287	550000	157766
陇南	452400	160139	856200	298855	547734	127804
青海	**5015663**	**4514096**	**4340217**	**3906195**	**2012596**	**1811336**
西宁	5015663	4514096	4340217	3906195	2012596	1811336
宁夏	**6728243**	**5171386**	**8299736**	**6601772**	**4254863**	**3073916**
银川	4013796	3589952	5139463	4646743	2188016	1818576
石嘴山	935335	743271	1178425	966994	753820	583730
吴忠	902169	400932	1034722	467459	649860	315764
固原	282300	155343	345696	206748	226567	131146
中卫	594643	281888	601430	313828	436600	224700
新疆	**10012397**	**9876145**	**14118077**	**13952059**	**5873113**	**5773838**
乌鲁木齐	9574500	9438248	12271700	12105682	4884500	4785225
克拉玛依	437897	437897	1846377	1846377	988613	988613

2—28 劳动工资

城　市	在岗职工平均人数（万人）		在岗职工工资总额（万元）		职工平均工资（元）	
	全　市	市辖区	全　市	市辖区	全　市	市辖区
城市合计	**9785.61**	**5998.09**	**157715659**	**113532748**	**16117.11**	**18928.14**
北　京	**443.18**	**429.79**	**13151038**	**12908260**	**29674.26**	**30033.88**
天　津	**172.55**	**161.52**	**3777433**	**3602549**	**21891.82**	**22304.04**
河　北	**475.57**	**245.73**	**6073256**	**3742544**	**12770.48**	**15230.31**
石家庄	86.14	54.65	1171690	868533	13602.16	15892.64
唐　山	70.01	47.51	985594	765239	14077.90	16106.90
秦皇岛	28.11	19.55	445272	355937	15840.34	18206.50
邯　郸	57.55	33.94	686492	455680	11928.62	13426.05
邢　台	32.73	13.71	383458	202219	11715.80	14749.74
保　定	59.08	20.16	701617	284887	11875.71	14131.30
张家口	35.80	17.87	441873	267931	12342.82	14993.34
承　德	23.18	10.00	299430	152091	12917.60	15209.10
沧　州	37.87	10.49	424512	139491	11209.72	13297.52
廊　坊	23.42	9.36	300093	143884	12813.54	15372.22
衡　水	21.68	8.49	233225	106652	10757.61	12562.07
山　西	**345.23**	**194.89**	**4439128**	**2776934**	**12858.47**	**14248.72**
太　原	73.76	67.33	1135884	1054794	15399.73	15666.03
大　同	50.74	42.84	638837	560865	12590.40	13092.09
阳　泉	20.94	16.84	296721	250019	14170.06	14846.73
长　治	30.38	17.89	414087	270532	13630.25	15121.97
晋　城	21.69	10.81	313894	153940	14471.83	14240.52
朔　州	12.77	6.36	148178	90944	11603.60	14299.37
晋　中	28.66	7.86	318269	81712	11104.99	10395.93
运　城	30.81	6.53	349285	90363	11336.74	13838.13
忻　州	22.55	5.89	206332	53623	9149.98	9104.07
临　汾	32.23	8.86	397948	122963	12347.13	13878.44
吕　梁	20.70	3.68	219693	47179	10613.19	12820.38
内蒙古	**207.85**	**107.03**	**2769557**	**1598244**	**13324.79**	**14932.67**
呼和浩特	30.93	25.25	518223	448955	16754.70	17780.40
包　头	34.50	30.66	565169	507224	16381.71	16543.51
乌　海	9.90	9.90	127447	127447	12873.43	12873.43
赤　峰	30.87	12.10	335728	141941	10875.54	11730.66
通　辽	22.42	8.90	229300	100477	10227.48	11289.55
鄂尔多斯	13.50	4.71	228964	73273	16960.30	15556.90
呼伦贝尔	37.87	4.05	429599	60297	11344.05	14888.15
巴彦淖尔	15.46	7.09	169972	78253	10994.31	11037.09
乌兰察布	12.40	4.37	165155	60377	13318.95	13816.25
辽　宁	**478.71**	**361.45**	**7123515**	**6024219**	**14880.65**	**16666.81**
沈　阳	95.08	88.19	1647857	1585879	17331.27	17982.53

2—28 续表 1

城　市	在岗职工平均人数（万人）		在岗职工工资总额（万元）		职工平均工资（元）	
	全　市	市辖区	全　市	市辖区	全　市	市辖区
大　连	81.87	67.08	1614298	1415053	19717.82	21095.01
鞍　山	39.69	31.57	611073	528066	15396.15	16726.83
抚　顺	29.61	26.10	411974	375467	13913.34	14385.71
本　溪	24.35	21.20	356317	320661	14633.14	15125.52
丹　东	18.54	11.78	226849	150869	12235.65	12807.22
锦　州	26.06	16.27	317986	233053	12202.07	14324.09
营　口	16.84	13.06	211921	207779	12584.38	15909.57
阜　新	17.80	13.65	201008	163144	11292.58	11951.94
辽　阳	18.03	14.72	250449	219389	13890.68	14904.14
盘　锦	40.04	20.83	485645	380941	12129.00	18288.09
铁　岭	23.91	8.56	273335	109775	11431.83	12824.18
朝　阳	24.04	10.32	250009	113168	10399.71	10965.89
葫芦岛	22.85	18.12	264794	220975	11588.36	12195.09
吉　林	**241.15**	**141.10**	**3029541**	**2223596**	**12562.89**	**15759.01**
长　春	88.60	69.20	1392546	1260670	15717.22	18217.77
吉　林	38.94	23.12	494239	354326	12692.32	15325.52
四　平	23.64	7.87	207926	84407	8795.52	10725.16
辽　源	10.60	7.20	103555	75062	9769.34	10425.28
通　化	21.40	9.44	230551	122832	10773.41	13011.86
白　山	16.89	6.18	156559	62721	9269.33	10149.03
松　原	21.98	9.72	279129	188456	12699.23	19388.48
白　城	19.10	8.37	165036	75122	8640.63	8975.15
黑龙江	**430.16**	**275.38**	**5288411**	**4050301**	**12294.06**	**14708.04**
哈尔滨	160.13	129.20	2238777	1954961	13981.00	15131.28
齐齐哈尔	39.05	21.41	406440	259518	10408.19	12121.35
鸡　西	20.25	13.46	192371	124855	9499.80	9276.00
鹤　岗	14.88	12.16	158988	134112	10684.68	11028.95
双鸭山	24.45	8.34	158052	99656	6464.29	11949.16
大　庆	43.75	36.78	989485	925706	22616.80	25168.73
伊　春	20.97	16.37	130163	102256	6207.11	6246.55
佳木斯	21.80	11.60	230208	124120	10560.00	10700.00
七台河	13.14	10.11	135104	109502	10281.89	10831.06
牡丹江	27.03	11.42	293309	155980	10851.24	13658.49
黑　河	18.10	2.10	130505	40121	7210.22	19105.24
绥　化	26.61	2.43	225009	19514	8455.81	8030.45
上　海	**268.01**	**264.40**	**8006661**	**7932629**	**29874.49**	**30002.38**
江　苏	**575.25**	**319.65**	**10482915**	**6932953**	**18223.23**	**21689.20**
南　京	85.52	81.23	2228938	2159525	26063.35	26585.31
无　锡	47.58	33.36	1052712	766819	22125.09	22986.18

2—28 续表 2

城 市	在岗职工平均人数（万人）		在岗职工工资总额（万元）		职工平均工资（元）	
	全 市	市辖区	全 市	市辖区	全 市	市辖区
徐 州	56.59	30.70	894607	641469	15808.57	20894.76
常 州	34.94	25.52	698249	546338	19984.23	21408.23
苏 州	83.72	35.65	1884564	933893	22510.32	26196.16
南 通	51.59	19.18	820472	373575	15903.70	19477.32
连云港	26.88	13.02	341769	213113	12714.62	16368.13
淮 安	32.88	19.07	400183	256036	12171.02	13426.11
盐 城	44.88	14.26	536367	207129	11951.14	14525.18
扬 州	34.35	16.03	540441	296894	15733.36	18521.15
镇 江	29.59	17.21	514361	335957	17382.93	19521.03
泰 州	30.55	8.85	402955	133633	13190.02	15099.77
宿 迁	16.18	5.57	167297	68572	10339.74	12310.95
浙 江	**423.53**	**206.86**	**9990711**	**5317868**	**23589.15**	**25707.57**
杭 州	75.73	64.19	2187934	1921140	28891.25	29928.96
宁 波	65.10	40.32	1681086	1103466	25823.13	27367.71
温 州	74.30	31.55	1454515	669421	19576.24	21217.78
嘉 兴	43.49	11.44	900285	240491	20700.97	21021.94
湖 州	18.21	9.12	401069	192702	22024.66	21129.61
绍 兴	45.60	10.96	984041	234665	21579.85	21411.04
金 华	30.78	7.04	716003	183681	23261.96	26091.05
衢 州	12.73	6.48	286446	156668	22501.65	24177.16
舟 山	10.67	8.84	237411	192906	22250.33	21821.95
台 州	33.92	13.29	843994	330371	24881.90	24858.62
丽 水	13.00	3.63	297927	92357	22917.46	25442.70
安 徽	**324.12**	**189.09**	**4185758**	**2815587**	**12914.22**	**14890.20**
合 肥	36.77	30.13	603767	523326	16420.10	17368.93
芜 湖	19.01	14.80	269287	216254	14165.54	14611.76
蚌 埠	19.32	12.10	237292	172487	12282.19	14255.12
淮 南	27.33	23.78	463877	409717	16973.18	17229.48
马鞍山	14.50	12.87	303748	281133	20948.14	21844.06
淮 北	21.22	18.23	283963	255368	13381.86	14008.12
铜 陵	10.50	9.03	133998	117285	12761.71	12988.37
安 庆	25.81	10.73	289261	126955	11207.32	11831.78
黄 山	9.19	5.05	116869	68703	12716.97	13604.55
滁 州	20.50	6.00	206274	74409	10062.15	12401.50
阜 阳	25.60	11.20	249021	120722	9727.38	10778.75
宿 州	23.40	12.00	247389	146840	10572.18	12236.67
巢 湖	15.96	5.01	183093	65698	11471.99	13113.37
六 安	20.76	7.81	212085	81047	10216.04	10377.34
亳 州	15.30	5.16	148511	87763	9706.60	17008.33

2—28 续表 3

城　市	在岗职工平均人数（万人）		在岗职工工资总额（万元）		职工平均工资（元）	
	全　市	市辖区	全　市	市辖区	全　市	市辖区
池　州	6.64	3.08	79780	41397	12015.06	13440.58
宣　城	12.31	2.11	157543	26483	12797.97	12551.18
福　建	**356.27**	**187.54**	**5520273**	**3272073**	**15494.63**	**17447.33**
福　州	78.17	46.53	1296473	838203	16585.30	18014.25
厦　门	59.92	59.92	1230762	1230762	20540.09	20540.09
莆　田	24.18	19.84	305935	256972	12652.40	12952.22
三　明	21.09	6.77	317466	119960	15052.92	17719.35
泉　州	84.88	27.02	1227745	403379	14464.48	14928.90
漳　州	32.54	9.29	389335	132285	11964.81	14239.50
南　平	21.47	6.11	261231	91822	12167.26	15028.15
龙　岩	19.43	8.44	287691	143829	14806.54	17041.35
宁　德	14.59	3.62	203635	54861	13957.16	15154.97
江　西	**253.65**	**108.72**	**2939918**	**1580649**	**11590.45**	**14538.71**
南　昌	50.88	40.83	793173	730991	15589.09	17903.28
景德镇	14.01	7.45	152563	110607	10889.58	14846.58
萍　乡	12.47	9.72	153805	123716	12334.00	12727.98
九　江	31.68	11.85	336400	148049	10618.69	12493.59
新　余	9.41	7.94	124992	107300	13282.89	13513.85
鹰　潭	8.26	1.94	106797	25125	12929.42	12951.03
赣　州	35.00	7.04	349910	98899	9997.43	14048.15
吉　安	20.62	3.95	203291	44375	9858.92	11234.18
宜　春	23.30	5.79	254402	63917	10918.54	11039.21
抚　州	20.26	7.00	176922	60370	8732.58	8624.29
上　饶	27.76	5.21	287663	67300	10362.50	12917.47
山　东	**762.00**	**391.00**	**10905412**	**6659783**	**14311.56**	**17032.69**
济　南	79.00	63.00	1420491	1243149	17980.90	19732.52
青　岛	112.00	67.00	1933541	1365478	17263.76	20380.27
淄　博	48.00	38.00	724000	607000	15083.33	15973.68
枣　庄	32.00	24.00	411865	330172	12870.78	13757.17
东　营	31.00	26.00	752206	672398	24264.71	25861.46
烟　台	66.00	32.00	1023626	527157	15509.48	16473.66
潍　坊	59.00	22.00	725651	313107	12299.17	14232.14
济　宁	56.00	13.00	756857	194191	13515.30	14937.77
泰　安	42.00	13.00	502122	166335	11955.29	12795.00
威　海	35.00	18.00	462020	242373	13200.57	13465.17
日　照	17.00	10.00	200902	134587	11817.76	13458.70
莱　芜	13.00	13.00	204450	204450	15726.92	15726.92
临　沂	46.00	15.00	511376	202781	11116.87	13518.73
德　州	33.00	10.00	307004	115853	9303.15	11585.30

2—28续表4

城　市	在岗职工平均人数（万人）		在岗职工工资总额（万元）		职工平均工资（元）	
	全　市	市辖区	全　市	市辖区	全　市	市辖区
聊　城	34.00	10.00	367891	126675	10820.32	12667.50
滨　州	27.00	8.00	317872	104300	11773.04	13037.50
菏　泽	32.00	9.00	283538	109777	8860.56	12197.44
河　南	**640.38**	**309.41**	**6983738**	**4084609**	**10905.62**	**13201.28**
郑　州	85.63	62.18	1286491	1019050	15023.84	16388.71
开　封	29.38	16.07	254354	158027	8657.39	9833.67
洛　阳	49.10	29.66	639801	463588	13030.57	15630.07
平顶山	43.45	26.01	525249	358288	12088.58	13775.01
安　阳	38.22	19.96	458151	286374	11987.21	14347.39
鹤　壁	15.03	10.65	155225	117653	10327.68	11047.23
新　乡	39.96	18.78	380160	215548	9513.51	11477.53
焦　作	30.23	16.84	331405	211867	10962.79	12581.18
濮　阳	28.43	17.83	379684	290998	13355.05	16320.70
许　昌	25.58	7.78	248374	94188	9709.70	12106.43
漯　河	18.65	8.58	160412	83470	8601.18	9728.44
三门峡	22.65	6.84	255905	81631	11298.23	11934.36
南　阳	61.90	25.19	643331	321199	10393.07	12751.05
商　丘	37.47	12.22	331935	98941	8858.69	8096.64
信　阳	38.30	12.81	338475	118129	8837.47	9221.62
周　口	43.44	9.02	312886	74455	7202.72	8254.43
驻马店	32.96	8.99	281900	91203	8552.79	10144.94
湖　北	**440.06**	**270.50**	**5207197**	**3722447**	**11832.93**	**13761.36**
武　汉	136.30	136.30	2176843	2176843	15970.97	15970.97
黄　石	28.14	15.95	317179	199764	11271.46	12524.39
十　堰	28.03	15.39	403312	274935	14388.58	17864.52
宜　昌	36.99	20.00	393417	242929	10635.77	12146.45
襄　樊	42.40	21.89	388719	237829	9167.90	10864.73
鄂　州	14.09	14.09	129497	129497	9190.70	9190.70
荆　门	20.00	8.88	209063	99173	10453.15	11168.13
孝　感	35.09	7.99	307550	84707	8764.61	10601.63
荆　州	38.05	13.12	352474	136021	9263.44	10367.45
黄　冈	31.80	4.20	265487	49563	8348.65	11800.71
咸　宁	17.64	4.84	161781	49579	9171.26	10243.60
随　州	11.53	7.85	101875	41607	8835.65	5300.25
湖　南	**346.65**	**157.26**	**4801205**	**2458070**	**13850.30**	**15630.61**
长　沙	62.86	45.63	1190857	912810	18944.59	20004.60
株　洲	26.07	17.39	388630	277646	14907.17	15965.84
湘　潭	22.06	14.25	300316	205301	13613.60	14407.09
衡　阳	38.09	13.01	457664	171810	12015.33	13206.00

2—28 续表 5

城　　市	在岗职工平均人数（万人）		在岗职工工资总额（万元）		职工平均工资（元）	
	全　市	市辖区	全　市	市辖区	全　市	市辖区
邵　　阳	27.34	8.24	300261	92537	10982.48	11230.22
岳　　阳	30.43	13.46	373532	121086	12275.12	8995.99
常　　德	22.13	7.92	312574	129940	14124.45	16406.57
张 家 界	7.60	3.96	104899	58444	13802.50	14758.59
益　　阳	18.81	7.33	225413	97365	11983.68	13283.08
郴　　州	23.81	7.61	328902	117291	13813.61	15412.75
永　　州	23.56	7.72	272241	97802	11555.22	12668.65
怀　　化	22.05	4.17	261780	63117	11872.11	15135.97
娄　　底	21.84	6.57	284136	112921	13009.89	17187.37
广　　东	**800.84**	**599.05**	**17682024**	**15204696**	**22079.45**	**25381.22**
广　　州	186.49	172.94	5891767	5640954	31592.94	32617.98
韶　　关	26.32	12.03	431284	250925	16386.17	20858.27
深　　圳	131.32	131.32	4192800	4192800	31928.11	31928.11
珠　　海	39.68	39.68	797026	797026	20086.34	20086.34
汕　　头	29.01	28.42	459600	453018	15842.81	15940.11
佛　　山	47.46	47.46	928296	928296	19559.54	19559.54
江　　门	34.28	16.92	470892	276633	13736.64	16349.47
湛　　江	36.80	16.37	493200	293608	13402.17	17935.74
茂　　名	28.07	8.88	407875	206394	14530.64	23242.57
肇　　庆	23.12	9.61	344832	160984	14914.88	16751.72
惠　　州	53.23	42.76	737530	580235	13855.53	13569.57
梅　　州	22.21	4.15	288110	73800	12972.08	17783.13
汕　　尾	11.77	3.89	148996	56783	12658.96	14597.17
河　　源	16.30	5.18	232079	92067	14237.98	17773.55
阳　　江	16.31	6.47	202212	91258	12398.04	14104.79
清　　远	19.01	5.34	301108	99343	15842.44	18593.42
东　　莞	17.09	17.09	432893	432893	25330.19	25330.19
中　　山	17.82	17.82	386361	386361	21681.31	21681.31
潮　　州	11.33	4.79	146691	77288	12947.13	16135.28
揭　　阳	19.41	4.81	212272	59779	10936.22	12428.07
云　　浮	13.81	3.12	176200	54251	12758.87	17388.14
广　　西	**255.04**	**130.17**	**3445387**	**2074711**	**13509.20**	**15938.47**
南　　宁	53.70	35.75	829568	634388	15448.19	17745.12
柳　　州	36.09	26.04	595581	472143	16502.66	18131.45
桂　　林	30.50	15.42	420000	250000	13770.49	16212.71
梧　　州	14.42	7.45	168081	100301	11656.10	13463.22
北　　海	8.86	5.72	112156	80015	12658.69	13988.64
防 城 港	5.43	3.49	64459	44153	11870.90	12651.29
钦　　州	10.40	4.88	107661	56771	10352.02	11633.40

2—28 续表 6

城　市	在岗职工平均人数（万人）		在岗职工工资总额（万元）		职工平均工资（元）	
	全　市	市辖区	全　市	市辖区	全　市	市辖区
贵　港	12.48	6.29	137678	72810	11031.89	11575.52
玉　林	20.69	6.79	234136	106178	11316.38	15637.41
百　色	17.12	4.52	230662	65132	13473.25	14409.73
贺　州	7.72	3.66	90652	49659	11742.49	13568.03
河　池	16.67	3.53	207223	52311	12430.89	14818.98
来　宾	10.01	4.56	131196	65679	13106.49	14403.29
崇　左	10.95	2.07	116334	25171	10624.11	12159.90
海　南	**28.77**	**28.77**	**492373**	**492373**	**17114.11**	**17114.11**
海　口	24.10	24.10	424218	424218	17602.41	17602.41
三　亚	4.67	4.67	68155	68155	14594.22	14594.22
重　庆	**204.77**	**131.68**	**2939800**	**2089332**	**14356.60**	**15866.74**
四　川	**440.80**	**239.51**	**6101960**	**3748115**	**13842.92**	**15649.10**
成　都	122.83	88.61	2156401	1674361	17555.98	18895.85
自　贡	17.23	12.33	206466	153174	11982.94	12422.87
攀枝花	19.05	17.47	330432	305535	17345.51	17489.12
泸　州	21.25	12.67	261076	166017	12285.93	13103.16
德　阳	21.51	8.88	351885	161762	16359.14	18216.44
绵　阳	30.05	15.84	389258	224146	12953.68	14150.63
广　元	14.09	7.44	145539	78582	10329.24	10562.10
遂　宁	14.80	5.87	149934	72178	10130.68	12296.08
内　江	21.34	9.30	238008	111097	11153.14	11945.91
乐　山	26.39	13.48	315805	166003	11966.84	12314.76
南　充	23.01	9.55	252208	116681	10960.80	12217.91
眉　山	12.32	3.72	144097	45941	11696.19	12349.73
宜　宾	27.40	11.11	354850	168448	12950.73	15161.84
广　安	10.87	3.39	134223	45118	12348.02	13309.14
达　州	24.28	5.84	267524	83353	11018.29	14272.77
雅　安	8.79	4.05	105790	52101	12035.27	12864.44
巴　中	12.36	5.27	131184	58891	10613.59	11174.76
资　阳	13.23	4.69	167280	64727	12643.99	13801.07
贵　州	**108.98**	**71.14**	**1470640**	**976877**	**13494.59**	**13731.75**
贵　阳	57.30	48.71	791311	671336	13809.97	13782.30
六盘水	16.45	7.94	225645	114711	13717.02	14447.23
遵　义	23.84	8.37	319684	117830	13409.56	14077.66
安　顺	11.39	6.12	134000	73000	11764.71	11928.10
云　南	**154.68**	**80.22**	**2322860**	**1317414**	**15017.20**	**16422.51**
昆　明	69.59	54.22	1158458	931885	16646.90	17187.11
曲　靖	22.66	6.32	336371	102447	14844.26	16209.97
玉　溪	12.17	4.35	200289	88547	16457.60	20355.63

2—28续表7

城市	在岗职工平均人数（万人）		在岗职工工资总额（万元）		职工平均工资（元）	
	全市	市辖区	全市	市辖区	全市	市辖区
保山	9.56	4.02	115683	47758	12100.73	11880.10
昭通	14.28	3.75	187253	55023	13112.96	14672.80
丽江	5.29	1.68	74672	25086	14115.69	14932.14
思茅	11.78	4.06	139784	39645	11866.21	9764.78
临沧	9.35	1.82	110350	27023	11802.14	14847.80
陕西	**304.76**	**178.33**	**4033252**	**2551348**	**13234.19**	**14306.89**
西安	114.15	105.32	1766237	1676211	15472.95	15915.41
铜川	9.74	9.11	104075	98311	10685.32	10791.55
宝鸡	29.57	15.98	333149	203835	11266.45	12755.63
咸阳	37.86	17.46	410101	221651	10832.04	12694.79
渭南	33.32	6.67	350231	78189	10511.13	11722.49
延安	17.79	4.68	243427	54984	13683.36	11748.72
汉中	22.09	6.66	385853	76185	17467.32	11439.19
榆林	18.36	4.74	210552	57165	11467.97	12060.13
安康	11.63	4.69	129444	55259	11130.18	11782.30
商洛	10.25	3.02	100183	29558	9773.95	9787.42
甘肃	**164.45**	**106.86**	**2202252**	**1412212**	**13391.62**	**13215.53**
兰州	54.23	51.90	805551	716838	14854.34	13811.91
嘉峪关	3.66	3.66	81817	81817	22354.37	22354.37
金昌	8.20	6.00	145315	114030	17721.34	19005.00
白银	14.84	10.26	192041	139988	12940.77	13644.05
天水	16.63	11.57	174295	109863	10480.76	9495.51
武威	9.71	7.02	97688	55039	10060.56	7840.31
张掖	8.30	3.34	92816	41500	11182.65	12425.15
平凉	10.81	2.11	146147	25300	13519.61	11990.52
酒泉	8.46	3.00	134222	41559	15865.48	13853.00
庆阳	9.86	3.00	109830	32719	11138.95	10906.33
定西	9.09	3.00	104176	33859	11460.51	11286.33
陇南	10.66	2.00	118354	19700	11102.63	9850.00
青海	**19.96**	**14.34**	**322865**	**238864**	**16175.60**	**16657.18**
西宁	19.96	14.34	322865	238864	16175.60	16657.18
宁夏	**60.40**	**39.40**	**890338**	**596772**	**14740.70**	**15146.50**
银川	28.84	23.86	439631	381074	15243.79	15971.25
石嘴山	8.73	6.86	121554	97879	13923.71	14268.08
吴忠	12.80	4.02	198600	51580	15515.63	12830.85
固原	4.94	2.28	67781	36692	13720.85	16092.98
中卫	5.09	2.38	62772	29547	12332.42	12414.71
新疆	**57.84**	**57.30**	**1136241**	**1126719**	**19644.55**	**19663.51**
乌鲁木齐	46.38	45.84	870713	861191	18773.46	18786.89
克拉玛依	11.46	11.46	265528	265528	23169.98	23169.98

2—29 学 校 数

单位:所

城 市	高等学校		普通中学		小 学	
	全 市	市辖区	全 市	市辖区	全 市	市辖区
城市合计	**1753**	**1673**	**71595**	**21037**	**358526**	**64111**
北 京	**77**	**77**	**760**	**704**	**1504**	**1357**
天 津	**40**	**40**	**644**	**504**	**1099**	**805**
河 北	**84**	**78**	**4918**	**687**	**22953**	**1793**
石家庄	30	30	692	109	2971	242
唐 山	8	8	499	180	1680	484
秦皇岛	5	3	232	38	893	88
邯 郸	4	4	595	91	3436	191
邢 台	4	4	578	50	2706	75
保 定	10	10	700	48	3208	137
张家口	3	3	294	56	1418	150
承 德	5	5	301	23	1952	69
沧 州	5	4	481	29	2132	79
廊 坊	8	5	241	36	1095	182
衡 水	2	2	305	27	1462	96
山 西	**54**	**51**	**3316**	**727**	**28495**	**3282**
太 原	33	33	253	189	1090	470
大 同	4	4	292	108	2133	434
阳 泉	1	1	104	42	710	118
长 治	4	4	281	50	3276	143
晋 城	2	2	200	23	2372	96
朔 州			155	64	1568	694
晋 中	2	1	325	52	2350	268
运 城	1	1	429	56	2650	285
忻 州	2	1	457	52	4379	340
临 汾	3	3	406	69	3569	282
吕 梁	2	1	414	22	4398	152
内蒙古	**33**	**33**	**1513**	**448**	**5956**	**1246**
呼和浩特	17	17	166	83	725	246
包 头	6	6	166	107	437	205
乌 海	3	3	38	38	50	50
赤 峰	1	1	347	92	1634	319
通 辽	1	1	243	42	1052	216
鄂尔多斯			76	14	230	22
呼伦贝尔	1	1	260	30	788	29
巴彦淖尔	1	1	99	24	582	128
乌兰察布	3	3	118	18	458	31
辽 宁	**71**	**71**	**2307**	**966**	**10285**	**2069**
沈 阳	27	27	362	254	1087	467

2—29 续表 1

单位:所

城市	高等学校		普通中学		小学	
	全市	市辖区	全市	市辖区	全市	市辖区
大连	18	18	288	159	1048	267
鞍山	2	2	168	70	889	119
抚顺	3	3	153	82	446	121
本溪	1	1	91	51	291	101
丹东	2	2	130	36	751	97
锦州	6	6	163	47	700	108
营口	2	2	104	46	483	219
阜新	2	2	119	42	701	97
辽阳	3	3	91	35	442	79
盘锦	1	1	80	36	294	48
铁岭	2	2	160	27	971	63
朝阳	1	1	231	26	1228	81
葫芦岛	1	1	167	55	954	202
吉林	**42**	**42**	**1482**	**428**	**7374**	**1212**
长春	27	27	377	158	1772	410
吉林	7	7	234	91	1062	275
四平	3	3	216	45	1156	100
辽源	1	1	73	22	506	50
通化	1	1	172	28	647	62
白山			124	23	416	69
松原			149	27	941	107
白城	3	3	137	34	874	139
黑龙江	**53**	**52**	**2700**	**904**	**10873**	**1656**
哈尔滨	33	32	684	295	2475	344
齐齐哈尔	3	3	389	120	1796	221
鸡西	1	1	162	61	419	107
鹤岗	1	1	82	40	201	61
双鸭山			134	43	302	74
大庆	3	3	184	85	825	223
伊春	1	1	96	56	237	95
佳木斯	2	2	190	54	856	136
七台河	1	1	69	43	160	78
牡丹江	6	6	179	46	713	70
黑河	1	1	193	14	840	7
绥化	1	1	338	47	2049	240
上海	**59**	**59**	**822**	**780**	**648**	**615**
江苏	**113**	**101**	**3160**	**1044**	**6729**	**2059**
南京	38	38	240	206	450	377
无锡	11	8	198	95	411	199

2—29 续表 2

单位:所

城市	高等学校		普通中学		小学	
	全市	市辖区	全市	市辖区	全市	市辖区
徐州	7	7	366	90	908	152
常州	9	9	173	101	307	209
苏州	13	8	268	96	488	173
南通	6	6	326	31	678	64
连云港	3	3	212	35	469	65
淮安	6	5	222	117	530	266
盐城	4	3	331	67	743	135
扬州	5	5	208	58	408	91
镇江	5	3	126	48	242	94
泰州	5	5	253	35	484	59
宿迁	1	1	237	65	611	175
浙江	**85**	**81**	**2609**	**767**	**6738**	**1607**
杭州	36	35	384	197	897	412
宁波	14	14	308	118	719	256
温州	5	5	483	81	1152	176
嘉兴	8	8	164	42	456	107
湖州	3	3	141	59	290	79
绍兴	4	4	209	21	686	75
金华	6	4	275	53	735	123
衢州	1	1	150	47	427	90
舟山	3	3	61	44	91	59
台州	3	2	298	73	794	161
丽水	2	2	136	32	491	69
安徽	**85**	**84**	**3668**	**1080**	**21295**	**4345**
合肥	36	36	261	101	1178	171
芜湖	10	10	126	35	354	60
蚌埠	4	4	189	52	1066	161
淮南	5	5	137	96	527	301
马鞍山	2	2	66	28	250	48
淮北	2	2	139	73	628	172
铜陵	3	3	50	29	128	50
安庆	2	2	437	33	2438	123
黄山	1	1	132	38	776	193
滁州	4	3	292	32	1491	119
阜阳	2	2	283	126	3208	594
宿州	4	4	399	115	2083	555
巢湖	2	2	238	49	1369	265
六安	3	3	345	121	2637	661
亳州	2	2	265	59	2014	488

2—29 续表 3　　单位:所

城　市	高等学校		普通中学		小　学	
	全　市	市辖区	全　市	市辖区	全　市	市辖区
池　州	2	2	111	40	526	184
宣　城	1	1	198	53	622	200
福　建	**63**	**53**	**2022**	**444**	**11614**	**2079**
福　州	29	26	373	85	1982	228
厦　门	10	10	70	70	375	375
莆　田	1	1	172	110	865	555
三　明	2	1	191	17	1209	83
泉　州	14	8	384	56	1951	218
漳　州	3	3	243	19	1651	135
南　平	1	1	182	27	1082	165
龙　岩	2	2	211	36	816	104
宁　德	1	1	196	24	1683	216
江　西	**66**	**66**	**2828**	**515**	**15256**	**1753**
南　昌	41	41	277	121	1160	235
景德镇	3	3	113	38	545	85
萍　乡	1	1	127	58	475	185
九　江	4	4	358	50	1430	92
新　余	1	1	73	50	237	47
鹰　潭	1	1	81	11	364	29
赣　州	5	5	483	29	3079	90
吉　安	1	1	323	31	1972	164
宜　春	2	2	312	56	1841	342
抚　州	2	2	236	42	1778	415
上　饶	5	5	445	29	2375	69
山　东	**143**	**134**	**4533**	**1326**	**16974**	**3919**
济　南	58	57	251	140	889	417
青　岛	25	25	331	112	1037	274
淄　博	8	8	240	174	633	367
枣　庄	1	1	192	118	873	497
东　营	6	5	110	56	238	83
烟　台	7	4	368	84	1050	236
潍　坊	9	8	457	65	1740	254
济　宁	5	3	426	66	1573	110
泰　安	5	5	215	68	765	205
威　海	3	3	114	24	244	48
日　照	2	2	147	67	535	222
莱　芜	2	2	73	73	268	268
临　沂	2	2	428	93	2143	299
德　州	3	2	269	29	1079	85

2—29 续表 4

单位:所

城市	高等学校		普通中学		小学	
	全市	市辖区	全市	市辖区	全市	市辖区
聊城	2	2	257	56	1230	172
滨州	3	3	174	30	649	102
菏泽	2	2	481	71	2028	280
河南	**80**	**80**	**5796**	**1094**	**31902**	**3219**
郑州	39	39	384	143	1166	310
开封	2	2	338	56	1737	131
洛阳	4	4	460	98	2644	196
平顶山	4	4	307	60	1673	169
安阳	2	2	399	73	1825	221
鹤壁	1	1	101	40	483	128
新乡	6	6	499	67	2013	144
焦作	3	3	286	57	787	111
濮阳	1	1	236	54	1455	119
许昌	2	2	295	39	1453	47
漯河	2	2	137	18	565	37
三门峡	1	1	187	18	1139	58
南阳	4	4	529	119	3454	405
商丘	3	3	421	98	2541	491
信阳	3	3	334	85	2421	450
周口	2	2	528	29	3823	65
驻马店	1	1	355	40	2723	137
湖北	**82**	**81**	**2883**	**1142**	**11969**	**3103**
武汉	52	52	531	531	1192	1192
黄石	2	2	154	46	767	58
十堰	5	4	213	38	1274	73
宜昌	2	2	234	75	629	132
襄樊	3	3	288	114	1531	594
鄂州	1	1	69	69	307	307
荆门	2	2	157	46	471	81
孝感	2	2	245	42	1297	188
荆州	6	6	308	67	1195	110
黄冈	4	4	389	7	2104	33
咸宁	2	2	185	36	915	174
随州	1	1	110	71	287	161
湖南	**83**	**76**	**4432**	**752**	**19042**	**2039**
长沙	39	33	347	83	1433	214
株洲	7	7	228	48	872	93
湘潭	5	5	226	40	650	83
衡阳	5	5	473	59	2254	182

2—29 续表 5　　单位:所

城　市	高等学校		普通中学		小　学	
	全　市	市辖区	全　市	市辖区	全　市	市辖区
邵　阳	3	3	556	48	2253	100
岳　阳	3	3	389	62	1574	154
常　德	4	3	319	82	1407	297
张家界	2	2	116	42	441	153
益　阳	2	2	311	79	1045	320
郴　州	2	2	370	63	2003	178
永　州	3	3	395	79	852	101
怀　化	3	3	386	39	3048	95
娄　底	5	5	316	28	1210	69
广　东	**93**	**90**	**4012**	**1533**	**21125**	**4869**
广　州	52	50	437	360	1429	948
韶　关	2	2	201	22	849	40
深　圳	9	9	216	216	378	378
珠　海			52	52	140	140
汕　头	1	1				
佛　山	3	3	177	177	519	519
江　门	1	1	271	104	962	220
湛　江	3	3	354	77	2266	383
茂　名	2	2	318	63	2007	307
肇　庆	4	4	181	23	1372	88
惠　州	1	1	171	65	1170	405
梅　州	1	1	284	19	1997	55
汕　尾	1	1	149	24	789	86
河　源	2	2	185	17	1428	46
阳　江	1	1	108	25	787	145
清　远	1	1	216	34	1328	100
东　莞	2	2	114	114	498	498
中　山	3	3	86	86	266	266
潮　州	1	1	121	20	731	57
揭　阳	2	2	258	31	1358	105
云　浮	1	0	113	4	851	83
广　西	**55**	**51**	**2934**	**755**	**15897**	**2998**
南　宁	28	26	420	121	1682	245
柳　州	6	6	240	78	1194	203
桂　林	7	7	321	42	1685	94
梧　州	1	1	154	22	903	84
北　海	3	3	88	39	419	129
防城港			55	30	364	229
钦　州	1	1	142	61	1115	383

2—29 续表 6　　单位:所

城　市	高等学校		普通中学		小　学	
	全　市	市辖区	全　市	市辖区	全　市	市辖区
贵　港	1	1	279	116	1161	448
玉　林	1	1	342	57	1493	226
百　色	2	2	247	35	1756	141
贺　州	1	1	121	53	874	300
河　池	2	1	253	23	1633	133
来　宾	1	1	140	61	773	274
崇　左	1		132	17	845	109
海　南	**10**	**10**	**144**	**144**	**541**	**541**
海　口	9	9	102	102	391	391
三　亚	1	1	42	42	150	150
重　庆	**34**	**31**	**1511**	**513**	**10409**	**2124**
四　川	**67**	**56**	**4682**	**1253**	**18403**	**3969**
成　都	33	23	528	191	586	294
自　贡	2	2	145	49	592	163
攀枝花	2	2	84	53	446	194
泸　州	4	4	217	61	321	66
德　阳	4	3	195	32	448	42
绵　阳	5	5	305	69	1641	155
广　元	1	1	214	52	1851	706
遂　宁	1	1	170	64	1231	439
内　江	2	2	297	95	721	295
乐　山	1	1	251	78	1088	218
南　充	4	4	549	128	269	100
眉　山	1	1	236	58	271	57
宜　宾	2	2	354	51	1976	171
广　安	1	1	157	49	1613	501
达　州	2	2	347	28	2787	100
雅　安	2	2	121	27	677	102
巴　中			191	94	335	122
资　阳			321	74	1550	244
贵　州	**18**	**17**	**1244**	**386**	**5529**	**962**
贵　阳	12	11	313	205	962	439
六盘水	2	2	221	53	1080	112
遵　义	2	2	558	84	2450	180
安　顺	2	2	152	44	1037	231
云　南	**31**	**31**	**1333**	**321**	**12978**	**1697**
昆　明	22	22	280	139	1526	463
曲　靖	1	1	255	38	1887	104
玉　溪	2	2	132	24	663	77

2—29 续表 7

单位:所

城市	高等学校		普通中学		小学	
	全市	市辖区	全市	市辖区	全市	市辖区
保山	1	1	134	39	1336	432
昭通	1	1	170	28	2615	185
丽江	2	2	90	10	659	53
思茅	1	1	140	19	1307	83
临沧	1	1	132	24	2985	300
陕西	**65**	**63**	**2712**	**874**	**23342**	**4346**
西安	41	41	461	324	2016	1063
铜川			79	71	676	453
宝鸡	2	2	278	104	1837	495
咸阳	11	11	348	67	2668	149
渭南	2	2	426	69	2804	394
延安	1	1	180	43	2754	343
汉中	2	1	257	37	2558	164
榆林	2	1	274	45	3425	322
安康	3	3	222	75	1879	484
商洛	1	1	187	39	2725	479
甘肃	**31**	**30**	**1891**	**575**	**16009**	**3591**
兰州	19	19	237	135	884	323
嘉峪关			12	12	27	27
金昌			38	15	167	39
白银			198	48	1381	229
天水	3	3	256	88	2773	876
武威	1	1	162	81	1309	482
张掖	2	2	102	37	621	147
平凉	1	1	169	37	1654	274
酒泉	1	1	98	29	438	166
庆阳	2	2	209	28	1947	125
定西	1	1	195	33	1826	319
陇南	1		215	32	2982	584
青海	**9**	**9**	**152**	**49**	**743**	**79**
西宁	9	9	152	49	743	79
宁夏	**13**	**12**	**425**	**167**	**2632**	**593**
银川	11	10	95	52	303	121
石嘴山			65	36	175	31
吴忠	1	1	84	25	540	81
固原	1	1	107	29	1126	269
中卫			74	25	488	91
新疆	**14**	**14**	**162**	**155**	**212**	**184**
乌鲁木齐	13	13	138	131	182	154
克拉玛依	1	1	24	24	30	30

2—30 专任教师数

单位:人

城 市	高等学校		普通中学		小 学	
	全 市	市辖区	全 市	市辖区	全 市	市辖区
城市合计	**842551**	**820041**	**4327239**	**1399121**	**5089403**	**1450155**
北 京	**44095**	**43902**	**51114**	**47570**	**48767**	**44939**
天 津	**18973**	**18973**	**41397**	**31469**	**42122**	**33743**
河 北	**38354**	**36087**	**290078**	**52747**	**324832**	**50935**
石家庄	13265	13265	43589	8322	42251	8652
唐 山	3483	3483	34090	12541	29023	11316
秦皇岛	2864	2040	13120	4027	13374	3835
邯 郸	2651	2651	34370	6612	40219	6591
邢 台	1405	1405	27480	3750	32228	2349
保 定	6471	6471	42082	3407	49612	3373
张家口	1463	1463	16382	3980	20185	4375
承 德	1320	1320	14520	2071	16734	1700
沧 州	1436	1074	28166	2505	36831	2541
廊 坊	3372	2291	17938	2918	22911	3565
衡 水	624	624	18341	2614	21464	2638
山 西	**22627**	**21477**	**156777**	**43359**	**190544**	**46385**
太 原	13909	13909	15686	12886	17632	13129
大 同	1326	1326	13885	6866	19899	10086
阳 泉	348	348	5844	2878	5041	1376
长 治	1408	1408	12708	3067	18416	3123
晋 城	520	520	10764	2305	13022	2041
朔 州			6466	2426	9863	3664
晋 中	1260	412	13949	2371	15395	2483
运 城	735	659	24276	3182	27206	3091
忻 州	800	772	16233	2500	18145	1851
临 汾	1843	1843	19578	3994	23424	4005
吕 梁	478	280	17388	884	22501	1536
内蒙古	**14435**	**14435**	**80859**	**28344**	**108776**	**29372**
呼和浩特	8016	8016	8364	5399	10676	5633
包 头	2166	2166	9778	7127	9081	5773
乌 海	125	125	1839	1839	2411	2411
赤 峰	678	678	19035	6239	25122	6580
通 辽	803	803	12246	2138	19352	3194
鄂尔多斯			5112	767	6180	1038
呼伦贝尔	607	607	11927	1570	14340	1055
巴彦淖尔	1058	1058	6167	1928	8779	2368
乌兰察布	982	982	6391	1337	12835	1320
辽 宁	**40678**	**40678**	**144824**	**69713**	**167286**	**60849**
沈 阳	17210	17210	25163	18813	25978	16586

2—30 续表 1 单位:人

城　市	高等学校		普通中学		小　学	
	全　市	市辖区	全　市	市辖区	全　市	市辖区
大　连	10950	10950	20061	11219	18713	8818
鞍　山	1639	1639	11896	5514	14146	3880
抚　顺	1341	1341	7811	5053	8834	4513
本　溪	528	528	6053	3816	6552	3430
丹　东	1293	1293	7851	2572	9973	2277
锦　州	3175	3175	9569	3140	11760	3049
营　口	613	613	7806	4048	9074	3718
阜　新	1779	1779	6747	2894	9004	2458
辽　阳	624	624	5980	2803	6404	2090
盘　锦	228	228	4936	2602	6150	2195
铁　岭	513	513	9394	1872	12408	1631
朝　阳	423	423	12830	2063	16440	2212
葫芦岛	362	362	8727	3304	11850	3992
吉　林	**23225**	**23225**	**83114**	**29539**	**130016**	**34500**
长　春	17289	17289	24876	11350	38483	13819
吉　林	3392	3392	13952	6281	20118	7026
四　平	1394	1394	10743	2835	17524	3371
辽　源	162	162	4050	1317	6892	1686
通　化	717	717	8451	1954	11251	1714
白　山			5419	1312	7879	2024
松　原			8665	2628	15261	2643
白　城	271	271	6958	1862	12608	2217
黑龙江	**30289**	**30102**	**150171**	**55730**	**174828**	**48863**
哈尔滨	21488	21340	39687	16987	42203	10705
齐齐哈尔	1773	1773	18384	6177	20344	4844
鸡　西	237	237	8691	3576	9266	3616
鹤　岗	302	302	5060	2672	5611	3236
双鸭山			6255	2274	7068	2171
大　庆	2057	2057	12649	7313	14043	5868
伊　春	228	228	5554	3587	5987	3604
佳木斯	1632	1632	9921	3524	13759	3950
七台河	154	154	4052	2711	4137	2351
牡丹江	1925	1925	10032	3139	13989	3302
黑　河	144	144	7568	860	8929	812
绥　化	349	310	22318	2910	29492	4404
上　海	**28737**	**28737**	**51277**	**48765**	**37545**	**35696**
江　苏	**59136**	**57279**	**272348**	**91226**	**264937**	**86165**
南　京	26051	26051	22104	18951	20369	17298
无　锡	3719	3299	20321	9811	17298	8720

2—30续表2

单位:人

城市	高等学校		普通中学		小学	
	全市	市辖区	全市	市辖区	全市	市辖区
徐州	4686	4686	35744	7011	39864	7029
常州	3443	3443	12710	7810	11622	7138
苏州	5435	4421	24220	9504	20821	7816
南通	2790	2790	26209	3107	21919	2785
连云港	1491	1491	18300	3384	20574	3286
淮安	2222	2152	17582	9011	21586	11354
盐城	1708	1580	31517	6241	27143	4721
扬州	3100	3100	16767	4712	16011	3967
镇江	3183	2958	9701	3257	8945	3342
泰州	1009	1009	19451	3082	16238	2268
宿迁	299	299	17722	5345	22547	6441
浙江	**36103**	**34316**	**162892**	**52763**	**160075**	**50648**
杭州	18445	17718	23552	14090	23066	13912
宁波	5633	5633	19331	8223	19302	8428
温州	2824	2824	28966	6331	28730	5799
嘉兴	964	964	11846	3039	11862	2852
湖州	819	819	8895	3539	8744	3370
绍兴	1592	1592	15787	2205	14467	2077
金华	2643	2153	16745	3365	14818	3065
衢州	456	456	7675	2704	7653	2549
舟山	830	830	3430	2504	3126	2130
台州	1083	513	18757	5213	18353	4804
丽水	814	814	7908	1550	9954	1662
安徽	**29876**	**29636**	**190042**	**59458**	**262528**	**73277**
合肥	12326	12326	14463	6084	17130	5593
芜湖	3562	3562	6466	2229	8104	2513
蚌埠	2193	2193	10304	2673	13681	3472
淮南	2535	2535	7747	5776	10989	7718
马鞍山	1248	1248	4198	2294	4895	2619
淮北	1049	1049	7180	3959	10579	5321
铜陵	788	788	2684	1659	3097	1619
安庆	1029	1029	21086	2248	25603	2372
黄山	372	372	5015	1628	6712	1972
滁州	1128	888	13919	2039	16826	2154
阜阳	650	650	20949	5592	37707	9463
宿州	648	648	19176	6031	25181	7304
巢湖	566	566	13495	3066	15440	3320
六安	868	868	17103	5627	25708	6548
亳州	297	297	11862	3546	24024	5514

2—30 续表 3

单位:人

城　市	高等学校		普通中学		小　学	
	全　市	市辖区	全　市	市辖区	全　市	市辖区
池　州	530	530	5025	2076	6293	2540
宣　城	87	87	9370	2931	10559	3235
福　建	**21230**	**19419**	**144887**	**37000**	**173056**	**41524**
福　州	9979	8960	24011	7055	27635	6723
厦　门	3901	3901	7290	7290	8118	8118
莆　田	517	517	12448	8467	15217	10282
三　明	542	383	12213	1317	15692	1512
泉　州	3281	2648	33632	5124	34910	5548
漳　州	1493	1493	16838	1898	21883	2065
南　平	394	394	11331	1835	17647	2756
龙　岩	951	951	14919	2296	14746	2179
宁　德	172	172	12205	1718	17208	2341
江　西	**28309**	**28309**	**160201**	**32295**	**194377**	**32706**
南　昌	17363	17363	15831	7393	19408	7302
景德镇	971	971	6239	2383	7401	2030
萍　乡	280	280	8028	3578	7854	3378
九　江	3061	3061	18121	2712	21615	2525
新　余	328	328	4814	3779	5247	2075
鹰　潭	171	171	4304	908	4808	775
赣　州	2586	2586	27482	1711	32664	1635
吉　安	703	703	17492	1773	20543	2306
宜　春	1099	1099	18510	3174	23222	3960
抚　州	912	912	14881	3293	19736	5278
上　饶	835	835	24499	1591	31879	1442
山　东	**68822**	**64491**	**379613**	**111365**	**379344**	**103397**
济　南	20811	20702	21581	12464	25214	13360
青　岛	12347	12347	30372	9440	31573	10241
淄　博	6654	6654	19569	13511	15796	10555
枣　庄	421	421	15078	8701	18350	10667
东　营	3510	3226	9627	4578	6807	3239
烟　台	5652	3957	32127	7969	22602	5867
潍　坊	3323	2765	39656	5429	37675	6047
济　宁	2762	1393	31272	4638	32481	3626
泰　安	3376	3376	21454	5598	19607	5382
威　海	1174	1174	13598	2669	9705	1841
日　照	1768	1768	12140	5714	10214	4134
莱　芜	441	441	6367	6367	5575	5575
临　沂	1385	1385	41539	9991	38489	7902
德　州	1176	860	20197	2299	25181	2122

2—30续表4

单位:人

城市	高等学校		普通中学		小学	
	全市	市辖区	全市	市辖区	全市	市辖区
聊城	1554	1554	19952	4114	22119	3608
滨州	1638	1638	13888	2703	14940	2488
菏泽	830	830	31196	5180	43016	6743
河南	**41391**	**41391**	**340722**	**67832**	**446117**	**73964**
郑州	17422	17422	24158	8807	26014	9544
开封	3082	3082	17937	3219	21460	3523
洛阳	2948	2948	25495	6212	28718	6003
平顶山	1519	1519	17502	3836	24456	5127
安阳	1407	1407	19964	4130	24375	5252
鹤壁	468	468	5249	2277	6660	2724
新乡	3914	3914	24422	4142	22474	3552
焦作	2055	2055	13640	3213	15546	3204
濮阳	329	329	15666	4167	17558	2991
许昌	883	883	17982	1778	23153	1451
漯河	645	645	9680	1308	12161	1481
三门峡	188	188	9674	1226	11155	1323
南阳	1811	1811	32238	6514	42320	7000
商丘	1425	1425	26244	6026	44064	9347
信阳	1752	1752	25100	6189	34525	6280
周口	919	919	31604	2056	50609	1840
驻马店	624	624	24167	2732	40869	3322
湖北	**54324**	**53837**	**201981**	**82165**	**193864**	**72338**
武汉	38594	38594	33288	33288	31643	31643
黄石	1259	1259	9451	2711	10422	2594
十堰	1547	1060	13530	2870	15619	2782
宜昌	1917	1917	15517	5046	12667	4171
襄樊	1470	1470	22386	10150	25722	10183
鄂州	429	429	4212	4212	5004	5004
荆门	1064	1064	12800	3370	9684	2176
孝感	1206	1206	18222	3121	21664	3295
荆州	3556	3556	23686	4913	19032	3023
黄冈	1430	1430	27727	625	23597	1379
咸宁	1742	1742	10994	2323	11687	2290
随州	110	110	10168	9536	7123	3798
湖南	**39517**	**38299**	**252090**	**49733**	**236315**	**45656**
长沙	19408	18387	23731	7184	18067	6507
株洲	3215	3215	15079	3252	10851	2659
湘潭	3722	3722	11810	2631	9540	2307
衡阳	4268	4268	25532	3342	27732	3581

2—30 续表 5　　单位:人

城市	高等学校		普通中学		小学	
	全市	市辖区	全市	市辖区	全市	市辖区
邵阳	1021	1021	26896	2473	25113	2411
岳阳	1946	1946	23522	4616	20164	4114
常德	1284	1087	21893	5673	20934	5268
张家界	402	402	5176	1684	5541	2277
益阳	746	746	20767	6430	16372	4968
郴州	780	780	19111	3478	19998	3056
永州	1078	1078	22580	4747	24626	4759
怀化	929	929	17945	1919	21667	1772
娄底	718	718	18048	2304	15710	1977
广东	**43358**	**42222**	**273643**	**112136**	**374916**	**146411**
广州	29761	28802	30711	25172	39983	32389
韶关	1058	1058	12384	2476	15379	1906
深圳	2572	2572	11625	11625	19660	19660
珠海			4025	4025	5080	5080
汕头						
佛山	1189	1189	17440	17440	17546	17546
江门	541	541	15246	5830	14891	6069
湛江	2519	2519	22754	5834	35730	7928
茂名	916	916	24990	4648	30761	6602
肇庆	1019	1019	13279	1791	17183	1782
惠州	496	496	10943	4841	18986	8204
梅州	745	745	19691	1739	22515	1719
汕尾	73	73	8858	1511	15662	2348
河源	205	205	11642	1263	15982	1469
阳江	219	219	8462	2359	14306	3181
清远	240	240	13306	2140	18296	2349
东莞	560	560	8437	8437	15512	15512
中山	460	460	6529	6529	7354	7354
潮州	388	388	8467	1591	10561	1609
揭阳	220	220	15515	2256	26982	3042
云浮	177	0	9339	629	12547	662
广西	**17183**	**16220**	**148715**	**41897**	**200598**	**50070**
南宁	8289	7826	21164	5977	25513	6800
柳州	1833	1833	11181	4308	15766	4806
桂林	3792	3792	16400	2635	19546	3058
梧州	359	359	8514	1461	12025	1885
北海	213	213	5298	2437	7390	3167
防城港			2619	1563	5162	2992
钦州	283	283	8089	3151	11890	4114

2—30 续表 6　　单位:人

城　市	高等学校		普通中学		小　学	
	全　市	市辖区	全　市	市辖区	全　市	市辖区
贵　港	130	130	16229	6921	17904	6899
玉　林	517	517	19206	4282	19044	3388
百　色	615	615	9977	1234	17052	1883
贺　州	295	295	6351	2910	9840	3974
河　池	390	120	10813	1433	20053	1804
来　宾	237	237	6785	2762	9461	3534
崇　左	230		6089	823	9952	1766
海　南	**2698**	**2698**	**8347**	**8347**	**12121**	**12121**
海　口	2665	2665	6610	6610	9128	9128
三　亚	33	33	1737	1737	2993	2993
重　庆	**18214**	**16724**	**92051**	**33866**	**114007**	**36231**
四　川	**36712**	**34876**	**239539**	**73773**	**275925**	**78461**
成　都	20380	18810	35713	15981	35963	15663
自　贡	1167	1167	8370	2999	9015	3589
攀枝花	883	883	4034	2906	4572	2519
泸　州	1570	1570	12497	4420	14398	4243
德　阳	1036	809	10880	2123	12325	2305
绵　阳	2424	2424	17229	4946	18197	4251
广　元	139	139	9365	2531	13502	4682
遂　宁	276	276	12765	4605	13239	4935
内　江	774	774	13700	4286	13829	4745
乐　山	622	622	9788	3435	13716	4205
南　充	3069	3069	22588	7110	25250	7003
眉　山	143	143	10463	2783	11903	2869
宜　宾	783	783	14008	2777	16946	2967
广　安	236	236	13442	3489	14759	3955
达　州	423	384	16546	1616	23834	1655
雅　安	2787	2787	4488	1056	6513	1196
巴　中			8993	2960	14275	4363
资　阳			14670	3750	13689	3316
贵　州	**10422**	**10310**	**52405**	**15655**	**76594**	**19436**
贵　阳	8758	8646	12985	8424	17996	10381
六盘水	392	392	8536	1738	13034	2432
遵　义	782	782	23714	3444	32533	3565
安　顺	490	490	7170	2049	13031	3058
云　南	**11531**	**11531**	**76950**	**18717**	**132824**	**26224**
昆　明	9421	9421	16517	7800	22506	9352
曲　靖	356	356	18217	2672	29645	2954
玉　溪	577	577	8120	1947	10656	1472

2—30 续表 7

单位:人

城市	高等学校		普通中学		小学	
	全市	市辖区	全市	市辖区	全市	市辖区
保山	185	185	7647	2194	12479	4452
昭通	319	319	10584	1454	25291	4077
丽江	385	385	3925	627	7108	914
思茅	143	143	6487	945	12850	1301
临沧	145	145	5453	1078	12289	1702
陕西	**35881**	**34732**	**153592**	**49682**	**197379**	**52933**
西安	26867	26867	30600	21341	29367	20015
铜川			3558	3131	4891	4154
宝鸡	1240	1240	17183	6376	17022	5329
咸阳	3383	3383	21256	3537	27869	3460
渭南	630	630	24622	3508	37738	3606
延安	763	763	10046	2193	14834	2939
汉中	1941	864	12386	2004	16933	2195
榆林	425	353	14757	2433	20628	2937
安康	330	330	9569	3123	16380	5346
商洛	302	302	9615	2036	11717	2952
甘肃	**13125**	**12921**	**87941**	**31396**	**116373**	**37292**
兰州	9903	9903	12268	7860	14411	8410
嘉峪关			610	610	676	676
金昌			2174	1029	2058	801
白银			9098	2519	11423	3096
天水	1389	1389	11333	4469	15805	6067
武威	161	161	8489	4469	11211	5553
张掖	502	502	5324	2185	5959	2293
平凉	131	131	7892	1474	11900	2134
酒泉	209	182	4202	1478	4489	1540
庆阳	421	421	8490	1613	13032	2132
定西	232	232	10918	2356	13529	2423
陇南	177		7143	1334	11880	2167
青海	**3079**	**3079**	**7892**	**3381**	**8310**	**3032**
西宁	3079	3079	7892	3381	8310	3032
宁夏	**3416**	**3324**	**21863**	**9636**	**33903**	**12495**
银川	2917	2825	5873	3330	6752	3702
石嘴山			3393	1867	3877	1730
吴忠	175	175	4058	1232	7658	1998
固原	324	324	5130	1802	9878	3343
中卫			3409	1405	5738	1722
新疆	**6811**	**6811**	**9914**	**9562**	**11124**	**10492**
乌鲁木齐	6702	6702	8189	7837	9432	8800
克拉玛依	109	109	1725	1725	1692	1692

2—31 在校学生数

城市	高等学校(人)		普通中学(万人)		小学(万人)	
	全市	市辖区	全市	市辖区	全市	市辖区
城市合计	**13522108**	**13092893**	**8002**	**2345**	**10062**	**2749**
北京	**500245**	**499480**	**66**	**61**	**52**	**47**
天津	**286145**	**286145**	**60**	**45**	**55**	**43**
河北	**650125**	**610689**	**533**	**86**	**547**	**83**
石家庄	214537	214537	80	15	78	16
唐山	64054	64054	53	20	47	18
秦皇岛	56275	39560	19	5	19	5
邯郸	43489	43489	77	12	77	11
邢台	28720	28720	58	7	62	5
保定	114497	114497	78	5	83	6
张家口	24400	24400	27	6	34	7
承德	20590	20590	22	3	26	3
沧州	18381	15841	52	4	55	3
廊坊	57305	37124	33	5	33	5
衡水	7877	7877	34	4	35	4
山西	**343321**	**318959**	**259**	**72**	**361**	**92**
太原	216512	216512	22	17	32	23
大同	23311	23311	23	12	35	18
阳泉	4757	4757	8	4	12	6
长治	17292	17292	24	6	31	6
晋城	8105	8105	16	4	24	4
朔州			13	5	20	9
晋中	24699	10068	22	4	29	4
运城	10410	5300	41	7	53	7
忻州	7680	7290	24	3	33	4
临汾	20678	20678	33	8	45	8
吕梁	9877	5646	32	2	46	3
内蒙古	**200032**	**200032**	**141**	**51**	**147**	**51**
呼和浩特	115308	115308	16	9	19	12
包头	34109	34109	18	14	15	11
乌海	5176	5176	3	3	4	4
赤峰	6890	6890	33	10	32	9
通辽	15360	15360	20	4	23	5
鄂尔多斯			9	1	9	2
呼伦贝尔	9740	9740	17	2	17	2
巴彦淖尔	3250	3250	12	4	12	4
乌兰察布	10199	10199	13	3	15	2
辽宁	**661198**	**661198**	**233**	**101**	**283**	**107**
沈阳	303524	303524	38	27	42	27

2—31 续表 1

城　市	高等学校(人)		普通中学(万人)		小　学(万人)	
	全　市	市辖区	全　市	市辖区	全　市	市辖区
大　连	174673	174673	34	18	38	19
鞍　山	22894	22894	20	9	23	7
抚　顺	19859	19859	12	8	12	7
本　溪	8901	8901	9	5	10	6
丹　东	18461	18461	13	4	16	4
锦　州	51415	51415	16	5	21	6
营　口	4975	4975	15	3	15	6
阜　新	28257	28257	11	4	14	5
辽　阳	13368	13368	9	4	12	4
盘　锦	3400	3400	8	4	9	4
铁　岭	1538	1538	15	3	21	3
朝　阳	2787	2787	22	3	30	4
葫 芦 岛	7146	7146	12	4	21	6
吉　林	**339571**	**339571**	**146**	**47**	**161**	**50**
长　春	260009	260009	47	18	51	20
吉　林	48486	48486	27	11	27	11
四　平	19577	19577	18	4	21	4
辽　源	530	530	7	2	8	3
通　化	8427	8427	14	3	14	3
白　山			8	2	8	2
松　原			16	4	19	4
白　城	2542	2542	11	3	14	3
黑 龙 江	**454607**	**451161**	**237**	**80**	**229**	**71**
哈 尔 滨	303505	301153	57	22	54	15
齐齐哈尔	32707	32707	33	8	31	9
鸡　西	10264	10264	11	6	11	4
鹤　岗	3101	3101	8	5	8	5
双 鸭 山			10	3	10	3
大　庆	42390	42390	21	12	18	9
伊　春	1870	1870	7	4	8	4
佳 木 斯	25001	25001	16	5	21	7
七 台 河	1048	1048	6	4	5	3
牡 丹 江	27392	27392	15	5	16	5
黑　河	1979	1979	14	1	13	1
绥　化	5350	4256	39	5	34	5
上　海	**415701**	**415701**	**84**	**79**	**54**	**51**
江　苏	**1077639**	**1042503**	**505**	**149**	**528**	**163**
南　京	491463	491463	34	28	32	27
无　锡	61279	55448	30	13	32	16

2—31 续表 2

城　市	高等学校(人)		普通中学(万人)		小　学(万人)	
	全　市	市辖区	全　市	市辖区	全　市	市辖区
徐　州	86858	86858	83	12	83	12
常　州	73862	73862	23	14	26	16
苏　州	94960	76444	36	14	37	13
南　通	51439	51439	46	5	47	6
连云港	25090	25090	39	5	45	5
淮　安	37956	35866	38	19	47	26
盐　城	27803	24967	57	11	46	9
扬　州	52962	51289	27	7	29	7
镇　江	50878	46688	17	5	17	6
泰　州	13664	13664	33	5	32	4
宿　迁	9425	9425	42	11	56	16
浙　江	**582509**	**554075**	**266**	**82**	**344**	**108**
杭　州	292946	280439	37	21	45	27
宁　波	96425	96425	32	13	48	20
温　州	45330	45330	48	10	62	14
嘉　兴	17665	17665	20	5	28	7
湖　州	14269	14269	16	7	19	8
绍　兴	25034	25034	28	4	34	5
金　华	41418	34994	26	4	34	6
衢　州	8183	8183	13	5	16	5
舟　山	10253	10253	5	4	5	4
台　州	15371	5868	30	8	38	11
丽　水	15615	15615	12	2	17	3
安　徽	**535057**	**532433**	**459**	**126**	**623**	**155**
合　肥	205059	205059	31	11	38	13
芜　湖	82701	82701	14	4	17	4
蚌　埠	35964	35964	27	6	34	6
淮　南	40622	40622	16	12	23	14
马鞍山	21995	21995	8	4	10	5
淮　北	19520	19520	17	7	23	9
铜　陵	11409	11409	5	3	6	3
安　庆	12213	12213	43	5	58	5
黄　山	7824	7824	8	3	11	3
滁　州	21067	18443	34	4	41	4
阜　阳	17914	17914	69	14	112	24
宿　州	15027	15027	52	15	65	16
巢　湖	12612	12612	30	5	38	7
六　安	18815	18815	42	14	53	14
亳　州	3418	3418	35	9	63	16

2—31 续表 3

城　市	高等学校(人)		普通中学(万人)		小　学(万人)	
	全　市	市辖区	全　市	市辖区	全　市	市辖区
池　州	7605	7605	10	4	13	6
宣　城	1292	1292	17	6	18	6
福　建	**325953**	**298335**	**252**	**64**	**287**	**70**
福　州	148217	132348	41	11	51	13
厦　门	61090	61090	12	12	15	15
莆　田	9282	9282	24	16	29	17
三　明	8886	6009	21	2	21	2
泉　州	54807	45935	52	8	62	9
漳　州	23816	23816	34	5	35	3
南　平	6940	6940	22	3	23	4
龙　岩	9566	9566	27	4	21	3
宁　德	3349	3349	20	3	30	4
江　西	**469657**	**469657**	**296**	**54**	**386**	**62**
南　昌	289862	289862	28	11	41	17
景德镇	14443	14443	11	3	12	4
萍　乡	4520	4520	13	6	13	5
九　江	56139	56139	34	4	40	4
新　余	6054	6054	7	6	7	4
鹰　潭	2694	2694	8	2	9	1
赣　州	42796	42796	58	3	79	3
吉　安	12126	12126	30	3	40	4
宜　春	14893	14893	32	6	43	8
抚　州	15125	15125	25	7	33	9
上　饶	11005	11005	48	3	67	3
山　东	**1188292**	**1101615**	**628**	**170**	**630**	**170**
济　南	440937	439198	32	18	38	20
青　岛	201739	201739	44	13	48	15
淄　博	47484	37037	29	18	24	16
枣　庄	9255	9255	29	16	34	19
东　营	33218	30726	13	6	13	6
烟　台	103333	71178	46	11	34	9
潍　坊	63435	54259	57	8	59	10
济　宁	44385	19372	60	8	57	6
泰　安	62478	62478	35	9	26	7
威　海	23047	23047	19	4	14	4
日　照	32064	32064	20	9	18	7
莱　芜	3656	3656	9	9	7	7
临　沂	31965	31965	74	16	75	15
德　州	21529	15874	35	4	33	4

2—31 续表 4

城　市	高等学校(人)		普通中学(万人)		小　学(万人)	
	全　市	市辖区	全　市	市辖区	全　市	市辖区
聊　城	29144	29144	37	7	40	7
滨　州	25737	25737	24	4	26	4
菏　泽	14886	14886	65	10	84	14
河　南	**700229**	**700229**	**703**	**124**	**942**	**139**
郑　州	324608	324608	50	18	51	21
开　封	44143	44143	38	5	41	5
洛　阳	55893	55893	45	11	67	12
平顶山	26854	26854	34	6	44	7
安　阳	22762	22762	38	6	46	9
鹤　壁	3259	3259	11	4	16	5
新　乡	59369	59369	49	7	49	7
焦　作	36321	36321	25	6	36	7
濮　阳	4562	4562	35	7	39	5
许　昌	15379	15379	35	3	40	2
漯　河	7091	7091	21	2	21	2
三门峡	3324	3324	18	2	21	2
南　阳	29973	29973	62	12	74	14
商　丘	21538	21538	66	14	92	18
信　阳	23089	23089	52	12	71	12
周　口	11528	11528	73	3	134	4
驻马店	10536	10536	52	4	100	7
湖　北	**871326**	**865207**	**396**	**141**	**410**	**138**
武　汉	600488	600488	54	54	58	58
黄　石	24516	24516	20	5	29	5
十　堰	35463	29344	27	4	29	5
宜　昌	27065	27065	26	8	23	8
襄　樊	21922	21922	40	19	42	16
鄂　州	7008	7008	8	8	10	10
荆　门	19570	19570	22	6	19	4
孝　感	20851	20851	40	7	44	8
荆　州	68852	68852	49	9	47	6
黄　冈	22800	22800	63	2	65	3
咸　宁	20274	20274	24	5	28	5
随　州	2517	2517	22	13	17	10
湖　南	**655550**	**628726**	**454**	**86**	**405**	**77**
长　沙	329424	306229	40	12	32	11
株　洲	53630	53630	28	6	20	5
湘　潭	79267	79267	21	4	17	4
衡　阳	38146	38146	48	6	49	7

2—31 续表 5

城　市	高等学校(人)		普通中学(万人)		小　学(万人)	
	全　市	市辖区	全　市	市辖区	全　市	市辖区
邵　阳	15178	15178	54	5	49	4
岳　阳	30578	30578	40	8	35	8
常　德	20237	16608	37	10	35	9
张家界	9134	9134	10	3	10	3
益　阳	12671	12671	35	11	24	7
郴　州	13455	13455	36	6	30	5
永　州	19902	19902	40	8	43	7
怀　化	19648	19648	32	3	31	3
娄　底	14280	14280	34	4	30	3
广　东	**711351**	**700295**	**547**	**205**	**975**	**365**
广　州	459676	451988	53	43	87	69
韶　关	19779	19779	22	2	31	5
深　圳	41251	41251	21	21	53	53
珠　海			7	7	12	12
汕　头						
佛　山	25712	25712	30	30	42	42
江　门	8791	8791	27	10	40	14
湛　江	48066	48066	58	13	107	20
茂　名	14376	14376	53	9	96	17
肇　庆	16237	16237	25	3	43	5
惠　州	8046	8046	21	9	42	19
梅　州	12924	12924	37	3	54	4
汕　尾	2023	2023	20	3	42	6
河　源	3641	3641	21	2	36	4
阳　江	4754	4754	18	5	29	7
清　远	7885	7885	26	4	43	6
东　莞	9104	9104	17	17	45	45
中　山	8772	8772	13	13	21	21
潮　州	8925	8925	18	3	29	4
揭　阳	8021	8021	38	5	90	10
云　浮	3368	0	19	2	33	3
广　西	**297129**	**274224**	**305**	**82**	**471**	**112**
南　宁	135562	124740	42	11	59	14
柳　州	31622	31622	21	8	29	9
桂　林	66398	66398	30	4	31	5
梧　州	7832	7832	19	3	37	4
北　海	2352	2352	11	5	17	6
防城港			5	3	9	5
钦　州	3561	3561	19	7	34	11

2—31 续表 6

城　　市	高等学校(人)		普通中学(万人)		小　　学(万人)	
	全　市	市辖区	全　市	市辖区	全　市	市辖区
贵　港	530	530	35	14	54	19
玉　林	10451	10451	41	7	66	8
百　色	10837	10837	20	3	33	2
贺　州	6972	6972	14	6	27	12
河　池	12326	4500	22	2	36	2
来　宾	4429	4429	17	8	23	12
崇　左	4257		10	1	16	2
海　南	**49654**	**49654**	**16**	**16**	**26**	**26**
海　口	49370	49370	12	12	19	19
三　亚	284	284	4	4	7	7
重　庆	**303913**	**277765**	**171**	**54**	**272**	**72**
四　川	**601249**	**523520**	**472**	**131**	**674**	**177**
成　都	353199	277510	59	25	77	36
自　贡	31221	31221	16	5	23	7
攀枝花	11845	11845	6	4	10	5
泸　州	25627	25627	25	8	41	10
德　阳	20490	18450	20	3	26	4
绵　阳	40861	40861	31	8	40	8
广　元	241	241	18	5	28	8
遂　宁	1424	1424	27	10	31	12
内　江	11860	11860	28	9	29	10
乐　山	10584	10584	17	6	27	8
南　充	50781	50781	46	10	70	16
眉　山	2610	2610	20	5	27	6
宜　宾	17508	17508	28	5	51	8
广　安	3130	3130	31	7	45	12
达　州	5175	5175	38	3	61	4
雅　安	14693	14693	8	2	14	3
巴　中			22	8	41	13
资　阳			31	8	33	7
贵　州	**196817**	**194261**	**108**	**28**	**197**	**44**
贵　阳	170037	167481	22	13	37	21
六盘水	5558	5558	21	4	41	6
遵　义	13658	13658	49	6	84	9
安　顺	7564	7564	16	5	35	8
云　南	**174949**	**174949**	**142**	**31**	**284**	**54**
昆　明	141000	141000	26	11	46	19
曲　靖	6267	6267	37	5	64	7
玉　溪	9850	9850	11	2	19	3

2—31 续表 7

城　市	高等学校(人)		普通中学(万人)		小　学(万人)	
	全　市	市辖区	全　市	市辖区	全　市	市辖区
保　山	3038	3038	14	5	24	9
昭　通	3646	3646	25	4	77	10
丽　江	6293	6293	7	1	12	1
思　茅	3036	3036	12	1	20	2
临　沧	1819	1819	10	2	21	2
陕　西	**559381**	**555256**	**301**	**93**	**370**	**108**
西　安	402921	402921	57	38	64	42
铜　川			7	6	8	7
宝　鸡	17624	17624	32	11	36	12
咸　阳	69111	69111	43	7	55	7
渭　南	11152	11152	49	7	51	8
延　安	9878	9878	20	5	26	6
汉　中	17126	16957	22	3	32	4
榆　林	20208	16252	32	5	41	6
安　康	6774	6774	19	7	30	10
商　洛	4587	4587	19	4	28	6
甘　肃	**205350**	**203239**	**156**	**52**	**248**	**65**
兰　州	161200	161200	21	13	26	14
嘉峪关			1	1	1	1
金　昌			4	2	4	2
白　银			18	4	25	5
天　水	16624	16624	9	3	8	2
武　威	4225	4225	16	9	23	11
张　掖	8253	8253	9	4	12	4
平　凉	1894	1884	14	3	29	5
酒　泉	1161	891	7	2	9	3
庆　阳	8042	8042	18	3	36	4
定　西	2120	2120	22	5	38	5
陇　南	1831		16	3	36	8
青　海	**29244**	**29244**	**13**	**5**	**16**	**7**
西　宁	29244	29244	13	5	16	7
宁　夏	**42810**	**41666**	**40**	**16**	**68**	**25**
银　川	36801	35657	10	6	14	8
石嘴山			5	3	7	3
吴　忠	859	859	8	2	15	4
固　原	5150	5150	10	3	20	6
中　卫			7	2	13	4
新　疆	**93104**	**93104**	**15**	**15**	**19**	**18**
乌鲁木齐	88705	88705	13	13	17	16
克拉玛依	4399	4399	2	2	2	2

2—32 文 化

城 市	剧场、影剧院数（个）		公共图书馆图书藏量（千册、千件）		每百人公共图书馆藏书（册、件）	
	全 市	市辖区	全 市	市辖区	全 市	市辖区
城市合计	**5658**	**2509**	**447216**	**331695**	**38**	**95**
北 京	**221**	**221**	**34506**	**34258**	**297**	**313**
天 津	**29**	**26**	**8269**	**7981**	**89**	**104**
河 北	**155**	**44**	**12387**	**6734**	**18**	**57**
石家庄	21	6	3474	2393	38	110
唐 山	23	13	1479	971	21	33
秦皇岛	1	1	788	499	29	66
邯 郸	27	5	1063	409	12	29
邢 台	13	3	695	175	10	31
保 定	12	3	1589	692	15	70
张家口	7	3	1023	666	23	77
承 德	11	3	679	298	19	65
沧 州	18	3	735	220	11	45
廊 坊	14	2	611	338	16	44
衡 水	8	2	251	73	6	16
山 西	**125**	**43**	**9459**	**5077**	**29**	**57**
太 原	15	12	3359	3200	101	126
大 同	11	5	526	288	18	20
阳 泉	3	1	499	380	40	58
长 治	12	3	885	361	28	55
晋 城	12	4	237	76	11	26
朔 州	10	5	323	104	22	18
晋 中	4	3	804	108	26	20
运 城	16	3	1084	193	22	31
忻 州	15	2	547	147	18	28
临 汾	23	4	558	132	13	17
吕 梁	4	1	637	88	18	36
内蒙古	**90**	**35**	**8738**	**6501**	**42**	**107**
呼和浩特	7	6	2263	2164	105	197
包 头	14	10	2823	2821	134	208
乌 海	2	2	145	145	34	34
赤 峰	14	5	960	410	21	36
通 辽	5	3	720	350	23	44
鄂尔多斯	5	1	464	30	34	13
呼伦贝尔	25	4	678	184	25	71
巴彦淖尔	6	2	362	215	20	39
乌兰察布	12	2	323	182	12	70
辽 宁	**135**	**93**	**21919**	**18862**	**53**	**105**
沈 阳	14	14	7537	7225	109	147

2－32 续表 1

城　市	剧场、影剧院数（个）		公共图书馆图书藏量（千册、千件）		每百人公共图书馆藏书（册、件）	
	全　市	市辖区	全　市	市辖区	全　市	市辖区
大　连	6	6	4554	4042	81	145
鞍　山	11	8	1851	1649	53	113
抚　顺	16	15	999	850	44	60
本　溪	6	5	905	692	58	72
丹　东	12	6	1149	911	48	121
锦　州	7	5	1040	798	34	92
营　口	5	3	824	571	36	67
阜　新	5	3	464	325	24	42
辽　阳	2	2	760	716	42	100
盘　锦	33	20	332	206	27	36
铁　岭	5	1	507	273	17	63
朝　阳	6	2	609	378	18	78
葫芦岛	7	3	388	226	14	24
吉　林	**42**	**18**	**6855**	**4479**	**28**	**58**
长　春	9	5	2480	1810	34	58
吉　林	10	6	1818	1369	42	77
四　平	6	2	524	313	16	61
辽　源	3	2	331	250	27	56
通　化	1	1	627	288	28	63
白　山	4	1	339	156	26	47
松　原	3		373	89	13	17
白　城	6	1	363	204	18	42
黑龙江	**284**	**200**	**12402**	**8946**	**33**	**70**
哈尔滨	161	121	5965	5261	61	133
齐齐哈尔	8	7	1675	1156	30	81
鸡　西	4	1	367	197	19	22
鹤　岗	6	4	220	146	20	21
双鸭山	3	1	296	174	20	35
大　庆	47	47	853	510	33	42
伊　春	8	6	448	349	35	42
佳木斯	24	4	629	375	25	46
七台河	2	1	146	106	17	21
牡丹江	3	2	700	420	26	53
黑　河	7	2	297	115	17	58
绥　化	11	4	806	137	14	16
上　海	**177**	**165**	**59522**	**59137**	**440**	**459**
江　苏	**1122**	**341**	**30107**	**21832**	**42**	**93**
南　京	13	12	11676	11423	200	228
无　锡	125	49	2145	1586	48	71

2—32续表2

城　市	剧场、影剧院数（个）		公共图书馆图书藏量（千册、千件）		每百人公共图书馆藏书（册、件）	
	全　市	市辖区	全　市	市辖区	全　市	市辖区
徐　州	14	9	1533	861	17	51
常　州	201	133	1855	1543	53	71
苏　州	83	14	3445	1407	58	64
南　通	159	11	2010	962	26	114
连云港	6	2	543	151	12	23
淮　安	7	3	1119	849	21	31
盐　城	135	27	1639	757	21	50
扬　州	297	59	1517	978	33	86
镇　江	74	20	1338	848	50	84
泰　州	7	2	978	400	19	64
宿　迁	1		309	67	6	4
浙　江	**337**	**106**	**19678**	**11863**	**43**	**83**
杭　州	44	29	7320	6580	112	164
宁　波	13	7	1990	1020	36	48
温　州	21	10	2070	1107	28	81
嘉　兴	87	13	1917	633	57	79
湖　州	20	8	20	10	1	1
绍　兴	36	4	1426	560	33	87
金　华	20	3	1795	879	40	95
衢　州	8	3	548	313	22	39
舟　山	5	2	497	327	51	47
台　州	64	24	1136	264	20	18
丽　水	19	3	959	170	38	46
安　徽	**143**	**60**	**8437**	**5735**	**13**	**33**
合　肥	25	22	3196	3016	72	184
芜　湖	3	1	542	381	24	54
蚌　埠	8	5	374	288	11	32
淮　南	2	1	243	233	10	14
马鞍山	2	1	332	270	27	45
淮　北	2	1	245	205	12	22
铜　陵	2	1	363	315	51	79
安　庆	39	10	473	168	8	28
黄　山	4	3	353	148	24	36
滁　州	8	2	360	82	8	16
阜　阳	6	2	237	127	3	7
宿　州	7	2	191	21	3	1
巢　湖	7	3	458	147	10	17
六　安	9	3	310	102	5	6
亳　州	6	1	224	126	4	9

2—32 续表 3

城　市	剧场、影剧院数（个）		公共图书馆图书藏量（千册、千件）		每百人公共图书馆藏书（册、件）	
	全　市	市辖区	全　市	市辖区	全　市	市辖区
池　州	6	1	227	84	15	13
宣　城	7	1	309	22	11	3
福　建	**380**	**60**	**12016**	**7220**	**36**	**86**
福　州	183	17	4192	3695	69	216
厦　门	11	11	1496	1496	102	102
莆　田	14	12	155	80	5	4
三　明	15	4	1460	495	54	175
泉　州	112	9	1598	554	24	56
漳　州	18	2	902	388	20	74
南　平	9	1	1045	205	34	42
龙　岩	10	2	643	212	22	45
宁　德	8	2	525	95	16	23
江　西	**121**	**46**	**11891**	**5990**	**27**	**72**
南　昌	9	7	3499	3025	76	148
景德镇	3	1	443	380	29	88
萍　乡	30	21	517	406	29	50
九　江	8	1	1440	888	31	154
新　余	3	2	246	166	22	21
鹰　潭	7	4	258	159	23	84
赣　州	11	1	1616	280	19	50
吉　安	14	3	1398	272	30	54
宜　春	21	3	937	135	18	14
抚　州	4	1	787	139	21	13
上　饶	11	2	750	140	11	38
山　东	**311**	**135**	**28284**	**19218**	**31**	**74**
济　南	9	9	6985	6724	118	197
青　岛	29	21	2938	2216	40	86
淄　博	11	8	1288	962	31	35
枣　庄	5	4	898	663	25	32
东　营	18	14	1966	1778	110	222
烟　台	24	6	2311	1267	36	73
潍　坊	35	8	1766	456	21	32
济　宁	49	11	1129	387	14	36
泰　安	15	4	450	202	8	13
威　海	7	2	769	208	31	35
日　照	3	2	287	91	10	8
莱　芜	14	14	146	146	12	12
临　沂	59	18	4363	3128	43	163
德　州	10	2	722	66	13	11

2—32 续表 4

城　市	剧场、影剧院数（个）		公共图书馆图书藏量（千册、千件）		每百人公共图书馆藏书（册、件）	
	全　市	市辖区	全　市	市辖区	全　市	市辖区
聊　城	12	8	851	462	15	46
滨　州	2	2	797	277	22	45
菏　泽	9	2	618	185	7	13
河　南	**216**	**80**	**13896**	**8765**	**14**	**54**
郑　州	60	28	3700	3400	55	135
开　封	6	3	737	542	15	69
洛　阳	23	11	1135	627	18	42
平顶山	8	2	589	292	12	31
安　阳	10	6	736	464	14	45
鹤　壁	2	1	285	223	19	43
新　乡	12	4	899	614	16	66
焦　作	12	6	490	274	14	34
濮　阳	8	2	554	310	15	59
许　昌	6	2	417	172	9	44
漯　河	4	2	334	159	13	45
三门峡	6	1	619	272	28	96
南　阳	14	1	1251	704	12	42
商　丘	11	4	529	282	6	18
信　阳	9	3	493	210	6	15
周　口	11	2	590	118	5	28
驻马店	14	2	538	102	6	17
湖　北	**164**	**119**	**17388**	**13062**	**34**	**70**
武　汉	57	57	8198	8198	104	104
黄　石	8	6	971	768	38	115
十　堰	5	2	1100	568	32	112
宜　昌	13	4	1372	750	34	62
襄　樊	9	3	1203	610	21	28
鄂　州	17	17	300	300	28	28
荆　门	3	2	420	158	14	22
孝　感	5	1	625	256	12	29
荆　州	7	3	1218	832	19	75
黄　冈	13	2	1220	350	17	95
咸　宁	6	2	567	162	20	29
随　州	21	20	194	110	8	7
湖　南	**136**	**56**	**15848**	**8538**	**25**	**73**
长　沙	12	10	5076	4622	83	228
株　洲	7	4	1046	427	28	54
湘　潭	8	5	876	513	31	72
衡　阳	34	10	1858	886	26	95

2—32 续表 5

城市	剧场、影剧院数（个）		公共图书馆图书藏量（千册、千件）		每百人公共图书馆藏书（册、件）	
	全 市	市辖区	全 市	市辖区	全 市	市辖区
邵 阳	10	4	1240	399	17	60
岳 阳	9	2	849	342	16	36
常 德	10	3	945	395	16	29
张家界	5	1	185	35	12	7
益 阳	6	3	765	337	17	26
郴 州	6	3	627	145	14	23
永 州	8	3	725	181	13	17
怀 化	17	7	920	126	19	38
娄 底	4	1	736	130	18	31
广 东	**548**	**311**	**32481**	**26937**	**42**	**92**
广 州	15	13	9690	9390	131	157
韶 关	12	3	710	200	22	22
深 圳	69	69	3850	3850	233	233
珠 海	11	11	350	350	41	41
汕 头	6	5	877	857	18	18
佛 山	50	50	1744	1744	50	50
江 门	16	12	1403	908	36	68
湛 江	3	2	1040	629	15	44
茂 名	6	2	528	225	8	19
肇 庆	10	4	852	225	22	47
惠 州	4	4	410	277	14	25
梅 州	119	2	997	31	20	10
汕 尾	30	7	68		2	
河 源	6	1	435	91	13	32
阳 江	3	1	565	389	22	61
清 远	9	2	810	348	21	64
东 莞	78	78	6306	6306	389	389
中 山	38	38	524	524	38	38
潮 州	3	3	324	251	13	73
揭 阳	36	2	600	260	10	39
云 浮	24	2	398	82	15	29
广 西	**210**	**63**	**12720**	**6955**	**26**	**60**
南 宁	20	7	2351	2520	36	168
柳 州	4	4	1091	662	31	68
桂 林	22	10	2605	1651	53	229
梧 州	17	5	925	460	31	96
北 海	9	7	361	212	24	39
防城港	7	3	203	125	25	26
钦 州	4	1	391	198	11	16

2—32 续表 6

城　　市	剧场、影剧院数（个）		公共图书馆图书藏量（千册、千件）		每百人公共图书馆藏书（册、件）	
	全　市	市辖区	全　市	市辖区	全　市	市辖区
贵　　港	3	1	399	130	8	7
玉　　林	72	13	1007	384	17	42
百　　色			1077	114	29	34
贺　　州	29	8	572	123	27	13
河　　池	9	2	870	140	23	45
来　　宾	5	1	421	132	17	13
崇　　左	9	1	447	104	19	31
海　　南	**7**	**7**	**440**	**440**	**23**	**23**
海　　口	4	4	320	320	22	22
三　　亚	3	3	120	120	24	24
重　　庆	**19**	**14**	**7363**	**5720**	**23**	**56**
四　　川	**125**	**68**	**19423**	**12940**	**24**	**58**
成　　都	20	14	7945	7143	75	154
自　　贡	5	3	350	267	11	25
攀 枝 花	12	8	511	396	48	59
泸　　州	5	2	1168	873	25	62
德　　阳	4	1	1644	101	43	16
绵　　阳	4	2	877	384	17	34
广　　元	10	6	528	285	17	32
遂　　宁	5	2	325	196	9	13
内　　江	8	4	394	218	9	16
乐　　山	5	3	317	146	9	13
南　　充	19	9	889	508	12	27
眉　　山	3	1	209	20	6	2
宜　　宾	5	5	893	441	17	57
广　　安	5	1	1470	1200	32	98
达　　州	5	3	587	183	9	47
雅　　安	1	1	483	302	31	89
巴　　中	3	1	384	168	11	13
资　　阳	6	2	449	109	9	10
贵　　州	**23**	**10**	**4917**	**3760**	**30**	**92**
贵　　阳	6	3	3210	3067	92	151
六 盘 水	1	1	239	113	8	26
遵　　义	15	5	1168	428	16	52
安　　顺	1	1	300	152	12	19
云　　南	**67**	**34**	**8584**	**4673**	**33**	**84**
昆　　明	22	18	3901	3449	78	152
曲　　靖	4	2	1023	53	18	8
玉　　溪	19	4	1090	476	52	119

2－32 续表 7

城　市	剧场、影剧院数（个）		公共图书馆图书藏量（千册、千件）		每百人公共图书馆藏书（册、件）	
	全　市	市辖区	全　市	市辖区	全　市	市辖区
保　山	2	2	443	137	18	16
昭　通	2	1	690	204	13	27
丽　江	7	4	398	56	35	39
思　茅	10	2	526	130	21	64
临　沧	1	1	513	168	23	60
陕　西	**168**	**52**	**8642**	**5390**	**24**	**48**
西　安	21	17	3500	3115	48	60
铜　川	6	5	340	332	40	44
宝　鸡	18	16	980	546	27	73
咸　阳	12	2	697	300	14	35
渭　南	25	3	511	120	10	13
延　安	14	2	430	250	21	63
汉　中	28	2	487	181	13	34
榆　林	14	1	810	120	23	26
安　康	14	2	392	156	13	16
商　洛	16	2	495	270	21	50
甘　肃	**261**	**73**	**8141**	**4605**	**35**	**60**
兰　州	12	10	2987	2885	97	145
嘉峪关	1	1	91	91	54	54
金　昌	6	4	120	50	26	24
白　银	6	2	486	356	28	75
天　水	7	6	621	397	18	33
武　威	42	18	249	165	13	17
张　掖	2	1	342	150	27	30
平　凉	8	1	250	124	11	26
酒　泉	10	2	380	105	41	30
庆　阳	152	26	383	119	15	36
定　西	7	1	510	150	17	31
陇　南	8	1	1722	13	64	2
青　海	**5**	**4**	**1844**	**1630**	**89**	**161**
西　宁	5	4	1844	1630	89	161
宁　夏	**23**	**11**	**9436**	**2824**	**160**	**118**
银　川	5	5	2051	1754	149	231
石嘴山	2	1	291	261	40	59
吴　忠	4	2	6277	300	496	84
固　原	9	2	330	312	22	64
中　卫	3	1	487	197	48	57
新　疆	**14**	**14**	**1623**	**1623**	**75**	**78**
乌鲁木齐	13	13	1324	1324	71	75
克拉玛依	1	1	299	299	98	98

2—33 卫　生

城　市	医院、卫生院数(个)		医院、卫生院床位数(张)		医生数(人)	
	全　市	市辖区	全　市	市辖区	全　市	市辖区
城市合计	**60902**	**21113**	**2923779**	**1649546**	**1669252**	**877529**
北　京	**664**	**623**	**74345**	**72469**	**36912**	**35648**
天　津	**474**	**398**	**38876**	**36073**	**25299**	**22111**
河　北	**2773**	**632**	**147537**	**76495**	**83886**	**34675**
石家庄	338	70	22208	11265	12990	6533
唐　山	286	134	22047	13978	11743	5867
秦皇岛	96	36	5365	2819	4108	1860
邯　郸	354	138	19900	17578	9023	5162
邢　台	257	34	13684	4742	7502	2190
保　定	402	68	18075	10257	10261	4429
张家口	275	49	10656	4707	5348	2528
承　德	244	32	8276	3394	5004	1326
沧　州	236	14	12121	3018	8144	1816
廊　坊	134	28	8474	2275	5125	1407
衡　水	151	29	6731	2462	4638	1557
山　西	**2969**	**734**	**105907**	**51860**	**61768**	**29427**
太　原	249	178	20534	18102	12728	11487
大　同	253	112	11344	8597	7017	4153
阳　泉	106	60	5758	5042	2960	2082
长　治	215	38	9392	5324	4848	2402
晋　城	187	50	7043	2850	4125	1578
朔　州	130	43	3440	1355	2372	1139
晋　中	238	36	9800	2493	6250	1502
运　城	338	30	11376	1345	5173	1235
忻　州	611	91	8728	2750	5111	1450
临　汾	350	65	11799	3130	5879	1539
吕　梁	292	31	6693	872	5305	860
内蒙古	**2316**	**862**	**56452**	**28373**	**40262**	**19568**
呼和浩特	149	69	7344	6565	5937	4641
包　头	105	54	8776	7290	6416	5885
乌　海	276	276	2110	2110	1086	1086
赤　峰	808	352	10868	4587	7407	3198
通　辽	186	26	4794	1361	4881	916
鄂尔多斯	130	23	4710	1538	2572	995
呼伦贝尔	250	18	9603	1537	7458	1038
巴彦淖尔	136	34	4350	1982	2114	979
乌兰察布	276	10	3897	1403	2391	830
辽　宁	**2091**	**893**	**162935**	**111254**	**80022**	**53034**
沈　阳	319	227	31743	27837	18122	15388

2—33 续表 1

城　市	医院、卫生院数(个)		医院、卫生院床位数(张)		医生数(人)	
	全　市	市辖区	全　市	市辖区	全　市	市辖区
大　连	241	131	26008	18868	14375	10531
鞍　山	141	53	14105	9207	6856	4436
抚　顺	167	91	10640	8429	4131	2997
本　溪	83	35	8879	6529	3415	2643
丹　东	126	51	9811	5203	3951	2095
锦　州	138	34	10620	6538	5269	2210
营　口	122	47	7730	4013	4103	2237
阜　新	102	42	6821	5042	3308	2188
辽　阳	124	63	7797	6637	3291	2683
盘　锦	63	30	5041	3787	2812	1938
铁　岭	115	22	7306	3167	3397	1129
朝　阳	202	21	9147	2368	4013	1135
葫芦岛	148	46	7287	3629	2979	1424
吉　林	**1324**	**483**	**76624**	**43549**	**51290**	**25893**
长　春	294	166	22508	18088	15226	10693
吉　林	258	134	15555	9908	10445	6454
四　平	146	28	8719	3622	7056	1973
辽　源	67	25	4138	2500	2154	1250
通　化	188	37	9272	2746	4594	1423
白　山	105	39	5601	2765	3691	1475
松　原	127	19	4742	1851	3777	1106
白　城	139	35	6089	2069	4347	1519
黑龙江	**1881**	**669**	**111494**	**68360**	**59487**	**31037**
哈尔滨	423	209	33998	25592	17521	10494
齐齐哈尔	297	53	13423	8274	6921	4002
鸡　西	198	83	6887	3690	2805	1974
鹤　岗	69	34	4737	3224	2371	1467
双鸭山	72	30	5507	2596	2562	1044
大　庆	115	56	8862	7148	5018	3824
伊　春	53	44	4739	4522	2349	2262
佳木斯	152	50	6886	3777	4382	1763
七台河	42	23	2564	1869	1255	819
牡丹江	111	35	9702	5924	4605	2208
黑　河	139	19	6210	721	4101	521
绥　化	210	33	7979	1023	5597	659
上　海	**489**	**461**	**84952**	**81840**	**36271**	**35066**
江　苏	**2633**	**960**	**176214**	**89656**	**103236**	**50737**
南　京	237	198	21048	19264	13931	13086
无　锡	175	92	17826	11198	9722	6131

2—33 续表 2

城　市	医院、卫生院数(个)		医院、卫生院床位数(张)		医生数(人)	
	全　市	市辖区	全　市	市辖区	全　市	市辖区
徐　州	232	97	18252	10027	10480	4470
常　州	109	63	11932	8780	6586	4577
苏　州	207	69	20903	9331	11964	5163
南　通	313	32	19784	5754	9029	2274
连云港	150	43	7672	3334	5236	2270
淮　安	178	87	8961	5836	5377	3395
盐　城	249	52	13670	3487	9049	2498
扬　州	198	53	10991	4468	6417	2151
镇　江	105	46	7932	4568	5143	2512
泰　州	169	18	10709	1929	7449	1279
宿　迁	311	110	6534	1680	2853	931
浙　江	**3534**	**915**	**129766**	**64649**	**84181**	**38609**
杭　州	382	171	29373	23143	16770	12894
宁　波	259	113	16394	8947	11357	6296
温　州	520	77	16105	7748	11869	4205
嘉　兴	744	221	10546	3847	5915	2074
湖　州	131	36	8327	3972	4402	2044
绍　兴	323	30	11129	2446	7846	1831
金　华	342	59	11400	3765	7546	2058
衢　州	170	58	5343	2294	5355	1988
舟　山	82	55	3415	2599	2027	1550
台　州	232	60	11958	3898	7804	2676
丽　水	349	35	5776	1990	3290	993
安　徽	**2736**	**798**	**118023**	**60213**	**60735**	**29999**
合　肥	215	88	12767	9776	7215	5404
芜　湖	131	43	6762	4589	3328	2183
蚌　埠	127	57	8110	5192	3239	2067
淮　南	123	95	7894	6850	4011	3113
马鞍山	46	19	2939	2322	2325	1890
淮　北	106	66	7244	5902	3547	2060
铜　陵	42	23	3011	2518	1260	966
安　庆	335	25	10696	2950	5547	1764
黄　山	165	45	3819	1720	2083	955
滁　州	289	41	7637	2021	3831	799
阜　阳	215	55	10965	4213	5293	1966
宿　州	137	46	6856	2729	3497	1293
巢　湖	199	41	7053	2446	3614	1815
六　安	210	52	9013	3033	4956	1879
亳　州	124	32	5096	1438	2375	573

2—33 续表 3

城　市	医院、卫生院数(个)		医院、卫生院床位数(张)		医生数(人)	
	全　市	市辖区	全　市	市辖区	全　市	市辖区
池　州	87	27	2902	1285	1296	585
宣　城	185	43	5259	1229	3318	687
福　建	**1348**	**383**	**81551**	**35482**	**39036**	**18283**
福　州	235	106	16747	10421	8621	5407
厦　门	45	45	5920	5920	4565	4565
莆　田	65	45	4008	3114	2150	1644
三　明	170	20	7142	2179	4159	859
泉　州	197	47	12363	3916	4960	1937
漳　州	178	42	14810	3915	4821	1187
南　平	164	28	7689	2074	3316	730
龙　岩	156	28	7279	2577	2853	962
宁　德	138	22	5593	1366	3591	992
江　西	**2215**	**490**	**81868**	**32342**	**41983**	**16486**
南　昌	165	65	13990	10810	8668	5674
景德镇	67	44	3489	3117	1698	1453
萍　乡	68	31	4125	2988	2070	1549
九　江	282	41	9434	2883	3800	1550
新　余	54	32	3082	2529	1409	1219
鹰　潭	64	12	2250	844	984	338
赣　州	464	35	11928	2836	6003	1268
吉　安	274	24	8025	1718	4065	709
宜　春	212	147	10559	2750	4992	1058
抚　州	200	40	5590	1206	3252	1352
上　饶	365	19	9396	661	5042	316
山　东	**4565**	**2452**	**219415**	**106892**	**137110**	**65036**
济　南	1917	1619	24044	19831	14526	11449
青　岛	219	92	23465	14023	13953	8595
淄　博	154	106	13733	10594	8752	6827
枣　庄	119	78	9234	6095	6257	3854
东　营	93	57	7494	5009	4523	2867
烟　台	227	68	17372	7013	10571	4482
潍　坊	262	64	19750	5992	12359	3589
济　宁	243	46	17198	5288	11063	5924
泰　安	153	48	13057	5735	8338	2837
威　海	98	22	8929	2520	3800	804
日　照	83	33	5217	2655	3223	1696
莱　芜	50	50	3314	3314	2549	2549
临　沂	271	62	17773	7552	10967	3318
德　州	151	16	8742	2508	6864	1492

2—33 续表 4

城市	医院、卫生院数(个)		医院、卫生院床位数(张)		医生数(人)	
	全市	市辖区	全市	市辖区	全市	市辖区
聊城	183	36	10539	3407	5979	1629
滨州	108	17	7431	2685	4840	1115
菏泽	234	38	12123	2671	8546	2009
河南	**3197**	**996**	**198627**	**91596**	**101142**	**44159**
郑州	267	237	27037	18200	14350	10330
开封	161	58	12183	6323	5214	2672
洛阳	260	83	17418	10374	7739	4485
平顶山	172	52	11628	5364	4495	2135
安阳	155	68	10958	6784	6350	3162
鹤壁	50	25	4180	2244	1568	945
新乡	239	63	14623	6126	7709	3199
焦作	141	44	9346	6090	4856	2972
濮阳	128	38	7562	3665	2796	1520
许昌	143	35	8258	2851	4374	1148
漯河	74	20	4671	1955	2560	1090
三门峡	127	17	6083	1662	2641	550
南阳	300	109	17421	8343	8726	3879
商丘	254	49	13408	3777	6566	1819
信阳	263	59	9480	3370	5523	1537
周口	239	20	12482	2069	9419	1480
驻马店	224	19	11889	2399	6256	1236
湖北	**1582**	**582**	**119378**	**68470**	**80472**	**42639**
武汉	231	231	32013	32013	19634	19634
黄石	80	32	7159	4343	4363	2250
十堰	163	31	9249	4539	6436	2504
宜昌	155	50	11383	5518	7817	3785
襄樊	181	52	12430	4516	8367	3635
鄂州	38	38	2624	2624	1645	1645
荆门	90	28	5749	2177	5137	1610
孝感	153	24	6870	1993	6134	1557
荆州	141	22	11327	3737	7053	2103
黄冈	195	18	11069	2010	7796	990
咸宁	93	17	5565	2200	3065	825
随州	62	39	3940	2800	3025	2101
湖南	**3374**	**972**	**135411**	**66103**	**77343**	**32642**
长沙	258	154	22264	18360	11412	8825
株洲	209	101	10357	7654	4730	3040
湘潭	122	52	8004	4586	3856	1920
衡阳	401	217	14474	9830	9491	4899

2—33 续表 5

城市	医院、卫生院数(个)		医院、卫生院床位数(张)		医生数(人)	
	全市	市辖区	全市	市辖区	全市	市辖区
邵阳	298	56	10690	2370	5943	1827
岳阳	225	47	8734	3893	5636	1898
常德	347	101	12170	4237	6871	2203
张家界	132	47	3550	1420	2054	876
益阳	165	40	7483	2480	5561	1625
郴州	345	28	10538	3836	6079	1780
永州	289	51	8694	3029	5800	1768
怀化	402	50	11157	2509	4728	1030
娄底	181	28	7296	1899	5182	951
广东	**2531**	**1031**	**186436**	**128357**	**108364**	**72312**
广州	263	228	39361	36936	24493	22528
韶关	184	52	8757	3819	4286	2031
深圳	87	87	14186	14186	9846	9846
珠海	48	48	4273	4273	2410	2410
汕头	76	73	7350	7254	4657	4562
佛山	169	169	16447	16447	7318	7318
江门	124	42	9313	4643	5486	2607
湛江	164	34	12238	5725	6220	1871
茂名	145	22	8665	2540	3439	903
肇庆	146	21	6696	2682	4242	1412
惠州	123	56	7067	4016	4392	2630
梅州	198	15	7604	1494	5875	915
汕尾	77	14	3433	720	2519	596
河源	162	10	3793	991	2754	880
阳江	72	21	3996	1808	1697	758
清远	154	19	6472	1657	3076	880
东莞	53	53	10528	10528	4870	4870
中山	29	29	5438	5438	2975	2975
潮州	70	17	2265	1139	2358	1019
揭阳	102	15	5272	1287	3506	864
云浮	85	6	3282	774	1945	437
广西	**1962**	**520**	**86734**	**42552**	**48723**	**21658**
南宁	206	54	16870	11114	10049	6206
柳州	180	70	10544	7032	5819	3873
桂林	199	35	10595	4793	5571	2295
梧州	89	38	5948	4163	2936	1578
北海	42	21	2833	1449	2180	1285
防城港	41	24	1322	847	748	466
钦州	76	31	4211	1975	2488	1240

2—33 续表 6

城　市	医院、卫生院数(个)		医院、卫生院床位数(张)		医生数(人)	
	全　市	市辖区	全　市	市辖区	全　市	市辖区
贵　港	94	38	4114	2029	2467	1087
玉　林	145	25	7879	3228	4667	680
百　色	405	90	6725	2039	3523	883
贺　州	80	26	2849	1110	1586	644
河　池	194	22	6376	1374	2826	531
来　宾	98	35	3397	1167	1991	778
崇　左	113	11	3071	232	1872	112
海　南	**108**	**108**	**6970**	**6970**	**3363**	**3363**
海　口	77	77	5305	5305	2462	2462
三　亚	31	31	1665	1665	901	901
重　庆	**1574**	**528**	**60565**	**32557**	**36603**	**18525**
四　川	**5137**	**1404**	**167818**	**81667**	**98284**	**43432**
成　都	656	299	41689	28242	26010	17430
自　贡	135	55	6287	4269	3198	1851
攀 枝 花	101	34	5465	4518	3293	2759
泸　州	186	63	6810	3770	4096	1986
德　阳	214	38	9196	2556	4488	1183
绵　阳	411	65	13399	5351	6105	1714
广　元	312	92	7236	3287	3131	1309
遂　宁	117	37	5662	2331	3518	1342
内　江	213	91	6445	3364	4114	1891
乐　山	314	103	9043	4328	5391	2405
南　充	568	145	11299	3754	6016	1969
眉　山	268	69	5416	2094	3810	1159
宜　宾	300	60	10010	4047	3844	1206
广　安	202	51	4875	1462	3019	647
达　州	421	24	10175	2319	7254	907
雅　安	194	36	4277	2680	2905	749
巴　中	304	105	4595	1574	3868	1846
资　阳	221	37	5939	1721	4224	1079
贵　州	**721**	**229**	**33294**	**21350**	**15630**	**8660**
贵　阳	191	121	12979	10900	6289	5210
六 盘 水	125	26	6049	3813	2367	993
遵　义	282	39	9919	4377	4944	1718
安　顺	123	43	4347	2260	2030	739
云　南	**1618**	**343**	**59988**	**27844**	**37788**	**17155**
昆　明	334	181	24134	17360	14324	11123
曲　靖	172	41	10843	3074	9094	2340
玉　溪	111	19	6173	2137	3585	1315

2—33 续表 7

城　市	医院、卫生院数(个)		医院、卫生院床位数(张)		医生数(人)	
	全　市	市辖区	全　市	市辖区	全　市	市辖区
保　山	461	38	4510	1773	2227	780
昭　通	191	25	4967	1396	2471	581
丽　江	77	7	2401	470	1150	240
思　茅	135	11	3666	844	2301	412
临　沧	137	21	3294	790	2636	364
陕　西	**2783**	**795**	**99573**	**53130**	**55584**	**28538**
西　安	495	378	30736	27357	16749	14973
铜　川	68	43	3754	3484	2031	1815
宝　鸡	274	42	11091	4305	4390	1723
咸　阳	300	72	12159	5470	5910	2190
渭　南	331	50	10177	1894	5668	1018
延　安	213	33	5536	1719	2767	859
汉　中	339	40	10176	3866	4972	3097
榆　林	342	41	7090	1611	7662	814
安　康	232	59	5006	2379	2768	1281
商　洛	189	37	3848	1045	2667	768
甘　肃	**2636**	**880**	**58851**	**32910**	**41166**	**20233**
兰　州	180	118	15315	12669	8475	6015
嘉峪关	7	7	1845	1845	437	437
金　昌	21	7	1602	1013	982	728
白　银	105	32	4631	2961	2704	1704
天　水	216	72	6985	4178	8361	5436
武　威	185	89	4133	2746	2637	1202
张　掖	1045	403	3456	1471	1516	1291
平　凉	163	26	4815	1508	4575	682
酒　泉	97	33	3210	1583	1493	642
庆　阳	156	20	4265	1188	2185	548
定　西	180	30	4454	1046	2200	514
陇　南	281	43	4140	702	5601	1034
青　海	**105**	**38**	**8084**	**6459**	**2945**	**2215**
西　宁	105	38	8084	6459	2945	2215
宁　夏	**1408**	**792**	**16801**	**10844**	**9881**	**6005**
银　川	933	665	7726	6395	4395	3567
石嘴山	112	39	2789	2176	1497	1068
吴　忠	95	33	2538	977	1290	505
固　原	119	24	2062	382	1613	346
中　卫	149	31	1686	914	1086	519
新　疆	**154**	**142**	**19290**	**19230**	**10486**	**10384**
乌鲁木齐	146	134	17710	17650	9513	9411
克拉玛依	8	8	1580	1580	973	973

2—34 交通运输(一):客运量(全市)

城市	客运总量(万人)	铁路客运量(万人)	公路客运量(万人)	水运客运量(万人)	民用航空客运量(人)
城市合计	**1715760**	**115037**	**1570041**	**16976**	**137057172**
北京	**48682**	**5437**	**41552**	**0**	**16927000**
天津	**4103**	**1491**	**2457**	**2**	**1531550**
河北	**77519**	**5005**	**72500**	**0**	**138790**
石家庄	14698	1100	13586	0	124892
唐山	9497	526	8971	0	0
秦皇岛	6002	457	5544	0	13898
邯郸	11688	440	11248	0	0
邢台	5473	229	5244	0	0
保定	7743	618	7125	0	0
张家口	3076	356	2720	0	0
承德	3116	387	2729	0	0
沧州	7122	405	6717	0	0
廊坊	5168	153	5015	0	0
衡水	3936	335	3601	0	0
山西	**37493**	**3372**	**33948**	**0**	**1727272**
太原	3508	1018	2322	0	1680000
大同	2488	834	1654	0	0
阳泉	3110	85	3025	0	0
长治	3678	128	3545	0	47272
晋城	6358	215	6143	0	0
朔州	1551	151	1400	0	0
晋中	2971	348	2623	0	0
运城	3688	135	3553	0	0
忻州	3063	243	2820	0	0
临汾	5532	177	5355	0	0
吕梁	1547	39	1509	0	0
内蒙古	**30154**	**3033**	**26883**	**0**	**2378151**
呼和浩特	4381	482	3690	0	2088442
包头	11153	327	10812	0	142651
乌海	436	78	357	0	6500
赤峰	3046	445	2600	0	14336
通辽	2805	698	2106	0	14272
鄂尔多斯	1583	92	1491	0	0
呼伦贝尔	3153	618	2524	0	111950
巴彦淖尔	2392	151	2241	0	0
乌兰察布	1205	143	1062	0	0
辽宁	**56317**	**9834**	**45312**	**657**	**5143854**
沈阳	8014	2945	4783	0	2858445

2—34 续表 1

城　市	客运总量（万人）	铁路客运量（万人）	公路客运量（万人）	水运客运量（万人）	民用航空客运量（人）
大　连	12144	1500	9800	618	2263872
鞍　山	5843	539	5304	0	0
抚　顺	2650	628	2022	0	0
本　溪	3753	1420	2333	0	0
丹　东	2739	315	2400	23	3200
锦　州	3090	657	2431	0	18337
营　口	2623	305	2318	0	0
阜　新	2450	165	2285	0	0
辽　阳	3721	330	3391	0	0
盘　锦	1648	58	1590	0	0
铁　岭	3681	491	3190	0	0
朝　阳	3202	217	2985	0	0
葫芦岛	759	263	480	16	0
吉　林	**25569**	**6354**	**19052**	**56**	**1070000**
长　春	7631	2681	4846	0	1042000
吉　林	4843	1346	3476	18	28000
四　平	3416	730	2686	0	0
辽　源	1806	69	1737	0	0
通　化	2829	528	2301	0	0
白　山	1743	278	1465	0	0
松　原	2109	131	1940	38	0
白　城	1192	591	601	0	0
黑龙江	**30506**	**7381**	**22923**	**45**	**1574087**
哈尔滨	7318	2584	4602	0	1323900
齐齐哈尔	4668	1251	3412	0	44174
鸡　西	3510	415	3095	0	0
鹤　岗	402	49	348	5	0
双鸭山	2516	48	2468	0	0
大　庆	1333	565	768	0	0
伊　春	427	108	319	0	0
佳木斯	2537	563	1958	11	48577
七台河	1681	65	1616	0	0
牡丹江	2937	891	2032	0	151334
黑　河	556	191	335	29	6102
绥　化	2621	650	1971	0	0
上　海	**8968**	**4076**	**2465**	**621**	**18060000**
江　苏	**129061**	**5999**	**122620**	**82**	**3599932**
南　京	19205	1294	17641	0	2696462
无　锡	17468	956	16468	12	326704

2—34 续表 2

城　　市	客运总量（万人）	铁路客运量（万人）	公路客运量（万人）	水运客运量（万人）	民用航空客运量（人）
徐　　州	7391	775	6601	0	149400
常　　州	12679	682	11973	0	241000
苏　　州	26774	1482	25265	27	0
南　　通	8859	34	8815	2	82077
连 云 港	6138	217	5912	0	82290
淮　　安	3332	12	3313	7	0
盐　　城	6266	9	6255	0	21999
扬　　州	7473	43	7413	17	0
镇　　江	6681	496	6168	17	0
泰　　州	4238	0	4238	0	0
宿　　迁	2558	0	2558	0	0
浙　　江	**156251**	**5808**	**147477**	**2365**	**6006300**
杭　　州	22833	1908	20372	237	3155000
宁　　波	27291	567	26510	119	946500
温　　州	25154	382	24517	133	1219410
嘉　　兴	13628	472	13150	6	0
湖　　州	7381	115	7264	2	0
绍　　兴	14343	604	13737	2	0
金　　华	15871	1428	14406	18	190316
衢　　州	3845	222	3615	7	12535
舟　　山	8028	0	6260	1730	380500
台　　州	14307	0	14214	83	102039
丽　　水	3570	110	3432	28	0
安　　徽	**66182**	**3260**	**62186**	**637**	**993746**
合　　肥	6772	702	6010	0	605100
芜　　湖	3016	228	2720	68	0
蚌　　埠	2747	485	2262	0	0
淮　　南	2014	215	1799	0	0
马 鞍 山	1391	93	1298	0	0
淮　　北	2441	85	2356	0	0
铜　　陵	1458	120	1338	0	0
安　　庆	2760	92	2582	85	7308
黄　　山	3458	263	3045	112	372800
滁　　州	5642	0	5642	0	0
阜　　阳	5692	580	4976	135	8538
宿　　州	6645	189	6456	0	0
巢　　湖	5524	14	5373	137	0
六　　安	7016	0	6985	31	0
亳　　州	2607	81	2526	0	0

2—34 续表 3

城　市	客运总量（万人）	铁路客运量（万人）	公路客运量（万人）	水运客运量（万人）	民用航空客运量（人）
池　州	3275	0	3257	18	0
宣　城	3725	114	3561	51	0
福　建	**55528**	**2728**	**50823**	**869**	**11086403**
福　州	9746	0	9430	2	3128778
厦　门	5182	300	3772	487	6232400
莆　田	6505	0	6386	118	0
三　明	4877	142	4718	18	0
泉　州	11190	1576	9498	0	1161000
漳　州	5764	159	5540	65	0
南　平	4273	347	3845	25	554911
龙　岩	2429	191	2238	0	9314
宁　德	5561	13	5395	153	0
江　西	**40325**	**3581**	**36211**	**396**	**1369099**
南　昌	4946	1274	3522	27	1232000
景德镇	1987	180	1798	0	95938
萍　乡	2757	149	2608	0	0
九　江	4694	344	4203	147	0
新　余	1228	111	1093	24	0
鹰　潭	1351	383	940	29	0
赣　州	5301	261	4950	86	36903
吉　安	4451	223	4227	0	4258
宜　春	5361	284	5074	3	0
抚　州	2912	68	2844	0	0
上　饶	5338	305	4952	81	0
山　东	**92116**	**5105**	**85379**	**1197**	**4349779**
济　南	6891	1896	4875	0	1200000
青　岛	18274	750	16420	862	2418936
淄　博	16930	339	16591	0	0
枣　庄	5095	159	4936	0	0
东　营	2467	30	2436	0	13501
烟　台	8734	232	8194	257	512398
潍　坊	5242	352	4887	0	34765
济　宁	4847	309	4538	0	0
泰　安	3223	249	2974	0	0
威　海	3632	122	3427	71	117679
日　照	2972	55	2910	7	0
莱　芜	1086	6	1080	0	0
临　沂	3935	77	3853	0	52500
德　州	1430	256	1174	0	0

2—34 续表 4

城　　市	客运总量（万人）	铁路客运量（万人）	公路客运量（万人）	水运客运量（万人）	民用航空客运量（人）
聊　城	2371	87	2284	0	0
滨　州	1788	3	1785	0	0
菏　泽	3198	183	3015	0	0
河　南	**88604**	**5390**	**83015**	**80**	**1189707**
郑　州	12195	1907	10175	4	1089400
开　封	3819	284	3535	0	0
洛　阳	7994	418	7562	7	72062
平顶山	4767	93	4674	0	0
安　阳	5301	244	5057	0	0
鹤　壁	1094	27	1067	0	0
新　乡	4058	357	3701	0	0
焦　作	3344	124	3220	0	0
濮　阳	1909	5	1904	0	0
许　昌	3062	150	2912	0	0
漯　河	3330	221	3109	0	0
三门峡	5936	214	5722	0	0
南　阳	8377	187	8153	34	28245
商　丘	4405	456	3949	0	0
信　阳	5965	423	5507	35	0
周　口	6020	21	5999	0	0
驻马店	7028	259	6769	0	0
湖　北	**63647**	**5090**	**57291**	**780**	**4859373**
武　汉	12886	2957	9480	0	4488398
黄　石	3259	43	3172	44	0
十　堰	5090	169	4850	71	0
宜　昌	6865	248	6400	183	346537
襄　樊	7885	479	7399	5	24438
鄂　州	1925	19	1883	24	0
荆　门	4132	75	4052	5	0
孝　感	7138	519	6588	31	0
荆　州	3717	13	3702	2	0
黄　冈	5605	381	4853	371	0
咸　宁	3600	115	3478	7	0
随　州	1544	73	1435	37	0
湖　南	**104227**	**5704**	**97238**	**768**	**5179387**
长　沙	11580	1187	10003	9	3802600
株　洲	8411	611	7786	14	0
湘　潭	2996	156	2840	0	0
衡　阳	6729	579	6110	39	0

2—34 续表 5

城　　市	客运总量（万人）	铁路客运量（万人）	公路客运量（万人）	水运客运量（万人）	民用航空客运量（人）
邵　阳	11062	135	10850	77	0
岳　阳	8871	657	8168	46	0
常　德	12521	101	12410	4	56547
张家界	4085	143	3796	14	1318100
益　阳	5335	43	5203	89	0
郴　州	7446	259	6979	208	0
永　州	6031	187	5773	71	2140
怀　化	9474	1194	8084	196	0
娄　底	9687	452	9235	0	0
广　东	**195756**	**8898**	**183172**	**2048**	**16380535**
广　州	34681	6042	27845	130	6640000
韶　关	3904	469	3435	0	0
深　圳	12278	1448	9891	195	7441600
珠　海	4397	0	3942	378	772335
汕　头	2592	119	2071	294	1080000
佛　山	13538	0	13438	100	0
江　门	8304	0	8189	115	0
湛　江	6574	170	6130	234	400000
茂　名	22006	82	21861	63	0
肇　庆	4270	65	4149	56	0
惠　州	5217	223	4994	0	0
梅　州	6080	147	5928	0	46600
汕　尾	4008	0	3963	45	0
河　源	1986	0	1936	50	0
阳　江	5575	0	5562	13	0
清　远	4567	110	4377	81	0
东　莞	33280	0	33240	40	0
中　山	9236	0	9123	113	0
潮　州	1705	24	1681	0	0
揭　阳	3095	0	3095	0	0
云　浮	8463	0	8322	141	0
广　西	**46668**	**1270**	**44306**	**834**	**2581155**
南　宁	8451	476	7757	136	819000
柳　州	4229	307	3827	89	58432
桂　林	5014	237	4436	197	1434860
梧　州	2124	0	2020	104	0
北　海	2863	6	2795	35	268863
防城港	606	0	606	0	0
钦　州	1696	10	1669	16	0

2—34 续表 6

城　市	客运总量（万人）	铁路客运量（万人）	公路客运量（万人）	水运客运量（万人）	民用航空客运量（人）
贵　港	1881	56	1826	0	0
玉　林	4440	0	4440	0	0
百　色	3554	0	3525	29	0
贺　州	2201	0	2181	20	0
河　池	6556	0	6464	92	0
来　宾	2148	99	1969	81	0
崇　左	905	79	791	34	0
海　南	**16094**	**4**	**14987**	**301**	**8037000**
海　口	14640	0	13703	246	6910000
三　亚	1454	4	1284	55	1127000
重　庆	**64675**	**2346**	**60833**	**1304**	**1920000**
四　川	**139854**	**5431**	**130447**	**3340**	**6360252**
成　都	31236	3048	27446	161	5810000
自　贡	9323	33	9190	100	0
攀枝花	2358	208	2108	26	155633
泸　州	9743	0	9509	226	84094
德　阳	5073	127	4946	0	0
绵　阳	8732	376	8312	28	161082
广　元	2831	402	2378	51	1035
遂　宁	3474	117	3195	162	0
内　江	9146	105	8807	234	0
乐　山	5155	62	4537	556	0
南　充	12779	141	12294	343	12508
眉　山	5449	16	5396	37	0
宜　宾	10570	200	10097	259	135900
广　安	4881	82	4593	206	0
达　州	9483	449	8581	453	0
雅　安	2541	0	2541	0	0
巴　中	2468	0	2114	354	0
资　阳	4613	65	4404	144	0
贵　州	**47673**	**1317**	**46024**	**198**	**1346495**
贵　阳	19273	603	18501	35	1346495
六盘水	12239	433	11806	0	0
遵　义	10955	194	10635	126	0
安　顺	5207	88	5082	37	0
云　南	**17632**	**995**	**16014**	**53**	**5700575**
昆　明	5316	754	4083	15	4640000
曲　靖	4785	151	4634	0	0
玉　溪	1043	2	1032	9	0

2—34 续表 7

城　　市	客运总量（万人）	铁路客运量（万人）	公路客运量（万人）	水运客运量（万人）	民用航空客运量（人）
保　　山	847	0	842	0	52828
昭　　通	3168	88	3067	11	18000
丽　　江	743	0	654	0	888708
思　　茅	1186	0	1165	18	30000
临　　沧	544	0	537	0	71039
陕　　西	**39917**	**3131**	**36103**	**345**	**3391438**
西　　安	10272	2379	7569	0	3242200
铜　　川	739	31	708	0	0
宝　　鸡	5013	311	4702	0	0
咸　　阳	4360	140	4220	0	0
渭　　南	4143	0	4143	0	0
延　　安	1342	59	1280	0	35879
汉　　中	3198	161	3034	0	37400
榆　　林	1956	50	1898	0	75959
安　　康	7008	0	6663	345	0
商　　洛	1886	0	1886	0	0
甘　　肃	**14500**	**1482**	**12946**	**0**	**717965**
兰　　州	2416	567	1798	0	513300
嘉 峪 关	150	63	84	0	26857
金　　昌	561	25	536	0	0
白　　银	1311	18	1293	0	0
天　　水	1715	493	1222	0	0
武　　威	1213	201	1012	0	0
张　　掖	1442	37	1405	0	0
平　　凉	742	64	678	0	0
酒　　泉	1530	0	1512	0	177808
庆　　阳	1032	0	1032	0	0
定　　西	1319	14	1305	0	0
陇　　南	1069	0	1069	0	0
青　　海	**3178**	**231**	**2924**	**0**	**224400**
西　　宁	3178	231	2924	0	224400
宁　　夏	**7192**	**0**	**7192**	**0**	**348927**
银　　川	2275	0	2240	0	348927
石 嘴 山	1371	0	1371	0	0
吴　　忠	1789	0	1789	0	0
固　　原	946	0	946	0	0
中　　卫	846	0	846	0	0
新　　疆	**7333**	**1285**	**5762**	**0**	**2864000**
乌鲁木齐	3321	1285	1750	0	2864000
克拉玛依	4012	0	4012	0	0

2—35 交通运输(二):货运量(全市)

城　　市	货运总量(万吨)	铁路货运量(万吨)	公路货运量(万吨)	水运货运量(万吨)	民用航空货邮运量(吨)
城市合计	**1661013**	**260091**	**1213674**	**186824**	**4248721**
北　　京	**29989**	**1959**	**27973**	**0**	**569000**
天　　津	**37283**	**6108**	**19560**	**11613**	**15866**
河　　北	**80068**	**12764**	**66182**	**1120**	**18086**
石 家 庄	11751	1400	10349	0	18078
唐　　山	13916	3634	10282	0	0
秦 皇 岛	6643	1334	4233	1076	8
邯　　郸	10505	2381	8124	0	0
邢　　台	3828	693	3135	0	0
保　　定	6503	305	6198	0	0
张 家 口	6195	1239	4956	0	0
承　　德	3240	534	2706	0	0
沧　　州	8453	580	7829	44	0
廊　　坊	5274	177	5097	0	0
衡　　水	3760	487	3273	0	0
山　　西	**112677**	**39942**	**72732**	**0**	**34196**
太　　原	16678	5303	11372	0	34000
大　　同	14813	8000	6813	0	0
阳　　泉	9687	2966	6721	0	0
长　　治	9663	2813	6850	0	196
晋　　城	13478	4735	8743	0	0
朔　　州	14585	8885	5700	0	0
晋　　中	8982	1969	7013	0	0
运　　城	3392	446	2946	0	0
忻　　州	5897	648	5249	0	0
临　　汾	10184	2206	7978	0	0
吕　　梁	5318	1971	3347	0	0
内 蒙 古	**73092**	**21201**	**51889**	**0**	**18150**
呼和浩特	5543	370	5171	0	15554
包　　头	17892	4163	13729	0	1501
乌　　海	9044	5164	3880	0	0
赤　　峰	7830	1007	6823	0	62
通　　辽	5794	2095	3699	0	28
鄂尔多斯	14925	5015	9910	0	0
呼伦贝尔	6887	3074	3813	0	1005
巴彦淖尔	2503	168	2335	0	0
乌兰察布	2674	145	2529	0	0
辽　　宁	**91534**	**15821**	**70969**	**4732**	**117453**
沈　　阳	15037	822	14210	0	49526

2—35 续表 1

城　市	货运总量（万吨）	铁路货运量（万吨）	公路货运量（万吨）	水运货运量（万吨）	民用航空货邮运量（吨）
大　连	22537	1844	16741	3945	67137
鞍　山	7865	1487	6378	0	0
抚　顺	4373	2483	1890	0	0
本　溪	6327	1832	4495	0	0
丹　东	3218	371	2600	247	600
锦　州	5236	578	4564	94	190
营　口	4665	1092	3412	161	0
阜　新	4450	1153	3297	0	0
辽　阳	4464	1260	3204	0	0
盘　锦	4040	223	3817	0	0
铁　岭	4243	1429	2814	0	0
朝　阳	3954	466	3488	0	0
葫芦岛	1125	781	59	285	0
吉　林	**32109**	**8297**	**23765**	**46**	**13816**
长　春	11577	2207	9369	0	13764
吉　林	6013	2505	3490	18	52
四　平	3105	500	2605	0	0
辽　源	1878	234	1644	0	0
通　化	4395	1145	3250	0	0
白　山	2379	664	1715	0	0
松　原	1432	230	1181	21	0
白　城	1330	812	511	7	0
黑龙江	**41392**	**12723**	**28151**	**516**	**21937**
哈尔滨	9940	1329	8210	399	19800
齐齐哈尔	4992	1064	3928	0	392
鸡　西	3483	1972	1511	0	0
鹤　岗	3063	1694	1365	4	0
双鸭山	2844	1233	1611	0	0
大　庆	3283	1260	2023	0	0
伊　春	494	169	325	0	0
佳木斯	2811	778	1952	81	265
七台河	4573	1760	2813	0	0
牡丹江	2697	950	1747	0	1471
黑　河	981	251	698	32	9
绥　化	2231	263	1968	0	0
上　海	**68710**	**6814**	**31554**	**30148**	**1936100**
江　苏	**88260**	**5391**	**59092**	**23772**	**52953**
南　京	16938	987	9741	6206	36859
无　锡	7431	186	6174	1070	8351

2—35 续表 2

城　市	货运总量（万吨）	铁路货运量（万吨）	公路货运量（万吨）	水运货运量（万吨）	民用航空货邮运量（吨）
徐　州	7422	1535	5225	662	1000
常　州	5647	361	4334	952	4000
苏　州	9001	168	6941	1892	0
南　通	7859	26	6296	1537	1347
连云港	4826	1247	3328	251	920
淮　安	3705	53	1953	1699	0
盐　城	7187	15	3027	4145	476
扬　州	5518	4	4197	1317	0
镇　江	5426	794	4283	349	0
泰　州	5374	0	2032	3342	0
宿　迁	1926	15	1561	350	0
浙　江	**111190**	**3977**	**72770**	**34429**	**138608**
杭　州	18895	480	13117	5289	92000
宁　波	15826	1200	9890	4734	18700
温　州	10728	50	8277	2399	20412
嘉　兴	7919	96	2360	5463	0
湖　州	12152	200	4683	7269	0
绍　兴	10307	999	8132	1176	0
金　华	11218	333	10649	236	3798
衢　州	6857	443	6411	3	13
舟　山	5430	0	1439	3991	2335
台　州	8849	0	5362	3487	1350
丽　水	3008	176	2450	382	0
安　徽	**62392**	**9005**	**42797**	**10588**	**15418**
合　肥	5767	976	4180	610	11959
芜　湖	5367	168	2559	2640	0
蚌　埠	2816	259	2152	405	0
淮　南	4467	2593	1288	586	0
马鞍山	2044	399	1220	425	0
淮　北	5424	2844	2580	0	0
铜　陵	1988	193	1208	587	0
安　庆	2560	306	1801	453	39
黄　山	2249	21	2221	7	3394
滁　州	4948	0	4653	295	0
阜　阳	3029	112	2619	298	26
宿　州	5018	677	4218	123	0
巢　湖	4306	102	2054	2150	0
六　安	5010	0	4950	60	0
亳　州	1758	77	1515	166	0

2—35 续表 3

城　市	货运总量（万吨）	铁路货运量（万吨）	公路货运量（万吨）	水运货运量（万吨）	民用航空货邮运量（吨）
池　州	3476	0	1838	1638	0
宣　城	2164	278	1741	145	0
福　建	**36626**	**4040**	**25909**	**6659**	**177711**
福　州	9037	0	5014	4016	70489
厦　门	3044	426	1692	917	87800
莆　田	1788	0	1667	121	0
三　明	4961	1138	3754	69	0
泉　州	7195	805	5313	1075	16693
漳　州	3340	182	3037	121	0
南　平	2556	552	1930	74	2729
龙　岩	3755	931	2824	0	0
宁　德	950	6	678	266	0
江　西	**29021**	**4081**	**22297**	**2641**	**19919**
南　昌	4196	365	3624	205	17500
景德镇	2289	174	2090	25	2201
萍　乡	3414	1211	2203	0	0
九　江	2599	587	1347	665	0
新　余	1736	411	1229	96	0
鹰　潭	1519	318	1052	149	0
赣　州	3820	118	3092	610	206
吉　安	106	106	0	0	12
宜　春	4808	441	3613	754	0
抚　州	1664	67	1558	39	0
上　饶	2870	283	2489	98	0
山　东	**133619**	**18794**	**107177**	**7639**	**89333**
济　南	15030	7140	7888	0	21000
青　岛	35570	2125	29937	3503	53298
淄　博	6568	1351	5217	0	0
枣　庄	5311	366	4786	159	0
东　营	4876	130	4692	54	58
烟　台	12662	630	10541	1490	11046
潍　坊	7685	662	6866	157	2237
济　宁	17303	3142	12716	1445	0
泰　安	6091	1347	4737	7	0
威　海	5158	262	4275	621	1054
日　照	2857	642	2080	135	0
莱　芜	1366	280	1086	0	0
临　沂	4291	185	4106	0	640
德　州	2555	276	2279	0	0

2—35续表4

城市	货运总量（万吨）	铁路货运量（万吨）	公路货运量（万吨）	水运货运量（万吨）	民用航空货邮运量（吨）
聊城	1400	64	1336	0	0
滨州	2334	92	2226	16	0
菏泽	2561	100	2409	52	0
河南	**71276**	**13714**	**56646**	**915**	**13225**
郑州	8668	2577	6076	14	12100
开封	3373	130	3243	0	0
洛阳	6894	1736	5158	0	640
平顶山	5271	2685	2586	0	0
安阳	4125	556	3569	0	0
鹤壁	1296	455	841	0	0
新乡	5051	231	4820	0	0
焦作	4873	803	4070	0	0
濮阳	1959	403	1538	18	0
许昌	2178	319	1859	0	0
漯河	1801	200	1595	6	0
三门峡	5119	1612	3507	0	0
南阳	6069	249	5692	128	485
商丘	2833	353	2452	28	0
信阳	4139	430	3361	348	0
周口	3816	781	2865	170	0
驻马店	3811	194	3414	203	0
湖北	**50479**	**11458**	**32180**	**6835**	**62436**
武汉	17045	5861	7812	3366	61414
黄石	5596	834	4153	609	0
十堰	1322	128	1035	159	0
宜昌	4574	265	3706	603	986
襄樊	5461	484	4821	156	36
鄂州	1171	722	426	23	0
荆门	4160	923	3143	94	0
孝感	4894	1690	3063	141	0
荆州	2224	133	1132	959	0
黄冈	2201	215	1359	627	0
咸宁	914	93	765	56	0
随州	917	110	765	42	0
湖南	**69253**	**6679**	**57882**	**4687**	**45560**
长沙	11066	196	9831	1035	43100
株洲	6449	632	5587	230	0
湘潭	3867	713	2930	224	0
衡阳	5713	670	4793	250	0

2—35 续表 5

城　　市	货运总量（万吨）	铁路货运量（万吨）	公路货运量（万吨）	水运货运量（万吨）	民用航空货邮运量（吨）
邵　阳	3641	121	3279	241	0
岳　阳	5522	904	3249	1369	0
常　德	5530	262	4462	806	55
张家界	1015	20	985	10	2405
益　阳	3232	42	2828	362	0
郴　州	8815	575	8199	41	0
永　州	3512	145	3341	26	0
怀　化	3786	1452	2264	70	0
娄　底	7104	947	6134	23	0
广　东	**145097**	**11545**	**104673**	**28839**	**406173**
广　州	35204	6962	17585	10631	260668
韶　关	6157	797	5360	0	0
深　圳	7954	354	6388	1200	119000
珠　海	4370	0	2100	2269	13705
汕　头	1736	120	1310	305	10000
佛　山	15718	0	12138	3580	0
江　门	4115	0	2101	2014	0
湛　江	6127	1546	3404	1177	2800
茂　名	10034	868	9050	116	0
肇　庆	3273	76	2795	402	0
惠　州	4202	284	2988	930	0
梅　州	6036	345	5691	0	0
汕　尾	1170	0	1162	8	0
河　源	923	0	906	17	0
阳　江	3863	74	2899	890	0
清　远	2883	109	2307	467	0
东　莞	7858	0	6054	1804	0
中　山	4708	0	3639	1069	0
潮　州	1903	10	1623	270	0
揭　阳	2167	0	2141	26	0
云　浮	14696	0	13032	1664	0
广　西	**33036**	**2934**	**26687**	**3413**	**15293**
南　宁	6789	461	5616	712	1
柳　州	4316	793	3377	146	575
桂　林	1582	163	1410	8	13336
梧　州	1437	0	1076	361	0
北　海	2506	275	2110	121	1381
防城港	249	0	175	74	0
钦　州	977	54	868	55	0

2—35 续表 6

城　　市	货运总量（万吨）	铁路货运量（万吨）	公路货运量（万吨）	水运货运量（万吨）	民用航空货邮运量（吨）
贵　港	2770	135	1208	1427	0
玉　林	3391	0	3391	0	0
百　色	1452	0	1380	72	0
贺　州	1254	0	1227	27	0
河　池	2248	0	2179	69	0
来　宾	2825	916	1686	223	0
崇　左	1239	137	984	118	0
海　南	**4237**	**118**	**2178**	**1932**	**88800**
海　口	3474	103	1453	1910	80000
三　亚	763	15	725	22	8800
重　庆	**38167**	**3731**	**31515**	**2918**	**26400**
四　川	**63805**	**14339**	**46594**	**2856**	**160246**
成　都	18174	5538	12538	83	153000
自　贡	2923	198	2530	195	0
攀枝花	3650	1826	1812	12	1456
泸　州	2357	116	1897	344	1013
德　阳	3441	516	2925	0	0
绵　阳	2812	570	2160	82	3198
广　元	4744	2957	1676	111	25
遂　宁	1400	148	1011	241	0
内　江	3303	284	2833	186	0
乐　山	3054	478	2498	78	0
南　充	2198	68	1862	268	12
眉　山	1366	192	1168	6	0
宜　宾	3905	1000	2535	370	1542
广　安	1849	77	1441	331	0
达　州	3754	183	3312	259	0
雅　安	1106	0	1106	0	0
巴　中	1520	138	1274	108	0
资　阳	2248	50	2016	182	0
贵　州	**16704**	**4525**	**12022**	**155**	**18821**
贵　阳	5740	1263	4469	6	18821
六盘水	7074	2550	4524	0	0
遵　义	2697	345	2235	117	0
安　顺	1193	367	794	32	0
云　南	**65369**	**2859**	**62374**	**128**	**80614**
昆　明	11646	2105	9534	0	74647
曲　靖	45592	445	45147	0	0
玉　溪	2205	148	2057	0	0

2—35 续表 7

城　市	货运总量（万吨）	铁路货运量（万吨）	公路货运量（万吨）	水运货运量（万吨）	民用航空货邮运量（吨）
保　山	1161	0	1161	0	400
昭　通	651	161	364	126	100
丽　江	1046	0	1046	0	4730
思　茅	1523	0	1521	2	200
临　沧	1544	0	1544	0	537
陕　西	**29100**	**7105**	**21747**	**243**	**51948**
西　安	10999	4127	6867	0	51500
铜　川	2231	1327	904	0	0
宝　鸡	2176	437	1739	0	0
咸　阳	2416	190	2226	0	0
渭　南	2300	0	2300	0	0
延　安	1389	270	1119	0	178
汉　中	476	277	199	0	202
榆　林	2419	477	1942	0	68
安　康	4049	0	3806	243	0
商　洛	645	0	645	0	0
甘　肃	**25473**	**4774**	**20698**	**0**	**10559**
兰　州	5786	783	5002	0	8800
嘉峪关	1918	283	1635	0	249
金　昌	1223	159	1064	0	0
白　银	2718	746	1972	0	0
天　水	2028	290	1738	0	0
武　威	2567	1569	998	0	0
张　掖	719	36	683	0	0
平　凉	2629	891	1738	0	0
酒　泉	1373	0	1373	0	1510
庆　阳	1686	0	1686	0	0
定　西	1485	17	1468	0	0
陇　南	1341	0	1341	0	0
青　海	**2367**	**245**	**2122**	**0**	**2300**
西　宁	2367	245	2122	0	2300
宁　夏	**5608**	**0**	**5608**	**0**	**2600**
银　川	2013	0	2013	0	2600
石嘴山	1249	0	1249	0	0
吴　忠	1413	0	1413	0	0
固　原	531	0	531	0	0
中　卫	402	0	402	0	0
新　疆	**13082**	**5148**	**7931**	**0**	**25200**
乌鲁木齐	12077	5148	6926	0	25200
克拉玛依	1005	0	1005	0	0

2—36 邮 电

城市	年末邮政局(所)数(处)		邮政业务总量(万元)		电信业务总量(万元)	
	全市	市辖区	全市	市辖区	全市	市辖区
城市合计	**61311**	**24407**	**5432740**	**3280634**	**60744361**	**41045616**
北京	**876**	**850**	**311226**	**311226**	**3190000**	**3190000**
天津	**700**	**556**	**92379**	**92379**	**1375458**	**1375458**
河北	**1954**	**416**	**222712**	**89349**	**3101020**	**1280167**
石家庄	236	89	45123	22700	482270	206112
唐山	166	65	28215	14009	282338	173254
秦皇岛	102	56	13250	8480	118698	82478
邯郸	193	49	19169	8887	344029	134196
邢台	159	19	12797	3791	265949	93637
保定	250	24	37058	10769	628073	145066
张家口	159	25	9702	3805	195631	95251
承德	124	28	9069	3601	138207	109409
沧州	230	14	22563	6448	251899	61808
廊坊	128	35	15109	4730	292129	145194
衡水	207	12	10657	2129	101797	33762
山西	**1641**	**458**	**140949**	**69877**	**1498990**	**1013509**
太原	155	120	30112	26979	407337	397991
大同	139	65	15157	11802	160171	129359
阳泉	68	31	6569	3999	74401	62970
长治	271	55	9300	4437	137602	68809
晋城	102	36	7575	3665	126204	111938
朔州	56	27	4627	2132	65911	30329
晋中	138	26	16396	3452	166778	99618
运城	218	29	12946	2765	148510	59944
忻州	171	27	8959	1761	27890	8562
临汾	183	32	19498	7450	54822	22948
吕梁	140	10	9810	1435	129364	21041
内蒙古	**1379**	**347**	**72084**	**49471**	**1016268**	**647200**
呼和浩特	129	69	14490	12728	229719	193991
包头	120	73	11754	11088	221960	211965
乌海	30	30	3188	3188	22035	22035
赤峰	283	64	10032	6207	135390	58226
通辽	147	36	5590	5423	59498	24685
鄂尔多斯	147	11	6880	4308	135913	40712
呼伦贝尔	223	18	10931	2324	93551	10484
巴彦淖尔	160	32	4219	1805	99022	75902
乌兰察布	140	14	5000	2400	19180	9200
辽宁	**1767**	**696**	**199106**	**138976**	**2986329**	**2249825**
沈阳	250	174	43767	40076	762043	699288

2—36 续表 1

城市	年末邮政局(所)数(处)		邮政业务总量(万元)		电信业务总量(万元)	
	全市	市辖区	全市	市辖区	全市	市辖区
大连	222	121	42281	34710	726508	608905
鞍山	112	43	15405	8100	246224	153916
抚顺	89	37	7911	6141	145089	114600
本溪	80	38	7880	5706	161170	120306
丹东	180	47	9340	4274	107364	64418
锦州	99	28	10094	5592	109504	70939
营口	78	36	10184	5511	147751	29566
阜新	67	16	4867	3756	92000	61892
辽阳	135	45	10853	7082	103000	79027
盘锦	64	26	10636	7199	128047	120784
铁岭	133	22	10516	4066	68648	29454
朝阳	153	16	7263	1953	104737	41370
葫芦岛	105	47	8109	4810	84244	55360
吉林	**1229**	**353**	**89158**	**48474**	**800132**	**547904**
长春	251	99	28725	22031	337709	303938
吉林	197	67	16711	9221	157768	104621
四平	165	24	9143	3163	44991	20992
辽源	65	16	4346	2115	30078	23965
通化	162	29	11148	3673	80010	31000
白山	121	33	8523	2930	45103	11898
松原	134	51	5268	2581	57425	28918
白城	134	34	5294	2760	47048	22572
黑龙江	**2388**	**744**	**215014**	**110806**	**1477405**	**1020437**
哈尔滨	429	136	60245	31334	748104	598843
齐齐哈尔	441	102	17600	9200	177000	107900
鸡西	158	61	15035	6817	30065	10643
鹤岗	72	35	6352	3974	17553	14076
双鸭山	163	35	8936	3416	52735	20166
大庆	159	96	23560	18643	164915	113926
伊春	79	51	9954	7079	28782	19275
佳木斯	206	65	18704	9547	96296	61407
七台河	48	29	3617	2492	31297	21956
牡丹江	204	76	18712	10092	56893	29966
黑河	192	26	17929	4985	19865	7996
绥化	237	32	14370	3227	53900	14283
上海	**615**	**615**	**362600**	**362600**	**3074500**	**3074500**
江苏	**2855**	**908**	**463933**	**227148**	**4212214**	**2154463**
南京	212	176	65142	62262	373143	358193
无锡	218	124	51086	32879	528540	320383

2—36 续表 2

城市	年末邮政局(所)数(处)		邮政业务总量(万元)		电信业务总量(万元)	
	全市	市辖区	全市	市辖区	全市	市辖区
徐州	264	51	30789	11048	235039	203902
常州	165	95	30193	23116	287968	231967
苏州	314	92	70937	29127	758762	325115
南通	339	29	47835	9425	783697	238843
连云港	144	33	11829	5186	114671	56141
淮安	191	82	14667	8525	108762	68031
盐城	326	47	41493	12192	182575	54625
扬州	218	50	36582	12947	182810	87463
镇江	133	53	21291	10123	167644	82749
泰州	189	32	33029	7474	414661	101867
宿迁	142	44	9060	2844	73942	25184
浙江	**2641**	**922**	**281377**	**144319**	**4253305**	**2091815**
杭州	336	206	64833	55326	785829	647733
宁波	395	149	43601	22851	625140	378431
温州	248	67	38644	16578	625892	253283
嘉兴	444	170	19456	7421	321713	98076
湖州	138	63	10314	4701	161738	83313
绍兴	126	20	26933	8028	132230	41097
金华	269	41	25779	7634	454060	101697
衢州	91	35	8279	4086	143230	69349
舟山	77	51	6342	4754	98136	79280
台州	327	101	27001	10466	809829	306840
丽水	190	19	10195	2474	95508	32716
安徽	**2536**	**764**	**191298**	**100178**	**1639221**	**906470**
合肥	551	131	28507	23531	304871	249579
芜湖	85	18	13385	9351	114282	76989
蚌埠	87	20	11415	6718	108916	27394
淮南	62	47	8062	6105	83392	59251
马鞍山	75	29	9368	7848	137698	101309
淮北	75	41	5990	3290	42875	23665
铜陵	34	17	6128	5138	27032	21676
安庆	223	24	20300	7908	122200	47601
黄山	131	36	7005	3535	52971	30098
滁州			9100	3000	135563	87131
阜阳	165	43	18626	6060	51515	16727
宿州	127	39	8373	2958	96251	20878
巢湖	151	49	10842	3716	86087	32538
六安	197	106	10824	2916	42735	14179
亳州	327	98	8978	2827	90286	34783

2—36 续表 3

城　　市	年末邮政局(所)数(处)		邮政业务总量(万元)		电信业务总量(万元)	
	全　市	市辖区	全　市	市辖区	全　市	市辖区
池　州	84	30	6598	3135	40750	20288
宣　城	162	36	7797	2142	101797	42384
福　建	**1755**	**523**	**251894**	**127911**	**1902998**	**900774**
福　州	252	86	62267	34484	283489	187453
厦　门	102	102	33569	33569	254240	254240
莆　田	159	119	11515	9331	109716	85207
三　明	191	23	15171	4554	92713	29777
泉　州	397	48	37697	12988	489101	86282
漳　州	155	58	47622	19553	385610	158216
南　平	183	31	20783	5722	106430	36539
龙　岩	162	31	11228	4797	74640	38555
宁　德	154	25	12042	2913	107059	24505
江　西	**1854**	**363**	**150524**	**58338**	**1070368**	**570106**
南　昌	153	79	29923	24176	254107	239742
景德镇	150	45	5314	2801	89286	70310
萍　乡	65	34	5030	3921	71865	58438
九　江	203	24	14793	3927	52206	23492
新　余	55	37	4988	3840	66418	64718
鹰　潭	31	7	5086	2356	41470	21310
赣　州	366	31	21984	5490	220586	48709
吉　安	251	35	18060	3613	40730	10355
宜　春	197	36	17536	4230	91600	10504
抚　州	161	25	12100	958	52100	2364
上　饶	222	10	15710	3026	90000	20164
山　东	**3222**	**904**	**391405**	**178672**	**3671959**	**2048303**
济　南	206	119	34000	30600	344000	309600
青　岛	250	82	50802	29053	687000	496450
淄　博	144	95	24955	19572	185133	130020
枣　庄	106	77	9409	5545	226765	138870
东　营	84	38	11330	7471	162889	143616
烟　台	294	76	43382	17730	288100	156183
潍　坊	288	52	37500	10176	342919	120849
济　宁	216	25	23393	4964	171147	60196
泰　安	146	37	16816	7146	121261	69506
威　海	103	30	28025	10971	133695	30754
日　照	78	31	10268	4815	76700	45933
莱　芜	44	44	5109	5109	30277	30277
临　沂	285	41	24386	5369	236164	124187
德　州	253	33	21239	4024	254644	61163

2—36 续表 4

城　　市	年末邮政局(所)数(处)		邮政业务总量(万元)		电信业务总量(万元)	
	全　市	市辖区	全　市	市辖区	全　市	市辖区
聊　城	180	31	23484	7145	128998	31502
滨　州	132	27	13541	4747	96871	40940
菏　泽	413	66	13766	4235	185396	58257
河　南	**2751**	**452**	**278530**	**105562**	**3384967**	**1564740**
郑　州	240	118	46644	32534	771721	504294
开　封	116	24	11714	5195	131204	79713
洛　阳	223	43	21345	10958	265420	143829
平顶山	142	31	13041	3814	203693	97040
安　阳	128	25	18601	5782	195919	103447
鹤　壁	33	16	4254	2498	68322	39566
新　乡	240	25	27067	9267	223157	90482
焦　作	121	30	15962	6130	51977	21618
濮　阳	108	20	9965	3832	62548	28509
许　昌	113	14	11555	2838	215190	56249
漯　河	61	9	5966	2111	98140	47640
三门峡	82	12	8717	3156	77443	29132
南　阳	307	32	23252	6849	301703	99087
商　丘	202	14	13817	2400	226136	70204
信　阳	242	16	13662	2668	175300	57849
周　口	195	7	16808	2154	129154	31155
驻马店	198	16	16160	3376	187940	64926
湖　北	**1685**	**679**	**181351**	**105465**	**1389329**	**1034130**
武　汉	300	300	50000	50000	699594	688594
黄　石	68	15	8291	4654	146684	93464
十　堰	151	25	10952	5003	62100	46359
宜　昌	178	55	13277	6632	122963	65436
襄　樊	221	89	20468	11301	49508	23704
鄂　州	57	57	5600	5600	9994	9994
荆　门	80	16	8959	4198	25799	12345
孝　感	140	19	10410	2929	33780	11749
荆　州	169	35	17212	6261	131145	54320
黄　冈	168	10	19721	914	43600	3758
咸　宁	90	18	10090	3510	50781	15719
随　州	63	40	6371	4463	13381	8688
湖　南	**3052**	**839**	**182000**	**80991**	**1792233**	**920421**
长　沙	414	259	36280	25480	397764	285117
株　洲	206	48	11224	5868	169100	100906
湘　潭	110	29	10343	4606	125805	73896
衡　阳	270	43	14597	5972	119210	68871

2—36 续表 5

城　　市	年末邮政局(所)数(处)		邮政业务总量(万元)		电信业务总量(万元)	
	全　市	市辖区	全　市	市辖区	全　市	市辖区
邵　阳	278	33	18835	3844	173700	43573
岳　阳	154	62	14109	5645	204450	81780
常　德	569	133	14387	6020	131339	56745
张家界	80	21	3424	1703	15303	9092
益　阳	176	52	10119	4367	132181	78510
郴　州	217	47	15062	5146	37090	13776
永　州	237	54	13511	4286	101661	42508
怀　化	232	27	10186	3587	95726	27761
娄　底	109	31	9923	4467	88904	37886
广　东	**11738**	**8515**	**527630**	**422596**	**9481867**	**7825650**
广　州	7723	6549	123827	118528	2552553	2364287
韶　关	164	24	11768	5904	108820	72861
深　圳	660	660	101000	101000	2559100	2559100
珠　海	114	114	16600	16600	232700	232700
汕　头	79	76	16133	15973	358492	358472
佛　山	301	301	40448	40448	695171	695171
江　门	164	59	23457	10909	138890	67599
湛　江	374	78	17863	6525	185002	108626
茂　名	140	28	14946	4259	218743	97759
肇　庆	360	62	10560	3008	153629	87121
惠　州	315	160	13996	8912	305950	
梅　州	188	16	11563	2951	165937	56987
汕　尾			5220	1507	176521	
河　源	234	22	6791	1987	41692	12328
阳　江	61	19	8586	3452	99450	60215
清　远	155	29	6554	1839	213216	79127
东　莞			53147	53147	448275	448275
中　山	221	221	20030	20030	320463	320463
潮　州	121	35	8000		201200	166883
揭　阳	170	17	10691	3276	236063	16676
云　浮	194	45	6451	2342	70000	21000
广　西	**1558**	**379**	**110028**	**54211**	**1612534**	**806344**
南　宁	215	69	24653	16661	223396	157538
柳　州	162	59	11179	7429	186211	125163
桂　林	198	38	15455	7918	254577	121022
梧　州	83	17	7072	2967	126714	53765
北　海	39	17	4352	2836	127209	81843
防城港	39	21	1903	1110	44114	28360
钦　州			4539	2474	92213	58098

2－36 续表 6

城　市	年末邮政局(所)数(处)		邮政业务总量(万元)		电信业务总量(万元)	
	全　市	市辖区	全　市	市辖区	全　市	市辖区
贵　港	85	37	7514	3251	85548	41872
玉　林	134	18	9847	3358	111178	45842
百　色	140	12	5764	1555	137640	20330
贺　州	79	30	3175	1570	31299	18677
河　池	181	21	6633	1387	118165	30416
来　宾	102	30	3200	1100	38800	16900
崇　左	101	10	4742	595	35470	6518
海　南	**94**	**94**	**17395**	**17395**	**287770**	**287770**
海　口	71	71	14659	14659	255275	255275
三　亚	23	23	2736	2736	32495	32495
重　庆	**2121**	**705**	**94075**	**55902**	**1592416**	**1082900**
四　川	**5279**	**1510**	**182610**	**85133**	**2314817**	**1493846**
成　都	551	476	43000	31879	823000	675779
自　贡	210	52	6851	2709	101232	79827
攀枝花	63	34	4640	4003	65741	55209
泸　州	280	73	10287	4811	142090	88443
德　阳	232	34	9186	2505	98412	31031
绵　阳	442	72	10705	4778	170760	121799
广　元	232	53	6008	2781	49195	33951
遂　宁	186	84	7882	4029	55906	29923
内　江	217	97	8061	2989	101492	49015
乐　山	246	70	7303	3404	105224	72530
南　充	600	132	15185	5817	105690	52639
眉　山	282	58	5169	1827	66822	32760
宜　宾	288	33	9614	3006	176115	79247
广　安	164	38	11452	3947	49508	12544
达　州	507	18	12310	1845	88762	26282
雅　安	66	14	3837	1730	23925	15713
巴　中	346	98	4495	1545	38544	19481
资　阳	367	74	6625	1528	52399	17673
贵　州	**773**	**261**	**39006**	**27467**	**501301**	**425890**
贵　阳	195	139	18981	17724	383607	373279
六盘水	207	60	3599	2877	35346	22456
遵　义	286	33	13636	5291	47000	15000
安　顺	85	29	2790	1575	35348	15155
云　南	**1103**	**118**	**53923**	**33267**	**492404**	**328814**
昆　明	354		27032	21782	202099	202099
曲　靖	140	20	6307	2743	78378	31246
玉　溪	98	17	6559	2849	84382	29067

2—36 续表 7

城　　市	年末邮政局(所)数(处)		邮政业务总量(万元)		电信业务总量(万元)	
	全　市	市辖区	全　市	市辖区	全　市	市辖区
保　山	88	30	2502	1121	35409	23499
昭　通	134	16	3419	1131	37275	10779
丽　江	65	13	2331	1552	7129	5204
思　茅	135	13	3680	1353	17191	11241
临　沧	89	9	2093	736	30541	15679
陕　西	**1822**	**559**	**214501**	**94304**	**1586726**	**1137951**
西　安	331	261	52370	50706	975045	937592
铜　川	48	48	3977	3679	9858	9052
宝　鸡	180	41	19399	8883	86000	77272
咸　阳	185	43	16011	6373	40940	21505
渭　南	216	34	11865	2656	337084	21360
延　安	150	23	8190	3630		
汉　中	241	25	12954	4293	63401	26073
榆　林	226	32	74583	7453	26672	18900
安　康	154	36	8257	4131	31546	16905
商　洛	91	16	6895	2500	16180	9292
甘　肃	**1178**	**420**	**60270**	**41210**	**435227**	**320010**
兰　州	180	126	20576	19149	185106	166590
嘉峪关	13	13	1816	1816	13677	13677
金　昌	27	15	2077	1837	10923	7291
白　银	86	35	4196	2721	31495	19642
天　水	133	57	6564	5366	24032	16058
武　威	102	52	2813	2135	31209	20505
张　掖	82	28	2954	1892	26637	19000
平　凉	113	22	3020	1370	12782	10161
酒　泉	72	19	5000	1850	37200	18078
庆　阳	124	10	3505	1209	39245	18500
定　西	110	20	3927	685	9901	1523
陇　南	136	23	3822	1180	13020	8985
青　海	**115**	**63**	**8844**	**7739**	**120431**	**115313**
西　宁	115	63	8844	7739	120431	115313
宁　夏	**425**	**210**	**23109**	**16982**	**237256**	**183891**
银　川	176	117	11587	9270	187855	150284
石嘴山	53	37	5258	4517	11367	9067
吴　忠	52	10	2313	1147	15326	13185
固　原	97	32	1971	986	18029	9013
中　卫	47	14	1980	1062	4679	2342
新　疆	**205**	**184**	**23809**	**22686**	**447015**	**447015**
乌鲁木齐	168	147	20478	19355	431400	431400
克拉玛依	37	37	3331	3331	15615	15615

2—37 通 信

城 市	固定电话用户数（万户）		年末移动电话用户数（户）		国际互联网用户数（户）	
	全 市	市辖区	全 市	市辖区	全 市	市辖区
城市合计	**29285**	**15511**	**327689508**	**202564494**	**59772048**	**46170435**
北 京	**847**	**847**	**13359000**	**13359000**		
天 津	**413**	**413**	**4233200**	**4233200**	**2674900**	**2674900**
河 北	**1560**	**485**	**16140972**	**6823646**	**3215915**	**2298995**
石家庄	269	85	2593880	1235456	877627	783486
唐 山	211	104	2238476	1534921	431100	172440
秦皇岛	73	40	1147805	746073	294551	281852
邯 郸	158	58	1414263	730884	310133	210079
邢 台	117	27	1064025	331997	94945	36693
保 定	235	46	2636067	541798	358435	166102
张家口	91	37	772916	376464	169130	145807
承 德	61	22	697295	232170	82058	48743
沧 州	145	18	1540000	286720	218594	156898
廊 坊	103	26	1158285	561386	235572	194884
衡 水	96	22	877960	245777	143770	102011
山 西	**770**	**337**	**6977371**	**3886113**	**1085374**	**729513**
太 原	165	148	1696254	1511233	332710	322574
大 同	63	44	708336	558626	110000	100000
阳 泉	34	22	374795	238152	26683	20243
长 治	63	26	599214	260796	103475	83460
晋 城	45	20	453725	307167	95603	67514
朔 州	21	9	309878	154939	24652	17763
晋 中	82	18	675129	174583	89320	24036
运 城	107	13	168210	109581	71214	12120
忻 州	59	10	547091	136812	74247	27773
临 汾	76	20	883139	329724	96090	42128
吕 梁	55	8	561600	104500	61380	11902
内蒙古	**400**	**197**	**4932172**	**2648101**	**457396**	**354714**
呼和浩特	83	59	944236	683302	140318	131480
包 头	51	47	837000	714610	100466	100466
乌 海	16	16	215400	215400	9177	9177
赤 峰	58	27	640000	247000	48372	26272
通 辽	36	11	588746	157210	33300	30663
鄂尔多斯	31	12	528556	169179	3950	1600
呼伦贝尔	63	7	628020	185400	66223	12770
巴彦淖尔	32	13	407214	198000	24100	13356
乌兰察布	30	5	143000	78000	31490	28930
辽 宁	**1477**	**916**	**12292903**	**9686559**	**3285061**	**2718797**
沈 阳	317	236	3047106	2803336	720166	705762

2—37 续表 1

城　市	固定电话用户数（万户）		年末移动电话用户数（户）		国际互联网用户数（户）	
	全　市	市辖区	全　市	市辖区	全　市	市辖区
大　连	293	213	2373790	1912573	1135429	937795
鞍　山	136	81	966200	580400	194300	143000
抚　顺	78	53	633400	501424	39772	35704
本　溪	53	39	437900	328800	129580	105270
丹　东	81	53	566000	469779	191100	112748
锦　州	97	42	614458	457278	178326	118767
营　口	76	39	662600	662600	170000	124290
阜　新	54	37	427000	369207	39648	32988
辽　阳	57	33	470000	410000	130000	120000
盘　锦	47	31	437700	393930	108100	108100
铁　岭	58	20	582000	245631	46401	34483
朝　阳	72	14	524000	185320	92968	34871
葫芦岛	59	28	550749	366281	109271	105019
吉　林	**555**	**267**	**7427220**	**4723089**	**1019893**	**738096**
长　春	179	107	3491000	3031855	333459	311541
吉　林	117	64	1401200	849800	310516	226300
四　平	63	21	47395	30123	143000	98759
辽　源	20	11	312060	145060	13128	9578
通　化	64	19	598000	21600	106340	26050
白　山	32	8	351356	129208	20274	9932
松　原	41	22	755009	362243	52176	26136
白　城	39	15	471200	153200	41000	29800
黑龙江	**1026**	**527**	**9296925**	**5275232**	**2242989**	**1727714**
哈尔滨	425	204	3100000	1852000	1237400	952800
齐齐哈尔	114	77	1160000	565700	199000	178200
鸡　西	48	22	471292	234898	70755	49684
鹤　岗	30	22	314964	228164	43103	36369
双鸭山	26	15	354000	140000	75000	50000
大　庆	81	60	1097263	896774	227285	220498
伊　春	47	31	210000	151349	56267	50967
佳木斯	54	36	695000	501000		
七台河	24	16	211326	177205	36322	29123
牡丹江	73	29	1005218	375727	169432	122119
黑　河	25	5	105862	59115	36425	16986
绥　化	80	12	572000	93300	92000	20968
上　海	**868**	**868**	**13060000**	**13060000**	**6330000**	**6330000**
江　苏	**2608**	**1118**	**23636060**	**12964958**	**3552431**	**2420354**
南　京	291	268	3843386	3556037	793063	785668
无　锡	250	131	3021282	1802214	583747	377097

2—37 续表 2

城市	固定电话用户数（万户）		年末移动电话用户数（户）		国际互联网用户数（户）	
	全市	市辖区	全市	市辖区	全市	市辖区
徐州	223	77	1426738	792321	105485	78004
常州	165	116	1940000	1564000	246662	208062
苏州	383	144	4914340	2052709	571955	308057
南通	276	45	2056292	622584	284246	140544
连云港	122	44	624262	286552	97986	49046
淮安	138	75	698215	421132	111709	77106
盐城	201	48	1414789	442870	135380	58473
扬州	168	55	1259886	552655	272707	177958
镇江	126	58	1018806	465110	130841	79600
泰州	162	28	960365	217145	156154	49686
宿迁	102	28	457699	189629	62496	31053
浙江	**1975**	**825**	**25566673**	**12033411**	**4669514**	**2631635**
杭州	361	262	4795845	3850185	935493	822856
宁波	297	131	4210000	2501161	1040127	553043
温州	319	112	4072537	1357414	782605	381778
嘉兴	148	40	2120884	615772	333722	112250
湖州	101	49	1334037	752305	157864	102959
绍兴	190	39	1786216	429997	387237	171182
金华	178	38	2397754	518157	256602	67196
衢州	75	29	605317	287375	119967	72863
舟山	47	37	506267	391267	160933	146568
台州	198	71	2830610	1070546	393280	166533
丽水	60	16	907206	259232	101684	34407
安徽	**1101**	**408**	**8798232**	**4652148**	**1589659**	**1235122**
合肥	107	60	1649927	1369439	423778	391207
芜湖	67	34	551551	381664	158380	147542
蚌埠	69	30	534600	97100	115274	72740
淮南	45	36	438796	365796	75108	73293
马鞍山	39	24	322013	240009	72442	64652
淮北	23	10	295000	243291	43143	41620
铜陵	19	13	254500	182900	55608	51723
安庆	108	16	754000	268979	118476	59238
黄山	41	18	257773	149028	47248	47248
滁州	82	19	544772	156476	99023	69304
阜阳	105	31	740000	314664	111979	92336
宿州	69	23	460786	165723	91184	71023
巢湖	80	22	320458	90843	30388	10299
六安	90	23	627774	233648	50714	15464
亳州	65	20	339614	133140	43867	12212

2—37 续表 3

城市	固定电话用户数（万户）		年末移动电话用户数（户）		国际互联网用户数（户）	
	全市	市辖区	全市	市辖区	全市	市辖区
池州	29	9	224012	111031	27783	11907
宣城	62	19	482656	148417	25264	3314
福建	**1158**	**448**	**11096014**	**4872253**	**2572920**	**1645872**
福州	258	124	2870334	1006388	602223	539108
厦门	86	86	1453900	1453900	502000	502000
莆田	81	58	558384	461407	82786	67110
三明	74	16	668118	180867	153310	65217
泉州	299	67	2952807	884620	564700	214800
漳州	132	48	456827	165315	273673	78946
南平	77	16	647600	221300	127803	33879
龙岩	67	19	738044	323456	141401	95220
宁德	84	14	750000	175000	125024	49592
江西	**717**	**283**	**7361788**	**3729307**	**1405855**	**881852**
南昌	138	99	1643100	1435863	601076	580510
景德镇	32	18	311751	240719	40929	37294
萍乡	35	23	422043	327080	19457	14970
九江	85	50	730040	328518	74795	44877
新余	25	20	328689	259596	24560	21038
鹰潭	21	9	217640	126539	10958	10842
赣州	113	21	974300	224459	102411	37597
吉安	66	11	560000	113350	55269	17728
宜春	72	17	722000	170483	177500	38296
抚州	51	6	642300	303700	138300	48700
上饶	80	10	809925	199000	160600	30000
山东	**2547**	**1112**	**23225986**	**12518284**	**3528464**	**2337713**
济南	252	204	2328000	2095000	828000	786600
青岛	335	170	3763200	2407114	664500	569529
淄博	142	107	1601599	965355	234264	220414
枣庄	87	57	770071	458743	55163	35277
东营	69	43	1181771	774978	143374	132540
烟台	237	85	2291535	1587024	393433	0
潍坊	235	52	2179308	752119	204007	89165
济宁	172	45	1322382	387572	161090	58056
泰安	120	53	849824	485805	207608	128115
威海	102	33	936500	443000	156769	51467
日照	63	36	565000	374000	40700	20743
莱芜	35	35	278932	278932	24713	24713
临沂	219	82	1602200	537000	168513	121913
德州	121	29	991071	277688	61456	31092

2—37 续表 4

城　　市	固定电话用户数（万户）		年末移动电话用户数（户）		国际互联网用户数（户）	
	全　市	市辖区	全　市	市辖区	全　市	市辖区
聊　　城	113	27	917764	232546	50006	18990
滨　　州	102	25	870000	233996	49285	21519
菏　　泽	142	30	776829	227412	85583	27580
河　　南	**1537**	**583**	**14530270**	**6477753**	**2086071**	**1624476**
郑　　州	207	124	2840000	1725000	452000	389172
开　　封	72	38	639247	401279	117441	99798
洛　　阳	151	77	1101545	533176	211869	172797
平 顶 山	81	34	786581	346025	114964	102394
安　　阳	99	30	703424	231007	167096	147743
鹤　　壁	29	15	241220	124653	61948	57969
新　　乡	128	41	859255	322961	202683	130952
焦　　作	70	26	886000	489889	82300	45018
濮　　阳	46	17	619900	252000	23064	17826
许　　昌	67	13	708019	210924	136490	119581
漯　　河	35	14	412700	183664	49885	42187
三 门 峡	46	15	387461	110538	97685	66283
南　　阳	160	60	1129219	451687	76567	52554
商　　丘	87	31	780993	279683	72342	30988
信　　阳	90	24	800000	350000	54538	23999
周　　口	86	11	947706	154267	72699	42215
驻 马 店	82	14	687000	311000	92500	83000
湖　　北	**949**	**592**	**11453918**	**7767229**	**1782364**	**1556444**
武　　汉	344	344	4539874	4539874	1142908	1142908
黄　　石	40	23	549908	371106	111152	87810
十　　堰	52	25	401000	297366	45327	33591
宜　　昌	87	42	904072	467240	93179	57513
襄　　樊	85	39	1150000	615800	159458	116500
鄂　　州	18	18	252100	252100	25190	25190
荆　　门	39	14	643721	283664	44383	22643
孝　　感	60	16	594438	192775	29823	11883
荆　　州	90	34	999200	332720	59263	31815
黄　　冈	64	7	645000	66248	39092	13800
咸　　宁	41	12	425180	106600	24339	7326
随　　州	29	18	349425	241736	8250	5465
湖　　南	**1040**	**404**	**9875933**	**4375601**	**1900001**	**1098267**
长　　沙	189	136	2423251	1335657	639327	513885
株　　洲	82	39	635500	343733	173900	130425
湘　　潭	58	25	576848	350146	153346	110838
衡　　阳	104	30	814800	268490	148710	11008

2—37 续表 5

城　市	固定电话用户数（万户）		年末移动电话用户数（户）		国际互联网用户数（户）	
	全　市	市辖区	全　市	市辖区	全　市	市辖区
邵　阳	82	15	907353	243153	101371	39394
岳　阳	93	39	908419	453103	63232	35409
常　德	110	33	844219	345087	146306	45686
张家界	22	10	228138	147490	37200	21500
益　阳	71	13	466992	221500	123349	71591
郴　州	68	21	755900	223500	98225	41622
永　州	56	17	501205	191805	32953	9009
怀　化	57	14	406678	130137	100270	35134
娄　底	48	11	406630	121800	81812	32766
广　东	**2888**	**2131**	**47142241**	**35342240**	**8216743**	**6901546**
广　州	524	482	11226100	10176200	2484400	2341600
韶　关	77		240900	140457	106500	
深　圳	387	387	986	986	2313100	2313100
珠　海	68	68	1809000	1809000	195500	195500
汕　头	150	146	1917700	1913100	152476	152366
佛　山	227	227	5664300	5664300	484800	484800
江　门	134	99	2577200		192317	110783
湛　江	98	55	1328200	735622	176100	122535
茂　名	103	31	1058823		63779	26795
肇　庆	84	28	1423300	510800	182933	97504
惠　州	133	79	2129440	1294956	622309	89550
梅　州	82	15	1052000	204700	112800	33687
汕　尾	52	12	634300	180400	10341	4702
河　源	56	12	603043	202086	43082	
阳　江	53	22	627820	398817	21000	12717
清　远	57	18	967771	328803	67968	30686
东　莞	274	274	8410503	8410503	504201	504201
中　山	120	120	2434455	2434455	318137	318137
潮　州	62	14	999000	105455	83000	42312
揭　阳	102	27	1507400	704400	82000	20571
云　浮	45	14	530000	127200		
广　西	**795**	**364**	**8194862**	**3824443**	**1138702**	**797542**
南　宁	153	98	1993745	1172315	456566	368626
柳　州	76	48	818609	539420	136863	117918
桂　林	92	42	872715	372278	88763	64404
梧　州	50	20	539008	203386	30728	17013
北　海	37	20	422287	255372	40395	34488
防城港	19	11	197198	109259	50172	44047
钦　州	35	16	401488	235926	55169	32768

2—37 续表 6

城市	固定电话用户数（万户）		年末移动电话用户数（户）		国际互联网用户数（户）	
	全市	市辖区	全市	市辖区	全市	市辖区
贵港	66	30	473229	210976	55633	29736
玉林	87	24	695364	245334	54634	21917
百色	54	12	435702	25168	61465	19784
贺州	23	12	263491	163248	18301	10912
河池	54	12	452161	96242	56175	24211
来宾	27	13	287123	121721	19738	8908
崇左	22	5	342742	73798	14100	2810
海南	**101**	**101**	**856218**	**856218**	**296200**	**296200**
海口	83	83	718118	718118	283000	283000
三亚	19	19	138100	138100	13200	13200
重庆	**642**	**418**	**8116100**	**6087100**	**1218000**	**828240**
四川	**1231**	**651**	**16583869**	**7781359**	**1855218**	**1257439**
成都	384	288	6581000	2876908	943000	680760
自贡	44	27	494434	349561	63639	59449
攀枝花	30	24	420250	348351	70565	64187
泸州	53	29	685770	405977	14633	10243
德阳	73	22	833890	288397	21928	9375
绵阳	98	47	1196942	675521	154400	92332
广元	40	20	443685	280973	42542	36690
遂宁	32	13	379448	171450	9114	4716
内江	47	21	647057	377080	65083	34234
乐山	54	29	722007	499750	80273	68815
南充	83	32	756378	364378	39319	22167
眉山	41	15	616342	145100	16204	5500
宜宾	59	23	631186	324674	120324	80552
广安	37	11	411958	76760	20660	10300
达州	64	13	744027	175663	63589	25118
雅安	26	11	252400	145890	52191	8370
巴中	28	13	340000	142941	28780	23212
资阳	40	14	427095	131985	48974	21419
贵州	**215**	**140**	**2666647**	**1835748**	**407928**	**381653**
贵阳	94	83	1341560	1236086	326961	323401
六盘水	27	16	290947	203663	18668	12903
遵义	70	27	736583	205189	49160	35203
安顺	25	14	297557	190810	13139	10146
云南	**328**	**141**	**5187343**	**3047450**	**693478**	**444296**
昆明	155	74	2801248	2100936	229683	183746
曲靖	42	20	614271	241372	125166	82089
玉溪	39	13	406136	183573	111560	53454

2—37 续表 7

城市	固定电话用户数（万户）		年末移动电话用户数（户）		国际互联网用户数（户）	
	全市	市辖区	全市	市辖区	全市	市辖区
保山	18	8	355377	197309	32961	30079
昭通	21	7	300382	94460	61717	20971
丽江	17	8	181600	38800	62030	46135
思茅	19	7	298529	123000	63800	27822
临沧	18	5	229800	68000	6561	
陕西	**789**	**427**	**8797189**	**5352841**	**1487984**	**1314893**
西安	281	258	3513000	3258900	1068300	1064600
铜川	18	17	248000	236272	12598	12387
宝鸡	105	40	663000	449929	73000	65459
咸阳	81	31	764621	270792	122338	84561
渭南	88	17	989200	375170	33800	5184
延安	27	8	629497	222779	22168	8076
汉中	61	20	528400	208652	47340	30120
榆林	61	12	1000000	145000	41000	17980
安康	39	18	257471	114847	34245	12280
商洛	26	7	204000	70500	33195	14246
甘肃	**411**	**248**	**3023241**	**2154363**	**429788**	**353077**
兰州	145	123	1151709	1094123	205780	203720
嘉峪关	9	9	112553	112553	16364	16364
金昌	12	7	102100	67000	8846	7589
白银	28	15	221984	136563	30923	24600
天水	39	24	259214	186678	34000	25041
武威	30	15	177000	146800	17420	13574
张掖	36	17	163000	91000	20600	13970
平凉	11	5	96000	82100	14615	14600
酒泉	31	10	260700	108800	36200	3692
庆阳	28	11	267861	95000	18728	17614
定西	22	7	56120	8746	16516	9084
陇南	19	5	155000	25000	9796	3229
青海	**58**	**47**	**603300**	**499600**	**38821**	**34347**
西宁	58	47	603300	499600	38821	34347
宁夏	**141**	**77**	**1500991**	**944378**	**281324**	**247683**
银川	54	42	705009	564007	181568	177033
石嘴山	20	15	262588	203155	46542	44060
吴忠	30	9	266934	51274	42760	18471
固原	27	7	156460	67660	9121	7223
中卫	10	5	110000	58282	1333	896
新疆	**137**	**134**	**1752870**	**1752870**	**309055**	**309055**
乌鲁木齐	119	116	1575525	1575525	273370	273370
克拉玛依	18	18	177345	177345	35685	35685

2—38 供水、供电(市辖区)

城　市	供水总量(万立方米)	居民家庭用水量	人均家庭生活用水量(立方米/人)	全年用电量(万千瓦时)	工业用电	城镇生活消费用电	居民人均生活用电量(千瓦小时)
城市合计	**4276307**	**1466422**	**59**	**118780424**	**84392265**	**12656686**	**361**
北　京	**150206**	**56825**	**48**	**5101100**	**2368300**	**647500**	**592**
天　津	**64490**	**17783**	**28**	**3509700**	**2380200**	**248400**	**325**
河　北	**135267**	**38124**	**38**	**5888403**	**4831083**	**359015**	**303**
石家庄	27806	6549	32	1007742	745819	94389	434
唐　山	32290	10236	56	2087612	1942839	48163	162
秦皇岛	10598	2790	37	445113	291072	38313	505
邯　郸	20113	5101	37	808937	669547	47556	342
邢　台	7671	1669	30	315214	263656	19720	351
保　定	9811	2330	23	382678	293599	28990	291
张家口	10958	3305	38	407788	343409	16910	196
承　德	6689	2530	55	72292	40541	13061	286
沧　州	3670	1439	29	121234	82880	17993	368
廊　坊	3235	1375	39	115841	58468	19011	249
衡　水	2426	800	25	123952	99253	14909	335
山　西	**70524**	**23984**	**37**	**3191323**	**2568535**	**198789**	**224**
太　原	25905	10212	40	1146753	894549	83302	327
大　同	11263	3704	27	550421	477171	27036	190
阳　泉	4227	1178	20	447639	400815	13949	213
长　治	8496	2367	49	344000	313000	9100	138
晋　城	1747	753	36	66341	43245	5315	179
朔　州	9588	1806	83	145062	125945	6197	105
晋　中	2633	720	27	64372	38888	7824	145
运　城	2500	1041	47	246439	208541	13899	221
忻　州	923	691	36	77933	23932	11719	227
临　汾	2699	1362	40	80912	33343	17811	228
吕　梁	543	150	15	21451	9106	2637	108
内蒙古	**59179**	**12226**	**28**	**2661215**	**2020587**	**148109**	**243**
呼和浩特	12574	2582	25	404488	208730	35874	327
包　头	21559	3926	29	1234390	1073932	41121	304
乌　海	9032	1517	36	522029	412406	6450	153
赤　峰	3982	1403	36	160780	114735	23812	210
通　辽	7361	561	18	210434	143654	13689	171
鄂尔多斯	1070	760	38	26473	14449	8095	358
呼伦贝尔	1882	479	27	48955	23422	7814	303
巴彦淖尔	710	498	22	28266	11479	6174	113
乌兰察布	1009	500	18	25400	17780	5080	194
辽　宁	**257531**	**57638**	**36**	**7543518**	**5815141**	**783004**	**436**
沈　阳	59359	15548	35	1262977	686462	224547	456

2—38 续表 1

城　　市	供水总量（万立方米）	居民家庭用水量	人均家庭生活用水量（立方米/人）	全年用电量（万千瓦时）	工业用电	城镇生活消费用电	居民人均生活用电量（千瓦小时）
大　连	33442	16651	60	1299949	892341	177240	637
鞍　山	45714	5493	42	1054629	936973	46246	317
抚　顺	15160	3222	25	832888	762166	37003	262
本　溪	31262	1680	20	678531	609320	35148	365
丹　东	5964	1434	24	150628	78824	27551	366
锦　州	15452	2500	29	216108	170815	35568	408
营　口	6190	2004	23	519869	420028	44588	523
阜　新	7247	2050	27	202606	143909	44072	565
辽　阳	16291	1751	24	547530	469966	29745	415
盘　锦	8184	1903	33	302850	264382	20712	362
铁　岭	3489	1218	35	38534	20687	11296	259
朝　阳	5094	1194	30	64797	37804	14351	297
葫芦岛	4683	990	25	371622	321464	34937	373
吉　林	**131270**	**24870**	**44**	**1805628**	**1401033**	**271616**	**353**
长　春	28339	11749	48	378060	272342	102484	326
吉　林	84892	5283	43	752705	652758	47588	266
四　平	2500	1260	36	212385	135659	41421	806
辽　源	2489	576	13	95354	70864	17550	394
通　化	4588	2353	57	160388	141000	17900	393
白　山	1394	489	24	89058	74423	8186	245
松　原	2778	1810	57	78522	34180	23845	460
白　城	4290	1350	47	39156	19807	12642	260
黑龙江	**116942**	**46055**	**49**	**3572543**	**2725515**	**422557**	**333**
哈尔滨	35481	22796	78	715828	311589	169336	429
齐齐哈尔	9293	4108	37	402364	329290	56704	398
鸡　西	6415	2725	37	205079	170750	17119	189
鹤　岗	3925	1615	30	138656	117871	15431	226
双鸭山	1994	900	20	108181	77910	16031	318
大　庆	30000	4864	43	1416956	1314250	46864	387
伊　春	4857	1137	27	44747	29173	11407	138
佳木斯	8091	3029	43	92171	49485	42686	522
七台河	3345	1995	52	88649	68879	12052	236
牡丹江	10841	2044	33	316599	245066	23457	298
黑　河	709	140	15	12987	3157	2102	106
绥　化	1991	702	28	30326	8095	9368	107
上　海	**323454**	**100256**	**74**	**8214440**	**5550793**	**906393**	**703**
江　苏	**302626**	**95556**	**55**	**8640127**	**6576790**	**871809**	**373**
南　京	116275	31053	72	1996186	1420852	247854	494
无　锡	26670	11156	53	1448696	1182014	123239	551

2—38 续表 2

城　　市	供水总量（万立方米）	居民家庭用水量	人均家庭生活用水量（立方米/人）	全年用电量（万千瓦时）	工业用电	城镇生活消费用电	居民人均生活用电量（千瓦小时）
徐　州	11194	3100	26	529133	420890	44233	264
常　州	30965	10758	54	1205969	859960	100799	464
苏　州	48005	11273	53	1265908	998524	116671	529
南　通	16162	7993	95	463451	375775	37826	448
连云港	8204	4034	64	183084	136903	21412	321
淮　安	7014	2804	34	339998	265161	39826	147
盐　城	6190	3404	50	175053	125570	29674	195
扬　州	10469	2908	37	295196	211559	40227	353
镇　江	15071	4484	46	462943	374963	38375	379
泰　州	5107	1959	31	191916	152364	18180	289
宿　迁	1300	630	29	82594	52255	13493	88
浙　江	**181032**	**56887**	**65**	**6013062**	**4454628**	**506965**	**355**
杭　州	62265	19734	81	2077488	1464645	238901	595
宁　波	34919	9615	86	1240008	951123	60757	289
温　州	21094	9902	85	700362	505150	81205	592
嘉　兴	8531	2147	54	373136	296955	19427	242
湖　州	6797	2649	62	333135	257481	19449	180
绍　兴	8512	1552	24	305812	240651	17163	266
金　华	6285	2081	48	172719	114660	11993	130
衢　州	13625	2004	67	286564	256023	14629	182
舟　山	3892	1326	46	132216	83581	13693	198
台　州	11923	4658	36	344068	256240	21670	147
丽　水	3189	1219	61	47554	28119	8078	217
安　徽	**195895**	**48840**	**54**	**2874040**	**2184845**	**329716**	**189**
合　肥	20690	9355	61	475273	260562	75586	462
芜　湖	18775	4346	61	180812	127315	24648	348
蚌　埠	10235	2006	30	175733	133828	24754	276
淮　南	18205	5429	51	284441	235202	23520	145
马鞍山	46510	4234	82	532469	488374	16057	268
淮　北	9850	3191	50	196326	174023	10942	120
铜　陵	16680	2425	62	235621	219571	9634	243
安　庆	23081	2959	59	160265	126448	27347	454
黄　山	2402	1034	27	39214	22189	7711	185
滁　州	2919	1527	56	53000	35000	10962	215
阜　阳	7595	3820	65	93999	60999	23139	125
宿　州	3911	1370	31	95113	61773	21619	125
巢　湖	4684	1877	50	91534	66616	11787	136
六　安	4206	2668	73	97629	70084	16282	92
亳　州	2930	720	30	34875	18539	11656	82

2—38 续表 3

城　市	供水总量（万立方米）	居民家庭用水量	人均家庭生活用水量（立方米/人）	全年用电量（万千瓦时）	工业用电	城镇生活消费用电	居民人均生活用电量（千瓦小时）
池　州	1500	1010	83	72467	62794	6133	97
宣　城	1722	869	43	55269	21528	7939	95
福　建	**85276**	**33186**	**71**	**2866405**	**1788308**	**514347**	**614**
福　州	23825	13340	84	720048	334496	180098	1054
厦　门	19784	6133	76	759200	461011	146057	995
莆　田	7434	3086	81	185329	117539	41377	204
三　明	8410	1366	61	245273	216735	9664	341
泉　州	7573	3577	58	361544	238881	59642	602
漳　州	4788	1845	45	237865	151488	39565	751
南　平	5320	1529	70	112884	85646	12554	257
龙　岩	7169	1600	58	222148	174285	17029	365
宁　德	973	710	55	22114	8227	8361	199
江　西	**108814**	**41456**	**76**	**1534007**	**1127079**	**179419**	**216**
南　昌	38121	15638	77	405787	296459	64754	318
景德镇	6096	2277	60	69852	32788	11408	264
萍　乡	5854	3651	79	244116	202641	15060	184
九　江	29432	4482	78	261429	203121	30611	532
新　余	9044	3127	70	217725	186379	8195	103
鹰　潭	2942	1983	129	32223	9073	3868	204
赣　州	4640	2300	62	154216	110260	10630	188
吉　安	2733	1440	72	42027	30882	5891	116
宜　春	3227	2420	105	40176	16672	5902	61
抚　州	3681	2139	63	26847	21813	3176	30
上　饶	3044	1999	91	39609	16991	19924	542
山　东	**194907**	**65668**	**37**	**8667736**	**6705742**	**495624**	**191**
济　南	30825	16260	65	1057836	661862	111844	327
青　岛	30877	11695	45	1071331	712664	88075	341
淄　博	22828	4618	23	1648232	1423385	44254	161
枣　庄	13530	2508	25	416740	364659	11637	56
东　营	18469	1500	20	527298	478456	11958	149
烟　台	9717	3004	27	497635	340615	68241	391
潍　坊	8493	2707	33	461083	361595	38825	269
济　宁	9998	3259	35	383250	329314	13111	123
泰　安	8106	3462	29	388022	327826	22881	143
威　海	5076	1733	39	213858	147249	13770	234
日　照	5502	2520	29	225537	158364	7367	62
莱　芜	5352	2638	41	506698	474285	7552	61
临　沂	9708	2954	28	638244	444373	17328	90
德　州	4457	1852	44	175294	144096	15226	264

2—38 续表 4

城市	供水总量（万立方米）	居民家庭用水量	人均家庭生活用水量（立方米/人）	全年用电量（万千瓦时）	工业用电	城镇生活消费用电	居民人均生活用电量（千瓦小时）
聊城	5365	2829	28	160345	116845	12300	122
滨州	3205	1419	51	162861	124074	8867	143
菏泽	3399	710	22	133472	96080	2388	17
河南	**152325**	**47880**	**41**	**5505728**	**4107652**	**464273**	**287**
郑州	24034	7256	29	985712	523687	197105	783
开封	10002	3965	51	158885	83821	20458	260
洛阳	16548	5809	47	429326	285407	43615	293
平顶山	11091	5459	69	352445	307243	19885	213
安阳	17093	2901	40	719393	574957	35779	350
鹤壁	4627	1252	36	139616	114688	8834	169
新乡	9751	2759	35	338882	246209	25535	276
焦作	11399	2507	35	699522	649561	15410	191
濮阳	4478	1260	38	301825	277819	12856	243
许昌	3189	1124	30	100580	59003	12061	310
漯河	8632	1432	40	101615	87821	5871	166
三门峡	2500	1281	56	226924	204098	8854	313
南阳	9494	1939	24	336476	235105	24656	146
商丘	6988	4198	53	341813	291032	11150	71
信阳	5178	2311	54	131013	66711	12258	89
周口	4279	1210	42	40245	24660	5730	136
驻马店	3042	1217	55	101456	75830	4216	72
湖北	**207415**	**99981**	**96**	**3982751**	**2788869**	**458672**	**244**
武汉	76466	42450	108	1855802	1112700	281051	358
黄石	19561	9210	138	438486	390009	22923	343
十堰	12010	3829	73	310168	257580	22588	446
宜昌	12234	6133	79	265525	201475	34740	286
襄樊	28765	16542	133	200145	119173	25749	118
鄂州	25296	4157	106	262281	228800	12101	115
荆门	7126	3222	67	200662	172737	9947	138
孝感	3634	2276	82	50364	23252	11427	128
荆州	9180	4608	54	225017	169498	19010	172
黄冈	3568	1961	56	45399	29920	6569	179
咸宁	5150	3620	110	70885	47202	4820	86
随州	4425	1973	36	58017	36523	7747	47
湖南	**243867**	**81754**	**106**	**2352825**	**1575235**	**487992**	**418**
长沙	39819	30105	153	430300	194500	215800	1066
株洲	39085	5876	75	377106	308157	22174	282
湘潭	47230	6249	88	257990	213586	23160	326
衡阳	21187	4589	51	210590	168460	41855	450

2—38 续表 5

城　市	供水总量（万立方米）	居民家庭用水量	人均家庭生活用水量（立方米/人）	全年用电量（万千瓦时）	工业用电	城镇生活消费用电	居民人均生活用电量（千瓦小时）
邵　阳	11800	3000	65	61606	32289	22458	335
岳　阳	43818	11935	159	280357	211557	35800	378
常　德	7733	4447	113	106694	54142	24974	182
张家界	2085	881	54	23702	5096	10438	221
益　阳	4700	2235	64	72987	46945	20141	156
郴　州	7980	3057	107	167394	65603	18945	295
永　州	9897	3567	111	96445	67687	10609	99
怀　化	4847	3721	116	96595	59886	30910	939
娄　底	3686	2092	73	171059	147327	10728	259
广　东	**686098**	**286481**	**103**	**18216088**	**12015879**	**2228053**	**770**
广　州	188675	75572	128	3035490	1485512	571440	953
韶　关	11108	3615	66				
深　圳	135026	52842	88	3903060	2234774	460985	2792
珠　海	23051	13747	107	522291	322083	67147	779
汕　头	27548	11630	28	752312	462512	157116	327
佛　山	55215	16565	74	2919996	2274436	296525	845
江　门	16295	7566	89	539078	331026	39073	294
湛　江	11560	6140	97	231514	139106	29777	207
茂　名	11700	2951	64	235619	195558	15994	133
肇　庆	7887	3035	74	135682	86805	17818	371
惠　州	16327	5774	66	554834	360840	64021	574
梅　州	2401	1397	41	46954	28172	7043	230
汕　尾	2051	1411	65	45334	16992	6778	148
河　源	2930	950	35	141942	40135	10144	354
阳　江	4582	2967	93	91997	55125	6464	102
清　远	3643	1570	38	125786	83672	16823	308
东　莞	146000	65700	408	3502821	2966131	291017	1797
中　山	7548	5597	208	1110520	735635	113894	817
潮　州	5725	3109	91	86306	22492	32800	956
揭　阳	5303	3587	53	178310	136627	19739	299
云　浮	1523	756	46	56242	38246	3456	122
广　西	**114620**	**41964**	**78**	**1888743**	**1337637**	**247014**	**215**
南　宁	27538	11941	90	375151	191812	62345	415
柳　州	41025	10103	104	436673	359973	43304	445
桂　林	12173	4675	82	182439	110668	37037	513
梧　州	4712	1886	62	71121	44467	11072	230
北　海	3374	1926	61	57264	26677	15752	287
防城港	1968	792	75	39465	18979	4599	95
钦　州	2743	1789	48	52615	33612	11027	90

2—38续表6

城　　市	供水总量（万立方米）	居民家庭用水量	人均家庭生活用水量（立方米/人）	全年用电量（万千瓦时）	工业用电	城镇生活消费用电	居民人均生活用电量（千瓦小时）
贵　港	4610	1325	43	139382	109626	8447	48
玉　林	4107	1863	46	116470	87856	14666	162
百　色	2214	1893	128	46102	26989	14902	449
贺　州	2270	947	49	116900	98050	11850	128
河　池	4850	1580	82	62471	59479	780	25
来　宾	1830	837	70	167005	149315	5682	57
崇　左	1206	407	77	25685	20134	5551	165
海　南	**17420**	**9846**	**101**	**275807**	**64957**	**44808**	**231**
海　口	12460	6765	83	207700	44931	30387	212
三　亚	4960	3081	194	68107	20026	14421	284
重　庆	**66260**	**27806**	**50**	**2009000**	**1301000**	**271600**	**267**
四　川	**141395**	**62553**	**59**	**3355919**	**2111427**	**597448**	**269**
成　都	53278	23239	62	868625	432225	252470	543
自　贡	6147	2963	52	198825	137511	34024	317
攀枝花	9519	3199	59	507771	423491	15230	226
泸　州	9470	3432	65	116344	64362	36839	264
德　阳	6235	1843	50	143562	93754	16606	264
绵　阳	7404	4437	67	200653	98165	29330	260
广　元	5417	1977	53	303207	227210	40263	445
遂　宁	3937	2344	56	61450	26307	13373	92
内　江	5716	1979	51	64189	26341	24747	179
乐　山	5369	2924	56	238010	185976	18272	161
南　充	7822	3305	51	181981	83969	33538	179
眉　山	3065	2057	69	75346	53035	13075	159
宜　宾	4731	2320	61	210424	178844	20057	258
广　安	2409	1000	44	48195	5514	5682	46
达　州	3109	1649	65	25900	14129	10770	275
雅　安	3078	1075	67	38597	25210	10524	311
巴　中	2544	1759	75	20032	4312	8210	63
资　阳	2145	1051	49	52808	31072	14438	137
贵　州	**34135**	**16075**	**65**	**1394397**	**1109473**	**173152**	**424**
贵　阳	26148	11071	81	983646	766436	121335	597
六盘水	2931	974	31	133664	121039	9025	209
遵　义	4256	3430	56	247416	210192	37224	455
安　顺	800	600	30	29671	11806	5568	70
云　南	**39276**	**9307**	**29**	**1406003**	**1089385**	**162065**	**291**
昆　明	30930	4443	22	1109784	894871	125910	556
曲　靖	2321	1325	50	72300	52000	2201	34
玉　溪	1977	1258	32	103677	93414	7763	194

2—38 续表 7

城　　市	供水总量（万立方米）	居民家庭用水量	人均家庭生活用水量（立方米/人）	全年用电量（万千瓦时）	工业用电	城镇生活消费用电	居民人均生活用电量（千瓦小时）
保　山	968	524	39	34505	22249	8125	95
昭　通	1147	785	46	38646	5587	3808	50
丽　江	882	287	47	9274	2139	3724	260
思　茅	595	365	45	29394	15756	5480	272
临　沧	456	320	36	8423	3369	5054	181
陕　西	**76546**	**23725**	**36**	**1902922**	**1029121**	**287586**	**255**
西　安	36092	12228	34	1070156	474144	192780	373
铜　川	2261	930	25	196849	176149	8634	115
宝　鸡	6662	3920	58	253764	168058	19693	264
咸　阳	19673	2701	32	171173	118995	22884	270
渭　南	3634	885	27	35655	5891	9548	105
延　安	1200	265	20	25053	11074	3947	99
汉　中	3148	1451	76	58985	35654	8132	154
榆　林	622	100	7	34709	19609	5100	112
安　康	2287	625	27	45156	16396	11952	126
商　洛	967	620	63	11422	3151	4916	90
甘　肃	**61968**	**17869**	**46**	**2683193**	**2061545**	**143721**	**186**
兰　州	23572	6991	43	1472840	1149424	80053	402
嘉峪关	9869	1069	64	265426	229263	8951	534
金　昌	7561	1649	75	168915	156200	6833	326
白　银	10736	3871	84	376155	326842	10156	215
天　水	2539	1279	32	84908	42543	10399	85
武　威	1452	791	43	123356	50755	6282	64
张　掖	2583	933	55	63504	46301	4702	95
平　凉	511	206	13	43059	26882	4859	100
酒　泉	1960	470	29	33210	16185	3980	115
庆　阳	675	385	23	31200	8050	2312	70
定　西	360	155	16	10518	4585	3597	75
陇　南	150	70	18	10102	4515	1597	30
青　海	**12175**	**6249**	**78**	**365330**	**275964**	**48199**	**477**
西　宁	12175	6249	78	365330	275964	48199	477
宁　夏	**21768**	**5011**	**35**	**826808**	**711806**	**55351**	**231**
银　川	10129	2357	35	331916	275227	40388	533
石嘴山	9001	1599	44	255509	247453	2995	68
吴　忠	1660	527	44	56966	36649	2555	71
固　原	383	154	17	30433	17295	5733	117
中　卫	595	374	24	151984	135182	3680	106
新　疆	**23626**	**10567**	**50**	**531663**	**313736**	**103489**	**497**
乌鲁木齐	14172	9207	50	529415	311584	94389	532
克拉玛依	9454	1360	54	2248	2152	9100	298

2—39 城市燃料用量(市辖区)

城　市	煤气供气总量(万立方米)	家庭用量	用煤气人口(人)	液化石油气供气总量(吨)	家庭用量	用液化气人口(人)
城市合计	**3702280**	**1106722**	**89669891**	**9239181**	**5654896**	**130037115**
北　京	**287103**	**51758**	**7660000**	**431399**	**401214**	**4180000**
天　津	**76393**	**22739**	**5030900**	**69779**	**27432**	**1192900**
河　北	**87959**	**33588**	**4650000**	**164931**	**123952**	**4800000**
石家庄	14458	6463	1170000	29730	21699	900000
唐　山	21065	9856	980000	35778	25442	810000
秦皇岛	4033	2930	270000	13049	11652	490000
邯　郸	10897	7265	870000	8869	8869	320000
邢　台	4891	1246	200000	8269	8269	250000
保　定	1837	756	300000	28714	13990	680000
张家口	4601	3377	480000	16058	12012	250000
承　德	22006	290	40000	9309	8664	340000
沧　州	1263	240	60000	8935	7135	420000
廊　坊	2908	1165	280000	2200	2200	80000
衡　水				4020	4020	260000
山　西	**104432**	**55778**	**4097854**	**42508**	**35677**	**1233530**
太　原	43391	16581	1890000	14866	11267	561000
大　同	9632	8212	709300	4350	4030	111000
阳　泉	10228	6778	397154	808	711	17800
长　治	9386	3325	315500	2430	2430	90400
晋　城	5305	2895	135000	1607	1400	36800
朔　州	3981	3569	131900	1113	776	19800
晋　中	1895	1736	203000	2097	1742	41180
运　城	1290	1099	30000	8000	7456	122750
忻　州	909	455	65000	2000	1450	75000
临　汾	18000	10800	196000	3637	2815	100800
吕　梁	415	328	25000	1600	1600	57000
内蒙古	**10510**	**7821**	**1282500**	**136377**	**128686**	**1971300**
呼和浩特	4599	3444	530000	85237	83522	381100
包　头	5000	3787	704000	5986	4306	253500
乌　海	511	210	35000	2100	1596	113000
赤　峰				25595	24000	354700
通　辽				3460	3300	280000
鄂尔多斯	400	380	13500	4633	4300	180000
呼伦贝尔				3444	3065	147000
巴彦淖尔				3486	2451	127000
乌兰察布				2436	2146	135000
辽　宁	**99915**	**66684**	**10414400**	**384870**	**231162**	**5189000**
沈　阳	32929	20933	3475000	44885	12134	892000

2—39 续表 1

城市	煤气供气总量（万立方米）	家庭用量	用煤气人口（人）	液化石油气供气总量（吨）	家庭用量	用液化气人口（人）
大连	21346	13809	1813000	142136	63389	968000
鞍山	11408	7498	1374900	10422	9488	92700
抚顺	12691	7597	703000	30462	25288	610000
本溪	3939	3461	623800	13000	5210	126900
丹东	4152	3351	421700	20119	9265	196500
锦州	5474	4005	636000	39535	39395	165000
营口	744	512	152000	22000	20000	701100
阜新	1730	1257	250000	4621	4553	160000
辽阳	666	623	230000	13953	11698	360000
盘锦	930	622	150000	22000	14273	421800
铁岭	1526	1300	250000	3490	2850	106000
朝阳	1527	1302	235000	3847	3619	114000
葫芦岛	853	414	100000	14400	10000	275000
吉林	**31856**	**12586**	**2885000**	**163250**	**63525**	**2337000**
长春	25975	8534	1985000	60370	10034	569000
吉林	2922	1676	515000	24755	18402	645000
四平	2213	1630	220000	3580	3580	110000
辽源				3920	2824	132000
通化	746	746	165000	10000	6000	225000
白山				1025	660	120000
松原				50000	12425	281000
白城				9600	9600	255000
黑龙江	**69476**	**23374**	**3474600**	**196955**	**134454**	**4577300**
哈尔滨	35386	16773	2167200	84090	40980	1219000
齐齐哈尔	4495	2217	643500	13683	10190	394600
鸡西	626	536	230000	1650	900	75000
鹤岗	750	621	91000	3260	3210	145000
双鸭山	359	189	35700	524	492	168000
大庆	24000	1000	133000	37000	32000	738900
伊春				19128	18154	580000
佳木斯	2360	538	122200	3900	3237	292000
七台河	1500	1500	52000	2100	1500	200000
牡丹江				24739	17874	503100
黑河				442	362	45000
绥化				6439	5555	216700
上海	**305731**	**141900**	**7194000**	**446543**	**203639**	**7025000**
江苏	**1041419**	**42692**	**4806600**	**924652**	**491179**	**11802200**
南京	995155	16215	1466000	170264	88712	3020800
无锡	6155	3952	500000	91778	80740	1570000

2—39 续表 2

城　市	煤气供气总量（万立方米）	家庭用量	用煤气人口（人）	液化石油气供气总量（吨）	家庭用量	用液化气人口（人）
徐　州	4057	3285	441500	29400	26700	743500
常　州	7191	4407	416300	77510	60025	1555500
苏　州	17070	5586	783300	331486	65400	1148600
南　通	4010	3479	342500	37000	26000	500000
连云港	244	196	152000	17420	17200	374000
淮　安	346	228	81000	35929	30913	721300
盐　城	230	46	31000	26400	26000	653800
扬　州	2287	1951	270000	26159	23868	460000
镇　江	4674	3347	323000	56942	22557	433700
泰　州				18564	17964	593200
宿　迁				5800	5100	27800
浙　江	**34593**	**212896**	**1562100**	**777970**	**441474**	**7117800**
杭　州	9654	4789	720000	167014	109290	1724200
宁　波				318755	100788	1123900
温　州				123807	94800	1150000
嘉　兴				38278	21537	399600
湖　州	5	4		14000	14000	374000
绍　兴	23554	207001	600000	2753	1853	39000
金　华				14133	12833	424000
衢　州	669	667	60900	8838	8488	215800
舟　山	681	405	179000	25691	16827	103500
台　州	30	30	2200	51135	48058	1364200
丽　水				13566	13000	199600
安　徽	**22315**	**16770**	**2077790**	**352355**	**179891**	**4405901**
合　肥	7875	4819	681500	42661	22030	665600
芜　湖	3325	2318	305300	67687	17457	370700
蚌　埠	235	102	44200	27846	16441	590500
淮　南	2200	1506	221000	13138	12622	364000
马鞍山	3459	3119	429000	10200	10200	87100
淮　北	1813	1600	192900	15590	14211	304600
铜　陵	2304	2265	29190	34594	4086	104300
安　庆	872	867	105300	65653	15178	356700
黄　山				15300	13100	173000
滁　州	214	168	66000	10750	10100	202400
阜　阳				7290	7090	25100
宿　州				10143	9540	193800
巢　湖				8491	7611	356001
六　安				8612	7850	279000
亳　州	18	6	3400	5000	4500	102000

2—39 续表 3

城　市	煤气供气总量（万立方米）	家庭用量	用煤气人口（人）	液化石油气供气总量（吨）	家庭用量	用液化气人口（人）
池　州				4300	3900	106600
宣　城				5100	3975	124500
福　建	**15762**	**13776**	**508270**	**283203**	**176991**	**4499180**
福　州				110459	57135	1554600
厦　门				83473	43020	910480
莆　田				18533	16407	364600
三　明	1537	1407	118270	6801	4101	127000
泉　州				28700	26400	579100
漳　州	14225	12369	390000	14225	12369	390000
南　平				4500	4300	196000
龙　岩				9680	7259	228400
宁　德				6832	6000	149000
江　西	**45402**	**15127**	**1338296**	**157336**	**122323**	**3207300**
南　昌	3422	2698	460000	70085	58117	1423700
景德镇	25229	1865	100800	28000	11680	217800
萍　乡	3191	2285	125100	7210	7101	200000
九　江	400	390	26100	20192	19323	503000
新　余	9187	4513	270000	1499	1256	52000
鹰　潭				4500	3000	93000
赣　州	1532	1321	224000	4300	3200	126000
吉　安	759	565	80496	4850	4846	77400
宜　春	902	790	8800	4500	3000	98400
抚　州				6500	5800	291000
上　饶	780	700	43000	5700	5000	125000
山　东	**127103**	**63540**	**5712052**	**377799**	**274560**	**12309600**
济　南	11789	4525	926600	72051	54323	1494000
青　岛	18213	11117	1171600	58548	38607	1406400
淄　博	15659	3264	532000	79338	45456	1603000
枣　庄	2056	1857	372000	23658	19983	451000
东　营	51220	27000	338500	11479	4970	296000
烟　台	4879	3369	397400	29954	25041	725100
潍　坊	8139	3937	434700	7462	4736	407200
济　宁	3402	2415	459000	3775	3505	297000
泰　安	3782	650	280000	10300	10300	870000
威　海	1625	1179	142500	10613	8034	291300
日　照	356	295	43600	11141	7987	815600
莱　芜	2163	1150	193000	15780	15516	742000
临　沂	470	350	50200	28300	21300	855000
德　州	1992	1460	179300	4070	4035	223200

2—39 续表 4

城　　市	煤气供气总量（万立方米）	家庭用量	用煤气人口（人）	液化石油气供气总量（吨）	家庭用量	用液化气人口（人）
聊　　城	717	370	138000	2560	2150	730000
滨　　州	550	550	38852	3270	3117	242800
菏　　泽	91	52	14800	5500	5500	860000
河　　南	**127835**	**34388**	**4687400**	**139375**	**126401**	**4356900**
郑　　州	20134	7797	1864000	9479	4041	385600
开　　封	1600	1130	262700	1675	738	108000
洛　　阳	18364	512	110000	21891	21891	556000
平 顶 山	8108	4803	767800	4552	4522	74000
安　　阳	61861	4187	490000	9468	5600	224500
鹤　　壁	432	212	46400	4380	4380	168000
新　　乡	978	575	203100	12974	12974	504700
焦　　作	4800	4400	400300	6522	6522	242500
濮　　阳	1452	1322	175000	11413	11080	148000
许　　昌				8323	8173	312000
漯　　河	6245	6245	54300	10860	10852	291000
三 门 峡				3841	3712	135000
南　　阳	1943	1287	177800	9441	9330	360000
商　　丘				11056	9986	386600
信　　阳				7800	6900	243000
周　　口				3400	3400	136000
驻 马 店	1918	1918	136000	2300	2300	82000
湖　　北	**16987**	**13717**	**1437550**	**229781**	**210017**	**8413505**
武　　汉	10822	8971	867000	82804	79234	3011000
黄　　石	660	660	47900	26200	25350	608700
十　　堰	1556	1556	150000	8600	7213	353000
宜　　昌	2690	1750	275000	11532	11532	428000
襄　　樊	685	275	12650	22752	19654	1470000
鄂　　州				8372	8347	312400
荆　　门	34	5	15000	23270	18080	463000
孝　　感				5995	3612	242900
荆　　州	540	500	70000	13100	12100	385000
黄　　冈				9656	8515	346005
咸　　宁				4100	2980	293500
随　　州				13400	13400	500000
湖　　南	**68148**	**13519**	**1477882**	**283100**	**224246**	**4791376**
长　　沙	5121	2673	374000	91500	90584	1490500
株　　洲	3589	1807	245000	10269	9242	286000
湘　　潭	34210	1144	139012	15021	13610	407514
衡　　阳	21531	4813	386218	56985	24747	476000

2—39 续表 5

城　市	煤气供气总　量（万立方米）	家庭用量	用煤气人口（人）	液化石油气供气总量（吨）	家庭用量	用液化气人口（人）
邵　阳	1229	1229	100000	5450	5450	136500
岳　阳	1060	750	71252	30546	20700	536150
常　德				22044	18034	310800
张家界				3960	2960	91000
益　阳				8670	7800	245000
郴　州				10975	6825	238200
永　州				14750	13313	254600
怀　化				10200	8451	210612
娄　底	1408	1103	162400	2730	2530	108500
广　东	**27698**	**14035**	**1426834**	**2836210**	**1444529**	**21536286**
广　州	25530	13534	1316700	686628	452138	4427500
韶　关				29377		447000
深　圳				880513	311774	4787370
珠　海				92500	65500	1100200
汕　头				198547	179201	3150216
佛　山				347524	95667	1380000
江　门				60971	45737	825900
湛　江				30826	30826	1341600
茂　名				30120	16127	399900
肇　庆				20474	15522	409000
惠　州				68094	66684	616000
梅　州	368	192	8000	25000	20000	260000
汕　尾				20000	18000	200000
河　源				1000	880	258000
阳　江				186119	43967	300000
清　远				17500	16750	440000
东　莞						
中　山	1793	309	102100	44744	31153	166700
潮　州	7		34	64323	8708	325900
揭　阳				25500	20500	520000
云　浮				6450	5395	181000
广　西	**4093**	**3401**	**202297**	**235626**	**214434**	**4319505**
南　宁				53842	50352	1073400
柳　州	3809	3336	184400	43275	37529	629500
桂　林			2897	21946	20050	536200
梧　州				9556	9174	280000
北　海	284	65	15000	17504	16804	242000
防城港				5860	5527	104000
钦　州				21870	19260	318200

2—39 续表 6

城　　市	煤气供气总　量（万立方米）	家庭用量	用煤气人口（人）	液化石油气供气总量（吨）	家庭用量	用液化气人口（人）
贵　港				18300	17500	250000
玉　林				23769	22000	371200
百　色				4743	4370	120000
贺　州				5440	5040	165000
河　池						130000
来　宾				6500	4522	100000
崇　左				3021	2306	5
海　南	**3921**	**3063**	**457000**	**49583**	**44383**	**483500**
海　口	3762	3050	444000	40700	38000	351500
三　亚	159	13	13000	8883	6383	132000
重　庆	**130697**	**47975**	**419130**	**86152**	**38582**	**640600**
四　川	**667002**	**135572**	**8053703**	**140858**	**74778**	**908148**
成　都	259529	62183	3469300	83885	39895	100200
自　贡	45828	4216	546100	157	115	1848
攀枝花	113213	4324	318900	5440	4419	124200
泸　州	112372	21518	486700	1500	1500	30500
德　阳	56183	6500	296700	5940	5660	24300
绵　阳	27298	3527	581300	330	210	7500
广　元	10049	9245	131200	9540	9310	127400
遂　宁	3100	2830	347000			
内　江	4438	1736	261500	18000	1540	23000
乐　山	5708	1731	273300	965	485	9600
南　充	10329	8782	606200	4086	3480	36500
眉　山	920	605	80000	2800	2500	180000
宜　宾	3772	1712	294000	2229	434	40000
广　安	1040	875	100400	885	821	43000
达　州	7072	1640	108003	118	22	300
雅　安				1883	1737	31700
巴　中	998	953	72600	800	650	78100
资　阳	5153	3195	80500	2300	2000	50000
贵　州	**16725**	**7554**	**1067800**	**29399**	**26236**	**1232400**
贵　阳	13386	6617	938800	24069	21256	675500
六盘水	1149	937	129000			
遵　义	2190			2600	2600	498600
安　顺				2730	2380	58300
云　南	**15904**	**12643**	**1322800**	**78087**	**67470**	**1245500**
昆　明	15685	12468	1306000	59446	50239	620000
曲　靖				7020	6804	194000
玉　溪				3200	2350	130000

2—39 续表 7

城　　市	煤气供气总量（万立方米）	家庭用量	用煤气人口（人）	液化石油气供气总量（吨）	家庭用量	用液化气人口（人）
保　山	219	175	16800	1621	1458	85400
昭　通				1384	1384	75100
丽　江				2956	2895	60000
思　茅				2060	2060	70000
临　沧				400	280	11000
陕　西	**60854**	**13920**	**3357185**	**51198**	**45833**	**2362515**
西　安	38913	8046	2368000	8564	8564	974800
铜　川	1168	356	260000	1787	1630	100000
宝　鸡	4061	1650	236685	13800	12000	265315
咸　阳	13001	3008	321200	10100	7600	230700
渭　南	235	154	42300	4361	3886	257300
延　安	2626	676	90000	6451	6451	120000
汉　中				3518	3502	150000
榆　林	850	30	39000			
安　康				1242	1025	176400
商　洛				1375	1175	88000
甘　肃	**15647**	**8158**	**1057548**	**31806**	**17667**	**2041005**
兰　州	9100	2546	830000	5180	2541	740000
嘉峪关	5837	4975	143500	500	460	24100
金　昌				4511	4250	176000
白　银	710	637	84048	1603	1575	111725
天　水				10290	19	237000
武　威				1547	1007	367900
张　掖				3810	3804	120000
平　凉				10	6	75600
酒　泉				2450	2350	99000
庆　阳				738	630	29080
定　西				677	575	25600
陇　南				490	450	35000
青　海	**43351**	**2534**	**250000**	**14429**	**14429**	**300000**
西　宁	43351	2534	250000	14429	14429	300000
宁　夏	**66626**	**4242**	**424400**	**24462**	**15259**	**784000**
银　川	63518	3801	250000	19002	10716	440000
石嘴山	2883	355	107400	1720	1300	97000
吴　忠	225	86		2620	2200	98600
固　原			67000	360	333	67000
中　卫				760	710	81400
新　疆	**76823**	**10972**	**1334000**	**99188**	**54473**	**773864**
乌鲁木齐	75589	10972	1334000	79998	37008	520000
克拉玛依	1234			19190	17465	253864

2—40 城市道路与交通(市辖区)

城市	年末实有城市道路面积(万平方米)	人均铺装道路面积(平方米)	年末实有公共营运汽电车(辆)	每万人拥有公共汽电车(辆)	公共汽电车客运总数(万人次)	年末实有出租汽车(辆)
城市合计	**276291**	**8**	**261987**	**7**	**4443218**	**783031**
北　京	**11212**	**10**	**20819**	**19**	**453223**	**55463**
天　津	**5897**	**8**	**6331**	**8**	**78502**	**31939**
河　北	**10891**	**9**	**7613**	**6**	**83500**	**36551**
石家庄	1867	9	1575	7	23000	6700
唐　山	1698	6	1802	6	12549	3906
秦皇岛	1130	15	662	9	8707	3567
邯　郸	1659	12	1161	8	11491	4613
邢　台	622	11	408	7	4644	3148
保　定	1170	12	572	6	6960	2831
张家口	762	9	581	7	4333	3650
承　德	346	8	417	9	6727	1883
沧　州	602	12	210	4	2254	3008
廊　坊	535	7	159	2	2031	1700
衡　水	500	11	66	1	805	1545
山　西	**5500**	**6**	**3695**	**4**	**57105**	**24073**
太　原	2086	8	1382	5	28048	8292
大　同	998	7	483	3	6300	4605
阳　泉	372	6	316	5	8400	1895
长　治	325	5	313	5	5573	1800
晋　城	253	8	235	8	955	1475
朔　州	319	5	122	2	1061	943
晋　中	370	7	222	4	1000	902
运　城	270	4	255	4	2900	1300
忻　州	166	3	90	2	450	650
临　汾	241	3	200	3	2409	1861
吕　梁	100	4	77	3	9	350
内蒙古	**4837**	**8**	**2902**	**5**	**28852**	**24029**
呼和浩特	1055	10	729	7	12500	3960
包　头	1568	12	984	7	7565	5556
乌　海	435	10	405	10	2482	951
赤　峰	364	3	155	1	1013	3051
通　辽	305	4	164	2	1200	2000
鄂尔多斯	321	14	110	5	1800	2200
呼伦贝尔	254	10	172	7	912	1971
巴彦淖尔	250	5	99	2	650	1540
乌兰察布	285	11	84	3	730	2800
辽　宁	**11367**	**6**	**15031**	**8**	**319442**	**72921**
沈　阳	3525	7	4751	10	104861	18796

2—40 续表 1

城　市	年末实有城市道路面积（万平方米）	人均铺装道路面积（平方米）	年末实有公共营运汽电车（辆）	每万人拥有公共汽电车（辆）	公共汽电车客运总数（万人次）	年末实有出租汽车（辆）
大　连	1794	6	3966	14	112102	13530
鞍　山	927	6	1562	11	20102	5375
抚　顺	638	5	1190	8	23450	4535
本　溪	446	5	538	6	20100	2594
丹　东	432	6	366	5	9878	1915
锦　州	696	8	515	6	6706	3880
营　口	445	5	412	5	4637	4500
阜　新	398	5	377	5	3262	2760
辽　阳	632	9	374	5	5110	2600
盘　锦	606	11	406	7	3462	3226
铁　岭	221	5	251	6	2219	1870
朝　阳	272	6	101	2	1134	3250
葫芦岛	335	4	222	2	2419	4090
吉　林	**4858**	**6**	**6395**	**8**	**84578**	**35411**
长　春	2231	7	3648	12	54750	16303
吉　林	1183	7	1032	6	16760	5459
四　平	251	5	296	6	2745	2155
辽　源	296	7	289	6	273	4090
通　化	219	5	267	6	4432	1438
白　山	149	4	193	6	1150	643
松　原	277	5	456	9	3600	2177
白　城	252	5	214	4	868	3146
黑龙江	**8426**	**7**	**8929**	**7**	**117474**	**40789**
哈尔滨	2192	6	3925	10	63638	11551
齐齐哈尔	802	6	544	4	3016	4236
鸡　西	320	4	401	4	4284	2810
鹤　岗	287	4	376	5	9703	1615
双鸭山	172	3	190	4	1300	1700
大　庆	2423	20	1485	12	13140	5204
伊　春	434	5	285	3	1526	3227
佳木斯	334	4	449	5	4261	2500
七台河	358	7	266	5	3580	1550
牡丹江	807	10	733	9	12281	3046
黑　河	108	5	95	5	220	850
绥　化	189	2	180	2	525	2500
上　海	**19795**	**15**	**18186**	**14**	**283800**	**48709**
江　苏	**26707**	**11**	**15234**	**7**	**241036**	**30444**
南　京	6523	13	4796	10	96590	9098
无　锡	4583	20	2075	9	28335	3840

2—40 续表 2

城　　市	年末实有城市道路面积（万平方米）	人均铺装道路面积（平方米）	年末实有公共营运汽电车（辆）	每万人拥有公共汽电车（辆）	公共汽电车客运总数（万人次）	年末实有出租汽车（辆）
徐　州	1357	8	1076	6	25794	3073
常　州	3772	17	2065	10	18089	1642
苏　州	3230	15	1430	6	29006	3204
南　通	844	10	670	8	8299	1277
连云港	875	13	226	3	2709	1909
淮　安	847	3	608	2	8232	903
盐　城	580	4	321	2	329	810
扬　州	982	9	838	7	11595	1842
镇　江	1158	11	591	6	8258	1256
泰　州	1105	18	221	4	1400	740
宿　迁	851	6	317	2	2400	850
浙　江	**11780**	**8**	**11578**	**8**	**172336**	**21166**
杭　州	2895	7	4185	10	74544	8189
宁　波	1459	7	2200	10	32574	3500
温　州	1058	8	1695	12	24907	3329
嘉　兴	857	11	548	7	5310	823
湖　州	913	8	478	4	4997	912
绍　兴	823	13	807	13	8087	820
金　华	843	9	380	4	5257	772
衢　州	552	7	381	5	6559	321
舟　山	408	6	262	4	2358	1002
台　州	1737	12	554	4	6138	1131
丽　水	235	6	88	2	1606	367
安　徽	**10345**	**6**	**8117**	**5**	**115372**	**34372**
合　肥	2583	16	2322	14	34639	6500
芜　湖	645	9	788	11	13758	2530
蚌　埠	639	7	540	6	14618	2311
淮　南	791	5	885	5	12017	2300
马鞍山	712	12	641	11	8889	2895
淮　北	600	7	948	10	8479	1890
铜　陵	357	9	297	7	3058	1574
安　庆	587	10	241	4	2120	1720
黄　山	234	6	113	3	988	347
滁　州	350	7	113	2	788	1300
阜　阳	746	4	433	2	6385	1593
宿　州	596	3	166	1	3309	1298
巢　湖	128	1	165	2	240	1842
六　安	457	3	250	1	5278	3840
亳　州	558	4	79	1	280	1042

2—40 续表 3

城　　市	年末实有城市道路面积（万平方米）	人均铺装道路面积（平方米）	年末实有公共营运汽电车（辆）	每万人拥有公共汽电车（辆）	公共汽电车客运总数（万人次）	年末实有出租汽车（辆）
池　州	127	2	46	1	75	570
宣　城	235	3	90	1	452	820
福　建	**4876**	**6**	**5817**	**7**	**111471**	**13065**
福　州	1430	8	1715	10	35758	4696
厦　门	1255	9	1967	13	46000	3437
莆　田	535	3	517	3	5780	632
三　明	246	9	205	7	4493	310
泉　州	576	6	626	6	5895	1698
漳　州	286	5	161	3	950	1023
南　平	169	3	191	4	4305	450
龙　岩	242	5	300	6	4990	249
宁　德	137	3	135	3	3300	570
江　西	**5028**	**6**	**4593**	**6**	**72422**	**8607**
南　昌	1521	7	1650	8	33165	3539
景德镇	348	8	239	6	4086	595
萍　乡	531	6	552	7	7410	600
九　江	388	7	791	14	8806	1478
新　余	581	7	237	3	3509	302
鹰　潭	165	9	107	6	1595	271
赣　州	466	8	365	6	3472	596
吉　安	170	3	126	2	2376	125
宜　春	247	3	233	2	3500	324
抚　州	332	3	182	2	3500	329
上　饶	279	8	111	3	1003	448
山　东	**29129**	**11**	**18516**	**7**	**191846**	**48817**
济　南	3860	11	3031	9	53354	7600
青　岛	3254	13	3848	15	66463	8144
淄　博	1838	7	2832	10	8298	6354
枣　庄	2089	10	1535	7	5559	1312
东　营	1740	22	623	8	5803	3830
烟　台	1816	10	906	5	14894	2112
潍　坊	2309	16	499	3	3182	2589
济　宁	942	9	463	4	5521	1499
泰　安	1421	9	347	2	2624	1290
威　海	1039	18	463	8	7073	1511
日　照	1158	10	620	5	4575	1356
莱　芜	1297	10	731	6	2348	1906
临　沂	2346	12	1568	8	5600	3376
德　州	660	11	372	6	1420	2405

2—40 续表 4

城　市	年末实有城市道路面积（万平方米）	人均铺装道路面积（平方米）	年末实有公共营运汽电车（辆）	每万人拥有公共汽电车（辆）	公共汽电车客运总数（万人次）	年末实有出租汽车（辆）
聊　城	2470	24	359	4	2940	1650
滨　州	269	4	176	3	936	652
菏　泽	621	4	143	1	1256	1231
河　南	**10093**	**6**	**9423**	**6**	**119803**	**44430**
郑　州	2136	8	2757	11	55647	10757
开　封	564	7	365	5	3596	2800
洛　阳	818	5	762	5	15165	5369
平顶山	410	4	531	6	3286	2000
安　阳	575	6	621	6	6000	1956
鹤　壁	385	7	338	6	2453	736
新　乡	566	6	474	5	3714	5000
焦　作	792	10	611	8	5756	1400
濮　阳	313	6	529	10	1054	1500
许　昌	454	12	489	13	2240	1699
漯　河	550	16	607	17	5793	1100
三门峡	157	6	150	5	3799	1100
南　阳	860	5	323	2	4278	1253
商　丘	617	4	366	2	3486	3500
信　阳	228	2	173	1	1016	1830
周　口	378	9	168	4	2200	900
驻马店	290	5	159	3	320	1530
湖　北	**11757**	**6**	**12704**	**7**	**170193**	**20572**
武　汉	3583	5	5213	7	102095	12137
黄　石	765	11	701	10	10135	860
十　堰	605	12	503	10	10345	782
宜　昌	1134	9	2145	18	13905	416
襄　樊	1205	6	1159	5	8956	1892
鄂　州	542	5	449	4	3050	400
荆　门	617	9	432	6	6526	325
孝　感	510	6	320	4	2971	520
荆　州	748	7	495	4	7500	1588
黄　冈	615	17	607	17	2246	712
咸　宁	317	6	90	2	1125	380
随　州	1116	7	590	4	1339	560
湖　南	**7610**	**7**	**8306**	**7**	**170371**	**19451**
长　沙	2385	12	2357	12	76106	6278
株　洲	603	8	650	8	15000	1961
湘　潭	809	11	531	7	7673	1073
衡　阳	650	7	614	7	10846	1402

2—40 续表 5

城　市	年末实有城市道路面积（万平方米）	人均铺装道路面积（平方米）	年末实有公共营运汽电车（辆）	每万人拥有公共汽电车（辆）	公共汽电车客运总数（万人次）	年末实有出租汽车（辆）
邵　阳	228	3	286	4	4000	674
岳　阳	560	6	591	6	11524	1360
常　德	522	4	852	6	5979	1732
张家界	186	4	332	7	1680	1196
益　阳	416	3	327	3	2740	849
郴　州	244	4	403	6	6620	1000
永　州	394	4	791	7	17192	330
怀　化	216	7	421	13	8411	785
娄　底	397	10	151	4	2600	811
广　东	**34821**	**12**	**33965**	**11**	**394384**	**40799**
广　州	7706	13	8105	14	196505	16918
韶　关	504	6	211	2	3164	886
深　圳	7216	44	18991	115	101092	10305
珠　海	2511	29	1138	13	26002	1882
汕　头	1485	3	439	1	7331	2109
佛　山	1710	5	798	2	8845	2098
江　门	1084	8	500	4	7634	436
湛　江	692	5	318	2	2900	800
茂　名	245	2	135	1	1203	435
肇　庆	405	8	257	5	1306	595
惠　州	810	7	544	5	7595	778
梅　州	442	14	93	3	800	317
汕　尾	110	2	95	2	808	
河　源	199	7	65	2	756	195
阳　江	239	4	140	2	1968	357
清　远	538	10	153	3	2419	239
东　莞	7824	48	1068	7	14474	
中　山	539	4	691	5	8876	1034
潮　州	202	6	100	3	422	470
揭　阳	303	5	69	1	28	850
云　浮	58	2	55	2	256	95
广　西	**6204**	**5**	**4283**	**4**	**100571**	**10687**
南　宁	1604	11	1788	12	48733	3450
柳　州	966	10	799	8	22580	1074
桂　林	510	7	574	8	14410	2897
梧　州	219	5	200	4	3987	500
北　海	585	11	171	3	1583	576
防城港	220	5	71	1	600	129
钦　州	506	4	118	1	715	200

2—40 续表 6

城　市	年末实有城市道路面积（万平方米）	人均铺装道路面积（平方米）	年末实有公共营运汽电车（辆）	每万人拥有公共汽电车（辆）	公共汽电车客运总数（万人次）	年末实有出租汽车（辆）
贵　港	422	2	124	1	1150	345
玉　林	315	3	113	1	2164	574
百　色	102	3	90	3	1160	200
贺　州	415	4	82	1	910	124
河　池	126	4	113	4	2198	198
来　宾	105	1	32	0	375	364
崇　左	109	3	8	0	6	56
海　南	**1359**	**7**	**987**	**5**	**11328**	**3037**
海　口	989	7	762	5	10248	1929
三　亚	370	7	225	4	1080	1108
重　庆	**4627**	**5**	**6433**	**6**	**92534**	**14553**
四　川	**11254**	**5**	**8890**	**4**	**160616**	**21930**
成　都	4780	10	4177	9	64806	8804
自　贡	467	4	684	6	12432	1437
攀枝花	424	6	627	9	8651	1437
泸　州	516	4	485	3	13600	1593
德　阳	367	6	166	3	3800	550
绵　阳	606	5	623	6	17490	1159
广　元	340	4	117	1	2400	468
遂　宁	508	3	148	1	2543	440
内　江	278	2	452	3	8687	700
乐　山	615	5	197	2	2590	787
南　充	917	5	356	2	9990	1020
眉　山	350	4	162	2	1267	418
宜　宾	151	2	297	4	8601	454
广　安	252	2	40	0	390	384
达　州	125	3	238	6	2040	1053
雅　安	157	5	36	1	468	344
巴　中	245	2				326
资　阳	156	1	85	1	861	556
贵　州	**1653**	**4**	**3087**	**8**	**62547**	**5698**
贵　阳	1040	5	2119	10	47723	2797
六盘水	158	4	188	4	313	1350
遵　义	319	4	500	6	11373	1031
安　顺	136	2	280	4	3138	520
云　南	**2062**	**4**	**4242**	**9**	**50533**	**12035**
昆　明	1110	5	3566	16	39725	7911
曲　靖	257	4	227	3	5583	1589
玉　溪	281	7	85	2	1350	317

2—40 续表 7

城　市	年末实有城市道路面积（万平方米）	人均铺装道路面积（平方米）	年末实有公共营运汽电车（辆）	每万人拥有公共汽电车（辆）	公共汽电车客运总数（万人次）	年末实有出租汽车（辆）
保　山	142	2	120	1	864	450
昭　通	61	1				531
丽　江	46	3	76	5	1850	777
思　茅	83	4	114	6	599	260
临　沧	82	3	54	2	562	200
陕　西	**5209**	**5**	**6148**	**5**	**235024**	**20327**
西　安	2916	6	4288	8	69276	10463
铜　川	342	5	189	3	2753	800
宝　鸡	284	4	387	5	8356	3500
咸　阳	491	6	312	4	5500	1408
渭　南	303	3	130	1	1050	795
延　安	104	3	279	7	4500	453
汉　中	185	3	111	2	2377	1078
榆　林	160	4	125	3	913	464
安　康	317	3	267	3	139700	980
商　洛	107	2	60	1	599	386
甘　肃	**4582**	**6**	**2926**	**4**	**378217**	**19098**
兰　州	1255	6	1770	9	366678	6538
嘉峪关	197	12	89	5	416	528
金　昌	273	13	76	4	683	934
白　银	417	9	136	3	2210	1449
天　水	985	8	210	2	3323	1829
武　威	226	2	120	1	1190	2670
张　掖	177	4	145	3	933	1458
平　凉	336	7	100	2	868	1331
酒　泉	303	9	90	3	12	710
庆　阳	310	9	132	4	1380	1080
定　西	65	1	35	1	294	431
陇　南	38	1	23	0	230	140
青　海	**521**	**5**	**1277**	**13**	**25111**	**5116**
西　宁	521	5	1277	13	25111	5116
宁　夏	**2065**	**9**	**1102**	**5**	**10406**	**10559**
银　川	1024	14	709	9	7810	4587
石嘴山	444	10	96	2	396	2040
吴　忠	186	5	165	5	928	1040
固　原	306	6	82	2	1022	2692
中　卫	105	3	50	1	250	200
新　疆	**1826**	**9**	**4458**	**21**	**50622**	**8383**
乌鲁木齐	1248	7	3985	22	49528	6900
克拉玛依	578	19	473	15	1094	1483

2—41 环境状况(一)环境治理投资额(全市)

单位:万元

城市	污染源治理本年投资总额	城市环境设施投资额	三废综合利用产品产值
城市合计	**12939062**	**25295465**	**5962744**
北京	**64066**	**1090000**	**645183**
天津	**104146**	**615094**	**54689**
河北	**530677**	**1490190**	**276775**
石家庄	48748	328161	14622
唐山	214872	171627	136916
秦皇岛	14964	207486	2449
邯郸	56323	161452	36983
邢台	25100	67489	31066
保定	77614	126664	11737
张家口	20267	70268	8943
承德	24921	87085	7621
沧州	6421	58504	15741
廊坊	35200	127960	4457
衡水	6247	83494	6240
山西	**394048**	**413712**	**204540**
太原	121618	108435	18399
大同	63131	39775	62803
阳泉	61301	24776	1775
长治	15073	52983	25266
晋城	6096	83451	7772
朔州	36320	15031	887
晋中	23674	22368	6356
运城	3090	1300	21117
忻州	3005	3950	1940
临汾	36170	46681	20369
吕梁	24570	14962	37856
内蒙古	**205374**	**496631**	**68536**
呼和浩特	779	125395	3239
包头	26848	202839	17482
乌海	46840	10081	23196
赤峰	41000	31093	5423
通辽	13480	30997	705
鄂尔多斯	33965	23652	4539
呼伦贝尔	5780	50788	5233
巴彦淖尔	20937	19766	
乌兰察布	15745	2020	8719
辽宁	**549709**	**858435**	**249258**
沈阳	50767	222616	5374

2—41 续表 1 单位:万元

城　　市	污染源治理本年投资总额	城市环境设施投资额	三废综合利用产品产值
大　连	171671	191157	20779
鞍　山	189077	118740	20886
抚　顺	45403	10913	85683
本　溪	21344	12805	16322
丹　东	2200	53600	4931
锦　州	7403	30502	11032
营　口	245	75926	4209
阜　新	2540	7002	1300
辽　阳	5801	47812	26096
盘　锦	16083	32391	5438
铁　岭	10685	22372	3370
朝　阳	2848	17910	2805
葫芦岛	23642	14689	41033
吉　林	**452964**	**399697**	**120362**
长　春	195606	188132	9090
吉　林	108724	85577	70297
四　平	37499	34498	3567
辽　源	17259	14533	4885
通　化	29811	25479	22179
白　山	21336	14917	4843
松　原	24108	18239	5219
白　城	18621	18322	282
黑龙江	**451993**	**587282**	**161894**
哈尔滨	281285	253376	68777
齐齐哈尔	21845	50715	5022
鸡　西	2324	15300	3473
鹤　岗	1205	30636	3395
双鸭山	1388	12940	2251
大　庆	87370	160015	53536
伊　春	11250	17260	821
佳木斯	1256	1256	2547
七台河	16835	3825	2625
牡丹江	15586	4209	2145
黑　河	5000	9656	
绥　化	6649	28094	17302
上　海	**2253696**	**1668760**	**130402**
江　苏	**1664279**	**2997028**	**562534**
南　京	23303	513076	107263
无　锡	182992	412077	33014

2—41 续表 2 单位:万元

城 市	污染源治理本年投资总额	城市环境设施投资额	三废综合利用产品产值
徐 州	217172	180969	50701
常 州	59014	149684	162378
苏 州	826306	703052	75963
南 通	16094	268945	22634
连云港	84326	79835	10656
淮 安	5793	111943	6465
盐 城	179342	125927	24096
扬 州	24732	150579	15305
镇 江	19791	113508	31578
泰 州	23557	116050	21131
宿 迁	1857	71383	1350
浙 江	**492378**	**1691175**	**460194**
杭 州	80115	301965	19774
宁 波	44102	225994	148553
温 州	68923	216676	7551
嘉 兴	169299	147733	44518
湖 州	13794	114294	11686
绍 兴	49430	227028	42440
金 华	29119	184523	60372
衢 州	8658	43547	80213
舟 山	516	13305	387
台 州	19086	165274	38660
丽 水	9336	50836	6040
安 徽	**196135**	**488152**	**147749**
合 肥	1829	138624	9844
芜 湖	3608	116733	12635
蚌 埠	23521	16134	3652
淮 南	3785	31120	7953
马鞍山	9145	31882	5754
淮 北	25524	10567	22245
铜 陵	8130	11100	33783
安 庆	2649	25325	12192
黄 山	504	30837	652
滁 州	68089	2839	5262
阜 阳	569	9669	4027
宿 州	3554	5210	2833
巢 湖	1673	13350	20163
六 安	11964	9706	1190
亳 州	27332	16402	2571

2—41 续表 3

单位:万元

城 市	污染源治理本年投资总额	城市环境设施投资额	三废综合利用产品产值
池 州	3444	12606	2993
宣 城	815	6048	
福 建	**848019**	**753059**	**109376**
福 州	326580	249942	6178
厦 门	195441	148521	25857
莆 田	10135	39472	1600
三 明	20124	37716	33695
泉 州	83998	164841	17302
漳 州	131521	50145	9018
南 平	55227	3547	10404
龙 岩	23682	34085	4725
宁 德	1311	24790	597
江 西	**290108**	**349569**	**135624**
南 昌	168992	120677	8102
景德镇	36035	12660	13087
萍 乡	5617	15939	1090
九 江	14414	22942	5820
新 余	14406	29039	21054
鹰 潭	1279	4480	51657
赣 州	34722	28197	2258
吉 安	4714	31971	15020
宜 春	5773	31256	14629
抚 州	324	16099	2907
上 饶	3832	36309	
山 东	**1015153**	**2142275**	**644596**
济 南	307568	264448	78826
青 岛	119884	452721	31922
淄 博	73694	98697	41943
枣 庄	42372	55155	29785
东 营	50193	99397	62352
烟 台	63796	279696	19276
潍 坊	74398	146906	60142
济 宁	45002	120912	52471
泰 安	71642	62506	86960
威 海	19188	165955	13741
日 照	15912	56856	4216
莱 芜	10044	31009	25996
临 沂	17561	54048	42720
德 州	23288	121363	33245

2—41续表4

单位:万元

城市	污染源治理本年投资总额	城市环境设施投资额	三废综合利用产品产值
聊城	45173	42582	20088
滨州	32351	66380	30745
菏泽	3087	23644	10168
河南	**180105**	**826444**	**222433**
郑州	45980	275943	32401
开封	8080	11559	1814
洛阳	8048	85803	24156
平顶山	9589	19599	21585
安阳	5443	2405	30772
鹤壁	2175	10136	7634
新乡	23500	59489	20752
焦作	20613	39646	39281
濮阳	3380	5527	1164
许昌	1666	131845	1497
漯河	8964	43236	1918
三门峡	5157	39977	3400
南阳	7998	26606	26418
商丘	17828	39436	1146
信阳	4297	3231	3067
周口	1094	3389	3248
驻马店	6293	28617	2180
湖北	**176677**	**685753**	**421243**
武汉	67276	330568	188323
黄石	9032	14187	65244
十堰	3496	42298	18301
宜昌	37566	42916	23837
襄樊	5846	86501	12672
鄂州	15180	7580	49294
荆门	5908	18405	14376
孝感	7514	73401	9664
荆州	13114	61474	33300
黄冈	6194	1358	2476
咸宁	4850	3500	2807
随州	701	3565	949
湖南	**232137**	**738134**	**183989**
长沙	41130	172120	4953
株洲	42133	65722	21464
湘潭	5711	62267	24307
衡阳	39920	8239	16021

2—41 续表 5　　单位：万元

城　　市	污染源治理本年投资总额	城市环境设施投资额	三废综合利用产品产值
邵　阳	25941	21068	9236
岳　阳	9235	84585	14010
常　德	11757	81366	9670
张家界	339	18453	798
益　阳	16550	27900	6625
郴　州	3241	72193	10161
永　州	23681	51414	4457
怀　化	9267	16039	10704
娄　底	3232	56768	51583
广　东	**1126783**	**3195004**	**286434**
广　州	98589	737216	35221
韶　关	32738	28752	18768
深　圳	11074	675086	18637
珠　海	24380	112350	4126
汕　头	5726	106718	1443
佛　山	52794	285997	16205
江　门	63323	66697	37103
湛　江	32242	94407	7046
茂　名	14573	132888	105195
肇　庆	99843	90637	5263
惠　州	65355	114322	78
梅　州	5439	47266	11964
汕　尾	10387	33910	213
河　源	3716	43106	274
阳　江	16643	53174	9814
清　远	14574	22097	1672
东　莞	353980	207850	
中　山	22967	99768	4448
潮　州	48989	48600	5041
揭　阳	137649	135156	101
云　浮	11803	59008	3822
广　西	**188109**	**361055**	**178155**
南　宁	9114	142714	23358
柳　州	13942	27170	29027
桂　林	88896	78221	6615
梧　州	1704	28878	1538
北　海	30583	28766	949
防城港	951	899	2846
钦　州	6636	13211	312

2—41 续表 6

单位:万元

城　　市	污染源治理本年投资总额	城市环境设施投资额	三废综合利用产品产值
贵　港	1954	16463	66766
玉　林	6073	5398	1128
百　色	19869	5226	4672
贺　州	3541	10887	2520
河　池	612	62	21382
来　宾	1904	3160	8200
崇　左	2330		8842
海　南	**1135**	**40546**	**754**
海　口	1135	40546	54
三　亚			700
重　庆	**96774**	**309625**	**79932**
四　川	**348816**	**792751**	**234323**
成　都	115236	431141	33102
自　贡	5995	23633	4599
攀枝花	11487	3634	71089
泸　州	12231	33314	4809
德　阳	29393	30664	20389
绵　阳	13561	67652	13790
广　元	3327	11101	4342
遂　宁	624	6199	1950
内　江	15185	13505	8638
乐　山	21710	32692	20029
南　充	3366	18138	1226
眉　山	36204	9060	5182
宜　宾	36393	31124	37824
广　安	27100	17006	878
达　州	6833	33227	3131
雅　安	6171	16931	1088
巴　中	951	8422	1399
资　阳	3049	5308	858
贵　州	**239665**	**169668**	**71187**
贵　阳	111721	87097	30413
六盘水	13671	6659	22409
遵　义	107848	71976	14083
安　顺	6425	3936	4282
云　南	**301039**	**225789**	**111108**
昆　明	234910	155602	61056
曲　靖	16558	17576	15870
玉　溪	28403	12699	20135

2—41 续表 7 单位:万元

城　　市	污染源治理本年投资总额	城市环境设施投资额	三废综合利用产品产值
保　山	1835	8350	4967
昭　通	7305	13137	4991
丽　江	2909	7980	2069
思　茅	7000	4200	
临　沧	2119	6245	2020
陕　西	**354406**	**888524**	**25660**
西　安	267357	763592	6762
铜　川	7823	10084	3686
宝　鸡	23632	30896	4202
咸　阳	3155	48866	4091
渭　南	9865	15203	
延　安	17960	8570	100
汉　中	6044	1756	5094
榆　林	15210	2461	815
安　康	2623	7083	484
商　洛	737	13	426
甘　肃	**66268**	**141241**	**73068**
兰　州	10618	38986	26391
嘉峪关	6170	3472	2028
金　昌	19854	872	24587
白　银	2631	7866	11840
天　水	413	11923	1642
武　威	6796	13185	858
张　掖	1203	41000	1273
平　凉	6307		1316
酒　泉	338	17253	779
庆　阳	8790	2010	59
定　西	861	2348	
陇　南	2287	2326	2295
青　海	**3521**	**341298**	**44828**
西　宁	3521	341298	44828
宁　夏	**78675**	**413722**	**26910**
银　川	4518	38560	3857
石嘴山	36333	333604	16347
吴　忠	978	12674	847
固　原	21746	13686	
中　卫	15100	15198	5859
新　疆	**32207**	**124852**	**31008**
乌鲁木齐	9119	106316	28689
克拉玛依	23088	18536	2319

2—42 环境状况(二)环境治理主要指标(全市)

城市	工业废水排放量(万吨)	工业废水排放达标量(万吨)	工业二氧化硫去除量(吨)	工业二氧化硫排放量(吨)	工业烟尘去除量(吨)	工业烟尘排放量(吨)
城市合计	**2124128**	**1922094**	**23064814**	**17416288**	**175862367**	**8212454**
北京	**13107**	**13015**	**23902**	**114012**	**1748442**	**29220**
天津	**22628**	**22482**	**50192**	**201410**	**2060246**	**68584**
河北	**127381**	**122811**	**512859**	**1208237**	**14127129**	**541806**
石家庄	25852	25185	185799	186269	2926597	92916
唐山	27084	25799	64253	279134	4856359	148543
秦皇岛	5337	5303	17310	52522	475126	16199
邯郸	12159	11730	156587	186667	2424839	80765
邢台	7798	7406	2700	120638	2201535	67195
保定	16374	16019	23328	53752	184684	27417
张家口	5975	5119	9164	163065	206788	23484
承德	9085	8874	19706	56120	577863	17892
沧州	7084	6865	21055	24471	48122	13590
廊坊	6175	6163	3335	44058	91443	25623
衡水	4458	4348	9622	41541	133773	28182
山西	**31395**	**28134**	**273044**	**1092464**	**11406888**	**877063**
太原	3941	3554	54057	183656	2185188	66575
大同	4180	3566	34186	129854	197716	105324
阳泉	1396	1212	16967	118803	1721828	80230
长治	2203	2158	4673	94825	1090506	86729
晋城	2763	2308	4681	93033	1741198	68166
朔州	3126	3080	4064	117284	2618659	50930
晋中	1382	1241	37532	72111	207302	52712
运城	5408	4949	96606	94449	854924	95123
忻州	961	377	2019	41435	24164	37764
临汾	5355	5189	14748	82909	668303	138388
吕梁	680	500	3511	64105	97100	95122
内蒙古	**22882**	**13930**	**193047**	**935927**	**8505479**	**479584**
呼和浩特	1452	1149	3158	74428	1196497	45527
包头	6465	5559	69628	146771	1106013	93582
乌海	714	475	5557	88216	846703	40270
赤峰	2136	1743	105532	194603	1552336	32365
通辽	1198	875	1647	5222	1294208	9899
鄂尔多斯	2125	1955		260000	791371	194156
呼伦贝尔	4476	1368		42890	662535	22658
巴彦淖尔	3690	229	6793	47776	231922	14615
乌兰察布	626	577	732	76021	823894	26512
辽宁	**91429**	**85844**	**694017**	**621246**	**9638230**	**371354**
沈阳	5170	4786	15454	33622	264311	19985

2—42 续表 1

城　市	工业废水排放量（万吨）	工业废水排放达标量（万吨）	工业二氧化硫去除量（吨）	工业二氧化硫排放量（吨）	工业烟尘去除量（吨）	工业烟尘排放量（吨）
大　连	39804	38702	152520	73885	900661	28342
鞍　山	6934	6066	22923	66773	589769	38128
抚　顺	7095	6782	31239	62455	1374397	31903
本　溪	6770	6578	4830	48396	522752	22705
丹　东	4084	3926	6600	27300	358700	18100
锦　州	4116	2950	25352	62497	975611	44109
营　口	1879	1721	4667	25802	257053	7778
阜　新	538	422	4653	27933	750287	10103
辽　阳	5172	4736	9260	27859	231398	19235
盘　锦	1489	1374	12669	11007	102955	10692
铁　岭	2515	2183	3167	72023	2471674	59017
朝　阳	3230	3105	3551	41618	448830	39142
葫芦岛	2633	2513	397132	40076	389832	22115
吉　林	**28446**	**24595**	**54738**	**200415**	**5766224**	**235288**
长　春	2998	2707	11840	31194	919806	33311
吉　林	13124	12328	7365	29339	1896466	59875
四　平	724	386	4991	33875	1121201	20877
辽　源	582	290	266	22431	46137	16559
通　化	7362	6478	18930	23262	251451	34926
白　山	1410	866	6568	30607	815602	30701
松　原	835	666	4461	23482	662163	31393
白　城	1411	874	317	6225	53398	7646
黑龙江	**46532**	**39629**	**22789**	**271856**	**7524607**	**380470**
哈尔滨	5356	4864	6031	43364	1308037	60560
齐齐哈尔	5762	5600	1776	49821	1272173	57088
鸡　西	5143	692	1419	13932	541333	31953
鹤　岗	3313	2623		11485	127014	20948
双鸭山	479	435	3800	15192	120149	18435
大　庆	7799	7418	4979	50024	1425778	43001
伊　春	1219	1100	568	8445	98395	27382
佳木斯	7507	7196	9	23524	876313	52836
七台河	884	821	550	16454	132724	20653
牡丹江	7857	7857	2989	26648	1313835	41511
黑　河	598	594	62	8353	271480	4001
绥　化	615	429	606	4614	37376	2102
上　海	**56359**	**54255**	**55267**	**349461**	**6552702**	**52467**
江　苏	**261697**	**254368**	**417389**	**1141083**	**12236081**	**396560**
南　京	46974	42396	173528	144364	2468840	47387
无　锡	46580	45789	33635	133468	794674	41315

2—42 续表 2

城　　市	工业废水排放量（万吨）	工业废水排放达标量（万吨）	工业二氧化硫去除量（吨）	工业二氧化硫排放量（吨）	工业烟尘去除量（吨）	工业烟尘排放量（吨）
徐　州	11370	11351	25956	137464	1738102	51312
常　州	23082	22809	10424	62958	391111	28086
苏　州	62426	61917	95499	231704	1895937	53185
南　通	14233	14233	20081	80663	1062019	37618
连云港	4229	4229	3434	44679	430120	17226
淮　安	6229	6164	3990	51216	531360	27422
盐　城	10779	10592	12477	35830	536469	22603
扬　州	8142	7961	10999	77205	886811	16024
镇　江	8073	7947	11199	93894	1381954	34540
泰　州	15757	15264	5289	28891	95037	10724
宿　迁	3823	3716	10878	18747	23647	9118
浙　江	**165283**	**158818**	**448469**	**784056**	**5758736**	**208439**
杭　州	62100	60252	40595	125876	711566	42720
宁　波	11528	11019	217301	200452	2255000	26454
温　州	10755	10404	12839	78421	466411	9391
嘉　兴	15789	15387	13564	85593	293339	37093
湖　州	10677	10193	54988	59866	104692	14492
绍　兴	19678	19076	45275	65683	364221	26201
金　华	7430	7136	2031	33126	89055	13270
衢　州	15953	14729	52358	28736	268706	11111
舟　山	1037	832	562	22606	240204	6985
台　州	4265	3763	4969	71716	930214	10339
丽　水	6071	6027	3987	11981	35328	10383
安　徽	**62960**	**61289**	**611600**	**432311**	**5139599**	**219211**
合　肥	6112	5823	1282	23922	809700	12642
芜　湖	3418	3394	1925	24370	336335	8011
蚌　埠	4750	4653	2094	16358	72649	11393
淮　南	7108	6896	7033	112857	983255	27970
马鞍山	13785	13638	8010	44282	483480	9288
淮　北	2673	2621	6983	49546	1311592	29241
铜　陵	4748	4644	522197	48529	483393	9755
安　庆	3526	3454	18293	28539	277470	23882
黄　山	1192	1163		2044	3524	2534
滁　州	1902	1790	5111	11489	39631	16514
阜　阳	1758	1744	4506	7092	23832	3500
宿　州	1252	1213	2344	7504	96964	8929
巢　湖	1778	1649	4959	15107	94585	13669
六　安	5005	4830	276	11957	33113	8548
亳　州	1467	1467	3598	4173	51834	1433

2—42 续表 3

城　市	工业废水排放量（万吨）	工业废水排放达标量（万吨）	工业二氧化硫去除量（吨）	工业二氧化硫排放量（吨）	工业烟尘去除量（吨）	工业烟尘排放量（吨）
池　州	1106	1105	12413	14191	25272	25786
宣　城	1380	1205	10576	10351	12970	6116
福　建	**115213**	**111988**	**14137989**	**309050**	**3221923**	**96824**
福　州	5053	4910	4691	50715	426502	14865
厦　门	3906	3774	14040000	54000	272800	9249
莆　田	1537	1440	299	30887	145839	2378
三　明	16673	15544	3455	56165	497428	25189
泉　州	20689	20248	14809	30305	82492	25077
漳　州	55016	54582	72319	5891	493930	3297
南　平	8019	7686	1406	32009	627194	6226
龙　岩	3630	3301	978	49014	675714	10298
宁　德	690	503	32	64	24	245
江　西	**55091**	**47466**	**750711**	**444130**	**5976047**	**208463**
南　昌	6062	5780	5304	34145	455189	23893
景德镇	5585	5474	3206	37605	81250	9544
萍　乡	1680	1370	5284	18839	878252	29907
九　江	7770	6435	19764	81444	1392246	24323
新　余	6526	5902	11354	38817	735082	5859
鹰　潭	6766	5684	687667	41459	949088	12473
赣　州	3319	1729	866	15593	10455	16071
吉　安	7438	6148	938	40571	525678	18748
宜　春	1821	1672	5607	82452	907569	20979
抚　州	3474	3105	1133	24382	8602	32009
上　饶	4650	4167	9588	28823	32636	14657
山　东	**128714**	**124887**	**630613**	**1544289**	**15397598**	**458070**
济　南	4754	4661	59759	70027	1173652	22975
青　岛	9130	9123	32427	114990	1245350	29749
淄　博	10675	10584	105120	185187	754291	68517
枣　庄	10814	10151	40578	90531	904567	20098
东　营	7979	7653	31921	97267	768954	16184
烟　台	6887	6565	90153	81200	260178	15069
潍　坊	11433	11305	45268	109326	1212994	30348
济　宁	9748	9010	21043	154599	2286075	34582
泰　安	4060	3963	65280	82005	1018056	31413
威　海	2367	2367	628	51253	46342	9770
日　照	5587	5587	4679	49154	321561	10982
莱　芜	1611	1591	9041	75175	1109344	29398
临　沂	5107	5044	61460	55980	583050	34164
德　州	12717	12717	3755	134533	1634666	37273

2—42 续表 4

城　　市	工业废水排放量（万吨）	工业废水排放达标量（万吨）	工业二氧化硫去除量（吨）	工业二氧化硫排放量（吨）	工业烟尘去除量（吨）	工业烟尘排放量（吨）
聊　城	12948	12948	38513	53020	1156406	21014
滨　州	8485	7768	19416	92598	482817	23599
菏　泽	4412	3850	1572	47444	439295	22935
河　南	**116077**	**101238**	**218736**	**1067458**	**13542330**	**698261**
郑　州	10311	8649	20386	109291	2053140	93602
开　封	3343	3032	3706	16502	448428	20048
洛　阳	12355	10808	43136	212681	1935962	140327
平顶山	5134	4837	6407	96774	1825716	41684
安　阳	10943	10074	14003	95641	1034002	90961
鹤　壁	2413	2001	4635	54320	377805	15665
新　乡	19163	17589	4172	60114	472877	40232
焦　作	13233	11145	7217	98183	1757995	57936
濮　阳	6505	5393	838	16891	266589	17556
许　昌	2105	1860		32011	619474	16344
漯　河	3678	3318	3680	11709	64439	7437
三门峡	2798	2159	94233	105660	1005431	24148
南　阳	12761	11250	3146	63946	922915	34759
商　丘	2243	1406	1368	36515	54585	40971
信　阳	1975	1752	832	20894	271305	16066
周　口	2810	2503	4828	12544	352898	16779
驻马店	4307	3462	6149	23782	78769	23746
湖　北	**93730**	**81601**	**442283**	**551217**	**5031561**	**250704**
武　汉	33975	31745	43088	128638	1792647	50307
黄　石	8921	7846	292549	73008	451044	8667
十　堰	4257	4254	1117	28133	172920	14620
宜　昌	7579	6395	27790	73112	309671	41477
襄　樊	11006	9033	19101	78043	798974	25193
鄂　州	2515	2515	111	19406	364651	13476
荆　门	5359	4880	19579	53918	119178	36081
孝　感	5703	5113	23742	35332	821533	21846
荆　州	4752	3227	12399	34249	170445	20003
黄　冈	5070	3677	1569	8996	3311	4295
咸　宁	2800	1560	1195	8650	19960	8125
随　州	1793	1356	43	9732	7227	6614
湖　南	**117284**	**91000**	**568742**	**696284**	**4773463**	**445528**
长　沙	4047	3552	15331	55091	30835	46948
株　洲	9696	8114	325159	93565	772365	48569
湘　潭	13827	12661	48225	66729	597134	49801
衡　阳	8633	7601	60541	70421	549481	37536

2—42 续表 5

城市	工业废水排放量（万吨）	工业废水排放达标量（万吨）	工业二氧化硫去除量（吨）	工业二氧化硫排放量（吨）	工业烟尘去除量（吨）	工业烟尘排放量（吨）
邵阳	9834	8676	10006	21718	46483	33393
岳阳	10106	92	9793	61653	782316	16914
常德	19619	17141	26133	53913	356569	25638
张家界	926	750	1345	9089	24157	5309
益阳	7070	3251	3770	65663	206271	37742
郴州	6012	4957	20096	48780	1098909	43957
永州	3791	2556	4206	16452	13786	27385
怀化	8913	7754	30772	52128	88296	15785
娄底	14810	13895	13365	81082	206861	56551
广东	**151218**	**133198**	**197373**	**934632**	**7664873**	**160071**
广州	21638	19894	79192	181066	2351560	23856
韶关	13933	12499	8168	68885	215675	15423
深圳	6483	6221	26316	43632	367881	6119
珠海	2721	2595	3629	37433	394833	4564
汕头	4894	4730	1210	26421	253181	4575
佛山	17874	15872	9368	126026	357419	14862
江门	9840	9526	13256	35596	269250	15123
湛江	6782	5061	4496	47428	679537	14191
茂名	6601	5787	1104	38633	4709	9210
肇庆	6840	6253	3653	2339	20682	8362
惠州	4039	3839	169	7469	10253	990
梅州	4138	3021	445	26813	2105730	9285
汕尾	4843	1985	0	1192	75	47
河源	670	631	310	4837	6352	5714
阳江	1592	1031	971	5439	14295	3991
清远	2995	2494	16900	21198	284299	7519
东莞	22501	20274	25000	197500	10300	5800
中山	6349	6073	1933	34394	58468	3159
潮州	1162	903	51	3129	1250	1947
揭阳	1952	1611	362	1826	1573	287
云浮	3372	2896	839	23375	257550	5047
广西	**116061**	**99145**	**423930**	**778807**	**3606898**	**435428**
南宁	14484	13052	16141	61376	320716	49352
柳州	39907	35242	129824	125252	501434	75793
桂林	4168	4044	3744	57022	408588	32964
梧州	5159	4925	4297	35373	72700	17773
北海	1807	1615	344	26483	22839	17903
防城港	2029	1290		12105	19517	7007
钦州	4783	4174	10340	26382	46178	28667

2—42 续表 6

城　　市	工业废水排放量（万吨）	工业废水排放达标量（万吨）	工业二氧化硫去除量（吨）	工业二氧化硫排放量（吨）	工业烟尘去除量（吨）	工业烟尘排放量（吨）
贵　港	9011	8726	21298	62205	232143	54798
玉　林	2514	1566	2466	70929	9686	50642
百　色	5245	4860	10015	84888	588520	45312
贺　州	1576	160	58777	19187	59	139
河　池	14998	11708	117364	57200	86826	14360
来　宾	4337	2972	48153	128733	1214652	32119
崇　左	6043	4811	1167	11672	83040	8599
海　南	**886**	**858**		**759**	**1017**	**487**
海　口	688	662		454	1017	332
三　亚	198	196		305		155
重　庆	**83031**	**65736**	**322382**	**641088**	**1790126**	**125325**
四　川	**112825**	**99240**	**227833**	**1072329**	**3667743**	**746559**
成　都	32965	31509	19213	140356	615857	203065
自　贡	2539	1995	19662	31582	116023	15258
攀枝花	3048	2946	1396	98632	413970	15959
泸　州	10902	9307	5685	17714	59340	11159
德　阳	4785	4388	10057	20792	20898	10825
绵　阳	7920	7688	62652	63462	251547	21258
广　元	4335	3658	1576	36284	79606	18107
遂　宁	2220	1484	22347	9602	12626	6427
内　江	5311	3443	6235	156796	914679	55231
乐　山	11686	11089	7947	93210	161292	170965
南　充	3627	2801	3338	10614	12520	8861
眉　山	5378	4871	13754	21078	65928	24139
宜　宾	8519	6609	38615	153398	749217	39210
广　安	1128	923	8114	70502	30736	63178
达　州	2779	1911	1036	124088	106353	68285
雅　安	2231	2184	4754	1863	41613	3486
巴　中	381	346	112	910	4469	712
资　阳	3071	2088	1340	21446	11069	10434
贵　州	**11473**	**8636**	**149935**	**413254**	**3235897**	**129190**
贵　阳	5449	4309	81914	225411	1348171	54809
六盘水	3646	2849	18934	62706	1060270	54878
遵　义	1798	958	8800	68066	438994	16144
安　顺	580	520	40287	57071	388462	3359
云　南	**21434**	**16784**	**445400**	**162270**	**6533698**	**58157**
昆　明	5332	5238	363125	75110	626638	8969
曲　靖	3193	2984	52017	52017	5741559	37995
玉　溪	2665	1475	9769	11654	1184	1240

2—42 续表 7

城　　市	工业废水排放量（万吨）	工业废水排放达标量（万吨）	工业二氧化硫去除量（吨）	工业二氧化硫排放量（吨）	工业烟尘去除量（吨）	工业烟尘排放量（吨）
保　山	3182	1022	9924	3517	27384	2251
昭　通	994	821	5119	5404	53857	3345
丽　江	139	128	257	1245	5709	957
思　茅	2908	2664	5189	10020	69457	2563
临　沧	3021	2452		3303	7910	837
陕　西	**36792**	**33701**	**485510**	**705257**	**4315566**	**286492**
西　安	12579	11284	6729	90508	591938	43767
铜　川	341	309	2884	8957	5247	2620
宝　鸡	7110	6871	4919	85323	543500	15305
咸　阳	7243	7227	3533	128762	690397	35724
渭　南	4584	3973	390277	263092	2053603	101022
延　安	520	319	528	9338	25238	5504
汉　中	2014	1766	69086	48370	259473	33737
榆　林	1083	1044	5639	57506	142177	35222
安　康	561	443	451	4858	3205	4055
商　洛	757	465	1464	8543	788	9536
甘　肃	**16569**	**12207**	**623655**	**397283**	**2114306**	**95604**
兰　州	4655	4192	3331	54018	578254	17143
嘉峪关	2840	2815	812	15167	109726	7564
金　昌	2145	1359	347810	126637	367660	21412
白　银	1730	1128	252326	143920	559891	14291
天　水	695	529	8772	5730	19449	9550
武　威	599	293	441	2343	9738	2684
张　掖	877	20	5758	6904	12348	4810
平　凉	1085	587	340	32688	410135	7914
酒　泉	889	807	2715	2464	42639	2131
庆　阳	228	119	196	1766	1047	1354
定　西	313	195	544	2058	1192	2255
陇　南	513	163	610	3588	2227	4496
青　海	**1979**	**1806**		**40125**	**634385**	**32501**
西　宁	1979	1806		40125	634385	32501
宁　夏	**9531**	**7704**	**40395**	**197775**	**2996745**	**78644**
银　川	2560	2315	11987	15026	55231	4993
石嘴山	1237	1080	16804	84514	2013877	41998
吴　忠	3219	2326	1724	95178	854406	13698
固　原	349	3		739	900	2016
中　卫	2166	1980	9880	2318	72331	15939
新　疆	**6121**	**5729**	**42014**	**107803**	**893828**	**46100**
乌鲁木齐	4312	3953	42014	84833	697680	42661
克拉玛依	1809	1776		22970	196148	3439

2—43 环境状况(三)废物处理率(全市)

单位:%

城市	工业固体废物综合利用率	工业废水排放达标率	生活污水处理率	生活垃圾无害化处理率
北京	71	99	54	80
天津	97	99	54	61
河北				
石家庄	91	97	33	100
唐山	39	95	65	93
秦皇岛	82	99	78	100
邯郸	63	96	56	89
邢台	66	95	60	
保定	62	98	67	97
张家口	20	86	54	
承德	14	98		
沧州	95	97	54	73
廊坊	100	100	65	91
衡水	100	98	62	
山西				
太原	43	90	61	85
大同	36	85	61	28
阳泉	10	87	69	8
长治	52	98	20	70
晋城	29	84	40	12
朔州	18	99	17	23
晋中	52	90	68	60
运城	56	92		
忻州	57	39		5
临汾	80	97	85	
吕梁	38	74		
内蒙古				
呼和浩特	18	79	61	77
包头	16	86	61	97
乌海	43	67	33	32
赤峰	23	82	57	34
通辽	59	73	43	100
鄂尔多斯	62	92	87	100
呼伦贝尔	75	31	35	20
巴彦淖尔	10	6	31	9
乌兰察布	23	92	87	75
辽宁				
沈阳	77	93	69	100

2—43 续表 1

单位：%

城市	工业固体废物综合利用率	工业废水排放达标率	生活污水处理率	生活垃圾无害化处理率
大连	70	97	63	90
鞍山	28	87	37	100
抚顺	72	96	59	5
本溪	31	97	15	1
丹东	55	96		30
锦州	46	72	18	89
营口	92	92		70
阜新	87	78		70
辽阳	13	92	38	100
盘锦	84	92	100	100
铁岭	29	87	32	
朝阳	31	96		85
葫芦岛	71	95	92	
吉林				
长春	97	90	50	88
吉林	54	94	16	73
四平	40	53	25	
辽源	28	50	49	
通化	73	88		100
白山	23	61		
松原	31	80		
白城	92	62		5
黑龙江				
哈尔滨	74	91	19	40
齐齐哈尔	76	97	60	72
鸡西	100	13		85
鹤岗	72	79		
双鸭山	80	91		67
大庆	83	95	55	54
伊春	79	90		24
佳木斯	62	96		
七台河	76	93		66
牡丹江	99	100		100
黑河	97	99		
绥化	100	70		
上海	97	96	63	20
江苏				
南京	85	90	61	84
无锡	97	98	67	100

2—43续表2

单位:%

城市	工业固体废物综合利用率	工业废水排放达标率	生活污水处理率	生活垃圾无害化处理率
徐州	93	100	49	100
常州	100	99	67	91
苏州	97	99	51	100
南通	99	100	57	100
连云港	86	100	27	100
淮安	100	99	14	98
盐城	89	98	49	100
扬州	97	98	72	100
镇江	93	98	71	100
泰州	98	97	45	100
宿迁	100	97	11	100
浙江				
杭州	93	97	84	98
宁波	78	96	52	92
温州	88	97	16	62
嘉兴	98	97	52	81
湖州	97	95	48	40
绍兴	74	97	56	100
金华	95	96	47	89
衢州	99	92	48	98
舟山	95	80	19	72
台州	95	88	42	83
丽水	73	99	14	86
安徽				
合肥	99	95	86	100
芜湖	95	99	9	100
蚌埠	79	98	36	
淮南	86	97	54	54
马鞍山	61	99	15	100
淮北	90	98	69	47
铜陵	64	98	17	
安庆	68	98	92	85
黄山	91	98	9	4
滁州	93	94		57
阜阳	100	99	21	
宿州	100	97	9	14
巢湖	72	93	23	
六安	100	97	40	
亳州	100	100	3	

2－43 续表 3 单位：%

城　　市	工业固体废物综合利用率	工业废水排放达标率	生活污水处理率	生活垃圾无害化处理率
池　州	34	100		
宣　城	100	87		
福　建				
福　州	93	97	65	100
厦　门	82	97	60	93
莆　田	90	94	46	94
三　明	59	93	23	92
泉　州	94	98	17	80
漳　州	34	99	30	100
南　平	83	96	17	31
龙　岩	65	91	34	100
宁　德	9	73		
江　西				
南　昌	89	95	34	100
景德镇	96	98	80	92
萍　乡	75	82	7	
九　江	43	83		
新　余	65	90	42	
鹰　潭	52	84		100
赣　州	56	52		23
吉　安	28	83		100
宜　春	39	92		100
抚　州	59	89		
上　饶	99	90	62	81
山　东				
济　南	93	98	62	100
青　岛	97	100	59	100
淄　博	76	99	69	85
枣　庄	98	94	56	55
东　营	87	96	52	87
烟　台	87	95	70	94
潍　坊	93	99	72	100
济　宁	91	92	44	100
泰　安	88	98	29	91
威　海	76	100	80	100
日　照	77	100	49	85
莱　芜	76	99	46	100
临　沂	97	99	31	65
德　州	90	100	29	96

2—43 续表 4

单位:%

城　市	工业固体废物综合利用率	工业废水排放达标率	生活污水处理率	生活垃圾无害化处理率
聊　城	100	100	47	94
滨　州	95	92	35	82
菏　泽	100	87	0	71
河　南				
郑　州	65	84	55	83
开　封	98	91	18	76
洛　阳	48	87	44	73
平顶山	65	94	82	100
安　阳	74	92	50	100
鹤　壁	64	83	29	39
新　乡	99	92	37	30
焦　作	68	84	40	81
濮　阳	96	83	80	100
许　昌	63	88	93	81
漯　河	100	90	43	100
三门峡	33	77	79	100
南　阳	65	88	31	78
商　丘	100	63	56	56
信　阳	94	89	62	
周　口	97	89	33	42
驻马店	96	80	86	100
湖　北				
武　汉	80	93	22	68
黄　石	44	88	39	68
十　堰	80	100	25	72
宜　昌	74	84	60	88
襄　樊	82	82	4	100
鄂　州	93	100	57	93
荆　门	95	91	3	100
孝　感	95	90	12	21
荆　州	84	68	37	59
黄　冈	99	73	46	90
咸　宁	96	56	10	20
随　州	91	76	40	58
湖　南				
长　沙	86	88	50	100
株　洲	76	84	51	91
湘　潭	96	92	41	86
衡　阳	46	88	26	41

2—43 续表 5 单位:%

城　　市	工业固体废物综合利用率	工业废水排放达标率	生活污水处理率	生活垃圾无害化处理率
邵　阳	62	88	65	60
岳　阳	81	1	28	100
常　德	51	87	29	100
张家界	76	81	5	70
益　阳	93	46		100
郴　州	77	82	43	50
永　州	85	67	2	12
怀　化	51	87		56
娄　底	73	94		100
广　东				
广　州	93	92	58	92
韶　关	59	90		85
深　圳	87	96	63	100
珠　海	79	95	63	82
汕　头	96	97	33	100
佛　山	92	89	50	100
江　门	93	97	34	39
湛　江	95	75	23	95
茂　名	94	88	11	80
肇　庆	44	91	18	44
惠　州	87	95	36	
梅　州	94	73	31	0
汕　尾	92	41	0	7
河　源	37	94		15
阳　江	93	65	15	33
清　远	57	83	14	100
东　莞	83	90	19	
中　山	85	96	65	100
潮　州	92	78	35	92
揭　阳	95	83	0	0
云　浮	82	86	3	
广　西				
南　宁	96	90	22	56
柳　州	72	88		66
桂　林	85	97	34	100
梧　州	63	95		100
北　海	48	89	20	100
防城港	97	64		
钦　州	20	87		

2—43 续表 6

单位：%

城 市	工业固体废物综合利用率	工业废水排放达标率	生活污水处理率	生活垃圾无害化处理率
贵 港	85	97		
玉 林	85	62	53	100
百 色	20	93	3	
贺 州		10		
河 池	34	78	48	
来 宾	52	69		
崇 左	96	80		
海 南				
海 口	100	96	80	100
三 亚	42	99	69	100
重 庆	73	79	22	49
四 川				
成 都	94	96	42	69
自 贡	42	79	64	95
攀 枝 花	42	97		35
泸 州	87	85	51	17
德 阳	49	92		37
绵 阳	67	97	35	37
广 元	75	84		54
遂 宁	99	67	12	100
内 江	83	65	2	12
乐 山	87	95		34
南 充	98	77		11
眉 山	77	91		66
宜 宾	55	78		100
广 安	28	82	65	83
达 州	71	69	20	20
雅 安	89	98		
巴 中	19	91		50
资 阳	97	68		60
贵 州				
贵 阳	46	79	17	43
六 盘 水	34	78		54
遵 义	64	53	80	95
安 顺	25	90		
云 南				
昆 明	40	98	73	100
曲 靖	34	93	66	26
玉 溪	39	55	24	66

2—43 续表 7 单位:%

城　市	工业固体废物综合利用率	工业废水排放达标率	生活污水处理率	生活垃圾无害化处理率
保　山	67	32		65
昭　通	47	83		
丽　江	70	92	32	29
思　茅	37	92		
临　沧	98	81		
陕　西				
西　安	86	90	42	98
铜　川	30	91		
宝　鸡	41	97	66	100
咸　阳	73	100	15	
渭　南	13	87		
延　安	62	61	66	100
汉　中	31	88	20	46
榆　林	95	96		51
安　康	32	79		
商　洛	4	61		
甘　肃				
兰　州	91	90	58	33
嘉峪关	60	99	87	100
金　昌	14	63	1	
白　银	16	65	24	
天　水	91	76	20	27
武　威	52	49	81	83
张　掖	50	2		52
平　凉	29	54		80
酒　泉	94	91	95	34
庆　阳	99	52		33
定　西		62		
陇　南	2	32		
青　海				
西　宁	39	91	24	92
宁　夏				
银　川	93	90	87	100
石嘴山	40	87	34	
吴　忠	53	72	60	94
固　原	95	1		
中　卫	95	91		
新　疆				
乌鲁木齐	64	92	64	59
克拉玛依	99	98	92	100

2—44 环境状况(四):城市绿化(市辖区)

城市	园林绿地面积(公顷)	公共绿地面积	人均绿地面积(平方米/人)	建成区绿化覆盖面积(公顷)	建成区绿化覆盖率(%)
城市合计	**1074205**	**206033**	**30.62**	**772932**	**32.28**
北京	**49298**	**12446**	**45.11**	**47532**	**40.21**
天津	**14238**	**5094**	**18.63**	**17510**	**35.02**
河北	**34660**	**7953**	**29.22**	**33422**	**36.93**
石家庄	4877	1430	22.45	4944	31.90
唐山	7329	1650	24.68	8373	44.78
秦皇岛	3537	630	46.60	3327	41.07
邯郸	4473	1161	32.15	4315	42.3
邢台	2979	347	53.06	1621	31.78
保定	2984	560	29.98	3479	35.87
张家口	2347	514	27.27	2170	28.18
承德	1134	908	24.80	1263	31.58
沧州	836	138	17.11	1045	29.86
廊坊	3372	429	44.15	1951	43.36
衡水	792	186	17.82	934	26.69
山西	**13315**	**4148**	**14.98**	**15510**	**28.00**
太原	5466	2041	21.45	6707	37.89
大同	2027	459	14.21	2434	27.35
阳泉	806	254	12.33	1275	26.02
长治	1080	306	16.33	1192	27.09
晋城	754	227	25.33	855	28.50
朔州	794	302	13.45	846	29.17
晋中	757	138	14.07	808	26.93
运城	364	107	5.79	259	8.63
忻州	115	94	2.23	189	9.95
临汾	1107	200	14.16	887	23.97
吕梁	45	20	1.84	58	2.90
内蒙古	**14037**	**3906**	**23.01**	**14168**	**26.38**
呼和浩特	3104	692	28.27	3019	22.36
包头	5496	1257	40.57	5175	34.50
乌海	908	297	21.50	950	16.96
赤峰	1329	319	11.72	1480	23.49
通辽	854	166	10.66	1016	30.79
鄂尔多斯	320	97	14.14	375	16.30
呼伦贝尔	851	525	32.96	862	30.79
巴彦淖尔	553	187	10.14	652	34.32
乌兰察布	622	366	23.81	639	21.30
辽宁	**62710**	**12965**	**34.96**	**52957**	**37.43**
沈阳	19441	4054	39.49	10603	36.44

2—44 续表 1

城市	园林绿地面积(公顷)	公共绿地面积	人均绿地面积(平方米/人)	建成区绿化覆盖面积(公顷)	建成区绿化覆盖率(%)
大连	11163	2369	40.14	10517	42.41
鞍山	4774	1062	32.68	4876	35.85
抚顺	3988	967	28.27	4223	35.49
本溪	4290	672	44.52	4443	41.52
丹东	1809	376	24.05	1833	34.58
锦州	2665	546	30.60	2243	36.18
营口	2361	691	27.68	2708	31.86
阜新	1819	452	23.32	2014	41.10
辽阳	2571	508	35.89	2829	34.50
盘锦	1635	367	28.59	1831	34.55
铁岭	1559	213	35.80	1443	35.2
朝阳	2030	197	42.03	749	25.83
葫芦岛	2605	491	27.77	2645	44.08
吉林	**18349**	**4367**	**23.87**	**19790**	**34.60**
长春	6456	1874	20.51	7516	38.94
吉林	6741	1151	37.68	6712	40.43
四平	777	144	15.12	720	18.46
辽源	819	230	18.40	850	21.79
通化	1081	389	23.75	1268	28.82
白山	461	140	13.78	480	19.20
松原	996	187	19.22	1150	34.85
白城	1018	252	20.96	1094	33.15
黑龙江	**39419**	**8100**	**31.05**	**31860**	**28.12**
哈尔滨	6848	2195	17.36	7832	26.73
齐齐哈尔	4722	775	33.10	2979	28.92
鸡西	2082	667	22.97	2101	28.78
鹤岗	1622	801	23.72	1595	27.50
双鸭山	1638	379	32.54	1993	33.78
大庆	12591	760	103.89	5121	34.60
伊春	3530	1132	42.60	3514	22.24
佳木斯	2124	375	25.96	2220	39.64
七台河	780	476	15.26	888	10.45
牡丹江	2641	432	33.53	2762	46.03
黑河	178	48	8.99	193	11.35
绥化	663	60	7.60	662	28.78
上海	**26543**	**10924**	**20.59**	**28141**	**36.03**
江苏	**125303**	**15424**	**53.66**	**60578**	**39.23**
南京	74396	5504	148.43	21531	44.49
无锡	13445	1833	60.14	7052	37.51

2—44 续表 2

城　市	园林绿地面积（公顷）	公共绿地面积	人均绿地面积（平方米/人）	建成区绿化覆盖面积（公顷）	建成区绿化覆盖率（%）
徐　州	4782	883	28.56	3232	33.32
常　州	5213	1433	24.01	3700	37.37
苏　州	7920	1827	35.88	6942	39.22
南　通	2197	676	26.04	2335	40.96
连云港	2057	466	30.88	2398	34.26
淮　安	2623	609	9.68	2962	37.03
盐　城	1873	435	12.32	1904	29.75
扬　州	2125	636	18.66	2319	36.81
镇　江	4897	628	48.31	3057	36.83
泰　州	2682	202	42.69	1913	38.26
宿　迁	1093	292	7.15	1233	38.53
浙　江	**31186**	**7414**	**21.83**	**32210**	**31.52**
杭　州	9855	1961	24.54	10844	35.91
宁　波	3865	1242	18.37	4231	36.79
温　州	3009	806	21.94	3285	28.82
嘉　兴	2687	412	33.42	2022	26.26
湖　州	1650	328	15.29	1917	36.17
绍　兴	2538	869	39.37	2834	38.82
金　华	1557	648	16.89	1707	26.67
衢　州	1303	250	16.17	1385	36.45
舟　山	2416	227	34.99	1660	32.55
台　州	1903	481	12.91	1809	16.15
丽　水	403	190	10.81	516	22.43
安　徽	**36839**	**6912**	**21.15**	**28448**	**28.94**
合　肥	5190	1302	31.74	5979	40.40
芜　湖	2616	580	36.95	2846	32.34
蚌　埠	4052	533	45.25	1923	25.99
淮　南	3180	338	19.57	2189	23.79
马鞍山	4397	610	73.41	2688	42.00
淮　北	1289	424	14.13	1542	35.05
铜　陵	1663	333	41.93	1800	54.55
安　庆	6068	290	100.63	1051	27.66
黄　山	1344	260	32.32	1178	36.81
滁　州	2084	920	40.78	825	30.56
阜　阳	1778	420	9.60	1608	28.71
宿　州	518	127	2.99	931	13.49
巢　湖	708	182	8.17	826	12.91
六　安	672	160	3.78	1048	15.64
亳　州	381	119	2.69	961	19.22

2—44 续表 3

城 市	园林绿地面积(公顷)	公共绿地面积	人均绿地面积(平方米/人)	建成区绿化覆盖面积(公顷)	建成区绿化覆盖率(%)
池 州	413	250	6.56	379	29.15
宣 城	486	64	5.81	674	28.08
福 建	**17928**	**4344**	**21.40**	**17916**	**36.71**
福 州	5370	1327	31.43	5416	32.63
厦 门	4102	1246	27.95	4114	36.73
莆 田	1199	237	5.92	1584	52.80
三 明	1057	203	37.34	798	42.00
泉 州	2709	651	27.34	2204	38.00
漳 州	1607	289	30.51	1828	42.51
南 平	607	131	12.43	666	33.30
龙 岩	970	203	20.81	1015	35.00
宁 德	307	57	7.29	291	26.45
江 西	**21043**	**4178**	**25.36**	**16987**	**33.11**
南 昌	4859	1460	23.85	5103	37.80
景德镇	1751	304	40.55	1907	41.46
萍 乡	1548	398	18.90	1754	30.24
九 江	6049	582	105.07	1730	36.04
新 余	1810	381	22.80	1854	41.20
鹰 潭	450	49	23.71	556	26.48
赣 州	1221	335	21.62	1007	26.50
吉 安	812	145	16.05	578	21.41
宜 春	1114	215	11.52	1078	35.93
抚 州	793	151	7.60	784	26.13
上 饶	636	158	17.32	636	18.17
山 东	**64564**	**16989**	**24.82**	**58166**	**36.61**
济 南	7139	2164	20.89	8485	39.10
青 岛	10047	2842	38.88	5882	37.95
淄 博	11954	1539	43.53	6533	38.43
枣 庄	2107	716	10.14	2705	26.26
东 营	5114	1316	63.75	3063	36.04
烟 台	5551	1336	31.84	5926	39.25
潍 坊	3994	731	27.71	3876	33.70
济 宁	1780	429	16.76	2023	39.67
泰 安	2003	718	12.52	2423	36.71
威 海	2527	775	42.89	2697	43.50
日 照	1874	678	15.69	2140	38.91
莱 芜	1869	681	15.04	2140	38.91
临 沂	3758	1544	19.62	4617	37.54
德 州	1427	396	24.71	1534	38.35

2—44 续表 4

城　　市	园林绿地面　积（公顷）	公共绿地面积	人均绿地面　积（平方米/人）	建成区绿化覆盖面积（公顷）	建成区绿化覆盖率（%）
聊　城	1612	622	15.93	1712	32.92
滨　州	730	290	11.74	790	19.75
菏　泽	1078	212	7.78	1620	33.06
河　南	**29488**	**9290**	**18.21**	**35675**	**33.19**
郑　州	4786	1817	19.01	6312	33.57
开　封	1565	433	19.92	2528	36.11
洛　阳	3879	1115	26.06	4635	35.11
平顶山	1365	497	14.59	1433	26.05
安　阳	1949	395	19.07	2518	34.49
鹤　壁	1026	180	19.65	1294	32.35
新　乡	2378	601	25.72	2933	39.11
焦　作	2530	703	31.36	2872	40.45
濮　阳	1237	484	23.40	1395	41.03
许　昌	1237	327	31.75	1311	36.42
漯　河	1184	472	33.48	1540	39.49
三门峡	515	246	18.19	587	23.48
南　阳	1703	1026	10.11	2000	28.99
商　丘	1130	539	7.22	1294	23.53
信　阳	1050	246	7.64	1275	29.65
周　口	1169	94	27.73	865	27.03
驻马店	785	115	13.33	883	23.24
湖　北	**51296**	**8595**	**27.30**	**30071**	**36.76**
武　汉	6776	3477	8.62	7861	36.06
黄　石	2048	675	30.66	2215	37.54
十　堰	12333	428	243.49	2538	47.89
宜　昌	2471	688	20.34	2786	40.38
襄　樊	4326	860	19.79	3458	42.17
鄂　州	1012	275	9.61	1358	30.18
荆　门	1947	359	27.10	2258	46.08
孝　感	1559	241	17.51	1768	40.18
荆　州	1549	480	14.00	1724	28.73
黄　冈	796	423	21.70	848	32.62
咸　宁	542	272	9.68	828	26.71
随　州	15937	417	96.02	2429	29.62
湖　南	**27702**	**4946**	**23.75**	**25532**	**33.86**
长　沙	5907	1240	29.17	5153	36.29
株　洲	2647	475	33.72	2576	33.45
湘　潭	4227	562	59.45	2864	42.75
衡　阳	2585	360	27.81	3053	32.83

2—44 续表 5

城　市	园林绿地面积（公顷）	公共绿地面积	人均绿地面积（平方米/人）	建成区绿化覆盖面积（公顷）	建成区绿化覆盖率（%）
邵　阳	700	330	10.44	756	18.90
岳　阳	2777	397	29.28	2670	35.60
常　德	1924	448	14.01	2190	38.42
张家界	740	72	15.68	356	18.74
益　阳	1274	264	9.85	1357	32.31
郴　州	1037	231	16.17	1209	36.64
永　州	885	177	8.27	988	26.70
怀　化	1566	170	47.57	1025	32.03
娄　底	1433	220	34.61	1335	33.38
广　东	**257094**	**28163**	**86.21**	**90147**	**30.70**
广　州	109014	6202	181.72	23487	35.03
韶　关	1606	605	17.83	1646	29.39
深　圳	97580	9566	590.93	24794	45.00
珠　海	4840	1793	56.17	4444	42.11
汕　头	4848	1152	10.09	5361	27.79
佛　山	4668	1145	13.30	4381	35.62
江　门	8244	787	61.95	3777	39.76
湛　江	2238	452	15.52	2429	34.70
茂　名	1239	304	10.34	1328	37.83
肇　庆	1707	389	35.56	1987	38.21
惠　州	2286	544	20.49	2532	34.00
梅　州	897	287	29.29	980	20.42
汕　尾	452	100	9.90	408	32.14
河　源	379	212	13.21	404	33.81
阳　江	888	126	14.03	871	25.25
清　远	716	110	13.11	768	20.11
东　莞	11404	3270	70.41	6317	9.72
中　山	1158	262	8.30	1254	38.00
潮　州	1465	603	42.71	1494	39.31
揭　阳	851	124	12.89	857	31.74
云　浮	614	131	21.68	629	34.94
广　西	**25858**	**4606**	**22.49**	**19743**	**32.05**
南　宁	5317	1210	35.43	4948	39.58
柳　州	5142	1014	52.88	3233	31.09
桂　林	2112	500	29.27	2295	39.57
梧　州	1851	272	38.53	1016	44.17
北　海	3550	192	64.59	1788	52.59
防城港	247	59	5.13	252	14.00
钦　州	2274	164	18.54	1149	17.95

2—44 续表 6

城　　市	园林绿地面　积（公顷）	公共绿地面积	人均绿地面　积（平方米/人）	建成区绿化覆盖面积（公顷）	建成区绿化覆盖率（%）
贵　　港	1112	310	6.33	1203	32.51
玉　　林	1175	467	12.99	1011	21.06
百　　色	1088	87	32.75	1097	36.57
贺　　州	828	117	8.93	913	26.85
河　　池	453	71	14.57	454	30.27
来　　宾	190	75	1.91	132	7.33
崇　　左	519	68	15.44	252	31.50
海　　南	**3300**	**957**	**17.03**	**3488**	**42.02**
海　　口	2418	683	16.90	2412	38.29
三　　亚	882	274	17.38	1076	53.80
重　　庆	**12580**	**2908**	**12.36**	**9631**	**22.35**
四　　川	**32324**	**8494**	**14.55**	**32098**	**30.11**
成　　都	12751	3442	27.45	13927	36.08
自　　贡	1152	256	10.74	1385	31.48
攀 枝 花	1598	401	23.72	1725	41.07
泸　　州	1830	494	13.09	1688	32.46
德　　阳	1099	282	17.47	1245	23.49
绵　　阳	2014	602	17.84	1899	32.74
广　　元	1175	254	12.99	1190	21.25
遂　　宁	706	370	4.85	819	16.71
内　　江	485	137	3.50	424	15.70
乐　　山	1767	330	15.57	1879	28.04
南　　充	1767	552	9.42	1594	31.25
眉　　山	875	320	10.62	867	23.43
宜　　宾	1015	339	13.05	844	25.58
广　　安	1639	185	13.38	1072	25.52
达　　州	612	163	15.64	343	17.15
雅　　安	1073	109	31.73	360	25.71
巴　　中	389	108	3.00	449	28.06
资　　阳	377	150	3.57	388	20.42
贵　　州	**21803**	**1748**	**53.43**	**6428**	**25.21**
贵　　阳	19616	1208	96.45	3748	29.05
六 盘 水	283	88	6.56	350	6.60
遵　　义	1620	443	19.79	1962	40.88
安　　顺	284	9	3.56	368	14.72
云　　南	**7764**	**2345**	**13.96**	**6826**	**21.95**
昆　　明	5231	1742	23.11	4693	24.70
曲　　靖	629	108	9.66	378	13.50
玉　　溪	658	164	16.48	676	37.56

2—44 续表 7

城　　市	园林绿地面积（公顷）	公共绿地面积	人均绿地面积（平方米/人）	建成区绿化覆盖面积（公顷）	建成区绿化覆盖率（%）
保　山	473	125	5.54	179	11.19
昭　通	302	97	3.94	160	9.41
丽　江	233	68	16.24	372	21.88
思　茅	88	30	4.36	98	6.53
临　沧	150	11	5.36	270	27.00
陕　西	**12980**	**3117**	**11.49**	**13945**	**27.29**
西　安	4502	1330	8.72	6666	30.03
铜　川	1780	139	23.69	729	20.25
宝　鸡	1563	638	20.97	1905	41.41
咸　阳	1253	322	14.77	1803	36.06
渭　南	656	87	7.18	53	1.47
延　安	220	129	5.51	294	18.38
汉　中	283	113	5.35	572	20.43
榆　林	1698	118	37.16	675	25.96
安　康	675	181	7.12	889	32.93
商　洛	350	60	6.42	359	14.96
甘　肃	**9160**	**2709**	**11.88**	**10790**	**12.45**
兰　州	4239	1201	21.29	5081	36.04
嘉峪关	1031	219	61.52	1093	30.36
金　昌	463	73	22.11	482	16.62
白　银	807	233	17.07	948	18.59
天　水	1034	345	8.47	1034	2.08
武　威	156	128	1.59	240	10.91
张　掖	374	106	7.55	521	23.68
平　凉	363	95	7.49	402	16.75
酒　泉	335	86	9.69	730	33.18
庆　阳	160	160	4.85	141	10.85
定　西	144	53	3.02	113	22.60
陇　南	54	10	1.01	5	0.83
青　海	**1610**	**581**	**15.94**	**1719**	**27.73**
西　宁	1610	581	15.94	1719	27.73
宁　夏	**6220**	**1342**	**25.98**	**5410**	**25.16**
银　川	3146	551	41.49	2114	23.75
石嘴山	2187	231	49.54	2471	38.61
吴　忠	470	357	13.09	355	19.72
固　原	340	131	6.95	371	11.97
中　卫	77	72	2.22	99	7.62
新　疆	**5594**	**1068**	**26.87**	**6234**	**27.83**
乌鲁木齐	3893	789	21.92	4388	25.36
克拉玛依	1701	279	55.62	1846	36.20

三、2004 年县级城市资料

3—1 人　口

城　市	年末总人口（万人）	城镇人口	自然增长率（‰）	城　市	年末总人口（万人）	城镇人口	自然增长率（‰）
河　北				根河市	17.0	17.0	0.2
辛集市	61.0	14.5	0.0	丰镇市	31.2	8.0	3.0
藁城市	74.4	20.3	4.5	乌兰浩特市	28.6	22.0	1.4
晋州市	51.2	7.5	5.0	阿尔山市	5.0	4.9	2.0
新乐市	44.8	11.4	12.5	二连浩特市	6.1	2.3	20.8
鹿泉市	35.6	8.8	5.8	锡林浩特市	15.3	13.1	6.5
遵化市	69.3	9.8	6.5	**辽　宁**			
迁安市	67.7	10.0	6.3	新民市	69.0	14.0	11.4
武安市	71.8	9.4	10.2	瓦房店市	102.0	32.8	—5.2
南宫市	45.0	8.0	—0.7	普兰店市	82.0	20.7	—3.8
沙河市	47.1	7.2	7.4	庄河市	91.0	18.0	1.3
涿州市	59.4	19.1	4.7	海城市	112.8	28.8	3.9
定州市	114.1	22.0	8.6	东港市	64.1	12.5	0.9
安国市	39.6	7.2	7.5	凤城市	58.0	17.7	2.3
高碑店市	57.0	10.4	7.9	凌海市	60.4	10.3	1.5
泊头市	54.8	11.1	—6.5	北宁市	53.3	11.1	1.2
任丘市	64.7	4.7	4.1	盖州市	72.5	16.4	5.0
黄骅市	41.7	10.0	6.9	大石桥市	72.1	20.3	2.5
河间市	76.7	10.7	5.0	灯塔市	51.4	8.4	4.1
霸州市	56.6	20.3	8.9	调兵山市	23.9	17.7	2.8
三河市	47.8	14.1	3.6	开原市	57.8	14.2	2.4
冀州市	36.3	4.7	3.4	北票市	62.0	20.7	0.5
深州市	56.4	5.9	2.1	凌源市	65.0	14.9	5.5
山　西				**吉　林**			
古交市	21.3	12.8	10.7	榆树市	123.0	18.3	2.7
潞城市	21.5	4.2	7.2	德惠市	91.5	16.0	4.9
高平市	47.7	6.1	3.1	蛟河市	46.0	17.7	—2.6
介休市	37.8	10.3	17.0	桦甸市	45.0	20.4	—0.1
永济市	42.7	8.5	9.7	舒兰市	66.0	19.8	2.0
河津市	37.2	9.2	21.2	磐石市	53.9	17.3	0.3
原平市	47.0	11.5	3.4	公主岭市	104.0	37.6	3.7
侯马市	23.5	12.2	3.4	双辽市	40.5	14.2	4.3
霍州市	28.6	10.0	7.3	梅河口市	61.5	26.1	3.0
孝义市	43.6	14.4	8.7	集安市	23.0	8.7	3.5
汾阳市	40.3	7.5	4.7	临江市	18.4	11.5	—0.1
内　蒙				洮南市	43.9	15.6	1.6
满洲里市	15.9	15.9	2.2	大安市	42.0	16.1	4.4
牙克石市	39.5	37.9	—0.1	延吉市	41.3	36.6	3.3
扎兰屯市	43.5	16.4	1.7	图们市	13.4	10.7	—3.9
额尔古纳市	8.6	7.0	3.9	敦化市	48.2	26.6	2.1

3—1续表1

城　　市	年末总人口（万人）	城镇人口	自然增长率（‰）	城　　市	年末总人口（万人）	城镇人口	自然增长率（‰）
珲春市	21.5	14.4	-0.8	大丰市	73.1	21.3	-0.3
龙井市	24.9	14.2	-3.8	仪征市	59.3	20.0	-1.3
和龙市	21.4	13.1	-2.6	高邮市	82.7	21.8	0.6
黑龙江				江都市	106.5	32.2	1.3
阿城市	65.2	24.6	6.4	丹阳市	80.2	20.9	-1.6
双城市	80.9	17.1	6.2	扬中市	27.2	7.1	0.1
尚志市	62.1	25.4	6.4	句容市	58.4	19.1	-3.0
五常市	96.8	23.4	4.9	兴化市	155.0	27.6	0.4
讷河市	71.1	15.5	4.1	靖江市	66.5	22.7	1.9
虎林市	15.9	17.9	2.7	泰兴市	128.3	34.0	0.6
密山市	37.0	12.7	6.3	姜堰市	90.2	18.5	-2.8
铁力市	38.7	28.1	4.8	**浙　　江**			
同江市	10.3	3.9	10.0	建德市	50.8	11.8	0.8
富锦市	37.5	10.8	17.8	富阳市	62.8	11.6	5.3
绥芬河市	5.9	4.9	6.8	临安市	51.9	10.2	5.1
海林市	43.9	26.1	1.4	余姚市	82.6	16.6	0.8
宁安市	44.3	15.2	-1.4	慈溪市	101.0	15.6	1.9
穆棱市	32.6	13.8	1.7	奉化市	47.9	10.0	2.0
北安市	47.3	28.1	4.0	瑞安市	113.1	18.6	8.4
五大连池市	36.3	19.0	3.0	乐清市	116.2	11.6	10.1
安达市	51.6	19.0	11.2	海宁市	64.3	22.3	0.5
肇东市	90.6	26.6	-5.8	平湖市	48.4	15.3	0.4
江　　苏				桐乡市	66.3	14.5	1.3
江阴市	117.8	45.8	2.4	诸暨市	105.6	14.4	3.5
宜兴市	105.9	55.3	-1.2	上虞市	77.4	16.1	2.1
新沂市	96.5	20.1	2.9	嵊州市	73.5	13.3	3.2
邳州市	161.4	39.8	6.0	兰溪市	65.5	11.7	7.3
溧阳市	77.8	28.7	-2.0	义乌市	68.8	19.7	5.8
金坛市	54.0	22.4	-0.5	东阳市	79.3	12.7	4.8
常熟市	104.3	47.1	-1.0	永康市	54.4	8.5	8.4
张家港市	86.9	37.8	1.6	江山市	57.7	8.7	-0.2
昆山市	63.7	34.4	4.0	温岭市	114.8	17.9	6.0
吴江市	77.8	24.5	-0.1	临海市	111.2	14.2	8.8
太仓市	45.5	19.6	-1.4	龙泉市	27.7	4.2	8.7
启东市	113.4	17.2	-1.0	**安　　徽**			
如皋市	142.6	37.8	-0.2	桐城市	77.3	10.4	2.7
通州市	127.1	40.8	-2.1	天长市	61.5	15.4	3.7
海门市	101.8	17.6	-1.9	明光市	63.4	11.2	5.1
东台市	115.9	42.6	-0.4	界首市	74.5	10.9	7.6

3—1续表2

城　　市	年末总人口（万人）	城镇人口	自然增长率（‰）	城　　市	年末总人口（万人）	城镇人口	自然增长率（‰）
宁国市	37.6	7.1	—0.9	海阳市	66.9	12.6	1.6
福　　建				青州市	90.0	21.9	3.7
福清市	121.3	19.0	7.3	诸城市	106.1	30.5	2.9
长乐市	66.0	12.2	3.9	寿光市	106.8	26.5	3.9
永安市	31.9	17.2	7.5	安丘市	104.9	17.4	4.1
石狮市	30.6	10.2	5.0	高密市	85.7	23.9	4.9
晋江市	102.9	36.1	5.9	昌邑市	67.8	14.0	2.1
南安市	148.2	12.2	4.6	曲阜市	63.7	27.6	5.6
龙海市	78.4	14.5	4.2	兖州市	60.5	23.3	3.7
邵武市	30.1	13.2	5.3	邹城市	112.0	35.5	4.7
武夷山市	22.1	5.8	6.1	新泰市	135.4	37.7	6.8
建瓯市	51.8	9.8	6.4	肥城市	96.5	33.4	5.3
建阳市	33.5	12.1	5.0	文登市	64.6	23.5	—2.9
漳平市	27.4	9.0	5.9	荣成市	66.8	27.9	—2.6
福安市	61.1	10.3	10.0	乳山市	58.1	18.0	—3.0
福鼎市	56.4	9.0	10.2	乐陵市	64.8	9.7	5.8
江　　西				禹城市	50.6	10.3	4.9
乐平市	79.7	17.9	14.6	临清市	72.6	29.5	5.6
瑞昌市	42.0	10.3	7.8	**河　　南**			
贵溪市	57.5	11.6	11.1	巩义市	79.2	13.8	3.6
瑞金市	61.5	10.2	16.7	荥阳市	61.6	10.5	3.1
南康市	77.5	11.8	13.6	新密市	79.8	10.9	4.7
丰城市	128.2	31.0	8.5	新郑市	61.5	16.2	4.8
樟树市	53.6	10.1	12.9	登封市	63.1	7.9	4.3
高安市	80.8	18.2	9.2	偃师市	83.3	9.8	5.4
德兴市	30.7	12.0	8.2	舞钢市	31.7	9.6	4.6
山　　东				汝州市	94.0	10.8	51.3
章丘市	99.1	21.4	3.5	林州市	100.3	15.8	3.9
胶州市	76.9	15.6	6.6	卫辉市	48.6	10.4	6.0
即墨市	108.2	15.8	5.3	辉县市	78.6	19.1	3.2
平度市	134.6	17.0	4.1	济源市	66.3	19.3	3.2
胶南市	80.8	15.0	4.6	沁阳市	46.7	9.3	14.3
莱西市	72.1	10.6	4.2	孟州市	36.8	5.8	23.4
滕州市	157.3	44.5	4.1	禹州市	118.9	16.4	4.0
龙口市	62.8	25.1	0.9	长葛市	69.1	10.9	4.9
莱阳市	87.7	19.9	1.7	义马市	16.1	12.7	5.6
莱州市	85.9	22.8	2.0	灵宝市	73.5	12.1	14.1
蓬莱市	44.6	14.0	0.4	邓州市	153.2	14.1	5.0
招远市	56.6	17.6	0.0	永城市	132.9	16.3	3.6
栖霞市	63.6	12.2	—0.4	项城市	124.8	17.2	7.6

3－1 续表 3

城　　市	年末总人口（万人）	城镇人口	自然增长率（‰）	城　　市	年末总人口（万人）	城镇人口	自然增长率（‰）
湖　　北				涟源市	109.6	14.9	5.9
大冶市	89.3	18.3	3.3	吉首市	28.5	12.9	5.1
丹江口市	48.7	15.5	2.7	**广　　东**			
宜都市	39.2	11.5	－1.3	增城市	84.2	21.3	5.4
当阳市	48.4	14.4	－0.4	从化市	54.0	12.5	2.9
枝江市	50.8	13.6	0.0	乐昌市	51.8	26.1	5.7
老河口市	51.0	21.9	5.5	南雄市	45.8	8.2	5.0
枣阳市	109.8	21.1	2.6	台山市	99.1	27.2	0.3
宜城市	56.4	12.5	1.5	开平市	68.1	28.4	1.1
钟祥市	103.4	31.7	1.1	鹤山市	35.8	14.9	3.1
应城市	67.2	23.9	2.9	恩平市	49.0	17.7	3.3
安陆市	62.6	21.0	4.2	廉江市	150.9	33.4	8.0
汉川市	108.1	19.0	4.8	雷州市	148.4	27.5	8.2
石首市	61.9	15.8	2.9	吴川市	100.7	28.5	8.4
洪湖市	90.0	32.6	2.5	高州市	159.5	36.6	7.8
松滋市	83.9	16.0	0.5	化州市	143.3	24.1	9.7
麻城市	116.3	22.1	2.6	信宜市	124.6	34.2	7.9
武穴市	73.1	15.8	4.0	高要市	72.8	10.9	2.6
赤壁市	49.9	15.7	4.2	四会市	43.6	13.0	3.2
广水市	91.8	32.9	4.8	兴宁市	114.0	23.1	9.9
恩施市	77.1	13.3	4.2	陆丰市	158.1	60.8	2.8
利川市	83.8	8.4	6.7	阳春市	106.8	22.4	6.5
仙桃市	147.9	43.8	2.0	英德市	105.1	21.6	5.5
潜江市	101.5	31.5	3.4	连州市	50.6	9.2	5.0
天门市	161.9	41.9	1.1	普宁市	208.0	62.4	17.2
湖　　南				罗定市	110.0	36.7	17.1
浏阳市	133.0	14.1	4.6	**广　　西**			
醴陵市	99.7	14.1	2.8	岑溪市	82.3	12.8	19.9
湘乡市	89.0	8.6	0.0	东兴市	10.7	3.3	13.3
韶山市	10.2	1.6	3.8	桂平市	170.4	16.8	9.0
耒阳市	125.0	33.3	6.5	北流市	119.9	15.8	5.0
常宁市	85.7	14.5	6.1	宜州市	61.5	10.4	6.1
武冈市	73.9	8.4	5.6	合山市	13.9	13.9	7.6
汨罗市	70.6	8.6	79.6	凭祥市	10.6	3.1	9.7
临湘市	48.0	11.7	65.4	**海　　南**			
津市市	26.5	13.4	8.9	五指山市	11.0	5.5	9.0
沅江市	73.1	13.8	2.6	琼海市	45.9	14.0	10.3
资兴市	36.2	12.8	7.2	儋州市	94.1	42.6	39.1
洪江市	44.0	6.9	1.7	文昌市	54.3	9.7	43.0
冷水江市	35.3	18.4	0.9	万宁市	56.3	16.7	8.8

3—1 续表 4

城　　市	年末总人口（万人）	城镇人口	自然增长率（‰）	城　　市	年末总人口（万人）	城镇人口	自然增长率（‰）
东方市	38.7	10.5	12.9	瑞丽市	11.5	3.7	7.3
重　　庆				潞西市	34.3	7.7	7.9
江津市	145.5	36.8	—0.2	**陕　　西**			
合川市	149.9	27.3	—1.3	兴平市	56.2	11.6	15.0
永川市	107.2	26.5	—5.8	韩城市	38.5	12.3	2.5
南川市	64.3	9.3	0.6	华阴市	25.4	7.1	7.3
四　　川				**甘　　肃**			
都江堰市	59.8	17.0	—0.4	玉门市	19.0	10.5	4.1
彭州市	77.7	14.3	—0.8	敦煌市	17.9	3.9	16.4
邛崃市	63.5	12.7	—1.2	临夏市	21.0	10.3	5.3
崇州市	65.1	11.9	—1.1	合作市	7.8	4.5	125.6
广汉市	58.7	13.4	—0.2	**青　　海**			
什邡市	42.9	8.9	—2.8	格尔木市	11.1	11.1	11.1
绵竹市	51.3	10.4	—1.2	德令哈市	6.1	3.9	11.1
江油市	87.5	23.9	1.2	**宁　　夏**			
峨眉山市	43.2	13.7	—0.2	灵武市	23.7	11.5	11.0
阆中市	85.7	25.9	—2.5	青铜峡市	25.2	8.2	10.4
华蓥市	35.1	8.5	3.0	**新　　疆**			
万源市	55.8	8.6	13.6	吐鲁番市	25.8	7.9	10.9
简阳市	142.5	19.6	1.8	哈密市	41.7	23.1	5.7
西昌市	57.9	19.5	6.6	昌吉市	39.4	18.4	9.2
贵　　州				阜康市	15.8	7.7	6.0
清镇市	49.6	11.0	9.4	米泉市	18.6	7.4	7.3
赤水市	29.6	7.2	2.5	博乐市	24.5	9.4	9.8
仁怀市	59.8	6.7	14.5	库尔勒市	42.2	24.8	7.8
铜仁市	35.1	11.7	5.9	阿克苏市	56.8	26.5	6.9
兴义市	73.4	13.1	6.9	阿图什市	21.1	6.3	5.1
毕节市	130.0	16.0	11.5	喀什市	35.4	23.8	21.5
凯里市	45.8	16.9	18.6	和田市	19.3	10.5	10.9
都匀市	48.0	17.1	1.4	伊宁市	43.0	28.0	13.4
福泉市	31.1	5.9	6.2	奎屯市	14.0	14.0	5.8
云　　南				塔城市	15.9	7.6	6.1
安宁市	26.7	14.7	—4.8	乌苏市	21.0	7.7	10.3
宣威市	136.2	13.3	11.0	阿勒泰市	19.3	10.9	7.0
楚雄市	49.4	13.6	2.9	石河子市	32.4	36.7	1.7
个旧市	38.6	21.8	3.2	阿拉尔市	17.3	6.9	1.2
开远市	26.3	12.2	5.1	图木舒克市	13.4	4.7	5.7
景洪市	37.6	15.4	4.8	五家渠市	9.2	5.9	2.3
大理市	59.0	20.6	3.5				

3—2 劳动力与就业

城　　市	年末单位从业人员数（人）	第二产业	第三产业	城镇登记失业人员数（人）
河　北				
辛集市	29314	8924	20121	2165
藁城市	27956	8395	19528	148
晋州市	23229	8069	15047	0
新乐市	16591	5263	10980	350
鹿泉市	26415	11624	14738	394
遵化市	27266	4374	22272	299
迁安市	39992	19407	20110	1190
武安市	30465	6980	22888	1066
南宫市	14694	4057	10612	1610
沙河市	23791	7751	15758	700
涿州市	45502	15359	29996	1258
定州市	35575	10510	24959	6932
安国市	14742	2160	10484	1220
高碑店市	37980	21854	16126	1030
泊头市	30975	13651	17308	3396
任丘市	25158	2067	22470	47
黄骅市	28431	7509	19624	750
河间市	27246	8478	18529	1050
霸州市	20932	2114	18809	85
三河市	30696	9421	21275	1228
冀州市	17920	7222	10698	108
深州市	19671	5011	14469	411
山　西				
古交市	10996	2942	7863	920
潞城市	17600	9312	8219	385
高平市	26771	10647	15808	175
介休市	66178	52341	13766	1215
永济市	29556	12633	14758	225
河津市	37388	23544	13748	400
原平市	42378	25027	16524	1216
侯马市	33490	15539	16862	902
霍州市	43705	34761	8867	1144
孝义市	25532	5905	19578	1452
汾阳市	27469	11719	15633	141
内　蒙				
霍林郭勒市	12993	8989	2799	0
满洲里市	30863	17383	12513	3589
牙克石市	26219	8028	12363	2512
扎兰屯市	22634	6350	12711	2076
额尔古纳市	14861	1424	5451	1306

3—2 续表 1

城　市	年末单位从业人员数（人）	第二产业	第三产业	城镇登记失业人员数（人）
根河市	7839	2898	4837	1610
丰镇市	14180	3123	7519	2235
乌兰浩特市	107361	24090	57974	3214
阿尔山市	5421	451	2356	609
二连浩特市	4784	200	4584	285
锡林浩特市	38720	10459	20762	1234
辽　宁				
新民市	22846	2510	18915	10954
瓦房店市	26779	5943	18717	13866
普兰店市	50709	32512	18197	3976
庄河市	33846	14574	19272	9437
海城市	38617	3870	33127	4156
东港市	27052	5499	18476	8100
凤城市	24809	7391	17400	21292
凌海市	21579	1679	15394	4026
北宁市	15009	403	11805	5705
盖州市	15680	390	14652	8740
大石桥市	22451	1920	20258	17587
灯塔市	17537	1434	10441	7800
调兵山市	19202	10904	8288	1934
开原市	22310	3319	18410	6200
北票市	21223	6835	14388	5926
凌源市	30112	7150	22422	20505
兴城市	16968	1777	14541	6290
吉　林				
九台市	45264	5426	36926	3862
榆树市	47670	4759	41020	3747
德惠市	56341	33495	20276	2247
蛟河市	26818	8468	13567	2038
桦甸市	33346	9392	16648	14540
舒兰市	45684	16533	24649	3354
磐石市	37065	16300	18665	9707
公主岭市	58307	5994	44308	38203
双辽市	25465	4308	18943	2500
梅河口市	34262	8598	24325	6385
集安市	17883	5676	11454	1010
临江市	20128	12035	7423	3070
洮南市	26235	4959	19320	6720
大安市	28634	3939	20345	2125
延吉市	77935	24601	52692	8555
图们市	27448	20727	6539	2258
敦化市	58902	15290	19882	3999

3—2 续表 2

城　　市	年末单位从业人员数（人）	第二产业	第三产业	城镇登记失业人员数（人）
珲春市	25765	12133	10999	1589
龙井市	18877	7650	9703	1686
和龙市	24543	7801	8200	1844
黑 龙 江				
阿城市	62729	37422	22486	0
双城市	23382	2902	19386	1529
尚志市	49692	11436	20924	4000
五常市	48306	8747	26713	2617
讷河市	25876	5431	15526	3573
虎林市	26655	2892	12878	1702
密山市	21561	5352	14671	1686
铁力市	41781	8154	10375	265
同江市	7733	787	6640	1720
富锦市	22048	5247	14711	3000
绥芬河市	11758	1693	9939	1565
海林市	43420	9035	12596	4244
宁安市	34193	7560	12724	6374
穆棱市	31010	6419	14434	3674
北安市	31448	8534	15811	4715
五大连池市	28549	971	27397	1040
安达市	23606	5925	17311	2284
肇东市	41617	16032	24495	2079
海伦市	29826	3300	24283	15000
江　　苏				
江阴市	93270	40877	51171	4610
宜兴市	57065	16063	39437	3289
新沂市	51565	19238	31726	2591
邳州市	53357	7881	43150	3221
溧阳市	53203	20754	31387	2949
金坛市	44194	24286	19642	3321
常熟市	100015	44854	54999	5766
张家港市	93796	47648	39294	3412
昆山市	148763	117892	29997	5296
吴江市	79220	53422	25569	4116
太仓市	79664	58050	20999	2176
启东市	55895	27410	27045	2119
如皋市	50911	20425	29491	3509
通州市	55799	26449	28547	2221
海门市	56598	26233	26181	1698
东台市	56335	16628	28871	3866
大丰市	50156	21087	23660	4103

3—2 续表 3

城　　市	年末单位从业人员数（人）	第二产业	第三产业	城镇登记失业人员数（人）
仪征市	56611	36534	19643	4353
高邮市	35028	12299	21989	4088
江都市	53224	18386	33993	4309
丹阳市	58528	27499	28830	2948
扬中市	30611	15885	14684	710
句容市	38091	14782	20846	951
兴化市	51157	12651	36843	4859
靖江市	55894	28115	27598	3265
泰兴市	65295	29470	34825	4887
姜堰市	53338	25171	27549	3986
浙　　江				
建德市	24300	8900	15300	3519
富阳市	34500	10600	23800	4999
临安市	30500	12500	17900	3175
余姚市	46600	17100	29200	2291
慈溪市	46500	13900	31900	2332
奉化市	28500	10800	17600	2257
瑞安市	84414	50392	33945	372
乐清市	42340	10212	31851	2938
海宁市	42842	15082	27467	3487
平湖市	73558	53904	19195	2859
桐乡市	93680	64830	28372	3450
诸暨市	189700	152441	37040	5914
上虞市	49300	22419	26595	3069
嵊州市	44300	19928	24100	3140
兰溪市	40601	21827	18490	4050
义乌市	43437	5431	37882	3550
东阳市	105196	81106	23642	2060
永康市	26806	4955	21637	2087
江山市	23600	10000	13400	1431
温岭市	62600	32100	28700	3970
临海市	61500	29900	31100	2532
龙泉市	14500	4400	9600	756
安　　徽				
桐城市	22000	2000	19000	2510
天长市	31000	11000	19000	2389
明光市	24000	5000	15000	1855
界首市	26000	8000	17000	622
宁国市	32200	19700	12300	154

3－2续表4

城　市	年末单位从业人员数（人）	第二产业	第三产业	城镇登记失业人员数（人）
福　建				
福清市	141727	104758	34200	1515
长乐市	42556	24375	17572	22806
永安市	33707	17406	16028	3330
石狮市	60007	51334	8636	185
晋江市	252962	224337	28251	598
南安市	81646	49292	32140	868
龙海市	66057	39527	23409	2825
邵武市	29969	13840	14696	2913
武夷山市	18006	2385	13912	1600
建瓯市	19280	3286	14994	2730
建阳市	19001	5309	12207	1155
漳平市	18279	6718	10904	1391
福安市	31323	10834	20183	2405
福鼎市	18367	3192	14931	1938
江　西				
乐平市	44884	19873	20080	11178
瑞昌市	25118	11902	13062	1428
贵溪市	44115	28509	12746	2388
瑞金市	19510	6620	12451	1018
南康市	18280	2569	15579	1668
井冈山市	15355	4209	8712	333
丰城市	52213	25659	24388	8960
樟树市	27678	11271	14163	1556
高安市	28417	6626	20943	2500
德兴市	21259	8904	8319	1026
山　东				
章丘市	76341	45663	30449	1124
胶州市	140306	102942	29582	11533
即墨市	123624	89643	33304	4474
平度市	70231	33867	29541	1567
胶南市	82685	44301	36017	443
莱西市	87322	60885	26237	430
滕州市	130867	71755	58855	2814
龙口市	65426	38825	25800	1014
莱阳市	52420	20940	31160	764
莱州市	61790	33575	27400	955
蓬莱市	40520	20283	10237	1483
招远市	63089	47309	15180	1126
栖霞市	34996	12623	22235	1056
海阳市	30829	10648	19767	1038
青州市	48060	19443	26722	3424

3—2 续表 5

城　市	年末单位从业人员数（人）	第二产业	第三产业	城镇登记失业人员数（人）
诸城市	64966	34918	29192	4887
寿光市	68539	36325	30368	3940
安丘市	49229	20497	26881	2601
高密市	61928	35119	25030	2156
昌邑市	32148	12307	19664	1560
曲阜市	47817	16633	30861	2294
兖州市	42725	16913	24994	2449
邹城市	155944	122523	32529	5221
新泰市	122650	90289	31801	5632
肥城市	94184	66965	25585	3870
文登市	63427	37801	24994	922
荣成市	64459	36537	26725	570
乳山市	49247	27638	20968	946
乐陵市	23009	5848	16913	198
禹城市	247200	65200	52300	1211
临清市	40482	20643	19614	2951
河　南				
巩义市	56723	30179	26505	1594
荥阳市	46035	23284	22656	798
新密市	41038	15842	25174	1334
新郑市	38239	12983	25134	581
登封市	38452	12436	26016	310
偃师市	33866	8671	24744	1263
舞钢市	36598	23059	13239	1324
汝州市	42775	16098	26377	1468
林州市	65882	39477	25537	717
卫辉市	49056	17291	31355	1972
辉县市	38260	14565	23530	5309
济源市	69100	37763	30963	6824
沁阳市	26114	7901	12813	1068
孟州市	21924	8631	13117	1460
禹州市	54306	20709	33180	1297
长葛市	43118	6454	36508	401
义马市	53627	48411	5182	2024
灵宝市	47662	19654	26741	1681
邓州市	60873	15731	42219	3852
永城市	63062	26832	35858	1536
项城市	56729	24592	32043	800
湖　北				
大冶市	67718	37774	28609	2167

3—2 续表 6

城　　市	年末单位从业人员数（人）	第二产业	第三产业	城镇登记失业人员数（人）
丹江口市	40926	21092	18662	3601
宜都市	197968	50000	66600	1356
当阳市	40857	15906	15091	2378
枝江市	31276	19243	11636	5786
老河口市	50554	29659	20705	3909
枣阳市	49395	9811	31844	4000
宜城市	28038	10912	16886	3700
钟祥市	52386	17294	28713	11813
应城市	64965	33290	30943	3034
安陆市	39882	19916	18966	2063
汉川市	72729	30498	29480	3600
石首市	37732	15267	18281	5041
洪湖市	68309	12300	36009	4032
松滋市	35437	11891	22299	5325
麻城市	40590	8790	27059	9618
武穴市	36932	9831	26081	6200
赤壁市	45040	20120	21705	4500
广水市	38968	14385	23956	2573
恩施市	37972	9327	27779	1980
利川市	24609	4350	17713	1423
仙桃市	83398	36378	45988	2900
潜江市	143556	71452	28543	5000
天门市	49779	12464	36644	6350
湖　　南				
浏阳市	34742	4456	29696	3492
醴陵市	30730	9643	20973	1960
湘乡市	37393	14560	22725	2328
韶山市	4920	643	4270	183
耒阳市	46562	13522	32936	271
常宁市	39727	17416	21648	1100
武冈市	25141	6879	17164	2275
汨罗市	59472	7021	22290	6800
临湘市	20591	4289	15397	3904
津市市	16094	6198	9791	2390
沅江市	33079	7189	24747	2641
资兴市	36138	22982	12252	1031
洪江市	15092	2737	12078	379
冷水江市	56968	10684	8488	1312
涟源市	44088	3136	10846	672
吉首市	34309	8525	25618	1346

3—2 续表 7

城　　市	年末单位从业人员数（人）	第二产业	第三产业	城镇登记失业人员数（人）
广　东				
增城市	91933	58436	32425	2626
从化市	40241	20769	18891	2025
乐昌市	33593	15340	17493	1686
南雄市	17847	4492	13156	1024
台山市	45979	17972	27156	3440
开平市	61519	38339	22817	6709
鹤山市	39789	24214	15351	3109
恩平市	29860	13549	16210	0
廉江市	48769	11555	34856	5269
雷州市	61053	12966	37201	2548
吴川市	33733	10602	22823	4038
高州市	55403	15019	35814	2440
化州市	57212	13440	36242	3156
信宜市	32403	4656	27035	3010
高要市	21920	3928	17824	1251
四会市	42279	18409	23631	1143
兴宁市	39006	6563	31924	1820
陆丰市	41310	8063	28430	4276
阳春市	53529	24428	26791	2652
英德市	33801	10288	23075	2670
连州市	19836	5825	13781	618
普宁市	50827	7000	42400	2008
罗定市	46388	20752	24877	4986
广　西				
岑溪市	24609	3708	20652	1375
东兴市	6485	1113	4347	550
桂平市	34976	4761	29311	2965
北流市	50519	21182	27239	3068
宜州市	27967	10330	17637	1935
合山市	10795	6455	3923	509
凭祥市	8401	1004	7335	562
海　南				
五指山市	12901	2223	2995	1987
琼海市	37280	3729	17370	1350
儋州市	81677	9713	34499	2421
文昌市	217026	11816	66953	1276
万宁市	48782	2555	22216	1300
东方市	25996	4796	14305	346

3－2续表8

城　　市	年末单位从业人员数（人）	第二产业	第三产业	城镇登记失业人员数（人）
重　　庆				
江津市	99250	63317	34467	6485
合川市	61188	30735	29593	4214
永川市	61088	14885	33642	4700
南川市	30550	14011	16150	3600
四　　川				
都江堰市	50115	24612	25232	3001
彭州市	48381	29525	18500	1829
邛崃市	26504	12173	14177	1342
崇州市	27553	9174	18289	1212
广汉市	24875	7514	17326	1875
什邡市	31820	18038	13573	1143
绵竹市	36299	21276	14636	2674
江油市	47817	25261	22005	4120
峨眉山市	33528	18326	15200	2583
阆中市	21378	3084	16881	1669
华蓥市	16160	8385	7677	1236
万源市	19000	709	17693	1540
简阳市	41094	14058	24692	2898
西昌市	65874	14610	49461	2396
贵　　州				
清镇市	40079	26489	12376	3558
赤水市	19426	6629	9317	993
仁怀市	69300	29000	21000	1400
铜仁市	39472	11681	26986	1941
兴义市	52963	22200	30100	1352
毕节市	51241	12095	29240	1933
凯里市	45384	17648	27310	6971
都匀市	92165	28962	62776	3786
福泉市	18200	9100	8600	1064
云　　南				
安宁市	55857	41364	13584	2008
宣威市	41154	14585	26317	8543
楚雄市	40841	11681	29160	1842
个旧市	59557	40617	18266	5220
开远市	32752	16163	14084	4343
景洪市	52048	3782	25896	3328
大理市	86404	62735	16886	8377
瑞丽市	16150	2710	8214	617

3—2 续表 9

城　　市	年末单位从业人员数（人）	第二产业	第三产业	城镇登记失业人员数（人）
潞西市	28581	5757	19177	2084
西　　藏				
日喀则市	3475	634	0	0
陕　　西				
兴平市	47220	29142	17384	905
韩城市	42080	25510	15864	2596
华阴市	22589	10557	11615	23
甘　　肃				
玉门市	36337	17704	16410	6120
敦煌市	11836	1107	9001	792
临夏市	32600	8000	23100	2000
合作市	11970	1522	9957	0
青　　海				
格尔木市	18792	9339	8999	1391
德令哈市	10152	1652	7636	566
宁　　夏				
灵武市	17625	2229	9619	1750
青铜峡市	32474	17928	11608	1648
新　　疆				
吐鲁番市	24630	6730	17900	5041
哈密市	76400	21100	42300	5750
昌吉市	44725	14248	29134	1141
阜康市	13514	6294	6961	2774
米泉市	15605	6825	8362	2512
博乐市	13874	1565	7906	1519
库尔勒市	76602	31337	36176	3006
阿克苏市	34260	9059	21737	32343
阿图什市	20425	2938	16161	1185
喀什市	48879	19768	28545	0
和田市	19507	4889	14484	1975
伊宁市	55693	11781	42256	2047
奎屯市	13220	3521	9690	2240
塔城市	24600	2800	14000	728
乌苏市	29742	4719	11055	538
阿勒泰市	31973	3569	16214	1688
石河子市	74100	30700	30500	2400
阿拉尔市	46556	4641	7279	0
图木舒克市	22539	3349	6701	0
五家渠市	18232	5339	7281	0

3—3 土地资源

城　　市	行政区域土地面积（平方公里）	年末实有耕地面积（公顷）	城　　市	行政区域土地面积（平方公里）	年末实有耕地面积（公顷）
河　　北			额尔古纳市	28035	152304
辛集市	951	69521	根河市	20012	2168
藁城市	836	57258	丰镇市	2704	54930
晋州市	619	41955	乌兰浩特市	7814	25234
新乐市	525	28752	阿尔山市	7409	16084
鹿泉市	603	28014	二连浩特市	4015	330
遵化市	1521	52311	锡林浩特市	15758	14480
迁安市	1208	44771	**辽　　宁**		
武安市	1850	51931	新民市	3353	133665
南宫市	854	59744	瓦房店市	3793	67300
沙河市	999	27525	普兰店市	2973	60827
涿州市	742	46767	庄河市	4039	81016
定州市	1274	76989	海城市	2732	98898
安国市	486	32871	东港市	2445	90781
高碑店市	672	44317	凤城市	5513	62107
泊头市	1007	65928	凌海市	2743	89986
任丘市	1023	61164	北宁市	1694	73596
黄骅市	1803	61314	盖州市	2930	41187
河间市	1333	90714	大石桥市	1598	62050
霸州市	784	46087	灯塔市	1331	69733
三河市	643	35936	调兵山市	262	10308
冀州市	916	57346	开原市	2828	68146
深州市	1251	81095	北票市	4583	104827
山　　西			凌源市	3278	49568
古交市	1584	21676	兴城市	2147	60361
潞城市	630	18849	**吉　　林**		
高平市	946	35962	九台市	3100	158808
介休市	744	24240	榆树市	4724	307433
永济市	1221	48922	德惠市	3435	214340
河津市	593	23312	蛟河市	6364	80120
原平市	2560	76242	桦甸市	6543	101329
侯马市	221	9171	舒兰市	4557	136084
霍州市	764	18363	磐石市	3867	89704
孝义市	946	34157	公主岭市	4058	235509
汾阳市	1176	41629	双辽市	3121	101687
内　　蒙			梅河口市	2174	63537
霍林郭勒市	585	13105	集安市	3217	11313
满洲里市	732	1839	临江市	3009	8644
牙克石市	27590	111064	洮南市	5130	119899
扎兰屯市	16912	230165	大安市	4879	84991

3—3续表1

城　市	行政区域土地面积（平方公里）	年末实有耕地面积（公顷）	城　市	行政区域土地面积（平方公里）	年末实有耕地面积（公顷）
延吉市	1350	7282	通州市	1166	80569
图们市	1142	8208	海门市	939	60697
敦化市	11545	70353	东台市	2267	122321
珲春市	5145	24544	大丰市	2367	103624
龙井市	2591	34478	仪征市	901	50154
和龙市	5069	25125	高邮市	1962	77493
黑 龙 江			江都市	1330	69366
阿城市	2814	94963	丹阳市	1047	54526
双城市	3112	204354	扬中市	331	11310
尚志市	8910	100224	句容市	1387	47054
五常市	7512	249193	兴化市	2393	128634
讷河市	6648	375138	靖江市	665	29776
虎林市	9330	96274	泰兴市	1254	73501
密山市	7843	133642	姜堰市	1044	63585
铁力市	6444	72372	**浙　江**		
同江市	6300	105692	建德市	2364	18228
富锦市	4907	262192	富阳市	1808	21294
绥芬河市	422	2428	临安市	3124	19034
海林市	9837	63135	余姚市	1346	39583
宁安市	7924	120851	慈溪市	1154	43531
穆棱市	6673	73498	奉化市	1253	24656
北安市	7194	92883	瑞安市	1271	29025
五大连池市	9846	124627	乐清市	1174	24064
安达市	3586	113045	海宁市	668	34482
肇东市	3905	203252	平湖市	537	31139
海伦市	4667	272745	桐乡市	727	36975
江　苏			诸暨市	2311	43301
江阴市	988	48356	上虞市	1403	40643
宜兴市	2177	64576	嵊州市	1790	30444
新沂市	1571	79568	兰溪市	1310	29333
邳州市	2088	113702	义乌市	1103	21775
溧阳市	1535	66885	东阳市	1739	24745
金坛市	976	45065	永康市	1049	17721
常熟市	1094	61744	江山市	2019	24014
张家港市	772	40915	温岭市	836	33045
昆山市	865	39736	临海市	2171	30458
吴江市	1093	44284	龙泉市	3059	16934
太仓市	620	36558	**安　徽**		
启东市	1208	69753	桐城市	1644	50031
如皋市	1492	82254	天长市	1751	101106

3—3 续表 2

城　　市	行政区域土地面积（平方公里）	年末实有耕地面积（公顷）	城　　市	行政区域土地面积（平方公里）	年末实有耕地面积（公顷）
明光市	2359	110276	蓬莱市	1129	37096
界首市	666	44033	招远市	1433	41478
宁国市	2478	19701	栖霞市	2016	51949
福　　建			海阳市	1887	68972
福清市	1519	28684	青州市	1569	76738
长乐市	718	15137	诸城市	2183	119313
永安市	2942	14889	寿光市	2180	99778
石狮市	158	3255	安丘市	1928	106935
晋江市	722	21612	高密市	1603	95399
南安市	2035	28142	昌邑市	1812	84256
龙海市	1128	18000	曲阜市	896	43063
邵武市	2837	22685	兖州市	648	40135
武夷山市	2814	25468	邹城市	1619	65420
建瓯市	4233	32551	新泰市	1933	66351
建阳市	3383	30527	肥城市	1277	59150
漳平市	2951	11829	文登市	1645	56327
福安市	1880	23415	荣成市	1392	54919
福鼎市	1526	18372	乳山市	1668	54123
江　　西			乐陵市	1172	63034
乐平市	1974	35574	禹城市	990	53258
瑞昌市	1423	16736	临清市	960	66432
贵溪市	2313	32070	**河　　南**		
瑞金市	2448	23049	巩义市	1041	41710
南康市	1796	27665	荥阳市	908	47143
井冈山市	1298	8514	新密市	978	47160
丰城市	2845	83344	新郑市	873	47829
樟树市	1291	39100	登封市	1219	38010
高安市	2439	68130	偃师市	948	53950
德兴市	2082	12533	舞钢市	629	21560
山　　东			汝州市	1573	60900
章丘市	1855	81560	林州市	2046	58250
胶州市	1313	55609	卫辉市	882	41966
即墨市	1780	77956	辉县市	2007	60226
平度市	3166	158302	济源市	1894	41699
胶南市	1802	53882	沁阳市	624	27000
莱西市	1522	69561	孟州市	542	30170
滕州市	1485	77286	禹州市	1461	89780
龙口市	894	19487	长葛市	650	45020
莱阳市	1732	80115	义马市	112	3793
莱州市	1878	80411	灵宝市	3011	56866

3—3 续表 3

城　市	行政区域土地面积（平方公里）	年末实有耕地面积（公顷）	城　市	行政区域土地面积（平方公里）	年末实有耕地面积（公顷）
邓州市	2370	162950	资兴市	2747	20219
永城市	2020	137290	洪江市	2174	27382
项城市	1083	77900	冷水江市	439	7588
湖　北			涟源市	1895	53708
大冶市	1566	48100	吉首市	1057	10985
丹江口市	3121	20380	**广　东**		
宜都市	1357	22890	增城市	1471	39577
当阳市	2149	62650	从化市	1985	21639
枝江市	1310	44374	乐昌市	2421	33485
老河口市	1032	40597	南雄市	2361	43343
枣阳市	3277	97123	台山市	3286	44111
宜城市	2115	44900	开平市	1659	28439
钟祥市	4488	81068	鹤山市	1108	19498
应城市	1103	37722	恩平市	1698	21060
安陆市	1355	49580	廉江市	2840	55862
汉川市	1663	63740	雷州市	3662	90437
石首市	1427	45811	吴川市	849	25104
洪湖市	2519	111434	高州市	3276	58903
松滋市	2235	87410	化州市	3254	68746
麻城市	3599	54430	信宜市	3081	39001
武穴市	1246	33010	高要市	2200	36381
赤壁市	1723	28150	四会市	1260	21683
广水市	2647	74361	兴宁市	2105	36946
恩施市	3972	50340	陆丰市	1681	51306
利川市	4603	58900	阳春市	4054	45096
仙桃市	2538	94487	英德市	5671	88637
潜江市	2004	66412	连州市	2664	35190
天门市	2622	108305	普宁市	1620	31676
湖　南			罗定市	2328	36788
浏阳市	5008	74362	**广　西**		
醴陵市	2157	52603	岑溪市	2783	23813
湘乡市	2011	53069	东兴市	549	4127
韶山市	210	5853	桂平市	4704	74970
耒阳市	2656	61136	北流市	2457	37753
常宁市	2044	46889	宜州市	3869	42865
武冈市	1532	43988	合山市	350	6382
汨罗市	1764	42531	凭祥市	650	4658
临湘市	1744	34021	**海　南**		
津市市	558	18210	五指山市	1128	7223
沅江市	2020	62475	琼海市	1693	41504

3—3 续表 4

城　市	行政区域土地面积（平方公里）	年末实有耕地面积（公顷）	城　市	行政区域土地面积（平方公里）	年末实有耕地面积（公顷）
儋州市	3235	125682	大理市	1815	12811
文昌市	2403	59705	瑞丽市	1020	14969
万宁市	1884	28042	潞西市	2987	38444
东方市	2256	49686	**西　藏**		
重　庆			日喀则市	3654	12334
江津市	3219	104493	**陕　西**		
合川市	2356	111019	兴平市	509	34894
永川市	1576	63955	韩城市	1621	28039
南川市	2602	58513	华阴市	817	13442
四　川			**甘　肃**		
都江堰市	1208	19647	玉门市	13496	30793
彭州市	1420	35512	敦煌市	31200	17933
邛崃市	1384	32720	临夏市	89	4853
崇州市	1090	33723	合作市	2291	14153
广汉市	551	29830	**青　海**		
什邡市	863	21223	格尔木市	122285	3375
绵竹市	1245	29503	德令哈市	24596	10024
江油市	2720	39107	**宁　夏**		
峨眉山市	1168	14460	灵武市	4639	24098
阆中市	1877	34358	青铜峡市	2424	31405
华蓥市	466	8286	**新　疆**		
万源市	4065	26854	吐鲁番市	15738	11030
简阳市	2215	87950	哈密市	85587	19070
西昌市	2655	24994	昌吉市	7964	45510
贵　州			阜康市	11726	18830
清镇市	1492	54099	米泉市	9570	13760
赤水市	1801	25186	博乐市	7956	27570
仁怀市	1788	50775	库尔勒市	7117	37020
铜仁市	1514	32288	阿克苏市	18164	39740
兴义市	2911	91184	阿图什市	16151	8130
毕节市	3409	139836	喀什市	198	5050
凯里市	1306	34237	和田市	496	4750
都匀市	2274	45347	伊宁市	676	15800
福泉市	1688	40743	奎屯市	1110	1700
云　南			塔城市	4353	77920
安宁市	1321	8063	乌苏市	13729	48670
宣威市	6061	66034	阿勒泰市	10829	19150
楚雄市	4482	23159	石河子市	460	37320
个旧市	1587	12325	阿拉尔市	4196	81630
开远市	1950	15898	图木舒克市	1901	46480
景洪市	6959	32263	五家渠市	710	24153

3—4 综合经济

城　　市	地区生产总值（万元）	第一产业	第二产业	第三产业
河　　北				
辛集市	1087222	235332	481192	370698
藁城市	1395609	303016	616270	476323
晋州市	762933	126456	364021	272456
新乐市	716096	151809	348280	216007
鹿泉市	1119564	116762	675056	327746
遵化市	1678801	172535	890997	615269
迁安市	1788068	156445	1020439	611184
武安市	1752016	70024	1286378	395614
南宫市	333082	79540	171491	82051
沙河市	716624	45013	493974	177637
涿州市	843134	92750	350146	400238
定州市	1019457	334470	400231	284756
安国市	439154	100029	173500	165625
高碑店市	750994	76520	450407	224067
泊头市	577327	105694	289820	181813
任丘市	1266998	91563	818505	356930
黄骅市	689990	70428	416891	202911
河间市	946582	102168	521549	322865
霸州市	971202	92088	590252	288862
三河市	1200036	155002	684626	360408
冀州市	500016	81487	289428	129101
深州市	587677	145046	271300	171331
山　　西				
古交市	380089	11016	291340	77733
潞城市	417390	21368	295992	100030
高平市	386974	37165	237328	112481
介休市	533341	18035	390262	125044
永济市	282531	50478	162627	69426
河津市	1031666	21989	793864	215813
原平市	228316	45255	93470	89591
侯马市	279513	17799	148471	113243
霍州市	283827	15403	202949	65475
孝义市	613077	21395	427589	164093
汾阳市	321471	37350	170889	113232
内　　蒙				
霍林郭勒市	178670	5158	116101	57411
满洲里市	350215	13215	120000	217000
牙克石市	281630	75630	86800	119200
扎兰屯市	254064	83584	87629	82851

注：本表"地区生产总值"未按照全国第一次经济普查结果进行调整。

3—4 续表 1

城　市	地区生产总值（万元）	第一产业	第二产业	第三产业
额尔古纳市	101106	50089	22100	28917
根河市	200800	56083	56000	88717
丰镇市	363949	61332	245020	57597
乌兰浩特市	358105	33650	160996	163459
阿尔山市	42827	12662	11553	18612
二连浩特市	120402	1187	27374	91841
锡林浩特市	406790	31353	268007	107430
辽　宁				
新民市	1116936	241691	438624	436621
瓦房店市	1714818	316349	977693	420776
普兰店市	1387004	273814	868177	245013
庄河市	1360639	320141	733673	306825
海城市	2350238	230238	1230000	890000
东港市	1204389	246803	513712	443874
凤城市	664521	107502	357672	199347
凌海市	593516	205952	232527	155037
北宁市	522706	218754	119819	184133
盖州市	458528	135528	188000	135000
大石桥市	1360000	134651	751349	474000
灯塔市	635625	98625	303000	234000
调兵山市	132212	18452	63560	50200
开原市	415669	149540	162770	103359
北票市	218000	81210	67212	69578
凌源市	367508	87499	192009	88000
兴城市	410553	69388	176972	164193
吉　林				
九台市	798341	171621	324126	302594
榆树市	1150123	461242	203413	485468
德惠市	1085788	408862	345810	331116
蛟河市	625032	149254	233308	242470
桦甸市	770022	166904	320012	283106
舒兰市	734228	217869	219710	296649
磐石市	853901	191254	372089	290558
公主岭市	1001038	504121	198714	298203
双辽市	353090	95485	140574	117031
梅河口市	624812	148995	200124	275693
集安市	216036	39812	79613	96611
临江市	271492	37952	134178	99362
洮南市	247329	103206	63200	80923
大安市	325002	83002	115000	127000

3—4 续表 2

城　　市	地区生产总值（万元）	第一产业	第二产业	第三产业
延吉市	626035	16085	298250	311700
图们市	146266	6609	81275	58382
敦化市	485881	121236	229928	134717
珲春市	194248	26854	97148	70246
龙井市	139809	28857	57088	53864
和龙市	123202	29703	44355	49144
黑 龙 江				
阿城市	1015060	157473	506888	350699
双城市	1260943	381531	410371	469041
尚志市	883624	150111	427685	305828
五常市	865042	329475	188343	347224
讷河市	560760	222299	87821	250640
虎林市	197774	69719	48918	79137
密山市	260923	83358	85733	91832
铁力市	293752	84902	140260	68590
同江市	96884	43335	20454	33095
富锦市	322591	146987	51734	123870
绥芬河市	170031	2690	36608	130733
海林市	375466	65754	196619	113093
宁安市	371177	101354	135928	133895
穆棱市	404008	55453	201869	146686
北安市	154961	50662	33277	71022
五大连池市	128137	59768	13032	55337
安达市	533347	123579	175651	234117
肇东市	1133914	277463	459121	397330
海伦市	345196	134952	85052	125192
江　　苏				
江阴市	6379375	153175	3931000	2295200
宜兴市	3100293	156293	1872000	1072000
新沂市	665558	206958	245700	212900
邳州市	1009093	312393	395200	301500
溧阳市	1485350	148350	863000	474000
金坛市	1257840	126840	689500	441500
常熟市	5671658	162158	3388200	2121300
张家港市	5762039	123839	3706300	1931900
昆山市	5713281	113281	3890000	1710000
吴江市	3398073	146073	2132000	1120000
太仓市	2481198	145698	1500700	834800
启东市	1827266	312766	848700	665800
如皋市	1220036	223000	573000	424036

3—4 续表 3

城　市	地区生产总值（万元）	第一产业	第二产业	第三产业
通州市	2023223	229723	1100000	693500
海门市	2012057	215454	1073962	722641
东台市	1454500	390800	602500	461200
大丰市	1083088	322288	416100	344700
仪征市	884530	74530	563800	246200
高邮市	865376	232376	350000	283000
江都市	1685373	179573	886000	619800
丹阳市	2288957	149557	1308000	831400
扬中市	946413	35513	575300	335600
句容市	964459	112359	528500	323600
兴化市	1249125	342125	468800	438200
靖江市	1167351	84251	615600	467500
泰兴市	1599204	216204	789800	593200
姜堰市	1062420	152620	574100	335700
浙　江				
建德市	1025197	145056	546160	333981
富阳市	1767089	157395	1085713	523981
临安市	1343605	150072	756193	437340
余姚市	2527092	219600	1474964	832528
慈溪市	2956665	196739	1758994	1000932
奉化市	1110327	113951	626059	370317
瑞安市	2276479	102100	1302707	871672
乐清市	2525020	120380	1514440	890200
海宁市	2294656	139550	1458732	696374
平湖市	1485145	102722	935211	447212
桐乡市	2154947	140026	1301798	713123
诸暨市	2765555	246400	1630285	888870
上虞市	2003000	196900	1192100	614000
嵊州市	1224810	154110	679400	391300
兰溪市	1110315	89644	659173	361498
义乌市	2322972	89244	1216333	1017395
东阳市	1713359	90959	1116417	505983
永康市	1350793	52287	899293	399213
江山市	616401	107836	309560	199005
温岭市	2917810	270720	1563850	1083240
临海市	1505284	155634	838607	511043
龙泉市	272380	57190	114900	100290
安　徽				
桐城市	574808	127541	262622	184645
天长市	575000	156113	245232	173655

3—4 续表 4

城　　市	地区生产总值（万元）	第一产业	第二产业	第三产业
明光市	460503	137260	178342	144901
界首市	327100	101400	92900	132800
宁国市	559618	85323	288871	185424
福　　建				
福清市	3032798	365631	1788249	878918
长乐市	1389868	203122	857630	335458
永安市	753475	104921	354207	294347
石狮市	1425180	79293	761664	584223
晋江市	4388660	118331	2486649	1783680
南安市	2189659	145152	1210264	834243
龙海市	1699081	231947	993346	473788
邵武市	482859	103802	185192	193865
武夷山市	291820	65221	78452	148147
建瓯市	453633	142330	118375	192928
建阳市	332273	105680	105492	121101
漳平市	413191	80951	139132	193108
福安市	668526	126513	329697	212316
福鼎市	523599	134527	207880	181192
江　　西				
乐平市	538361	78540	258645	201176
瑞昌市	218140	41120	111850	65170
贵溪市	626431	77775	376261	172395
瑞金市	259397	69981	70801	118615
南康市	324610	82167	108253	134190
井冈山市	97673	20321	33669	43683
丰城市	652950	191000	233750	228200
樟树市	366200	94591	159000	112609
高安市	360132	102063	134772	123297
德兴市	325102	34967	211932	78203
山　　东				
章丘市	1780153	299165	920900	560088
胶州市	2170107	221333	1272869	675905
即墨市	2356585	276112	1228398	852075
平度市	2190414	412147	1051325	726942
胶南市	2267105	279901	1342108	645096
莱西市	1458304	226627	699623	532054
滕州市	2524250	263682	1551750	708818
龙口市	2445036	197626	1442185	805225
莱阳市	1311942	216752	686615	408575
莱州市	1983408	277473	1016386	689549

3—4 续表 5

城　　市	地区生产总值（万元）	第一产业	第二产业	第三产业
蓬莱市	1358379	136959	798625	422795
招远市	1623209	113209	995940	514060
栖霞市	795879	208943	332026	254910
海阳市	862796	213796	443000	206000
青州市	1256400	179278	665000	412122
诸城市	1763649	261640	1049508	452501
寿光市	2144497	366738	1095605	682154
安丘市	904412	262178	315570	326664
高密市	1020000	184925	538422	296653
昌邑市	990015	168456	517156	304403
曲阜市	1249770	110848	610622	528300
兖州市	1536016	170858	856058	509100
邹城市	2333219	187629	1511010	634580
新泰市	1811800	184619	1185600	441581
肥城市	1522200	191349	867600	463251
文登市	2679198	237106	1631320	810772
荣成市	3117500	382245	1848379	886876
乳山市	1500339	200818	835701	463820
乐陵市	575839	130339	283400	162100
禹城市	661919	130119	337800	194000
临清市	772300	127617	462900	181783
河　　南				
巩义市	1911889	44311	1465488	402090
荥阳市	1111442	108056	679251	324135
新密市	1246604	52014	822244	372346
新郑市	1244758	86795	782293	375670
登封市	853475	56828	568986	227661
偃师市	1625772	149304	1095181	381287
舞钢市	400627	44396	287378	68853
汝州市	985273	125992	556506	302775
林州市	807938	93945	541728	172265
卫辉市	315100	90182	98202	126716
辉县市	754242	116233	471377	166632
济源市	1205496	88662	833098	283736
沁阳市	801210	72375	468356	260479
孟州市	515267	63330	319763	132174
禹州市	1315741	149612	833653	332476
长葛市	1118017	125295	753860	238862
义马市	272968	3203	211251	58514
灵宝市	1059429	115748	629153	314528

3—4 续表 6

城　　市	地区生产总值（万元）	第一产业	第二产业	第三产业
邓州市	1112738	444235	375144	293359
永城市	1022536	310217	522951	189368
项城市	816028	176683	473168	166177
湖　　北				
大冶市	959641	125841	526000	307800
丹江口市	408179	55613	189322	163244
宜都市	513506	71809	290087	151610
当阳市	818464	170839	425283	222342
枝江市	630147	134269	268024	227854
老河口市	604000	134420	275100	194480
枣阳市	865000	290100	316100	258800
宜城市	384913	134733	141215	108965
钟祥市	989300	245000	391600	352700
应城市	894955	168490	442723	283742
安陆市	386902	112395	155588	118919
汉川市	1084468	201896	492025	390547
石首市	569817	106731	260089	202997
洪湖市	566530	186066	173537	206927
松滋市	609212	141164	266083	201965
麻城市	700640	189912	284095	226633
武穴市	606684	134815	269264	202605
赤壁市	650636	109643	338146	202847
广水市	547726	164226	232500	151000
恩施市	406775	133275	123000	150500
利川市	268621	132272	69267	67082
仙桃市	1383700	323896	565000	494804
潜江市	1064300	163500	550200	350600
天门市	1273954	275654	578300	420000
湖　　南				
浏阳市	1209731	254710	250362	399603
醴陵市	927352	167486	166226	469065
湘乡市	658716	192840	190209	190288
韶山市	118075	18519	18086	36778
耒阳市	769897	200147	196553	241306
常宁市	585673	152302	150114	193102
武冈市	310504	145607	144439	31745
汨罗市	535504	204656	156851	203641
临湘市	365200	89923	89925	132864
津市市	214434	63701	60941	73167
沅江市	499855	171750	170419	130873

3—4 续表 7

城　市	地区生产总值（万元）	第一产业	第二产业	第三产业
资兴市	492205	80250	79289	235597
洪江市	195138	73544	70677	40339
冷水江市	483731	26663	26073	266074
涟源市	417060	124290	123473	116416
吉首市	250421	25889	25401	86120
广　东				
增城市	2241436	238175	1495863	507398
从化市	1035823	102445	699077	234301
乐昌市	292823	71175	111158	110490
南雄市	300555	102431	87415	110709
台山市	1014600	145200	456700	412700
开平市	1343011	139505	664558	538948
鹤山市	943165	84620	516537	342008
恩平市	602126	108441	224528	269157
廉江市	815421	285383	222680	307358
雷州市	665733	286683	116593	262457
吴川市	412548	80945	177065	154538
高州市	1397792	440896	456127	500769
化州市	1332987	425122	381835	526030
信宜市	1123650	366163	404737	352750
高要市	1633257	405032	550177	678048
四会市	955418	228636	500600	226182
兴宁市	489005	134500	163967	190538
陆丰市	588009	211119	222841	154049
阳春市	681949	284274	214144	183531
英德市	509783	224793	150754	134236
连州市	300426	98685	112000	89741
普宁市	1789922	184031	905212	700679
罗定市	1073498	251593	444873	377032
广　西				
岑溪市	322196	131844	118602	71750
东兴市	122232	40117	34130	47985
桂平市	500413	197050	157083	146280
北流市	512031	183379	198305	130347
宜州市	374330	153101	106185	115044
合山市	95081	13863	53698	27520
凭祥市	74388	15478	15508	43402
海　南				
五指山市	71066	18196	9819	43051
琼海市	553273	281945	72521	198807

3—4 续表 8

城　　市	地区生产总值（万元）	第一产业	第二产业	第三产业
儋州市	711257	396747	96090	218420
文昌市	484747	239519	97332	147896
万宁市	395142	151493	86432	157217
东方市	347141	115965	148252	82924
重　　庆				
江津市	1297420	278431	510566	508423
合川市	1235254	226327	503450	505477
永川市	945672	177772	379127	388773
南川市	527251	124825	251544	150882
四　　川				
都江堰市	931691	109848	294287	527556
彭州市	738491	161630	244674	332187
邛崃市	860929	130706	389189	341034
崇州市	968000	112890	463832	391278
广汉市	732670	129400	342670	260600
什邡市	845529	116695	517932	210902
绵竹市	872578	135786	486557	250235
江油市	1000802	151648	441528	407626
峨眉山市	437955	60704	212646	164605
阆中市	353820	116625	119993	117202
华蓥市	336886	45941	182061	108884
万源市	252356	99203	85439	67714
简阳市	754791	224378	271223	259190
西昌市	714499	131225	287494	295780
贵　　州				
清镇市	438939	53605	279408	105926
赤水市	153251	50053	73363	29835
仁怀市	437143	78101	289485	69557
铜仁市	196823	45676	86608	64539
兴义市	491747	90791	246456	154500
毕节市	455731	118925	161782	175024
凯里市	324450	44898	139851	139701
都匀市	285551	40868	107747	136936
福泉市	219418	55023	98889	65506
云　　南				
安宁市	679647	41311	489443	148893
宣威市	470183	131385	185185	153613
楚雄市	641583	75619	396558	169406
个旧市	427565	30845	269091	127629
开远市	339093	52131	166823	120139
景洪市	387447	111501	107140	168806

3—4 续表 9

城　市	地区生产总值（万元）	第一产业	第二产业	第三产业
大理市	798276	82028	354907	361341
瑞丽市	113713	25292	22492	65929
潞西市	168811	52788	43104	72919
西　藏				
日喀则市				
陕　西				
兴平市	301650	68839	139460	82670
韩城市	426315	44693	291537	90774
华阴市	136858	16863	71943	47735
甘　肃				
玉门市	454921	25204	353801	75916
敦煌市	180628	55170	40377	85081
临夏市	92529	19029	27400	46100
合作市	43449	6408	12229	24812
青　海				
格尔木市	439569	5645	286920	146998
德令哈市	86300	6250	31320	48730
宁　夏				
灵武市	250488	32785	178028	39675
青铜峡市	375246	49520	254954	70772
新　疆				
吐鲁番市	203594	47643	59514	96437
哈密市	451496	64020	165751	221725
昌吉市	537641	114692	251431	171518
阜康市	297403	42287	193238	61878
米泉市	255176	44576	141099	69501
博乐市	231301	89838	54002	87461
库尔勒市	1739828	122919	1322116	294793
阿克苏市	319750	68898	76100	174752
阿图什市	70878	22829	14746	33303
喀什市	241015	14856	70289	155870
和田市	74042	8554	27053	38435
伊宁市	280206	28804	105730	145672
奎屯市	188826	12930	94680	81216
塔城市	165780	41342	35160	89278
乌苏市	339255	147415	93683	98157
阿勒泰市	150988	34348	31374	85266
石河子市	446120	49510	187145	209465
阿拉尔市	200782	126570	33178	41034
图木舒克市	83379	54956	11769	16654
五家渠市	125200	25500	44000	55700

3—5 主要农产品产量

城　　市	水果产量（吨）	肉类总产量（吨）	奶类产量（吨）	蔬菜产量（吨）	水产品产量（吨）
河　北					
辛集市	238630	85060	16224	1655516	501
藁城市	165153	125876	78423	2584938	150
晋州市	359305	60410	20000	296227	350
新乐市	30000	98700	50400	792415	50
鹿泉市	40200	56638	69377	884676	5116
遵化市	223668	98433	65409	638721	3648
迁安市	124483	88492	29033	755810	760
武安市	24015	44443	2150	112352	740
南宫市	21363	34588	1200	209416	210
沙河市	2764	29868	6510	67253	171
涿州市	29998	45880	14531	460048	1720
定州市	157845	121693	60017	2536421	504
安国市	33100	30525	10840	170651	21
高碑店市	15000	43619	5300	364612	230
泊头市	466424	39942	2350	99716	720
任丘市	29906	70932	6009	299250	15100
黄骅市	25519	13342	2000	42764	80347
河间市	29229	53157	1060	301218	450
霸州市	33540	22954	1790	716987	6400
三河市	114657	95585	4732	830723	13876
冀州市	77738	35460	2576	198766	1850
深州市	239979	51406	1535	228425	224
山　西					
古交市	692	4264	70	53070	100
潞城市	2263	4762	843	84139	120
高平市	15751	30803	1532	38339	203
介休市	5587	9243	5186	34280	40
永济市	45253	10017	2766	82417	12234
河津市	16401	4219	1816	40486	550
原平市	13599	14972	4065	31996	441
侯马市	5098	1319	324	100405	480
霍州市	5408	4263	1030	72972	40
孝义市	5854	10944	3149	50153	55
汾阳市	9501	13292	4887	37095	100
内　蒙					
霍林郭勒市	0	2968	2000	8166	20
满洲里市	180	2592	3575	43920	16168
牙克石市	0	14293	77216	26322	12
扎兰屯市	4386	36591	93636	80785	800

3—5 续表 1

城 市	水果产量（吨）	肉类总产量（吨）	奶类产量（吨）	蔬菜产量（吨）	水产品产量（吨）
额尔古纳市	0	3012	70126	6258	0
根河市	0	3797	2612	4411	12
丰镇市	439	29446	67079	105420	60
乌兰浩特市	712	16181	13408	83183	0
阿尔山市	0	1923	290	1522	0
二连浩特市	0	442	1400	2500	0
锡林浩特市	0	13427	40000	22372	40
辽 宁					
新民市	5412	109457	10571	416263	38478
瓦房店市	356210	93206	13011	518559	273151
普兰店市	245213	135403	14204	561906	138690
庄河市	185008	121887	1934	450151	326354
海城市	62949	140039	5289	620473	10630
东港市	81961	44000	6342	508990	282586
凤城市	17222	43070	712	254599	11534
凌海市	22896	86842	12816	594374	167398
北宁市	180927	127348	384	676207	10000
盖州市	358979	38698	1534	240903	140000
大石桥市	19200	63100	1942	253591	47394
灯塔市	26364	44817	10715	177547	35211
调兵山市	7828	22718	3854	109713	290
开原市	33490	133667	8268	546346	3275
北票市	13034	49667	4286	280502	350
凌源市	24248	36926	4000	396200	346
兴城市	9655	34861	1870	83729	158830
吉 林					
九台市	3186	137842	2759	280025	3700
榆树市	13019	314691	12247	535560	2900
德惠市	6050	482094	14029	746580	4015
蛟河市	42447	51816	417	180341	3305
桦甸市	130693	102141	12492	210821	3300
舒兰市	14500	139055	453	200115	6540
磐石市	72248	120167	453	267869	4300
公主岭市	7352	382176	8351	506627	730
双辽市	1097	72767	12210	70924	78
梅河口市	10741	163881	1606	146428	6107
集安市	17920	14134	0	34459	1010
临江市	7574	13869	453	68064	1250
洮南市	552	40036	33636	45120	211
大安市	147	52017	14960	105817	3530

3—5 续表 2

城　　市	水果产量（吨）	肉类总产量（吨）	奶类产量（吨）	蔬菜产量（吨）	水产品产量（吨）
延吉市	9416	5657	1560	75000	111
图们市	3045	2634	673	18294	68
敦化市	11786	32422	7935	127696	2857
珲春市	11993	5845	882	45488	773
龙井市	49695	10019	897	35302	400
和龙市	9680	7973	290	12223	173
黑 龙 江					
阿城市	3971	50651	51099	275388	6540
双城市	3645	75449	546020	162531	9683
尚志市	13347	38616	14096	139712	6228
五常市	22466	62562	23359	240407	10901
讷河市	789	113132	10966	188690	3230
虎林市	9047	9151	20310	43959	3570
密山市	9869	29891	32375	40178	17000
铁力市	0	29533	18770	161256	1361
同江市	160	7014	365	181384	2000
富锦市	2130	32621	185	137572	13400
绥芬河市	126	1202	165	16531	195
海林市	1511	12607	5590	127907	2850
宁安市	33397	29313	1253	240390	6454
穆棱市	43055	24586	2878	74481	1560
北安市	0	4269	39058	91489	1390
五大连池市	225	5650	13054	37382	2431
安达市	2149	37779	240630	392878	13100
肇东市	7215	146000	308209	450952	27000
海伦市	42	36673	38894	273324	6100
江　　苏					
江阴市	24506	61558	31163	326766	21480
宜兴市	20012	45047	430	357069	63582
新沂市	13210	63029	6284	1239967	34310
邳州市	34893	93834	3700	1960930	33200
溧阳市	74793	20729	0	224829	33365
金坛市	23147	22995	913	187933	37000
常熟市	13020	20222	21080	460963	40634
张家港市	49638	23335	25741	162367	18292
昆山市	33177	12684	9215	111284	58001
吴江市	26831	27340	156	161281	76136
太仓市	28716	43205	21000	322521	32856
启东市	92625	42088	150	593796	306608
如皋市	28283	76486	650	428633	19945

3—5 续表 3

城　　市	水果产量（吨）	肉类总产量（吨）	奶类产量（吨）	蔬菜产量（吨）	水产品产量（吨）
通州市	130760	46839	4099	385014	42407
海门市	104900	34889	163	420131	68831
东台市	455427	123658	3780	1479114	127090
大丰市	269911	75777	752	2241125	125930
仪征市	10237	35716	1655	166580	5600
高邮市	13014	53013	772	186143	134626
江都市	18389	58500	5060	312898	33818
丹阳市	4398	26000	1819	211032	28192
扬中市	3260	8800	550	63165	5635
句容市	73853	17700	9270	181260	17895
兴化市	34271	45976	1650	880258	138300
靖江市	9291	36684	630	198787	8610
泰兴市	4516	79542	5751	396717	17033
姜堰市	14641	57958	3823	613937	31224
浙　　江					
建德市	87152	21457	435	198293	9613
富阳市	22862	41696	5410	259006	5115
临安市	8051	30466	5155	122624	3188
余姚市	84419	29010	1800	814001	23526
慈溪市	118831	14910	1533	805309	52849
奉化市	71141	9786	1290	65473	84906
瑞安市	12015	10793	4867	345920	115781
乐清市	35571	11611	5979	178354	86474
海宁市	23981	42170	1980	208799	21118
平湖市	3604	24645	2212	193357	32018
桐乡市	8212	49178	170	445970	11422
诸暨市	41812	41270	195	396291	11700
上虞市	72176	35585	1200	805017	37053
嵊州市	53600	17473	1008	344536	3730
兰溪市	65264	27029	2769	109456	13416
义乌市	31972	38477	774	152804	5110
东阳市	18736	15567	357	127495	7980
永康市	21060	7931	105	98411	5512
江山市	39300	41398	367	225415	6965
温岭市	60531	38393	2416	455778	541162
临海市	155222	19798	776	237596	111300
龙泉市	7009	10678	89	146498	2220
安　　徽					
桐城市	1175	32274	20	254997	35280
天长市	360	39637	120	113408	48058

3—5 续表 4

城　　市	水果产量（吨）	肉类总产量（吨）	奶类产量（吨）	蔬菜产量（吨）	水产品产量（吨）
明光市	5142	57527	21	166885	57086
界首市	7591	37776	190	412583	4393
宁国市	2403	45792	0	89488	4400
福　　建					
福清市	51943	102078	4087	433530	244301
长乐市	16782	30053	9448	317721	173857
永安市	76995	28153	500	211842	8680
石狮市	1504	5286	343	46216	283630
晋江市	5650	38049	2495	147943	169702
南安市	83619	61792	2246	184216	56973
龙海市	124215	43563	1496	473809	305917
邵武市	42831	17833	9952	123729	16916
武夷山市	22418	11399	110	106205	10260
建瓯市	188397	20448	35991	383720	13057
建阳市	56820	16008	8567	175823	10975
漳平市	41272	20575	20	221671	6839
福安市	90581	20606	772	185394	63898
福鼎市	12239	9773	980	120662	219314
江　　西					
乐平市	2655	24425	0	530878	13966
瑞昌市	1743	12117	0	73942	23150
贵溪市	28150	30588	0	102670	13607
瑞金市	33699	32642	205	122745	13108
南康市	12822	41807	140	180149	18053
井冈山市	3513	5821	0	39764	1542
丰城市	2119	45795	0	329320	65300
樟树市	5134	74052	359	107041	31600
高安市	2749	50495	69	259446	30657
德兴市	3958	7541	11	36841	7000
山　　东					
章丘市	52529	93899	53497	1574719	8000
胶州市	63260	85678	56173	1457994	132895
即墨市	35955	114499	85858	846755	328111
平度市	236325	284367	32545	2251581	10500
胶南市	249529	107987	82000	965417	303833
莱西市	136994	143208	197000	1040000	11518
滕州市	64999	108193	1426	2883359	13200
龙口市	343879	31870	39886	207168	212016
莱阳市	258360	44189	67121	965282	23000
莱州市	239841	74197	30511	387583	295500

3－5 续表 5

城　　市	水果产量（吨）	肉类总产量（吨）	奶类产量（吨）	蔬菜产量（吨）	水产品产量（吨）
蓬莱市	371603	30204	5528	109955	235600
招远市	278783	27518	5858	66962	15100
栖霞市	1041591	27297	2058	156412	3600
海阳市	180573	25488	14200	583148	314349
青州市	104458	71001	11000	1642726	480
诸城市	56647	295091	32127	1095965	12578
寿光市	195187	110751	16133	3659634	450292
安丘市	229942	159516	3280	2129281	14421
高密市	100431	179240	41552	826923	8025
昌邑市	81208	129896	4322	833367	70318
曲阜市	20088	86043	11928	254000	567
兖州市	1512	96907	6899	844747	1620
邹城市	34360	82256	7318	574039	19977
新泰市	77133	130826	16546	1120950	4800
肥城市	141091	82838	10568	1762914	2302
文登市	105206	45191	85352	195692	440286
荣成市	155000	28774	46633	371133	1230000
乳山市	222420	22589	20094	372547	340000
乐陵市	285010	64356	1681	449399	2437
禹城市	22571	77748	2558	477209	13300
临清市	49377	32600	1800	543228	5950
河　　南					
巩义市	20695	19413	4000	56736	1138
荥阳市	27657	43099	45720	427822	1509
新密市	8993	24226	6323	75767	465
新郑市	60894	36925	10075	209690	430
登封市	21946	32719	1350	80371	755
偃师市	56350	42210	44759	481202	217
舞钢市	2296	16549	1256	75063	850
汝州市	14557	36670	979	233620	739
林州市	51452	47830	2511	123931	506
卫辉市	7504	71218	393	167629	1750
辉县市	12322	64424	2800	220476	550
济源市	35524	33406	4010	247216	5500
沁阳市	14041	24837	4606	336439	450
孟州市	134848	19826	8503	131903	740
禹州市	13501	83917	1050	278897	1020
长葛市	6021	69969	3000	364670	970
义马市	648	1694	201	19166	100
灵宝市	657417	17827	2750	315097	680

3—5 续表 6

城　　市	水果产量（吨）	肉类总产量（吨）	奶类产量（吨）	蔬菜产量（吨）	水产品产量（吨）
邓州市	25881	148999	4555	1691560	4550
永城市	201884	100008	2560	1178340	6400
项城市	25484	58695	2410	1069039	3360
湖　北					
大冶市	3066	37841	0	279067	45768
丹江口市	84080	21258	0	151772	20380
宜都市	113901	44488	8	113360	4582
当阳市	51904	62658	750	501842	45840
枝江市	237119	52858	0	170864	40038
老河口市	97243	33618	395	719359	22442
枣阳市	201491	94190	0	905493	40216
宜城市	43030	56004	0	352840	23375
钟祥市	119149	82633	29	697875	80078
应城市	116950	44048	0	526543	53009
安陆市	51177	47578	0	244509	32010
汉川市	47688	52554	0	574898	108009
石首市	24667	27790	0	293854	52275
洪湖市	3150	23500	0	238465	231470
松滋市	57940	83088	0	175150	23832
麻城市	3393	75929	12	584436	23777
武穴市	36519	83255	0	213455	36610
赤壁市	8073	17851	90	299853	32140
广水市	107037	42224	123	555668	30134
恩施市	15503	53218	380	348218	668
利川市	21406	48380	18	349920	2294
仙桃市	153136	72013	188	476378	222791
潜江市	23556	89564	0	643121	89506
天门市	72186	69708	3	540657	79454
湖　南					
浏阳市	89046	127923	1321	605178	21163
醴陵市	52608	87030	140	435988	18000
湘乡市	6520	126038	135	416134	25600
韶山市	1369	13865	15	29055	2456
耒阳市	72600	105429	320	407500	24500
常宁市	43907	77287	400	233312	20789
武冈市	24800	110871	620	156694	7500
汨罗市	127507	151724	251	250695	27784
临湘市	39568	35421	0	235805	20853
津市市	17450	27252	530	76805	14837
沅江市	56932	50688	0	137012	82050

3—5 续表 7

城　市	水果产量（吨）	肉类总产量（吨）	奶类产量（吨）	蔬菜产量（吨）	水产品产量（吨）
资兴市	74905	45684	32	116861	24999
洪江市	101670	38520	102	112218	3865
冷水江市	9751	18561	350	39419	2780
涟源市	14849	61402	35	247728	10191
吉首市	51891	9912	820	106918	1902
广　东					
增城市	73143	63063	5301	974402	37607
从化市	80574	28477	2125	388580	6338
乐昌市	65767	28813	3	240156	6308
南雄市	15786	37292	25	153365	16299
台山市	36924	44722	0	396421	436310
开平市	32509	48743	0	332728	27354
鹤山市	7807	35790	35	239121	29620
恩平市	17518	32595	0	108867	28737
廉江市	227676	107715	0	562878	107365
雷州市	268503	45270	80	387480	124348
吴川市	58516	38057	0	78398	36105
高州市	837411	160191	0	583715	69455
化州市	368057	121031	0	439936	98133
信宜市	483378	191821	250	258799	28001
高要市	133019	72429	0	904761	112630
四会市	111520	92888	0	278156	73967
兴宁市	69199	46282	1036	329720	13939
陆丰市	39366	49072	0	280198	212650
阳春市	140429	53322	0	351446	31092
英德市	53638	38986	5472	428799	17572
连州市	32973	22230	11	532377	5195
普宁市	173622	44634	1027	480645	10609
罗定市	67123	40180	3	229920	39136
广　西					
岑溪市	39578	77721	80	324773	11653
东兴市	8676	5713	150	37702	109685
桂平市	53896	101900	170	433831	46200
北流市	116134	74220	1524	380142	24410
宜州市	49840	53807	0	297691	8012
合山市	1402	6303	0	32715	681
凭祥市	5139	6120	0	19293	2466
海　南					
五指山市	13150	4218	0	11877	1880
琼海市	163093	69295	0	353187	74456

3—5 续表 8

城　　市	水果产量（吨）	肉类总产量（吨）	奶类产量（吨）	蔬菜产量（吨）	水产品产量（吨）
儋州市	54865	67741	225	306752	310673
文昌市	65593	60128	0	377142	99854
万宁市	80710	34153	0	147547	48495
东方市	172947	21903	0	184293	33073
重　庆					
江津市	104312	103609	696	738349	16733
合川市	23612	104356	1245	656718	13481
永川市	85965	90463	1752	425098	12065
南川市	20497	56738	832	205350	5728
四　川					
都江堰市	11993	60002	2545	177267	3300
彭州市	13933	75481	2609	650101	2705
邛崃市	43510	116360	1004	209657	6245
崇州市	7385	88424	3971	195216	8005
广汉市	19776	76071	1700	550462	8061
什邡市	12949	58815	600	352939	3900
绵竹市	26813	77551	4090	287728	5637
江油市	65521	77791	2003	256395	8030
峨眉山市	17991	46857	670	132818	2425
阆中市	72107	88597	501	362352	11580
华蓥市	3000	30575	280	84314	2314
万源市	7630	70091	30	129672	1720
简阳市	67456	162248	1032	285627	31603
西昌市	26457	62711	10636	282186	10180
贵　州					
清镇市	7150	23259	1119	74945	5027
赤水市	5870	25902	17	107470	902
仁怀市	16983	46561	40	120320	746
铜仁市	5011	19017	230	89795	1616
兴义市	18451	63276	780	233344	3193
毕节市	10780	59560	283	255327	368
凯里市	4951	19594	1093	177011	1801
都匀市	5675	20036	2350	78855	1152
福泉市	6729	14293	65	24280	435
云　南					
安宁市	13650	22020	3599	166660	820
宣威市	19229	152302	201	145586	2012
楚雄市	8059	34869	2229	74836	1408
个旧市	26203	18627	9377	89890	3795
开远市	6310	14002	376	94231	2647
景洪市	15488	9786	73	24829	6451

3—5续表9

城　　市	水果产量（吨）	肉类总产量（吨）	奶类产量（吨）	蔬菜产量（吨）	水产品产量（吨）
大理市	19665	49005	55327	172336	8803
瑞丽市	6748	5384	30	8031	3030
潞西市	3477	11396	698	35354	2780
西藏					
日喀则市	85	2115	5886	24488	0
陕　西					
兴平市	90584	26415	10800	134000	2800
韩城市	35086	5901	135	110527	680
华阴市	8346	2778	1216	23013	3185
甘　肃					
玉门市	2869	5034	4236	59658	80
敦煌市	44243	5222	5406	102536	326
临夏市	6379	7820	4488	53813	145
合作市	0	2089	5312	1684	0
青　海					
格尔木市	0	3242	811	30050	62
德令哈市	0	1990	499	3316	104
宁夏					
灵武市	40737	9620	50483	37464	2157
青铜峡市	46656	21947	29616	94895	2765
新　疆					
吐鲁番市	286485	22450	7340	62423	184
哈密市	53969	12410	5367	46023	720
昌吉市	40045	35503	82075	573340	7155
阜康市	5032	18635	12380	174202	242
米泉市	5860	28004	21005	157650	1408
博乐市	1683	11423	16802	15801	425
库尔勒市	74110	26350	21972	94285	706
阿克苏市	63540	22733	6650	169192	1333
阿图什市	35000	7888	9845	8128	155
喀什市	19335	11205	5228	191300	670
和田市	9033	3806	882	43250	460
伊宁市	18133	10282	35318	189192	2545
奎屯市	0	126	89	120	8
塔城市	3680	12445	14773	44080	800
乌苏市	2551	20007	9554	231066	1069
阿勒泰市	265	13343	31886	13000	377
石河子市	6210	7969	13431	254774	3308
阿拉尔市	27876	9785	1607	30327	1713
图木舒克市	17712	10359	5194	28816	428
五家渠市	1555	11247	8260	240101	930

3—6 固定资产投资

单位:万元

城　市	限额以上基本建设投资完成额	限额以上更新改造投资完成额	限额以上其他投资完成额	房地产开发投资完成额
河　北				
辛集市	138510	45640	18053	17241
藁城市	276173	14326	20380	6452
晋州市	98654	55080	32048	0
新乐市	41817	46625	100	33850
鹿泉市	259458	35442	8185	5539
遵化市	48562	139504	0	6703
迁安市	267974	110537	0	35456
武安市	222505	16680	112546	2924
南宫市	14430	11660	5525	475
沙河市	32300	25648	29823	12338
涿州市	167892	7124	109806	27106
定州市	212556	41769	58172	6410
安国市	67513	23917	110	0
高碑店市	94445	42641	740	32802
泊头市	25008	11011	5750	5642
任丘市	42150	5000	0	19075
黄骅市	34518	12702	15600	4060
河间市	9464	3340	0	25420
霸州市	267839	16520	0	22041
三河市	181699	44898	500	102173
冀州市	32272	31786	27100	448
深州市	47725	2860	4640	2950
山　西				
古交市	236589	72891	571	2125
潞城市	149933	93191	29443	1705
高平市	119658	33842	14230	6905
介休市	8615	4060	8680	490
永济市	72334	21888	3200	3700
河津市	605619	89965	350	20200
原平市	57197	2876	6411	242
侯马市	37528	42948	52224	21652
霍州市	142967	24228	2120	1550
孝义市	39599	42981	20811	9800
汾阳市	6601	97397	14031	0
内　蒙				
霍林郭勒市	14881	163921	0	6000
满洲里市	224628	5936	3197	18142
牙克石市	20889	18674	0	7378
扎兰屯市	47816	44285	1245	8516

3－6 续表 1

单位:万元

城　　市	限额以上基本建设投资完成额	限额以上更新改造投资完成额	限额以上其他投资完成额	房地产开发投资完成额
额尔古纳市	22866	915	7891	1043
根河市	9853	4680	155	7861
丰镇市	159782	0	84980	5340
乌兰浩特市	217103	13652	5462	22856
阿尔山市	16532	260	26659	360
二连浩特市	0	0	2650	0
锡林浩特市	210378	1069	11630	10459
辽　　宁				
新民市	85922	47607	18658	18957
瓦房店市	205302	7350	0	39208
普兰店市	60254	45541	0	14289
庄河市	115094	35088	1430	35211
海城市	160674	50153	210470	34651
东港市	137906	3958	26346	14631
凤城市	9527	38376	20700	14216
凌海市	32640	13932	8736	1385
北宁市	9893	2516	6254	5500
盖州市	18836	875	81096	9815
大石桥市	130812	41075	43145	20397
灯塔市	38918	16838	7245	8310
调兵山市	63499	21400	30159	2100
开原市	51175	39533	21309	22406
北票市	83400	7577	0	10480
凌源市	3697	3742	6161	19628
兴城市	12089	1235	0	32688
吉　　林				
九台市	70441	31706	14633	5358
榆树市	103601	0	0	0
德惠市	132097	24396	0	15178
蛟河市	145567	37306	39270	13930
桦甸市	181389	61300	6687	2992
舒兰市	148751	27548	73848	44515
磐石市	117280	80140	28845	5475
公主岭市	71100	28000	42300	1800
双辽市	24371	26053	0	350
梅河口市	46384	26796	0	12200
集安市	33809	7564	2596	6674
临江市	67514	16853	0	2360
洮南市	65000	11000	0	2300
大安市	16652	13095	22262	4420

3—6 续表 2

单位:万元

城　市	限额以上基本建设投资完成额	限额以上更新改造投资完成额	限额以上其他投资完成额	房地产开发投资完成额
延吉市	95290	24078	0	95937
图们市	15788	10062	0	2404
敦化市	75436	16326	0	34166
珲春市	39733	49257	0	9623
龙井市	24907	4938	11922	0
和龙市	31020	12000	0	3158
黑 龙 江				
阿城市	107441	29498	17710	10400
双城市	200535	35460	0	4756
尚志市	31203	16575	29378	2000
五常市	48126	8450	0	0
讷河市	18375	1730	8465	1620
虎林市	23845	2500	0	0
密山市	7570	9340	0	1261
铁力市	22620	6540	2210	11258
同江市	43241	0	1800	530
富锦市	40334	1400	4345	13825
绥芬河市	0	0	112934	15900
海林市	0	0	53809	1020
宁安市	0	0	52909	5100
穆棱市	0	0	45352	4100
北安市	3881	12957	2114	1006
五大连池市	33898	488	0	0
安达市	26900	17506	0	0
肇东市	42427	64384	0	3190
海伦市	0	0	0	900
江　苏				
江阴市	413910	308141	2119268	326535
宜兴市	300879	131647	888684	196415
新沂市	77300	142100	242586	16000
邳州市	194476	21800	307186	23256
溧阳市	163800	101477	407313	53270
金坛市	193699	66877	221997	87397
常熟市	357176	18164	1589760	295563
张家港市	400973	398691	1155366	248907
昆山市	204026	11	1706831	803983
吴江市	246836	9931	1641151	269617
太仓市	553350	1800	831104	190952
启东市	96296	35908	661975	90079
如皋市	83214	76287	486450	65510

3—6 续表 3

单位:万元

城 市	限额以上基本建设投资完成额	限额以上更新改造投资完成额	限额以上其他投资完成额	房地产开发投资完成额
通州市	127001	39202	686357	19333
海门市	141039	11917	660042	58346
东台市	48570	29890	471888	29520
大丰市	63898	13082	290417	21073
仪征市	108738	50512	307127	96028
高邮市	92907	6364	229119	70080
江都市	97873	12829	499108	95510
丹阳市	60271	75839	450858	65985
扬中市	30228	14093	252404	27841
句容市	56668	29196	297523	56347
兴化市	78575	9779	376871	52282
靖江市	54325	52973	262503	71601
泰兴市	120470	10424	522155	57655
姜堰市	78888	20572	499962	32395
浙 江				
建德市	63373	23064	8671	62737
富阳市	217303	51192	20535	141846
临安市	151959	58484	66259	122614
余姚市	260612	4233	10608	222741
慈溪市	392335	12108	38876	281064
奉化市	43827	2133	17875	75378
瑞安市	106974	6453	10756	143773
乐清市	213817	34465	13280	62970
海宁市	144243	29175	20063	137115
平湖市	410170	7230	248110	165425
桐乡市	194276	111460	7429	138057
诸暨市	213939	797	21528	137402
上虞市	130138	1274	13781	117634
嵊州市	120177	2051	212554	88452
兰溪市	158685	48879	55945	78344
义乌市	363988	18254	5927	383682
东阳市	233372	18000	33542	132624
永康市	167913	7703	27338	53945
江山市	96044	172289	900	59839
温岭市	80547	11800	29291	113491
临海市	257504	3631	885	86788
龙泉市	90373	28633	8209	22934
安 徽				
桐城市	65986	38356	67967	13125
天长市	17668	22778	12976	13737

3—6 续表 4

单位:万元

城　　市	限额以上基本建设投资完成额	限额以上更新改造投资完成额	限额以上其他投资完成额	房地产开发投资完成额
明光市	33804	21981	19182	12513
界首市	7239	7949	0	1300
宁国市	109760	49357	13280	42853
福　　建				
福清市	67930	171873	170627	91142
长乐市	27921	9839	285058	40133
永安市	51688	40175	14239	31226
石狮市	98871	68489	58852	34970
晋江市	213002	135987	54496	131016
南安市	43451	69975	30430	19510
龙海市	51389	31695	258065	87451
邵武市	137657	26588	27081	15909
武夷山市	65291	9444	57478	23231
建瓯市	53011	14635	15762	17235
建阳市	46272	15719	6298	12802
漳平市	51111	8121	530	7626
福安市	176623	32062	7714	33982
福鼎市	42341	40172	373	32748
江　　西				
乐平市	60250	22856	67003	12447
瑞昌市	156011	16099	2145	21618
贵溪市	159237	106191	5100	12901
瑞金市	38383	3268	4530	10407
南康市	17331	2500	50316	27802
井冈山市	38270	16539	2400	27074
丰城市	79599	68662	12300	35201
樟树市	85645	8063	5500	20579
高安市	80072	100	1106	11198
德兴市	35684	9958	9431	1982
山　　东				
章丘市	574953	298844	179653	47098
胶州市	1038654	18546	548975	78168
即墨市	883936	81399	46037	112696
平度市	286325	259818	175343	63163
胶南市	1062857	179543	38546	100573
莱西市	585149	41113	50730	34727
滕州市	542779	139944	16216	65473
龙口市	584357	649655	0	76808
莱阳市	349785	9123	93568	53652
莱州市	705440	221251	0	39478

3—6 续表 5

单位:万元

城 市	限额以上基本建设投资完成额	限额以上更新改造投资完成额	限额以上其他投资完成额	房地产开发投资完成额
蓬莱市	703400	98453	288910	65047
招远市	230403	229119	664669	32563
栖霞市	263508	40846	46200	22000
海阳市	413105	21380	80640	63110
青州市	552399	463880	39429	33704
诸城市	737865	340251	0	44850
寿光市	974060	345416	0	73020
安丘市	229187	557712	18988	47865
高密市	802905	141328	6443	54015
昌邑市	362659	373803	0	15838
曲阜市	126300	21785	141383	41466
兖州市	735462	12583	0	29677
邹城市	415584	172753	5350	34769
新泰市	573211	160991	96439	8070
肥城市	421402	206084	88224	30803
文登市	555691	580793	0	44679
荣成市	665905	492402	300000	79999
乳山市	488260	371857	0	124981
乐陵市	237545	53850	11500	19705
禹城市	276100	53581	11359	3200
临清市	30726	26779	53722	17290
河 南				
巩义市	529592	80199	6830	29150
荥阳市	166235	37207	0	3595
新密市	83626	9251	15166	445
新郑市	128145	6982	11444	21093
登封市	259539	3563	4532	0
偃师市	323461	8390	800	8739
舞钢市	26525	23184	1924	1795
汝州市	15833	14212	933	2795
林州市	135940	13235	0	6245
卫辉市	43864	61125	885	830
辉县市	207794	0	0	5000
济源市	361997	112056	35878	12494
沁阳市	77866	46487	0	6680
孟州市	87499	16728	0	7890
禹州市	170673	36877	2131	11334
长葛市	131546	61836	4961	900
义马市	35781	134779	5349	1537
灵宝市	82375	50746	0	1000

3—6 续表 6

单位:万元

城　　市	限额以上基本建设投资完成额	限额以上更新改造投资完成额	限额以上其他投资完成额	房地产开发投资完成额
邓州市	48226	7918	9570	630
永城市	220267	109483	0	5189
项城市	0	0	0	7073
湖　　北				
大冶市	130202	42577	11861	24800
丹江口市	17467	40079	829	5222
宜都市	39630	80739	6350	9207
当阳市	36230	45892	14013	6935
枝江市	74221	97688	1400	6887
老河口市	15085	32094	17910	1971
枣阳市	56590	33616	0	4447
宜城市	19363	16495	0	15701
钟祥市	52439	79316	0	3842
应城市	39038	53116	0	6932
安陆市	59231	21577	1175	6845
汉川市	55441	52530	4754	5707
石首市	30620	47574	0	3470
洪湖市	25586	21799	489	3907
松滋市	47604	28970	1696	6290
麻城市	76058	22418	4295	12848
武穴市	42850	18726	570	7180
赤壁市	228947	32167	20199	15487
广水市	93316	29748	9449	2238
恩施市	87500	34474	0	18558
利川市	39460	4293	0	1360
仙桃市	123047	90875	164563	25102
潜江市	157704	102884	60015	3285
天门市	120765	45225	0	4500
湖　　南				
浏阳市	343269	54881	11086	24554
醴陵市	13272	17694	2160	21133
湘乡市	27922	26900	2639	16234
韶山市	17704	7760	0	0
耒阳市	86731	39814	100	17013
常宁市	18591	34558	593	4315
武冈市	31881	2396	1699	11190
汨罗市	30977	51224	3733	7140
临湘市	35524	19145	640	1745
津市市	8753	13110	0	11891
沅江市	49231	46995	0	6150

3－6 续表 7

单位:万元

城　市	限额以上基本建设投资完成额	限额以上更新改造投资完成额	限额以上其他投资完成额	房地产开发投资完成额
资兴市	48084	38920	11936	4400
洪江市	20637	14246	0	8410
冷水江市	112318	64919	1526	0
涟源市	17144	35859	0	565
吉首市	64095	41679	15059	49021
广　东				
增城市	120466	16749	290689	228757
从化市	56988	35729	1941	56781
乐昌市	0	0	0	12849
南雄市	29179	7968	23443	10942
台山市	305774	24751	11704	27841
开平市	65504	11110	146213	22570
鹤山市	20505	54410	88302	63729
恩平市	0	0	0	0
廉江市	28333	0	41603	4031
雷州市	0	0	0	3974
吴川市	16022	5076	0	8284
高州市	0	0	0	16365
化州市	47194	6900	34773	778
信宜市	11980	27046	3883	4937
高要市	35130	48202	163130	5137
四会市	226202	6737	116248	21663
兴宁市	43320	4461	20565	35161
陆丰市	83096	13337	8020	0
阳春市	37261	10030	18357	16513
英德市	67600	93456	71157	10184
连州市	87883	4206	105	6575
普宁市	66602	17860	32800	25416
罗定市	118862	26890	67063	5744
广　西				
岑溪市	57043	2280	7999	2324
东兴市	30764	0	0	6983
桂平市	42192	3068	3650	36889
北流市	47349	7879	13592	8479
宜州市	47009	12695	1433	11532
合山市	20909	81959	277	5838
凭祥市	41311	275	835	1052
海　南				
五指山市	14211	800	0	600
琼海市	97699	2014	0	30163

3—6 续表 8

单位:万元

城　　市	限额以上基本建设投资完成额	限额以上更新改造投资完成额	限额以上其他投资完成额	房地产开发投资完成额
儋州市	72624	22152	0	294
文昌市	94065	450	228	26908
万宁市	63196	11329	0	0
东方市	50757	15617	4180	3466
重　　庆				
江津市	235194	98618	30467	76420
合川市	216175	18423	45828	56878
永川市	184380	69276	144621	334287
南川市	153110	48816	0	19845
四　　川				
都江堰市	261455	60140	36560	93201
彭州市	46988	84652	45515	13955
邛崃市	57680	26520	83712	9247
崇州市	63274	60048	77486	13876
广汉市	55506	38061	1061	38521
什邡市	33018	36220	0	18004
绵竹市	39253	68321	0	15059
江油市	49800	99624	21618	20878
峨眉山市	34611	69340	5319	23163
阆中市	118250	21379	3582	18270
华蓥市	52726	6715	16430	11051
万源市	40413	14450	0	3859
简阳市	66506	33423	8605	9161
西昌市	127019	41530	37998	20503
贵　　州				
清镇市	24049	79098	6473	17687
赤水市	67602	12891	3298	9571
仁怀市	26737	28550	0	6717
铜仁市	45600	13800	29800	32490
兴义市	76548	47912	21675	16015
毕节市	9101	26610	449	4395
凯里市	22680	32899	31530	44539
都匀市	24972	13237	4100	49952
福泉市	18962	24457	0	7084
云　　南				
安宁市	145311	92490	30490	0
宣威市	185086	22568	0	0
楚雄市	49437	35524	17305	0
个旧市	141928	12533	40416	0
开远市	86238	15962	5995	0
景洪市	127539	4597	2308	0

3—6 续表 9　　单位:万元

城　　市	限额以上基本建设投资完成额	限额以上更新改造投资完成额	限额以上其他投资完成额	房地产开发投资完成额
大理市	164269	40589	5138	0
瑞丽市	16898	2521	5323	0
潞西市	23461	2868	399	0
西　　藏				
日喀则市	2900	1200	800	900
陕　　西				
兴平市	64167	10659	0	2315
韩城市	223187	75078	1837	7226
华阴市	35373	12929	0	1150
甘　　肃				
玉门市	52550	75342	5781	0
敦煌市	44634	1428	26019	4000
临夏市	23873	469	16709	4289
合作市	42082	358	2336	0
青　　海				
格尔木市	99984	4386	324	9151
德令哈市	86637	14649	0	0
宁　　夏				
灵武市	151865	37253	1100	11761
青铜峡市	80470	83409	0	7422
新　　疆				
吐鲁番市	36371	2905	1260	6030
哈密市	64984	12748	10346	18793
昌吉市	118209	44589	7252	43626
阜康市	52160	16827	1300	4395
米泉市	58519	31024	2580	20088
博乐市	17828	2229	0	12586
库尔勒市	1028773	75674	18687	137004
阿克苏市	94974	9394	15457	0
阿图什市	23184	0	5954	12421
喀什市	113396	24279	10562	23868
和田市	53171	2903	420	6559
伊宁市	68816	13418	6141	60556
奎屯市	40052	12008	0	17618
塔城市	22980	8075	41010	4687
乌苏市	41912	15758	0	5128
阿勒泰市	24606	480	5111	3015
石河子市	189813	32981	3576	38228
阿拉尔市	52729	6771	31098	12180
图木舒克市	10685	14236	6500	5500
五家渠市	17464	13791	8253	5269

3—7 商业经济

城　　市	限额以上批发零售贸易业商品销售总额（万元）	当年合同外资金额（万美元）	实际使用外资金额（万美元）	出口总额（万美元）
河　　北				
辛集市	54002	271	1139	46122
藁城市	1847	1316	1908	7400
晋州市	1929	161	212	13900
新乐市	4087	540	305	3961
鹿泉市	18172	1232	209	4927
遵化市	22048	1682	1448	3519
迁安市	61011	681	1258	3730
武安市	58419	2127	965	2297
南宫市	8832	500	512	2200
沙河市	5361	716	450	0
涿州市	47492	365	56	7570
定州市	28636	636	257	4300
安国市	0	0	0	950
高碑店市	10799	61	0	19900
泊头市	5064	550	513	2810
任丘市	32042	1680	721	1968
黄骅市	31331	2453	386	5189
河间市	50911	3626	544	2520
霸州市	60539	174	1029	4592
三河市	29795	4902	9494	4345
冀州市	25765	1347	0	1020
深州市	5167	717	0	3145
山　　西				
古交市	35861	0	0	0
潞城市	17169	51	0	1577
高平市	46773	0	0	1166
介休市	79132	172	0	36110
永济市	27980	0	980	0
河津市	10635	0	0	0
原平市	42253	0	0	0
侯马市	17967	65	100	506
霍州市	31386	0	0	48
孝义市	100438	0	7000	2041
汾阳市	30646	1494	0	184
内　　蒙				
霍林郭勒市	0	80	80	0
满洲里市	24084	312	312	7312
牙克石市	25705	0	0	298
扎兰屯市	7978	582	582	338

3－7 续表 1

城　　市	限额以上批发零售贸易业商品销售总额（万元）	当年合同外资金额（万美元）	实际使用外资金额（万美元）	出口总额（万美元）
额尔古纳市	2440	0	0	0
根河市	2941	100	0	0
丰镇市	7453	11	11	203
乌兰浩特市	63727	200	200	1300
阿尔山市	1114	0	0	0
二连浩特市	3074	12000	700	16667
锡林浩特市	18401	0	315	121
辽　　宁				
新民市	101767	3480	3340	1031
瓦房店市	29363	14010	12255	22658
普兰店市	81094	12600	12500	27500
庄河市	14750	14055	11147	21693
海城市	157786	18045	8324	49888
东港市	2411	4040	2009	26959
凤城市	0	2728	1056	4590
凌海市	35570	2300	400	18611
北宁市	37087	0	307	0
盖州市	13266	7514	1439	14038
大石桥市	66793	12387	3717	29021
灯塔市	9696	3447	705	701
调兵山市	0	1723	851	909
开原市	4496	5461	1719	1474
北票市	17000	650	388	264
凌源市	3305	500	319	162
兴城市	7332	0	0	5685
吉　　林				
九台市	26234	0	0	0
榆树市	0	1950	0	1950
德惠市	28436	1940	1940	5800
蛟河市	12052	4660	1886	363
桦甸市	12286	3698	1700	490
舒兰市	11982	3200	762	1505
磐石市	60040	3064	1547	420
公主岭市	309119	550	550	1395
双辽市	27530	0	0	0
梅河口市	14354	4078	2131	2616
集安市	12383	0	0	1193
临江市	5546	0	0	1036
洮南市	3500	0	0	0
大安市	10530	2258	2135	478

3—7 续表 2

城　　市	限额以上批发零售贸易业商品销售总额（万元）	当年合同外资金额（万美元）	实际使用外资金额（万美元）	出口总额（万美元）
延吉市	131030	3829	16665	7395
图们市	0	1021	6232	10835
敦化市	18123	834	6894	7421
珲春市	5493	3555	12721	21160
龙井市	661	850	2342	2307
和龙市	0	761	4470	6793
黑 龙 江				
阿城市	12420	1414	1050	943
双城市	923	56725	33697	1416
尚志市	7699	4483	993	5530
五常市	10203	1210	150	241
讷河市	6718	7196	7196	122
虎林市	11818	250	246	3505
密山市	82033	0	0	5725
铁力市	0	2147	217	747
同江市	8699	0	0	20592
富锦市	14159	0	0	46
绥芬河市	0	4626	3222	124180
海林市	0	431	31	1440
宁安市	0	864	24	498
穆棱市	0	1292	0	190
北安市	33156	24	24	3887
五大连池市	10747	0	16	170
安达市	15094	0	0	188
肇东市	8277	2000	1918	2500
海伦市	15300	300	200	44
江　　苏				
江阴市	2225764	150100	55102	222857
宜兴市	571341	50473	16517	62197
新沂市	0	7936	2859	3531
邳州市	0	7223	4811	10183
溧阳市	149564	29305	6211	16506
金坛市	167215	31977	5264	30474
常熟市	1533834	157588	55396	237295
张家港市	1269543	130302	27761	300501
昆山市	548210	239583	95534	1283981
吴江市	337930	121647	55420	491976
太仓市	438080	93011	18357	146487
启东市	754056	56077	11626	17356
如皋市	890841	50908	10483	23882

3—7 续表 3

城　市	限额以上批发零售贸易业商品销售总额（万元）	当年合同外资金额（万美元）	实际使用外资金额（万美元）	出口总额（万美元）
通州市	186685	58140	12432	59251
海门市	932114	56150	14819	27130
东台市	0	6313	2135	9129
大丰市	0	5471	1663	8131
仪征市	141316	20846	12015	6103
高邮市	63395	8445	4072	10000
江都市	144546	18371	10003	9356
丹阳市	0	52369	5488	31518
扬中市	0	41468	10053	6572
句容市	0	58205	13255	12983
兴化市	0	3065	1638	4319
靖江市	0	11901	10474	27212
泰兴市	0	17185	10625	20315
姜堰市	0	9918	5285	10531
浙　江				
建德市	80636	8884	3586	17714
富阳市	523288	19910	7311	25088
临安市	143976	11413	4007	25239
余姚市	388889	60540	29043	165356
慈溪市	883280	53794	28102	223269
奉化市	234024	6222	4544	61671
瑞安市	589759	10455	3694	58692
乐清市	427212	7024	1172	41278
海宁市	535403	37964	16126	110926
平湖市	268459	30293	14254	117264
桐乡市	449310	31423	11596	53748
诸暨市	474254	31696	15027	88589
上虞市	434785	26221	13535	57510
嵊州市	122522	14002	5066	32998
兰溪市	241938	7338	4048	14733
义乌市	628741	12516	12293	86624
东阳市	288804	6038	4278	63719
永康市	267855	3648	4297	78371
江山市	36662	1205	282	2505
温岭市	715750	4182	4558	74860
临海市	223962	4878	2007	48942
龙泉市	59799	36	48	3714
安　徽				
桐城市	19812	135	138	4293
天长市	37301	129	129	6724

3—7 续表 4

城　市	限额以上批发零售贸易业商品销售总额（万元）	当年合同外资金额（万美元）	实际使用外资金额（万美元）	出口总额（万美元）
明光市	4620	324	387	382
界首市	6838	25	0	115
宁国市	82443	254	2197	4548
福　建				
福清市	152180	20202	20289	341453
长乐市	7157	18192	15523	10193
永安市	11245	1026	937	1610
石狮市	196722	26706	20555	31887
晋江市	520007	80249	36095	272000
南安市	116300	9101	9188	19236
龙海市	77230	11782	8007	76767
邵武市	29601	8565	7725	2175
武夷山市	27217	6988	6025	1377
建瓯市	96079	3703	2851	1608
建阳市	15497	3466	3211	3534
漳平市	9909	268	252	586
福安市	87311	2113	1931	14471
福鼎市	53824	1875	1685	1529
江　西				
乐平市	4000	187	146	1212
瑞昌市	25876	3500	1605	3912
贵溪市	33897	1900	1343	1286
瑞金市	16652	6440	4362	7301
南康市	26938	3551	2180	328
井冈山市	0	0	0	188
丰城市	119892	7853	2061	889
樟树市	137001	2643	2014	534
高安市	74450	200	1548	484
德兴市	6642	1025	1025	1402
山　东				
章丘市	36602	8080	10996	8544
胶州市	105875	120572	66000	175764
即墨市	385656	151310	61623	122936
平度市	414884	66021	36782	37075
胶南市	226817	142403	59480	75574
莱西市	103558	83900	45648	65112
滕州市	176934	3390	2597	4559
龙口市	634269	45516	19044	41437
莱阳市	245392	34981	16760	33197
莱州市	410174	30066	14849	36713

3—7 续表 5

城　市	限额以上批发零售贸易业商品销售总额（万元）	当年合同外资金额（万美元）	实际使用外资金额（万美元）	出口总额（万美元）
蓬莱市	343547	47579	18100	19412
招远市	119249	44788	19240	29899
栖霞市	42154	12533	6523	9644
海阳市	80347	34403	18744	13853
青州市	228828	14791	7886	9536
诸城市	872771	14306	8943	34665
寿光市	254043	19752	10266	28256
安丘市	88462	10049	7405	11336
高密市	206644	12096	8885	29034
昌邑市	35069	9380	6406	10828
曲阜市	49078	9215	3760	3437
兖州市	65665	11035	3337	4650
邹城市	131133	23349	21404	15192
新泰市	125771	6025	4277	3094
肥城市	167273	5535	4498	11986
文登市	93921	124155	33314	48726
荣成市	121887	99923	34448	51640
乳山市	51751	40873	19981	25334
乐陵市	12040	4561	3371	3371
禹城市	5901	6477	1920	5654
临清市	21249	617	608	10410
河　南				
巩义市	65316	4168	5058	15634
荥阳市	64882	0	702	2264
新密市	82686	0	0	691
新郑市	115984	6298	5713	6834
登封市	56186	8465	4812	963
偃师市	23929	701	3630	495
舞钢市	49373	365	114	3269
汝州市	45878	1200	124	6
林州市	111034	41	0	809
卫辉市	56398	0	0	0
辉县市	73134	796	28	800
济源市	235104	2587	1861	21768
沁阳市	59560	70	300	2400
孟州市	56871	780	600	5400
禹州市	109836	287	458	0
长葛市	58361	403	463	0
义马市	24578	836	676	1673
灵宝市	56765	210	511	1447

3—7 续表 6

城　　市	限额以上批发零售贸易业商品销售总额（万元）	当年合同外资金额（万美元）	实际使用外资金额（万美元）	出口总额（万美元）
邓州市	83841	126	0	33
永城市	55395	175	93	781
项城市	19704	4455	787	2972
湖　　北				
大冶市	83100	3525	1310	494
丹江口市	13309	531	404	1221
宜都市	21912	1392	1392	887
当阳市	8933	620	145	0
枝江市	31718	3000	422	960
老河口市	19553	247	100	484
枣阳市	40278	76	76	251
宜城市	16102	326	302	2296
钟祥市	45201	1200	1200	1654
应城市	38901	310	960	266
安陆市	21106	1579	1088	600
汉川市	14500	1198	1198	1960
石首市	9680	1537	1537	7038
洪湖市	33391	3400	800	1723
松滋市	22418	0	0	494
麻城市	5100	503	503	311
武穴市	210892	390	186	2177
赤壁市	29885	90861	5068	3237
广水市	12768	6171	303	1135
恩施市	72598	145	145	235
利川市	3688	0	0	65
仙桃市	133734	1052	2034	6921
潜江市	89750	1289	1208	4557
天门市	48956	3397	395	2215
湖　　南				
浏阳市	40657	1334	661	11000
醴陵市	30686	2905	2114	24102
湘乡市	11519	2012	884	1118
韶山市	0	870	594	1784
耒阳市	28155	2416	1470	56
常宁市	8219	1652	1468	180
武冈市	9938	435	0	500
汨罗市	10252	235	150	2206
临湘市	8052	4800	3320	1348
津市市	12161	861	206	531
沅江市	12762	928	431	39

3—7 续表 7

城　　市	限额以上批发零售贸易业商品销售总额（万元）	当年合同外资金额（万美元）	实际使用外资金额（万美元）	出口总额（万美元）
资兴市	9561	360	228	690
洪江市	2841	150	50	250
冷水江市	12732	817	478	4615
涟源市	21228	1008	845	295
吉首市	13214	2228	516	0
广　东				
增城市	401554	25600	17400	58800
从化市	136640	9624	5497	65333
乐昌市	1306	3043	1210	2461
南雄市	43194	3801	3752	435
台山市	49921	13998	7302	70809
开平市	276828	13331	9935	81571
鹤山市	94663	19268	6168	54097
恩平市	63775	6077	3538	8034
廉江市	77046	1881	276	8225
雷州市	93208	1538	192	2611
吴川市	44332	0	811	2938
高州市	103956	1223	811	13470
化州市	52862	2590	554	1981
信宜市	102376	1211	701	10684
高要市	33702	6800	7560	15824
四会市	37726	58696	25869	22502
兴宁市	59417	1239	3738	2082
陆丰市	79168	2435	2778	3626
阳春市	37173	3961	1020	9120
英德市	87084	10140	1528	1510
连州市	15350	3472	3686	1627
普宁市	198415	9476	5927	26365
罗定市	50954	2780	1256	9888
广　西				
岑溪市	21831	1583	1960	2151
东兴市	0	904	229	3156
桂平市	38845	593	499	781
北流市	47649	239	341	9720
宜州市	11276	1	1	0
合山市	17137	0	0	0
凭祥市	1693	0	0	3
海　南				
五指山市	0	0	0	0
琼海市	13039	1539	1125	0

3—7续表8

城　　市	限额以上批发零售贸易业商品销售总额（万元）	当年合同外资金额（万美元）	实际使用外资金额（万美元）	出口总额（万美元）
儋州市	17187	140	204	1715
文昌市	15600	0	2685	2262
万宁市	0	3000	1350	1130
东方市	32532	0	0	4964
重　　庆				
江津市	42258	1240	912	3373
合川市	37260	858	608	822
永川市	129180	252	252	2565
南川市	38811	800	462	5075
四　　川				
都江堰市	14078	1325	2855	1389
彭州市	736	10499	2058	2410
邛崃市	0	8	5	185
崇州市	0	214	114	1148
广汉市	76273	2031	818	2885
什邡市	14703	2200	870	3651
绵竹市	4132	2124	810	5300
江油市	33704	467	381	660
峨眉山市	0	2001	1990	7765
阆中市	192414	461	174	1741
华蓥市	6675	232	49	1581
万源市	0	0	0	0
简阳市	40924	78	245	1125
西昌市	168292	1321	328	1258
贵　　州				
清镇市	19073	0	0	0
赤水市	4708	0	0	0
仁怀市	7617	0	0	6798
铜仁市	8152	0	0	200
兴义市	25670	0	0	0
毕节市	7897	0	0	0
凯里市	72244	0	0	0
都匀市	12036	321	110	0
福泉市	14076	0	0	0
云　　南				
安宁市	564598	130	100	1584
宣威市	158866	90	13	890
楚雄市	373276	4466	145	4927
个旧市	119791	0	0	20285
开远市	159771	0	0	3115
景洪市	116445	0	0	1048

3—7 续表 9

城　　市	限额以上批发零售贸易业商品销售总额（万元）	当年合同外资金额（万美元）	实际使用外资金额（万美元）	出口总额（万美元）
大理市	463044	213	213	0
瑞丽市	168754	0	0	30453
潞西市	80902	0	0	3128
西　藏				
日喀则市	0	0	0	0
陕　西				
兴平市	16468	874	927	0
韩城市	19369	0	0	0
华阴市	5880	0	125	110
甘　肃				
玉门市	94837	0	0	0
敦煌市	26458	0	0	0
临夏市	22172	0	0	0
合作市	27015	0	0	1193
青　海				
格尔木市	13457	0	0	0
德令哈市	16035	0	0	0
宁　夏				
灵武市	16550	97	15	6225
青铜峡市	17989	0	0	3765
新　疆				
吐鲁番市	90699	0	0	217
哈密市	97705	615	109	1351
昌吉市	19328	16523	4291	7351
阜康市	13514	0	0	0
米泉市	7189	0	0	51
博乐市	21400	0	0	0
库尔勒市	278029	2500	110	1074
阿克苏市	199047	0	0	491
阿图什市	4797	0	0	1148
喀什市	116704	0	0	4443
和田市	45232	0	0	0
伊宁市	29035	0	0	5586
奎屯市	1187	0	0	0
塔城市	239867	0	0	2736
乌苏市	14359	0	0	0
阿勒泰市	165513	0	0	0
石河子市	466614	2363	0	3708
阿拉尔市	0	375	375	0
图木舒克市	4739	0	0	0
五家渠市	97344	0	0	791

3—8 教 育

城 市	普通中学数（所）	小学数（所）	普通中学教师数（人）	小 学教师数（人）	普通中学在校学生数（人）
河 北					
辛集市	56	204	3628	2563	40535
藁城市	49	181	3520	3136	69980
晋州市	32	177	2115	2214	43016
新乐市	30	105	2193	1938	42503
鹿泉市	26	106	2155	1711	33728
遵化市	47	166	4065	2905	60915
迁安市	55	184	4209	3057	70047
武安市	64	416	3626	3672	71197
南宫市	46	199	2031	2241	39886
沙河市	45	208	2396	2750	51447
涿州市	36	119	2342	2247	41452
定州市	71	315	4650	5842	98720
安国市	26	158	1723	2120	33620
高碑店市	39	134	3097	3098	41709
泊头市	40	183	2139	2997	38362
任丘市	69	167	4198	4262	65249
黄骅市	36	159	2024	3093	40055
河间市	53	234	2961	3783	63750
霸州市	25	150	2156	3800	38826
三河市	29	106	2772	2316	45539
冀州市	31	127	1774	1799	35186
深州市	48	222	2264	2796	43822
山 西					
古交市	15	150	782	1068	11932
潞城市	14	168	826	1475	15548
高平市	46	300	2253	2300	34247
介休市	34	140	2196	2033	29483
永济市	38	229	2236	2304	38145
河津市	55	153	2483	2462	36905
原平市	84	445	2467	2782	36200
侯马市	27	72	1203	1341	16078
霍州市	37	169	1650	1817	27238
孝义市	48	294	2783	2769	42500
汾阳市	34	232	1591	2250	24899
内 蒙					
霍林郭勒市	5	12	302	365	4860
满洲里市	12	21	870	821	13720
牙克石市	41	36	1743	1580	26469
扎兰屯市	36	161	1449	2145	18505

3—8 续表 1

城　　市	普通中学数（所）	小学数（所）	普通中学教师数（人）	小　学教师数（人）	普通中学在校学生数（人）
额尔古纳市	11	13	479	514	5661
根河市	18	14	825	954	9217
丰镇市	12	60	724	1517	14110
乌兰浩特市	20	55	1533	1562	25044
阿尔山市	4	8	164	254	1699
二连浩特市	4	7	144	173	3007
锡林浩特市	12	18	1038	900	21881
辽　　宁					
新民市	38	194	2098	3162	32070
瓦房店市	37	245	2662	3384	56138
普兰店市	40	240	2646	3084	46993
庄河市	34	274	2727	3130	49864
海城市	54	404	3718	5981	57240
东港市	36	203	2357	2552	42280
凤城市	30	235	1777	2904	22318
凌海市	28	116	1546	2121	26834
北宁市	30	161	1646	2046	21776
盖州市	33	202	2158	2893	30273
大石桥市	31	192	2332	2919	47598
灯塔市	20	154	1913	2281	19901
调兵山市	13	12	818	1032	10055
开原市	26	179	1628	2223	22819
北票市	43	221	2139	2659	36681
凌源市	33	245	2461	3447	37536
兴城市	31	202	1741	2541	20850
吉　　林					
九台市	37	298	4528	7935	65212
榆树市	60	381	3265	6467	66450
德惠市	50	297	2958	4853	61911
蛟河市	29	176	1484	2492	27947
桦甸市	27	132	1436	2390	33493
舒兰市	40	222	1884	3362	29023
磐石市	27	162	1552	2025	35314
公主岭市	61	374	3113	5050	67921
双辽市	34	168	1151	2241	16937
梅河口市	41	192	2199	3150	39065
集安市	19	76	901	1359	12121
临江市	20	89	659	1088	10423
洮南市	29	217	1338	2293	17010
大安市	29	195	1374	3183	19657

3—8 续表 2

城　市	普通中学数（所）	小学数（所）	普通中学教师数（人）	小　学教师数（人）	普通中学在校学生数（人）
延吉市	24	34	2347	1936	33044
图们市	10	17	543	529	7896
敦化市	31	161	1827	2568	30157
珲春市	19	20	1030	1263	14491
龙井市	19	39	924	925	11681
和龙市	22	42	953	1153	11425
黑 龙 江					
阿城市	51	153	2955	2832	27030
双城市	48	313	2682	2975	47953
尚志市	58	176	2429	3362	30039
五常市	41	362	2962	4351	49930
讷河市	29	220	1721	2621	24843
虎林市	18	64	837	891	11896
密山市	37	99	1660	1841	22809
铁力市	29	112	1564	1926	24379
同江市	20	92	1005	1414	11301
富锦市	20	191	1368	2111	18755
绥芬河市	4	11	373	376	5857
海林市	29	126	1647	2686	23761
宁安市	37	170	1753	2277	38179
穆棱市	28	111	1070	1737	16941
北安市	35	146	1919	2175	28031
五大连池市	35	111	1319	1935	19847
安达市	30	164	1761	2468	32556
肇东市	52	305	3094	3414	73212
海伦市	50	342	2742	4016	58868
江　苏					
江阴市	45	110	5786	4578	92607
宜兴市	58	102	4724	4000	73529
新沂市	46	97	4754	3919	99860
邳州市	51	162	6339	7437	157961
溧阳市	40	64	2736	2781	49414
金坛市	32	34	2164	1703	39903
常熟市	42	105	3723	3615	53913
张家港市	40	63	3643	2686	58353
昆山市	34	47	2663	2297	40037
吴江市	33	75	3061	2914	48124
太仓市	23	25	1626	1493	22993
启东市	43	94	3742	2750	65430
如皋市	59	137	5097	3513	93873

3—8 续表 3

城　市	普通中学数（所）	小学数（所）	普通中学教师数（人）	小　学教师数（人）	普通中学在校学生数（人）
通州市	56	117	3821	3614	77884
海门市	45	94	3456	2884	58310
东台市	49	104	4387	2603	79180
大丰市	30	56	2891	2473	48312
仪征市	28	53	2353	2395	39516
高邮市	36	80	2672	2548	47914
江都市	53	101	3713	3619	59124
丹阳市	40	85	3292	2846	58310
扬中市	14	12	1297	1060	20431
句容市	24	51	1855	1697	37560
兴化市	82	160	4970	5222	99054
靖江市	34	72	2753	2136	41884
泰兴市	60	117	5321	3826	89067
姜堰市	42	76	3325	2786	56265
浙　　江					
建德市	36	88	1930	1780	34200
富阳市	45	108	2566	2457	38100
临安市	38	74	1840	1864	31200
余姚市	56	139	2708	2569	48500
慈溪市	51	122	3660	3229	64100
奉化市	20	71	1469	1553	23800
瑞安市	79	124	3995	3761	67799
乐清市	85	186	5040	4415	83374
海宁市	29	95	2235	2276	40037
平湖市	19	57	1730	1698	28387
桐乡市	35	79	2111	2298	38000
诸暨市	47	152	4093	3235	76600
上虞市	41	105	2878	2745	47200
嵊州市	44	106	2519	2193	40800
兰溪市	46	137	2264	2160	40127
义乌市	37	90	2716	2361	44084
东阳市	53	154	2941	2510	43777
永康市	31	82	2261	1688	35518
江山市	36	101	1888	1778	32000
温岭市	60	150	4151	3265	66106
临海市	57	182	3031	3792	52498
龙泉市	16	87	758	1340	10900
安　　徽					
桐城市	62	294	3192	3325	57543
天长市	42	128	2072	2437	42384

3—8续表4

城　　市	普通中学数（所）	小学数（所）	普通中学教师数（人）	小　学教师数（人）	普通中学在校学生数（人）
明光市	39	165	1672	2382	41760
界首市	59	233	2203	3570	49203
宁国市	30	73	1532	1396	24520
福　　建					
福清市	72	433	4446	5287	100176
长乐市	43	164	2450	2813	46546
永安市	24	66	1380	1821	23679
石狮市	16	75	1340	1610	23356
晋江市	54	346	4099	4753	83097
南安市	80	416	6110	6627	112609
龙海市	34	248	3128	3700	64143
邵武市	23	74	1169	1860	22179
武夷山市	14	106	859	1429	16747
建瓯市	25	218	1881	2905	34945
建阳市	17	60	1161	1873	21621
漳平市	23	95	1358	1785	24697
福安市	30	318	2164	3049	40735
福鼎市	34	262	2103	2893	36487
江　　西					
乐平市	46	297	3293	4205	54883
瑞昌市	37	137	1833	2081	29509
贵溪市	39	187	2035	2320	39371
瑞金市	38	188	2112	2610	41355
南康市	41	227	2527	3217	61895
井冈山市	14	71	543	800	9552
丰城市	76	450	4221	5975	84542
樟树市	39	169	2417	2508	39982
高安市	35	293	2632	3596	48887
德兴市	23	74	1159	1426	15409
山　　东					
章丘市	43	294	4439	5212	74545
胶州市	35	125	3364	3728	50439
即墨市	51	204	4306	5086	60299
平度市	59	215	5772	5854	89835
胶南市	31	127	3925	3957	53569
莱西市	43	171	2811	2707	59433
滕州市	74	376	6377	7683	127279
龙口市	47	130	3346	2047	44178
莱阳市	43	122	4716	3000	72533
莱州市	52	131	4376	2875	61835

3－8 续表 5

城　　市	普通中学数（所）	小学数（所）	普通中学教师数（人）	小　学教师数（人）	普通中学在校学生数（人）
蓬莱市	27	118	2537	1905	32400
招远市	38	85	3012	1916	42116
栖霞市	37	120	3375	2389	36562
海阳市	37	128	2792	2487	47677
青州市	51	185	4066	4020	55968
诸城市	64	259	4907	5532	71265
寿光市	55	249	7007	4383	92814
安丘市	55	264	5766	4550	96054
高密市	47	120	3896	3760	52103
昌邑市	44	111	2762	2788	41431
曲阜市	37	110	2838	2440	32881
兖州市	44	111	3223	2353	46824
邹城市	50	209	5007	5339	96425
新泰市	56	211	5231	4910	106224
肥城市	38	121	5146	3590	74178
文登市	37	59	4180	2807	56635
荣成市	37	86	4310	2820	57225
乳山市	26	51	3092	2451	39949
乐陵市	29	137	2264	2966	28081
禹城市	29	131	2023	2039	32944
临清市	38	33	2354	2354	43375
河　　南					
巩义市	62	248	4461	3193	78185
荥阳市	36	115	2961	2850	55395
新密市	72	244	3861	4358	73126
新郑市	38	211	2971	2477	65754
登封市	52	281	3058	3722	60680
偃师市	66	293	3712	3320	66369
舞钢市	23	160	1486	1918	22582
汝州市	71	416	3333	4294	59076
林州市	71	469	3373	4759	71312
卫辉市	42	203	2261	2008	41381
辉县市	65	190	4124	2355	81522
济源市	57	152	3132	2907	62795
沁阳市	41	112	1911	1950	33892
孟州市	31	90	1372	1420	28576
禹州市	95	453	4387	5341	100049
长葛市	38	163	3021	4129	52893
义马市	19	28	951	919	15358
灵宝市	68	351	3364	3600	62746

3—8 续表 6

城市	普通中学数（所）	小学数（所）	普通中学教师数（人）	小学教师数（人）	普通中学在校学生数（人）
邓州市	82	566	4313	6787	87292
永城市	78	512	4208	7298	126363
项城市	76	420	3968	5521	86358
湖　北					
大冶市	56	309	3494	4264	75940
丹江口市	25	170	2345	2238	36100
宜都市	23	70	1702	1087	26164
当阳市	29	52	2193	1546	36951
枝江市	27	66	1933	1521	33700
老河口市	22	140	1710	2120	31892
枣阳市	47	214	4470	4343	81000
宜城市	28	146	2041	2370	38256
钟祥市	55	232	3938	3608	79797
应城市	35	138	2318	2963	35400
安陆市	32	101	2816	3245	34988
汉川市	63	268	4007	3880	79219
石首市	26	91	2881	2137	51870
洪湖市	53	208	3673	3354	80854
松滋市	36	137	2670	2070	55532
麻城市	49	418	5023	3897	103753
武穴市	45	242	3299	2694	62112
赤壁市	33	131	2446	2342	45694
广水市	41	158	3569	3264	79095
恩施市	33	235	2136	2620	38950
利川市	41	246	2607	3579	56897
仙桃市	23	276	2300	4143	126766
潜江市	51	149	4726	4168	80578
天门市	57	338	5090	3551	133032
湖　南					
浏阳市	75	375	5776	3017	90221
醴陵市	62	228	4809	2262	82339
湘乡市	89	206	4407	3331	76075
韶山市	10	28	421	355	5970
耒阳市	72	415	5250	5407	80121
常宁市	63	294	3608	3504	54778
武冈市	59	220	2976	2594	55911
汨罗市	56	196	3526	2578	53478
临湘市	34	190	2505	2067	35793
津市市	12	46	1147	858	16627
沅江市	63	176	4050	2731	57212

3—8 续表 7

城　市	普通中学数（所）	小学数（所）	普通中学教师数（人）	小　学教师数（人）	普通中学在校学生数（人）
资兴市	39	177	1972	1723	22260
洪江市	32	123	2141	2440	26731
冷水江市	38	67	2420	1978	31529
涟源市	70	382	5000	4315	85848
吉首市	23	177	1442	1452	20860
广　东					
增城市	48	289	3256	4688	62881
从化市	29	192	2283	2906	41304
乐昌市	34	129	1873	2249	26444
南雄市	25	116	1835	2564	33776
台山市	72	277	3212	3117	63572
开平市	43	212	2935	2472	52718
鹤山市	25	81	1366	1517	24558
恩平市	34	180	1805	1723	29722
廉江市	79	412	4716	6478	117108
雷州市	42	563	3514	6439	118578
吴川市	75	329	3178	5266	84927
高州市	67	529	6080	6390	126673
化州市	91	433	4788	6431	113431
信宜市	59	382	5665	6547	104695
高要市	39	278	2410	3001	47825
四会市	23	135	1577	2071	29336
兴宁市	55	479	4554	4824	89305
陆丰市	69	339	4213	6365	84587
阳春市	40	333	2819	4827	67803
英德市	51	363	3357	4469	58482
连州市	30	173	1848	2204	33398
普宁市	82	469	5244	10024	132817
罗定市	38	372	3562	5014	77431
广　西					
岑溪市	48	278	2175	3696	51275
东兴市	7	38	389	754	6909
桂平市	85	430	5320	5830	116973
北流市	53	289	3713	3484	84189
宜州市	33	204	1710	2875	32471
合山市	14	32	573	648	8970
凭祥市	6	41	332	762	5653
海　南					
五指山市	13	65	668	736	11992
琼海市	34	226	1735	2743	35647

3—8续表8

城　　市	普通中学数（所）	小学数（所）	普通中学教师数（人）	小　学教师数（人）	普通中学在校学生数（人）
儋州市	45	439	2225	4957	57940
文昌市	36	250	1771	2864	34692
万宁市	26	190	1633	3547	29641
东方市	20	175	1139	2776	26126
重　　庆					
江津市	65	488	3857	4136	68218
合川市	47	312	3874	3912	76322
永川市	63	322	3454	3493	57462
南川市	51	246	1808	2483	32560
四　　川					
都江堰市	33	23	2148	2069	36813
彭州市	38	33	2251	2529	43339
邛崃市	47	41	2030	2424	38928
崇州市	41	32	2106	2288	38764
广汉市	29	96	1856	1931	30406
什邡市	23	80	1414	1811	24981
绵竹市	31	54	1340	1520	24275
江油市	47	339	2421	3059	46177
峨眉山市	23	134	1136	1608	21328
阆中市	82	24	2715	2935	48150
华蓥市	21	16	1616	1263	23010
万源市	48	462	1374	2234	35608
简阳市	103	470	4305	4299	82793
西昌市	34	191	2519	3281	41363
贵　　州					
清镇市	39	185	1412	2430	24687
赤水市	20	88	839	1410	10644
仁怀市	37	227	1959	3131	42052
铜仁市	2	136	1330	1918	29006
兴义市	49	224	2480	3582	55034
毕节市	93	416	2896	5363	73124
凯里市	40	144	1827	2344	34643
都匀市	39	221	1181	2284	32537
福泉市	20	127	1134	1786	14908
云　　南					
安宁市	13	86	884	1313	11309
宣威市	62	354	4451	6617	92609
楚雄市	28	168	1760	2095	31395
个旧市	21	154	1190	1940	21485
开远市	21	138	838	1524	14460
景洪市	29	165	1318	2485	24130

3—8续表9

城　市	普通中学数（所）	小学数（所）	普通中学教师数（人）	小　学教师数（人）	普通中学在校学生数（人）
大理市	37	132	1788	2043	35845
瑞丽市	10	47	458	815	7088
潞西市	17	106	985	1831	19304
西　藏					
日喀则市	3	18	300	490	5195
陕　西					
兴平市	30	220	2211	3111	43374
韩城市	36	229	2190	2331	38246
华阴市	28	139	1216	1526	18502
甘　肃					
玉门市	24	53	783	872	12071
敦煌市	14	59	720	645	11212
临夏市	10	54	811	1103	15957
合作市	2	42	316	572	4847
青　海					
格尔木市	24	13	717	830	10900
德令哈市	11	13	329	465	2765
宁　夏					
灵武市	20	64	1078	1076	16658
青铜峡市	20	82	1081	1821	14503
新　疆					
吐鲁番市	40	51	1598	1741	17930
哈密市	56	38	2969	2928	28388
昌吉市	24	22	1744	1735	22539
阜康市	15	42	835	1103	10863
米泉市	11	40	923	1197	14241
博乐市	17	38	1162	979	12330
库尔勒市	36	63	1617	2583	20835
阿克苏市	38	81	1519	2333	34343
阿图什市	18	84	1238	2075	17171
喀什市	26	69	1561	2246	25600
和田市	17	50	866	1278	14238
伊宁市	30	76	2386	2761	34894
奎屯市	12	15	941	712	13353
塔城市	17	70	657	1274	7082
乌苏市	26	51	1247	1392	11996
阿勒泰市	26	17	783	1591	9087
石河子市	25	20	1340	1319	21100
阿拉尔市	12	33	742	979	14115
图木舒克市	14	14	780	860	11540
五家渠市	5	18	445	420	6859

3—9 医疗服务

城　　市	医院卫生院（所）	床位数（张）	卫生技术人员数（人）
河　　北			
辛集市	21	1076	1233
藁城市	16	840	930
晋州市	14	734	934
新乐市	14	921	788
鹿泉市	20	792	734
遵化市	26	756	912
迁安市	27	2265	2529
武安市	26	1600	1045
南宫市	15	494	535
沙河市	21	1024	911
涿州市	25	1474	1248
定州市	26	1239	1694
安国市	12	661	566
高碑店市	17	833	1013
泊头市	16	634	1340
任丘市	34	2048	2828
黄骅市	19	1004	1213
河间市	22	732	1063
霸州市	19	1166	1494
三河市	21	1791	1707
冀州市	13	519	652
深州市	19	593	686
山　　西			
古交市	20	1013	819
潞城市	17	497	631
高平市	29	870	832
介休市	30	1792	1676
永济市	41	1241	2490
河津市	28	1380	1180
原平市	39	1284	2107
侯马市	23	1133	1107
霍州市	29	1228	1133
孝义市	32	1079	1333
汾阳市	20	1014	1192
内　　蒙			
霍林郭勒市	4	238	314
满洲里市	10	881	1373
牙克石市	52	2112	2398
扎兰屯市	38	1502	1494
额尔古纳市	10	460	422
根河市	14	732	1285
丰镇市	23	420	512
乌兰浩特市	32	1242	1559
阿尔山市	26	697	236
二连浩特市	6	80	88
锡林浩特市	23	1011	1217
辽　　宁			
新民市	31	1575	2271
瓦房店市	40	2954	2835
普兰店市	29	2220	2438
庄河市	37	1935	1971
海城市	49	3203	3118
东港市	27	2000	1510
凤城市	26	1555	1650
凌海市	32	1411	1484
北宁市	25	1100	1230
盖州市	33	1977	1533
大石桥市	31	1650	2044
灯塔市	19	793	879
调兵山市	4	820	1715
开原市	57	1693	2682
北票市	45	1612	1760
凌源市	27	2531	1661
兴城市	31	1370	1794
吉　　林			
九台市	33	1429	2073
榆树市	40	1238	2349
德惠市	26	886	2085
蛟河市	26	1230	2260
桦甸市	26	1218	1675
舒兰市	32	2156	2046
磐石市	32	1268	1660
公主岭市	34	2428	3513
双辽市	27	840	1880
梅河口市	33	1657	2257
集安市	22	683	770
临江市	19	856	1258
洮南市	33	1492	1524
大安市	35	1460	1764

3—9 续表 1

城　　市	医院卫生院（所）	床位数（张）	卫生技术人员数（人）	城　　市	医院卫生院（所）	床位数（张）	卫生技术人员数（人）
延吉市	66	3156	3337	通州市	53	3200	3863
图们市	20	581	709	海门市	36	2191	2323
敦化市	35	1559	2035	东台市	36	2309	2390
珲春市	16	344	769	大丰市	32	1544	1898
龙井市	14	387	630	仪征市	23	1383	1652
和龙市	22	780	818	高邮市	39	1500	1917
黑 龙 江				江都市	51	2242	2951
阿城市	33	1578	1534	丹阳市	29	1715	2310
双城市	29	885	1104	扬中市	8	613	1187
尚志市	22	996	1362	句容市	22	1036	1384
五常市	35	940	3445	兴化市	52	2263	3026
讷河市	33	645	1093	靖江市	23	1861	2901
虎林市	17	574	646	泰兴市	38	2562	3654
密山市	28	777	941	姜堰市	38	2094	2227
铁力市	17	910	1348	**浙　　江**			
同江市	18	218	442	建德市	40	1551	1933
富锦市	24	697	1591	富阳市	36	1620	2431
绥芬河市	3	292	214	临安市	46	1294	1930
海林市	15	983	1097	余姚市	25	1580	2648
宁安市	20	870	966	慈溪市	28	2017	3305
穆棱市	12	581	853	奉化市	30	1757	1854
北安市	29	2314	2437	瑞安市	63	1771	3182
五大连池市	39	1182	1458	乐清市	58	2023	3198
安达市	33	981	1349	海宁市	133	1562	2112
肇东市	25	1013	2175	平湖市	109	1126	1785
海伦市	36	1062	2006	桐乡市	147	1879	2158
江　　苏				诸暨市	101	2356	3299
江阴市	33	3834	3531	上虞市	58	1342	1827
宜兴市	50	2794	2953	嵊州市	55	1443	1636
新沂市	20	1178	1605	兰溪市	56	1116	1510
邳州市	29	1459	4335	义乌市	53	1917	2723
溧阳市	27	1892	1973	东阳市	59	1619	2139
金坛市	19	1304	2014	永康市	43	1273	1426
常熟市	37	3422	3795	江山市	32	963	1390
张家港市	32	2874	2774	温岭市	41	2377	3190
昆山市	21	1798	2378	临海市	39	2437	2734
吴江市	24	1814	2083	龙泉市	46	551	747
太仓市	24	1664	1775	**安　　徽**			
启东市	38	2286	2247	桐城市	31	1131	1239
如皋市	58	2614	2871	天长市	42	1050	1384

3—9续表2

城　市	医院卫生院（所）	床位数（张）	卫生技术人员数（人）	城　市	医院卫生院（所）	床位数（张）	卫生技术人员数（人）
明光市	40	965	820	蓬莱市	22	1435	1350
界首市	20	962	1313	招远市	18	1115	1708
宁国市	24	1105	1103	栖霞市	23	1482	1920
福　建				海阳市	20	1154	1663
福清市	32	2723	2444	青州市	30	2428	3087
长乐市	21	1170	1199	诸城市	26	3079	3516
永安市	32	1499	1509	寿光市	31	3462	3631
石狮市	9	770	652	安丘市	25	1603	2655
晋江市	50	2287	3187	高密市	29	1598	2720
南安市	29	2090	1500	昌邑市	26	1234	1516
龙海市	19	1196	1206	曲阜市	18	1345	1864
邵武市	57	1243	990	兖州市	22	1829	2061
武夷山市	13	494	517	邹城市	48	3810	4599
建瓯市	18	865	888	新泰市	68	3126	4250
建阳市	18	976	849	肥城市	48	2846	3597
漳平市	19	588	640	文登市	28	2049	2161
福安市	22	1218	1426	荣成市	34	2825	2894
福鼎市	18	1000	1099	乳山市	19	1686	1609
江　西				乐陵市	18	720	1230
乐平市	27	1205	1560	禹城市	14	920	1193
瑞昌市	27	694	735	临清市	21	417	412
贵溪市	36	923	869	**河　南**			
瑞金市	26	465	663	巩义市	27	2375	2731
南康市	34	862	1237	荥阳市	20	802	1416
井冈山市	18	415	523	新密市	30	2294	2476
丰城市	42	2243	2504	新郑市	26	1403	1582
樟树市	19	769	1131	登封市	21	1245	1261
高安市	26	1263	1539	偃师市	24	1101	1064
德兴市	24	881	925	舞钢市	14	792	882
山　东				汝州市	25	2170	1474
章丘市	38	4225	4880	林州市	25	2298	2088
胶州市	20	2544	3485	卫辉市	25	1993	2907
即墨市	39	3114	3837	辉县市	33	1600	2250
平度市	36	2196	2603	济源市	24	1779	2039
胶南市	24	1999	2072	沁阳市	17	895	1803
莱西市	19	1480	1685	孟州市	13	730	785
滕州市	41	3139	4750	禹州市	33	1525	2433
龙口市	29	2647	2860	长葛市	17	1199	2161
莱阳市	37	2118	2933	义马市	20	1260	1443
莱州市	36	2155	2402	灵宝市	30	1197	1583

3—9续表3

城　市	医院卫生院(所)	床位数(张)	卫生技术人员数(人)	城　市	医院卫生院(所)	床位数(张)	卫生技术人员数(人)
邓州市	39	2198	2516	资兴市	44	988	1763
永城市	40	2474	3181	洪江市	34	1046	1463
项城市	25	1332	2265	冷水江市	32	1357	2019
湖　北				涟源市	36	2207	3664
大冶市	19	1575	2232	吉首市	35	1483	2110
丹江口市	25	1410	1453	**广　东**			
宜都市	17	1118	1797	增城市	30	1729	3180
当阳市	17	1199	1618	从化市	17	1114	1736
枝江市	16	943	1207	乐昌市	27	1651	976
老河口市	16	1297	1471	南雄市	21	529	740
枣阳市	27	1741	3515	台山市	34	1672	2609
宜城市	21	977	1388	开平市	24	1272	2203
钟祥市	33	1595	2781	鹤山市	19	713	1357
应城市	21	1002	2740	恩平市	19	940	1812
安陆市	22	827	1394	廉江市	41	1691	2139
汉川市	33	1346	2268	雷州市	38	2059	2532
石首市	17	1088	1273	吴川市	24	910	1611
洪湖市	38	1147	2749	高州市	42	2840	3046
松滋市	25	1073	1566	化州市	31	1451	1878
麻城市	25	1208	2082	信宜市	34	1348	1657
武穴市	18	1322	2145	高要市	21	823	1624
赤壁市	25	1336	1850	四会市	24	918	1257
广水市	24	1168	2998	兴宁市	33	1583	2483
恩施市	25	1673	2183	陆丰市	28	1160	2202
利川市	16	824	1374	阳春市	29	1258	1391
仙桃市	21	1947	3938	英德市	38	1750	1545
潜江市	33	2542	3283	连州市	26	849	1485
天门市	129	2428	3301	普宁市	32	1416	2687
湖　南				罗定市	34	1350	1671
浏阳市	60	2399	4041	广西			
醴陵市	43	1629	2446	岑溪市	20	831	1292
湘乡市	36	1863	2685	东兴市	4	175	163
韶山市	9	237	521	桂平市	31	1131	1832
耒阳市	66	1766	3414	北流市	29	1278	1706
常宁市	74	1334	3468	宜州市	25	1316	1289
武冈市	29	891	1740	合山市	8	627	529
汨罗市	38	1095	1882	凭祥市	7	190	219
临湘市	32	950	1435	**海　南**			
津市市	16	602	852	五指山市	23	684	522
沅江市	55	1493	2643	琼海市	29	860	1230

3—9 续表 4

城　　市	医院卫生院（所）	床位数（张）	卫生技术人员数（人）	城　　市	医院卫生院（所）	床位数（张）	卫生技术人员数（人）
儋州市	44	1903	2058	大理市	41	3221	3147
文昌市	31	934	1575	瑞丽市	15	545	537
万宁市	25	1098	1619	潞西市	23	1463	1144
东方市	29	702	1047	**西　　藏**			
重　　庆				日喀则市	13	60	53
江津市	42	2254	2662	陕西			
合川市	61	2112	2108	兴平市	24	1135	1188
永川市	49	2495	2306	韩城市	25	774	1731
南川市	42	1209	1355	华阴市	21	1124	654
四　　川				**甘　　肃**			
都江堰市	41	1989	2336	玉门市	15	703	904
彭州市	50	1516	1985	敦煌市	13	420	666
邛崃市	55	1348	1619	临夏市	15	906	1154
崇州市	48	1773	1828	合作市	8	210	655
广汉市	34	1509	1490	**青　　海**			
什邡市	27	1387	1303	格尔木市	10	734	111
绵竹市	38	1688	1181	德令哈市	7	196	237
江油市	58	2824	2258	**宁　　夏**			
峨眉山市	31	1254	1308	灵武市	25	688	1144
阆中市	75	1545	1598	青铜峡市	23	891	1341
华蓥市	21	767	524	**新　　疆**			
万源市	71	1143	879	吐鲁番市	18	1169	946
简阳市	74	1976	2397	哈密市	36	2246	3194
西昌市	57	2296	2238	昌吉市	24	2340	2525
贵　　州				阜康市	15	552	660
清镇市	26	820	1335	米泉市	13	597	699
赤水市	23	528	664	博乐市	6	103	99
仁怀市	21	486	217	库尔勒市	51	2280	2792
铜仁市	30	1325	1231	阿克苏市	12	447	635
兴义市	34	2500	2240	阿图什市	8	317	428
毕节市	73	2102	1452	喀什市	22	2559	2272
凯里市	26	1651	1821	和田市	30	1355	1338
都匀市	23	368	511	伊宁市	24	2229	2443
福泉市	59	818	721	奎屯市	19	1445	1485
云　　南				塔城市	11	619	718
安宁市	35	2062	1320	乌苏市	21	390	624
宣威市	36	2115	1529	阿勒泰市	19	788	1139
楚雄市	31	2116	1737	石河子市	18	2427	3300
个旧市	26	2833	2228	阿拉尔市	11	912	885
开远市	17	1266	1478	图木舒克市	7	299	360
景洪市	32	2078	2091	五家渠市	5	688	860

3—10 工资水平

城 市	城镇在岗职工年平均人数（人）	城镇在岗职工工资总额（万元）	平均工资（元）
河 北			
辛集市	29308	28549	9741
藁城市	27757	27337	9849
晋州市	23483	19510	8308
新乐市	17162	20078	11699
鹿泉市	26425	28286	10704
遵化市	26986	30806	11416
迁安市	40646	46000	11317
武安市	30314	37597	12403
南宫市	14644	12603	8606
沙河市	23186	23143	9982
涿州市	44957	75552	16805
定州市	36028	34601	9604
安国市	14685	13667	9307
高碑店市	37254	41841	11231
泊头市	29459	30183	10246
任丘市	24077	34460	14312
黄骅市	27141	28932	10660
河间市	26144	26981	10320
霸州市	20615	23069	11190
三河市	30873	44704	14480
冀州市	17682	18149	10264
深州市	19635	19671	10018
山 西			
古交市	11147	14275	12806
潞城市	18046	21570	11953
高平市	26135	30227	11566
介休市	64394	89603	13915
永济市	28344	31540	11128
河津市	35576	68998	19395
原平市	39812	34377	8635
侯马市	30518	31519	10328
霍州市	41694	68998	16549
孝义市	44700	57003	12752
汾阳市	26684	31913	11960
内 蒙			
霍林郭勒市	12254	18570	15154
满洲里市	30987	33500	10811
牙克石市	28967	31996	11046
扎兰屯市	24206	25707	10620

3—10 续表 1

城　　市	城镇在岗职工年平均人数（人）	城镇在岗职工工资总额（万元）	平均工资（元）
额尔古纳市	7544	9538	12643
根河市	7974	9510	11926
丰镇市	14174	27991	19748
乌兰浩特市	41472	51696	12465
阿尔山市	5440	5151	9469
二连浩特市	4784	8530	17830
锡林浩特市	40015	54920	13725
辽　　宁			
新民市	22907	23659	10328
瓦房店市	26103	33000	12642
普兰店市	49522	59298	11974
庄河市	33460	36306	10851
海城市	37930	46089	12151
东港市	26607	30922	11622
凤城市	25252	26616	10540
凌海市	25917	22720	8767
北宁市	14965	13909	9294
盖州市	15536	15201	9784
大石桥市	22269	26221	11775
灯塔市	15785	18942	12000
调兵山市	18727	14427	7704
开原市	26722	19195	7183
北票市	20065	19544	9740
凌源市	20920	20447	9774
兴城市	16143	14962	9268
吉　　林			
九台市	44436	39191	8820
榆树市	47317	38507	8138
德惠市	55725	41468	7442
蛟河市	29020	24921	8588
桦甸市	33229	31768	9560
舒兰市	55640	38111	6850
磐石市	35943	36110	10046
公主岭市	58629	50606	8632
双辽市	25777	23773	9223
梅河口市	34184	31558	9232
集安市	17834	18670	10469
临江市	20128	18283	9083
洮南市	26043	22373	8591
大安市	27189	8725	3209

3—10 续表 2

城　　市	城镇在岗职工年平均人数（人）	城镇在岗职工工资总额（万元）	平均工资（元）
延吉市	75156	109931	14627
图们市	26823	36531	13619
敦化市	58816	51656	8783
珲春市	26758	27730	10363
龙井市	17482	17469	9993
和龙市	23652	19631	8300
黑 龙 江			
阿城市	48938	49723	10160
双城市	23382	26676	11409
尚志市	38543	33904	8796
五常市	46615	28323	6076
讷河市	27703	22401	8086
虎林市	25688	23040	8969
密山市	21250	22594	10632
铁力市	28961	20613	7118
同江市	8136	10087	12398
富锦市	23343	21297	9124
绥芬河市	11318	18223	16101
海林市	40431	29490	7294
宁安市	30000	25950	8650
穆棱市	30466	23659	7766
北安市	29529	30464	10317
五大连池市	25005	13746	5497
安达市	23610	20914	8858
肇东市	40040	35784	8937
海伦市	29013	24737	8526
江　　苏			
江阴市	88486	187487	21188
宜兴市	53692	98406	18328
新沂市	49138	46803	9525
邳州市	54013	51232	9485
溧阳市	50857	81372	16000
金坛市	43291	70539	16294
常熟市	97405	197994	20327
张家港市	93370	188852	20226
昆山市	138402	278174	20099
吴江市	73548	140895	19157
太仓市	77977	144756	18564
启东市	54562	67406	12354
如皋市	54927	71601	13036

3—10 续表 3

城　　市	城镇在岗职工年平均人数（人）	城镇在岗职工工资总额（万元）	平均工资（元）
通州市	54364	85725	15769
海门市	53347	81111	15204
东台市	52736	62951	11937
大丰市	47816	53785	11248
仪征市	60312	97552	16175
高邮市	33759	39882	11814
江都市	49312	63014	12779
丹阳市	57139	85972	15046
扬中市	29629	45047	15204
句容市	37073	47385	12782
兴化市	49219	58585	11903
靖江市	53757	68141	12676
泰兴市	64720	80136	12382
姜堰市	49377	62460	12650
浙　江			
建德市	23700	52692	22233
富阳市	33700	94069	27914
临安市	29700	60285	20298
余姚市	45500	118119	25960
慈溪市	45200	117470	25989
奉化市	28000	69807	24931
瑞安市	78187	162329	20762
乐清市	157441	242754	15419
海宁市	40100	98004	24440
平湖市	72559	162031	22331
桐乡市	90900	170701	18779
诸暨市	184800	348674	18868
上虞市	43800	116650	26632
嵊州市	41300	90496	21912
兰溪市	39885	71097	17825
义乌市	42533	127519	29981
东阳市	97788	175550	17952
永康市	26189	76750	29306
江山市	22500	46292	20574
温岭市	58800	170476	28993
临海市	55900	134056	23981
龙泉市	14400	27077	18803
安　徽			
桐城市	21000	25313	12054
天长市	30000	31287	10429

3－10 续表 4

城　　市	城镇在岗职工年平均人数（人）	城镇在岗职工工资总额（万元）	平均工资（元）
明光市	22000	20466	9303
界首市	25000	19569	7828
宁国市	31000	40933	13204
福　　建			
福清市	138001	198313	14370
长乐市	40671	64365	15826
永安市	33707	53563	15891
石狮市	48815	60791	12453
晋江市	246693	369228	14967
南安市	76689	13447	1753
龙海市	68803	93582	13601
邵武市	26549	34713	13075
武夷山市	17340	20486	11814
建瓯市	19246	23023	11963
建阳市	18455	21476	11637
漳平市	17670	25892	14653
福安市	31323	44682	14265
福鼎市	17839	24373	13663
江　　西			
乐平市	43832	40253	9184
瑞昌市	23028	25562	11100
贵溪市	43317	66498	15351
瑞金市	19885	18803	9456
南康市	17893	18435	10303
井冈山市	15158	12539	8272
丰城市	46376	57408	12379
樟树市	27525	28807	10466
高安市	26520	30403	11464
德兴市	19829	25273	12745
山　　东			
章丘市	73940	101455	13721
胶州市	139093	166827	11994
即墨市	112388	144950	12897
平度市	70592	118110	16731
胶南市	68183	84663	12417
莱西市	81754	87742	10732
滕州市	125046	163614	13084
龙口市	63811	105844	16587
莱阳市	51691	70763	13690
莱州市	61462	91858	14946

3—10 续表 5

城　　市	城镇在岗职工年平均人数（人）	城镇在岗职工工资总额（万元）	平均工资（元）
蓬莱市	39379	58729	14914
招远市	63089	98539	15619
栖霞市	34435	39870	11578
海阳市	29288	33708	11509
青州市	46417	64379	13870
诸城市	63787	71435	11199
寿光市	63490	95579	15054
安丘市	48748	47628	9770
高密市	59493	57408	9650
昌邑市	32016	32867	10266
曲阜市	46382	57065	12303
兖州市	41461	51387	12394
邹城市	149073	267090	17917
新泰市	122971	157283	12790
肥城市	93548	112301	12005
文登市	60427	86418	14301
荣成市	64353	91310	14189
乳山市	50377	54919	10902
乐陵市	21780	16501	7576
禹城市	29520	25337	8583
临清市	26155	19113	7308
河　　南			
巩义市	52777	63338	12001
荥阳市	40348	43449	10769
新密市	39445	39538	10024
新郑市	36078	45142	12512
登封市	35512	44386	12499
偃师市	31796	31106	9783
舞钢市	35959	49660	13810
汝州市	41785	34527	8263
林州市	63744	62225	9762
卫辉市	31656	21094	6664
辉县市	37954	30914	8145
济源市	68000	71506	10516
沁阳市	25343	24157	9532
孟州市	21051	20583	9778
禹州市	53429	47817	8950
长葛市	41469	35397	8536
义马市	52695	68402	12981
灵宝市	44458	45866	10317

3—10 续表 6

城　　市	城镇在岗职工年平均人数（人）	城镇在岗职工工资总额（万元）	平均工资（元）
邓州市	58061	50846	8757
永城市	59880	90206	15064
项城市	54341	36799	6772
湖　　北			
大冶市	66326	67646	10199
丹江口市	41096	50182	12211
宜都市	29275	27513	9398
当阳市	40241	35886	8918
枝江市	28834	24843	8616
老河口市	49318	33521	6797
枣阳市	49745	7474	1502
宜城市	28801	19818	6881
钟祥市	44078	41109	9326
应城市	64007	52782	8246
安陆市	39806	30556	7676
汉川市	69874	55497	7942
石首市	34595	36169	10455
洪湖市	61701	39998	6483
松滋市	34492	38196	11074
麻城市	37746	29185	7732
武穴市	36885	30750	8337
赤壁市	45551	39280	8623
广水市	57280	32332	5645
恩施市	30564	13017	4259
利川市	21498	234567	109111
仙桃市	80676	66873	8289
潜江市	132976	149131	11215
天门市	49733	39996	8042
湖　　南			
浏阳市	34815	65305	18758
醴陵市	28004	35819	12791
湘乡市	37946	47536	12527
韶山市	4849	5871	12108
耒阳市	47498	58505	12317
常宁市	37845	44527	11766
武冈市	23440	27313	11652
汨罗市	57991	46681	8050
临湘市	19047	24442	12832
津市市	15875	20544	12941
沅江市	32321	37020	11454

3—10 续表 7

城　市	城镇在岗职工年平均人数（人）	城镇在岗职工工资总额（万元）	平均工资（元）
资兴市	33294	45948	13801
洪江市	14879	16670	11204
冷水江市	53763	65223	12132
涟源市	40765	42195	10351
吉首市	31090	38008	12225
广　东			
增城市	89756	169099	18840
从化市	43091	68964	16004
乐昌市	33853	43318	12796
南雄市	17823	25601	14364
台山市	45714	47168	10318
开平市	61510	73326	11921
鹤山市	39495	44916	11373
恩平市	27233	28849	10593
廉江市	44550	49899	11201
雷州市	56550	51524	9111
吴川市	30687	30261	9861
高州市	54699	62603	11445
化州市	54618	48030	8794
信宜市	32247	36938	11455
高要市	22047	33590	15236
四会市	41081	48860	11894
兴宁市	39120	45616	11661
陆丰市	40920	41562	10157
阳春市	52337	62177	11880
英德市	33051	50788	15367
连州市	19836	33210	16742
普宁市	50255	54468	10838
罗定市	47938	49802	10389
广　西			
岑溪市	23170	22510	9715
东兴市	6352	7974	12554
桂平市	31029	34477	11111
北流市	41709	40824	9788
宜州市	27673	35670	12890
合山市	10699	16544	15463
凭祥市	7784	9779	12563
海　南			
五指山市	9185	11197	12191
琼海市	17856	22159	12410

3—10 续表 8

城　　市	城镇在岗职工年平均人数（人）	城镇在岗职工工资总额（万元）	平均工资（元）
儋州市	2687	1657	6167
文昌市	23303	28215	12108
万宁市	22022	22237	10098
东方市	18755	28448	15168
重　　庆			
江津市	95349	120156	12602
合川市	58007	64770	11166
永川市	51478	63578	12351
南川市	30329	31406	10355
四　　川			
都江堰市	48716	67527	13861
彭州市	45792	57516	12560
邛崃市	25544	30599	11979
崇州市	26159	32381	12379
广汉市	23056	35702	15485
什邡市	31695	50400	15902
绵竹市	36299	63641	17532
江油市	46905	67712	14436
峨眉山市	33356	46876	14053
阆中市	21313	21792	10225
华蓥市	15837	18132	11449
万源市	18520	18152	9801
简阳市	38927	49136	12623
西昌市	62563	107413	17169
贵　　州			
清镇市	39490	59502	15068
赤水市	822	596	7253
仁怀市	17420	31483	18073
铜仁市	37469	52322	13964
兴义市	52410	63741	12162
毕节市	49925	54964	11009
凯里市	40343	56911	14107
都匀市	43758	52272	11946
福泉市	14513	14012	9655
云　　南			
安宁市	53982	98316	18213
宣威市	39636	53793	13572
楚雄市	40960	60813	14847
个旧市	59411	66797	11243
开远市	32580	46788	14361
景洪市	51589	67690	13121

3—10续表9

城　　市	城镇在岗职工年平均人数（人）	城镇在岗职工工资总额（万元）	平均工资（元）
大理市	79855	114443	14331
瑞丽市	14254	15558	10915
潞西市	31190	35950	11526
西　藏			
日喀则市	2581		
陕　西			
兴平市	44788	47513	10608
韩城市	39683	50838	12811
华阴市	25370	24220	9547
甘　肃			
玉门市	24305	49428	20337
敦煌市	10992	15396	14007
临夏市	30723	33964	11055
合作市	12505	18022	14412
青　海			
格尔木市	15834	30951	19547
德令哈市	8894	15743	17700
宁　夏			
灵武市	17152	22210	12949
青铜峡市	31609	51610	16328
新　疆			
吐鲁番市	23964	35292	14727
哈密市	44571	71050	15941
昌吉市	45256	63965	14134
阜康市	13704	17072	12458
米泉市	19892	25397	12767
博乐市	14248	14839	10415
库尔勒市	86385	139601	16160
阿克苏市	29951	38544	12869
阿图什市	17738	30013	16920
喀什市	52900	68915	13027
和田市	19400	29540	15227
伊宁市	56295	76778	13639
奎屯市	12991	20927	16109
塔城市	21400	30793	14389
乌苏市	30085	32139	10683
阿勒泰市	32412	41874	12919
石河子市	83900	112070	13358
阿拉尔市	52025	77900	14974
图木舒克市	15775	20724	13137
五家渠市	20675	23876	11548

四、附　　录

附录 1　主要统计指标解释

一、人口、劳动力及土地面积

年末总人口：是指本市本年 12 月 31 日 24 时的人口总数。

非农业人口：是指从事农业以外的职业维持生活的人口以及由他们抚养的人口，本年报采用按农业、非农业户口分类的户籍统计口径。

年平均人口：指一年内各个时点的人口的平均数。年平均人口数是综合反映年内的人口规模的主要指标，也是计算出生率、死亡率、自然增长率、人均国内生产总值等经济指标的必要指标。其计算方法可利用一年中 12 个月的月末人口相加除以 12 求得，在实际工作中，经常根据年初人口数加年末人口数除以 2 计算求得。

人口自然增长率＝(年出生人口－年死亡人口)/年平均人口

暂住人口(一个月以上)：指离开常住户口地的市区或乡、镇，到其他地区城市居住 1 个月以上的人员。

年末单位从业人员数：是指在各级国家机关、党政机关、社会团体及企业、事业单位中工作，并取得劳动报酬的全部人员。包括在岗职工、再就业的离退休人员、民办教师以及在各单位中工作的外方工作人员和港、澳、台人员、兼职人员、借用的外单位人员和第二职业者。不包括离开本单位仍保留劳动关系的职工。

长期职工：指用工期限在一年以上(含一年)的在岗职工。

年末城镇登记失业人员数：是指有非农业户口，在一定的劳动年龄内(16 周岁至退休年龄)，有劳动能力、无业而要求就业，并在当地就业服务机构进行求职登记的人员。

行政区域土地面积：是指在该行政区划内的全部土地面积(包括水面面积)。计算土地面积是以行政区划为准。

建成区面积：指市政区范围内经过征用的土地和实际建设发展起来的非农业生产建设地段，包括市区集中连片的部分以及分散在近郊区与城市有着密切联系，具有基本完善的市政公用设施的城市建设用地(如机场、污水处理厂、通讯电台)。

居住用地面积：指在城市中包括住宅及相当于居住小区及以下的公共服务设施、道路和绿地等设施的建设用地。

公共设施用地：城市中为社会服务的行政、经济、文化、教育、卫生、体育、科研及设计等机构或设施的建设用地。

工业用地：城市中工矿企业的生产车间、库房、堆场、建筑物等的建设用地。

人口密度：人口密度＝年平均人口/土地面积

城市建设用地比重：城市建设用地比重＝城市建设用地面积/市辖区土地面积

二、综合经济

地区生产总值(GDP):指按市场价格计算的一个国家(地区)所有常住单位在一定时期内生产活动的最终成果。

地方财政一般预算内收入:包括:(1)各项税收;(2)国有资产经营收益;(3)国有企业计划亏损补贴 ;(4)行政性收费收入(5)罚没收入;(6)海域场矿区使用费收入;(7)专项收入;(8)其他收入。不包括中央补助收入(含税收返还)、地方向国外借款收入、国债转贷收入、国债转贷资金上年结余、上年结余收入和调入其他资金等。

各项税收:包括增值税、营业税、资源税、城市维护建设税、企业所得税、个人所得税、城镇土地使用税、其他各税、农业税、契税、耕地占用税、证券交易印花税。

企业所得税:反映税务机关按《中华人民共和国企业所得税暂行条例》征收的企业所得税及依照《中华人民共和国外商投资企业和外国企业所得税法》征收的外商投资企业和外国企业所得税。税务机关对港澳台商投资企业征收的企业所得税也包括在内。

个人所得税:包括按照《中华人民共和国个人所得税法》、《对储蓄存款利息所得征收个人所得税的实施办法》征收的个人所得税。

地方财政一般预算内支出:包括:(1)基本建设支出;(2)企业挖潜改造资金;(3)地质勘探费;(4)科技三项费用;(5)流动资金;(6)农业支出;(7)林业支出;(8)水利气象支出(9)工业交通等部门的事业费;(10)流通部门事业费;(11)文体广播事业费;(12)教育支出;(13)科学支出;(14)医疗卫生支出;(15)其他部门的事业费(16)抚恤金和社会福利救济费;(17)行政事业单位离退休支出;(18)社会保障补助支出;(19)行政管理费;(20)武装警察部队支出;(21)公检法司支出;(22)城市维护费;(23)政策性补贴支出;(24)支援不发达地区支出;(25)海域开发建设和场地使用费支出;(26)车辆税费支出;(27)债务利息支出;(28)专项支出;(29)其他支出;(30)总预备费。不包括向中央支出、建设预算周转资金、地方向国外借款安排的支出、地方向国外借款还本付息支出、国债转贷收入安排的支出、国债转贷收入结余、调出资金和年终滚存结余等。

基本建设支出:反映按规定属于基本建设范围内的各项支出。

企业挖潜改造资金:反映用于企业挖潜、革新和改造方面的资金(包括经济战备动员费)。

科技三项费用:反映新产品试制费、中间实验费、重要科学研究补助费等科学技术三项费用。

城市维护费:反映道路、桥涵、给水、排水、公共污水处理、防洪堤坝、供气、供热、城市交通管理、消防、路灯等项公共设施的维护费;园林、苗圃、公共绿地、风景绿地等园林绿化设施维护费;中小学校舍维修补助费;公共厕所、清扫垃圾、街道洒水、扫雪等公共环境卫生补助费;城市其他公用事业和公共设施的维护费。

医疗卫生支出:反映卫生、中医药和食品药品监督管理部门的事业费及行政事业单位医疗费。

科学支出:反映用于自然科学、社会科学和科学技术普及及其他的支出。

教育支出:反映各普通教育、职业教育、成人教育、广播电视教育、留学教育、特殊教育、教师进修、干部教育及其他的支出。

抚恤和社会福利救济费:指地方预算用于抚恤、安置、社会福利、其他民政、残疾人事业以及自然灾害生活救助费的支出。

年末金融机构存款余额:是指金融机构按一定的利率和期限向企业等单位吸收货币资金的

信用活动。

城乡居民储蓄年末余额:指报告期末城乡居民存入银行及农村信用社的储蓄余额,包括城镇居民储蓄存款和农民个人储蓄两部分的年末余额,不包括居民的手存现金和工矿企业、部队、机关、团体等单位存款。取自金融机构人民币信贷资金平衡表。

年末金融机构各项贷款余额:是指金融机构按一定的利率和期限向企业等单位提供货币资金的信用活动。

保费收入:是指保险合同签订后,被保险人必须向保险人付出一定的费用后,才能使保险人根据合同内容承担赔偿责任。这种费用叫"保费"。

赔款、给付:是指保险人在年内实际支付给被保险人遭到损失时的赔款。无论哪年承保业务和发生的损失,凡在本年内支付赔款、结案的均计在本年内。

保险指标数据收集渠道可由各省(区)统计局或城调队向中国保险监督管理委员会在各省会城市的派出机构收集。如没有保监会分支机构,可直接向驻地各保险公司搜集。

三、农业

年末耕地总资源:指能够种植农作物的田地。包括当年实际耕种的熟地;新开荒且已种植的地;"沿海"、"沿湖"地区已围垦利用三年以上的"海涂"、"湖田";弃耕、休闲不满三年,随时可以复耕的地;因灾害或其他因素,虽然当年未种植农作物但仍可复耕的地;以种植农作物为主,附带种植桑树、果树和其他林的地;年年进行耕耘种草的地;南方小于2米宽的沟、渠、路、田埂。不包括:因灾害或其他因素,已不能复耕的地;弃耕、休闲满三年的地,或者虽不满三年,但已经成为荒地的地;不进行耕耘,种植牧草已成为永久性草地的土地;专业性的桑园、茶园、果园、果木苗圃地、芦苇地、天然草场等;以混凝土等铺设的温室、玻璃室,导致栽培的植物体与地面隔绝的基地。

人均占有耕地资源=年平均人口/年末耕地总资源

蔬菜产量:指生产的各种蔬菜,包括菜用瓜、茭白、芋头、生姜在内的产量。

肉类总产量:是指当年出栏并已屠宰的畜禽肉产量。即屠宰后去头、蹄、下水后的带骨肉量,也叫胴体重。

奶类产量:是指全社会产量,包括出售给国家部分,农贸市场交易部分和农牧民自食部分。不包括牛犊和乳羊直接吮食部分。

水产品产量:是指本年度内捕捞的水产品(包括人工养殖并捕获的水产品和捕捞天然生长的水产品)产量。

水果产量:指园林水果产量,即本年度内从果树上收获的全部水果产量。不论自食的或出售的都应计算在内。但不包括果用瓜(如西瓜、甜瓜、白兰瓜、哈密瓜、脆瓜等)和主要作蔬菜食用的藕、西红柿等。也不包括采集的野生水果。水果的产量按鲜果计算,干枣、葡萄干、柿饼、桔饼等应统一折成鲜果计算。

四、工业

工业企业数:包括独立核算法人工业企业和附营工业生产单位。独立核算法人工业企业是指从事生产经营活动的单位。它同时具备以下条件:(1)依法成立,有自己的名称、组织机构和场所,能够独立承担民事责任;(2)独立拥有和使用资产,承担负债,有权与其他单位签订合同;(3)会计上独立核算,能够编制资产负债表。

国有企业:国有企业是指企业全部资产归国家所有,并按《中华人民共和国企业法人登记管理条例》规定登记注册的非公司制的经济组织。不包括有限责任公司中的国有独资公司。

有限责任公司:是指根据《中华人民共和国公司登记管理条例》规定登记注册,由两个以上,50个以下的股东共同出资,每个股东以其所认缴的出资额对公司承担有限责任,公司以其全部资产对其债务承担责任的经济组织。包括国有独资公司以及其他有限责任公司。国有独资公司是指国家授权的投资机构或者国家授权的部门单独投资设立的有限责任公司。其他有限责任公司是指国有独资公司以外的其他有限责任公司。

股份有限公司: 是指根据《中华人民共和国公司登记管理条例》规定登记注册,其全部注册资本由等额股份构成并通过发行股票筹集资本,股东以其认购的股份对公司承担有限责任,公司以其全部资产对其债务承担责任的经济组织。

私营企业: 是指由自然人投资设立或由自然人控股,以雇佣劳动为基础的营利性经济组织。包括按照《公司法》、《合伙企业法》、《私营企业暂行条例》规定登记注册的私营有限责任公司、私营股份有限公司、私营合伙企业和私营独资企业。

私营独资企业:是指按《私营企业暂行条例》的规定,由一名自然人投资经营,以雇佣劳动为基础,投资者对企业债务承担无限责任的企业。

私营有限责任公司:是指按《公司法》、《私营企业暂行条例》的规定,由两个以上自然人投资或由单个自然人控股的有限责任公司。

私营股份有限公司:是指按《公司法》的规定,由5个以上自然人投资,或由单个自然人控股的股份有限公司。

工业总产值:是指货币表现的工业企业在报告期内生产的工业产品总量,它反映工业生产的总规模和总成果。包括范围:(1)生产成品价值;(2)对外加工费收入;(3)自制半成品、在产品期末期初差额价值。

从业人员年平均人数:指报告期内拥有的从业人员平均人数。其计算公式为:年平均人数=年内各月平均人数之和/12。

流动资产年平均余额:指工业企业在年度内全部流动资产的平均余额。计算公式为:流动资产年平均余额等于1至12月各月月初、月末流动资产余额之和除以24。

固定资产净值年平均余额:指工业企业在报告期内全部固定资产净值年平均余额。计算公式为:固定资产净值年平均余额等于1至12月月初、月末固定资产净值之和除以24。固定资产净值指固定资产原价减去历年已提折旧额后的净额。计算公式为:固定资产净值=固定资产原价-累计折旧。

利润总额:指企业生产经营活动的最终成果,是企业在一定时期内实现的盈亏相抵后的利润总额(亏损以"-"表示),它等于营业利润加上补贴收入加上投资收益加上营业外净收入再加上以前年度损益调整。本项根据会计"损益表"中"利润总额"项的本年累计数填列。

五、交通运输、邮电通讯、能源电力

货运量:指年内以重量单位(吨)计算的由各种运输工具实际完成运输过程的货物数量。包括铁路货运量、公路货运量、水运货运量(其中包括内河、沿海、远洋货运量)、民航货邮运量和管道运输量。本制度按铁路、公路、水运和民航分列。

民用航空货邮运量:指航空站在一年内从航站发运的行李、邮件、货物的重量总和。包括始发运量和联运量。发运量是根据进出港舱单、载重表等原始记录计算的。

境内铁路营业里程：又称营业长度(包括正式营业和临时营业里程)，指办理客货运输业务的铁路正线总长度。凡是全线或部分建成双线及以上的线路，以第一线的实际长度计算；复线、站线、段管线、岔线和特殊用途线以及不计算运费的联络线都不计算营业里程。

境内等级公路里程：指在一定时期内实际达到《公路工程技术标准 JTJ01－88》规定的等级公路，并经公路主管部门正式验收交付使用的公路里程数。

客运量：指分别按各类运输方式实际运送的旅客人数。

铁路旅客运量：指在一定时期内使用铁路客车运送的旅客人数。铁路旅客运量的计算方法：不论票价多少或行程长短，均按单程计算为一人次；不足购票年龄免购客票的儿童，不记运量；月、季票按往返 25 人次计算。

公路客运量：指公路运输企业及由其组织的其他单位在一定时期内实际运送的旅客人数。计算时，以客票为依据，用“人”为计算单位，不论乘车路程远近和票价的多少。不足购票年龄的免票儿童不计算客运量。

水路客运量：指水运企业及由其组织的其他单位在一定时期内实际运送的旅客人数。

民用航空客运量：指由空运企业从各航空港运送的购票乘机人数及由国外班机接运的人数。

民用汽车拥有量：指年末在公安交通管理部门注册登记并领取牌照的民用机动车辆的实用数量。包括载客汽车、普通载货汽车、专用载货汽车、其他专用汽车、特种汽车。不包括拖拉机、摩托车、其他机动车等。

载客汽车：指用于运送旅客的汽车。可分为大型及小型两种，凡车长 6 米及以上或乘座人数(驾驶员除外)为 20 人及以上者为大型载客汽车。

普通载货汽车：指只有一般构造的栏板式及平板式货运汽车，包括自卸车、半挂车等。一般分为大型及小型两种，凡车长 6 米及以上或车辆自重及载重量合计在 4.5 吨及以上的为大型普通载货汽车。

专用载货汽车：指具有特殊构造和专门用途的货运汽车，如冷藏车、罐车、活畜运输车、散装水泥车等。

其他专用汽车：指除特种汽车和专用载货汽车以外的有专门设备的单一用途的汽车，如起重车、卫生车、洒水车、勘探车、餐车等。

特种汽车：指警车、消防车、工程抢险车、救护车等担负特种任务的车辆。

轮胎式拖拉机：指主要用于从事公路运输活动，并领取机动车牌照的轮式拖拉机。

摩托车：指二轮、三轮摩托车，包括轻便型摩托车(发动机汽缸工作容量不超过 50 毫升，最大设计时速不超过 50 公里，只供单人乘骑者)。

其他机动车：指除民用汽车、轮胎式拖拉机及摩托车以外的其他民用机动车辆，如简易机动车、电瓶车等。

载货挂车：指自身没有动力，需依靠机动牵引车拖带的公路载货用挂车。

年末邮政局(所)数：是指有固定的局所地址，领有上级发给的日戳或戳记，对外营业，直接为用户办理邮政业务的服务机构，不包括代办点。

邮政、电信业务收入：指邮电、通信企业通过生产经营活动所取得的全部业务收入，包括邮政、长途电信、本地电话等各项主营业务收入和地方国有通信收入。

本地电话用户数：指接入国家公众本地电话网，并按本地电话业务进行经营管理的电话用户。1997年以后按用户所在地域划分为"城市电话用户"和"乡村电话用户"。城市电话用户指直辖市、省辖市、地级市、县级市的市区、市郊区及县城(包括县人民政府所在地的县城市关镇)范围内接入局用交换机的电话用户数,包括分布在农村地区的独立工矿区、林区、驻军等接入局用交换机的电话用户数;乡村电话用户是指城关区以下的集镇和农村接入局用交换机的电话用户数。小灵通用户计算在固定电话用户数内。在收集该数据时需注意与本统计制度中的"全市"及"市辖区"范围区别开。

移动电话用户:指在邮电部门登记,通过移动电话交换机进入移动电话网,占有移动电话号码的电话用户。用户数量以实际办理登记手续进入邮电部门移动电话网的户数计算,一部或一台移动电话统计为一户。

国际互联网用户数:互联网是连接计算机网的网络,范围遍及全世界,包括局域网、城域网和广域网。用户数包括在邮电部门办理登记手续且已入网的用户数。

能源消费量:指能源使用单位在报告期内实际消费的一次能源或二次能源的数量。单位为吨标准煤。

全年用电量:按用户的用电性质分为:"农村用电"、"工业用电"、"交通运输用电"和"城乡居民生活用电"等,各类用电中均包括电力企业售给本市用户的电量、自备电厂自发自用电量(包括余热发电量)和自备电厂售给附近用户的电量以及趸售电量。本制度中的全年用电量为规模以上企业。

六、内外贸易、外经、旅游

限额以上批发零售贸易业商品销售总额:指对本企业(单位)以外的单位和个人出售(包括对国(境)外出口及售给本单位消费用的商品额)的商品总额。本指标反映批发零售贸易业在国内市场上销售商品以及出口商品的总量。包括:(1)售给城乡居民和社会集团消费用的商品;(2)售给工业、农业、建筑业、交通运输邮电业、批发零售贸易业、餐饮业、服务业等作为生产、经营使用的商品;(3)售给批发零售贸易业作为转卖或加工后转卖的商品;(4)对国(境)外直接出口的商品。不包括:(1)出售本单位自用的废旧包装用品和其他废旧物资;(2)未通过买卖行为付出的商品,如随机构移交而交给其他单位的商品,借出的商品,交付代其他单位保管的商品,加工原料付出和赠送给其他单位的样品等;(3)经本单位介绍,由买卖双方直接结算,本单位只收取手续费的业务;(4)购货退出的商品;(5)商品损耗和损失。

社会消费品零售总额:指国民经济各行各业售给城乡居民直接用于生活消费的商品和社会集团直接用于公共消费的商品的总量。

限额以上批发、零售贸易企业数:指包括从工农业生产者或从商品流通企业购进商品,转卖给工业、农业、建筑业等各行业生产经营单位作为生产经营用的商品流通企业(单位)和从工农业生产者、批发贸易业或居民购进商品,转卖给城乡居民作为生活消费和售给社会集团作为公共消费的商品流通企业(单位)。法人企业数以最低一级限额以上的从事批发零售贸易活动的法人企业为计数单位。

当年新签项目(合同)个数:是指本年内经有关部门批准、签有正式协议合同书的我国企业事业单位与外商、侨商、港澳商签订的投资协议合同个数。不包括意向性的项目,分对外借款、直接投资和其他三种类型。

当年合同外资金额:是指本年内经有关部门批准、签有正式协议合同书的我国企业事业单位与外商、侨商、港澳商签订的协议合同的投资，分对外借款、直接投资和其他三种类型。

当年实际使用外资金额：是客商根据投资协议合同实际执行的投资额，分对外借款、直接投资和其他三种类型。

已投产（营业）企业数：指在工商行政管理局注册登记并已投入生产的独资、合资合作企业和事业单位年末实有个数（累计数）。

从业人员数：指在所有的三资企业中工作、并取得劳动报酬或经营收入的全部人员。

海外游客人数：是指报告期内来我国观光、度假、探亲访友、就医疗养、购物、参加会议或从事经济、文化、体育、宗教活动的外国人、港澳台同胞等海外游客。统计时按每人境一次统计一人次。

海外游客人数包括海外（过夜）旅游者和海外一日游游客。

国际旅游（外汇）收入：海外旅游者在中国（大陆）境内旅行、游览过程中用于交通、参观游览、住宿、餐饮、购物、娱乐等的全部花费。

七、固定资产投资

全社会固定资产投资完成额：是以货币表现的在一定时期内建造、购置固定资产的工作量以及与此有关的费用总称。它是反映固定资产投资规模、结构和发展速度的综合性指标。又是观察工程进度和考核投资效果的重要依据。包括基本建设投资、更新改造措施投资、房地产开发和其他固定资产投资（含农村投资）。

房地产开发投资完成额：指各种登记注册类型的房地产开发公司、商品房建设公司及其他房地产开发法人单位和附属于其他法人单位实际从事房地产开发或经营活动的单位统一开发的包括统建代建、拆迁还建的住宅、厂房、仓库、饭店、宾馆、度假村、写字楼、办公楼等房屋建筑物和配套的服务设施，以及土地开发工程（如道路、给水、排水、供电、供热、通讯、平整土地等基础设施工程）的投资；不包括单纯的土地交易活动。

住宅：指专供居住的房屋，包括别墅、公寓、住宅、职工家属宿舍和集体宿舍（包括职工单身宿舍和学生宿舍）等居民生活住房。但不包括住宅楼中作为人防用、不住人的地下室等。住宅按照性质可以划分为普通住房、经济适用住房和别墅、高档公寓。

全年新增固定资产：指报告期内交付使用的固定资产价值。包括本年内建成投入生产或交付使用的工程投资和达到固定资产标准的设备、工具、器具的投资及有关应摊入的费用。属于增加固定资产价值的其他建设费用，应随同交付使用的工程一并计入新增固定资产。

商品房屋销售面积：是指报告期内出售商品房屋的合同总面积（即双方签署的正式买卖合同中所确定的建筑面积）。由现房销售建筑面积和期房销售建筑面积两部分组成。

商品房屋销售额：指报告期内出售商品房屋的合同总价款（即双方签署的正式买卖合同中所确定的合同总价）。该指标与商品房销售面积同口径，由现房销售额和期房销售额两部分组成。

别墅、高档公寓：指建筑造价和销售价格明显高于一般商品住宅的商品住宅。别墅一般指地处郊区，独立成栋的商品住宅；高档公寓一般是地处市内高尚社区，高层或多层的商品住宅。别墅、高档公寓的确定标准：一是经有房地产投资计划审批权的主管部门审批建设的别墅、高档公寓开发项目。二是销售价格高于当地同等地段商品住宅平均销售价格一倍以上的别墅、高档公寓开发项目。

商品房屋空置面积：指报告期内已竣工的可供销售的商品房屋建筑面积中，尚未销售或出租的商品房屋建筑面积，包括以前年度竣工和本期竣工的房屋面积，但不包括报告期已竣工的拆迁还建、统建代建、公共配套建筑、房地产公司自用及周转房等不可销售的房屋面积。

八、教育、科技、文化、卫生

普通高等学校：是指按国家规定的标准和审批程序批准建立的，通过全国普通高等教育统一招生考试，招收高级中等学校毕业生为主要培养对象，实施高等学历教育的全日制大学、独立设置的学院和高等专科学校、高等职业学校和其他机构。

中等职业教育学校：是指按国家规定的设置标准和审批程序批准建立的，招收初中（或部分高中）毕业生或同等学历者，实施中等职业技术教育，培养中等职业技术人才的学校。招收初中毕业生的，修业年限一般为三至四年；招收高中毕业生的，修业年限一般为二年至三年。包括中等专业学校、技工学校、职业中学（高中）等。统计中等职业学校时应注意，已承担培养学生任务的中等职业技术学校和独立设置的高等学校中专部或中专学校计算校数。正在筹建、尚未招生的中等职业学校和高等学校附设的中专班不计校数。

普通中学：指按国家规定的审批程序批准设立的，招收小学、初中（或部分高中）毕业生或同等学历者，实施普通中学教育的学校。

专任教师：指主要从事教学工作的人员。包括临时（一年以内）调去帮助做其他工作的教学人员。高等学校函授部、夜大学的专任教师和承担科研任务，未担任教学工作仍属教师编制的人员，应计入专任教师中。不包括调离教学岗位，担任行政领导工作或其他工作的原教学人员。

高中阶段在校学生数：指在普通高中、成人高中、普通中专、成人中专、职业高中和技工学校接受教育的学生数。技工学校数据取自劳动保障部门，其他取自教育部门教育事业统计年报。

小学毕业生升学率：计算该升学率所用分子为初级中学招生数，分母为小学毕业生人数。

初中毕业生升学率：计算该升学率所用分子为高级中学招生数，包括：普通高中、职业高中、技工学校、普通中专招收初中毕业生数、普通中专举办的成人中专和成人中专招收的应届初中毕业生数，分母是初中毕业生人数。

成人高等学校在校学生数：成人高等学校是指按照国务院有关规定，经省、自治区、直辖市人民政府、国务院有关部、委批准举办，招收高中毕业或同等学历者，利用脱产、半脱产、业余或函授多种形式对成人实施高等教育，培养相当普通高等学校专科毕业水平的专业人才，修业年限、课程设置和总学时相当二年以上的学校。包括广播电视大学、职工高等学校、管理干部学校、教育（教师进修）学校、独立设置的函授学院和高等学校举办的函授部、夜大学等。在校学生数：是指具有学籍的注册学生总数。

各类专业技术人员数：指从事专业技术工作的人员以及从事专业技术管理工作且已在1983年以前评定了专业技术职称或在1984年以后聘任了专业技术职务的人员。从事专业技术工作的人员具体指工程技术人员，农业技术人员，科学研究人员（含自然科学研究及实验技术人员），卫生技术人员，教学人员（含高等院校、中等专业学校、技工学校、中学、小学），民用航空飞行技术人员，船舶技术人员，经济专业人员，会计人员，统计人员，翻译人员，图书资料、档案、文博人员，新闻、出版人员，律师、公证人员，广播电视播音人员，工艺美术人员，体育人员，艺术人员及企业政治思想工作人员。从事专业技术管理工作的人员是指企业、事业单位领导，企业、事业单位下设的职能机构、企业的生产车间的辅助车间（或附属辅助生产单位）中从事生产、技术、经济管理和政治工作的人员。按照公务员管理或参照公务员管理的人员不统计为专业技术人员。

专利申请受理量：指经专利部门初步审核后符合受理条件的专利申请量。

专利申请授权量：指经专利部门审查合格后，依据专利法授予申请人对申请项目专有权的专利申请数量。

发明：指对产品、方法或者其改进所提出的新的技术方案。

剧场、影剧院数：是指独立核算的专用剧场和属文化部门主管的能演出戏剧的影剧院、兼映电影的剧场，以及附属在剧院、团公开营业的非独立核算的剧场、排演场。

公共图书馆图书总藏量：指图书馆已编目的古籍、图书、期刊和报纸的合订本、小册子、手稿、以及缩微制品、录像带、录音带、光盘等视听文献资料数量总和。

体育场馆数：体育场指有400米跑道（中心含足球场）、有固定道牙、跑道6条以上并有固定看台的室外田径场地。体育场按看台容纳观众人数分为：甲级25000人以上，乙级15000～25000人，丙级5000～15000人，丁级5000人以下；体育馆指有固定看台、可供篮球、排球、羽毛球、乒乓球、体操等项目训练比赛活动用的室内运动场地。体育馆按看台容纳观众人数分为：甲级6000人以上，乙级4000～6000人，丙级2000～4000人，丁级2000人以下。

医院、卫生院数：是指卫生部门、工业及其他部门（如农业、铁道、邮电、公安、文教、民政、社团等）、集体所有制单位、私人、各种合作方式（全民与集体或个体合办、集体与个体合办、中外合资）等举办的医院和卫生院数（包括县及县以上医院数、城市街道卫生院、农村卫生院及其他医院数）。

等级医院：指按照卫生部门规定的等级医院的标准划分的一、二、三级医院总数。

医院、卫生院床位数：指各级各类医院本年10月底的固定实有床位（非编制床位）。包括正规床、简易床、监护床和正在消毒、修理的床位及因扩建或大修理而停用的床位（按扩建或大修理前的床位计算），但不包括产科的新生儿床、库存床、临时增设的床位、病人家属的陪床、接产室的待产床等。

九、人民生活

在岗职工平均人数：是指在国有经济、城镇集体经济和其他各种经济类型单位及附属机构生产或工作，并由单位支付工资的在岗人员人数（包括在乡镇一级管理机构中工作、由国家支付工资的干部）。不包括已退休的职工、在农村乡镇企、事业单位中参加劳动并取得收入的劳动者和城乡个体劳动者。职工平均人数等于12个月月末人数之和除以12或4个季度的季末人数之和除以4求得。

在岗职工工资总额：指各单位在一定时期内直接支付给本单位在岗职工的劳动报酬总额。包括：计时工资、计件工资、奖金、津贴和补贴、加班加点工资和其他工资。

城镇居民人均可支配收入：指调查户可用于最终消费支出和其他非义务性支出以及储蓄的总和，即居民家庭可以用来自由支配的收入，它是家庭总收入扣除交纳所得税和社会保障支出以及调查户的记账补贴后的收入。计算公式：可支配收入＝家庭总收入－交纳所得税－交纳的社会保障支出－记账补贴。

城镇居民人均消费支出：指调查户用于本家庭日常生活的全部支出，包括食品、衣着、家庭设备用品及服务、医疗保健、交通的通讯、娱乐教育文化服务、居住、杂项商品和服务等八大类支出。不包括用于赠送的商品或服务。

人均住房使用面积住房：住房使用面积和常住人口的比值。

居民消费价格指数:是反映一定时期内居民消费价格的变动趋势和程度的相对数。

年末离休、退休、退职人员数:报告期末实际离休、退休、退职人员数。

基本养老保险参保人数:指报告期末参加基本养老保险的职工人数。

基本医疗保险参保人数:指报告期末参加基本医疗保险的职工人数。

失业保险参保人数:指报告期末参加失业保险的人数。

社会福利院数:指年末在所辖区内由民政部门主办的社会福利院、儿童福利院、精神病人福利院、其他收养性单位,以及民政部指导的城乡社会办的各类敬老院、养老院等。

社会福利院床位数:指福利院报告期末床位的实际收养能力。

社区服务设施数:指报告期末城镇(街道办事处、居委会)设立以非盈利为目的,为本社区居民服务,特别是为老年人、残疾人、儿童服务的社区服务中心、活动站、服务站、养老院、老年公寓、残疾人工疗站、残疾儿童日托所家务服务站、婚姻介绍所等福利性设施以及职工社会保险管理服务的机构数。几种不同类型的社区服务单位,共用一个场所的,只能统计为一个社区服务设施。条件是:(1)独立核算单位;(2)有固定的从业人员;(3)有一定的服务项目;(4)有一定的场所。

城镇居民最低生活保障人数:指在报告期末,家庭平均收入在当地规定的最低生活保障线以下的城镇居民数。包括"三无对象",失业人员和在职、下岗、退休人员等。

十、社会治安

交通事故损失额:指以货币形式表现的交通事故所造成的损失程度。

火灾事故损失额:指以货币形式表现的火灾事故所造成的损失程度。

交通事故死亡人数:指实际因交通事故死亡的人数。

刑事案件立案数:指年内发生并达到公安等司法部门规定的立案标准的刑事案。刑事案件是指需依法追究刑事责任并由公安等司法机关立案处理的案件。

十一、市政公用事业

城市建设维护资金:指用于城市维护和建设的资金,包括城市维护建设税、公用事业附加、中央和地方财政拨款、国内贷款、债券收入、利用外资、土地出让转让收入、资产置换收入、市政公用企事业单位自筹资金、国家和省规定收取的用于城市维护建设的行政事业性收费、集资收入以及其他收入。

年末实有城市道路面积:是指路面经过铺筑的路面宽度在3.5米以上(含3.5米)的道路。包括高级、次高级道路和普通道路,不包括街道内部路面宽度不足3.5米的胡同、里弄。

道路面积只包括路面面积和与道路相通的广场、桥梁、停车场面积。不包括街心花坛、侧石、人行道和路肩的面积。

排水管道长度:排水道是指汇集和排放污水、废水和雨水的管渠及其附属设施所组成的系统。包括干管、支管以及通往处理厂的管道,无论修建在街道上或其它任何地方,只要是起排水作用的管道,都应作排水管道统计。排水管道按其排水性质分为污水管、雨水管、合流管三种。

供水综合生产能力:是指城建部门系统自来水公司所属自来水厂及各单位自备水源取水、净化、送水、出厂输水干管等环节的综合生产能力,以四个环节的薄弱环节为主,超负荷运行增加的能力不应计算。

供水总量:是指自来水厂供出厂外的全部水量,包括有效供水量及损失水量。

居民家庭用水量：指城市范围内所有居民家庭的日常生活用水。包括城市居民、农民家庭、公共供水站用水。

用水普及率：指城市非农业用水人口数与城市非农业人口数之比。

用水人口：指供应生活用水的年末实际人口。包括非农业人口和农业人口。

煤气（人工煤气、天然气）供气总量：是指城市煤气企业向城市生产用户、家庭用户和其他用户供应的全部煤气量，包括外购及损失量。

气化率：指使用燃气的城市非农业人口数与城市非农业人口总数之比。

用煤气人口：指报告期末家庭用户的用气人口。

年末实有公共汽（电）车运营车辆数：是指城市公共交通企业可参加营运的全部车辆数。包括技术完好的、在修的、待修的、长期停驶的，以及拟报废尚未经上级主管部门批准报废的运营车辆数。不包括公交企业的油罐车、货车和其他专用车等非运营车，也不包括借入、租入的客运车辆。

全年公共汽（电）车客运总量：指运送乘客的总人数。包括普通票乘客人次、月票乘客人次和包车乘客人次。普通票乘客人次按上车付现金购票，一张票计算一个人次；月票日乘车次按 5 个人次计算；团体包车，一个乘客按一个人次计算，往返按二个人次计算。

年末实有出租汽车数：指经有关部门批准的专门从事出租业务的一切营业车辆。包括轿车、面包车、大客车。

园林绿地面积：指用作园林和绿化的各种绿地面积。包括公共绿地、单位附属绿地、居住区绿地、生产绿地、防护绿地和风景林地的总面积。

人均园林绿地面积＝（公共绿地＋单位附属绿地＋居住区绿地＋生产防护绿地＋风景林地）÷城市非农业人口

公共绿地面积：指开放的各级各类公园和街头绿地。

建成区绿化覆盖面积：指城市建成区内各单位管理的一切用于绿化的乔灌木和多年生草本植物的垂直投影面积。包括园林绿地以外的道路绿化覆盖面积（即道路的隔离带、中心绿岛和林荫道及行道树的覆盖面积）和单株树木的覆盖面积。行道和单株树覆盖面积，可按各种树的平均垂直投影面积乘以各种树木的总株数求得。乔木树冠下重叠的灌木和草本植物不再重复计算。

建成区绿化覆盖率＝建成区绿化覆盖面积/建成区土地面积

十二、环境保护

环境污染治理本年完成投资总额：指企事业单位本年在污染治理工程（或设施）建设中实际投入的资金总额。包括工业污染源治理投资、新建项目环保设施“三同时”投资两部分。

城市环境基础设施建设本年完成投资总额：包括用于城市建设中的燃气、集中供热、污水处理、园林绿化、垃圾处理及其他行业的固定资产投资额。

三废综合利用产品产值：指报告期内利用“三废”作为主要原料生产的产品产值，已经销售或准备销售的，应计算产品产值；但留作生产上自用的，不应计算产品产值。

工业废水排放量：是指经过工业企业厂区所有排放口排放到企业外部的全部废水总量。包括外排的生产废水和厂区生活污水，也包括外排的直接冷却水和矿区的超过排放标准的有毒有害的矿井地下水；不包括外排的间接冷却水。有些企业间接冷却水和直接冷却水混合排放分不开的，可以合并统计在内。

工业废水排放达标量:是指全面达到国家、地方排放标准的外排废水,包括经过处理和未经过处理的;但不包括经过处理仍未达到国家排放标准的。

工业废水排放达标率:指全部达到国家、地方排放标准的外排工业废水量与工业废水排放总量的比率。

工业二氧化硫去除量:指燃料废气和生产工艺废气经过各种废气制理设施处理后去除的二氧化硫总量。

工业二氧化硫排放量:指工业企业在厂区内的生产工艺过程和燃料燃烧过程中排入大气的二氧化硫总量。

工业烟尘去除量:烟尘是指在燃烧过程中产生的烟气中夹带的颗粒物。工业烟尘去除量指报告期内企业利用各种废气治理设施去除的烟尘量。

工业烟尘排放量:指报告期内企业排入大气的烟尘量。

工业固体废物综合利用率:工业固体废物综合利用量占工业固体废物产生量的百分率。

环境噪声达标区总面积:指在建成区内建成并达到国家规定标准要求的环境噪声达标区总数及面积。环境噪声达标区,指在国家《城市区域环境噪声标准》适用区域划分的基础上,对工业噪声、交通噪声、施工噪声、社会生活噪声进行强化管理、综合整治,达到规定要求的城市区域。

烟尘控制区总面积:烟尘控制区指在城市街道和行政区为单位划定的区域内,对各种锅炉、窑炉、茶炉、营业性炉灶和食堂大灶排放的烟气黑度,各种窑炉、工业生产设施排放的烟尘浓度进行定量控制,使其达到规定的标准。

高污染燃料禁烧区面积:指按照国家环保总局关于划分高污染燃料的规定,建成的禁止销售、使用高污染燃料区的面积。

生活污水处理率:指城镇生活污水处理量占城镇生活污水产生量的百分率。

生活垃圾无害化处理率:指报告期生活垃圾无害化处理量与生活垃圾产生量的比率。

附录 2　如何使用城市统计资料

《中国城市统计年鉴》主要是以城市作为统计对象，向政府等其他用户提供反映中国城市在人口、就业、经济、市政公用事业、资源和环境保护、以及社会环境等方面统计资料的官方出版物。

本年鉴提供的统计资料，以国家统计局《城市基本情况年报》为基本数据源，经系统整理后编辑出版，是一套从多方面反映城市基本特征的重要参考资料。因为并非所有的用户都是统计学家或统计人员，对如何正确使用本年鉴提供的资料，编者提供如下几个方面的说明：

1. 城市，是指经中华人民共和国民政部批准的建制城市。《中国城市统计年鉴——2005》收录了 2004 年所有的建制城市。因此该资料对城市的定义，属行政范畴。主要是基于城市统计的可操作性。为了便于各种不同的用户需要，现行的城市统计，设定了两个统计范围：一是市辖区（包括城区和郊区）；另一个是全市（包括市辖区、下辖的县和县级市）。因此，城市统计资料分别以“全市”和“市辖区”两栏格式提供。

2. 对所有地级及地级以上的城市，“全市”栏反映了整个市行政区域内的情况，“市辖区”栏则仅反映该城市包括城区和郊区在内即市辖区的情况。对县级城，则分两种类型：其一是由地级城市下辖的，“全市”栏资料未列，因为已被其上一级地级城市的全市一栏所包括；“市辖区”栏则反映该县的整个面貌。其二是部分省直辖的县级城市，为便于资料汇总，则在全市和市辖区一栏中，同时罗列。

3. 城市统计提供“市辖区”资料，一是因为辖县的功能不是城市功能的主体，城市的各项功能又主要集中体现在市辖区。市辖区的基本情况，基本上反映了（狭义上的）城市各个主要方面；另一方面，该资料便于剔除非城市的因素，比较正确反映城市的作用和发展特点。二是为了便于比较分析。由于地级市所管辖县（市）的数量不等，且不时发生变动，或有县级市从上一级地级市中分离，升格为地级市等。而“市辖区”则相对稳定，便于城市自身的历史资料对比和国内外城市间的横向对比。

4. 城市统计提供“全市”资料，是适应 1983 年以来，不少市实行市带县的管理体制，将市周围的县划给市领导，以加强城乡经济联系，利用城市优势，带动周围农村地区，达到城乡经济全面发展，共同繁荣的目的。该资料有利于用户全面地了解本市所辖的整个行政区划之内的基本情况。

5. 对部分城市的统计数据，年度增长率比较高。请注意参考行政区域的变动情况（表 1－2 和表 1－3）。不少城市，全市范围或市辖区范围的行政区域有所调整。务必在使用中加以注意。

欢迎各界用户对城市统计资料提出质疑或咨询，并对城市统计的方法和内容提出建设性意见，以便我们进一步改进城市统计工作。

国家统计局城市社会经济调查司城市处
（电话：(010)68782718）。